*Parte segunda del sarao
y entretenimiento honesto
[Desengaños amorosos]*

Letras Hispánicas

María de Zayas y Sotomayor

Parte segunda del sarao y entretenimiento honesto [Desengaños amorosos]

Edición de Alicia Yllera

Nueva edición corregida, revisada y con nuevo
establecimiento del texto

CÁTEDRA

LETRAS HISPÁNICAS

1.ª edición, 2021

Ilustración de cubierta: Antonio Zaya

PAPEL DE FIBRA
CERTIFICADO

© De la introducción y notas: Alicia Yllera, 2021
© Ediciones Cátedra (Grupo Anaya, S. A.), 2021
Juan Ignacio Luca de Tena, 15. 28027 Madrid
Depósito legal: M. 30.632-2020
ISBN: 978-84-376-4223-9
Printed in Spain

Índice

Introducción

Entre los numerosos autores de novelas cortas de la primera mitad del siglo XVII, destaca, después de Cervantes, María de Zayas y Sotomayor, escritora que logra conferir a sus obras un sello personal, aun utilizando muchas de las convenciones de la novela de la época.

I. MARÍA DE ZAYAS Y SOTOMAYOR

1. *Biografía*

Muy poco sabemos de la vida de María de Zayas y Sotomayor. A pesar de los numerosos estudios que se le han dedicado en las últimas décadas[1], muy poco se ha avanzado, en este aspecto, desde los tiempos de Serrano y Sanz[2]. Cuanto sabemos con seguridad de ella queda reducido a unos escasos datos: vivió en la primera mitad del siglo XVII y era madrileña, según se declara en las ediciones de sus *Novelas*. Publicó dos colecciones de novelas cortas[3], que

---

[1] Véase BIBLIOGRAFÍA.

[2] Manuel Serrano y Sanz, *Apuntes para una biblioteca de escritoras españolas desde el año 1401 al 1833,* 2 vols., t. II, Madrid, Rivadeneyra, Tipografía de la «Revista de Archivos, Bibliotecas y Museos», 1905, págs. 583-620. Reimpresión, Madrid, Atlas, 1975.

[3] *Novelas amorosas y ejemplares,* Zaragoza, en el Hospital Real de Nuestra Señora de Gracia, 1637; *Parte segunda del sarao y entretenimiento honesto,* Zaragoza, en el Hospital Real y General de Nuestra Señora de Gracia, a costa de Matías de Lizau (Lizao en el texto), 1647. Designaré a

tuvieron gran éxito. Dejó una obra dramática, titulada *La traición en la amistad*, que se conservó manuscrita y no fue publicada hasta principios del siglo XX[4]. Rimaba versos: unos aparecieron incluidos en sus novelas o en su obra dramática[5], otros eran poemas de circunstancias para celebrar la aparición de la obra de un amigo o conocido (para Miguel Botello en 1621[6] y en 1622[7], para Juan Pérez de Montalbán en 1624[8], para Francisco de las Cuevas, seudónimo de Francisco de Quintana, en 1626[9], y para Antonio

_____

la primera colección con el nombre de *Novelas amorosas* o de Primera parte y a la segunda como Parte segunda, Segunda parte o *Desengaños*. Citaré las novelas de la primera colección por la edición de Julián Olivares, 2000, y las de la segunda por esta edición. Como se verá posteriormente, la quinta novela de la Parte segunda fue interpolada en tercer lugar en las ediciones, quebrando el proyecto de la autora. He restablecido el orden originario, pero, para evitar confusiones, añadiré, después de esta Introducción, una tabla de las novelas en esta y en otras ediciones. Los números romanos I y II designan la Primera o Segunda parte, las cifras árabes indican el lugar que ocupa la novela en cuestión, teniendo en cuenta que, en los *Desengaños,* es el lugar que ocupa en esta edición.

[4] La editó, por vez primera, Serrano y Sanz, *op. cit.,* II, págs. 590-620. No se volvió a reeditar hasta 1983, pero, entre esa fecha y 2019, se han realizado siete ediciones, una de ellas bilingüe, español-inglés, y dos electrónicas. Véase BIBLIOGRAFÍA.

[5] En algún caso incluye versos de otro poeta (cfr. pág. 633). Una poesía satírica incluida en su comedia (María de Zayas, Feliciana Enríquez de Guzmán, Leonor de la Cueva, *Teatro de mujeres del barroco,* presentación de Marina Subirats y Juan Antonio Hormigón, edición de Felicidad González Santamera y Fernando Doménech, Madrid, Asociación de Directores de Escena de España, 1994, jornada III, vv. 2533-2628, págs. 157-161) es recogida, con importantes variantes y adiciones, en los *Desengaños* (II, 6, págs. 424-430).

[6] Miguel Botello, *La fábula de Píramo y Tisbe...,* en Madrid, por la viuda de Fernando Correa, 1621.

[7] Miguel Botello, *Prosas y versos del Pastor de Cleonarda...,* en Madrid, por la viuda de Fernando Correa Montenegro, 1622.

[8] Juan Pérez de Montalbán, *Orfeo en lengua castellana...,* en Madrid, por la viuda de Alonso Martín, 1624.

[9] Francisco de las Cuevas, *Experiencias de amor y fortuna,* en Madrid, por la viuda de Alonso Martín, 1626.

12

del Castillo de Larzábal en 1632)[10] —como era costumbre en la época— o panegíricos a la defunción de poetas: participó en el homenaje a Lope de Vega en 1636[11] y en el de Montalbán en 1639[12]. En justa correspondencia, compusieron poemas para publicarlos al frente de sus *Novelas amorosas y ejemplares,* entre otros, Alonso de Castillo Solórzano, Ana[13] Caro de Mallén y Juan Pérez de Montalbán. Participó en certámenes poéticos y academias literarias madrileñas, según el decir de sus contemporáneos[14].

---

[10] Antonio del Castillo de Larzábal, *El Adonis,* Salamanca, Oficina de Jacinto Tarberniel, impresor de la Universidad, 1632.

[11] *Fama póstuma a la vida y muerte del doctor frey Lope Félix de Vega Carpio y elogios panegíricos a la inmortalidad de su nombre.* Escritos por los más esclarecidos ingenios. Solicitados por el doctor Iván Pérez de Montalván..., en Madrid, en la Imprenta del Reino, 1636, a costa de Alonso Pérez de Montaluán, librero de su Magestad.

[12] *Lágrimas Panegíricas a la temprana muerte del gran poeta, i teólogo insignie, Doctor Iuán Pérez de Montalbán...* Lloradas y vertidas por los más Ilustres Ingenios de España. Recogidas i publicadas por la estudiosa diligencia del Licenciado don Pedro Grande de Tena..., en Madrid, en la Imprenta del Reino, 1639.

[13] En el texto figura como «María Caro de Mallén». En realidad, su nombre sería Ana María, como su madre adoptiva, Ana María de Torres. (Juana Escabias Toro, *Ana Caro Mallén: reconstrucción biográfica y análisis y edición escénica de sus comedias,* Tesis doctoral, Madrid, UNED, 2012, págs. 144-177).

[14] Pérez de Montalbán declara que «ha escrito a los certámenes con grande acierto» *(Para todos. Exemplos Morales, hvmanos y divinos, en qve se tratan diversas ciencias, materias y facvltades...,* A Costa de Pedro Escver, Mercader de Libros..., en Huesca, por Pedro Bluson, 1633, núm. 246 del *Índice de los ingenios de Madrid).* En el *Prólogo de un desapasionado,* publicado en la primera edición de sus *Novelas amorosas,* se dice: «(a quien las doctas Academias de Madrid tanto han aplaudido y celebrado)» (pág. 163). Al final de la quinta *novela amorosa,* Lisis canta unas liras burlescas y la autora dice de los oyentes que «conociendo, como era la verdad, ser hechas para algún certamen» (pág. 371), etc. Aunque su nombre no figura en ninguna lista de académicos, Willard F. King piensa que participó en la Academia madrileña de don Francisco de Mendoza (1623-probablemente 1637) y quizás también en la de Sebastián Francisco de Medrano *(ca.* 1617-1623) *(Prosa novelística y Academias literarias en el siglo XVII,* Madrid, RAE, Anejo X, 1963, pág. 59, n. 81).

La alabaron Lope de Vega[15], Pérez de Montalbán *(Para todos)* y Castillo Solórzano[16]. En 1632, fecha de la publicación del *Para todos* de Montalbán, era ya conocida como poeta, había terminado una comedia y había redactado una primera versión de sus novelas que contenía únicamente ocho relatos[17]. Sus dos colecciones de novelas se publicaron en Zaragoza, en 1637 y 1647, respectivamente. En su segunda colección de novelas cortas habla de «mi señora la condesa de Lemos», refiriéndose a la IX condesa de este título e incluye un poema compuesto para ella[18]. Considera también «mi señora» a la condesa de Gálvez[19]. Alaba a Ana Caro, de la que fue amiga[20], y admira por encima de todos los autores de la época a Lope de Vega[21].

---

[15] Lope de Vega, *Laurel de Apolo*, ed. de Antonio Carreño, Madrid, Cátedra, 2007, Silva octava, vv. 579-596, págs. 418-420.

[16] Alonso de Castillo Solórzano, *La Garduña de Sevilla y anzuelo de bolsas*, en *Picaresca femenina de Alonso de Castillo Solórzano*, estudio y edición de Fernando Rodríguez Mansilla, Madrid, Iberoamericana; Frankfurt am Main, Vervuert, Universidad de Navarra, Biblioteca Áurea Hispánica, 79, 2012, pág. 482.

[17] *Op. cit.*, núm. 246 del *Índice de los ingenios de Madrid.*

[18] II, págs. 372-375.

[19] II, 4, pág. 335. Probablemente se trata de la condesa de Galve, cfr. pág. 335, n. 12.

[20] Hace una calurosa alabanza de ella en *Desengaños*, 4, pág. 335. Se interpreta, en general, la afirmación de Castillo Solórzano como una prueba de amistad entre ambas escritoras («Acompáñala [a María de Zayas] en Madrid doña Ana Caro de Mallén», Castillo Solórzano, *op. cit.*, pág. 482), aunque Isabel Colón Calderón («Zayas y Sotomayor, María de», *Diccionario filológico de literatura española [siglo XVII]*, dirección de Pablo Jauralde Pou, coordinación de Delia Gavela y Pedro C. Rojo Alique, Madrid, Castalia, 2010, t. II, págs. 686-693, pág. 687) apunta que podría referirse al hecho de que hay una mujer que escribía en Sevilla, Ana Caro, al igual que hay otra que lo hace en Madrid, María de Zayas, prueba de que no solo los varones componen obras literarias. Sin embargo, la fórmula «acompáñala en Madrid» parece indicar una coincidencia de ambas escritoras en la capital.

[21] I, 3, pág. 277 y, sobre todo, II, 8, pág. 509.

De sus novelas podemos deducir también que vivió atenta a los acontecimientos de su época y que le impresionó vivamente el levantamiento de Cataluña.

A los datos anteriores pueden añadirse otros que perfilan su vida. Álvarez y Baena señaló que «según el tiempo en que floreció parece hija de don Fernando de Zayas y Sotomayor, caballero del hábito de Santiago, capitán de Infantería, que nació en Madrid año de 1566...»[22]. Serrano y Sanz dio por segura esta atribución y publicó su partida de bautismo, extendida el 12 de septiembre de 1590, en la parroquia de San Sebastián de Madrid. Añadió que su padre, oriundo por línea paterna de familia extremeña, había recibido en 1628 el hábito de Santiago y en 1638 era nombrado corregidor de la encomienda de Jerez de los Caballeros, cargo que solo ocupó unos años, pues a fines de 1642 era nombrado para el cargo don Lorenzo Fernández de Villavicencio[23]. Su madre era María de Barasa[24].

En realidad, Serrano y Sanz cometió un error en la transcripción de la partida de bautismo de la escritora: el apellido de su madre no es «Barasa» sino «Carasa»[25]. María de

---

[22] Joseph Antonio Álvarez y Baena, *Hijos de Madrid, ilustres en santidad, dignidades, armas, ciencias y arte. Diccionario histórico, por orden alfabético de sus nombres*, t. IV, Madrid, Benito Cano, 1791, pág. 48. También Felipe Ximénez de Sandoval presenta esta filiación como meramente probable («Doña María de Zayas y Sotomayor, una escritora fantasma», en *Varia historia de ilustres mujeres [Veinticinco vidas de españolas]*, Madrid, EPESA, 1949, págs. 207-215, pág. 208).

[23] Serrano y Sanz, *op. cit.*, II, págs. 584-585.

[24] Serrano y Sanz le da el nombre de Catalina (*ibíd.*, pág. 584), aunque en la partida de bautismo por él publicada figura María (pág. 585). Lena E. V. Sylvania observó ya este error *(Doña María de Zayas y Sotomayor: a contribution to the study of her works*, Nueva York, Columbia University Press, 1922. Reimpresión, Nueva York, Ams Press, 1966, pág. 2, n. 4).

[25] José Teruel, «El triunfo del desengaño. Marco y desengaño postrero de la *Parte segunda del sarao y entretenimiento honesto*, de María de Zayas», en *Edad de Oro*, 33 (2014), págs. 317-334, págs. 317-318; Alberto Rodríguez de Ramos, «La biografía de María de Zayas: una revisión y algunos hallazgos», en *Analecta Malacitana*, 37, 1-2 (2014), págs. 237-253,

Zayas sería así sobrina de Ana de Carasa, casada con Luis Sánchez, impresor del rey en Madrid entre 1579 y 1642, aunque tras su fallecimiento en 1627 regentase la imprenta primero su mujer y más tarde su hija Juana Isabel. Tenemos constancia de que las relaciones entre las dos hermanas y sus respectivos esposos eran buenas, por lo que la novelista se crio en un ambiente editorial, cultural y literario, lo que le permitió satisfacer fácilmente su afición por la lectura[26].

Una «María de Çayas» firmó, el 18 de octubre de 1617, en Madrid, entre el grupo de religiosos y seglares representantes del convento de la Concepción Jerónima que solicitaban el reconocimiento por el papa de la Inmaculada Concepción de María. María Isabel Barbeito Carneiro, que dio a conocer esta firma contenida en el ms. 8540 de la BNE, no duda de que se trata de la escritora, ya que este convento, donde residía su amiga María Barahona, aparece en repetidas ocasiones en su obra[27]. Sin embargo, Rodríguez de Ramos demostró que esta firma pertenecía a la misma persona que firmó una carta de pago el 7 de mayo

---

págs. 240-246. El nombre de la madre aparecía ya correctamente transcrito en Matías Fernández García, *Parroquia madrileña de San Sebastián: algunos personajes de su archivo*, Madrid, Caparrós Editores, 1995, pág. 69. Señala que una María de Zayas «Hija de D. Fernando de Zayas y de D.ª María de Caraza, fue bautizada el 12 de septiembre de 1590, siendo sus padrinos D. Diego de Santoyo y D.ª Juana de Cardona, su mujer (3 Baut. fol. 213)». Documenta también la existencia de una hermana, Isabel, nacida en la calle de la Cabeza y bautizada el 31 de marzo de 1594.

[26] Rodríguez de Ramos, *loc. cit.*, págs. 240-246.

[27] María Isabel Barbeito Carneiro, *Escritoras madrileñas del siglo XVII: estudio bibliográfico-crítico*, Tesis doctoral, Madrid, Universidad Complutense, 1986, 2 vols., págs. 832-833 y 871; «El amor barroco de María de Zayas», en *Anales del Instituto de Estudios Madrileños*, 27 (1989), págs. 551-568, pág. 551; «Una incógnita, María de Zayas y Sotomayor», en *Mujeres del Madrid barroco: voces testimoniales*, Madrid, Horas y Horas, 1992, págs. 165-182, págs. 166-167; «María de Zayas y Sotomayor (1590-¿?)», en *Mujeres y literatura del Siglo de Oro: espacios profanos y espacios conventurales*, Madrid, Safekat, 2007, págs. 157-190, págs. 158-159.

de 1544, es decir, a la María de Zayas fallecida en 1661, casada con Juan de Valdés, quien, en 1617, firmaba junto a ella[28].

En 1987, Kenneth Brown publicó el *Vexamen* que el joven poeta barcelonés, Francesc Fontanella, muy francófilo y secesionista, presentó, el 15 de marzo de 1643, en un certamen organizado por la academia de Santo Tomás de Aquino de Barcelona, para celebrar la donación de una reliquia del santo por el convento de Santo Tomás de Tortosa. En él incluye una insultante descripción de la escritora madrileña[29]. De este retrato vejatorio, deduce rotundamente que: «Es seguro que Fontanella tenía mucha confianza con María de Zayas para ofenderla tan impunemente. Si lo contrario fuera verdad, tales conceptos serían de demasiado mal gusto»[30]. La rotundidad de las afirmaciones de Brown ha hecho que diversos críticos hayan dado por segura esta estancia de la escritora en Barcelona, en pleno conflicto bélico y relacionándose con ambientes abiertamente separatistas, a pesar de que Margaret Rich Greer señaló que la lógica de la deducción de Brown era cuestionable[31]. Parece muy difícil aceptar que María de Zayas, a tenor de las ideas expresadas en sus obras, participase en ambientes de marcado carácter secesionista.

Ignoramos la fecha de su muerte. El nombre de María de Zayas es frecuente en la época, por lo que se han encontrado varias partidas de defunción, extendidas en Madrid,

---

[28] *Loc. cit.*, págs. 250-251. Anteriormente, Isabel Colón había señalado que era difícil precisar si era o no la novelista («Zayas y Sotomayor», pág. 686, n. 2).

[29] «Context i text del *vexamen* d'acadèmia de Francesc Fontanella», en *Llengua & Literatura*, 2 (1987), págs. 173-252, vv. 725-740, pág. 231.

[30] «María de Zayas y Sotomayor: escribiendo poesía en Barcelona en época de guerra (1643)», en *Dicenda. Cuadernos de Filología Hispánica*, 11 (1993), págs. 355-360, pág. 359.

[31] *María de Zayas tells baroque tales of love and the cruelty of men*, The Pennsylvania State University Press, University Park, 2000, pág. 30.

a este nombre. Serrano y Sanz publicó dos, una de 1661, otra de 1669[32]. Ninguna de las dos parece ser la de la escritora[33]. En 2018 Donatella Gagliardi publicó dos testamentos, otorgados respectivamente en 1656 y 1657, en Nápoles, por una española de clase acomodada, residente en la ciudad y viuda del capitán don Francisco de Vargas Ma-

---

[32] *Op. cit.,* II, págs. 585-587. Publicó también un poder otorgado por la primera de las dos María de Zayas y su testamento.

[33] La primera de ellas pertenece a la parroquia de San Sebastián, iglesia en la que había sido bautizada la novelista. Aparece como viuda de Juan de Valdés, pero en el poder se dice que «aunque savia escrivir, por la grave enfermedad que tenia y tener algo turbada la vista, rogo á un testigo lo firmase por ella» y en términos análogos se expresa en el testamento. Agustín G. de Amezúa consideró que esta expresión no parecía natural en la novelista (Prólogo a las *Novelas amorosas,* pág. IX, n. 7). El argumento no es definitivo, pues la otorgante fallecía ocho días después, por lo que podría deberse a su enfermedad. Documentos hallados posteriormente permiten no identificarla, de forma definitiva, con la escritora, aunque existen elementos convergentes entre ambas (Rodríguez de Ramos, *loc. cit.,* págs. 246-253). La segunda partida de defunción es de María de Zayas, viuda de Pedro de Valcázar y Alarcón. Según señala Serrano y Sanz (*op. cit.,* I, págs. 583-584), esta declara en su testamento, de fecha de 23 de septiembre del mismo año, y que el autor no reproduce, que era hija de Diego de Zayas y de doña Inés de Valdés, lo que no concuerda con los datos de la que se supone partida de bautismo de la novelista. Ya Serrano y Sanz sospechó que ninguna de las dos partidas le correspondía, lo que no podemos sino corroborar. Se ha señalado una tercera partida de defunción, del año 1653, en la parroquia de San Justo, en este caso a nombre de María de Zayas y Sotomayor (con los dos apellidos, mientras que en las anteriores únicamente figuraba un apellido); en ella se afirma que no pudo testar debido a que era pobre de solemnidad y fue enterrada de limosna en San Millán (Rodríguez de Ramos, *loc. cit.,* págs. 246-247). Por los mismos años en los que vivió probablemente en Madrid la novelista, vivió en la misma ciudad otra María de Zayas, distinta de todas las anteriores, hija del licenciado Álvaro Ortiz de Zayas o Álvaro de Zayas y casada con don Fernando García de Buitrago, que suscribió, el 30 de noviembre de 1636 y el 14 de febrero de 1637, sendas escrituras de obligación, que Felipe C. R. Maldonado encontró en el Archivo Histórico de Protocolos de Madrid («Otra María de Zayas... y van cuatro», en *La Estafeta Literaria,* 501.1 [1972], págs. 10-13).

chuca, llamada María de Zayas, quien fallecería allí el 9 de abril de 1658[34].

A partir de 1646, fecha consignada en su segunda colección de novelas, publicadas en 1647 (págs. 685-686), no volvemos a tener noticias de ella: pudo morir en cualquier momento después. Incluso tal vez no mucho después, lo que podría explicar el aspecto descuidado de la edición de su segunda colección y el que la autora no firmase su dedicatoria. Kenneth Brown supone o bien que María de Zayas regresó a Barcelona en 1647 o en 1648 para negociar la reedición de sus narraciones o bien que nunca abandonó la región a partir de 1643. Incluso se pregunta si, dada su amistad con el secesionista Francesc Fontanella, que moriría exiliado en Perpiñán, la escritora podría regresar a Castilla, por lo que considera «lógico suponer» que falleció en Barcelona[35]. Prescindiendo de que esta comprometedora amistad no está demostrada, Zayas no negoció la reedición de sus obras en 1647 o 1648 en Barcelona. La edición de las *Novelas amorosas y ejemplares* de Barcelona, 1646 (y no 1647), se hizo al margen de la escritora, pues se basó en la primera edición de 1637 y no en la segunda corregida por la autora, además de suprimirse los dos prólogos, las piezas introductorias e incluso la introducción, a pesar de que los personajes del marco reaparecen tras las novelas[36]. Habría

---

[34] «Dos testamentos inéditos de María de Zayas (Nápoles, 1656 y 1657)», en *eHumanista*, 40 (2018), págs. 561-586. Apunta que esta Zayas podría ser la novelista, lo que explicaría las alusiones a las costumbres napolitanas e incluso milanesas en sus novelas, ya que la autora de los testamentos declara poseer una casa y jardín en Alessandria de la Paglia, en el estado de Milán. Al no explicar esta supuesta estancia tardía de la novelista en Nápoles ciertos detalles de sus relatos, Gagliardi supone una estancia italiana anterior. Sería necesario, sin embargo, descubrir otros datos biográficos que corroborasen la identificación de esta Zayas con la novelista.

[35] *Loc. cit.*, págs. 359-360.

[36] Tampoco prueba la estancia de la novelista en Barcelona y su amistad con la familia Fontanella el que la edición de la Segunda parte, allí

que descartar, por falta de pruebas, una o varias estancias de María de Zayas en la capital catalana durante los años cuarenta.

Poco seguro puede afirmarse de lo que fue su vida. Incluso se ha llegado a negar recientemente su existencia[37]. Ni siquiera sabemos si fue casada o soltera. Para colmar este vacío se han hecho diversas conjeturas, apoyándose en las alusiones de sus novelas. Amezúa apuntó la posibilidad de que sus padres siguiesen a la Corte cuando Felipe III se trasladó a Valladolid (1601-1606)[38]. Nada se opone a esta posibilidad, pero en modo alguno puede afirmarse, ya que

---

publicada en 1649, lleve una aprobación realizada en esta ciudad y que la firme, además de fray Pío Vives, el hermano mayor de Francesc Fontanella, Josep Fontanella.

[37] Rosa Navarro Durán, *María de Zayas y otros heterónimos de Castillo Solórzano,* Barcelona, Edicions de la Universitat de Barcelona, 2019, sostiene que la autora nunca existió. Su nombre no sería sino uno de los diversos heterónimos utilizados por el prolífico novelista Alonso de Castillo Solórzano, quien unas veces publicaría sus obras a su nombre, mientras que en otros casos se divertiría atribuyéndolas a supuestos autores como serían María de Zayas, Andrés Sanz del Castillo, Jacinto Abad de Ayala y Baptista Remiro de Navarra. Sin embargo, la ausencia o escasez de datos biográficos sobre estos autores, las coincidencias en detalles de marcos, argumentos o recursos narrativos (nunca exclusivos de estos autores) con obras de Castillo Solórzano no permiten deducir que María de Zayas nunca existió y que es un mero heterónimo de Castillo Solórzano, ni siquiera teniendo en cuenta su declaración, al final de los *Desengaños,* «me conocéis por lo escrito, mas no por la vista» (pág. 683). Por otra parte, parece poco probable que no solo Lope de Vega, sino también Pérez de Montalbán, Ana Caro de Mallén y cuantos compusieron poemas preliminares para la edición de su primera colección de novelas aceptasen el juego de Castillo Solórzano *(op. cit.,* pág. 38). En ausencia de pruebas concluyentes, seguiremos considerando que existió una novelista madrileña llamada María de Zayas y Sotomayor, aunque sean pocos los datos biográficos seguros que sobre ella poseamos.

[38] Prólogo a las *Novelas amorosas,* pág. ix. También lo sostiene José Hesse (María de Zayas, *Novelas. La burlada Aminta y venganza del honor. El prevenido engañado,* Presentación y selección de—, Madrid, Taurus, 1965, pág. 8).

20

el argumento en el que se basa Amezúa para apuntarla es muy endeble[39].

Si la estancia de su familia en Valladolid no ha sido, en general, aceptada por cuantos se han ocupado posteriormente de su vida[40], es frecuente considerar, como mera conjetura o como resuelta afirmación, que residió en Nápoles en su juventud, pues su padre se trasladaría a esta ciudad siguiendo al VII conde de Lemos durante su mandato como virrey (1610-1616)[41]. Se apoya esta suposición en las relaciones que parece haber tenido la escritora con la familia del conde de Lemos y en las alusiones a las costumbres o geografía de Nápoles que aparecen en sus novelas. Elogia entusiásticamente a don Pedro Fernández de Castro, VII conde de Lemos[42], que fue un gran protector de las

---

[39] Señala que, en *Al fin se paga todo* (I, 7), la acción transcurre en Valladolid y el narrador declara que tuvo conocimiento de ella, por los mismos a quienes sucedió. Pero, como ya vio Salvador Montesa Peydro *(Texto y contexto en la narrativa de María de Zayas,* Madrid, Dirección General de la Juventud y Promoción Sociocultural, 1981, págs. 21-22), esta afirmación se repite en casi todos sus relatos. Tiene por objeto dar impresión de veracidad al texto, por lo que no puede utilizarse como prueba. Por otra parte, recordemos que no es doña María la que habla sino don Miguel, el narrador de la historia (I, 7, pág. 44).

[40] Irma V. Vasileski reproduce, sin embargo, la opinión de Amezúa sin comentario *(María de Zayas y Sotomayor: su época y su obra,* Madrid, Plaza Mayor, 1973, pág. 12).

[41] La hipótesis fue presentada, con más seguridad que la anterior, por Amezúa (Prólogo a *Novelas amorosas,* págs. ix-x, pero cita como fecha de inicio del virreinato del conde de Lemos la de 1616, lo que reproduce Vasileski *[op. cit.,* pág. 12], siendo así que duró de 1610 a 1616). María Martínez del Portal acepta esta estancia como dato seguro y añade: «La estancia de doña María de Zayas en Nápoles fue decisiva para su obra» (Estudio preliminar a su edición de las *Novelas completas* de María de Zayas, Barcelona, Bruguera, 1973, pág. 9). Montesa piensa que esta creencia tiene muchos visos de realidad *(op. cit.,* págs. 22-24).

[42] «... nobilísimo, sabio y piadoso príncipe, cuyas raras virtudes y excelencias no son para escritas en papeles, sino en láminas de bronce y en las lenguas de la fama» (I, 5, pág. 368).

letras españolas, celebrado por Cervantes, Lope de Vega, los Argensola, Góngora, Mira de Amescua, Vicente Espinel, Quevedo, etc. Es posible, aunque no seguro, que su familia lo siguiese a Nápoles, puesto que su padre fue mayordomo suyo. En todo caso, cuando compuso los *Desengaños,* mantenía cierta relación con la familia del IX conde de Lemos, sobrino del anterior, pues llama a su mujer «mi señora». El situar diversos relatos en Nápoles no asegura su estancia napolitana[43]. El *desengaño décimo* transcurre durante el viaje de Felipe III a Lisboa, en 1619, sin que ningún crítico haya aventurado una estancia de la autora en Portugal. Su descripción de Nápoles, en *La fuerza del amor* (I, 5, pág. 345), es tan convencional, que nada puede deducirse de ella[44]. Las referencias a costumbres napolitanas[45] e incluso la descripción más detallada del humilladero[46] podrían tener una fuente indirecta. En *La perseguida triunfante* (II, 9), señala que vio el relato manuscrito de la historia de la reina Beatriz de Hungría en Italia «estando allá con mis padres»[47]. No es doña María, en principio, quien habla, sino doña Estefanía, pero parece que la autora se introduce, en este caso, en su relato[48]. No existen, en resumen, pruebas seguras de su estancia en Nápoles, aunque es posible que viviese un tiempo

---

[43] *La fuerza del amor* (I, 5) y la segunda parte de *El traidor contra su sangre* (II, 8) transcurren en Nápoles durante los tiempos del virreinato del conde de Lemos.

[44] Como ya apuntó Montesa, *op. cit.,* pág. 23.

[45] I, 5, pág. 345. Existen también alusiones a costumbres de otras regiones italianas: Milán, II, 2, pág. 263; Génova, II, 8, pág. 544, etc.

[46] I, 5, págs. 365-366.

[47] Pág. 632.

[48] Corrobora esto la afirmación siguiente: «Y advierte esto, porque si alguno hubiese oído algo de esta reina, será como digo, mas no impresa, ni manoseada de otros ingenios» *(ibíd.).* La autora está preocupada por las críticas de falta de originalidad que parece haber recibido la Primera parte de sus novelas.

en esta ciudad con su familia, acaso durante el virreinato del VII conde de Lemos[49].

Entre 1621 y 1637, compone poemas preliminares para diversos autores, muchos de ellos de los círculos literarios madrileños, lo que hace probable una estancia prolongada durante estos años en la capital.

En 1637, aparece en Zaragoza la primera parte de sus novelas, bajo el título de *Novelas amorosas y ejemplares*. La segunda, tercera y cuarta edición de las mismas se publicaron en la misma ciudad, el mismo año y un año después, con la indicación «De nuevo corretas y enmendadas por su misma Autora»[50]. En esta misma ciudad, en 1647, apareció la *Parte segunda del sarao y entretenimiento honesto*. Esto ha llevado a suponer que acaso la autora viviese por esos años en Zaragoza. Eustaquio Fernández de Navarrete planteó la duda[51] y años después Amezúa aceptó la posibilidad de su cambio de residencia[52]. Sylvania, en cambio, juzgaba insu-

---

[49] Sería posible también que residiese sus últimos años en esta ciudad, si se acepta (lo que, de momento, no está probado) la identificación de la María de Zayas que otorgó en ella dos testamentos conservados con la novelista.

[50] Se ha apuntado que alguna de estas ediciones pudo ser una falsificación. Cfr. posteriormente «ediciones de sus novelas».

[51] «¿Residía en ella DOÑA MARÍA, y había en ella contraído uno de esos dulces lazos que fijan la suerte de las criaturas?», en «Bosquejo histórico sobre la Novela Española», introducción a *Novelistas posteriores a Cervantes,* t. II, BAE, t. 33, Madrid, M. Rivadeneyra, 1854, págs. v-c, pág. xcvii.

[52] Prólogo a *Novelas amorosas,* pág. xi. Lo supone acaecido hacia 1636, mientras que María Martínez del Portal *(op. cit.,* pág. 12) lo adelanta hacia 1635, pensando que allí pudo conocer a Alonso de Castillo Solórzano, que residió en esta ciudad entre 1635 y 1637, y que la licencia firmada por Juan Domingo Briz, fechada en Zaragoza en 1635, dice que su obra es «digna de tal dama», lo que hace pensar que ya fuese conocida en Zaragoza. El firmante de la licencia es, en realidad, Pedro Aguilón, por comisión de Juan Domingo Briz, y su afirmación puede ser un mero tópico. En cuanto al primer argumento esgrimido, se ha indicado que sin duda conoció a Castillo Solórzano anteriormente en Madrid (Montesa, *op. cit.,* pág. 26).

ficiente el dato para suponer su traslado, ya que era frecuente en la época que los autores recurriesen a editores de provincia, pues las prensas de la capital, agobiadas por la abundancia de originales y las publicaciones oficiales, no lograban cubrir la demanda en plazos breves[53]. Además, numerosas obras de entretenimiento aparecieron, por esos años, en Zaragoza. Por otra parte, entre 1625 y 1634, el Consejo de Castilla aprobó la suspensión de licencias para imprimir libros de comedias y novelas y otros de este género[54], lo que pudo favorecer que el manuscrito marchase a Zaragoza. En 1639, María de Zayas publica en Madrid un poema a la muerte de Pérez de Montalbán, pero tampoco este dato basta para asegurar su permanencia ininterrumpida en la capital. También en este caso hay que concluir que su estancia en Zaragoza es posible, pero en modo alguno segura.

Después de 1639, no vuelve a aparecer en ninguna publicación de homenaje o panegírico. Tal vez la muerte de Pérez de Montalbán y otros autores la alejase de los círculos literarios madrileños, si es que no había abandonado la capital. Durante ocho años, nada sabemos de ella y, como su «portavoz» Lisis declara en su obra siguiente, es muy probable que guardase silencio[55]. Los *Desengaños,* aparecidos en 1647, contienen notas más pesimistas que las primeras novelas. Para explicarlo, se ha supuesto que la autora sufrió en estos años un revés amoroso que endureció su

---

[53] *Op. cit.,* págs. 2-3.

[54] Jaime Moll, «Diez años sin licencias para imprimir comedias y novelas en los reinos de Castilla: 1625-1634», en *Boletín de la Real Academia Española,* 54 (1974), págs. 97-103, y en *Problemas bibliográficos del libro del Siglo de Oro,* Madrid, Arco/libros, 2011, págs. 177-183; «La primera edición de las *Novelas amorosas y exemplares* de María de Zayas y Sotomayor», en *Dicenda,* 1 (1982), págs. 177-179. Añade que la negativa a conceder licencias no fue total en el caso de las novelas.

[55] «Y como he tomado la pluma, habiendo tantos años que la tenía arrimada...» (II, 10, pág. 683).

postura frente a los hombres[56]. Si aceptamos que la autora nació en 1590, parece poco verosímil que este pesimismo fuese fruto de un percance amoroso sufrido entre la publicación de sus dos colecciones de novelas[57], aunque pudo sufrir desengaños masculinos de otra índole. También es posible suponer un endurecimiento progresivo de sus posturas anteriores con la edad. Creo también probable que influyesen en su ánimo los acontecimientos contemporáneos (como el levantamiento de Cataluña), además de otras razones que, sin duda, se nos escapan.

María de Zayas quiebra la convención de la novela breve española, rehuyendo sistemáticamente el final feliz en boda, sobre todo en la Segunda parte. La protagonista de su marco, y en cierta medida su portavoz, Lisis, renuncia al propósito de casarse con don Diego, anunciado en la Primera parte, y opta al final de los *Desengaños* por recluirse en un convento, donde vivirá como seglar. La autora añade, al final de su obra, dirigiéndose al «ilustrísimo Fabio», que le había pedido que acabasen bien sus historias: «No es trágico fin, sino el más felice que se pudo dar, pues codiciosa y deseada de muchos, no se sujetó a ninguno» (pág. 688). Cuatro de sus narradoras parecen dirigirse al convento de las concepcionistas, como también algunos de los personajes de sus novelas[58]. Esto ha hecho suponer que acaso la

---

[56] Hesse, *op. cit.,* pág. 16; María Martínez del Portal, *op. cit.,* pág. 29. En cambio, Ángel Valbuena Prat cree que debió de sufrir un duro desengaño, que explique su rencor hacia los hombres, pero, para él, esto justifica el tono de toda su obra y no exclusivamente el de la Segunda parte (María de Zayas, *Aventurarse perdiendo. Estragos que causa el vicio,* Barcelona, Apolo, 1940, págs. 10-11).

[57] La inverosimilitud de esta hipótesis fue señalada por Montesa, *op. cit.,* págs. 27-28.

[58] Doña Estefanía es monja concepcionista y Lisis, Isabel y Laura ingresan en su convento, como monjas o seglares. Entre sus personajes femeninos, eligen el convento de la Concepción doña Juana (I, 6, pág. 389) y Laura (I, 5, pág. 369). Otras optan también por el convento, pero sin especificar cuál.

autora adoptase una postura análoga[59]. Que entrase en este convento (o en otro) después de 1647 es posible, pero nada puede probarlo. Que lo estuviese ya en 1647 solo podría aceptarse suponiendo que permaneciese allí como seglar, como Lisis, pues de lo contrario se habría indicado en la edición de sus obras, como figura en otros autores. Tampoco las aprobaciones contienen ninguna alusión en este sentido. Si suponemos que entró después de 1647, pierde fuerza el testimonio de su obra para demostrarlo. Únicamente a título de hipótesis indemostrable puede hablarse de que terminase sus días en un convento, como seglar o como monja.

Si su vida nos es casi totalmente desconocida, podemos, por el contrario, deducir de sus obras algunas de sus ideas e incluso algunos rasgos de su carácter. Orgullosa de su pertenencia a la nobleza, cuando, después de 1640, comprueba la decadencia de su país, vuelve los ojos al pasado, añorando los tiempos gloriosos de los Reyes Católicos, de Carlos V y de Felipe II. Cree firmemente en la capacidad intelectual de las mujeres, defiende su derecho a la cultura y a desempeñar cargos de responsabilidad, y escribe, sobre todo sus *Desengaños,* movida por el deseo de defender el buen nombre de las mujeres y advertirlas de los engaños masculinos.

---

[59] Amezúa apuntó la hipótesis de que tal vez la autora ingresase en un convento (sin especificar), pero después de 1647, para explicar la ausencia de noticias posteriores sobre ella (Prólogo a su edición de los *Desengaños amorosos. Parte segunda del Sarao y entretenimiento honesto,* Madrid, RAE, 1950, pág. xxii). Eduardo Rincón recoge la idea de Amezúa, pero añade que es más un artificio literario que un sentimiento auténtico, «por el carácter que podemos intuir a través de sus obras» (Prólogo a María de Zayas y Sotomayor, *Novelas ejemplares y amorosas o Decamerón español,* Madrid, Alianza, 1980², págs. 19-20). Montesa desarrolla esta hipótesis, basándose en la actitud de las protagonistas de sus novelas, que eligen el convento como lugar de descanso, y en el largo silencio de la autora. Añade la posibilidad de que estuviese en las concepcionistas, como sus personajes del marco y algunas de sus protagonistas *(op. cit.,* págs. 28-31).

Hoy María de Zayas es esencialmente apreciada como voz transgresora de mujer en el Siglo de Oro, capaz de tratar el erotismo femenino con seriedad, de dejar impune el adulterio femenino y de denunciar que se den a las mujeres ruecas y almohadillas en lugar de letras y armas[60], pues tras esta educación, a la que tilda de «castradora», se manifiesta el temor de los hombres a la competencia del otro sexo (II, 4, pág. 336).

Sin embargo, el interés de su pensamiento o la fuerza de su defensa del buen nombre de las mujeres o de su derecho a la cultura y al renombre literario han hecho olvidar, con frecuencia, que María de Zayas es, ante todo, una gran novelista, que narra con extraordinaria habilidad y que ensarta motivos de origen diverso, muchas veces utilizados, con los que logra construir una historia nueva e interesante. Maneja con soltura los distintos tonos, presenta diálogos de gran vivacidad y, en general, escribe en un lenguaje sencillo y llano, no rehuyendo la expresión popular. Conforme a las tendencias de la novela corta de la época, sus personajes están sometidos a la acción y los describe someramente, pero a veces capta con particular perspicacia sus estados anímicos, adentrándose incluso en su mundo onírico.

2. *Obra*

Compuso diversos poemas que le dieron cierta celebridad antes de la aparición de sus *Novelas*. Algunos fueron versos de alabanza de sus contemporáneos, otros poemas amorosos o satíricos, que incluyó en sus novelas o en su obra dramática. Celebró en un soneto a Felipe IV[61] y re-

---

[60] «Al que leyere» y I, 5, págs. 160 y 364, respectivamente; II, 1, pág. 220.
[61] Que incluye en la «Introducción» a la «Noche Tercera» de las *Novelas amorosas,* pág. 343.

dactó una composición para la IX condesa de Lemos, lamentando la ausencia de su marido[62]. También participó con sus versos en certámenes. Es posible que buena parte de sus poemas no se haya conservado, puesto que nunca hizo de ellos una edición independiente.

Admiradora de Lope, amiga de Montalbán y de Ana Caro, no es extraño que, como tantos autores de la época, se ensayase en el teatro. Se ha conservado una comedia suya, en manuscrito, *La traición en la amistad,* posiblemente la misma de la que Montalbán alabó las «excelentes coplas»[63], y se ha supuesto que compuso otras muchas perdidas o conservadas anónimamente[64], aunque nada lo prueba. Los críticos que se han ocupado de esta obra han emitido sobre ella juicios muy dispares[65].

Es una comedia de enredo, cuyo argumento gira en torno al conflicto entre el amor y la amistad. La trama se construye en torno a varias intrigas amorosas entre cuatro damas (Fenisa, Marcia, Belisa y Laura) y tres galanes (Gerardo, Juan y Liseo). Presenta un tema grato a María de Zayas: el de la solidaridad femenina, pues tres muchachas se unen para lograr recuperar a los amantes de dos de ellas, que les ha arrebatado una amiga coqueta, Fenisa.

Destacan las figuras femeninas, decididas, resueltas y enérgicas para solucionar los conflictos, mucho más activas

---

[62] Cfr. anteriormente, n. 18.

[63] *Op. cit.,* núm. 246 del *Índice de los ingenios de Madrid.*

[64] Edwin B. Place, *María de Zayas, an outstanding woman short story writer of seventeenth century Spain,* Boulder, Colorado, The University of Colorado Studies, vol. 13, 1923, págs. 53-55; Vasileski, *op. cit.,* pág. 33, siguiendo a Place. También lo supone Hesse, *op. cit.,* pág. 22.

[65] Place la juzgaba de gran calidad, sobre todo por su poder de creación de caracteres y por su estilo con escasa influencia culterana. Cree la declaración de Zayas de que la historia es verdadera *(María de Zayas,* pág. 55). Vasileski reproduce la opinión de Place *(op. cit.,* pág. 33). Para Ximénez de Sandoval, en cambio, es «confusa, torpe, lenta y desmañada, aunque escrita —como decía Montalbán— *en excelentes coplas» (op. cit.,* pág. 211).

que todos los personajes masculinos. Fenisa es, sin duda, el carácter más interesante de la obra. Es la gran seductora de hombres, disfruta multiplicando sus conquistas amorosas y es capaz de amar a varios galanes a la vez. Es una incorregible coqueta que declara tener un corazón capaz de albergar a «un millón de amadores»[66], pues añade: «tantos quiero cuantos miro»[67]. No vacila en traicionar a su amiga Marcia, que ha cometido la imprudencia de enseñarle un retrato de su enamorado Liseo.

La original Fenisa declara que con su proceder venga los engaños masculinos[68]. Es posible que, a través de este personaje, María de Zayas censure el comportamiento donjuanesco masculino. En todo caso, si la comedia se cierra con la soledad final de Fenisa, abandonada por todos sus amantes, y las insólitas palabras del criado León, ofreciendo a todos los hombres del público que acudan a acompañarla, Fenisa es castigada no como seductora de hombres, sino por haber faltado a la solidaridad femenina tan apreciada por la novelista.

La obra es singular por la extraordinaria libertad con la que viven sus amores los personajes femeninos, en total ausencia de padres, hermanos y otras autoridades que coarten a las muchachas. Son las mujeres las que se encargan de recuperar su honor cuando lo han perdido. María de Zayas sigue las convenciones de la comedia de la época, pero introduce un punto de vista femenino que cuestiona indirectamente la representación de la mujer de su tiempo, a la vez que demuestra el ingenio de la misma para solucionar los problemas que le atañen.

La comedia contiene escenas divertidas. Sobresale el gracioso, el lenguaraz criado León, que introduce diversas notas picantes en la obra, como al ironizar sobre la libertad de

---

[66] Ed. cit., v. 192, pág. 56.
[67] *Ibíd.,* v. 440, pág. 67.
[68] «Hombres, así vuestros engaños vengo», *ibíd.,* v. 1467, pág. 111.

costumbres de las fregonas gallegas de la Corte, al recordar las hazañas amorosas de su abuelo, cura que competía con el obispo del lugar en multiplicar los hijos naturales, o al proponer matrimonio a Lucía, criada de Fenisa, previendo vivir del provecho que le proporcionará ser un marido cornudo y consentidor. El desarrollo de la pieza es, sin embargo, monótono.

No tenemos constancia de que fuese representada hasta el siglo XXI[69].

II. LA NOVELA CORTA EN LA PRIMERA
MITAD DEL SIGLO XVII

María de Zayas debe su celebridad a la novela corta de tipo amoroso[70]. El género cobra particular importancia en España entre 1620 y 1665, pero sus orígenes son muy antiguos. Si el cuento didáctico floreció en la antigua India y se divulgó en la España medieval a través de las traducciones del árabe, de las que proceden, entre otros textos, las conocidas colecciones de la *Disciplina clericalis* de Pedro Alfonso o, en castellano, el *Calila e Dimna* (h. 1251), casi todas las literaturas antiguas nos han dejado breves relatos amorosos. En el mundo occidental se ha señalado, como

---

[69] Se representó en el XXVI Festival Internacional de Teatro Clásico de Almagro, en 2003, bajo la dirección de Mariano de Paco Serrano, autor también de la versión del texto. La Compañía Nacional de Teatro Clásico presentó, el 9 de febrero de 2015, en el Teatro Pavón de Madrid, una dramatización de la misma obra, en versión y dirección de Jesús Cracio. Bajo el título de *Desengaños amorosos,* Nando López dio una versión muy libre, creada a partir de las novelas de la Segunda parte, según declara, y estrenada el 24 de junio de 2018 en el Festival de Teatro Clásico de Cáceres y publicada ese mismo año (Madrid, Antígona). Se volvió a representar, bajo dirección de Ainhoa Amestoy, en el Teatro Salón Cervantes de Alcalá de Henares, el 22 y 23 de junio de 2019.

[70] Evidentemente, la denominación «novela corta» es moderna.

novela corta más antigua[71], la historia de Afrodita y Ares narrada en la *Odisea* (canto VIII). La *Historia de Psiqué,* contenida en el *Asno de oro* de Apuleyo, es el más claro precedente de la intercalación, en relatos de índole diversa (en este caso, satírico), de pequeñas novelas amorosas, como encontramos en la España de los siglos XVI y XVII.

El uso de *nova* o *novella* (originariamente «novedad», «noticia») para designar un relato breve es antiguo: está ya documentado en Raimon Vidal (primera mitad del siglo XIII) e incluso anteriormente en antiguo francés. Los escritores italianos, y en particular Boccaccio, lo toman del provenzal[72]. El *Decamerón* hizo triunfar el término, para designar un relato breve, en las restantes lenguas occidentales, aunque pronto variase el contenido de las obras así designadas. En Italia y en Francia, el término se impuso muy pronto (en Francia aparece ya en las *Cent nouvelles nouvelles,* terminadas con toda probabilidad en 1461 y no publicadas hasta 1486), pero encontró mayor resistencia en Inglaterra y en España. Cuando se conocieron en la Península las colecciones de novelas italianas, se siguieron utilizando los viejos términos tradicionales de *ejemplo, cuento* o *historia*[73]. El término *novela* contenía cierto matiz peyora-

---

[71] Walter Pabst, *La novela corta en la teoría y en la creación literaria: notas para la historia de su antinomia en las literaturas románicas,* versión española de Rafael de la Vega, Madrid, Gredos, 1972, pág. 29, n. 10.

[72] Acerca del significado de la palabra «novella» en los autores italianos, Pabst, *op. cit.,* pág. 93.

[73] A pesar de que ya el marqués de Santillana empleaba el italianismo *novela* (*Comedieta de Ponza,* 1436, v. 353), así como Juan Rodríguez del Padrón lo utiliza, alternando con «estoria», para designar la *Estoria de dos amadores,* relato breve insertado en el *Siervo libre de amor* (1439). Mita Valvassori, «El modelo narrativo del *Decamerón* en la Edad de Oro: una vieja historia», en *Edad de Oro,* 33 (2014), págs. 21-34, pág. 27, considera que posiblemente uno de los testimonios más tempranos del término en castellano sea el del códice escurialense de la traducción parcial de la obra de Boccaccio. Cfr. también Jean-Michel Laspéras, *La nouvelle en Espagne au Siècle d'Or,* Publications de la Re-

tivo, que hizo que se ensayaran otras denominaciones, como la de *patraña,* utilizada por Timoneda (1567). Cervantes funde la antigua y la nueva denominación al dar el título de *Novelas ejemplares* a su colección (1613). Pero el término no se impuso definitivamente: Céspedes y Meneses prefiere llamar *historias* a sus novelas *(Historias peregrinas y ejemplares,* 1623). Si aparece en el título de la primera colección de María de Zayas (probablemente por imposición del librero), la escritora opta por el término *maravillas* en el interior del texto y por *desengaños* en su segunda obra. Lope de Vega rehúsa toda diferencia entre las novelas de su época y los viejos cuentos, tal vez desdeñando la novedad cervantina: «En tiempo menos discreto que el de agora, aunque de más hombres sabios, llamaban a las novelas cuentos»[74].

La novela italiana contó con precedentes provenzales, desde los escasos relatos en verso, a las *vidas* y *razós* de los trovadores. Pero solo con Boccaccio (1313-1375) se prescindió totalmente de toda intención didáctica y la novela se convirtió en un relato construido en torno a un elemento cumbre, en el que la elaboración estética y el entretenimiento son fines por sí mismos del narrar. El cuidado en la expresión y en la elaboración distingue las novelas del *Decamerón* —de dispar procedencia— de relatos breves medievales como los antiguos *fabliaux.* Pero la novela posboccacciana no conservó las características del *Decamerón.* La mayoría de sus más tempranos imitadores franceses, con la excepción de Margarita de Navarra ya a mitad del siglo xvi, sacrificaron la elaboración cuidadosa, atentos especialmente a narrar casos sorprendentes y jocosos. A esta misma ten-

cherche, Université de Montpellier, Éditions du Castillet, 1987, págs. 21-25.

[74] Dedicatoria *A Marcia Leonarda* de *Las fortunas de Diana,* en Lope de Vega, *Obras poéticas,* t. I, ed. de José Manuel Blecua, Barcelona, Planeta, 1974², pág. 659.

dencia responde el *Patrañuelo* de Timoneda (1567). En Italia, se creó una doble tendencia, a la anécdota breve, al estilo del *Liber Facetiarum* de Poggio (1380-1459), o a la historia ampliamente desarrollada, que incorpora elementos procedentes de la novela bizantina. Eneas Silvio Piccolomini (1405-1464), cuya *Historia de duobus amantibus,* compuesta en latín, ejercería gran influencia, y Matteo Bandello (1484-1561) son los principales representantes de esta tendencia. Entre los imitadores directos de Boccaccio, pocos autores lograron alcanzar una gran categoría estética, a excepción de Chaucer.

Frente a la legión de imitadores que en otros países tuvo Boccaccio en los siglos xv y xvi (en Italia y en Francia principalmente, en este último país a partir de la segunda mitad del siglo xv), en España son muy escasas las colecciones de relatos breves anteriores a Cervantes. La lista se reduce al *Patrañuelo* (1567) de Timoneda y a las *Noches de invierno* de Eslava (1609)[75], puesto que las *Novelas* enmarcadas (h. 1563-1566) de Pedro de Salazar, historiador de Carlos V y de Felipe II, y las *novelas en verso,* no enmarcadas, de Cristóbal de Tamariz permanecieron manuscritas[76]. Las restantes novelas cortas son historias intercaladas en novelas largas o en colecciones misceláneas[77]. Sin embargo, la primera traduc-

---

[75] Sin embargo, más que una colección de novelas enmarcadas, la obra de Eslava es un libro de divulgación del saber, amenizado por diez «historias».

[76] Valentín Núñez Rivera editó, en 2014 (Madrid, Cátedra), las *Novelas* de Pedro de Salazar. Por otra parte, los *Diálogos de apacible entretenimiento, que contiene unas carnestolendas de Castilla* de Gaspar Lucas Hidalgo (1605; ed. de Julio Alonso Asenjo y Abraham Madroñal, Valencia, Universitat de València, 2010) no es propiamente una colección de novelas, sino un conjunto de cuentecillos muy breves, chistes, anécdotas divertidas, historias de mayor extensión, etc.

[77] Cfr. Marcelino Menéndez Pelayo, *Orígenes de la novela,* ed. preparada por Enrique Sánchez Reyes, Santander; Madrid, Aldus; CSIC, t. III, 1943, págs. 3-217.

ción española del *Decamerón* había aparecido en Sevilla, en 1496, y contó con cuatro reediciones antes de ser incluida en el Índice de Paulo IV (1559) y, en España, en el de Valdés de igual fecha[78]. Posteriormente, se autorizó en Italia una edición expurgada que se publicó en 1573; el Índice de Quiroga (1583) permitió en España esta edición castigada[79]. Francisco Truchado tradujo *Le piacevoli notti* de Straparola: la primera parte, con el título de *Honesto y agradable entretenimiento de damas y galanes,* se publicó en Bilbao, en 1580, y contó con una nueva edición en Granada, 1582 (1583 en el colofón); la *Segunda parte del honesto y agradable entretenimiento* apareció en Baeza, en 1581, y se reeditó en 1582 y 1583. La primera edición de las dos partes juntas se publicó en Madrid, en 1598, a costa de Luis Sánchez, tío de María de Zayas. A juzgar por el número de reediciones, fue el novelista italiano que alcanzó un mayor éxito a fines del siglo XVI y principios del XVII. Se tradujeron posteriormente catorce *Historias trágicas ejemplares* de Bandello (Salamanca, 1589; reediciones: Madrid, 1596 y Valladolid, 1601), a través de la versión francesa de Pierre Boaistuau y François de Belleforest, acentuando el aspecto moralizante de la obra, como habían hecho los traductores franceses. La traducción es anónima, pero es probable que su autor sea Vicente de Millis Godínez, quien unos años antes había realizado una traducción, también parcial, de *L'hore de recreatione* de Lodovico Guicciardini, con el título de *Horas de recreación* (Bilbao, 1586)[80]. Luis Gaitán de Vozmediano tradujo parcialmente los *Ecatommiti* de Giovan Battista Giraldi

---

[78] Caroline Brown Bourland, *Boccaccio and the «Decameron» in Castilian and Catalan Literature,* Nueva York; París, Macon, Protat Frères Imprimeurs, 1905, pág. 59.

[79] Menéndez Pelayo, *op. cit.,* III, págs. 23-24.

[80] Dos años después apareció en Zaragoza una nueva traducción de la misma obra, realizada por Jerónimo de Mondragón, con el título de *Primera parte de los ratos de recreación.*

Cinzio y la obra se publicó en Toledo, en 1590, con el título de *Primera parte de las cien novelas*[81]. Esto supone un mayor número de traducciones a fines del siglo XVI. El género se desarrolló en España esencialmente en el siglo siguiente.

Las *Novelas ejemplares* de Cervantes inician la larga serie de colecciones de novelas cortas españolas del siglo XVII. Con Cervantes la novela corta se ha convertido en un género muy distinto al boccacciano: ha aumentado su extensión, hasta el punto de que cada novela cobra entidad e independencia, por lo que el autor prescinde del marco introductorio. Desaparece la noción de relato construido en torno a un único suceso. Se incorporan elementos y técnicas procedentes de otros géneros, como la novela bizantina y picaresca, etc. Cervantes innova en unas obras que tendrán una indudable influencia en su país y en el extranjero[82], pero no hay que olvidar el camino recorrido por la novela italiana desde los tiempos de Boccaccio: la tendencia a la amplificación aparecía ya en autores italianos como Piccolomini y Bandello, y mucho más en los adaptadores

---

[81]   David González Ramírez, «En el origen de la novela corta del Siglo de Oro: los *novellieri* en España», en *Arbor*, 187.752 (2011), págs. 1221-1243.

[82]   Han destacado, por ejemplo, su influencia en la evolución del género en Francia, G. Hainsworth, *Les «Novelas Ejemplares» de Cervantes en France au XVIIᵉ siècle: contribution à l'étude de la nouvelle en France,* París, Champion, 1933, págs. 99-233; Frédéric Deloffre, *La nouvelle en France à l'âge classique,* París, Didier, 1967, págs. 17-32; René Godenne, *Histoire de la nouvelle française aux XVIIᵉ et XVIIIᵉ siècles,* Ginebra, Droz, 1970, págs. 27-39; Alexandre Cioranescu, *Le masque et le visage: du baroque espagnol au classicisme français,* Ginebra, Droz, 1983, págs. 439-483; Guiomar Hautcœur Pérez-Espejo, *Parentés franco-espagnoles au XVIIᵉ siècle: poétique de la nouvelle de Cervantès à Challe,* París, Honoré Champion, 2005. La novela cervantina y poscervantina llega a Francia en un momento de agotamiento de la vieja novela corta renacentista, imitada de Boccaccio y sus sucesores, y logra revitalizar el género, dándole un sesgo distinto.

franceses de este último, Boaistuau y Belleforest. En realidad, la novela cervantina está más cerca de los novelistas italianos de los siglos xv y xvi que del *Decamerón.*

Tras Cervantes, se multiplican las ediciones de novelas cortas españolas, en ocasiones llamadas modernamente *novelas cortesanas*[83], denominación que, además de no ser totalmente exacta, tiene el inconveniente de desvincular el género de corrientes análogas en otros países europeos. Sin desaparecer las novelas cortas intercaladas en obras diversas, género floreciente en la época anterior, se publican un cierto número de colecciones de novelas, en general enmarcadas. Alonso Jerónimo de Salas Barbadillo, Diego de Ágreda y Vargas, Antonio Liñán y Verdugo, Lope de Vega, Francisco de Lugo y Dávila, Tirso de Molina, Gonzalo de Céspedes y Meneses, Juan Pérez de Montalbán, Alonso de Castillo Solórzano y otros publican colecciones de novelas cortas.

La novela corta surge tardíamente en España[84], pero, durante varias décadas, cobra gran importancia[85]. Son mu-

---

[83] La denominación de *novela cortesana* fue acuñada por Amezúa: «Por *novela cortesana* comprendo yo, y así lo entenderé durante este discurso, una rama de la llamada genéricamente *novela de costumbres,* locución esta a mi parecer impropia y vaga, ya que rarísima es la novela que no recoge noticias, muchas o pocas, pero noticias al fin, sobre las costumbres de su tiempo. La novela cortesana nace a principios del siglo xvii; tiene por escenario la Corte y las grandes ciudades, cuya vida bulliciosa, aventurera y singularmente erótica retrata; conoce días de esplendor y ocasos de decadencia, y muere con el siglo que la vio nacer, para no resucitar por entonces» *(Formación y elementos de la novela cortesana: discursos leídos ante la Real Academia Española,* Madrid, Tipografía de Archivos, 1929, págs. 11-12).

[84] Antes existieron probablemente, además de las novelas italianizantes incluidas en extensos relatos, y los cuentos de raigambre medieval, relatos orales, como atestigua la *Sobremesa y alivio de caminantes* de Timoneda que, más que verdaderas novelas elaboradas, recoge esquemas argumentales para un relato oral (Pabst, *op. cit.,* págs. 54-55). Lope de Vega dice, hablando de los cuentos del pasado: «Estos se sabían de memoria, y nunca que yo me acuerde, los vi escritos» (ed. cit., pág. 659).

[85] Amezúa considera que, salvo María de Zayas, entra en decadencia después de 1635, fecha de la muerte de Salas Barbadillo *(Novela cortesa-*

chas las colecciones publicadas en estos años. Todavía en la segunda mitad del siglo XVII siguen apareciendo obras originales, aunque son ya más escasos los relatos de interés. Algunos de estos autores contarán con numerosas ediciones en el siglo XVIII y traducciones extranjeras, sobre todo al francés y en menor medida al inglés. La novela corta logra gran divulgación, pero muy pronto se muestra como un género estereotipado: así, ya en *Las fortunas de Diana*, obra aparecida en 1621, Lope de Vega puede tratar irónicamente muchos de sus tópicos.

---

na, págs. 94-95). Jean-Michel Laspéras detiene su investigación sobre la novela corta española del Siglo de Oro en 1637, fecha de la publicación de las *Novelas amorosas y ejemplares* de María de Zayas, consideradas el apogeo del género; las obras posteriores no serían sino repeticiones o pálidos reflejos de los grandes textos anteriores *(op. cit.,* págs. 21-25). Arsenio Pacheco-Rasanz retrasa la decadencia de la novela corta hasta 1665 («Varia fortuna de la novela corta en el siglo XVII», en *Revista Canadiense de Estudios Hispánicos,* 10.3 [1985-1986], págs. 407-421, pág. 411). Evangelina Rodríguez Cuadros y Marta Haro Cortés rebaten la opinión de Amezúa y consideran que el género se prolonga «incluso hasta finales del siglo» («Introducción» a María de Zayas, Leonor Meneses y Mariana de Carvajal, *Entre la rueca y la pluma: novela de mujeres en el barroco,* Madrid, Biblioteca Nueva, 1999, págs. 16-17). Isabel Colón Calderón no acepta tampoco que la decadencia del género comenzase en fecha temprana y señala que, conforme avanza el siglo, se buscan mecanismos de innovación, como la supresión de una vocal *(La novela corta en el siglo XVII,* Madrid, Ediciones del Laberinto, 2001, págs. 22-23). Es difícil hablar de rápida decadencia. Existen escritores de escaso talento en los años veinte (como Juan Cortés de Tolosa) y novelistas de gran interés en la segunda mitad del siglo (Cristóbal Lozano, Mariana de Carvajal, etc.). El mayor número de publicaciones de novelas cortas se sitúa en los años veinte del siglo; a partir de 1650 decrece el número de obras originales, pero siguen publicándose nuevas novelas cortas hasta casi finales del siglo, aunque, después de Mariana de Carvajal y de Andrés del Prado, desaparecen las colecciones enmarcadas e incluso se suprimen los marcos en reediciones de colecciones anteriores (Alicia Yllera, «Novela cortesana», en *Gran enciclopedia cervantina,* t. IX, Universidad de Alcalá de Henares, Instituto Universitario de Investigación Miguel Cervantes, 2015, págs. 8701-8715, págs. 8713-8714).

El éxito alcanzado por la novela no conllevó su total revalorización. Ya entre los provenzales parece haber sido un género poco apreciado. Siguiendo un viejo tópico, los autores recurrían a su utilidad didáctica para lograr una mayor aceptación por parte de un público algo más escrupuloso. Al extenderse, a partir del Renacimiento, el preceptismo y fundirse, en los comentaristas italianos de Aristóteles, las teorías del Estagirita con las nociones horacianas, predominó el principio de la necesaria utilidad moral de la literatura[86], lo que se avenía plenamente con el espíritu de la Contrarreforma. La novela carecía de grandes precedentes en la Antigüedad por lo que no tenía cabida en el preceptismo clásico. Pero si los más severos moralistas y los más cultos humanistas no veían el género con buenos ojos, el arte de relatar historias parece haberse convertido en uno de los pasatiempos favoritos de los cortesanos, según atestigua *El Cortesano* (1528), de Baltasar de Castiglione (libro II, caps. IV-VII), quien elabora una teoría del género inspirándose en Cicerón. Los consejos sobre el arte del buen narrar en una reunión reaparecen en el *Galateo español* (1599), adaptación hecha por Lucas Gracián Lantisco del *Galateo* de Giovanni della Casa. Años después, el portugués Francisco Rodrigues Lobo, en los diálogos 11 y 12 de *Corte na aldeia e noites de inverno* (1619), inspirándose en Castiglione, establece una distinción entre los *contos,* de índole popular, y las *historias* construidas al estilo de las *novelle* italianas[87]. En otros casos, se intentó crear una auténtica teoría poética del género, como hizo Francesco Bonciani, en sus *Lezione sopra il comporre delle novelle,* leídas en 1574

---

[86] De hecho, la *Poética* de Aristóteles prescribía como fin de la literatura el agrado, pero, en cambio, Horacio imponía su utilidad, lo que triunfa en la mayoría de los preceptistas italianos del Renacimiento y en los de los restantes países europeos.

[87] Menéndez Pelayo, *op. cit.,* III, págs. 150-152; Pabst, *op. cit.,* págs. 197-198.

en la Academia florentina «degli Alterati», en las que intentaba deducir las normas del género de Boccaccio, como Aristóteles deducía de Homero las de la épica[88]. El primer intento español en este sentido es el de Francisco de Lugo y Dávila, contenido en el marco de su *Teatro popular* (1622); en él se exige la utilidad didáctica del relato, la verosimilitud de la fábula y el decoro de los personajes, y se cita como modelo a Boccaccio[89]. Poco después Lope diría que sus reglas son las mismas de la comedia, es decir agradar al público, «aunque se ahorque el arte»[90].

La ausencia de valoración de la novela, así como las teorías de la época, explican algunas de sus características. Buscando una dignificación del género, los autores apelan a su intención moralizante —viejo tópico ya presente en las colecciones de cuentos medievales, desde Pedro Alfonso, pero ni siquiera fielmente cumplido en la *Disciplina clericalis*— o encubren la ficción bajo equívocas declaraciones de veracidad y autenticidad de los hechos narrados. Persistió el principio de *enseñar deleitando,* aunque el fin primordial de estas obras no fuera sino el entretenimiento y muchas veces su didactismo estuviese meramente superpuesto al relato, como en el *Teatro popular* de Lugo y Dávila o en las primeras colecciones de Castillo Solórzano[91].

De los diversos tipos de novelas incluidos en el *Decamerón,* predomina en España uno de los menos frecuentes en esta obra, pero ampliamente desarrollado por los sucesores

---

[88] Cfr. Gerard Gillespie, «Novella, nouvelle, novella *(sic),* short novel? A review of terms», en *Neophilologus,* 55 (1967), págs. 117-127 y 225-230, pág. 121.

[89] *Teatro popular (novelas),* introducción y notas de Emilio Cotarelo y Mori, Madrid, Librería de la viuda de Rico, Colección Selecta de Antiguas Novelas Españolas, 1906, págs. 21-27.

[90] Dedicatoria *A la señora Marcia Leonarda* de *La desdicha por la honra,* ed. cit., pág. 1085.

[91] Acerca de Castillo Solórzano, Peter N. Dunn, *Castillo Solórzano and the decline of the Spanish novel,* Oxford, Blackwell, 1952, págs. 75-86.

de Boccaccio: la novela amorosa, en general de aventuras. El relato picaresco está también representado, pero es menos frecuente. La novela no es ya un relato orientado en torno a un suceso, al estilo de Boccaccio, sino que tiende a multiplicar los incidentes. Por lo tanto, sus dimensiones son relativamente elevadas. Se adoptan elementos de la novela larga, como en ocasiones el comienzo *in medias res* o el relato directo de la propia vida por parte del protagonista. Incorpora otros elementos de la novela bizantina, como son la multiplicación de viajes, tempestades o cautiverios. No es extraña esta utilización de elementos bizantinos, si recordamos la enorme admiración de la época por el *Teágenes y Cariclea* de Heliodoro, descubierto en el saco de la librería del rey Matías de Hungría y editado en Basilea en 1534; el Pinciano consideraba esta obra como verdadera epopeya en prosa[92]. En ocasiones se recurre también a rasgos de la novela pastoril.

El elemento esencial de estas novelas es la acción: los personajes están supeditados a ella y, por lo tanto, son someramente trazados. La aventura amorosa y los obstáculos que se oponen a la pasión ocupan, en general, el escenario. Al contar con mayor desarrollo, el diálogo cobra una mayor importancia. No existe interés descriptivo; en general se sitúa la historia en ciudades españolas, en Nápoles o en Flandes, y en un tiempo relativamente reciente. Con frecuencia los protagonistas viajan de unos lugares a otros de los territorios europeos de la Corona española. La novela recoge pequeños detalles de la vida de la época, lo que ha llevado a algunos autores a hablar de «costumbrismo»[93], a

---

[92] Alonso López Pinciano, *Philosophia antigua poética,* 3 vols., ed. de Alfredo Carballo Picazo, Madrid, CSIC, 1973², II, pág. 85; III, págs. 155, 165, 167, 180 y 224.

[93] Para Carolina B. Bourland constituye este retrato de las costumbres contemporáneas el aspecto más atractivo para el lector moderno *(The short story in Spain in the seventeenth century with a bibliography of the*

pesar del carácter impreciso y convencional de sus descripciones. Se prescinde del viejo tono jocoso y a veces licencioso boccacciano y la historia se trata en general (salvo los relatos de tipo picaresco) en tono serio, aunque no falten en ocasiones pequeños detalles irónicos. Los personajes son, por lo general, nobles y los autores proclaman con frecuencia la veracidad de sus relatos, incluso cuando los toman de novelistas italianos. En el fondo, esta tendencia a situar las historias —aunque tengan origen literario— en un marco familiar para el lector es un viejo procedimiento de la narrativa breve medieval, que aparece, por ejemplo, en los *fabliaux* (y que no olvidarán los novelistas extranjeros del Renacimiento), mientras que la novela larga cortés medieval (de la que es heredera la novela de caballería) desarrolla sus acciones en un pasado lejano y ambiguo, y en una geografía fantástica. El relato caballeresco busca deliberadamente distanciarse del mundo cotidiano del lector, la novela corta intenta entroncarse con la realidad. En ambos casos, se trata de la herencia de dos tipos de relatos, ya claramente delimitados en la Edad Media. Cervantes comprendió este principio al situar las aventuras de *Don Quijote* en un ambiente familiar, con lo que las hazañas del hidalgo manchego no podían sino tratarse en un plano irónico.

Al transcurrir la acción de las novelas en un ambiente cotidiano, algunos autores han hablado del realismo de estas obras[94]. Sin duda lo son, comparadas con la novela larga de tipo bizantino y la novela de caballería. Pero aplicar el

---

novela from 1576 to 1700, Northampton, Massachusetts, impreso para Smith College, 1927. Reimpresión, Nueva York, Burt Franklin, 1973, pág. 23). También Joaquín del Val señala el costumbrismo de muchas de estas novelas («La novela española en el siglo XVII», en *Historia general de las literaturas hispánicas,* Guillermo Díaz-Plaja [ed.], t. III, Barcelona, Barna, 1953, págs. XLIII-LXXX, pág. XLVI).

[94] Amezúa destaca su observación de la vida *(Novela cortesana,* págs. 60-62), también Del Val *(loc. cit.,* pág. XLVI). Acerca del «realismo» de Zayas véase posteriormente.

término «realista», en sentido moderno, a estas obras es caer en el anacronismo. No es intención de los autores pintar la realidad. Este presupuesto es desconocido en la noción del arte de la época. El objetivo del arte no es copiar a la naturaleza, sino recrearla, fabricar una armonía superior. Lo trivial y lo cotidiano carecen de interés. Solo lo admirable, lo extraordinario o lo sorprendente pueden merecer la atención. La relación de la novela corta con el mundo de su época es indirecta. Refleja los gustos, aficiones, e incluso aspiraciones de sus contemporáneos. Nos muestra un estado de opinión más que la vida del momento.

Es literatura de evasión, pero muestra ciertas tendencias y aspiraciones de su tiempo. Atestigua, por ejemplo, la pérdida de los viejos ideales. Pervive el espíritu aristocrático que vincula la virtud a la nobleza, pero nos presenta a una joven nobleza ocupada esencialmente en la aventura amorosa, en la galantería. Su gran interés es el amor. La conquista se reduce a la conquista de la dama. La guerra ocupa un lugar secundario. Solo recurre a ella el noble que debe huir tras una acción comprometida (duelo, homicidio, etc.) o que ha sufrido un revés amoroso, real o aparente. La novela refleja una nobleza que ha perdido su vieja afición a las armas. Es cierto que el tema amoroso era una convención de la novela desde la época bizantina y que su público era con frecuencia femenino, pero la novela indica también cierto cambio en los ideales de vida de la nobleza.

La novela del siglo XVII no pretendía reflejar la realidad, lo que a ningún contemporáneo habría parecido digno de interés. Pero muestra numerosos aspectos de la vida de la época. Así, el sorprendente dinamismo de la novela guarda cierta relación con el de muchos españoles de entonces[95]. El peregrinar de muchos de sus héroes por la Península,

---

[95] Amezúa, *Novela cortesana,* pág. 17.

Italia y Flandes se correspondía con la existencia de muchos jóvenes del momento, segundones de familias nobles o pobres aventureros, que acudían a las guerras en espera de futuras recompensas. En cambio, el mundo americano está casi totalmente ausente de estas obras.

Los autores adoptan elementos de dispar procedencia y, buscando suscitar la admiración del lector, no rehúsan recurrir a lo maravilloso, a la magia o al milagro. La credulidad de la época era superior a la nuestra, pero, de nuevo, era también una convención del género novelesco del pasado. Esto no impide que, en algunos casos, se adaptasen en la novela anécdotas reales[96] o que algunos acontecimientos de la época, que nos han transmitido los cronistas de sucesos diversos (Pellicer, Barrionuevo o las cartas de jesuitas, etc.), puedan parecer tan novelescos como las mismas novelas.

El autor se introduce a menudo en el relato para enjuiciar la conducta de sus personajes, lamentar sus errores o exponer las enseñanzas deducibles de su novela. El relato se quiebra de este modo a beneficio de una digresión, sorprendente para el lector moderno, acostumbrado a una mayor objetividad e impasibilidad del novelista. En la época, las digresiones eran, en general, apreciadas. Respondían al didactismo exigido a la obra. Incluso algunos autores, como Suárez de Figueroa, sostenían que sin tales digresiones una novela no podía ser digna de elogio[97]. Lope deseaba que las novelas fuesen obra de «hombres científicos, o por lo menos grandes cortesa-

---

[96] Como hizo Cervantes con *La historia del capitán cautivo* insertada en la primera parte del *Quijote,* según mostró Jaime Oliver Asín («La hija de Agi Morato en la obra de Cervantes», en *BRAE,* 27 [1948], págs. 245-339, págs. 293-339).

[97] Agustín G. de Amezúa y Mayo, *Cervantes creador de la novela corta española: introducción a la edición crítica y comentada de las «Novelas Ejemplares»,* 2 vols., t. I, Madrid, CSIC, 1956, pág. 385; W. F. King, *op. cit.,* pág. 110.

nos, gente que halla en los desengaños notables sentencias y aforismos»[98].

La concepción de los personajes que predominó en la Antigüedad, en la Edad Media, en el Renacimiento y en el siglo XVII difícilmente puede compararse con las nociones modernas, surgidas a partir del siglo XIX. Además de exigir el decoro que cada personaje actuase según la clase social a la que pertenecía, los contemporáneos tenían una noción muy esquemática de los caracteres, que se reducían por lo general a prototipos, encarnación de un defecto (el avaro) o de un grupo social (el joven enamorado, el padre autoritario). Carece de sentido buscar las nociones modernas de individualidad en la literatura del pasado y los tipos minuciosamente perfilados de la novela del siglo XIX. Como en la Edad Media, se busca lo general, antes que lo particular, en los personajes. En el mejor de los casos, basta conferir al personaje unos rasgos someros que den una apariencia de familiaridad a su figura, por esquemática que sea.

A esta somera caracterización, fácilmente explicable por las ideas psicológicas de la época, se añade que, en la novela corta española, el personaje ocupa un lugar secundario frente a la acción, lo que explica que en ocasiones se le someta a un comportamiento incoherente para plegarse a las exigencias de la intriga, sobre todo si se trata de un personaje secundario. El predominio de la acción sobre los caracteres no es exclusivo de la novela corta española, sino una característica bastante general de la novela corta europea de la época[99].

---

[98] Ed. cit., pág. 660.
[99] No hay que olvidar que la preceptiva clásica sometía a los personajes a la acción. A propósio de la tragedia, Aristóteles decía, en su *Poética*, que la imitación de la acción o fábula es «el principio y como el alma de la tragedia; y, en segundo lugar, los caracteres» *(Poética de Aristóteles,* edición trilingüe por Valentín García Yebra, 2.ª reimpresión, Madrid, Gredos, 1992, § 1450.ª, págs. 146-149).

Contemporánea de la comedia, la novela presenta un cierto número de rasgos comunes con las obras dramáticas del momento. No es extraño, pues ambos géneros buscaban la aceptación de un amplio público. Por otra parte, las influencias son mutuas, puesto que los dramaturgos de la época pusieron en escena numerosos argumentos de novela corta italiana[100]. Como la comedia, la novela corta busca la variación, en este caso, intercalando composiciones líricas, siguiendo una tradición muy antigua y particularmente frecuente en la literatura oriental[101], aunque en este caso heredada de la novela pastoril.

Al utilizar Boccaccio el marco narrativo (de origen oriental y ya presente en colecciones medievales como el *Calila e Dimna)* y darle una nueva función, creó el procedimiento más usual para establecer una unidad entre los diversos relatos narrados. Contar historietas era uno de los entretenimientos del cortesano, por lo que el marco podía reproducir la reunión misma en la que las novelas se narraban. Son muchos los seguidores de Boccaccio que imitan su marco, reproduciéndolo incluso a veces de modo mecánico. Se ensayaron también otros procedimientos, como el de Eneas Silvio Piccolomini, que sustituye el marco por la dedicatoria en la que declara escribir por mandato del hu-

---

[100] Así, por ejemplo, Bourland señaló la existencia de comedias de Lope de Vega y otros autores cuyos argumentos procedían del *Decamerón (Boccaccio,* págs. 70-193). La influencia de Bandello en el autor es también importante. Diana Berruezo Sánchez analizó la huella de *Il Novellino* de Masuccio Salernitano en algunas comedias de Lope de Vega, relacionándolas con otras de diversos dramaturgos, como Rojas Zorrilla o Calderón (Il Novellino *de Masuccio Salernitano y su influencia en la literatura española de la Edad de Oro,* Vigo, Academia del Hispanismo, 2015, págs. 182-209).

[101] María Rosa Lida de Malkiel, «Perduración de la literatura antigua en Occidente (A propósito de E. R. Curtius, *Europäische Literatur und lateinisches Mittealter)*», reproducido en *La tradición clásica en España,* Barcelona, Ariel, 1975, págs. 269-338, pág. 293.

manista Sozzini, o el de Bandello, que proporciona a cada relato un marco epistolar independiente.

En España prescinde del marco Timoneda, pero recurre a él Pedro de Salazar. El diálogo es la manera de vincular los cuentecillos, anécdotas o chistes, etc. que incluye Gaspar Lucas Hidalgo en sus *Diálogos de apacible entretenimiento, que contiene unas carnestolendas de Castilla*[102], y el mismo procedimiento reaparece en Antonio de Eslava. Cervantes prescinde de nuevo de esta convención italianizante, pero en el prólogo a las *Novelas ejemplares* promete publicar, en el futuro, si la vida no le deja, los *Trabajos de Persiles* y «luego las *Semanas del Jardín*»[103]. La obra nunca apareció, pero se ha pensado que debía de ser un conjunto de novelas cortas enmarcadas, con lo que también él se propondría utilizar el marco[104].

La mayoría de los sucesores de Cervantes recurren de nuevo al marco (Alonso Jerónimo de Salas Barbadillo, Francisco de Lugo y Dávila, Alonso de Castillo Solórzano, Pedro de Castro y Añaya, María de Zayas, Mariana de Carvajal, etc.). Tirso de Molina incluso critica abiertamente la omisión cervantina[105]. Céspedes y Meneses prescinde de toda *cornice,* pero la sustituye por una alabanza de España

---

[102] El pretexto de amenizar una reunión de carnestolendas, ya utilizado en Italia por autores como Straparola, reaparece en diversas colecciones de novelas españolas posteriores.

[103] *Novelas ejemplares,* 2 vols., ed. de Harry Sieber, Madrid, Cátedra, 1981, t. I, pág. 53.

[104] Bourland, *Boccaccio,* pág. 194; Amezúa, prólogo a las *Novelas amorosas,* pág. xvii; Joaquín Arce, «Boccaccio nella letteratura castigliana: panorama generale e rassegno bibliografico-critico», en *Il Boccaccio nelle culture e letterature nazionali,* Francesco Mazzoni (ed.), Florencia, Leo S. Olschki, 1978, págs. 63-105, pág. 97.

[105] «También han de seguir mis buenas o malas fortunas, *Doce novelas,* ni hurtadas a las toscanas, ni ensartadas unas tras otras como procesión de disciplinantes, sino con un argumento que lo comprenda todo» (*Cigarrales de Toledo,* ed. de Luis Vázquez Fernández, Madrid, Castalia, 1996, pág. 108).

y un prólogo apologético de las diversas ciudades españolas en las que sitúa cada una de sus «historias». Otros autores sustituyen el marco por una dedicatoria o epístola-dedicatoria independiente para cada novela (Lope de Vega, Juan Pérez de Montalbán, Alonso de Alcalá y Herrera, Cristóbal Lozano, etc.). Algunos prescinden de toda introducción (Diego de Ágreda y Vargas, José Camerino, Juan Izquierdo de Piña, Andrés Sanz del Castillo y Luis de Guevara). Los pretextos más usuales para enmarcar las novelas son la reunión o el viaje. En algún caso, como en María de Zayas, cobra mayor interés el marco, al desarrollar una trama independiente de las novelas e incluso al crearse una interacción entre el marco y los relatos.

El marco de las colecciones castellanas procede directamente de las colecciones italianas o de las traducciones de Straparola y de Giraldi Cinzio: en Straparola los narradores huyen de Milán a Murano (Venecia) y se reúnen en las noches de carnaval para contar sus historias; en Giraldi Cinzio es el saco de Roma el que obliga a los personajes a huir hacia Marsella. No puede proceder de la traducción de Boccaccio publicada en 1496 y varias veces reeditada, ya que esta alteró notablemente la estructura del original, mutilando el marco y la mayor parte de los prólogos y epílogos, lo que no hicieron los traductores de Straparola y Giraldi Cinzio[106].

[106] Valentín Núñez Rivera, «En los orígenes de la novela. Series narrativas con marco ficcional, entre abismos y reflejos», en *Ficciones en la ficción: poéticas de la narración inserta (siglos XV-XVII),* Valentín Núñez Rivera (ed.), Bellaterra, Universitat Autònoma de Barcelona, 2013, págs. 25-47; Manuel Rubio Árquez, «La *cornice boccacciana* en las adaptaciones de las *novelle* en la literatura áurea castellana», en *Levia Gravia,* 15-16 (2013-2014), págs. 477-486; Juan Ramón Muñoz Sánchez, «Cervantes no fue el creador de la novela corta española», en *Anuario de Estudios Cervantinos,* 12 (2016), págs. 271-282; Manuel Piqueras Flores, «El nacimiento de las colecciones de novela corta en español», en *Nuevos enfoques sobre la novela corta barroca,* Mechthild

III. Las novelas cortas de María de Zayas

1. *Marco y novelas*

María de Zayas publica dos colecciones de novelas enmarcadas, cada una de ellas compuesta por diez novelas. El marco no ofrece, en principio, gran novedad: un grupo de amigos y amigas se reúne en casa de Lisis para acompañarla en su convalecencia de unas fiebres cuartanas y deciden entretenerse, durante cinco noches, narrando novelas. A los relatos se añaden bailes, músicas, canciones e incluso alguna representación dramática (no recogida, esta última, en la obra, a diferencia de otras colecciones de novelas cortas de la época). Pero la autora intenta conferir una mayor densidad al marco al introducir en él una pequeña trama que corre paralela al desarrollo de los saraos: los amores no correspondidos de Lisis y don Juan, la aparición de don Diego, pretendiente de Lisis, su discusión con don Juan —puesto que este, aunque prefiere a Lisarda, no desea perder el amor de Lisis— y finalmente la promesa de matrimonio de Lisis y don Diego. Los poemas incluidos al principio y al final de los relatos se refieren al marco. Existe, además, cierta relación entre el narrador y el tipo de novela contada: las damas cuentan historias que muestran la constancia en el amor de las mujeres y la necesidad de vengarse si han sido engañadas[107]. En cambio, las «maravillas» con-

---

Albert, Rafael Bonilla Cerezo y Ángela Favris, Berna, Peter Lang, 2016, págs. 77-91; Valvassori, *loc. cit.*

[107] Constancia en el amor de las mujeres: *Aventurarse perdiendo,* I, 1; *La fuerza del amor,* I, 5; *El desengaño amando,* I, 6. Necesidad de vengarse si han sido engañadas: *La burlada Aminta,* I, 2. Solo la novela de Laura (I, 10), cuya autenticidad no se garantiza, a diferencia de lo que la narradora suele hacer en los demás casos, presenta únicamente la pregunta de cuál de los tres fue más generoso, si el marido, el amante o el demo-

tadas por los caballeros son de tema y tono más variado e incluso en una de ellas la mujer engaña al hombre[108].

La vinculación entre marco y novelas es distinta en la Segunda parte. La relación entre la historia narrada y el carácter del personaje del marco que la cuenta es escasa, salvo en la primera novela[109] y tal vez en la novena, en la que la única religiosa del grupo, doña Estefanía, cuenta un desengaño que es un verdadero relato hagiográfico y un milagro mariano al estilo medieval. Se superpone a la moralidad primitiva de la historia (el mostrar el poder de la Virgen para defender a sus protegidos), un nuevo didactismo, que muestra las dificultades que puede tener una mujer para conservar su virtud y demostrar su inocencia. Pero, en cambio, la unión entre el marco y las novelas es mayor que en la Primera parte[110]. Se altera el final en ella prome-

---

nio, para resolverla a favor de este último, ya que son muy raros en él los ejemplos de bondad.

[108] *El castigo de la miseria,* I, 3. También queda burlado, aunque ingenuamente por parte de su esposa, el protagonista de *El prevenido engañado,* I, 4, por haber preferido una mujer boba a una inteligente. En *Al fin se paga todo,* I, 7, Hipólita se venga de su cuñado don Luis, pero su conducta es todo menos edificante y la autora se entretiene narrando los episodios (dignos de una farsa) de sus encuentros frustrados con su amante. La novela octava, *El imposible vencido,* recurre al viejo tema de la «difunta pleiteada», estudiado por María Goyri de Menéndez Pidal (*«La difunta pleiteada»: estudio de literatura comparativa,* Madrid, Victoriano Suárez, 1909. No señaló, sin embargo, la versión de Zayas. La estudió Edwin S. Morby, «The *Difunta pleiteada* theme in María de Zayas», en *Hispanic Review,* 16 [1948], págs. 238-242). Muestra la fuerza del amor, pero sobre todo se presta a discutir el caso planteado: ¿a cuál de los dos hombres pertenece la mujer? *El juez de su causa* (I, 9) ilustra el triunfo de la constancia de Estela y su extraordinaria fuerza de ánimo, pero lo que destaca en ella son sus insólitas proezas militares y el actuar como juez de su propio enamorado.

[109] Puesto que es un personaje del marco, Isabel-Zelima, quien cuenta su propia historia.

[110] El hecho fue destacado por Pilar Palomo *(La novela cortesana [Forma y estructura],* Barcelona, Planeta; Universidad de Málaga, 1976,

tido[111], aumentan los comentarios a las novelas[112], pero, sobre todo, los relatos inciden en el comportamiento de los personajes del marco: los desengaños narrados deciden a Lisis a renunciar al matrimonio con don Diego y a optar por la vida seglar en un convento. Con ello, Zayas inaugura una interacción más estrecha entre los personajes del marco y los relatos, cuya utilización por parte de autores posteriores veremos más adelante, pero, además, convierte a los personajes del marco en primeros destinatarios del mensaje que desea transmitir a sus lectoras. El marco tradicional cobra un nuevo sentido en sus novelas.

2. «Maravillas» y «desengaños». Estética de la admiración

Zayas evita el término *novelas*. Solo aparece en el título de su primera colección, probablemente para beneficiarse del éxito alcanzado por las novelas cervantinas y tal vez por imposición del librero-editor. Pero, en el interior de esta obra, utiliza sistemáticamente el término *maravilla* y en la segunda llama a sus relatos *desengaños*. *Novela* le parece un nombre desprestigiado: «que con este nombre [de «maravillas»] quiso desempalagar al vulgo del de novelas, título tan enfadoso que ya en todas partes le aborrecen» (I, pág. 168). *Novela* designaba con frecuencia un relato falso, una inno-

---

págs. 68-73), por Sandra M. Foa *(Feminismo y forma narrativa: estudio del tema y las técnicas de María de Zayas y Sotomayor,* Valencia, Albatros, 1979, págs. 118-121) y por Montesa *(op. cit.,* págs. 345-350).

[111] Se anunciaba el castigo de la ingratitud de don Juan y la mudanza de Lisarda, lo que de verdad ocurre, pero también la boda de Lisis (pág. 534), que no tendrá lugar.

[112] Montesa destaca que con sus comentarios el marco se convierte en una forma de dirigismo *(op. cit.,* pág. 352). Es cierto, pero es anacrónico dar al término un sentido negativo. La autora buscaba precisamente inclinar la opinión del lector en una dirección determinada.

vación desafortunada[113]. Podría haber utilizado el término *historias,* usado años antes por Céspedes, pero *maravilla*[114] se avenía perfectamente con la estética de nuestra autora y con la estética de su época. El Pinciano veía como un elemento esencial de la obra literaria el suscitar la admiración[115]. No puede suscitar la admiración un hecho o personaje trivial, de ahí el carácter extraordinario de sus historias. Pero lo extraordinario puede fácilmente parecer increíble y, por lo tanto, perder toda posibilidad de influenciar al lector. Solo lo verdadero conmueve y es imitable. La novelista, consciente de esta dificultad, pone especial interés en acrecentar las apariencias de veracidad de sus obras. Diríase que, entre los distintos tipos de fábulas aceptadas por Aristóteles, la verdadera y la verosímil, María de Zayas opta, como hace por esos mismos años en Francia Corneille, por la historia inverosímil aunque verdadera o, al menos, intenta presentarla como tal[116]. Se propone crear una impresión de veracidad en sus novelas, situándolas en un marco geográfico familiar para los contemporáneos[117],

[113] En los *Desengaños* dice: «como el vulgo es novelero» (pág. 323), aludiendo a que inventa cuanto desconoce. Posteriormente añade: «aunque en común han dado todos [los hombres] en tan noveleros, que por ser lo más nuevo el decir mal de las mujeres, todos dicen que lo que se usa no se excusa» (pág. 679). En otras ocasiones se utiliza también, en el mismo texto, el término en sentido negativo (pág. 682, etc.).

[114] Acerca del sentido de *maravilla,* cfr. Foa, *op. cit.,* pág. 104; Montesa, *op. cit.,* pág. 66.

[115] *Op. cit.,* II, págs. 56-59, pág. 58 («porque la cosa nueua deleyta, y la admirable, más, y más la prodigiosa y espantosa»). La idea estaba muy extendida en las preceptivas de la época. También Lugo y Dávila dice que lo esencial de la fábula en la novela es «mover á la admiración» *(op. cit.,* pág. 23).

[116] Evidentemente sus relatos no son verdaderos, pero la autora se esfuerza en presentarlos como tales.

[117] Sus novelas se sitúan en Baeza (I, 1), Segovia (I, 2), Granada (I, 4), Madrid (I, 4), Nápoles (I, 5), Toledo y Sevilla (I, 6), Valladolid (I, 7), Salamanca (I, 8), Valencia (I, 9), Zaragoza (I, 10 y II, 1), Milán (II, 2), Palermo (II, 3), Gran Canaria (II, 4), en una ciudad cercana a Sevilla y

introduciendo un cierto número de costumbres de la época o de los países[118], aludiendo a acontecimientos[119] o personajes históricos[120], hasta el punto de que en casi todas sus novelas podemos decir el momento en el que supuestamente ocurrieron. Insiste sobre la autenticidad de sus relatos, explica cómo llegaron a oídos de sus narradores y añade, en numerosas ocasiones, que alteró parcialmente los

---

en Sevilla (II, 5), Madrid (II, 6), Flandes (II, 7), Jaén y Nápoles (II, 8), Hungría (II, 9) y Lisboa (II, 10), etc. Evidentemente, esto no supone que exista ninguna noción de «color local».

[118] Así, habla de la costumbre en la Corte de retratarse las damas (I, 4, pág. 319), alude a ciertas costumbres italianas (I, 5, pág. 346), a la habilidad de las damas italianas con el arpa (I, 5, pág. 356), a que en Flandes dar un hombre a una dama palabra de esposo ante un testigo tiene fuerza legal (I, 8, pág. 446), a los saraos y festines de Zaragoza (I, 10, pág. 524), etc., o, en los *Desengaños,* hace referencia a las costumbres italianas (II, 2, págs. 263; II, 3, pág. 315), etc.

[119] *Novelas amorosas:* la acción de I, 1, pág. 193, ocurre tras la expulsión de los moriscos, cuando el conde de Lemos es enviado como virrey a Nápoles (1610) y el protagonista perece en la guerra de La Mamora (I, 1, pág. 200). El primo de Aminta sirve al rey en Italia en la guerra contra el duque de Saboya (I, 2, pág. 214); se alude también a la corte de Felipe III en Madrid (I, 2, pág. 237). En I, 5 reaparece la guerra de Felipe III contra el duque de Saboya (pág. 369); I, 7 ocurre estando la corte de Felipe III en Valladolid (pág. 413); en I, 8 el protagonista se desplaza a Flandes, que a la sazón es gobernado por el duque de Alba (pág. 452). En los *Desengaños* se alude a la guerra contra el duque de Saboya (II, 2, pág. 271), a la estancia del conde de Lemos como virrey en Nápoles (II, 8, pág. 538), a los tiempos del duque de Alba en Flandes (II, 7, pág. 503), etc.

[120] En las *Novelas amorosas* se habla de la condesa de Gelves, doña Leonor de Portugal, que embarcó en Italia para venir a Zaragoza, donde su marido, don Diego de Pimentel, había sido nombrado virrey (I, 1, pág. 197); se alude a la intervención a favor de los protagonistas del marqués de Santa Cruz (I, 1, pág. 197); el duque de Osuna se desplaza a Sicilia para ser virrey (I, 4, pág. 329); se alaba al conde de Lemos, virrey de Nápoles (I, 5, pág. 368); en los *Desengaños* se cita de nuevo al VII conde de Lemos (II, 8, págs. 530-531), al IX conde de este título (II, pág. 372), al duque de Alba, gobernador de Flandes (II, 7, pág. 503), al duque de Osuna (II, 8, pág. 538). El último relato transcurre durante la estancia de Felipe III en Portugal (II, 10, pág. 638).

nombres al tratarse de familias nobles y conocidas[121]. Incluso, en ocasiones, omite ciertos detalles porque el personaje que, supuestamente, transmitió la historia no pudo conocerlos o bien explica cómo este llegó a saberlos[122].

---

[121] *Novelas amorosas:* en I, 1, pág. 210, se dice que doña Guiomar le contó la historia y que solo alteró los nombres; también en I, 2, pág. 247, se afirma que se modificaron los nombres; en I, 3, pág. 253, se alude a que don Marcos es un nombre supuesto; este relato (I, 3, pág. 291) se lo contó la propia Isidora; omite el apellido de don Fadrique y su linaje porque en Granada aún viven sus familiares (I, 4, pág. 295), el mismo don Fadrique escribió la historia y se la envió a su primo don Juan, de Madrid (pág. 340); escuchó la historia de I, 5 de boca de su protagonista (págs. 369-370); en I, 7 se dice que todavía vive en Salamanca un hijo de los protagonistas (pág. 445). Uno de los jueces del pleito le informó del caso en I, 8 (pág. 482). Solo en la última novela, Laura no garantiza la autenticidad de la historia (I, 10, pág. 512), aunque posteriormente declara que uno de los personajes contó el caso por escrito (pág. 534). En cambio, en la quinta novela, que transcurre en Italia, no tiene inconveniente en dar el nombre de los protagonistas ni en indicar su parentesco con los duques de Nochera (o Nocera), tal vez debido a la mayor lejanía espacial, que no obliga al juego de la supuesta discreción, y también probablemente a que el duque, que había sido virrey de Aragón y de Navarra, había caído en desgracia, falleciendo en la cárcel en 1642 (pág. 345). En los *Desengaños* declara callar el apellido del personaje (II, 1, pág. 211; II, 2, págs. 262-263) o bien que no dirá el nombre de la ciudad por vivir en ella familiares de sus personajes (II, 5, pág. 379). Se insiste en que la protagonista vive todavía y en que la narradora conoció el caso por los que lo vieron (II, 5, pág. 409); supo la historia por sus propios familiares, pues la narradora es nieta de los servidores de doña Blanca (II, 7, pág. 505). Se apunta que el suceso ocurrió hace poco más de 26 años y que ha deducido que la ciudad en la que transcurrió fue Jaén (II, 8, pág. 512) o bien que el hijo del protagonista vive todavía en Sevilla (II, 8, pág. 546). Llamará al protagonista don Gaspar, aunque no sea este su nombre (II, 10, pág. 638); él mismo le dio a conocer la historia (pág. 675) y añade que Florentina vive todavía (pág. 675). Le contó el caso quien lo vio y disimuló la patria y los nombres porque todavía viven Octavia y el senador (II, 2, pág 292), etc. Sin embargo, en II, 8 (págs. 531 y 546) se indica el nombre de personajes residentes en Nápoles o en Sevilla.

[122] Al relatar la muerte de Marieta nos dice que no pudo saber lo que entre ellos pasó (II, 7, pág. 493) o explica cómo doña María vio cómo desangraban a doña Blanca por el hueco de la llave (II, 7, pág. 502). Ig-

Nada de esto es realmente nuevo. Respondía a la preocupación por la verosimilitud y la veracidad de los escritores de la época[123].

Incluso los elementos más fantásticos se intentan justificar. No era increíble para los contemporáneos la posibilidad de pactos con el demonio, frecuentes en la literatura moralizante medieval, sobre todo en los milagros marianos. La literatura de la época presentaba casos análogos, como *El esclavo del demonio* (1612) de Mira de Amescua. María de Zayas utiliza dos veces el pacto de un hombre con el demonio para conseguir sus propósitos amorosos (I, 10 y II, 9), aunque en el primero de ellos la narradora no garantiza la autenticidad del relato[124]. Tampoco era extraña la creencia en agüeros (I, 2, pág. 228), y no faltan elementos de magia, en algunos casos falsa (I, 3, págs. 284-285), en otros verdadera (I, 6, págs. 382-386; II, 5, pág. 393), o prodigios, como la telepatía, que permite conocer a Carlos la situación apurada en la que se encuentra su hermana, y la actitud de su caballo, que se detiene en el lugar donde está

---

nora lo que contenían los papeles que don Juan enviaba a Camila, pues ella no los leía (II, 2, págs. 286-287). Se dice que no se sabe lo que fue de don Carlos y de don Juan (II, 2, pág. 292), para intentar dejar cierta incertidumbre, como en la vida misma. Es decir, la autora intenta no contar nada que su fuente de información no pudiera conocer. Siente verdaderos escrúpulos por utilizar la omnisciencia.

[123] Riley estudió esta preocupación en Cervantes (cfr. Edward C. Riley, *Teoría de la novela en Cervantes*, versión española de Carlos Sahagún, Madrid, Taurus, 1989[4], págs. 278-307) y Francisco Rico aludió a ella en el *Lazarillo* (*La novela picaresca y el punto de vista*, nueva ed., Barcelona, Seix Barral, 2000, págs. 39-41).

[124] Rompiendo su tendencia a insistir sobre la veracidad de sus relatos, la narradora, antes de iniciarlo, declara: «No quiero, discreto auditorio, venderos por verdades averiguadas los sucesos desta historia» (pág. 512). Pero lo que encuentra inverosímil no es el tema del jardín mágico, sino que el diablo pueda realizar una buena acción, como ocurre en este relato, que procede del *Decamerón* (X, 5) y del *Filocolo* (IV, 4) de Boccaccio (Place, *María de Zayas*, págs. 35-36; Sylvania, *op. cit.*, págs. 26-34). Con esto intenta hacer aceptar como verdaderos los restantes relatos.

la muchacha (I, 5, págs. 366-367), el retorno del infierno del antiguo enamorado para prevenir a su amada de los males que sufrirá en la otra vida si no cambia de conducta (I, 6, págs. 387-388) o la muerta que habla para avisar a su enamorado del peligro que le acecha (II, 8, pág. 526). La Virgen interviene, como en los milagros marianos, en favor de sus devotos (II, 3; II, 9), aunque estos no sean de conducta irreprochable. En unos casos los hechos de magia son presentados como supercherías[125], en otros se explican apelando a que Dios permite la participación diabólica[126]. Tal parece ser la posición íntima de la autora, acorde con la ortodoxia de la época, pero en ocasiones acepta, sin grandes explicaciones, la existencia de poderes mágicos, sin duda porque el relato así lo requería (I, 6; II, 5). Aunque algunos de estos elementos mágicos tuviesen un apoyo en las creencias de su época, suponían, en cierta medida, una introducción de la fantasía en un marco cotidiano. Es posible que, muy a pesar suyo, estos elementos mágicos, procedentes en algunos casos de los viejos relatos medievales, contribuyeran al éxito de la autora en el siglo XVIII, en el siglo de la *novela gótica*.

3. *El «realismo» de María de Zayas*

Durante años se alabó el realismo de las novelas de María de Zayas y en general de la novela corta castellana. Era opinión frecuente en los críticos españoles[127]. En los últi-

---

[125] Dice que los hechizos para producir el amor son «común engaño de personas apasionadas» (I, 5, pág. 362).

[126] I, 6, pág. 387, etc.

[127] Amezúa (Prólogo a la edición de las *Novelas amorosas,* págs. XXV-XXVI). Esto le permite rechazar, salvo en I, 10, que la autora se inspire en fuentes literarias, declarando, con evidente ingenuidad, que su amor a la verdad le impediría mentir. Jose M. Roca Franquesa dice: «la principal fuente de los escritores del siglo XVII es la observación de la realidad» *(«Aventurarse per-*

mos cincuenta años se han revisado estas opiniones y se ha insistido en la total ausencia de realismo de estos relatos[128]. Si bien, como ya se ha apuntado, la noción moderna de realismo es anacrónica aplicada a la literatura del siglo XVII, la cuestión requiere ser matizada. Los cronistas de la época (como, sin duda, los de todas las épocas) nos han transmitido un cierto número de sucesos que hoy juzgaríamos inverosímiles. Las aventuras de Estela, en *El juez de su causa* (I, 9), que durante años lucha disfrazada de hombre, eran verosímiles para quienes creían en la autenticidad de la autobiografía de Catalina de Erauso, monja huida de un convento y convertida en soldado. Montalbán había llevado a la escena su historia bajo el título de *La monja alférez* (1625). La novela corta española parece realista comparada con los libros de caballería. Pero no es la realidad lo que interesa a los autores, salvo pequeños detalles que permiten acercar la obra al lector y favorecer su identificación con la aventura vivida por los personajes.

Es interesante, en este sentido, el uso que María de Zayas hace de las descripciones. Cada novela transcurre en una ciudad de las dependientes de la Corona española (aunque los protagonistas masculinos fácilmente se desplazan de un lugar a otro), pero no existe ningún interés por describirlas[129],

---

diendo [Novela de doña María de Zayas y Sotomayor]», en *Homenaje al Profesor Alarcos García*, 2 vols., Valladolid, Universidad de Valladolid, 1965-1967, t. II, págs. 401-410, pág. 401). Lo acepta, siguiendo a Amezúa (en esto como en tantas cosas), Vasileski, *op. cit.*, págs. 65 y 113; también Rincón, *op. cit.*, pág. 10. Lo rechazó posteriormente Wolfram Krömer, *Formas de la narración breve en las literaturas románicas hasta 1700*, versión española de Juan Conde, Madrid, Gredos, 1979, págs. 238-240.

[128] Discuten la tesis del realismo de las novelas de María de Zayas Alessandra Melloni, *Il sistema narrativo di María de Zayas*, Turín, Quaderni Ibero-Americani, 1976, pág. 90; María Martínez del Portal, *op. cit.*, pág. 24; Montesa, *op. cit.*, págs. 74-81; etc.

[129] Sorprende la declaración de Hesse, quien, al trazar la biografía de la autora, piensa que es posible que, además de Valladolid y Zaragoza, María de Zayas visitase «otras ciudades españolas que, como Granada y

como tampoco en los novelistas contemporáneos. Únicamente se exaltan (de modo hiperbólico y tópico) las excelencias de la ciudad[130]. Tampoco existe interés por el paisaje o la naturaleza, en estas obras esencialmente urbanas y destinadas a un público urbano. A nadie interesaba «fotografiar» la realidad. Las escasas descripciones de sus novelas tienen un sentido distinto; buscan no tanto mostrar un objeto cotidiano como destacar un elemento esencial para la orientación que la autora da a su relato; las «ásperas peñas de Monserrat» ponen de relieve la fuerza del amor que ha conducido a tan inhóspito lugar a Jacinta (I, 1, pág. 173); idéntico sentido tiene la descripción del humilladero, donde dejan los cadáveres de los ahorcados y donde Laura se dirige, creyendo que, con barbas, cabellos y dientes de los ajusticiados, podrá recuperar el amor de su marido (I, 5, págs. 365-366). Los efectos del veneno en Adriana muestran también la fuerza del amor que la llevó a suicidarse desesperada; en Camila destacan la crueldad de su marido[131]. Otras descripciones, como la de Inés al ser sacada de su angosta prisión (II, 5, pág. 407), o la de Elena, obligada a vivir como un perro (II, 4, pág. 343), intentan también destacar la crueldad masculina. El marco contiene una detallada descripción de la sala elegida para la reunión y de los vestidos de los participantes (I, págs. 169-170), que tiene

---

Toledo, describió en alguna de sus narraciones con todo detalle y precisión» *(op. cit.,* pág. 8). Acerca de Toledo, todo cuanto podemos encontrar como descripción es llamarla «agradable sitio» y «octava maravilla» (I, 6, pág. 373) y de Granada se dice que es «milagro asombroso de las grandezas de la Andalucía» (I, 4, pág. 295).

[130] Se alaban y ensalzan las ciudades, no se describen.

[131] «... después de frío el cuerpo, se puso muy hinchada, y negra» (I, 1, pág. 189). En el caso de Camila, inocente, pero envenenada por su marido: «Y fue el caso que no la quitó el veneno luego la vida, mas hinchose toda con tanta monstruosidad, que sus brazos y piernas parecían unas gordísimas columnas, y el vientre se apartaba una gran vara de la cintura; solo el rostro no tenía hinchado» (II, 2, pág. 291).

por objeto despertar la admiración por las riquezas de los adornos y resaltar el valor simbólico de algunos elementos, como los colores de los vestidos usados por los protagonistas, que muestran sus inclinaciones amorosas y anuncian su conducta: así, en la última noche de los *Desengaños,* el despreciar Lisis los adornos y vestido que le ha enviado don Diego y el aparecer, como Isabel, vestida de blanco (II, págs. 553-554) anuncian su futura decisión de entrar en el convento.

En diversas ocasiones la descripción intenta destacar un hecho, objeto o idea por medio del contraste: la belleza angelical de Beatriz y su cuidado vestido contrastan con su pasión degenerada por el horripilante negro (I, 4, págs. 308-311) o bien la belleza de la inocente y maltratada Elena contrasta con la fealdad de la malvada negra, tratada con toda deferencia y cubierta de hermosos adornos (II, 4, págs. 343-344), etc.[132]. En ocasiones puede hablarse de técnica grotesca, como al presentar el descubrimiento que el pobre don Marcos hace, a la mañana siguiente de sus bodas, de la perdida belleza de su flamante esposa, en el único relato picaresco de la autora (I, 2, págs. 276-277)[133].

Tampoco interesa a la autora trazar individuos perfectamente perfilados. Sus personajes están supeditados a la acción y, aunque se ha apuntado el sabor psicológico de sus relatos y sus atisbos del mundo subconsciente[134], no existe interés por su individualización. En cambio, destaca la autora por su habilidad para pintar con fuerza ciertos estados

---

[132] Esta técnica del contraste fue destacada por Foa, *op. cit.,* págs. 115-118.

[133] Montesa habla, en términos generales, de tendencia al tremendismo *(op. cit.,* págs. 217 y 254-259) y a la terribilidad (violencia y macabrismo, *op. cit.,* págs. 322-328).

[134] Ángel Valbuena Prat, *La novela picaresca española,* t. II, Madrid, Aguilar, 1974[7], pág. 673. Para Bourland, en cambio, solo Salas Barbadillo se aproxima a Cervantes en la creación de personajes *(Short story,* pág. 8).

anímicos[135], especialmente el carácter irresistible de la pasión amorosa o el desencanto de la mujer enamorada descuidada por el marido.

Se ha destacado la intuición prefreudiana de la autora en los sueños de algunos de sus personajes, sobre todo en el de Jacinta, que descubre en sueños a don Félix y se enamora de él antes de conocerle, y en sueños recibe el presagio de su muerte (I, 1)[136]. Sin negar totalmente esta posibilidad, habría que recordar el frecuente empleo de los sueños premonitorios en la literatura antigua, ya presentes en la epopeya. Es, sin duda, destacable la actitud de doña Inés (II, 5), que cree vivir en sueños lo que en realidad vive bajo los efectos del hechizo y se atormenta por ello con remordimientos. Pero, en último término, la confusión entre sueño y realidad es uno de los elementos predilectos del barroco.

María de Zayas sigue las tendencias de su tiempo, pero desarrolla considerablemente la estética de la admiración. Le interesa lo extraordinario y no rehúye, antes al contrario, lo extraño y lo desagradable. Todo esto explica que algunos críticos hayan hablado del «romanticismo» o «prerromanticismo» de su obra[137].

---

[135] Amezúa habla de intuición latente de la psicología femenina (Prólogo a *Novelas amorosas,* pág. XIX).

[136] La idea fue presentada por Valbuena Prat, prólogo a *Aventurarse perdiendo,* pág. 11. La aceptan casi todos los críticos posteriores: Hesse, *op. cit.,* págs. 24 y 28-29; Rincón, *op. cit.,* págs. 12-13; Vasileski, *op. cit.,* págs. 74-75; María Martínez del Portal, *op. cit.,* pág. 20; Montesa, *op. cit.,* págs. 204-205 y 251; etc.

[137] Valbuena Prat, prólogo a *Aventurarse perdiendo,* págs. 11 y 12, y a *Novela picaresca,* t. I, pág. 85, n. 2; Amezúa, Prólogo a *Novelas amorosas,* págs. XIX y XXVII; Rincón, *op. cit.,* págs. 10-12; Victorino Polo, «El romanticismo literario de doña María de Zayas y Sotomayor», en *Anales de la Universidad de Murcia,* 26 (1967-1968), págs. 555-566; María Martínez del Portal, *op. cit.,* págs. 20-21; Montesa, *op. cit.,* págs. 231-238; etc. Una opinión más matizada aparece en Marcia L. Welles, «María de Zayas y Sotomayor and her *novela cortesana:* a reevaluation», en *Bulletin of Hispanic Studies,* 55 (1978), págs. 301-310, especialmente págs. 304-305. Si se en-

4. Pluralidad de acción

Muy pronto desapareció la vieja sencillez del relato boccacciano (que era, en general, también la del cuento medieval), centrado en torno a un único suceso. La novela breve española, como la mayoría de las novelas largas de la época, tiende a la pluralidad de acción. La unión entre las diversas acciones se confía a la presencia de un mismo protagonista, pretendiendo de este modo salvar la unidad exigida por los preceptistas de la época. Se piensa, además, que la diversidad de elementos es esencial para suscitar el placer estético (como había mostrado el Ariosto). La afición a los extensos relatos picarescos o bizantinos favorecía también esta tendencia. La diversidad de peripecias se sentía como un enriquecimiento del relato. María de Zayas muestra particular predilección por este procedimiento. Casi todas sus *Novelas amorosas y ejemplares* incluyen, al menos, dos sucesos diferentes. En algunos casos, la historia lo requería, como en *La burlada Aminta* (I, 2), que presenta el relato de la burla de Aminta y su ulterior venganza. Pero esta estructura bimembre aparece incluso en relatos que no parecían exigirla. *Aventurarse perdiendo* (I, 1) nos cuenta las desventuras de Jacinta con don Félix y luego con Celio. En *El castigo de la miseria* (I, 3), a la burla de la que es objeto el protagonista por parte de su mujer, Isidora, sigue la falsa magia del amante de la antigua criada, Marcela. En *El desengaño amando* (I, 6), se suceden las historias de Juana y de Clara. *Al fin se paga todo* (I, 7) cuenta la venganza de Hipólita sobre don Luis y sus sucesivos intentos para reunirse con don Gaspar. En *El imposible vencido* (I, 8), a la tradicional historia de la «difunta

tiende por «romanticismo» un conjunto de caracteres comunes a diversas épocas, y no un movimiento histórico, podría aceptarse, pero la denominación podría ampliarse a muchos autores de distintos momentos.

pleiteada», se añade el relato de la historia de doña Blanca en Flandes, etc. Solo existe una historia única en *La fuerza del amor*, pues *El juez de su causa* multiplica las peripecias y los personajes secundarios. En algún caso, la diversidad se acrecienta: Fadrique, el protagonista de *El prevenido engañado* (I, 4), conoce cuatro experiencias adversas para convencerse de los peligros de las mujeres inteligentes.

En los *Desengaños* es algo menor la tendencia a acumular incidentes o a duplicar la acción, pero no desaparece. En *Tarde llega el desengaño* (II, 4), antes de contar la historia de don Jaime con Elena, se relatan sus aventuras en Flandes con Madama Lucrecia. En *La inocencia castigada* (II, 5), vemos cómo don Diego cree poseer a doña Inés, gracias a la superchería de una tercera, y cómo logra poseerla con las malas artes del nigromante. En *Mal presagio casar lejos* (II, 7), la autora cuenta las desventuras de las tres hermanas de doña Blanca, la de Marieta y la de la protagonista. *El traidor contra su sangre* (II, 8) contiene el trágico fin de doña Mencía y de doña Ana, historias unidas exclusivamente por la relación de ambas con el protagonista masculino. Beatriz, en *La perseguida triunfante* (II, 9), sufre tres falsas acusaciones, debidas al deshonesto amor de su cuñado Federico: la de adulterio, la de complicidad con el enemigo de su protector y la de asesinato del hijo del emperador. Menor relación existe entre los dos sucesos contados en *Estragos que causa el vicio* (II, 10): el descubrimiento del muerto que lamenta no poder reposar en Campo Santo y la historia de Florentina y Magdalena. Como en la comedia contemporánea, se tiende a enriquecer la intriga.

5. *Relatos de desengaño*

Si María de Zayas acepta muchas de las convenciones de la novela corta de su tiempo, quiebra, en cambio, uno de los tópicos más persistentes en la literatura de gran divulgación de la época (la comedia y la novela): la del final feliz. Solo dos de sus veinte novelas terminan con un matrimonio feliz (*El imposible vencido*, I, 8, y *El juez de su causa*, I, 9)[138], otras tres terminan con una boda con un nuevo pretendiente, tras un profundo desengaño (*La burlada Aminta*, I, 2; *El desengaño amando*, I, 6; *Al fin se paga todo*, I, 7). La mayoría de sus protagonistas acaban huyendo del mundo y buscando la tranquilidad en un convento. Sobre todo, los *Desengaños* terminan indefectiblemente con la muerte de la protagonista o su encierro en un convento. La Parte segunda acentúa una tendencia ya en ciernes en la primera, aunque en esta mucho menos perceptible por la diversidad de argumentos presentados, frente a la mayor rigidez didáctica de los *Desengaños*. Diríase que, ya en la Primera parte, la autora se propone aleccionar a las mujeres y prevenirlas de los engaños masculinos, pero en ella se deja llevar mucho más por el deseo de narrar historias entretenidas, mientras que esta tendencia triunfa plenamente en la Segunda parte.

6. *Novelas de amor*

El amor es, en teoría, el motor esencial de sus novelas. No ahorra detalles para describir todos los elementos del cortejo amoroso: paseos por la calle de la dama, serenatas nocturnas, billetes amorosos, regalos a los criados para conseguir su complicidad, etc. El amor surge a la vista de la dama o del caballero, es un sentimiento que se impone a la voluntad, sin que nada pueda resistirle. El amor contrariado acarrea con frecuencia la enfermedad del que lo sufre. Puede llevar a desear el suicidio e incluso en algunos casos

---

[138] A ello habría que añadir *El jardín engañoso* (I, 10), de carácter distinto.

a consumarlo[139] o, en los hombres, el suicidio indirecto, buscando perecer en la guerra. Sus mujeres son particularmente activas en cuanto al amor se refiere. No rehúsan recorrer el mundo, bajo disfraces masculinos o de esclava (como en II, 1), para buscar al amante infiel, sobre todo si han sido deshonradas. «Soy fénix de amor» declara Jacinta, la protagonista de *Aventurarse perdiendo* (I, 1, pág. 210). La autora defiende, en uno de sus *Desengaños (Amar solo por vencer,* II, 6), la teoría del amor platónico, que parece presentar como su ideal[140]. Pero sus personajes desmienten esta teoría. Se ha observado el fuerte componente erótico del amor en sus novelas[141], lo que les da cierto aire de novedad y de autenticidad.

María de Zayas presenta el amor de sus protagonistas como una pasión arrolladora, a la que nada puede detener. Las muchachas acceden fácilmente, pese a la importancia que tiene para ellas el sentimiento del honor, a las solicitu-

---

[139] Diversos personajes desean el suicidio, aunque algunos no lo llevan a la práctica por razones religiosas (II, 1, pág. 221); otros lo intentarían, si tuvieran ocasión (II, 2, pág. 283); o lo consuman, como Adriana (I, 1, pág. 189), Lucrecia (I, 6, pág. 404), don Dionís (II, 10, pág. 673) o don Marcos en la primera edición de *El castigo de la miseria* (I, 3, pág. 289, n. 56), aunque no todos por motivos amorosos.

[140] Pág. 444. Pone, sin embargo, estas declaraciones en boca de don Esteban-Estefanía, uno de sus personajes masculinos menos atractivos y cuya conducta desmiente totalmente su defensa del amor platónico. En este caso, predomina probablemente en la autora el deseo de expresar sus opiniones sobre la coherencia del personaje.

[141] Juan Goytisolo, «El mundo erótico de María de Zayas», en *Cuadernos de Ruedo Ibérico,* 39-40 (octubre de 1972), págs. 3-27, recogido en *Disidencias,* Barcelona, Seix Barral, 1977, págs. 63-115 (para el autor es el rasgo que da vida a sus obras). No falta, además, algún ejemplo de homosexualidad masculina consumada *(Mal presagio casar lejos,* II, 7, pág. 498) e incluso de homosexualidad femenina latente, como en Flora *(La burlada Aminta,* I, 2). En *Amar solo por vencer* (II, 6, pág. 444), se defiende incluso el amor entre mujeres, considerando que el verdadero amor está en el alma y no en el cuerpo, y que las almas no tienen sexo. Se debe a que lo considera el único puro, puesto que está exento de deseo.

des de sus pretendientes, bajo promesa de matrimonio. En el fondo, María de Zayas parece intuir la fuerza de la pasión, pero, al mismo tiempo, lanza sobre ella una mirada desengañada: en los hombres es solo un deseo que causa hastío una vez satisfecho; únicamente las mujeres son indefectiblemente fieles y tenaces en sus sentimientos (al menos mientras viven sus amantes, como en el caso de Jacinta en *Aventurarse perdiendo*, I, 1), pero, en cierta medida, actúan movidas por su sentido del honor, como muestra Isabel en *La esclava de su amante* (II, 1).

Tras la galantería mundana, María de Zayas únicamente descubre un mundo de engaños: paseos, serenatas, billetes encendidos no son sino el aspecto agradable de una conquista que terminará indefectiblemente en desencanto. Este profundo pesimismo da a sus obras una fuerza superior a la de la mayoría de sus contemporáneos. Tras la fachada galante y agradable del amor, tan solo se oculta un sentimiento egoísta y una búsqueda del placer por parte de los hombres. Solo otra escritora del siglo XVII será capaz de expresar tan profundo desencanto y tan gran desconfianza ante el amor, engañoso encubrimiento del egoísmo, de la búsqueda del placer y, en el fondo, del amor propio: Mme de La Fayette, en *La princesse de Clèves* (1678). La princesa de Clèves renuncia al amor de Nemour, cuando la muerte de su marido permitía su matrimonio, y elige la huida del mundo. Cede al sentimiento de culpabilidad que ha dejado en ella la muerte de su esposo, a su estricta concepción del honor, pero, ante todo, a su desconfianza ante la vida, ante el amor y ante la posibilidad de la felicidad en el mundo[142].

---

[142] Sandra M. Foa, «María de Zayas: visión conflictiva y renuncia del mundo», en *Cuadernos Hispanoamericanos*, 331 (enero de 1978), págs. 128-135, pág. 134, n. 20, y *op. cit.,* págs. 92-94, vio cierta relación entre ambas escritoras. La cuestión ha sido tratada posteriormente. Véase Stephanie Merrim, *Early modern women's writing and Sor Juana Inés de la*

7. Una feminista pionera

Su desencanto (y en ocasiones resentimiento) ante los hombres y ante el amor, su deseo de desengañar a las mujeres y de defender su buen nombre, explican que María de Zayas haya sido considerada por muchos críticos, del mismo modo que sor Juana Inés de la Cruz, como una defensora temprana de las tesis feministas[143]. También en este

---

Cruz, Nashville, Vanderbilt University Press, 1999, págs. 95-103; Margot Brink, «"No es trágico fin, sino el más felice que se pudo dar". Renuncia y amor en las novelas de María de Zayas y Marie-Madeleine de Lafayette», en Irene Albers y Uta Felten (eds.), *Escenas de transgresión: María de Zayas en su contexto literario-cultural,* Madrid, Iberoamericana; Frankfurt am Main, Vervuert, 2009, págs. 225-239.

[143] Ya Navarrete la llamó «ingeniosa defensora de su sexo» *(op. cit.,* pág. xcvii). A Sylvania, el feminismo de la autora es lo que le parece particularmente interesante e instructivo *(op. cit.,* págs. vii y 7-17). Amezúa habla de «arraigado e intransigente feminismo» (Prólogo a *Novelas amorosas,* pág. xxi). Ricardo Senabre Sempere subrayó su firme actitud feminista («La fuente de una novela de D.ª María de Zayas», en *RFE,* 46 [1963], págs. 163-172, pág. 170). Según Mireya Pérez-Erdelyi, la novelista se anticipó a muchos de los objetivos de las feministas actuales; deseaba despertar la conciencia de las mujeres para que viesen cómo eran retratadas en la literatura *(La pícara y la dama: la imagen de las mujeres en las novelas picaresco-cortesanas de María de Zayas y Sotomayor y Alonso de Castillo Solórzano,* Miami, Florida, Ediciones Universal, 1979, pág. 69). Piensa que las casadas cumplidoras suelen salir mal paradas, mientras que triunfan las de tipo picaresco o varonil, por lo que parece criticar el papel de la casada en la sociedad *(ibíd.,* pág. 91). En cambio, Susan C. Griswold, en su deseo de llegar a una consideración estética y no ideológica de su obra, insiste en el aspecto tópico de sus opiniones feministas, que se contraponen a tesis antifeministas contenidas en las mismas obras («Topoi and rhetorical distance: the *feminism* of María de Zayas», en *Revista de Estudios Hispánicos,* 14.2 [1980], págs. 97-116). Pese a ello, la preocupación por la defensa de las mujeres es un importante elemento en sus novelas, sobre todo en las de la Segunda parte. Prescindiendo de muy numerosas consideraciones sobre el feminismo de María de Zayas, podría afirmarse, como hace Lisa Vollendorf, en *Litera-*

caso el riesgo de caer en el anacronismo es evidente. María de Zayas no inició una polémica que había ocupado gran espacio en los siglos xv y xvi. Ni siquiera fue la primera mujer que defendió en España[144] la capacidad intelectual de la mujer, pues ya a mitad del siglo xv una monja, Teresa de Cartagena, había sostenido estas teorías[145]. Tras ella, otras

---

tura y feminismo en España (siglos XV-XXI), Barcelona, Icaria, 2005, pág. 108, que: «Aunque Zayas articula ideas feministas sin proponer una reorganización a gran escala de todas las estructuras sociales patriarcales, se le puede considerar feminista». Curiosamente Pilar Oñade olvida a María de Zayas al estudiar *El feminismo en la literatura española* (Madrid, Espasa-Calpe, 1938).

[144] En otros países existieron notables defensoras, como en Francia la escritora, de familia oriunda de Italia, Christine de Pisan, a finales del siglo xiv y principios del xv. En Castilla el debate sobre las mujeres no aparece hasta el siglo xv.

[145] *Arboleda de los enfermos y Admiración operum Dey,* estudio preliminar y edición de Lewis Joseph Hutton, Madrid, *BRAE,* Anejo XVI, 1967. En su segunda obra, compuesta para defender la originalidad de la *Arboleda,* sostiene la posibilidad de que una mujer componga un tratado, pues, aunque Dios concedió la preeminencia a los hombres, puede también conceder, ocasionalmente, esta capacidad a la mujer. Añade: «Pues avido por natural e çierta cosa que la muger es flaca e temerosa e de pequeño coraçón, quien la viese agora vsar del espada o defender su patria de los enemigos o fazer otra obra de grand osadía e vigor, i ¡cómo nos maravillaríamos de aquesta cosa! Pero esta maravilla fízola en algund tienpo e puédela fazer en este nuestro e quando plu[g]uiere Aquél *que* sólo es el que hizo e haze las marauillas» (pág. 119). Su defensa es muy moderada. Contaba con el precedente del *Libro de las virtuosas e claras mujeres* (1446) de Álvaro de Luna (1390-1453), influenciado por *De claris mulieribus* (1361-1362) de Boccaccio, del *Triunfo de las donas* (h. 1440) de Juan Rodríguez del Padrón, dedicado a doña María de Portugal, primera esposa de Juan II de Castilla, muerta en 1445, a quien se dedicaron otros tratados feministas, como el *Tratado en defensa de las virtuosas mujeres* (1441) de Diego de Valera. Los tratados profeministas castellanos del siglo xv son numerosos, en contraste con la escasez de textos misóginos. Además, las novelas sentimentales son una exaltación de la mujer (Jacob Ornstein, «La misoginia y el profeminismo en la literatura castellana», en *RFH,* 3 [1941], págs. 219-232). No habría que olvidar, entre los tratados extranjeros de alabanza de las mujeres, *De nobi-*

mujeres habían decidido tomar la pluma, rivalizando en las letras con los hombres[146]. La cuestión femenina presentaba esencialmente dos facetas: el derecho de la mujer a la cultura y la libertad para elegir marido. La comedia en general opta por burlarse de las mujeres cultas, como haría años después Molière en *Les femmes savantes* (1672), pero defiende el derecho de la mujer a opinar sobre su matrimonio.

El principal deseo de María de Zayas es defender la honra de las mujeres. De ahí que insista en su constancia en el amor. Reprocha a los hombres el denigrar sistemáticamente a las mujeres y, por unas que yerran, condenar a todas[147]. Quiere mostrar que, incluso muchas de las que mueren acusadas de adulterio, no son sino víctimas de equívocas apariencias. Reprocha, por otra parte, a los hombres el ser causantes del mal de las mujeres[148].

Tras defender el buen nombre de las mujeres, reclama también para ellas el beneficio de la cultura, considerada en general inútil para la misión que de ellas esperaba la sociedad por los moralistas, como fray Luis de León, e incluso juzgada fuente de corrupción. Declara en repetidas ocasiones que las almas no tienen sexo[149], por lo que, si los hombres niegan el derecho a la cultura e incluso a la espada a las

---

litate et praecellentia foemini sexus de Enrique Cornelio Agrippa, publicado en 1529, pero compuesto en 1509, ya que su primer esbozo fue la lección inaugural del colegio de Dole en la que hizo el elogio de la princesa Margarita de Austria, hija de Maximiliano y de María de Borgoña. La obra se publicó con una doble dedicatoria, una a Carlos V y otra a Margarita de Austria.

[146] Acerca de las mujeres escritoras en el siglo XVII, cfr. Petronella Wilhelmina Bomli, *La Femme dans l'Espagne du siècle d'or,* La Haya, Martinus Nijhoff, 1950, págs. 160-161.

[147] Por ejemplo, II, págs. 678-679; etc.

[148] II, 3, págs. 298-300; II, 6, págs. 463-465; etc. La idea no era nueva. Liñán y Verdugo la pone en boca de uno de sus personajes (Bomli, *op. cit.,* pág. 165).

[149] II, págs. 218, 371 y 416.

mujeres, es por mero temor a la competencia[150]. Pero, al reclamar esta necesidad de estudios para las mujeres, vuelve los ojos al pasado y añora la cultura de algunas mujeres del siglo XVI: su época aparece a sus ojos como un tiempo de regresión y decadencia. Reprocha a los hombres no solo haber excluido a las mujeres de las letras, por temor egoísta a la competencia que de ellas podrían tener, sino también haberlas afeminado más de lo que la naturaleza las afeminó, dándoles bordados en lugar de armas[151]. Con ello, María de Zayas pretende esencialmente que las mujeres posean las aptitudes físicas necesarias para defender por sí mismas su honor, sin verse sometidas a la violencia masculina, como lamenta Isabel en *La esclava de su amante* (II, 1).

María de Zayas defiende la inteligencia de la mujer e intenta demostrar la superioridad de la discreta sobre la boba, pues la discreta sabrá guardarse mejor y, si su virtud falla, al menos ocultará su deshonor: a demostrar esta tesis dedica una de sus más célebres novelas, *El prevenido engañado* (I, 4).

En cambio, su postura es mucho más ambigua en cuanto a la libertad de la mujer para elegir marido, a pesar de que el conflicto entre la autoridad paterna y las inclinaciones amorosas de la hija, en general, se resolvía en la comedia con el triunfo del amor, conforme a las convenciones del género. María de Zayas no es muy explícita al respecto porque, por una parte, no existe ninguna crítica a la autoridad de los padres en la cuestión (en una autora que no vacila en interrumpir sus relatos para expresar sus propias ideas), y por otra, en un inciso en el que la autora parece expresar su propia opinión, se defiende la tesis opuesta:

---

[150] II, pág. 336; etc.
[151] II, págs. 332-333, etc. Lamenta que las mujeres no se entrenen en el uso de las armas en vez de hacer vainicas, II, pág. 220.

Faltó mi madre al mejor tiempo, que no fue pequeña falta, pues su compañía, gobierno y vigilancia fuera más importante a mi honestidad, que los descuidos de mi padre, que le tuvo en mirar por mí y darme estado (yerro notable de los que aguardan a que sus hijas le tomen sin su gusto) *(Aventurarse perdiendo,* I, 1, págs. 179-180).

En *Mal presagio casar lejos* (II, 7) —obra citada para sostener su defensa de la libertad femenina en esta cuestión[152]— doña Blanca no rechaza el marido que le proponen, sino únicamente casarse sin tener de él un conocimiento previo[153]. Por otra parte, Laurela, la única de sus heroínas que elige su matrimonio claramente, contra el parecer de su padre, es burlada *(Amar solo por vencer,* II, 6). La autora protesta, en cambio, contra el abandono que sufren, por parte de sus maridos, las mujeres casadas, viendo en ello el origen de toda infidelidad femenina[154].

Cree en las aptitudes de las mujeres. Presenta heroínas capaces de vengar por sí mismas su afrenta *(La burlada Aminta,* I, 2; *Al fin se paga todo,* I, 2), decididas a perseguir a sus amantes o maridos *(Aventurarse perdiendo,* I, 1; *El desengaño amando,* I, 6; *La esclava de su amante,* II, 1) o bien mujeres que se constituyen en *El juez de su causa* (I, 9). Si las heroínas de su segunda colección (salvo Isabel en II, 1) dan impresión de mayor pasividad, se debe a que en estas novelas se propone defender el buen nombre de muchas injustamente castigadas y sobre todo mostrar la crueldad masculina. María de Zayas nos ha dejado una impresionante imagen de los sexos en lucha.

---

[152] Así, Montesa, *op. cit.,* págs. 116-118. (Malinterpreta la cita anterior de I, 1).

[153] Defiende en esta obra el amor en el matrimonio, aunque considera peligroso el matrimonio por amor cuando existe desigualdad de fortuna (II, 7, págs. 473-474).

[154] II, 5, pág. 380, etc.

Muchas de las pretensiones de María de Zayas para las mujeres no eran totalmente nuevas para los contemporáneos: además de las figuras históricas que en el siglo anterior habían alcanzado incluso puestos universitarios[155], la comedia, con mayor o menor verosimilitud, según las exigencias de la trama, presenta el caso de mujeres que, gracias a sus cualidades intelectuales, alcanzan elevados puestos sociales. Bastaría recordar *El amor médico* de Tirso de Molina, *La dama presidente* de Francisco de Leiva Ramírez de Arellano, *El alcalde mayor* de Lope de Vega o *Darlo todo y no dar nada* de Calderón[156].

Pero en María de Zayas responde a un sentimiento íntimo que le lleva incluso a alterar, en ocasiones, las fuentes en las que se inspira para adaptarlas a su propósito, como muestra la comparación de *El juez de su causa* con *Las fortunas de Diana* de Lope de Vega[157].

Sus ideas feministas han sido a veces juzgadas timoratas[158]. Sin duda, pueden parecerlo a los ojos modernos, pero, en todo caso, constituyen un testimonio individual sumamente interesante de una protesta temprana, insistiendo en que las mujeres tienen las mismas capacidades que los hombres y reclamando, por lo tanto, su derecho a la instrucción. En realidad, sus ideas acerca de las mujeres responden a un convencimiento profundo, difícil de des-

---

[155] Francisca de Nebrija sustituyó a su padre, Antonio de Nebrija, en la Universidad de Alcalá de Henares, y Lucía Medrano ocupó una cátedra en la Universidad de Salamanca.

[156] Bomli, *op. cit.*, págs. 171-173.

[157] Senabre destacó la fuente directa de esta novela *(loc. cit.)*. Foa analizó las alteraciones que la autora introducía para extraer de la historia la ejemplaridad deseada *(op. cit.,* págs. 134-135).

[158] Melloni, *op. cit.*, págs. 96-103. Señala, además, que el efecto de sus novelas sería más bien conservador desde el punto de vista feminista (págs. 100-101). Las mujeres de su época podían sentirse muy a gusto con su condición, a la vista de las desdichas padecidas por las protagonistas de sus relatos. Cfr. también Montesa, *op. cit.*, págs. 91-137.

lindar —so pena de caer en la incomprensión— de otros aspectos del pensamiento de la autora, como son su profundo aristocratismo y su añoranza del pasado.

8. *Aristocratismo y añoranza del pasado*

Ha sorprendido, en algún caso, su aceptación del más estricto código del honor, lo que, a ojos modernos, parece en contradicción con la defensa de las mujeres[159]. La contradicción es meramente aparente, o mejor, solo existe si se enjuicia su pensamiento a través de nuestra visión moderna.

María de Zayas defiende el buen nombre de las mujeres porque cree férreamente en el principio de la honra, de lo contrario su alegato perdería mucha de su fuerza. Es conocida la importancia que cobró en el siglo XVII español la cuestión del honor, especialmente referido a la castidad femenina. Sin duda, la literatura exageró este concepto, pero tenía fuertes apoyos en la realidad, en una época en la que la aristocracia defendía celosamente su limpieza de sangre y su linaje. El honor era esencialmente un concepto social más que moral: dependía de la opinión de los demás y era particularmente exigente con las mujeres. Ya Luis Vives defendía la distinta consideración del adulterio masculino y del femenino en las leyes humanas[160]. Los escritores de la época adoptaron actitudes distintas ante la cuestión de la honra; a veces difieren incluso en el mismo autor según las necesidades de la intriga, pero, en diversas obras, Cer-

---

[159] María Martínez del Portal, *op. cit.,* pág. 16; Montesa, *op. cit.,* pág. 214.
[160] *Instrucción de la mujer cristiana,* traducción castellana de Juan Justiniano, introducción, revisión y notas de Elizabeth Teresa Howe, Madrid, Fundación Universitaria Española; Universidad Pontificia de Salamanca, 1995, libro II, cap. VII, págs. 273-274.

vantes y Lope de Vega abogan por la indulgencia y el perdón de la mujer deshonrada, en sustitución de la venganza sangrienta[161]. María de Zayas opta por una postura más intransigente[162]. Pero consciente de que el honor reposa sobre la opinión ajena, la novelista propone como solución la venganza silenciosa, a ser posible a manos de la propia mujer (en ello reside su originalidad), e incluso el ocultamiento del hecho[163]. De ahí la apariencia hipócrita de su noción del honor[164], que no es solo peculiar de ella.

El honor es para María de Zayas patrimonio de la nobleza, distingue a la clase superior del resto de las gentes, quienes piensan, como el pobre hidalgo navarro burlado de *El castigo de la miseria,* el personaje más irónicamente tratado en sus novelas, «que su honra es su dinero» (I, 3, pág. 280). Así, don Marcos muere del disgusto de haber perdido su dinero (I, 3, pág. 289), mientras que los nobles perecen de la vergüenza de haber perdido su honra[165] o a lo sumo su amor. Para el mundo que representa María de Zayas, el ahorro es miseria y el miserable bien merece su castigo.

---

[161] Así, Lope de Vega, por ejemplo, critica lavar con sangre la mancha del honor (ed. cit., pág. 1151). También Cervantes, en *Los Trabajos de Persiles y Sigismunda* (ed. de J. B. Avalle-Arce, Madrid, Castalia, 1969, págs. 233 y 325-326).

[162] «...pues la mancha del honor solo con sangre del que le ofendió sale» (I, 1, pág. 212), dice una de las narradoras, Matilde, antes de iniciar su relato. María de Zayas aconseja incluso a la mujer matar a quien la engañó, como hacen algunas de sus heroínas: «No seas liviana, y si lo fuiste, mata a quien te hizo serlo, y no mates tu honra» (II, pág. 376).

[163] Muestra la superioridad de las mujeres discretas sobre las necias declarando que las discretas son virtuosas y, si no lo son, al menos hacen las cosas con recato y prudencia (I, 4, págs. 339-340).

[164] Pérez-Erdelyi piensa que muestra lo hueco del concepto del honor *(op. cit.,* pág. 110). Hay que decir que, si esta idea puede desprenderse de una lectura moderna de su obra, es muy a pesar de los sentimientos de la autora.

[165] Como el padre de Isabel Fajardo en *La esclava de su amante* (II, 1, pág. 238).

Defiende el buen nombre de las mujeres y reprocha a los hombres su crueldad y egoísmo. Pero lo hace con los ojos puestos en el pasado. Añora un mundo caballeresco (creado por la literatura), en el que los hombres honraban y servían a las damas, y conservaban su espíritu guerrero. Nada de esto encuentra a su alrededor. Cuanto ve es engaño y decadencia. La idea de la decadencia del mundo es un viejo tópico de los moralistas, pero no es extraño pensar que los españoles de la época lo sintiesen como una realidad de su tiempo, ni siquiera que asimilasen la decadencia española a la decadencia general del mundo, como dice la autora[166]. La Corte es para ella un «caos de confusión» (I, 7, pág. 418), el amor de los hombres no es sino deseo que dura hasta verse satisfecho[167]. Sobre todo, su pesimismo es evidente en la Parte segunda de sus novelas. Reprocha en ella a los nobles su pérdida de la afición a las armas[168], mientras malgastan su tiempo en aventuras amorosas y paseos por el Prado. La nobleza ha perdido sus mejores cualidades y la autora desdeña a la burguesía que intenta apropiarse de prerrogativas nobles, como el uso del «don». A veces incluso, las convenciones literarias la arrastran a adoptar actitudes contrarias a sus más íntimos sentimientos. En sus novelas, e incluso en el marco, presenta en ge-

---

[166] En diversas ocasiones repite la idea de la decadencia general del mundo, que se aproxima a su fin: «Son tantos los males, / tantas las desgracias, / que se teme el mundo / de que ya se acaba» (II, 6, pág. 425); etc.

[167] II, 10, pág. 683.

[168] Critica a los nobles por su desidia para acudir a la guerra de Cataluña (II, págs. 680-681). En diversas ocasiones repite que Francia ha robado a los españoles su valor, mientras que los españoles han tomado de los franceses sus galas (II, 6, pág. 428, etc.). Los *Avisos* de José Pellicer atestiguan las medidas tomadas en mayo de 1642 para obligar a los caballeros a acudir a la guerra (*Avisos históricos,* selección de Enrique Tierno Galván, Madrid, Taurus, 1965, pág. 165). Muchos contemporáneos lamentan esta pérdida del espíritu guerrero.

neral unas relaciones armoniosas entre amos y criados[169], pero, cuando la voz de la autora se deja escuchar directamente, los presenta como dos mundo contrapuestos, cuyas relaciones están marcadas esencialmente por la desconfianza[170].

Su visión del mundo es esencialmente pesimista. No es extraño, por otra parte, que una persona perteneciente a la nobleza cifrase la decadencia que veía a su alrededor en una pérdida de las virtudes de heroicidad y respeto a las damas, y que centrase sus anhelos en la época que, para los contemporáneos, era la de la grandeza española —los tiempos de los Reyes Católicos, de Carlos V y de Felipe II[171]—. Esto suponía, sin duda, una defensa a ultranza de lo que se pensaba que habían sido los valores de la época anterior, entre otros de la honra. Las épocas de decadencia provocan fácilmente un anquilosamiento de los principios en los que se supone que se fundamentaba la grandeza anterior, llegando a convertirlos en nociones carentes de contenido. María de Zayas participaba en esto de una opinión muy extendida entre sus contemporáneos.

---

[169] Piénsese, por ejemplo, en el tratamiento que recibe Zelima, antes de descubrirse su verdadera personalidad, por parte de Lisis (II, 1), o en don Esteban disfrazado de Estefanía (II, 6), etc.

[170] Varias veces la critica, como en II, 10, pág. 685 («Porque los criados y criadas son animales caseros y enemigos no excusados, que los estamos regalando y gastando con ellos nuestra paciencia y hacienda, y al cabo, como el león, que harto el leonero de criarle y sustentarle, se vuelve contra él y le mata, así ellos, al cabo, matan a sus amos, diciendo lo que saben de ellos y diciendo lo que no saben, sin cansarse de murmurar de su vida y costumbres»). Bomli señala que la nobleza española poseía en la época un excesivo número de servidores, lo que ocasionaba que estuviesen mal pagados e incluso mal alimentados (*op. cit.*, págs. 102-103). Las críticas contra los criados son numerosas en los escritores de la época.

[171] Añora la valentía de los tiempos de Fernando el Católico (II, 10, pág. 681). Ansía volver a la grandeza del siglo anterior. Era un estado de opinión muy extendido en su época, aunque existían optimistas que todavía creían en el apogeo del país.

9. *Huida del mundo*

El sentimiento de frustración que descubre la autora al considerar la situación de la mujer, unido a su fuerte sentimiento del honor, hace que la única solución que vea para ellas sea la huida del mundo, el refugio en el convento como religiosas o como seglares. Es la actitud que toma Lisis al final de la obra. La solución ha podido sorprender a algunos críticos modernos[172]. Es cierto que se trata evidentemente de una huida del mundo, pues solo en un caso se nos dice que la protagonista entra en el convento no por desengaño sino por gusto (I, 6, pág. 389), pero a los ojos de la narradora es tan extraño el desengañarse amando, que da este título al relato. Además, para que esta vocación surgiese en la enamorada doña Juana, ha sido necesario, nada menos, que la presencia de un ánima del infierno, su antiguo pretendiente Octavio, que acudió para prevenirla de las penas que en la otra vida la aguardaban. Por otra parte, en diversas ocasiones, se nos señala, con toda naturalidad, que las damas ricas obran a su antojo en el convento al gastar en él su gruesa hacienda[173]. Se alude también a las visitas que los caballeros hacen a las religiosas[174] e incluso Jacinta acepta ingresar en un convento, aunque sin profesar, confiando en la promesa que Fabio le hace de que allí la visitará amistosamente Celio (I, 1, págs. 209-210).

Hay que pensar que esta solución, en apariencia puramente negativa, no lo era tanto para su tiempo. Un hecho es incontestable: muchas mujeres escritoras españolas del

---

[172] Se ha dicho que la huida no es solución («cabe preguntarse si con esta solución resuelve verdaderamente el problema», Montesa, *op. cit.*, págs. 143-144).

[173] I, 1, págs. 194-195; etc.

[174] Cfr. II, 9, pág. 558, n. 11.

siglo XVII pertenecen al mundo religioso[175]. Unos años después, la monja mexicana sor Juana Inés de la Cruz declarará haber adoptado el estado religioso por «la total negación que tenía al matrimonio»[176]. En una sociedad que endurecía sus posturas tradicionales, que alentaba en los hombres los recelos ante las «bachilleras», no parece que una mujer pudiese fácilmente compaginar la vida doméstica con las letras. El convento ofrecía a las mujeres interesadas por el estudio un ambiente mucho más propicio que el matrimonio. Algunos conventos de la época contaban con mujeres de gran cultura. Añadamos a esto la idea pesimista que María de Zayas tiene del amor de los hombres y tal vez comprendamos mejor lo que suponía en su momento la solución propuesta por la autora.

10. *Ideas literarias*

María de Zayas compone en un momento en el que se impone progresivamente el recargamiento de la expresión literaria. Pero ella declara buscar la sencillez[177]. Su admiración se dirige a Lope de Vega y es muy probable que compartiese, al menos parcialmente, sus concepciones literarias. La autora declara, en diversas ocasiones, escribir llanamente, puesto que solo cuenta para componer sus novelas con los dones que recibió de la naturaleza, al estar vedada a

---

[175] Por ejemplo, las autoras citadas por Bomli, *op. cit.,* págs. 272-276.

[176] Incluso añade que se hizo religiosa, a pesar de que su genio la inclinaba a «querer vivir sola» y «no querer tener ocupación obligatoria que embarazase la libertad de mi estudio, ni rumor de comunidad que impidiese el sosegado silencio de mis libros» («Respuesta... a Sor Filotea de la Cruz», *Selección,* edición de L. Ortega Galindo, Madrid, Editora Nacional, 1978, pág. 55).

[177] «... he procurado hablar en el idioma que mi natural me enseña y deprendí de mis padres» (II, 10, pág. 636), etc.

las mujeres el aprendizaje (es decir, el arte)[178]. Es muy posible que su cultura fuese esencialmente una cultura surgida de lecturas en lengua vulgar (en todo caso, además de en castellano, a lo sumo en italiano): las numerosas alusiones mitológicas de sus novelas y de su comedia son las más triviales en su época e incluso así presentan evidentes errores. Se burla incluso, como había hecho Lope de Vega[179], de lo que por su dificultad requiere un esfuerzo desmesurado para comprenderlo (II, 10, pág. 636). Su actitud es evidentemente beligerante frente a la escuela culterana. Dice que de lo que más se preció quien compuso las «maravillas» incluidas en las *Novelas amorosas* «es de un estilo llano y una prosa humilde, huyendo la exageración, dejándola a los que quieren granjear con ella la opinión de cultos» (I, 7, pág. 445). Aunque las declaraciones acerca de la ausencia de arte en sus obras son un tópico de la época y han de interpretarse, al menos en parte, como humildad de escritor y deseo de realzar su obra, es cierto que en la mayoría de los caso, su estilo es sencillo, aunque esto no le impide utilizar ciertas imágenes gastadas[180] y alguna comparación mitológica trivializada[181]. Sabe manejar hábilmente la iro-

---

[178] II, pág. 371; II, 10, págs. 637-638, etc.

[179] «... y yo gusto de que vuestra merced no oiga cosas que dude, que esto de novelas no es versos cultos, que es necesario solicitar su inteligencia con mucho estudio, y después de haberlo entendido, es lo mismo que pudiera haber dicho con menos y mejores palabras», *La desdicha por la honra,* ed. cit., pág. 1095.

[180] Las «lágrimas» llamadas *perlas* (I, 5, pág. 360), los «ojos», *lenguas del alma* (I, 9, pág. 488), etc.

[181] Por ejemplo, al comienzo de la segunda noche de la Parte segunda: «A la última hora de su jornada iba por las cristalinas esferas el rubicundo Apolo, recogiendo sus flamígeros caballos por llegar ya con su carro cerca del occidente, para dar lugar a su mudable hermana a visitar la tierra...» (II, pág. 369). Ya Cervantes se había mofado de esta comparación, al ponerla en boca de don Quijote cuando imagina cómo, en el futuro, contarán sus hazañas (I, 2, *El ingenioso hidalgo don Quijote de la Mancha,* ed. de Francisco Rodríguez Marín, 10 vols., Madrid, Atlas, 1947-1949, t. I, pág. 103).

nía, algunos de sus diálogos tienen gran vivacidad, su lenguaje es generalmente espontáneo, no rehúye las expresiones populares[182] e incluso incurre, en ocasiones, en anacolutos y en construcciones truncadas[183]. Critica también ciertos esnobismos cortesanos[184].

Compuso sus *Novelas amorosas* hilvanando hábilmente anécdotas en su mayoría anteriormente narradas[185], reela-

---

[182] Ejemplo: «... esto es echar, como dicen, por el atajo» (II, 2, pág. 264), etc.

[183] «Pobre soy para igualarme a tu riqueza; en esto confieso que me excedes, pero en lo demás te igualo. Y cuando no lo hiciera, amor iguala bajezas con grandezas fiadoras; esta poca o mucha belleza que tengo, que en eso será lo que tú quisieres. ¿Por qué estás cobarde en hacerme tuya?» (II, 2, págs. 269-270). «¡Y ay de doña Ana, que se dejó ver de don Alonso, que se fue para ella amante, sino el hado fatal que le ocasionó su desgracia!» (II, 8, pág. 532). «... porque haber de desengañar en tiempo que se usan tantos engaños, que ya todos viven de ellos, de cualquier estado o calidad que sean (II, 4, pág. 331)». Alguno puede ser un error del impresor.

[184] «... porque la llaneza de su ingenio no era como los fileteados de la Corte, que en pasando de seis estancias se enfadan» (I, 3, pág. 331), etc.

[185] Las fuentes de sus novelas fueron analizadas por E. B. Place, *María de Zayas*. Señaló las coincidencias de sus relatos con novelas de Boccaccio, Masuccio Salernitano, Timoneda, Castillo Solórzano, Cervantes, etc. Amezúa rebatió su estudio, aceptando únicamente la influencia del cuento X, 5 del *Decamerón* en *El jardín engañoso* (I, 10), estudiada por Sylvania (*op. cit.,* págs. 26-34; Amezúa, Prólogo a las *Novelas amorosas,* págs. xv-xvi), convencido de que la fuente de sus obras era la vida misma. Posteriormente, se han ocupado de la cuestión Maxime Chevalier, «Un cuento, una comedia, cuatro novelas (Lope de Rueda, Juan Timoneda, Cristóbal de Tamariz, Lope de Vega, María de Zayas)», en *Essays on narrative fiction in the Iberian Peninsula in honour of Frank Pierce,* R. B. Tate (ed.), Oxford, The Dolphin Book, 1982, págs. 27-38; Josephine Donovan, «From avenger to victim genealogy of a Renaissance novela», en *Tulsa Studies in Women's Literature,* 15.2 (1996), págs. 269-288; M.ª Amparo Adán Roca, *La influencia italiana en doña María de Zayas y Sotomayor,* Tesis doctoral, Universidad de Valencia, Facultad de Filología, 1998, 2 vols.; M.ª Jesús Rubiera Mata, «La narrativa de origen árabe en la literatura del Siglo de Oro: el caso de María de Zayas», en *La creatividad femenina en el mundo hispánico,* Monika Bosse, Barbara Potthast y André Stoll (eds.), Kassel, Reichenberger, 1999, págs. 335-345; Rosa

borándolas de forma personal. Era este un procedimiento usual en la época, cuando los autores, menos celosos de su originalidad que en siglos posteriores, tomaban para sus novelas o comedias temas anteriormente tratados, dándoles una nueva forma. Boccaccio no había obrado de otro modo. Lo esencial eran las cualidades estéticas de la recreación a la que se sometía el viejo material. Pero los contemporáneos destacaron algunos de estos «préstamos» y nuestra autora intentó replicar a estas críticas en sus *Desengaños*[186], al tiempo que evitaba mucho más en ellos el recurrir a temas tratados por la novela anterior[187]. Sin embargo, no abandonó totalmente esta influencia ni tampoco el recurrir a viejos motivos folclóricos o tradicionales, como muestran, por ejemplo, su utilización de la intervención de la Virgen a favor de sus devotos (II, 3; II, 9) o de la magia para conseguir a la mujer deseada (II, 5).

Navarro Durán, «Masuccio y la novela española de la Edad de Oro», en *La traduzione della letteratura italiana in Spagna (1300-1939)*, María de las Nieves Muñiz Muñiz, Ursual Bedogni y Laura Calvo Valdivielso (eds.), Florencia, Franco Cesati Editore, 2007, págs. 233-252; Berruezo, *op. cit.*, págs. 141-148; Treviño Salazar, *op. cit.*, t. I, págs. CLXVII-CXC [atendiendo solo a los *Desengaños*]; etc. Aunque no todas las fuentes apuntadas por los diversos autores sean seguras (en ocasiones el parecido es superficial), no cabe duda de que, como la mayoría de los novelistas de su época, con frecuencia tomaba temas de la tradición narrativa anterior. Precisamente muchas defensas de la autenticidad de sus relatos tienen por objeto acallar las críticas contrarias.

[186] II, 3, págs. 297-298 («... supuesto que la hermosa Lisis manda que sean casos verdaderos los que se digan, si acaso pareciere que los desengaños aquí referidos, y los que faltan, los habéis oído en otras partes, será haberle contado quien, como yo y las demás desengañadoras, los supo por mayor, mas no con las circunstancias que aquí van hermoseados, y no sacados de una parte a otra, como hubo algún lego o envidioso que lo dijo de la primera parte de nuestro sarao»); II, 9, págs. 632-633.

[187] En el estudio de Place se aprecia un mayor número de temas procedentes de la novela anterior en la Primera parte que en la Segunda.

11. *Conclusión*

María de Zayas es una hábil novelista. Sabe manejar con soltura tonos distintos, desde el chiste y la ironía hasta lo fantástico, onírico e incluso lo truculento. Con un estilo vivo, logra interesar al lector con las peripecias de sus personajes. No era su intención pintar personajes de carne y hueso, pero, en ocasiones, logra con gran perspicacia captar los estados anímicos de sus protagonistas. Ve el mundo de su época con ojos desencantados, descubriendo, tras las grandes ideas y las palabras altisonantes, el engaño. Tuvo particular intuición de la naturaleza humana y supo comprender el amor en su fuerza irresistible y en sus inclinaciones eróticas. No es extraño que esta novelista del desengaño, que se proponía ante todo advertir a las mujeres, tuviese gran éxito a lo largo del siglo XVII y sobre todo del XVIII. Pues, tras sus creencias conservadoras y convencionales, existen impulsos y contradicciones, de los que seguramente la autora no era plenamente consciente, que supo reflejar en muchas de sus creaciones. De ahí que algunos de sus relatos, después de los de Cervantes, sobresalgan en un género que rara vez superó el tópico y el convencionalismo.

IV. Los «Desengaños amorosos»: Problemas textuales

Se ha destacado el distinto tono e incluso estilo de las dos partes que componen las novelas de María de Zayas[188].

---

[188] La crítica, en general, ha destacado el mayor pesimismo de la Segunda parte. En otros casos, se ha hablado de diferencias de estilo: María Martínez del Portal, *op. cit.*, pág. 29. Azorín fue particularmente duro con cuanto siguió a las *Novelas amorosas y ejemplares* («Las *novelas amorosas* son la obra verdaderamente literaria, fina, artística, de doña María; a

Existen además diferencias de organización. En los *Desengaños* es menor la diversidad de tonos, aunque no desaparecen totalmente los rasgos de humor y la ironía. Aumentan los elementos de índole religiosa tradicional, como es la intercesión de la Virgen a favor del caballero devoto suyo que iba a engañar a su amigo o en la historia de Beatriz de Hungría. Se acentúa el tono sombrío de los relatos y se destaca la crueldad masculina, muy atenuada en las *Novelas amorosas*. La autora raya, en algunos casos, en lo truculento y lo melodramático, lo que no impide que, por momentos, logre relatos de gran fuerza. Cobra, además, mayor importancia el marco. Pero, por otra parte, la cuidada estructura de las *Novelas amorosas* presenta, en este caso, un cierto número de alteraciones, que dejan suponer una obra precipitadamente acabada y la intervención desafortunada de un editor, impresor o corrector que alteró la organización originaria[189].

El esquema elegido no difiere esencialmente del de la Primera parte, en la que los relatos se narraban en cinco noches, en torno a Navidad, en cada una de las cuales se contaban dos novelas. Ahora la reunión es en Carnaval[190],

---

partir de este volumen, todo lo que viene es de folletín popular; veinticinco, treinta, cuarenta volúmenes, con algún injerto en la serie, en que lo literario torna a aparecer». «Doña María de Zayas», *Los clásicos redivivos. Los clásicos futuros,* en *Obras completas,* t. VIII, Madrid, Aguilar, 1963², págs. 67-69, pág. 69).

[189] Pilar Palomo señaló que en las *Novelas amorosas* la disposición de los relatos sigue el orden establecido en la «Introducción», mientras que en los *Desengaños* se quiebra *(op. cit.,* pág. 70, n. 36). Montesa desarrolló la cuestión *(op. cit.,* págs. 44-47); en cambio, Amezúa, en su edición, no lo había tenido en cuenta. Sin embargo, años antes, Place había resumido la estructura de la obra tal como se anuncia en la «Introducción» y, aunque no consideraba explícitamente el problema, seguía este orden en su análisis de los desengaños *(María de Zayas,* págs. 5-7).

[190] Al final de la obra, se fechan las reuniones que dan lugar a los relatos en el Carnaval de 1646 (págs. 685-686), aunque se dice que se iniciaron el martes de Carnaval, mientras que al principio se indicaba que co-

dura tres noches y se cuentan cuatro novelas en las dos primeras y dos en la última, pues en ella se prevé celebrar, además, los desposorios de Lisis. Solo las damas serán narradoras y se añade que los desengaños habrán de ser casos verdaderos.

Como en las *Novelas amorosas,* Zayas expone en la *Introducción* (marco) de los *Desengaños* cuál será la organización del sarao decidida por Lisis. La primera noche contarán sus historias Zelima, Lisarda, Nise y Filis; la segunda Laura, Matilde, doña Luisa y doña Francisca; y la tercera y última doña Estefanía y finalmente Lisis (págs. 197-198). Pero pronto se altera este plan inicial, pues solo la primera novela va precedida de la indicación de *Desengaño primero* y del título: *La esclava de su amante;* únicamente en la segunda edición de Barcelona, 1649, el segundo relato se denomina *Desengaño segundo,* pero carece de título. En la edición prínceps y en las ediciones siguientes (con la excepción antes señalada), hasta la edición de Barcelona, Rafael Figueró, 1716, el segundo desengaño aparece fundido con el primero y los restantes van precedidos de la indicación de *Noche tercera, cuarta,* etc. Hasta esta misma edición de Barcelona, 1716, los relatos, salvo el primero, carecen de título, por lo que solo puede atribuirse a María de Zayas el título de la primera novela[191]. No recogen estas dos innovaciones las ediciones de Madrid, 1724, 1729 y 1734, que se imponen

---

menzaban el domingo (pág. 196). Montesa piensa que esta incongruencia se debe a una mano correctora poco cuidadosa *(op. cit.,* pág. 48). Es posible, pero es difícil explicar la razón de esta corrección y podría también deberse a olvido de la escritora, puesto que comete otros errores, como el cambio de nombre del criado en *Mal presagio casar lejos* (II, 7). Cfr. pág. 483, n. 6.

[191] Al preparar la primera edición de la presente obra no había logrado localizar ningún ejemplar de esta edición de Barcelona, Rafael Figueró, 1716, por lo que suponía que era en la edición de Barcelona, 1734, donde se separaban definitivamente los desengaños primero y segundo, y se daba título a los desengaños a partir del segundo.

definitivamente a partir de la edición de Barcelona, Pablo Campins, 1734.

Otros elementos quiebran esta estructura inicial. Al comienzo del tercer relato se habla de «la pasada noche» y de una nueva reunión (pág. 369), cuando, según el plan inicial, los cuatro primeros relatos debían narrarse en la primera noche. Por otra parte, la narradora no es Nise, como se había anunciado, sino Laura, que debía iniciar la segunda noche narrando el primer desengaño de esta. Es más, al comienzo del cuarto desengaño, se nos habla de «tercero» (pág. 297)[192] y después del relato de Filis (quinto según las ediciones) se indica que Lisis hizo servir una colación y que decidieron reunirse al día siguiente más temprano (pág. 366). Es decir, al final del quinto desengaño se produce el final de la primera noche, lo que solo tiene sentido suponiendo que no se trata del quinto relato sino del cuarto, porque el que figura como tercero, narrado por Laura, está desplazado: debía ocupar el quinto lugar e iniciar la segunda noche, como se indica en la introducción[193]. Otros elementos confirman que era intención de la autora mantener esta estructura inicialmente anunciada y que no fue ella quien la alteró. Al comentar Nise el cuarto desengaño (en la presente edición, el tercero), compara los casos de Camila y Roseleta, apuntando cómo ambas perecieron, aunque la primera encubrió a su marido las pretensiones de don Juan y la segunda confió al suyo las solicitudes de su amigo[194]. No se alude a doña Inés, lo que deja suponer que los desengaños que figuran como segundo y cuarto en las

---

[192] Amezúa vio esta incongruencia y añadió «[cuarto]» (pág. 143). Lo mismo aparece en la edición de María Martínez del Portal (pág. 433), puesto que reproduce el texto de Amezúa.

[193] Montesa observó que este relato estaba desplazado (*op. cit.*, págs. 44-47).

[194] Pág. 327. Se repite la misma idea al comenzar el quinto (en la presente edición, el cuarto) desengaño, citando a los mismos personajes (pág. 332).

ediciones iban originariamente seguidos. Pero, además, al final de todos los desengaños, Lisis recuerda a todas las protagonistas de los relatos en el mismo orden en que sus historias fueron contadas e Inés figura entre Elena y Laurela (pág. 684), lo que confirma que su historia ocupaba el quinto lugar.

Además del desplazamiento del quinto desengaño, se sustituye la estructura en tres noches por una estructura en diez. Diversas alusiones indican que era intención de la autora conservar la estructura inicial en tres noches: al final del sexto desengaño se dice que «faltaban dos desengaños para dar fin a la noche» (pág. 467). Tras el octavo relato, pasan a cenar y se anuncia que al día siguiente se referirán los dos desengaños que faltan y se celebrará el desposorio de Lisis (pág. 546). Antes de comenzar el noveno relato, se habla de una nueva reunión (pág. 551). En cambio, en otros casos se actúa como si se partiese de una división en diez noches, con un relato en cada noche. Al comenzar el octavo relato, se dice de doña Francisca «que era a quien le tocaba el último desengaño de esta octava noche» (pág. 509). Pero «último» supone una división en tres noches y no en diez. Al final de este desengaño, tras aludir a los que quedan para la noche siguiente, se habla de nuevo de «octava noche» (pág. 547). Al iniciarse la historia siguiente, de nuevo figura «novena noche» (pág. 551), aunque se describe la nueva salida de las narradoras, lo que solo se hace tres veces, y se alude a que es la «penúltima noche» en vez de la «última» (pág. 552). «Penúltima [noche]» se repite otra vez al final de este desengaño (pág. 633).

Se observa que la división en diez noches aparece únicamente en los títulos y que solo se introduce en el texto a partir del desengaño octavo. Por otra parte, a lo largo de toda la obra, persisten indicaciones de una división en tres noches como se indicaba en la *Introducción*. No parece que fuese la autora misma la que alterase de modo tan superficial e incompleto el esquema inicial: un cambio de intención habría producido probablemente una transformación más profunda. Hay que pensar que María de Zayas dispuso su obra en tres noches, pero es muy probable que (por motivos que nos son desconocidos y entre los que cabría suponer la desaparición de la autora) el texto que llegó a la imprenta no fuese un manuscrito perfectamente terminado y corregido. Es posible que estuviese organizado en cuadernillos, como supone Montesa[195] para explicar que se alterase el orden de los relatos. En todo caso, parece que solo la primera novela llevaba un título. Tal vez los restantes desengaños carecieran de todo encabezamiento en el manuscrito, lo que explicaría que el impresor no separase el texto del segundo desengaño del texto del primero y siguiese dándole el encabezamiento de *Desengaño primero* y *La esclava de su amante*. Solo en las últimas páginas de esta novela advirtió su error. A los demás relatos añadió las denominaciones de *Noche tercera, cuarta,* etc., e introdujo las alusiones del texto que quiebran la primitiva organización. Es posible también que esta dislocación del esquema inicial no se deba al impresor, sino a un corrector del manuscrito[196]. El editor de la edición de Barcelona, 1649, introdujo la separación entre el primero y el segundo desengaño, pero mantuvo los títulos erróneos de *Noche tercera, cuarta,* etc.

V. EDICIONES DE SUS NOVELAS

Las novelas de María de Zayas tuvieron gran éxito. Muy pronto se hicieron numerosas reediciones de sus relatos, que conocieron además diversas traducciones extranjeras. La autora recuerda con orgullo, en la Parte segunda, el éxito alcanzado por la Primera (II, 5, pág. 371). Se ha indica-

---

[195] *Op. cit.,* pág. 45.
[196] Montesa apunta la posibilidad de que el corrector fuese Inés de Casamayor, que firma la dedicatoria de la obra en la primera edición *(ibíd.).*

do que, después de las *Novelas ejemplares* de Cervantes, fueron tal vez las suyas las novelas cortas españolas más difundidas en el Occidente de Europa[197] o bien que fue acaso el autor de libros de pasatiempo que contó con más ediciones después de Cervantes, Mateo Alemán o Quevedo[198]. Aunque habría que matizar estas afirmaciones[199], no cabe duda de que contó con numerosas ediciones en los siglos XVII y XVIII, si bien estas no fueron tantas como se han reseñado. Los críticos de los dos últimos siglos han perpetua-

---

[197] Bourland, *Short story,* pág. 46; J. A. van Praag, «Sobre las novelas de María de Zayas», en *Clavileño,* 3.15 (1952), págs. 42-43, pág. 43.

[198] Amezúa, prólogo a las *Novelas amorosas,* pág. XXXI; Vasileski, *op. cit.,* pág. 43. Rincón dice que es inferior en estilo a Cervantes, pero más moderna que él *(op. cit.,* pág. 14).

[199] Elizabeth Treviño Salazar señaló que no se había hecho una revisión de las ediciones de sus obras que permitiese considerarlas como *bestsellers.* Ateniéndose a las obras publicadas entre 1598 y 1699 y prescindiendo de reediciones de obras del siglo XVI, comprobó que, de las novelas cortas, las más reeditadas fueron las de Cervantes, seguidas de *Sucesos y prodigios de amor* de Juan Pérez de Montalbán. Las *Novelas amorosas y ejemplares* de María de Zayas llegarían en tercer lugar. Caso de incluirse también las novelas extensas, la obra de mayor éxito es el *Guzmán,* seguido del *Quijote,* mientras que las dos colecciones de María de Zayas ocupan los puestos 11 y 14 *(Estudio y edición de la «Parte segunda del sarao y entretenimiento honesto» [1647] de María de Zayas y Sotomayor,* Tesis doctoral, 2 vols., Bellaterra, Universitat Autònoma de Barcelona, 2018, t. I, págs. LXV-LXXVIII). En un estudio realizado años atrás, Antonio Fernández Insuela («Sobre la narrativa española del Siglo de Oro y sus reediciones en el siglo XVIII», en *Revista de Literatura,* 55 [1993], págs. 55-84, págs. 70-73) estableció una relación de las reediciones de novelas cortas del siglo XVII aparecidas en el siglo XVIII, dentro de lo que denomina «novelas costumbristas, cortesanas y otras afines». En ella se observa el éxito de las *Novelas ejemplares* de Cervantes (trece reediciones), seguidas de las *Soledades de la vida y desengaños del mundo* de Cristóbal Lozano y de las novelas de María de Zayas (doce reediciones cada una de las colecciones), mientras que los *Sucesos y prodigios de amor* de Pérez de Montalbán solo contaron, según sus cálculos, con siete reediciones. La relación de Fernández Insuela completa la anteriormente establecida por Juan Ignacio Ferreras, *La novela en el siglo XVIII,* Madrid, Taurus, 1987, págs. 18-21.

do un cierto número de errores acerca de estas ediciones[200], lo que ha abultado el número de impresiones que supuestamente conocieron. No cabe duda de que pudieron existir ediciones hoy perdidas, pero tenemos que atenernos a aquellas cuya existencia está documentada, sobre todo teniendo en cuenta que, aunque existieran ediciones de las que no ha quedado rastro, algunas de las reseñadas son errores evidentes de los críticos y bibliógrafos[201]. Cabe admitir la existencia de ediciones desaparecidas, pero no pueden darse por válidas ediciones imprecisamente descritas y nunca vistas por quienes las reseñaron.

1. *Ediciones de la «Primera parte»*

Acerca de la primera aparición de las *Novelas amorosas y ejemplares* se han apuntado las siguientes ediciones:

---

[200] Una excelente reseña de las ediciones de sus novelas, así como de todas las novelas breves españolas, fue establecida por Bourland *(Short story,* págs. 87-201), aunque esto no impidió que se siguiesen citando ediciones inexistentes. La lista de Bourland es incompleta. Posteriormente, Montesa estableció un nuevo repertorio de las ediciones de sus obras *(op. cit.,* págs. 379-395), seguido del que, en 1983, publiqué en mi edición de la *Parte segunda del sarao y entretenimiento honesto* (págs. 65-82), así como por los de Julián Olivares («Introducción» a su edición de las *Novelas amorosas y ejemplares,* Madrid, Cátedra, 2000, págs. 130-135; «Introducción» a su edición del *Honesto y entretenido sarao (Primera y segunda parte),* 2 vols., Zaragoza, Prensas de la Universidad de Zaragoza, 2017, t. I, págs. XCI-XCVI) y, posteriormente, por el de Treviño, *op. cit.,* t. I, págs. CCXCIX-CCCLXVII. Prescindiré de la descripción detallada de cada una de las ediciones, remitiendo a los autores citados, y expondré brevemente el resultado de mis pesquisas particulares, completando los datos consignados en las relaciones anteriores, así como los que recogí en la primera edición de esta obra.

[201] Intentaré, sobre todo, destacar la procedencia de las opiniones de los diversos autores, ya que, si varios autores apoyan la existencia de una edición, pero todas estas opiniones proceden de una misma fuente, que puede ser errónea, se reduce considerablemente el valor de su testimonio.

— Madrid, 1634.
— Barcelona, 1634.
— Madrid, 1635.
— Zaragoza, 1635.
— Madrid, 1636.
— Zaragoza, 1637.
— Zaragoza, 1638[202].

La más antigua mención es la de Nicolás Antonio, que habla de una edición hecha en Zaragoza, pero también en otras ciudades, en 1638, en 8.º[203]. Se han conservado dos ediciones fechadas en Zaragoza, 1638. Nicolás Antonio cita una edición existente, pero que no es la primera y, de hecho, en ambas figura la indicación «De nuevo corretas, y enmendadas por su misma autora». Álvarez y Baena[204] sigue a Nicolás Antonio y Navarrete[205] sigue a Álvarez y Baena, por lo que ambos dan esta edición de Zaragoza, 1638 como la primera.

Para Eugenio de Ochoa, la primera edición es una de Madrid, 1636, en 8.º, que dice apareció con el título de *Ho-*

---

[202] Juan Delgado Casado, *Diccionario de impresores españoles (siglos XV-XVII)*, Madrid, Arco/libros, 1996, t. I, pág. 327, sitúa la primera edición de las *Novelas amorosas y ejemplares* en Zaragoza, 1632. Se trata, sin duda, de una errata, ya que remite a Manuel Jiménez Catalán, *Ensayo de una tipografía zaragozana del siglo XVII*, Zaragoza, Tipografía «La Académica», 1927, quien solo cita las ediciones de las *Novelas amorosas y ejemplares* de Zaragoza, 1637 y Zaragoza, 1638 (núm. 372 y 390, págs. 188-189 y 194, respectivamente) y la edición de Zaragoza, 1647, de la segunda parte, a la que da el título de *Novelas y Saraos* (núm. 523, pág. 237). Considera que la primera edición de las *Novelas amorosas y exemplares* es de Madrid, 1635 (pág. 189), pero no reseña ninguna edición de Zaragoza, 1632.

[203] «*Novelas amorosas y ejemplares*. Tum alibi, tum Caesaraugustae 1638. in 8», en *Bibliotheca Hispana Nova sive Hispanorum Scriptorum qui ab anno MD. ad MDCLXXXIV floruere notitia*, Madrid, Joaquín de Ibarra, 1783², t. II, pág. 88.

[204] T. IV, pág. 49.

[205] *Op. cit.*, pág. XCVII.

nesto y entretenido sarao, reimprimiéndose dos años después en Zaragoza, en 8.º[206]. El título por él indicado no aparece en ninguna de las ediciones conservadas. Supongo que lo debió de tomar de la aprobación de Joseph Valdivieso y de la licencia de Juan de Mendieta. Debió de manejar un ejemplar como el conservado en la BNE bajo la signatura R/4264[207] o como el de la BNF: RES-Y2-2359, que se declara impreso en Zaragoza, 1637, y añade que es una impresión de las novelas «De nuevo corretas...». La licencia de Mendieta, fechada en Madrid el 4 de junio de 1636, debió de llevarle a pensar que la edición anterior se había imprimido en esta ciudad y en la fecha indicada.

Jacques-Charles Brunet habla de una primera edición aparecida en Madrid en 1635[208]. Debió de dejarse llevar por la fecha de la aprobación[209], pero no debió de manejar ningún ejemplar de esta supuesta primera edición, puesto que no consigna ningún dato sobre ella. Manuel Jiménez Catalán da también como primera edición la de Madrid, 1635, aunque no aporta ningún dato sobre ella, y añade que en 1637 y 1638 se hicieron ediciones en Zaragoza[210]. No indica la fuente de su información, parece probable que proceda de Brunet. Sigue casi textualmente a Bru-

---

[206] «Noticia» en las *Novelas ejemplares y amorosas de doña María de Zayas y Sotomayor...,* París, Baudry, 1847, pág. 1, n. 1.

[207] Aunque el ejemplar de la BNE está mutilado de la primera página que contenía el título, autor, lugar de edición, editor y fecha.

[208] *Manuel du libraire et de l'amateur de livres,* Ginebra, Slatkine Reprints, 1990 (reproducción facsímil de la edición de 1860-1865), t. V, col. 1529. Añade que se reimprimió en Madrid y Zaragoza en 1637, in-8.º y posteriormente en Barcelona en 1646, in-8.º.

[209] Aunque la aprobación y licencia de Pedro Aguilón que, en las dos ediciones de 1637 está fechada en 1635 (en ediciones posteriores que la contienen se fecha en 1634 o se suprime la fecha), es de Zaragoza y no de Madrid.

[210] *Op. cit.,* pág. 189. Véase nota 202.

net, Johann Georg Theodor Graesse[211]. El prestigio de Brunet ha hecho que Simón Díaz recoja también esta edición de Madrid, 1635[212].

Probablemente, en una confusión con la aprobación y licencia de Zaragoza, fechada en 1635, a partir de una edición como la segunda de 1637, con indicación «De nuevo corretas...», debe basarse la afirmación de Joseph L. Laurenti, citada por Palau, de que existió una edición de Zaragoza, 1635, afirmación ya puesta en duda por Palau[213].

A partir de la edición de Zaragoza, 1638, se alteraron las fechas de las licencias y aprobaciones de Madrid y Zaragoza, sustituyéndose las fechas de 1635, 1626 y 1636 por la de 1634. Esto explica posiblemente que Juan de Dios de la Rada y Delgado sitúe la primera edición en Madrid, 1634[214].

Palau reseña una edición de Barcelona, 1634, 4.º, 536 páginas, cuya información le viene de un catálogo de Rosenthal, aunque él apunta que puede tratarse de una errata

[211] *Trésor de livres rares et précieux ou Nouveau dictionnaire bibliographique,* Dresde, Rudolf Kuntze, 1859-1969, siete tomos en 8 vols., vol. 7, pág. 508. T. VII, Milán, Görlich, 1950, pág. 508.

[212] José Simón Díaz, *Cien escritores madrileños del Siglo de Oro (Notas bibliográficas),* Madrid, Instituto de Estudios Madrileños, 1975, pág. 143.

[213] Antonio Palau y Dulcet, *Manual del librero hispano-americano...,* Barcelona, Antonio Palau y Dulcet; Oxford, The Dolphin Book Co. LTD, 1948-1977², t. 28, 1977, págs. 375-377. Tanto en su *Bibliografía de la literatura picaresca: desde sus orígenes hasta el presente,* 2 vols., Metuchen, N. J., The Scarecrow Press, Inc.; Nueva York, Ams Press, 1973-1981, t. I, págs. 207-211, pág. 207, n. 1, como en su *Catálogo bibliográfico de la literatura picaresca: siglos XVI-XX,* 2 vols., Kassel, Reichenberger, 2000², t. II, págs. 619-639, pág. 619, n. 1, Joseph L. Laurenti afirma que: «La primera edición de estas novelas se hizo en Zaragoza en 1635 y se tituló *Honesto y entretenido sarao*».

[214] *Mujeres célebres de España y Portugal,* Barcelona, Casa Editorial de Víctor Pérez, 1868, t. II, pág. 494. Añade otra edición de Madrid, 1637 y una tercera de Zaragoza, 1638.

en lugar de 1638 o 1648[215]. El número de páginas que indica y su tamaño hacen improbable que se trate de un ejemplar de la primera parte exclusivamente. Debe de ser una edición que comprenda ya las dos partes. Si Rosenthal no se equivoca en la ciudad donde se imprimió y en el número de páginas, debe de tratarse de un ejemplar de la edición de Joseph Giralt, sin fecha, pero con fe de erratas y suma de tasa de 1736, o de la edición de 1764.

La primera edición de la que se conservan ejemplares es la de Zaragoza, 1637:

> NOVELAS / AMOROSAS, Y / EXEMPLA-
> RES. / *COMPVESTAS POR DOÑA* / *María de*
> *Zayas y Sotomayor, na-* / *tural de Madrid.* / [Escu-
> do de los Escueres] / CON LICENCIA, / *En*
> *Zaragoça, En el Hospital Real, y Gñl de N. Señora*
> / *de Gracia. Año 1637.* / [línea] / A costa de Pedro
> Esquer, Mercader de libros.
> In-4.º. 8 hojas + 380 págs.
> (Ejemplares: BNE tres ejemplares: R/2315,
> R/8123 y R/16950; Bibl. Lázaro Galdiano [Ma-
> drid]: INV. 653; BNF: RES-Y2-872; Bibl. Arse-
> nal [París]: 4.º BL. 4472; HSA).

Es la edición prínceps[216]. Diversos argumentos apoyan esta afirmación: no existe constancia segura de ediciones anteriores. La primera edición hubo de imprimirse en Zaragoza, puesto que así se indica en las poesías laudatorias de

---

[215] *Op. cit.,* t. 28, pág. 375.
[216] Ya Bourland señaló que es la primera edición de la que hay pruebas de su existencia, pues ni Brunet ni Ochoa vieron las ediciones anteriores que citan *(Short story,* pág. 126). Idéntica afirmación hizo Palau *(op. cit.,* t. 28, pág. 375). Montesa aporta decisivos argumentos a favor de su consideración como primera edición *(op. cit.,* págs. 37-39). J. Moll, con argumentos distintos, llega a la misma conclusión («La primera edición», págs. 177-179).

Alonso de Castillo Solórzano y Ana Inés Victoria de Mieres y Arguillur que la acompañan. Es la única edición, con la de Barcelona, 1646, que no indica «De nuevo corretas, y enmendadas por su misma Autora». En los *Desengaños,* la autora nos dice que la Primera parte ha conocido tres ediciones, dos naturales y una hurtada[217]. Suponer ediciones anteriores a 1637 sería elevar considerablemente el número de impresiones y atribuir a María de Zayas un total desconocimiento de la trayectoria editorial de su obra. No es extraño, sin embargo, que se pensase en ediciones anteriores, teniendo en cuenta la extraña trayectoria seguida por la obra en sus aprobaciones.

Esta primera edición contiene una aprobación de Joseph de Valdivielso, por encargo de Juan de Mendieta, fechada en Madrid el 2 de junio de 1636, una licencia de Juan de Mendieta de Madrid, 4 de junio de 1626, y una aprobación y licencia del Dr. Pedro Aguilón, por encargo del Dr. Juan Domingo Briz, dada en Zaragoza el 6 de mayo de 1635. En la siguiente edición, desaparece la fecha de la aprobación madrileña y la fecha de la licencia de Juan de Mendieta se cambia de 1626 a 1636. Se pensaba en general que la licencia y aprobación madrileñas eran de 1636, siendo la fecha de 1626 una errata[218], aunque era difícil de explicar por qué la aprobación y licencia madrileñas eran posteriores a las de Zaragoza si la obra se imprimió en esta última ciudad. J. Moll mostró que la licencia madrileña solo podía ser de 1626, pues Juan de Mendieta cesó en el cargo de vicario general a mediados de 1627. La supresión de licencias para comedias y novelas en Castilla de 1625 a 1634 explicaría los años transcurridos entre las primeras aprobaciones y la publicación de la obra, así como su apa-

---

[217] II, pág. 371.
[218] Amezúa, edición de *Novelas amorosas*, pág. 3, n. 1. Montesa, *op. cit.,* pág. 36.

rición en Zaragoza[219]. Esto podría explicar el título que la obra presenta en la aprobación y licencia madrileñas, *Honesto y entretenido sarao,* en la primera, y *Tratado honesto y entretenido sarao,* en la segunda[220], sensiblemente diferente al de las ediciones[221]. Es posible que *Honesto y entretenido sarao* fuese el título que la autora diese a su obra, posteriormente sustituido (probablemente por el editor) por el más atractivo de *Novelas amorosas y ejemplares.* Así se explicaría el que en la Introducción a la Parte segunda se aluda a «la Primera parte de mi "Entretenido sarao"» (II, pág. 193). Por otra parte, si creemos las afirmaciones de Pérez de Montalbán que, en 1632, nos dice que María de Zayas tiene «un libro para dar a la estampa en prosa y verso de ocho Novelas exemplares»[222], hay que suponer que el texto que se presentó a la aprobación y licencia eclesiástica madrileñas, solo contenía, a lo sumo, ocho novelas.

Se conservan ejemplares de una nueva edición de Zaragoza, 1637, in-4.º, publicada en el Hospital Real de Nuestra Señora de Gracia, a costa de Pedro Esquer (Ejemplares: BNE: R/4264[223]; BNF: RES-Y2-2359; BL: 1074.i.18),

---

[219] «La primera edición», págs. 177-179 y «Diez años sin licencias», en *Problemas bibliográficos,* págs. 177-183.

[220] El título de *Honesto y entretenido sarao* podría haber sido sugerido a la autora por el que Francisco Truchado dio a su traducción de *Le piacevoli notti* de Giovan Francesco Straparola, *Honesto y agradable entretenimiento de damas y galanes* (Zaragoza, Juan Soler, 1578), según apuntó Treviño *(op. cit.,* t. I, págs. CXXXIX-CXL). No hay que olvidar el éxito de esta traducción, que contó con numerosas ediciones en la época, dando la primera edición de las dos partes juntas, en 1598, Luis Sánchez, tío de la escritora. Ya David González Ramírez, «En el origen de la novela corta», pág. 1223, había señalado el posible recuerdo de los títulos de las traducciones de Straparola y Guicciardini en el prólogo de las *Novelas ejemplares* de Cervantes.

[221] En la aprobación y licencia zaragozanas, en cambio, se habla de «estas Nouelas».

[222] *Para todos,* núm. 246 del *Índice de los ingenios de Madrid.*

[223] Se ha señalado anteriormente (n. 207) que este ejemplar carece de la primera hoja con la portada.

dos ediciones de Zaragoza, 1638, ambas publicadas en el Hospital Real de Nuestra Señora de Gracia, a costa de Pedro Esquer, pero una en 8.º, que consta de 4 hojas + 224 fols. (Ejemplares: BNE: R/1542; BNF: Y2-74797; HSA, procedente de la biblioteca del marqués de Jerez de los Caballeros)[224] y otra en 12.º, que consta de 10 hojas + 241 fols. (errata por 243) (Ejemplares: BNF: Y2-74796; HSA, de idéntica procedencia). En 1646 se hizo una nueva edición en Barcelona, por Gabriel Nogués, compartida por dos libreros, pues en unos ejemplares figura a costa de Sebastián de Cormellas (ejemplares: BNE: R/13233; Bibl. Lázaro Galdiano [Madrid]: INV.972; BNF: Y2-74798 y RES-Y2-2360; BL: 12490.c.19) y en otros «Vendense en la Librería, por Ioan Sapera, librero» (HSA)[225].

Así, los datos que tenemos permiten afirmar que, entre 1637 y 1646, aparecieron cinco (o seis) ediciones de la primera parte de sus novelas, aunque es probable que alguna de ellas sea una edición contrahecha del siglo XVIII, puesto que la autora solo señala la existencia de tres ediciones anteriores a los *Desengaños*[226]. Esto confirma el éxito que en poco tiempo alcanzó su obra. En ausencia de otros datos hay que aceptar como primera edición la de Zaragoza de 1637[227].

---

[224] *Catálogo de la Biblioteca del marqués de Jerez de los Caballeros,* reimpreso por primera vez en facsímile, precedida de una biografía del gran bibliófilo por Antonio Rodríguez-Moñino, Madrid, Librería para Bibliófilos, 1966, pág. 168.

[225] Es más probable que se trate de una edición compartida que no de dos. Bourland pensaba que era una única edición *(Short story,* pág. 134). Montesa acepta la posibilidad de que sean dos ediciones distintas, aunque cree más probable que sean la misma *(op. cit.,* pág. 383).

[226] Es la hipótesis de Montesa *(op. cit.,* págs. 40-41) para explicar que María de Zayas solo hable de tres ediciones: la de 1646 (o las de 1646) no habría aparecido cuando la autora entregó los *Desengaños* para su aprobación y de las cuatro restantes una sería una edición contrahecha.

[227] Simón Díaz recoge únicamente la primera de Zaragoza, 1637, la de Zaragoza, 1638, de 224 folios, y una de Barcelona, 1646, pero añade la reseñada por Brunet de Madrid, 1635 *(op. cit.,* pág. 143).

En los siglos xx-xxi se han realizado las siguientes ediciones:

1948.   *Novelas amorosas y ejemplares*. Edición y prólogo
         de Agustín G. de Amezúa. Madrid, RAE, Bibl.
         Selecta de Clásicos Españoles, serie II, vol. VII.
         In-8.º. L + 423 págs. + 2 hojas.
         (Ejemplares: BNE: 4/42158).

2000.   *Novelas amorosas y ejemplares*. Edición de Julián
         Olivares. Madrid, Cátedra, Letras Hispánicas.
         18 cm. 562 págs.
         (Ejemplares: BNE: 12/54286).

2012.   *Novelas amorosas y ejemplares*. Texto preparado
         por Enrique Suárez Figaredo. *Lemir,* núm. 16,
         págs. 353-572.
         Edición digital.

2. *Ediciones de la «Parte segunda»*

Nicolás Antonio señaló la existencia de una edición en
Zaragoza, 1647 *(Novelas y Saraos. Segunda Parte.* Caesaraugustae 1647)[228], aunque la reseñó bajo un título erróneo.
Siguen su opinión Álvarez y Baena[229], Navarrete[230], Brunet[231] y Salvá y Mallén[232]. También para Ochoa, la primera
edición se publicó en Zaragoza, en 1647, pero indica que

---

[228]   *Op. cit.,* t. II, pág. 88.
[229]   *Op. cit.,* t. IV, pág. 49, dándole el mismo título que le da N. Antonio.
[230]   *Op. cit.,* pág. XCVII, dándole también el mismo título.
[231]   *Op. cit.,* t. IV, pág. 560. No cita el título, pero declara seguir a
N. Antonio, aunque añade que la edición es in-8.
[232]   Pedro Salvá y Mallén, *Catálogo de la biblioteca de Salvá,* 2 vols.,
Valencia, imprenta de Ferrer de Olga, 1872 (reimpresión facsímil, Madrid, Julio Ollero, 1992), t. II, pág. 194, n. 2.040.

llevaba el título de *Desengaños*[233]. Jiménez Catalán señala que la segunda parte es de Zaragoza, 1647[234], siguiendo probablemente a Brunet. Juan de Dios de la Rada y Delgado sitúa esta primera edición con la misma fecha, no ya en Zaragoza, sino en Madrid, lo que es difícil de explicar pues todas las aprobaciones de la primera edición son de Zaragoza[235].

Palau confundió esta edición con la de 1649, pues dice que la segunda parte se publicó bajo el título de *Parte segunda del Sarao, y entretenimientos honestos,* Barcelona, Sebastián de Cormellas, 1647, 8.º, 8 h., 256 h.[236]. Amezúa repite el error de Palau —situando en Barcelona esta edición de 1647—, y además lo atribuye a Nicolás Antonio[237]. Simón Díaz[238] y Montesa[239], posteriormente, corrigieron este error, señalando que la primera edición apareció en Zaragoza, 1647[240]:

---

[233] *Op. cit.,* pág. 1, n. 1.

[234] *Op. cit.,* pág. 189.

[235] *Op. cit.,* t. II, pág. 494.

[236] *Op. cit.,* t. 28, pág. 375. Acto seguido recoge la referencia de Nicolás Antonio a que esta edición se publicó en Zaragoza, pero, curiosamente, añade: «No conoce ejemplar Jiménez Catalán». Como se ha indicado anteriormente, Jiménez Catalán sitúa esta edición en Zaragoza. Palau emplea, además, «entretenimientos honestos» en plural y supone que el título de Nicolás Antonio es el mismo que el que él reseña. El formato y los folios que le atribuye Palau corresponden a la edición de 1649, con la que debió de confundirse.

[237] Dice que, para Nicolás Antonio, se publicó en Barcelona, en la imprenta de Sebastián de Cormellas, en 1647 (Prólogo a las *Novelas amorosas,* pág. xlviii [aunque con una errata por la que figura 1657 en vez de 1647, errata que el autor corrige en el prólogo a los *Desengaños,* pág. xxiii, n. 1]). Repiten su error Rincón, *op. cit.,* pág. 7, y María Martínez del Portal, *op. cit.,* pág. 12.

[238] *Op. cit.,* págs. 143-144.

[239] *Op. cit.,* págs. 41-43.

[240] Robert H. Williams, creyendo en la existencia de la edición de Barcelona, 1647, señalada por Amezúa en el prólogo a las *Novelas amorosas,* pág. xlviii, piensa que debieron de hacerse dos ediciones en el mismo año,

PARTE / SEGVNDA / DEL SARAO, Y / EN-
TRETENIMIENTO / HONESTO, DE
DOÑA / MARÍA DE ZAYAS / SOTOMA-
YOR. / AL / EXCELENTISSIMO SEÑOR /
DON IAIME FERNÁNDEZ DE YXAR, / Sil-
va, Pinòs, Fenollet, y Cabrera, Duque, y Señor
de / Yxar, Côde de Belchite, Marqués de Alenquer, Cô- / de de Valfagona, Vizcôde de Canet, y
Illa, Señor de / las Baronias de la Portella, Peramola, Grions, / Alcaliz, y Estacho, y Gentilhombre de la / Cámara de su Magestad, &c. / [Ador-
no tipográfico] / CON LICENCIA, / [línea] /
En Çaragoça: En el Hospital Real, y General de
nuestra / Señora de GRACIA. Año 1647. / *A
costa de Matias de Lizao*[241]
In-4.º. 8 hojas + 432 págs.
(Ejemplares: Biblioteca Municipal de Rouen:
0.653; Bibl. Apostólica Vaticana: RG. Lett.Est.
IV 288[242]; Det kongelige Bibliotek [La Biblioteca Real {de Dinamarca}]: UA ÆS 77:1,52).

---

una en Zaragoza y otra en Barcelona (Reseña a la edición de Amezúa de las
Novelas amorosas, en *Hispanic Review*, 18 [1950], págs. 76-77).

[241] Su apellido aparece documentado indistintamente como «Liçao,
Liçau, Lizau» o «Lizaun», convirtiéndose a finales del siglo XVII en «Le-
zaun» (Esperanza Velasco de la Peña, *Impresores y libreros en Zaragoza
(1600-1650)*, Zaragoza, Institución «Fernando el Católico», 1998, pág.
385). Figura que financió la edición Matías de Lizaun, pero tanto Matías
de Lizaun, padre, fundador de la estirpe de libreros zaragozanos, como su
hijo, también llamado Matías, habían fallecido, respectivamente, en 1633 y
en 1644.

[242] No alcanzo a entender los motivos que han llevado a Olivares
(2017, t. I, pág. XCIII, n. 5) a afirmar que: «El ejemplar de la Biblioteca
del Vaticano, R.G. Est. IV. 288, documentado en Yllera, es un error
acarreado; es un ejemplar fantasma». Manejé un microfilm de dicha «edición fantasma» al preparar la primera edición de la prínceps de esta obra
y he vuelto a manejar una versión digital de la misma, al revisar esta
edición y volver a establecer el texto. Por otra parte, el ejemplar figura en

Se hizo una nueva edición de esta segunda parte en 1649:

> PARTE / SEGVNDA / DEL SARAO, / Y / EN-TRETENI- / MIENTO HONESTO, / de doña Maria de Zayas / Sotomayor. / Año [Marca del impresor] 1649. / CON LICENCIA, / [línea] / En Barcelona en la Emprenta administrada por Seba- / stián de Cormellas Mercader. *Y à su costa.* In-8.º. 8 hojas + 256 fols. (error por 257). (Ejemplares: BNE: R/11584).

Ediciones de los siglos xx-xxi:

1950.   *Desengaños amorosos. Parte segunda del sarao y en-tretenimiento honesto.*
Edición y prólogo de Agustín G. de Amezúa y Mayo.
Madrid, RAE, Bibl. Selecta de Clásicos Españo-les, serie II, vol. IX.
In-8.º. XXIV + 461 págs. + 2 hojas.
(Ejemplares: BNE: 4/42157).

1983.   *Parte segunda del sarao y entretenimiento honesto [Desengaños amorosos].*
Edición de Alicia Yllera.
Madrid, Cátedra,
18 cm. 511 págs.

2014.   *Desengaños amorosos.*
Texto preparado por Enrique Suárez Figaredo.
Lemir, núm. 18, págs. 27-270.
Edición digital.

---

el catálogo informático de dicha biblioteca. Sin embargo, en su edición de las *Novelas amorosas y ejemplares,* Olivares (Madrid, Cátedra, 2000, pág. 132) recogía esta «inexistente» edición.

2018.   *Parte segunda del sarao y entretenimiento honesto*
         (1647).
         Estudio y edición de Elizabeth Treviño Salazar.
         Tesis doctoral, Bellaterra, Universitat Autònoma
         de Barcelona, 2 vols.
         CDXXXI + 537 págs.

3. *Ediciones de las dos partes juntas*

No parece que hasta 1659[243] apareciese la primera edición
conjunta de las dos partes. Se hicieron dos ediciones en ese
año, ambas en Madrid, a costa de Mateo de la Bastida:

1659ª.   PRIMERA, / Y / SEGVNDA / PARTE DE LAS
         NO- / VELAS AMOROSAS, Y EXEMPLA- /
         res de Doña Maria de Zayas y Sotoma- / yor,
         natural de Madrid. / *CORREGIDAS, Y EMEN-*
         DADAS / *en esta vltima Impression.* / DEDI-
         CANSE AL SEÑOR D. VICEN- / te Bañuelos
         y Suaço, del Consejo de su Ma- / gestad, Alcalde
         de su Casa, y / Corte, &c. / 65.o / [Adorno tipo-
         gráfico] / CON LICENCIA EN MADRID: /
         Por Melchor Sanchez. Año / de 1659. / [línea] / *A*
         costa de Mateo de la Bastida. Mercader de / Libros,
         en frente de San Felipe.
         In-4.º. 19,5 cm. 4 + 258 fols. 1 columna.

---

[243] Sylvania cita una edición de las dos partes de Barcelona, 1648, que
dice encontrarse en la biblioteca del Museo Británico (*op. cit.*, pág. 21).
Pero ni Bourland (*Short story*, pág. 146), ni Williams (*loc. cit.*, págs. 76-
77) lograron verla, ni la reseña V. F. Goldsmith (*A short title catalogue of*
Spanish and Portuguese books, 1601-1700, in the Library of the British
Museum, Folskestone y Londres, Dawson of Pall-Mall, 1974, pág. 213),
ni figura en el catálogo de la BL, por lo que hay que considerarla inexistente, como la de 1656, citada por Amezúa (Prólogo a las *Novelas amoro-*
sas, pág. XLVIII), que declara tomar de Palau, pero que este no recoge.

(Ejemplares: Bibl. Municipal de Lyon: 302587; Bibl. RAE [Madrid]: 23-XII-24; Österreichische Nationalbibliothek [Bibl. Nacional de Austria]: 35.Q.173 ALT PRUNK; HSA[244]).

La Segunda parte ocupa los folios 110r-258r.

1659[b]. PRIMERA, / Y / SEGVNDA / PARTE DE LAS NOVELAS / AMOROSAS, Y EXEMPLARES DE / Doña Maria de Zayas, y Sotomayor, / natural de Madrid. / *CORREGIDAS, Y ENMEN-DADAS / en esta vltima impression.* / DEDICANSE AL SEÑOR DON VICENTE / Bañuelos, y Suaço, del Consejo de su Magestad, / Alcalde de su Casa, y Corte, &c. / [Adorno tipográfico] / CON LICENCIA EN MADRID: *Por / Melchor Sánchez.* Año 1659. / [línea] / *A costa de Mateo de la Bastida, Mercader de / Libros, enfrente de San Felipe.*

20 cm. 5 hojas + 247 fols. 2 columnas.

(Ejemplares: BNE: R/16681; Bibl. Lázaro Galdiano [Madrid]: INV. 8091. El ejemplar de la BNE está mutilado: faltan dos hojas preliminares y el folio 121).

La Segunda parte ocupa los folios 105r-247v.

---

[244] Al preparar la primera edición de este trabajo, publicado en 1983, no conseguí ver esta edición, por lo que seguí a Bourland para la descripción del ejemplar de la HSA *(Short story,* págs. 145-146) y a Montesa para el de la biblioteca de Viena *(op. cit.,* pág. 385). Goldsmith reseñaba un ejemplar de una edición de Madrid, 1659, existente en la BL: 89.a.24, 25 *(op. cit.,* pág. 213); Williams apuntaba la existencia de otro ejemplar en la biblioteca de Munich *(loc. cit.,* pág. 77). Simón Díaz añadía que existían ejemplares en la Biblioteca Municipal de Lyon, 302587, y en la de Menéndez Pelayo de Santander, R-IV-9-6 *(op. cit.,* pág. 144). Posteriormente, me he procurado una reproducción digital del ejemplar de la biblioteca Municipal de Lyon 302587, por lo que he podido incorporar este texto al aparato crítico de esta edición de la *Parte segunda.* Fue Suárez Figaredo (ed. cit., pág. 29) quien señaló que la edición a una columna era anterior a la de a dos columnas.

Posteriormente, hasta fines del siglo XIX, se publicaron ambas partes juntas. Tenemos pruebas de que se hicieron, al menos, las siguientes ediciones:

1664.   Madrid, por Joseph Fernández de Buendía, a costa de Manuel Meléndez, Mercader de libros.
In-4.º. 4 hojas + 247 fols. 2 columnas.
(Ejemplares: BNE: R/3061 y R-MICRO/16476; BNP: Y2-497; BL: 12491.2.14; Bibl. del Senado [Madrid]: 19961).
La Segunda parte ocupa los folios 105r-247v.

1705.   Barcelona, en la Imprenta de Joseph Texidò, a su costa.
In-4.º. 4 hojas + 494 págs. 2 columnas.
(Ejemplares: BNE: R/17893; Biblioteca digital hispánica; BNF: Y2-498; BC R (8)-8.º-368; BL: dos ejemplares: 1074.i.49 y G. 10213: Bibl. Regional de Madrid: A-2199).
La Segunda parte ocupa las páginas 209-494.

1712.   Valencia, por Antonio Bordazar. A costa de Joseph Cardona, Mercader de libros.
12 cm. [8] + 518 págs. 2 columnas.
(Ejemplares: Universidad Pontificia. Comillas [Cantoblanco. Madrid]: XVIII-10619; Bibl. Pública del Estado en Palma de Mallorca: 21539 [faltan las páginas 55-58, 179-180, 271-290 y 391-394]; Real Consulado [Fundación Pedro Sánchez Bahamonde]. Biblioteca. La Coruña: S3F: 4-9, 219; Museo Cerralbo [Madrid]: XXVI-4799; Bibl. de la Universidad de Missouri, MU Ellis Special Collections. Rare: PQ 6498. Z5 1712).
La Segunda parte ocupa las páginas 219-519.

La cita Palau[245] y Montesa[246] declara poseer un ejemplar. No la cita Simón Díaz[247].

1716. Barcelona, por Rafael Figuerò.
In-4.º. 4 + 494 págs. 2 columnas.
(Ejemplares: Arxiu Històric de la Ciutat de Barcelona: B 1716 8.º 6).
La Segunda parte ocupa las páginas 209-494.
Las Novelas de la Segunda parte llevan ya un título individual, lo que solo recogerá la edición de Barcelona, 1734, pero no las ediciones de Madrid, 1724, 1729 y 1734. Se produce también un cambio en el título de la obra, como se indicará posteriormente.
La cita Palau[248], aunque considera la información dudosa. También la incluye Amezúa[249], remitiendo a Palau. Montesa[250] la incluye con reservas, sin indicar su título. No figura en la relación de Simón Díaz[251].

1724. Madrid, por Manuel Román, Impressor del Ayuntamiento y Notario Apostólico.
In-4.º. 2 hojas + 518 págs. 2 columnas.
(Ejemplares: BNE: 3/50854 y DGMICRO/18429).
La Segunda parte ocupa las páginas 219-518.

1729. Madrid, a costa de Don Pedro Joseph Alonso y Padilla.
2 tomos, algunos ejemplares en 2 vols. y otros en uno.

---

[245] *Op. cit.,* t. 28, pág. 376.
[246] *Op. cit.,* pág. 386.
[247] *Op. cit.,* pág. 144.
[248] *Op. cit.,* t. 28, pág. 376.
[249] «Prólogo» a *Novelas amorosas,* pág. XLVIII.
[250] *Op. cit.,* pág. 387.
[251] *Op. cit.,* pág. 144.

In-4.º. 2 hojas + 518 págs. 2 columnas.
(Ejemplares: BNE: R/17329-17330; BNF: Y2-499; BC: 83.8.º.3.032 [portada de la Primera parte mutilada]; Bibl. Arsenal [París]: 4.º BL. 4473).
La Segunda parte ocupa el segundo tomo, págs. 219-518.

1734.   Madrid, a costa de Don Pedro Joseph Alonso y Padilla.
In-4.º. 3 hojas + 518 págs. 2 columnas.
(Ejemplares: BNE: 2/4181).
La Segunda parte ocupa las páginas 219-518. Va precedida de una portada independiente, prevista, probablemente, para poder vender los dos volúmenes por separado.

1734.   Barcelona, por Pablo Campins.
In-4.º. 4 hojas + 494 págs. 2 columnas.
(Ejemplares: HSA. Parece ser el ejemplar descrito en el catálogo de la biblioteca del marqués de Jerez de los Caballeros).
La Segunda parte ocupa las páginas 209-494[252].

1736?   Barcelona, por Joseph Giralt, (s.a.). Fe de erratas fechada el 8 de abril de 1736 y la suma de la tasa el 9 de abril de 1736.
In-4.º. 4 hojas + 536 págs. 2 columnas.
(Ejemplares: BNE: R/41355; BNF: 4-Y2-5766; BC: 9-II-130).
La Biblioteca Lázaro Galdiano conserva un ejemplar con la parte baja de la portada, que debía de contener la ciudad, editor y fecha, mutilada (INV.14811).
La Segunda parte ocupa las páginas 226-536[253].

---

[252] Simón Díaz no cita esta edición (op. cit., pág. 144.).
[253] Simón Díaz no incluye esta edición (op. cit., pág. 144.).

1752[254]. Barcelona, por Juan Jolis, impresor, a costa de Gisleno Ferrer y Mañach y Honorato Santiago, libreros y compañía.
4.º. 21 cm. [8] + 575 + [1] págs. 2 columnas.
(Ejemplares: Bibl. Pública del Estado en Ávila: PA 29/3301; Bibl. Comarcal Josep Finestres i Monsalvo. Cervera [Lérida]: R.19076; Archivo Histórico Comarcal de Puigcerdá [Gerona]: R.1279).
La Segunda parte ocupa las páginas 243-575.

1764. Barcelona, en la imprenta de María Ángela Martì viuda.
In-4.º. 4 hojas + 536 págs. 2 columnas.
(Ejemplares: BNF: Y2-5958; Bibl. RAE: D-4-2-8-39; BC: 83-8.º-2453; BL: 12490.e.2).
Existen ejemplares sin fecha en la portada, como el de la Bibl. de Amezúa[255], el de la BC: 1-II-40 y el del BL: 1484.bb.2.
La Segunda parte ocupa las páginas 226-536.

1786. Madrid, en la Imprenta de D. Pedro Marín.
In-4.º. 2 hojas + 536 págs. 2 columnas.
(Ejemplares: BNE: 2/44396).
La Segunda parte ocupa las páginas 226-536.

1795. Madrid, por D. Plácido Barco López.
In-4.º. 2 hojas + 536 páginas 2 columnas.

---

[254] Brunet (op. cit., t. IV, pág. 560) cita una edición de Madrid, 1748, de la que no existe ninguna otra mención ni se conocen ejemplares. Simón Díaz (op. cit., pág. 144) recoge su mención. Brunet alude también a esta edición de Barcelona, 1752 (op. cit., t. IV, pág. 560). Palau la cita, aunque señala, erróneamente, que fue publicada por María Ángela Martí (op. cit., t. 28, pág. 376).

[255] No he visto el ejemplar de la biblioteca de Amezúa que cita Montesa (op. cit., pág. 389). El ejemplar de la BL es el que Goldsmith, por error, catalogó como de [1663] (op. cit., pág. 213).

(Ejemplares: BNE: R/17315; BNF: Y2- 5959; BL: 12491.dd.19).
La Segunda parte ocupa las páginas 226-536[256].

1814. Madrid, por la viuda de Barco López.
In-4.º. 2 hojas + 523 págs. 2 columnas.
(Ejemplares: BNE: 1/15059; Bibl. Lázaro Galdiano: INV.6232; CSIC, Bibl. Tomás Navarro Tomás [Madrid]: RES/6662; HSA [probablemente el ejemplar que perteneció al marqués de Jerez de los Caballeros y que figura en el catálogo de su biblioteca]).
La Segunda parte ocupa las páginas 216-523.

1847[257]. París, Baudry, Librería Europea.
Colección de los mejores autores españoles, t. XXXV.
In-4.º. 22 cm. 1 + 430 + 1 páginas 1 columna.
(Ejemplares: BNE: 1/11098; BNF: Z-45651).
La Segunda parte ocupa las páginas 182-430.

1973. *Novelas completas.*
Con un estudio preliminar y bibliografía seleccionada por la profesora doña María Martínez del Portal.
Barcelona, Bruguera.

---

[256] En las ediciones realizadas en los siglos XVII y XVIII, podemos observar que la edición de 1664 se hizo a partir de la edición de 1959[b]. Coinciden en el número de páginas las ediciones de Barcelona, 1705, Barcelona, 1716 y Barcelona, 1734, mientras que coinciden, por otra parte, las ediciones de Valencia, 1712, Madrid, 1724, Madrid, 1729 y Madrid, 1734, e igualmente las ediciones de Barcelona, 1736?, Barcelona, 1764, Madrid, 1786 y Madrid, 1795.

[257] Palau declara que: «En 1835 se incluye todo el texto en los *tomos XXXV y XXXVII de la colección de los mejores autores españoles*» (*op. cit.,* t. 28, pág. 376). Probablemente se trata de un error con la edición de 1847 que reseña a continuación. Además, en esta última edición, no se incluye todo el texto en los dos tomos, sino todo en el t. XXXV y en el XXXVII se publican cuatro novelas junto a otras de diversos autores.

In-8.º. 18 cm. 670 págs.
(Ejemplares: BNE: 7/94143 y DL/2356).

2001. *Obra narrativa completa. Novelas amorosas y ejemplares. Desengaños amorosos.*
Edición y prólogo de Estrella Ruiz-Gálvez Priego.
Madrid, Biblioteca Castro.
23 cm. XLIX + 802 págs.
(Ejemplares: BNE: SB-5 82 ZAYAS Y SOTO-MAYOR).

2017. *Honesto y entretenido sarao (Primera y segunda parte).*
Edición, estudio preliminar y notas de Julián Olivares.
2 vols. Zaragoza, Prensas de la Universidad de Zaragoza.
21cm. CVI, 901 págs.
(Ejemplares: BNE: 12/1179177 v. 1 y 2).

El título que figura en las ediciones de las dos partes anteriores al siglo xx es:

a) En las ediciones de Madrid, 1659[a]; Madrid, 1659[b]; Madrid, 1664; Barcelona, 1705; Valencia, 1712; Madrid, 1724; Madrid, 1729; Madrid, 1734: *Primera y segunda parte de las novelas amorosas y exemplares* de Doña María de Zayas y Sotomayor, natural de Madrid.

b) En las ediciones de Barcelona, 1716; Barcelona, 1734; Barcelona, 1736?; Barcelona, 1752; Barcelona, 1764; Madrid, 1786; Madrid, 1795; Madrid, 1814; París, 1847: *Novelas exemplares*[258] *y amorosas* de Doña María de Zayas y Sotomayor, natural de Madrid. Primera y segunda parte.

---

[258] *Ejemplares* en la edición de París, 1847.

Existieron tres ediciones de las novelas completas en la segunda mitad del XVII; doce seguras en el XVIII y dos en la primera mitad del XIX. El momento de mayor éxito de sus novelas es, pues, el siglo XVIII. Tras las dos ediciones de la primera mitad del XIX, una de las cuales, la de Baudry, logró gran divulgación y siguió estando asequible durante mucho tiempo, solo se hicieron ediciones parciales durante un siglo (1847-1948).

4. *Ediciones parciales*

Citaré únicamente aquellas en las que se imprimieron novelas pertenecientes a la Segunda parte. Las restantes se incluirán en las notas[259].

1847.   *Tesoro de novelistas españoles antiguos y modernos,* t. II.
Con una Introducción y noticias de don Eugenio de Ochoa.
Colección de los mejores autores españoles, t. XXXVII.

---

[259] 1807.   *Floresta española.*
Londres.
He manejado la 4.ª edición:
Floresta española, ó colección de piezas escogidas de los mejores autores, precedida de un discurso sobre el origen, progresos y decadencia de la literatura española, escrito por D. Antonio Garrido, profesor de Lengua Castellana.
Cuarta edición, considerablemente aumentada y mejorada.
Londres, en la librería de Boosey é hijos, 1827.
In-8.º, 335 páginas.
(Ejemplares: BNE: dos ejemplares: 1/15462 y 1/16379 [1]).
Contiene, en la Tercera parte, la *Historia de una dama vilmente deshonrada,* págs. 66-79, adaptación muy abreviada, suprimiendo los versos intercalados y cambiándole el título, de *La burlada Aminta* (I, 2).

París, Baudry, Librería Europea.

(Ejemplares: BNE: F/907; BNF: Z-45653; HSA).

Contiene, además, obras de Juan Pérez de Montalbán, Jerónimo de Alcalá, Alonso Jerónimo de Salas Barbadillo y Alonso de Castillo Solórzano. Incluye cuatro novelas de María de Zayas. Solo la cuarta, *Tarde llega el desengaño,* pertenece a la Segunda parte (II, 4); las restantes son: *El castigo de la miseria* (I, 3).—*La fuerza del amor* (I, 5).—*El juez de su causa* (I, 9).

1848.   *Novelas ejemplares* de Miguel de Cervantes Saavedra.

Nueva edición aumentada con cuatro novelas de doña María de Zayas.

París, Baudry, Librería Europea.

In-8.º.

(Ejemplares: BNF: Z-45618).

Contiene las mismas novelas que la edición anterior, por lo que únicamente la cuarta corresponde a la Segunda parte.

1854.   *Novelistas posteriores a Cervantes,* t. II.

Con un bosquejo histórico sobre la novela española escrito por D. Eustaquio Fernández de Navarrete. Biblioteca de Autores Españoles. T. XXXIII.

Madrid, Rivadeneyra. (Numerosas reediciones, Madrid, Atlas).

26 cm.

(Ejemplares: BNE: 6/13157; BNF: 4.º Z 72 [33]).

Contiene las mismas novelas que en las ediciones anteriores. Solo la cuarta pertenece a la Segunda parte.

1877.   *Novelas* de Doña María de Zayas y Sotomayor.

Biblioteca Universal Económica, t. II.

Madrid, Imprenta de G. Juste.

15 cm. 260 págs.

(Ejemplares: BNE: 1/30494; Biblioteca digital hispánica).

Las páginas 1-142 contienen las mismas cuatro novelas de las ediciones anteriores, la cuarta de la Segunda parte. Las páginas 143-260 reproducen dos novelas de Juan Pérez de Montalbán *(La villana de Pinto* y *Los primos amantes,* de *Sucesos y prodigios de amor),* a pesar de no indicarse en la portada.

1885.   *Novelas* de D.ª María de Zayas y Sotomayor. *La fuerza del amor. El juez de su causa. Tarde llega el desengaño. El castigo de la miseria. No hay desdicha que no acabe,* por un ingenio de esta corte.

Madrid, Dirección y Administración, Biblioteca Universal, Colección de los mejores autores antiguos y modernos, nacionales y extranjeros, t. CIV.

14 cm. 192 págs.

(Ejemplares: BNE: 2/54286; BNF: Z BARRES-27583 <Ex 1>; BL: 739.b.25; BC: 83-8-3032).

Las novelas de María de Zayas ocupan las páginas 5-155.

Citada por Simón Díaz[260], aunque con tres erratas. Omite la segunda y la cuarta novelas de María de Zayas. Altera el título de la quinta novela (figura como *No hay dicha que no acabe)* y omite «por un ingenio de esta corte», figurando de este modo como perteneciente a María de Zayas. Montesa reproduce la ficha de Simón Díaz, señalando que no ha logrado verla[261].

---

[260] *Op. cit.,* pág. 145.
[261] *Op. cit.,* pág. 393.

Reproduce las mismas novelas de María de Zayas que las ediciones parciales de 1847, 1848, 1854 y 1877, aunque alterando el orden, puesto que *El castigo de la miseria* ocupa el cuarto lugar. Es decir, se reproducen las mismas novelas que en la edición anterior, aunque añadiendo la novela anónima. Como en las ediciones anteriores, solo *Tarde llega el desengaño* pertenece a la Segunda parte; se imprime en las páginas 65-105.

s.a.   *Novelas* de Doña María de Zayas.
[1892]   Prólogo de Emilia Pardo Bazán[262].
         Biblioteca de la Mujer, t. III.
         Madrid, Administración, Impr. de Agustín Avrial.
         17 cm. 346 págs.
         (Ejemplares: Biblioteca de la RAE [Madrid]: FA-472; Biblioteca del Senado [Madrid]: 23140; Santander, Biblioteca Menéndez Pelayo: 7.073; Biblioteca Pública de Segovia: R.147261; Biblioteca Pública Lambert Mata, Ripoll [Gerona]: 860-31 «16» ZAY; Museo Provincial de Pontevedra: R.14912; Biblioteca de Filología, Universidad Complutense [Madrid]: DP860ZAYm2nov.).
         Contiene ocho novelas, las cuatro primeras de la primera parte y las cuatro últimas de la segunda: *Aventurarse perdiendo.—El castigo de la miseria.—La fuerza del amor.—El desengaño amando y Premio de la virtud.—La inocencia castigada.— El verdugo de su esposa.—El traidor contra su san-*

---

[262] Ana M.ª Freire López, «La Biblioteca de la Mujer de Emilia Pardo Bazán: historia y cronología de un proyecto editorial», en *«Et amicitia et magisterio»: estudios en honor de José Manuel González Herrán*, Santiago Díaz Lage, Raquel Gutiérrez Sebastián, Javier López Quintáns y Borja Rodríguez Gutiérrez) (eds.), Real Sociedad Menéndez Pelayo; Biblioteca Virtual Miguel de Cervantes (en prensa), señala que el tomo III de la Biblioteca de la Mujer debió de aparecer en junio de 1892.

gre.—Estragos que causa el vicio. Añade la «Introducción» a las *Novelas amorosas y ejemplares* y las reflexiones finales de Lisis.

s.a. María de Zayas y Sotomayor. *La fuerza del amor (novelas cortas).*
[entre 1914 y 1921] Madrid, Patronato Social de Buenas Lecturas. Biblioteca de Cultura Popular, t. L.
16 cm. 133 págs.
(Ejemplares: BNE: 6/9470 <50>).
Contiene: *La fuerza del amor.—El juez de su causa.—Tarde llega el desengaño.—* La última pertenece a la Segunda parte. Se imprimen las mismas novelas que en las ediciones parciales anteriores a la de Pardo Bazán, excepto *El castigo de la miseria*[263].

1919. *Desengaño. Novela.*
Madrid, imprenta Poveda, Biblioteca Estrella.
In-16.º. 77 págs.
La citan Palau[264] y Simón Díaz[265], pero para Simón Díaz apareció en la Biblioteca Nueva, colección miniatura, 23. Montesa declara no haberla logrado ver[266]. En realidad, la imprenta Poveda de Madrid la publicó en el número 23 de su colección miniatura de la Biblioteca Estrella. Esta pequeña obra, de 76 páginas de la que po-

---

[263] 1884. *Novelistas del siglo XVII,* Barcelona, Daniel Cortezo y Cía., Biblioteca Clásica Española.
21 cm. VI + 388 págs.
Entre otras novelas de diversos autores, contiene *El castigo de la miseria* (I, 3), que ocupa las páginas 275-305.
(Ejemplares: BC: 2 ejemplares: 83-8-5586 y 082.1 Bib-8º).
[264] *Op. cit.,* t. 28, pág. 376.
[265] *Op. cit.,* pág. 145.
[266] *Op. cit.,* pág. 394.

seo un ejemplar, contiene el relato del *Desengaño tercero, El verdugo de su esposa*[267].

1925.   *Novelas* de D.ª María de Zayas y Sotomayor.
La fuerza del amor.—El juez de su causa.—Tarde llega el desengaño.—El castigo de la miseria.—No hay desdicha que no acabe, por un ingenio de esta corte. Biblioteca Universal. Colección de los mejores autores antiguos y modernos, nacionales y extranjeros, t. CIV.
Madrid, Librería y Casa Editorial Hernando.
14,5 cm. 192 págs.
(Ejemplares: BNE: 6/8674).
Es una reedición de la edición parcial de 1885. Las novelas de María de Zayas ocupan las páginas 5-155.

1940.   María de Zayas. *Aventurarse perdiendo. Estragos que causa el vicio.* Prólogo y selección de Ángel Valbuena Prat.
Barcelona, Apolo.
19,5 cm. 115 págs.

---

[267] s.a.   Alonso de Castillo Solórzano, *El disfrazado.*
Madrid, Novelas y Cuentos, Ediciones Dédalo.
31,5 cm. 16 págs.
(Ejemplares: BNE: tres ejemplares VC/1593/34; VC/1623/32; 12/687360 ([21]).
Aunque no se indica en la portada, además de la novela de Castillo Solórzano (que ocupa las páginas 3-7), contiene *Los primos amantes* de Juan Pérez de Montalbán (págs. 7-12) y *El castigo de la miseria* de María de Zayas y Sotomayor (págs. 12-16).

 s.a.   María de Zayas, *El juez de su causa.*
(1932?) Madrid, Novelas y Cuentos.
31,5 cm. 16 pags.
(Ejemplares: BNE: dos ejemplares VC/1598/43 y VC/ 1790/52).
Contiene: *El juez de su causa.—Aventurarse perdiendo.— La fuerza del amor.*

(Ejemplares: BNE: dos ejemplares: 4/2302 y 4/11693).

La segunda novela pertenece a la Segunda parte[268].

1968.   María de Zayas y Sotomayor. *Novelas ejemplares y amorosas o Decamerón español*. Selección, prólogo y notas de Eduardo Rincón.
Madrid, Alianza Editorial.
18 cm. 226 págs. + 3 hojas.
Numerosas reediciones.
(Ejemplares: BNE: 7/70045).
Contiene: *El castigo de la miseria.—La fuerza del amor.—El prevenido engañado.—La inocencia castigada.—Estragos que causa el vicio.—El desengaño amando y Premio de la virtud.*
Las novelas cuarta y quinta de esta edición pertenecen a la Segunda parte[269].

---

[268] 1943. *La novela picaresca española*. Estudio preliminar, selección, prólogo y notas por Ángel Valbuena Prat.
Madrid, Aguilar.
18 cm. 2038 págs.
(Ejemplares: BNE: 4/5329).
Numerosas reediciones.
Contiene *El castigo de la miseria* (I, 3), págs. 1609-1625.

1957. *Tres mil años de amor en veintiuna novelas.*
Barcelona, José Janés Editor.
2 vols. Vol. I, 1956, vol. II, 1957.
18 cm. 2208 págs.
(Ejemplares: BC: 80-8-152).
La fuerza del amor (I, 5), con una nota sobre la escritora y su obra, ocupa las págs. 145-163 del segundo volumen.

1965. María de Zayas, *Novelas. La burlada Aminta y Venganza del honor. El prevenido engañado*. Presentación y selección de José Hesse.
Madrid, Taurus.
18 cm. 122 págs. + 2 hojas.
(Ejemplares: BNE: VC/5907/33.)

[269] 1969. *Antología de cuentos y leyendas*. Segunda selección.
[Selección de Carlos González Castresana].

113

1982?   *Novelas ejemplares y amorosas.* María de Zayas.
         Biblioteca de la Familia, núm. 17. Colección
         Arahal de Nueva Generación Editores.
         Elda, s.n. s.a [depósito legal 1982].
         15 cm. 85 págs.
         (Ejemplares: BNE: VC/14474/2).
         Contiene dos novelas de la Primera parte *(El cas-
         tigo de la miseria* y *El prevenido engañado)* y una
         de la Segunda *(La inocencia castigada).*

1986.   *Novelas ejemplares y amorosas.*
         Selección, introducción y notas de Alegría Ga-
         llardo.
         Madrid, S.A.P.E., Club Internacional del Libro.
         18 cm. 192 págs.
         (Ejemplares: BNE: 3/129137).
         Diversas reediciones.
         Contiene dos novelas de la Primera parte *(El cas-
         tigo de la miseria* y *El prevenido engañado)* y dos

         ───────────

         Barcelona, Ediciones Acervo.
         20,5 cm. 409 págs.
         (Ejemplares: BNE: 7/82379; BC: 80.40 = 6 Ant. 8.º).
         Contiene *El juez de su causa* (I, 9), páginas 109-130.
1970.   *Antología del amor.* Tercera selección.
         [Selección de León-Ignacio y José A. Llorens].
         Barcelona, Ediciones Acervo.
         20 cm. 448 págs.
         (Ejemplares: BNE: 7/79512 y 7/79513; BC: 80.40 = 6
         Ant. 8.º).
         La fuerza del amor (I, 5) ocupa las páginas 51-70.
1983.   *Novelas amorosas y ejemplares.*
         Barcelona, Ediciones Orbis.
         20 cm. 335 págs.
         Edición de José Luis López de Zubiria.
         (Ejemplares: BC: dos ejemplares 2008-8-7289 y 2008-8-
         9431).
         Contiene todas las novelas de la primera colección.
         Contó con diversas reediciones.

de la Segunda *(La inocencia castigada* y *La perseguida triunfante).*

El texto de las novelas de la primera parte reproduce el de la edición de Agustín G. de Amezúa; para las de la segunda parte utiliza mi edición[270].

1989.   *Tres novelas amorosas y ejemplares y tres desengaños amorosos.*
Edición y selección de Alicia Redondo Goicoechea.
Madrid, Castalia, Biblioteca de Escritoras, vol. 4.
20 cm. 366 págs. + [10] pág. de lám.
(Ejemplares: BNE: 9/2224).
Diversas reediciones.
Contiene tres novelas de la Primera parte *(Aventurarse perdiendo, El castigo de la miseria* y *El jardín engañoso)* y tres de la Segunda *(La esclava de su amante, La inocencia castigada* y *Estragos que causa el vicio).*

1990.   *El castigo de la miseria* y *La inocencia castigada.*
Edición, introducción y notas de Beno Weiss.
Valencia, Ediciones Hispanofilia, colección Clásicos Albatros.
117 págs.
(Ejemplares: BNE: 9/72094).
Sigue la edición de Emilia Pardo Bazán con algunas correcciones y añadiendo algunas canciones en verso, recogidas de otras ediciones no especificadas.

1991.   *Novelas ejemplares y amorosas.*
Edición anotada por Eduardo Rincón.
Madrid, Fábrica Nacional de Moneda y Timbre, Biblioteca del Sol, núms. 49 y 50.

---

[270] Aunque, por dos veces, con una errata en el apellido («Yllena»).

2 vols. 18,5 cm. 96 y 95 págs.

Reproduce la edición de Madrid, Alianza Editorial, 1968.

(Ejemplares: BNE: 9/73636 v. 1 y 9/73637, v. 2).

Contiene cuatro novelas de la Primera parte *(El castigo de la miseria, La fuerza del amor, El prevenido engañado* y *El desengaño amando y Premio de la virtud)* y dos de la Segunda *(La inocencia castigada* y *Estragos que causa el vicio).*

1993. *Tras el espejo la musa escribe: lírica femenina de los Siglos de Oro.*

Edición, introducción y notas de Julián Olivares y Elizabeth S. Boyce.

Madrid, Siglo XXI.

21 cm. 706 págs.

(Ejemplares: BNE: 9/174761).

Contiene una selección de poemas de sus dos colecciones de novelas y algunos de los poemas compuestos para diversos autores (Lope de Vega, Pérez de Montalbán y Francisco de las Cuevas), además de una introducción a la autora y el prólogo «Al que leyere».

2.ª edición, 2012.

22 cm. 509 págs.

(Ejemplares: BNE: 9/290440).

Contiene una selección parcialmente distinta y más reducida de poemas. Desaparece el prólogo «Al que leyere» y se añade un soneto de *La traición en la amistad.*

1999. *La esclava de su amante.*

Alicante, Biblioteca Virtual Miguel de Cervantes, Escritoras españolas.

Edición digital realizada a partir de la edición de Amezúa, con la misma selección de novelas de la edición de Alicia Redondo Goicoechea.

1999.   *La inocencia castigada.*
          Alicante, Biblioteca Virtual Miguel de Cervantes, Escritoras españolas.
          Edición digital realizada a partir de la edición de Amezúa, con la misma selección de novelas de la edición de Alicia Redondo Goicoechea.

1999.   *Estragos que causa el vicio.*
          Alicante, Biblioteca Virtual Miguel de Cervantes, Escritoras españolas.
          Edición digital realizada a partir de la edición de Amezúa, con la misma selección de novelas de la edición de Alicia Redondo Goicoechea[271].

1999.   *Entre la rueca y la pluma: novela de mujeres en el Barroco.*
          Estudio, edición y notas de Evangelina Rodríguez Cuadros y Marta Haro Cortés.
          Madrid, Biblioteca Nueva, colección Clásicos.

---

[271] 1999.   *Aventurarse perdiendo.*
                Alicante, Biblioteca Virtual Miguel de Cervantes, Escritoras españolas.
                Edición digital realizada a partir de la edición de González de Amezúa, con la misma selección de novelas de la edición de Alicia Redondo Goicoechea.
        1999.   *El castigo de la miseria.*
                Alicante, Biblioteca Virtual Miguel de Cervantes, Escritoras españolas.
                Edición digital realizada a partir de la edición de González de Amezúa, con la misma selección de novelas de la edición de Alicia Redondo Goicoechea.
        1999.   *El jardín engañoso.*
                Alicante, Biblioteca Virtual Miguel de Cervantes, Escritoras españolas.
                Edición digital realizada a partir de la edición de González de Amezúa, con la misma selección de novelas de la edición de Alicia Redondo Goicoechea.

Contiene dos novelas de la Primera parte *(El pre-venido engañado,* I, 4, págs. 165-226, y *La fuerza del amor,* I, 5, págs. 227-276) y una de la Segunda *(Estragos que causa el vicio,* II, 10, págs. 277-336), además de obras de Leonor de Meneses y de Mariana de Carvajal[272].

2000.   *Zayas & her sisters: an anthology of novelas by 17th-century Spanish women.*
Edited by Judith A. Whitenack & Gwyn E. Campbell.

---

[272] 1999.   *Novelas amorosas.*
Bibliotex, Biblioteca de Literatura Universal, Grandes autores.
21 cm. 95 págs.
(Ejemplares: BNE: 10/145911; BC: 1999-8-24561).
Contiene: *La burlada Aminta y Venganza del honor* (I, 2) y *El castigo de la miseria* (I, 3).

2001.   *El castigo de la miseria.*
Madrid, Punto de Lectura, Obras maestras de la novela corta.
18 cm. 87 págs.
(Ejemplares: BNE: 12/77680).

2001.   *Los mejores relatos de los Siglos de Oro.*
Selección, prólogo y notas de Aurelio González.
Madrid, Alfaguara, Serie Roja.
22 cm. 245 págs.
(Ejemplares: BNE: 12/101520).
Contiene *El jardín engañoso* (I, 10), págs. 137-167.

2003.   *Novelas amorosas y ejemplares.*
Biblioteca Virtual Universal.
Edición digital.
Contiene el prólogo «Al que leyere», el «Prólogo de un desapasionado» y la «Introducción» de las *Novelas amorosas y ejemplares.*

2003.   *Aventurarse perdiendo.*
Biblioteca Virtual Universal.
Edición digital.

2003.   *El jardín engañoso.*
Biblioteca Virtual Universal.
Edición digital.

Asheville, North Carolina, Pegassus Press.

Contiene una introducción general y una introducción a cada una de las autoras incluidas (en inglés), que son, además de María de Zayas, Leonor de Meneses, Mariana de Carvajal y Ana Francisca Abarca de Bolea. Se dedican a María de Zayas y Sotomayor las páginas 1-243. Se reimprimen cuatro novelas de la Primera parte (*La burlada Aminta*, I, 2.—*El prevenido engañado*, I, 4.—*Al fin se paga todo*, I, 7.—*El jardín engañoso*, I, 10), a partir de la edición de Olivares, 2000, págs. 8-119, y otras cuatro novelas de la Segunda parte (*Tarde llega el desengaño*, II, 4.—*Noche segunda* [marco narrativo que aparece entre la cuarta y la quinta novela].—*La inocencia castigada*, II, 5.—*Amar solo por vencer*, II, 6.—*Mal presagio casar lejos*, II, 7), a partir de mi edición de 1983, págs. 120-243.

2003.   *La esclava de su amante.*
        Biblioteca Virtual Universal.
        Edición digital.

2003.   *La inocencia castigada.*
        Biblioteca Virtual Universal.
        Edición digital.

2004.   *Novelas amorosas y ejemplares. Desengaños amorosos. Sarao y entretenimiento honesto.*
        Nieves Baranda, «Escritoras de oficio», en Anna Caballé (dir.), *La vida escrita por mujeres. IV. Por mi alma os digo*, Barcelona, Lumen, págs. 397-410.
        Contiene: el prólogo de la primera colección, «Al que leyere», y la «Introducción» de la segunda parte.

2005.   *Novela corta.*
        Tres novelas ejemplares: El castigo de la miseria, Aventurarse perdiendo, El jardín engañoso. Tres

119

desengaños amorosos: Estragos que causa el vicio, La esclava de su amante, La inocencia castigada.
Dueñas (Palencia), Simanca Ediciones, colección El Parnasillo.
7,5 cm. 222 págs.
(Ejemplares: BNE: 12/316018).
Contiene, además de las novelas indicadas, el prólogo «Al que leyere» y el «Prólogo de un desapasionado»[273].

2006. *Estragos que causa el vicio.*
Biblioteca Virtual Universal.
Edición digital.

2007. *Novelas amorosas y ejemplares.*
Pozuelo de Alarcón (Madrid), Ediciones Rueda, colección Grandes escritoras.
25 cm. 200 págs.
(Ejemplares: BNE: 12/486098).
Carece de introducción y notas.
Contiene: «Al que leyere», *El castigo de la miseria, La fuerza del amor, El prevenido engañado, La inocencia castigada, Estragos que causa el vicio, El desengaño amando y Premio de la virtud, El jardín engañoso.*

2008. *Novelas ejemplares y amorosas* and *Desengaños amorosos.*
Edited and with notes by de Sara Colburn-Alsop.

---

[273] 2005. *Segunda parte del Lazarillo de Tormes; La comadre; El castigo de la miseria.*
Luna, Juan de; Cortés de Tolosa, Juan; Zayas y Sotomayor, María de
Dueñas (Palencia), Simanca Ediciones.
170 × 80 cm. 160 págs.
BNE: 12/314073.
El castigo de la miseria, págs. 117-155.

Newark (Delaware), European Masterpieces, colección Cervantes & Co. Spanish Classics, núm. 37. 22,7 × 15 cm. 162 págs.

Contiene: dos novelas de la primera parte *(La fuerza del amor* y *El jardín engañoso)* y dos de la segunda *(La inocencia castigada* y *Estragos que causa el vicio),* además de una introducción, en inglés, destinada a los estudiantes y un glosario español-inglés.

2009. *Novelas.*
Madrid, S. A. de Promociones y Ediciones, Club Internacional del Libro, colección Grandes Escritoras. 19 cm. 207 págs.
(Ejemplares: BNE: 12/573742).
Contiene: *El castigo de la miseria. El prevenido engañado. La inocencia castigada. La perseguida triunfante.*
Las dos primeras novelas reproducen el texto de la edición de G. de Amezúa y las dos últimas el de mi edición de 1983.

2010. *La esclava de su amante.*
Interlectores.
35 págs.
Edición digital. www.interlectores.com
Contiene *La esclava de su amante* y parte del marco narrativo de la *Noche segunda.* La fuente del texto es wikisource.

2011. *Novelas amorosas.*
Las dos partes del Sarao.
Tecnibook Ediciones.
Edición digital.

2012. *Novelas amorosas y ejemplares.*
Pozuelo de Alarcón (Madrid), Signo, colección Grandes escritoras.

25 cm. 199 págs.
(Ejemplares: BNE: 12/875292).
Carece de introducción y de notas. Idéntica, en contenido, a la edición de Rueda, 2007.
Contiene: «Al que leyere».—*El castigo de la miseria.*—*La fuerza del amor.*—*El prevenido engañado.*—*La inocencia castigada.*—*Estragos que causa el vicio.*—*El desengaño amando y Premio de la virtud.*—*El jardín engañoso.*

2014.   *Amar sólo por vencer.*
Introducción de Elizabeth Treviño.
México, Universidad Nacional Autónoma de México, colección Relato. Licenciado Vidriera, núm. 65.

2014.   *Estragos que causa el vicio.*
Freeditorial.
45 págs.
Edición digital.

2014.   *La inocencia castigada.*
Freeditorial.
30 págs.
Edición digital.

2014.   *La esclava de su amante.*
Freeditorial[274].

---

[274]   2014.   *El castigo de la miseria.*
Freeditorial.
37 págs.
Edición digital.
2014.   *Aventurarse perdiendo.*
Freeditorial.
41 págs.
Edición digital.
2014.   *El jardín engañoso.*
Freeditorial.
19 págs.
Edición digital.

50 págs.
Edición digital[275].

s.a.   *Estragos que causa el vicio.*
El libro total.
98 págs.
Edición digital.

s.a.   *La esclava de su amante.*
El libro total.
98 págs.
Edición digital.

s.a.   *Desengaños amorosos (Segunda parte del sarao y entretenimiento honesto).*
El libro total.
835 págs.
Edición digital.
Publica toda la obra siguiendo, para las novelas, el orden de mi edición de 1983[276].

---

[275] 2015.   *El prevenido engañado.*
Introducción de Elizabeth Treviño Salazar.
México, Universidad Nacional Autónoma de México, col. Relato. Licenciado Vidriera.
11,5 × 17. XXXVII + 109 págs.

[276] *Amar solo por vencer.*
El libro total.
92 págs.
Edición digital.
Aventurarse perdiendo.
El libro total.
92 págs.
Edición digital.
El castigo de la miseria.
El libro total.
77 págs.
Edición digital.
El jardín engañoso.
El libro total.
45 págs.
Edición digital.

123

2019.   *Novelas amorosas.*
          Middletown (Delaware).
          28 × 21,5 cm. 92 págs.
          Contiene: *Aventurarse perdiendo,* I, 1.—*El jardín engañoso,* I, 10.—*La inocencia castigada,* II, 5.—*La esclava de su amante,* II, 1.—*Estragos que causa el vicio,* II, 10.

2019.   *Relatos.*
          Barcelona, Linkgua Red Ediciones. Textos clásicos.
          150 × 210 cm. 228 págs.
          Contiene, además de una brevísima presentación de la autora y dos introducciones a dos noches, tres «maravillas» (*Aventurarse perdiendo,* I, 1, *El castigo de la miseria,* I, 3, y *El jardín engañoso,* I, 10) y tres «desengaños» *La esclava de su amante,* II, 1, *Estragos que causa el vicio,* II, 10, y *La inocencia castigada,* II, 5).

Muchas ediciones parciales, publicadas entre 1850 y 1940, reproducen las mismas cuatro novelas elegidas para la edición publicada por Baudry en 1847 (1848, 1854, muchas veces reeditada, 1877, 1885, 1925). La edición de 1932? de *Novelas y Cuentos* sustituye *Tarde llega el desengaño* por *Aventurarse perdiendo* y prescinde de *El castigo de la miseria* que había sido publicado anteriormente en esta colección. Solo la selección de Emilia Pardo Bazán es distinta, así como las posteriores a 1940. Durante la segunda mitad del siglo xix y las primeras décadas del xx, María de Zayas fue conocida principalmente por cuatro novelas. A ello hay

---

La fuerza del amor.
    El libro total.
    52 págs.
    Edición digital.

que añadir que estas cuatro eran las mismas publicadas por el tomo XXXIII de la BAE, que conoció muchas reediciones. La novela más editada de la segunda parte fue, de esta manera, *Tarde llega el desengaño* (II, 4), que figura entre las cuatro muchas veces reproducidas. Le siguen *Estragos que causa el vicio* (II, 10), *La inocencia castigada* (II, 5), *El verdugo de su esposa* (II, 3) y *El traidor contra su sangre* (II, 8); figuran en la edición de Pardo Bazán y *Estragos que causa el vicio* también en la edición parcial de 1940. Las cinco restantes novelas de los *Desengaños* no aparecieron en ninguna edición parcial durante estos años, a tenor de los datos que tenemos. A partir de finales de los años sesenta del siglo pasado, se han multiplicado las ediciones parciales.

Atendiendo exclusivamente a las ediciones impresas publicadas y sin tener en cuenta las reediciones ni las ediciones digitales, las novelas más editadas en ediciones parciales, aparecidas entre 1968 y 2019, son, de la primera colección, *El castigo de la miseria,* seguido de *El prevenido engañado, El jardín engañoso* y *La fuerza del amor.* No aparecen, en estas ediciones parciales, *Al fin se paga todo, El imposible vencido* o *El juez de su causa.* De la segunda parte, las novelas más recogidas en las ediciones parciales de estos años son: *La inocencia castigada, Estragos que causa el vicio,* seguidas de *La esclava de su amante* y *La perseguida triunfante.* No aparecen *La más infame venganza, El verdugo de su esposa, Tarde llega el desengaño, Mal presagio casar lejos* y *El traidor contra su sangre.*

VI. Traducciones de sus novelas

1. *Traducciones francesas*

Las novelas cortas españolas gozaron de gran éxito en Francia en el siglo XVII. Se tradujeron las *Novelas ejemplares* de Cervantes y posteriormente numerosas novelas de Diego de Ágreda y Vargas, Francisco de Lugo y Dávila, Alonso de Castillo Solórzano, Gonzalo de Céspedes y Meneses, José Camerino, Tirso de Molina, Juan Pérez de Montalbán, Alonso Jerónimo de Salas Barbadillo, María de Zayas, Pedro de Castro y Anaya y Cristóbal Lozano[277]; además de las novelas cortas incluidas en las novelas largas traducidas (*Diana* de Montemayor, *Guzmán de Alfarache, Quijote,* etc.).

No tardaron en aparecer imitaciones. Charles Sorel compuso sus *Nouvelles françoises* (1623), siguiendo la técnica cervantina. Años después publicó, bajo el mismo título, su colección Segrais (1656). El éxito de la novela corta española contribuyó a hacer decaer progresivamente las viejas y extensas novelas «heroicas» (cultivadas, entre otros, por La Calprenède, Mlle de Scudéry, etc.). Al final de esta evolución encontramos las novelas de Mme de La Fayette. Como Hainsworth[278], Deloffre[279] y otros[280] han demostrado, la novela corta española influyó decisivamente en la transformación y en la renovación del género novelesco en Francia.

Si las traducciones españolas fueron importantes por su influencia en la evolución de la novela francesa, hay que recordar también que numerosas traducciones a otras lenguas no se hicieron directamente del castellano, sino a través del francés.

Conforme a un uso no infrecuente en la época, algunos autores adaptaron novelas españolas sin indicar su procedencia: así se publicaron diversas adaptaciones de Zayas hechas por Scarron, Boisrobert y D'Ussieux. Las adaptaciones de Scarron se tradujeron a numerosas lenguas, las de Boisrobert conocieron una traducción italiana. Diversas

---

[277] Véase Yllera, «Novela cortesana», págs. 8715.
[278] *Op. cit.,* págs. 99-233.
[279] *Nouvelle,* págs. 17-32.
[280] René Godenne, *op. cit.,* págs. 27-39; Guiomar Hautcœur Pérez-Espejo, *op. cit.*

comedias de la época se inspiraron en novelas cortas españolas. Además de las adaptaciones aparecidas sin indicar su procedencia, se hicieron dos traducciones de las novelas de María de Zayas con indicación de la autora en la portada: la primera contenía seis novelas, cuatro de ellas de la Primera parte y las restantes de Castillo Solórzano, y la segunda las veinte novelas de la autora.

Scarron, Paul, *Les nouvelles tragi-comiques,* traduites de l'espagnol en françois.
París, Antoine de Sommaville, 1655-1657.
In-8.º. Cuatro partes.
(Ejemplares: BNF: RES P-Y2-2830 (1-2-3-4) y NUMM-1040292-4 <1,2,3,4>).
Contiene cuatro novelas, dos de ellas adaptadas de María de Zayas: la I.ª, *La Précaution inutile (El prevenido engañado,* I, 4) y la III.ª, *L'adultère innocent (Al fin se paga todo,* I, 7)[281].
Posteriormente, en las *Dernières œuvres* del autor, 1663, apareció *Le châtiment de l'avarice (El castigo de la miseria,* I, 3).
In-12. Dos tomos en un vol.
París, Guillaume de Luyne.
(Ejemplares: BNF: Y2-7828 y Microfilm M-6009).
La obra contó con numerosas ediciones ulteriores[282].

Scarron, Paul, *Le Romant comique.* IIe partie. París, G. de Luyne, 1657.

---

[281] Las otras dos novelas son: la II.ª, *Les hypocrites,* tomada de *La hija de Celestina* (1612) de Salas Barbadillo, y la IV.ª, *Plus d'effets que de paroles,* adaptada de la comedia *Palabras y plumas* (1627) de Tirso de Molina.
[282] La BNE conserva un ejemplar de una edición de 1656 de *La Précaution inutile,* encuadernada en un volumen con una edición fechada en 1658 de las demás novelas (R/31704), cada una con una dedicatoria independiente: *Les hypocrites, L'adultère innocent* y *Plus d'effet que de paroles.* Cada una de las novelas presenta una portada independiente.

In-8.º. XII + 544 págs.
(Ejemplares: BNF: Y2-9861, RES Y2-2113 y 8-RF-7168).
Contiene, en el capítulo XIV, *Le juge de sa propre cause,* inspirada en *El juez de su causa* (I, 9). La obra adapta otras novelas cortas españolas: en la primera parte, se inserta la *Histoire de l'amante invisible,* que procede de *Los efectos que hace el amor* de *Los alivios de Casandra* (1640), de Castillo Solórzano, y *À trompeur, trompeur et demi,* de *A un engaño, otro mayor* de la misma colección y de *A lo que obliga el honor* de *La garduña de Sevilla* (1642) del mismo autor. En la segunda parte, además de la novela de Zayas, se adapta *La confusión de una noche,* bajo el título de *Les deux frères rivaux,* también de *Los alivios de Casandra.*
Muchas reediciones posteriores[283].

En general, Scarron traduce libremente, suprime los versos, altera los nombres de los personajes y no vacila en introducir digresiones de diversa índole. En *Le juge de sa propre cause* desarrolla considerablemente el texto e insiste en los elementos moriscos de la historia, para aprovechar el gran éxito de la novela morisca en Francia en esos momentos. Su relato es más novelesco que el español, aumenta el número de personajes e intenta acentuar los elementos exóticos: así, D. Carlos, cuando escapa de la cárcel de Valencia, se convierte en bandolero. Con ello Scarron se pre-

---

[283] Acerca de las ediciones de las obras de Scarron, cfr. Brunet, *op. cit.,* t. V, págs. 184-186 y, sobre todo, Émile Magne, *Bibliographie générale des œuvres de Scarron,* París, Ancienne Librairie Leclerc, L. Giraud-Badin, 1924, págs. 143-184 *(Roman comique),* págs. 198-218 *(Nouvelles tragi-comiques)* y págs. 219-251 *(Œuvres complètes).* Traducciones, págs. 253-261; pág. 258 *(Nouvelles tragi-comiques),* págs. 258-260 *(Roman comique)* y págs. 260-261 *(Œuvres).*

senta como el primer precedente de Prosper Mérimée y de Théophile Gautier.

Les nouvelles amoureuses et exemplaires, composées en espagnol par cette merveille de son sexe, Doña María de Zayas y Sotto Maior. Et traduites en nostre langue par Antoine de Méthel (sic), escuier sieur d'Ouville, Ingénieur & géographe du Roy.
París, Guillaume de Luynes..., 1656-1657.
Nueve piezas liminares y seis partes en un volumen.
(Ejemplares: BNF: Y2-74799-74805, Rotschild-5 [3,17] y Microfilm M-2959 <T1 a T6>).
Contiene seis novelas. Cada una de ellas presenta título, datos editoriales, fecha y paginación propias, lo que indica que podían venderse independientemente. La BNE contiene un ejemplar de la segunda novela (R/8911; Biblioteca digital hispánica).
Esta traducción contiene las siguientes novelas: *La précaution inutile (El prevenido engañado,* I, 4).—*S'aventurer en perdant (Aventurarse perdiendo,* I, 1).—*La Belle invisible, ou la Constance esprouvée (Los efectos que hace amor,* III.ª novela de *Los alivios de Casandra* de Castillo Solórzano).—*L'amour se paye avec amour (Amor con amor se paga,* IV.ª novela de *Los alivios de Casandra).—La vengeance d'Aminta affrontée (La burlada Aminta y Venganza del honor,* I, 2).—*À la fin tout se paye (Al fin se paga todo,* I, 7).
D'Ouville atribuye las seis novelas a Zayas, no sin apuntar, en el «Advis au lecteur», que una de ellas podría ser obra del autor de *La garduña de Sevilla.* En realidad, dos son de Castillo Solórzano. Este error ha confundido a algunos críticos posteriores: E. B. Place considera a *La Belle invisible, ou la Constance esprouvée* una traducción de *La fuerza del amor* (I, 5) y *L'amour se paye avec amour,* de *El juez de su causa* (I, 9)[284]. Otros críticos repiten este

---

[284] *María de Zayas,* págs. 23 y 32-33.

error, pese a que ya Hainsworth señaló la fuente de estas dos obras[285].

Es una adaptación más que una traducción literal.

Les nouvelles héroïques et amoureuses de M. l'abbé de Boisrobert.

París, Pierre Lamy, 1657.

In-8.º. VIII + 550 + V págs.

(Ejemplares: BNF: Y2-18625).

Contiene cuatro novelas de origen español (como reconoce en la epístola dedicatoria al superintendente Fouquet). La segunda (págs. 183-308), *L'inceste supposé,* es una adaptación libre, que sigue bastante de cerca al original, aunque suprimiendo toda intervención divina o sobrenatural, de *La perseguida triunfante* (II, 9)[286].

---

[285] *Op. cit.,* pág. 196.

[286] *L'inceste supposé* es también el título de una obra de Alexandre Hardy (h. 1570-1632), hoy perdida, que acaso se inspirase en una comedia española, que pudo servir igualmente de inspiración a María de Zayas. Boisrobert tomó el título de una tragicomedia de La Caze *(L'inceste supposé,* París, Quinet, 1640). Véase, posteriormente, n. 319. La primera novela, *L'heureux désespoir,* es una adaptación de la tragicomedia de Jean de Rotrou, *L'heureuse constance,* basada a su vez en dos comedias de Lope de Vega, *El poder vencido y amor premiado* y *Mirad a quien alabáis,* con contaminación de las *Guerras civiles de Granada* de Ginés Pérez de Hita, pues la acción se sitúa en la corte del último rey nazarí de Granada, Boabdil. Introduce igualmente un episodio de *Ozmín y Daraja* del *Guzmán.* Las otras dos novelas adaptan también obras dramáticas, la tercera, *Plus d'effets que de paroles,* adapta *Palabras y plumas* de Tirso de Molina (también adaptada en el cuarto relato de las *Nouvelles tragi-comiques* de Scarron), y la cuarta, *La vie n'est qu'un songe, La vida es sueño* de Calderón. Cfr. Katherine S. King, *Boisrobert's «Nouvelles heroiques et amoureuses» and the «Histoire indienne»: his prose adaptations from the Spanish,* Tesis doctoral, Louisiana State University, 1979; Michigan, Ann Arbor, UMI Dissertation Services, 2000, págs. 57-66 y 81-209; Francisco Guevara Quiel, «Les *Nouvelles héroïques et amoureuses* de l'abbé Boisrobert», en *Revista de Lenguas Modernas,* 14 (2011), págs. 55-74; «Boisrobert, adaptador de la comedia española en Francia en el siglo XVII», en *Revista Escena,* 35.70-71 (2012), págs. 143-160; «Opuscule sur *Les Nouvelles*

Nouvelles de Dona Maria Dezayas, traduites de l'Espagnol.
París, G. Quinet, 1680.
5 vols. In-12.
(Ejemplares: BNF: Y2-11093-11097 y NUMM-8726820 <1-5>. El tomo II carece de portada. La Bibl.
del Arsenal [París] conserva también ejemplares de los
cinco tomos de esta edición: 8.º BL. 29537(1-5). El II.º
tomo contiene la hoja del privilegio que falta en el tomo
I y no carece de portada. En la BC existe un ejemplar de
los cuatro primeros tomos encuadernados en dos volúmenes: R (8)-8.º-9-10; la BNE conserva otro ejemplar
de los dos primeros: Ri/81 y R.MICRO/39766, y la BL de
los tres primeros: 12499.aa.1)[287].
Contiene el conjunto de las veinte novelas. Siguen el orden de las ediciones completas españolas. Los títulos de
las novelas de la Segunda parte (salvo el de la primera)
carecen de relación con los títulos que recibirán las novelas en las ediciones españolas posteriores, ya que en las
ediciones anteriores a esta traducción, a partir de la segunda novela, los relatos carecían de título.

Es una traducción libre, en la que se suavizan los relatos,
prescindiendo de detalles juzgados atrevidos y escenas esca-

---

héroïques et amoureuses de Boisrobert», en *Káñina. Revista de Arte y Letras
de la Universidad de Costa Rica,* 38.2 (2014), págs. 91-125; András Klein,
«Une tragi-comédie française sur un sujet hongrois: Boisrobert, *Théodore,
Reine de Hongrie»,* en *Revue d'Études Françaises,* 2 (1997), págs. 177-209.

[287] Bourland señaló únicamente la existencia de tres tomos (I, II
y III), conservados en la BNF bajo la signatura Y2 11093-4-5 y otros ejemplares de los dos primeros, bajo la signatura Y2 74805-07 *(Short story,*
pág. 200). Amezúa habló de 4 volúmenes (Prólogo a *Novelas amorosas,*
pág. L). Praag replicó, indicando que solo existían tres tomos *(loc. cit.,*
pág. 43). Se ha indicado que la BNF conserva actualmente los cinco volúmenes y existen también ejemplares de los cinco en la Biblioteca del
Arsenal (París), etc. Sin embargo, Hautcœur Pérez-Espejo *(op. cit.,* pág.
171 y n. 1) habla únicamente de tres volúmenes.

brosas (como una escena de homosexualidad), lo que no impidió que se considerasen escandalosos los comportamientos de las heroínas. De este modo, las historias de desengaños de la segunda colección, escritas en defensa del buen nombre de las mujeres, se convierten en convencionales historias con final feliz. Se suprimen también el marco y los versos intercalados. La IIIe novela del primer volumen, *L'avare puny (El castigo de la miseria*, I, 3), presenta la versión de la primera edición de las *Novelas amorosas y ejemplares*, con el suicidio del pobre avaro burlado, únicamente presente en esta primera edición y en la de Barcelona, 1646, en la que también se prescinde del marco. La traducción es anónima, pero se atribuye, con toda probabilidad, a Vanel[288].

Se hizo, además, una falsificación de esta edición (al menos de los dos primeros volúmenes), de tamaño menor y de letra más pequeña. Existen dos ejemplares de los dos primeros tomos de esta edición en la BNF: Y2-11098-11099 y 74805-74807. Constan de 4 hojas + 219 y 223 páginas. El ejemplar conservado bajo la signatura 74805-74807 está encuadernado en un volumen con las *Reponses spirituelles de plusieurs grands hommes de ce siecle, avec des contes agreables et vn sermon en l'honneur du dieu Bacchus* (Colonia, Pierre Marteau, 1686, 60 págs.).

---

[288] En la dedicatoria «À Madame de la Primaudaye, comtesse de Lyon» y en el prefacio «Au lecteur» de su version de *Les divertissements de Cassandre et de Diane, ou les Nouvelles de Castillo et de Taleyro. Où se voyent diverses avantures amoureuses & galantes,* Vanel habla de su traducción de María de Zayas. *Les divertissements de Cassandre et de Diane* (París, Claude Barbin, Gabriel Quinet & Jacques Blageart, 1683, tres tomos en un vol.; nueva edición París, Jean Jombert, 1685) es la traducción de novelas de *Los alivios de Casandra* de Castillo Solórzano y de *Las auroras de Diana* (1632) de Pedro de Castro y Anaya, atribuyendo los relatos de este último a don Jaime Talayero, destinatario de la dedicatoria de la obra.

Nouvelles amoureuses et tragiques de doña María Dezayas, Contenant des Histoires les plus belles & les plus surprenantes que l'amour & les autres passions aient jamais produites. Traduites de l'Espagnol... À Paris, Et se vend a Brusselle. Chez A. Lemmens... M.DCC.XI. Dos tomos en un vol. In-12.
(Ejemplares: Biblioteca del Arsenal [París]: 8-BL-29538).

Es una nueva edición de los dos primeros tomos de la traducción anterior. Ignoro si solo se reeditaron estos dos volúmenes o bien los cinco. Simón Díaz cita una edición de Bruselas, 1711, en dos tomos, y señala la existencia del ejemplar de la Biblioteca del Arsenal[289]. Robert H. Williams declara haber visto una traducción francesa de París, A. Lemmens, 1711[290]. En ambos casos se trata de la misma edición.

Journal étranger, mayo de 1757. À Paris, chez Michel Lambert.
In-12.º.
Nouvelle espagnole, *Tout se paye à la fin,* págs. 170-193.
(Ejemplares: BNF: Z-21748).

Traducción libre y abreviada, suprimiendo los versos, como es usual en las traducciones francesas, de *Al fin se paga todo* (I, 7).

Nouvelles espagnoles, traduites de différents auteurs par M. D'Ussieux... À Madrid, Et se trouve À Paris, Chez Ruault..., M.DCC.LXXII. 2 vols., in-12.
(Ejemplares: BNF: dos ejemplares: Y2-11106-11107 y 56922-56923).

---

[289] *Op. cit.,* pág. 146.
[290] *Loc. cit.,* pág. 77.

El primer tomo contiene siete novelas y el segundo otras seis. Cinco de las seis novelas del segundo tomo proceden de Zayas. El autor las adapta muy libremente, sin citar a la autora: *La vertu persécutée* (II, 1, págs. 1-48) procede de *La perseguida triunfante* (I, 9); *Toujours un crime précède un grand crime* (II, 2, págs. 49-76), de *El traidor contra su sangre* (II, 8); *La fausse suivante* (II, 3, págs. 77-124), de *Amar solo por vencer* (II, 6); *Les stratagèmes de l'amour* (II, 4, págs. 125-180), de *El imposible vencido* (I, 8); *Les faiblesses de l'amour réparées et la fidélité conjugale recompensée* (II, 5, págs. 119-231), de *El desengaño amando y Premio de la virtud* (I, 6).

2013.   *Nouvelles amoureuses et exemplaires.*
         Traduit de l'espagnol par Anne-Gaëlle Costa Pascal.
         Estrasburgo, Circé.
         436 págs.
         (Ejemplares: BNF: 2014-53396).
         Traduce la primera colección a partir de la edición de Julián Olivares, 2000.

2. *Traducciones inglesas*

Algunas de estas traducciones proceden del francés[291]. Las obras de Scarron contaron con numerosas traducciones y con ellas las novelas de Zayas que el autor había adaptado.

---

[291] José Sánchez Escribano («English translations from Spanish through French in the 17th century: a bibliographical approach», en *SEDERI: Yearbook of the Spanish and Portuguese Society for English Renaissance Studies,* 1 [1990], págs. 136-154, pág. 138) señala que la mayoría de las traducciones al inglés de obras del Siglo de Oro fueron hechas directamente del español, pero que algunas se realizaron a través de versiones francesas.

Traducciones de Scarron:

The Comical Romance or a Facetious History of a company of strowling stage-players. Interwoven with divers choice novels, rare adventures and amorous intrigues. Written originally in French by the renowed Scarron and now turned into English by J. B. [John Bulteel].
Londres, Printed for John Playfere... and William Crooke..., 1665.
(Ejemplares: University of Oxford; Yale University Library; Columbia University in the City of New York; Newberry Library [Chicago]).
Traducción de *El juez de su causa* (I, 9), *The judge of her own cause*, parte 2, págs. 89-113.
Nueva edición. Londres, 1676. (Ejemplares: BL: 12510.i.2; Bayerisch Staatsbibliotek), *The judge of her own cause*, págs. 166-190.

P. Scarron's Novels... Rendered into English with some additions, by John Davies of Kidwelly.
Londres, Thomas Dring, 1665.
2 vols. 17 cm. 336 págs.
(Ejemplares: BL: 1507/810).
Contiene siete novelas adaptadas por Scarron en sus *Nouvelles* y en el *Roman comique*. Además de las que proceden de autores distintos de María de Zayas, figuran: *The Fruitless Precaution (El prevenido engañado,* I, 4), vol. I, págs. 1-64.—*The Innocent Adultery (Al fin se paga todo,* I, 7), vol. I, págs. 131-183.—*The Chastisement of Avarice (El castigo de la miseria,* I, 3), vol. II, págs. 120-152; y *The judge of her own cause (El juez de su causa,* I, 9), vol. II, págs. 1-45, este último traducido a partir de la versión del *Roman comique*[292].

---

[292] Una primera edición, con solo tres relatos, se publicó hacia 1660, seguida de una segunda, publicada entre 1660 y 1665, también de tres

Nuevas ediciones en 1665, 1667[293], 1683, 1694 (BL: 1074.b.7) y 1700 (BL: 12548.r.26; BNE: 3/35173).

The Whole Comical Works of Monsr Scarron. Containing: I. His *Comical Romance...* II. All his *Novels and Histories.* III. *Select Letters, Characters,* etc. Translated by Thomas Brown, John Savage, and Others.
Londres, S. and J. Sprint, 1700. In-8.º.
(Ejemplares: BL: 1074.k.10; NUC).
El tomo I contiene *The judge of her own cause,* págs. 198-222. El tomo II contiene las tres restantes novelas traducidas por Scarron: *Avarice chastis'd,* págs. 1-19.—*The Useless Precaution,* págs. 20-65.—*The Innocent Adultery,* págs. 92-119.
2.ª edición. Londres, 1703. in-8.º (Ejemplares: BL: 12237.bbb).
Siete ediciones entre 1700 y 1759.
Reimpresión facsímil de la edición de Londres, 1700. Nueva York, Garland Publ., 1973 (Ejemplares: NUC).

The Comical Romance and other Tales... Done into English by T. Brown..., J. Savage and Others, with an Introduction by J. J. Jusserand. Ilustrated from the designs of Oudry.

---

relatos. No se conservan ejemplares de estas dos primeras ediciones. Los cuatro otros relatos se publicaron inicialmente separados y se hicieron, al menos, dos ediciones conjuntas, con las tres historias, antes de 1665. En 1670 apareció la novela *The Unexpected Choice,* que se añadió a las siete novelas anteriormente publicadas en las ediciones de 1683, 1694 y 1700. Es una traducción de *Plus d'effets que de paroles* (1657) de Scarron quien adaptaba, a su vez, la comedia *Palabras y plumas* de Tirso de Molina. E. Tucker, «The earliest English translations of Scarron's Nouvelles», en *Revue de Littérature Comparée,* 24 (1950), págs. 557-563.

[293] Cfr. A. F. Allison, *English translations from the Spanish and Portuguese to the years 1700: an annotated catalogue of the extant printed versions (excluding dramatic adaptations),* Dawsons of Pall Mall, 1974, págs. 185-187, cita esta edición de 1667, pero no incluye la de 1683, que recogía anteriormente Tucker, *loc. cit.,* pág. 561.

Londres, Lawrence and Bullen, 1892.
2 vols. In-8.º.
(Ejemplares: BL: K.T.G.5.a.12; BNF: 8-Y2-51366 [1,2]).
Contiene: *The Comical Romance* y Scarron's *Novels*.
En la introducción se señala el origen de las novelas cortas, tomando la información de Fournel, según se indica.

The Comical Romance. Translated by Tom Brown and Others, 1700.
Nueva York, Benjamin Blom, 1968.
Reimpresión de la edición de 1892.
(Ejemplares: NUC).

The Innocent Adultery & other short Novels. Translated by Tom Brown and Others, 1700.
Nueva York, Benjamin Blom, 1968.
Reimpresión de la edición de 1892.
(Ejemplares: NUC).

The Comic Romance... Translated by Oliver Goldsmith.
2 vols. Londres, W. Griffin, 1775. In-12.º.
(Ejemplares: BL: 012548.ee.10).
Otra edición: 2 vols. Dublín, [1780?].
In-12.º. VIII, 233 y VI, 207 págs.
(Ejemplares: BL: 12512.c.11; BNF: 16-Y2-12665 [1, 2])[294].
The Judge of her own cause, que procede, a través de la adaptación de Scarron, de *El juez de su causa* (I, 9), t. II, págs. 47-84.

A Select Collection of Novels and Histories. In six volumes. Written by the most celebrated authors in several languages...

---

[294] Place cita otras dos traducciones del *Roman comique* de 1752 y 1892 *(María de Zayas,* pág. 34). Es posible que lo que considera la traducción de 1892 sea la reimpresión de la traducción de T. Brown y otros aparecida en esa fecha.

Londres, 1722.

(Ejemplares: BL: 12410.c).

El volumen 4 contiene *The Innocent Adultery,* traducido a partir de la adaptación de Scarron.

2.ª edición. Londres, 1729.

(Ejemplares: BL: 12602.aaa.5).

Otras adaptaciones:

The Diverting Works of the famous Miguel de Cervantes, Author of the History of Don Quixot. Now first translated from the Spanish with an introduction by the author of the London-Spy (E. Ward).

Londres, J. Round, E. Sanger, A. Collis, T. Atkinson & T. Baker, 1709.

In-8.º.

(Ejemplares: BL: 12490.e.8; BNE: CERV/5297, R/41126 y CERV.SEDÓ/7656; Biblioteca digital hispánica).

A Week's Entertainment at a wedding. Containing six surprizing and diverting adventures... Written in Spanish by the author of Don Quixot, and now first translated into English.

Londres, J. Woodward, 1710.

In-8.º. XII + 232 págs.

(Ejemplares: BNF: Y2-11072).

Es una nueva edición de la obra anterior con un título diferente.

Ninguna de las seis novelas que contiene, una por cada día de la semana, con excepción del domingo, son de Cervantes. Adapta el marco del *Para todos,* abreviándolo, y dos novelas de esta obra de Pérez de Montalbán, una comedia de Calderón y tres novelas de María de Zayas: *Estragos que causa el vicio* (II, 10), en *Tuesday, The fatal mischifs of unbounded luft,* págs. 59-97; *El traidor contra su sangre* (II, 8), en *Wednesday, The inhuman father and bloody son,* págs. 98-130; y *Al fin se paga todo* (I, 7), en *Friday, The lewd wife, and persidious gallant,* págs. 147-174.

Se ha atribuido la traducción a Edward Ward (1667-1731), escritor satírico conocido por sus publicaciones en *The London Spy* (1698-1700), traductor de la edición de 1711-1712 del *Quijote*[295], pero en la obra solo se indica que es el autor de la introducción. Otros autores[296] la atribuyen al capitán John Stevens, maestro de español y autor de una gramática del español, de un diccionario inglés-español y de numerosas traducciones realizadas directamente del español.

A Letter from Madrid. Traducción publicada por el capitán John Stevens, en el suplemento semanal de *The British Mercury* (números 391-395, 31 de diciembre de 1712-28 de enero de 1713), de *La esclava de su amante* (II, 1), sin indicar el nombre de la autora[297].

The Spanish novelists: a series of tales, from the earliest period to the close of seventeenth century. Translated from the originals, with critical and biographical notices, by Thomas Roscoe.
Londres, 1832.
3 vols. In-12.º.
(Ejemplares: BL: N. 907; NUC).

---

[295] Cfr. Claudia Demattè, «Ecos cervantinos en las obras de Juan Pérez de Montalbán», en *eHumanista/Cervantes,* 1 (2012), págs. 266-380, pág. 374; Treviño, *op. cit.,* págs. LXXXVI-LXXXIX.

[296] Ana María Murillo, «Wit, faithfulness and "improvements" in English translation anthologies of Spanish popular litterature (1700)», en *International anthologies of literature in translation,* H. Kittel (ed.), Berlín, Erich Schmidt, 1995, págs. 30-39, pág. 31.

[297] Williams, *loc. cit.,* pág. 77; Elizabeth Rhodes, *Dressed to kill: death and meaning in Zayas's Desengaños,* Toronto; Buffalo; Londres, University of Toronto Press, 2011, pág. 171.

El volúmen II contiene *The Miser Chastised (El castigo de la miseria*, I, 3), págs. 302-341[298].

Nueva edición, Londres, [1880], *The Miser Chastised*, págs. 334-352.

(Ejemplares: BL: 12.204.ff.1/37; NUC).

The Humor of Spain. Selected, with and introduction and notes by Susette M. Taylor; illustrations by H. R. Millard.

Londres, Walter Scott LTD, 1894.

XVI + 362 págs.

The Miser Chastised, que procede de *El castigo de la miseria* (I, 3), ocupa las páginas 132-139.

(Ejemplares: BL: 012314.9; BNE: 1/38213).

Reproduce la traducción de Roscoe.

A Shameful Revenge and others Stories. Translated with an introduction by John Sturrock; illustrated by Eric Fraser.

Londres, The Folio Society, 1963.

In-8.º. 22 cm. XI + 200 págs.

(Ejemplares: BL: Cup. 502.d.4)[299].

---

[298] Sylvania cita esta traducción, pero la considera la única traducción inglesa *(op. cit.*, pág. 22).

[299] Place *(María de Zayas*, pág. 52) cita dos traducciones recogidas en el *Term Catalogues* de Edward Arbor (Londres, 1903-1906, vol. II, pág. 28): *The perplex'd princess or the famous novel of Donna (Maria de) Zagas (sic)*. Written originally in Spanish, Londres, 1683.

Observa que parece tratarse de la traducción de una de las novelas de Zayas, aunque considera imposible identificarla.

The Spanish «Decameron» or Ten Novels, viz. The Rival Ladies, The Mistakes, The Generous Lover, The Perfidious Mistress, The Metamorphos'd Lover, The Impostor Outwitted, The Amorous Miser, The Pretended Alchemist. Made English by R. L. Printed for S. Neale in Angel Court in St. Martin's lane, 1687.

Supone el autor que algunas de estas obras proceden probablemente de las novelas de Zayas. Pueden pertenecer a otros autores y, por otra parte, los títulos no recuerdan las obras de la novelista.

Contiene ocho relatos de Zayas, seis de la Segunda parte *(The Ravages of vice,* págs. 1-28, procede de *Estragos que causa el vicio* [II, 10]; *An Innocent punished,* págs. 29-51, de *La inocencia castigada* [II, 5]; *A Shameful revenge,* págs. 52-72, de *La más infame venganza* [II, 2]; *A Traitor to his own flesh and blood,* págs. 106-128, de *El traidor contra su sangre* [II, 8]; *No Good comes from marrying foreigners,* págs. 129-152, de *Mal presagio casar lejos* [II, 7] y *A Mistake discovered too late,* págs. 176-200, de *Tarde llega el desengaño* [II, 7]). Las dos novelas restantes proceden de la Primera parte *(Forewarned but forestalled,* págs. 73-105, de *El prevenido engañado* [I, 4] y *There always comes the reckoning,* págs. 153-175, de *Al fin se paga todo* [I, 7]). Prescinde del marco y de los poemas intercalados.

Too late for Disillusionment.
Publicada por Peter Cocozzella, con una introducción, en *Women writers of the seventeenth century.*
Katharina M. Wilson y Frank J. Warnke (eds.).
Athens; Londres, The University of Georgia Press, 1989, págs. 189-226.
Traducción de *Tarde llega el desengaño* (II, 4).

The Enchantments of love: amorous and exemplary novels.
Translated from the Spanish by H. Patsy Boyer, 1990.
Berkeley; Los Ángeles; Oxford, University of California Press.
XXXIX + 312 págs.
(Ejemplares: BNE: 7/154033).
Contiene las diez novelas de la Primera parte traducidas a partir de la edición de Agustín G. de Amezúa, Madrid, 1948, pero incorporando el final de la primera edición de *The Miser's reward.*

The Disenchantments of love.
Translated from the Spanish by H. Patsy Boyer.
State University of New York, 1997.

IX + 405 págs.
(Ejemplares: BNE: 12/696998).
Contiene las diez novelas de la Segunda parte traducidas a partir de mi edición de 1983.

Water Lilies / Flores del agua: an anthologie of Spanish women writers from the fifteenth through the nineteenth century.
Amy Katz Kaminski (ed.).
Minneapolis; Londres, University of Minnesota Press, 1996.
(Ejemplares: BNE: 125295).
Reproduce, en versión bilingüe, *La esclava de su amante* (II, 1) – *Her lover's slave,* con una introducción, págs. 143-201, en la traducción de Mary Ellen Fieweger.

Exemplary tales of love and tales of disillusion.
Edited and translated by Margaret R. Greer y Elizabeth Rhodes.
Chicago, The University of Chicago Press, 2009.
24 cm. XXVII + 364 págs.
(Ejemplares: BNE: 12/696414).
Contiene, de las *Novelas amorosas y ejemplares,* la traducción del prólogo «Al que leyere», del «Prólogo de un desapasionado», de la «Introducción», de la introducción a la segunda y quinta noche, de los comentarios a los relatos seleccionados y de las novelas: *Taking a chance on losing,* págs. 61-97, que traduce *Aventurarse perdiendo* (I, 1); *Forewarned but fooled,* págs. 103-146, *El prevenido engañado* (I, 4); *The judge of her own cause,* págs. 152-174, *El juez de su causa* (I, 9); *The deceitful garden,* págs. 175-191, *El jardín engañoso* (I, 10). De la Parte segunda se traduce la «Introducción», *Her lover's slave,* págs. 207-250, *La esclava de su amante* (II, 1), la introducción a la segunda noche y los desengaños quinto (págs. 259-284) y décimo (págs. 285-315), que corresponden, respectivamente, a *La inocencia castigada* (II, 5) y a *Estragos que causa el vicio* (II, 10), con sus introducciones, comentarios y cierre de la obra con la «mudanza» de Lisis.

Se ha publicado una edición bilingüe, español-inglés, de su comedia: *La traición en la amistad. Friendship Betrayed.* Edition and notes by Valerie Hegstrom. Translation by Catherine Larson, Lewisburg, Bucknell University Press; Londres, Associated University Presses, 1999.

3. *Traducciones a otras lenguas*

Caspar Stieler tradujo al alemán la adaptación de Scarron de una novela de la Primera parte *(La précaution inutile,* adaptada de *El prevenido engañado,* I, 4), bajo el título de *Der betrogene Betrug,* y la publicó en 1667 (Rudelstadt, Gedruckt mit Freyschmidischen Schrifften)[300].

Sophie Mereau-Brentano realizó, posteriormente, una traducción al alemán, publicada como segundo tomo de las *Spanische und Italianische Novellen,* bajo el título de *Die lehrreichen Erzählungen und Liebesgeschichten der Donna Maria de Zayas und Sotomayor* (2 vols., Penig, 1806[301]). Contiene las ocho primeras novelas de la primera parte. Se hicieron dos reediciones de esta traducción de Sophie Mereau-Brentano, la primera en 1963 *(Lehrreiche und amouröse Novellen. María de Zayas,* Leipzig, Philipp Reclams Universal-Bibliotek) y la segunda en 1991 *(Erotische Novellen von María de Zayas y Sotomayor. Übertragen von Clemens Brentano,* Leipzig, Insel-Verlag)[302].

Se hizo una traducción holandesa en Amsterdam, 1731, que abarcaba seis novelas de la primera parte (1, 2, 6, 3, 4, 5). Se tradujo del francés y se añadieron dos novelas de autor no identificado, aunque atribuidas en el prólogo a María de Zayas[303].

---

[300] Treviño, *op. cit.,* pág. LXXXIII.
[301] Existe un ejemplar en la BL: 12.490.e.6.
[302] Treviño, pág. XCVI, n. 61.
[303] Praag, *loc. cit.,* pág. 43.

A ello tenemos que añadir las traducciones de obras de Scarron que adaptaban novelas de Zayas. El *Roman comique* conoció diversas traducciones y ediciones alemanas:

Des Herrn Scarron Comischer Roman.
Hamburgo, Johann Carl Bohn, 1752-1753, 3 vols.
(Ejemplares: NUC; Estrasburgo, Bibl. Nationale et Universitaire, edición de 1764).
Der Komödianten Roman. Uebertragen, eingeliter und mit Anmerkungen versehen von Karl Saar.
Berlín y Stuttgart, 1887, 3 vols. In-8[304].
(Ejemplares: Universitäts- und Landesbibliotek Bonn).
Der Komödianten Roman. Ins Deutsch Übertagen von Franz Bei.
Munich, G. Müller, 1908[305].
(Ejemplares: Bayerische Staatsbibliotek, Munich).
Komischer Roman, aus dem Französichen Übersetzt. Viena, I. Alberti, 1793, 3 vols.
(Ejemplares: NUC).
Die Komödianten: ein komischer Roman. Trad. Helga Coenen.
Stuttgart, Reclam, 1983.
(Ejemplares: Universitäts- und Landesbibliothek, Bonn).

Se hicieron traducciones holandesas:

De Doorluchtige Comedianten, met de Hollebolige Ragotin, ... door L.S. (Lambertus Silvius).
Dordrecht, N. de Vries, 1662.
(Ejemplares: Biblioteca Hammer [Estocolmo]: 18921)[306].

---

[304] Magne, *op. cit.,* pág. 258.
[305] *Ibíd.,* pág. 258.
[306] Joseph Vles, *Le roman picaresque hollandais des XVIIe et XVIIIe siècles et ses modèles espagnols et français,* Gravenhague, Papier-Centrale Tripplaar, 1926, pág. 179; Magne, *op. cit.,* págs. 259-260.

De Kluchtige Romant, of de edelmoedige comedianten... door Nic. Heins.
Amsterdam, J. Bouman, 1678.
(Ejemplares: Koninklijke Bibliotheek [Biblioteca Real Holandesa de La Haya]: 943 H 55[307]).

De Kluchtige Romant of het leven der edelmoedige comedianten naar het fransche van den heer Scharron, door Nic. Heins.
Leenwarden, H. A. de Chalmot, 1762. 2 vols. In-12.
(Ejemplares: BNF: Y2-9930-9931)[308].

Existen traducciones a lenguas eslavas[309] y al italiano:

Il romanzo comico. Traduzione di F. Zannino Marsecco.
Venecia, Vitteri, 1740, 3 vols.
(Ejemplares: Koninklijke Bibliotheek [Biblioteca Real Holandesa de La Haya]: 187 O 18[310]).

Novelle tragicomiche. Introduzione di Giuseppe Scaraffia.
Liberilibri, 2005.
30 cm. XVI + 136 págs.
(Ejemplares: Biblioteca Nazionale Centrale di Roma: AZH.0 05837).

Il romanzo dei comici di campagna. Recato in lingua italiana da Augusto Frassineti.
Florencia, Sansoni, 1982.
(Ejemplares: Biblioteca Nazionale Centrale di Roma: ANB 4221; DUPL. M 9540).

---

[307] *Ibíd.,* pág. 260.
[308] No he podido consultar las dos ediciones anteriores. En esta última, la traducción de *El juez de su causa* ocupa las páginas 119-174 del tomo II.
[309] Magne *(op. cit.)* no recoge ninguna. Existen, sin embargo, traducciones rusas de obras de Scarron, etc.
[310] Magne, *op. cit.,* pág. 260.

Il romanzo dei guitti. Introduzione, traduzione e note a cura di Eva Timbaldi Abruzzese.
Turín, UTET, 1963.
19 cm. 582 págs.
(Ejemplares: Bibl. Nazionale Centrale di Roma: C.IT.1024 A/ 263; F. FAL M. 6721; FMACD 442).

Se tradujo también al castellano:

Scarron, *La novela cómica*. Versión castellana de Miguel A. Rodenas.
París, Garnier Hermanos, Libreros-Editores, s.a. [1907].
In-18. VI-508 págs.
(Ejemplares: BNF: 8-Y2-22875).
La traducción de *El juez de su propia causa* ocupa las páginas 273-309.

No se tradujo, en cambio, la novela de Zayas en la versión anterior de Eugenio Martínez Cuende *(La novela cómica,* Madrid, Imprenta de las Novedades, a cargo de José Heredia, 1858, 226 págs. Ejemplares: BNE: VC/1651/25). Al reproducir esta versión, en su edición de *Maestros franceses,* t. I (Barcelona, Planeta, 1969), además de otras correcciones, Pilar Palomo introdujo la traducción de esta novela realizada por Josefina Martínez Gastey (págs. 1636-1664).

Se dijo que María de Zayas no había contado con traducciones italianas[311]. Sin embargo, existió alguna traducción a través del francés (además de la novela incluida en el *Roman comique* y posteriormente las novelas incluidas en las *Nouvelles tragi-comiques* de Scarron), aunque atribuyéndose la obra al adaptador:

Accidenti heroichi, & amorisi dell'abbate Boisrobert. Li portò dal francese il Bisaccioni...
In Venecia, Per Francesco Storti, M.DC.LIX.

---

[311] Amezúa, Prólogo a *Novelas amorosas,* pág. L.

(Ejemplares: BNF: 8-Y2-52809).
La segunda novela de esta versión de Maiolino Bisacci-
ni, *L'incesto supposto* (págs. 133-223), es una traducción
de *La Perseguida triunfante* (II, 9), a través de la adaptación de Boisrobert.

Posteriormente, ha aparecido una traducción parcial de
Zayas, directamente del español:

*Donna María de Zayas y Sotomayor: una donna in difesa
delle donne nella Spagna del seicento,* de Emilia Mancuso.
Roma, Cooperativa Editrice «Il Ventaglio», 1980.
Contiene, además de la introducción de la traductora,
las novelas *La potenza dell'amore,* págs. 49-66, traducida
de *La fuerza del amor* (I, 5); *Prima o poi tutto se paga,*
págs. 67-88, de *Al fin se paga todo* (I, 7); *La schiava del
suo amante,* págs. 97-127, de *La esclava de su amante*
(II, 1); y *L'innocenza punita,* págs. 129-151, de *La inocencia castigada* (II, 5), además del prólogo, «Al lettore»,
págs. 47-48, traducido de «Al que leyere», la introducción a la Segunda parte, págs. 89-95, y el comentario
final de Lisis, págs. 153-159. En los relatos tomados de
los *Desengaños,* sigue la edición de Amezúa y, en los dos
relatos procedentes de las *Novelas amorosas y ejemplares,*
la de Martínez del Portal, que se basa en la de Amezúa.

Novelle amorose ed esemplari.
Traducción de Sonia Piloto di Castri.
Turín, G. Einaudi, 1995.
22 cm. XX + 340 págs.
(Ejemplares: Biblioteca Nazionale Centrale di Roma: F.
Sic 863.3 239 n; DUP. A K 0 00 899).
2.ª ed., Milán, Fabbri, 2001.
Contiene todas las novelas de la Primera parte[312].

---

[312] Treviño, pág. xcvi, n. 63.

Era frecuente en el teatro francés del siglo XVII adaptar argumentos de novelas cortas españolas o italianas, o bien inspirarse en comedias españolas[314]. Dorimond, en *L'École des cocus, ou la Précaution inutile* (representada en 1660 e impresa en 1661), llevó a la escena el tema de *El prevenido engañado*. Se inspira probablemente en la adaptación de Scarron o en la de D'Ouville[315], como también Molière, quien toma este mismo tema para *L'École des femmes* (1662), su obra de mayor éxito en la época.

Molière funde en esta pieza dos temas de procedencia diversa. El primero de ellos es un tema cómico, inverosímil y jocoso: el tema de la imprudencia y el despiste, la historia

---

[313] Es imposible hacer un estudio profundo de la cuestión. Únicamente apuntaré algunos datos. Hay que añadir la adaptación dramática que, en España, hizo de su novela *El castigo de la miseria* Juan de la Hoz Mota (lo apuntó, aunque sin señalar ni autor ni obra, Navarrete, *op. cit.*, pág. XCVII; Sylvania desarrolló la cuestión, *op. cit.*, págs. 46-50).

[314] Se han apuntado algunas atribuciones erróneas. E. B. Place señaló que la tragicomedia de François Le Métel de Boisrobert, *La Belle invisible, ou la Constance éprouvée* (París, G. de Luyne, 1656), procedía de *La fuerza del amor* de Zayas (*María de Zayas*, pág. 23). Efectivamente, la obra de Boisrobert se inspira en la novela de idéntico título adaptada del español por su hermano D'Ouville y publicada en las *Nouvelles* de Zayas de 1656, pero, como se señaló anteriormente, la fuente de esta novela es un relato de *Los alivios de Casandra*.

[315] A pesar de que Dorimond adapta libremente la obra, es la más fiel de las imitaciones dramáticas de la novela de Zayas. Como posteriormente en Molière, el protagonista, el capitán, es un ser grotesco, obsesionado por la idea de ser un marido burlado. Recoge la hija de Lucinda, después de haber alabado su castidad; rechaza a Philis por su inteligencia y la muchacha le anuncia los peligros de tomar a una mujer necia. Casa con la ignorante Cloris, que lo engañará, como doña Gracia engañaba inocentemente a don Fadrique *(L'école des cocus, ou la Précaution inutile, comédie,* París, Jean Ribou, 1661, 42 págs. + 2 hojas).

del amante que confía sus amores al marido de su enamorada (ignorando esta relación) o la del marido que ingenuamente ayuda con sus consejos al amante de su mujer. El tema aparece en diversas novelas cortas italianas. El segundo tema es un tema pesimista, desengañado, que supone una visión desencantada de la vida, aunque tanto María de Zayas, como Scarron o Molière, intentaron darle un tono jocoso. Pese a eso es, en el fondo, un tema serio: los esfuerzos inútiles del hombre por evitar su desgracia. Por más precauciones que se tomen, se resulta engañado.

La traducción que Scarron hace de esta novela de Zayas, a diferencia de otras traducciones suyas de novelas españolas (como *El juez de su causa),* es relativamente fiel, aunque suprime los versos, los rasgos de humor de D.ª María y añade diversas digresiones sin relación con la historia. Molière transforma profundamente el tema que le llega, aunque siguiendo en parte el tratamiento que le había dado Dorimond. Como él, convierte a Arnolphe (el don Fadrique de D.ª María y el capitán de Dorimond) en un ser grotesco, temeroso del matrimonio y obsesionado por el temor a ser un marido burlado. Prescinde de sus fortunas adversas anteriores, que Zayas desarrollaba con todo detalle y Dorimond conservaba someramente, y centra la historia en sus relaciones con Agnès (Gracia en D.ª María). Por el contrario, el caballero de Córdoba, que en Zayas ni siquiera tiene nombre y solo interviene para burlar al marido, se convierte en Horace, protagonista de la historia. Es también un tipo cómico por su imprudencia, pero cobra gran entidad. Arnolphe no es el marido de Agnès, sino solo su tutor. La obra termina felizmente con el matrimonio de Horace y Agnès. La burla de don Fadrique era para Zayas un tema jocoso, que le permitía defender la superioridad de las mujeres inteligentes, de las mujeres discretas, sobre las bobas. Molière da a la historia un sentido distinto: satiriza la obsesión por evitar ser burlado de Arnolphe y los propósitos de matrimonio entre el hombre maduro y la joven[316]. Beaumarchais recordará vagamente el viejo relato de Scarron-Zayas como muestra, entre otras cosas, el subtítulo de su obra, *Le Barbier de Séville ou la Précaution inutile* (1775)[317].

El comediante y dramaturgo Denis Clerselier, que tomó el nombre de Nanteuil (nacido en 1650), compuso *La fille vice-roi, comédie heroïque* (Hanover, Wolfgang Schwendimann, 1672), adaptada de *El juez de su causa,* a partir de la versión de Scarron[318]. Boisrobert, a partir de su adaptación de *La perseguida triunfante* (II, 9), a la que dio el título de *L'inceste supposé,* tomado de la tragicomedia de La Caze, *L'inceste supposé* (París, T. Quinet, 1640; reeditada con el título de *Clarimène ou l'inceste supposé,* París, Quinet, 1648)[319], compuso su obra dramática, *Théodore, reine de*

---

[316] Se ha apuntado también la influencia de *El castigo de la miseria* sobre el *Avaro* de Molière, además de la influencia principal de la *Aulularia* de Plauto (Ochoa, Introducción al tomo XXXVII de la Colección de los mejores autores españoles, 1847, pág. II; Ernest Martinenche, *Molière et le théâtre espagnol,* París, Hachette, 1906, págs. 180-181; Guillaume Huszár, *Molière et l'Espagne,* París, Champion, 1907, págs. 225-227; Sylvania, *op. cit.,* págs. 44-46).

[317] Sedaine se inspira en el episodio de la duquesa de Barcelona y el equívoco de las llaves de esta misma obra para su comedia en un acto, *La gageure imprévue* (1768), como ya vio Place *(María de Zayas,* pág. 21).

[318] Fue señalado por Henry Carrington Lancaster, *A History of French dramatic literature in the seventeenth century,* Part III, *The period of Molière (1652-1672),* vol. II, reimpresión, Nueva York, Gordian Press, 1966, págs. 554-555 y 790-800. Lancaster recordó que la novelita del *Roman comique* procedía de *El juez de su causa* de María de Zayas e incluso apuntó alguna coincidencia entre el texto dramático y la novela española, ausente en Scarron, aunque aceptaba la posibilidad de que se debiese a mera coincidencia. Roger Guichemerre, *La tragi-comédie,* París, Presses Universitaires de France, 1981, pág. 47, señaló únicamente la fuente de Scarron, sin aludir a María de Zayas. Recogió de nuevo su relación indirecta con la obra española José Manuel Losada Goya, *Bibliographie critique de la littérature espagnole en France au XVIIe siècle: présence et influence,* Ginebra, Droz, 1999, pág. 520.

[319] La Caze parece inspirarse en una pieza dramática de mismo título de Alexandre Hardy, obra perdida, de la que tenemos noticia por el *Mé-*

Hongrie, probablemente también con influencia de la tragicomedia de La Caze, anterior a su adaptación de la obra de Zayas e incluso a la primera edición española de la novelita de la escritora madrileña[320].

Aunque no se haya apuntado, la influencia de María de Zayas puede rastrearse en una novela francesa que contó con un enorme éxito en el siglo XVIII, *Les Illustres Françaises* (1713) de Robert Challe, obra publicada anónimamente y de la que se hicieron numerosas ediciones, se tradujo al inglés, al neerlandés y al alemán, contó con adaptaciones dramáticas e influyó en las novelas de Prévost y Marivaux, incidiendo decisivamente en la evolución de la novela francesa. Es, en un principio, una colección de novelas enmarcadas al estilo de numerosas colecciones de los siglos XIV-XVII. Pero en ella marco y relatos se confunden e influencian mutuamente. Los protagonistas de las novelitas son también los protagonistas del marco (o, al menos, están relacionados con ellos), por lo que las diversas historias inciden sobre el comportamiento de los personajes del marco. En realidad, la novedad radica en haber aplicado sistemáticamente un procedimiento que ya aparecía parcialmente en la Parte segunda de María de Zayas, donde los relatos transmiten a Lisis su desconfianza hacia los hombres y la deciden a romper su promesa de matrimonio y a optar por el convento, donde vivirá como seglar.

---

moire de Mahelot, decorador del teatro del Hôtel de Bourgogne. Véase nota 286.

[320] Se supone que tanto la obra de Zayas como la de La Caze y posiblemente también la de Hardy se inspiraron en una leyenda medieval muy extendida en Europa y conocida en Italia bajo el título de *La emperatriz de Roma.* Véase András Klein, «Une tragi-comédie française sur un sujet hongrois: Boisrobert: *Théodore, Reine de Hongrie*», en *Revue d'Études Françaises,* 2 (1997), págs. 177-209; Francisco Guevara Quiel, «Opuscule sur *Les nouvelles héroïques et amoureuses* de Boisrobert», en *Káñina. Revista de Arte y Letras,* 38.2 (2014), págs. 91-125.

Tras el retorno de Des Frans a París y su casual encuentro con Des Ronais, se reúne de nuevo el viejo grupo de amigos y todos ellos cuentan su historia[321]. Los narradores son solo hombres, por lo que, si se cuenta la historia de una mujer, se hace en estilo indirecto. Para evitar la monotonía de una sucesión de relatos narrados por sus protagonistas, algunos cuentan la historia de otros. Por otra parte, la historia relatada por un personaje completa la de los demás o aporta una visión distinta a la que anteriormente se tenía de la conducta del protagonista de un determinado relato. Esto introduce un elemento nuevo en la obra, que es la diversidad de puntos de vista, el distinto enjuiciamiento de las acciones vistas desde dentro o desde fuera. El relativismo con el que se enjuicia la vida permite al autor crear una impresión de historias verdaderas, lo que halaga los gustos antinovelescos de sus contemporáneos.

Challe insiste, en el prólogo, en la autenticidad de sus relatos[322]. Análogas declaraciones hacen sus perso-

---

[321] Este inicio recuerda al de los *Cigarrales de Toledo* (1624) de Tirso de Molina. El personaje central de la obra, don Juan Salcedo, regresa a su ciudad natal, Toledo, tras una ausencia de casi tres años, causada (como en el caso de Des Frans) por un desengaño amoroso. Sorprende una conversación entre un caballero y una dama, lo que dará pie a que cada uno cuente su historia. Cfr. Alicia Yllera, «Reminiscencias literarias españolas en *Les Illustres Françaises* de Robert Challe», en Loreto Casado, Rosa de Diego y Lydia Vázquez (eds.), *Paseos por la memoria en homenaje a Isabel Herrero,* Bilbao, Servicio Editorial, Universidad del País Vasco, 2002, págs. 201-206.

[322] «On ne verra point ici de brave à toute épreuve, ni d'incidents surprenants; et cela parce que tout, en étant vrai, ne peut être que naturel. J'ai affecté la simple vérité; si j'avais voulu, j'aurais embelli le tout par des aventures de commande; mais je n'ai rien voulu dire qui ne fût vrai: et s'il y a quelque chose qui puisse paraître fabuleux, ce sera l'action de Dupuis qui se perce le corps dans la chambre de Madame de Londé; cependant je n'ai pas dû la taire puisqu'elle est vraie», Robert Challe, *Les Illustres Françaises,* edición de Jacques Cormier y Frédéric Deloffre, París, Librairie Générale Française, 1996, págs. 59-60. Challe defiende la veracidad de su obra diciendo que no aparecerá en ella «de brave à toute

najes[323]. Diversos críticos creyeron estas afirmaciones sin reparar en cuanto de tópico contenían. Deloffre, olvidando que es uno de los lugares comunes más persistentes en la novela de todas las épocas, sobre todo en momentos de desconfianza ante la ficción, como lo son las primeras décadas del siglo XVIII en Francia, pensaba que sus historias eran verdaderas y no inventadas[324], por lo que, en general, no se planteaba el problema de las fuentes literarias de la obra. No es, sin embargo, difícil encontrar numerosos incidentes de la novela anterior. Existe un relato que ocupa el centro de la obra, es la «Historia de Monsieur Des Frans y de Silvie». Des Frans cree infiel a Silvie y cuenta las desdichas que el descubrimiento de esta infidelidad le acarreó. Pero la «Historia de Monsieur Dupuis y de Madame de Londé» explica que Silvie fue infiel a pesar suyo, víctima de un procedimiento mágico. El autor decía que era la historia por la que más se había interesado[325]. Como se le había reprochado el recurrir a ideas supersticiosas[326], se esfuerza por explicar esta seducción anormal apelando a la fuerza de atracción de la sangre[327]. Démoris se preguntaba si

---

épreuve», es decir, comparándola con obras más irreales y convencionales. Para evitar el reproche de historia inventada finge hacer él mismo esta objeción, pero citando un ejemplo más creíble que el de la seducción de Silvie.

[323] Así, por ejemplo, cuando Terny se disfraza con la ropa de su criado Gauthier para introducirse en el convento donde se encuentra Clémence, teme que los oyentes puedan considerarlo una invención novelesca e insiste en la veracidad del suceso *(ibíd.,* págs. 213-214).

[324] *Nouvelle,* pág. 85. Coulet afirmaba que «les histoires qu'il raconte ont leur source dans la vie» *(Le roman jusqu'à la Révolution,* 9.ª ed., París, Armand Colin, 2000, pág. 286).

[325] Carta al *Journal littéraire* del 30-XII-1713. Publicada por Deloffre, ed. de *Les Illustres Françaises,* 2 vols., París, Les Belles Lettres, 1973³, t. II, pág. 578.

[326] En la reseña del *Journal littéraire, ibíd.,* t. II, pág. 576.

[327] *Ibíd.,* t. II, págs. 578-581. En la correspondencia intercambiada entre el autor y los redactores del *Journal* se vuelve a tratar la cuestión *(ibíd.,* t. II, págs. 581-587).

esta explicación mágica era satisfactoria[328], Deloffre la justificaba recurriendo a un proceso de desdoblamiento de personalidad y de hipnosis[329]. Es poco probable, pese a sus declaraciones, que Challe se inspirase «en la vida» para componer este relato. La seducción de Silvie por Gallouin mediante procedimientos mágicos y la venganza atroz del marido tienen demasiados elementos comunes con *La inocencia castigada* (II, 5) de María de Zayas para tratarse de una coincidencia casual: en ambos textos, una mujer casada, involuntariamente infiel, bajo los efectos de un sortilegio, es sorprendida por un familiar próximo en flagrante delito y sufre inocentemente el cruel castigo de su marido.

A partir de la obra de Challe, Paul Landois hizo una adaptación escénica de este relato, bajo el título de *Silvie* (1741), y la obra fue muy alabada por Diderot, en los *Entretiens sur le fils naturel*[330].

Stendhal reescribió *L'adultère innocent,* adaptación realizada por Scarron de *Al fin se paga todo* (I, 7), en *Le Philtre* (1830), situando la acción en la década de los años veinte del siglo XIX.

Emilia Pardo Bazán apuntó que diversos temas de Jules Barbey d'Aurevilly recordaban otros de Zayas[331]. E. B. Place supuso que *Une histoire sans nom* (1882) de Barbey podía tal vez inspirarse en *La inocencia castigada* (II, 5)[332]. Años después, corroboró esta hipótesis y añadió que Bar-

---

[328] René Démoris, *Le roman à la première personne,* Ginebra, Droz, 2002², pág. 323.

[329] *Nouvelle,* pág. 96; introducción a la ed. cit. de 1973, t. I, págs. XLI-XLII.

[330] En *Œuvres esthétiques,* edición de Paul Vernière, París, Garnier Frères, 1968, págs. 118-119.

[331] Prólogo a su edición de algunas novelas de María de Zayas, pág. 15. (Señaló las semejanzas entre *El desengaño amando* y *Une vieille maîtresse).*

[332] *Op. cit.,* págs. 45-46. Indicó, sin embargo, que no había podido conseguir la obra francesa y que establecía esta relación basándose únicamente en un resumen de su argumento.

bey debía de conocer *El desengaño amando y Premio de la virtud* (I, 6) cuando escribió *Une vieille maîtresse* (1851)[333]. Parece más probable que *Une histoire sans nom* se inspire en la versión de Challe, con la que presenta un mayor número de coincidencias[334]. En cambio, las semejanzas entre el tema de *Une vieille maîtresse* y *El desengaño amando* harían pensar en una influencia directa, a no ser que exista una fuente intermedia[335].

Esta breve reseña de algunas influencias de las novelas de María de Zayas es, sin duda, provisional[336]. Un estudio más completo podría mostrar un mayor número de ejemplos. Pero, en último término, esto muestra el interés suscitado por algunos de los temas de sus novelas[337].

---

[333] «Spanish sources of the *Diabolism* of Barbey d'Aurevilly», en *The Romanic Review*, 19 (1928), págs. 332-338.

[334] El seductor es, en Barbey, un capuchino, en *Les Illustres Françaises,* Gallouin, que se hará capuchino posteriormente; la inocencia de la muchacha se desconoce hasta el final del relato, cuando tanto ella como su seductor han muerto; un objeto desaparecido ayuda, en ambas obras, a confirmar la verdad (el collar de Silvie en Challe, el anillo de Lasthénie en Barbey), etc.

[335] En las dos obras, dos mujeres (doña Juana en Zayas, Mme de Mendoze en Barbey, primero, y doña Clara y Hermangarde, posteriormente) son abandonadas por una amante que carece de belleza y juventud, pero que consigue atraer a su antiguo amante, incluso después de su matrimonio. La vieja amante es, en ambos casos, extranjera; en Zayas, posee poderes mágicos, Barbey mantiene cierta ambigüedad sobre el tema, etc.

[336] Puede completarse en Alicia Yllera, «Temas de María de Zayas en la literatura francesa (Molière, Beaumarchais, Chasles, Barbey d'Aurevilly)», en *Estudis en memòria del professor Manuel Sanchis Guarner: estudis de llengua i literatura,* Universitat de València, Quaderns de Filologia, 1984, págs. 317-324.

[337] Habría que analizar su posible influencia en otras literaturas. Se han apuntado algunos elementos. El último episodio de *El prevenido engañado* —que parece ser una de sus obras de mayor éxito—, la aventura de Fadrique y Gracia, influyó en la obra dramática *London Cuckolds* (1683) de Edward Ravenscroft, quien la tomó de la adaptación francesa de Scarron o de la de D'Ouville (Place, *María de Zayas,* pág. 22). Igualmente la influencia de las novelas de Zayas sobre la novelista y dramatur-

ga británica Aphra Behn (1640?-1689) fue señalada por Dolors Altaba-Artal *(Aphra Behn's English feminism: wit and satire,* Selinsgrove, Susquehanna University Press; Londres, Associate University Presses, 1999, págs. 127-201) y ratificada por Nieves Romero-Díaz, «Aphra Behn y María de Zayas: en busca de una tradición (im)propia», en *Hispanic Journal,* 29.1 (2008), págs. 23-35. Aproximadamente la mitad de sus comedias y de sus novelas tienen fuentes españolas. Se ha pensado que pudo conocer las obras españolas a través de traducciones francesas, pero es también muy posible que supiese español o que, al menos, lo leyese (Altaba-Artal, *op. cit.,* pág. 19). Varias de sus novelas están inspiradas en novelas de María de Zayas o bien mantienen un diálogo polémico con algunos de los relatos de la escritora madrileña. Pero, incluso cuando sigue muy de cerca sus modelos, como en *The Unfortunate Happy Lady: a true history* y *The Unfortunate Bride, or the Blind Lady a beauty,* inspiradas, respectivamente, en *La burlada Aminta y Venganza del honor* (I, 2) y *El verdugo de su esposa* (II, 8), introduce alteraciones que transforman totalmente el sentido de las historias, pues Behn busca mostrar en sus novelas el poder del amor. Se ha añadido que Zayas influyó sobre las escritoras inglesas y que, su segunda colección, abrió el camino a la novela gótica, en la que los escritores exploraron el reino del horror. (Marcia L. Welles, «María de Zayas y Sotomayor and her *novela cortesana*: a reevaluation», en *Bulletin of Hispanic Studies* [Liverpool] 55 [1978], págs. 301-310, pág. 304; Elizabeth Rhodes, *op. cit.,* págs. 161, 167-174).

Esta edición

Cuando en 1983 publiqué mi edición de la *Parte segunda del Sarao y entretenimiento honesto,* había emprendido su preparación debido a las alteraciones e incorrecciones con las que había aparecido su primera edición[338] (alteraciones que se perpetuaron, en su mayoría, en las ediciones siguientes[339]), que hacían necesaria una edición crítica de la obra. Además, las dos únicas ediciones modernas de la obra completa entonces publicadas[340] reproducían el texto, no de la primera edición, sino de la segunda, ya que Amezúa juzgaba a la primera inencontrable.

Entonces realicé mi edición tomando como texto base la primera edición de Zaragoza, en el Hospital Real y General de Nuestra Señora de Gracia, a costa de Matías de Lizau[341], 1647[342]. Utilicé un microfilm del ejemplar conservado en la

---

[338] Véase INTRODUCCIÓN, págs. 80-85.

[339] En la segunda edición se corrigió la fusión del segundo desengaño con el primero, pero las restantes ediciones, hasta la de Barcelona, 1734 (con la única excepción de la edición de Barcelona, 1716), reproducen el error de la prínceps. No se corrigió nunca la alteración del orden primitivo de las novelas, ni la ruptura de la organización inicial en tres noches.

[340] La de G. de Amezúa, 1950, y la de María Martínez del Portal, 1973, que reproduce el texto de Amezúa.

[341] «Lizao» en el texto.

[342] Acerca de la descripción de las ediciones y de la relación de ediciones conocidas, véase INTRODUCCIÓN, págs. 95-125.

Biblioteca Municipal de Rouen (O. 653) y otro del ejemplar de la Biblioteca Apostólica Vaticana (RG. Lett. Est. IV. 288). Hoy conocemos un tercer ejemplar conservado en la Biblioteca Real de Dinamarca (UA ÆS 77: 1, 52). Al publicar esta nueva edición, he vuelto a establecer el texto, teniendo en cuenta los tres ejemplares de la primera edición de los que tenemos noticias, a partir de una reproducción digital de los mismos. Son ejemplares de una misma edición y no dos o tres ediciones diferentes aparecidas en el mismo lugar y año. Sin embargo, presentan pequeñas diferencias bajo la forma de erratas corregidas en uno u otro ejemplar cuando la obra estaba en prensa. Llamo a esta edición A y, en los casos, poco numerosos, en que existe una diferencia entre los tres ejemplares conservados, los distingo llamando A^r al ejemplar conservado en la Biblioteca Municipal de Rouen, A^v al ejemplar de la Biblioteca Apostólica Vaticana y A^d al de la Biblioteca Real de Dinamarca. Ninguno de los tres ejemplares está completo. El ejemplar de la Biblioteca Municipal de Rouen carece de las páginas 213-230, el de la Biblioteca Apostólica Vaticana de las páginas 116-117 y 124-125, y en el de la Biblioteca Real de Dinamarca faltan las páginas 30-31, 104-105 y 246-247[343].

He añadido las variantes de la edición de la *Parte segunda* de Barcelona, Sebastián de Cormellas, 1649 (B), utilizando el ejemplar de la BNE: R/11584, y las de las dos ediciones de la *Primera y Segunda parte* de Madrid, Melchor Sánchez, a costa de Mateo de la Bastida, 1659. Para la primera de ellas, la edición impresa a una columna, con el texto continuo (1659^a), he utilizado el ejemplar de la Biblioteca Municipal de Lyon, 302587 (C)[344] y para la edición a dos columnas (1659^b) he recurrido al ejemplar de la BNE:

---

[343] Aunque restablecidas en el ejemplar digitalizado recibido.
[344] En mi edición de 1983 no tuve en cuenta esta edición.

R/16681 (D). Este ejemplar carece de dos hojas preliminares y del folio 121. Para estas páginas he utilizado el ejemplar de la Biblioteca Lázaro Galdiano [Madrid]: INV.8091.

He cotejado también la edición de Madrid, 1659[b], antes
señalada, con la de Madrid, Joseph Fernández de Buendía, a
costa de Manuel Meléndez, 1664 (E. BNE: R/3061), que
coincide exactamente con él en paginación y texto, salvo pequeñas variantes, pero no he incluido las variantes en la edición. He analizado todas las ediciones conocidas que contienen la Segunda parte, lo que no había logrado hacer al preparar la primera edición de esta obra. En todos los casos, salvo
advertencia contraria, he utilizado el ejemplar que se cita en
primer lugar en la anterior reseña de las ediciones.

De la comparación de las diversas ediciones de esta Segunda parte, hasta nuestro siglo, se deduce que las diferencias
entre ellas son poco importantes[345]. En su mayoría son descuidos, correcciones del editor o, en ediciones ulteriores, mo-
dernizaciones del texto *(deprendí/aprendí,* pág. 636, etc.).

Considero muy probable que María de Zayas no corrigiese el texto para la segunda edición de Barcelona, 1649,

---

[345] No ocurre así con las ediciones de las *Novelas amorosas* en las que,
de la primera edición de Zaragoza, 1637, a la segunda, también de Zaragoza, 1637, se altera el final de *El castigo de la miseria* (I, 3): en la primera edición, don Marcos se suicida ahorcándose, incitado por el demonio
que ha tomado la forma de Gamarra, el que preparó su boda (y que carece de nombre en la segunda edición). Al editar Amezúa la obra siguiendo la segunda edición de Zaragoza, 1637, esta modificación pasó desa-
percibida. Todas las demás ediciones antiguas siguieron el texto corregido, salvo la de Barcelona, 1646, que parece seguir a la prínceps (cfr.
Sandra M. Foa, «Humor and suicide in Zayas and Cervantes», en *Anales
Cervantinos,* 16 [1977], págs. 71-83; Alicia Yllera, «Las dos versiones del
Castigo de la miseria de María de Zayas», en *Actas del XIII congreso de la
Asociación Internacional de Hispanistas,* Florencio Sevilla y Carlos Alvar
[eds.], Madrid, Castalia, 2000, t. I, págs. 827-836; Alicia Yllera, «Una
novelita de Scarron y su fuente española: *Le châtiment de l'avarice»,* en
Renaissance & Classicisme: homenatge a Caridad Martínez, Francisco La-
farga y Marta Segarra [eds.], Barcelona, PPU, 2004, págs. 227-241).

como tampoco debió de hacerlo para la edición de la primera parte de Barcelona, 1646, en la que, a diferencia de las ediciones anteriores, no se incluye la indicación «De nuevo corretas, y enmendadas por su misma Autora»[346]. Me parece poco probable que la autora no hubiera corregido la alteración del orden de los relatos y la sustitución de *desengaño* por *noche* a partir del tercer relato. En las ediciones de Madrid, 1659, se añade «Corregidas, y enmendadas en esta última impresión», lo que se repite en todas las ediciones posteriores hasta la edición de París, 1847, en la que se suprime. El que no se indique que han sido corregidas y enmendadas por su misma autora, como se hacía en las ediciones de la primera parte anteriores a la de Barcelona, 1646, así como la persistencia, en la *Parte segunda,* del mismo sistema de organización de los relatos de la prínceps, hace muy improbable que lo corrigiese la autora. De este modo, considero muy probable que la autora entregase su manuscrito a la imprenta para la edición de 1647 y que no volviese a corregir su texto para ulteriores ediciones. Podría pensarse que estas ediciones se publicaron en Barcelona o Madrid, mientras que la autora residía en Zaragoza (aunque no existe ninguna prueba de que viviese en esta ciudad), o bien que murió poco después de terminar su Segunda parte o se retiró del mundo, etc.

Teniendo en cuenta que las ediciones posteriores no parecen haber sido corregidas por la autora, la primera edición de Zaragoza, 1647, a pesar de que contiene un cierto número de errores, parece la edición más adecuada para tomarla como base. La edición de Barcelona, 1649, es, en líneas generales, una edición cuidada, que corrige algún error de la primera, pero también añade otros. La edición de Madrid, 1659[a] sigue mucho más fielmente el texto de la

---

[346] Como se señala en la nota anterior, esta edición es la única que sigue el texto de la primera edición, sin modificar el final de *El castigo de la miseria* (I, 3).

edición príncps que la edición de Madrid, 1659[b], que contiene un mayor número de variantes, muchas de ellas adiciones sin gran justificación o meros errores, aunque en algunos casos se corrigen errores de la primera edición. Esta edición, a pesar de sus numerosos errores, sirvió de base, directa o indirectamente, a la mayoría de las ediciones posteriores.

El criterio utilizado para la inclusión de las variantes de las ediciones B, C y D ha sido reseñar todas las divergencias que no sean meramente ortográficas o bien que se deban a erratas evidentes del tipógrafo (por ejemplo, *qne* por *que)*. Se incluyen, de este modo, las variantes morfológicas: *trajo/trujo,* etc., pero, conforme al criterio seguido en la reproducción del texto en la primera edición de esta obra, no se incluyen las variantes debidas a la vacilación de las vocales átonas: *murmurar/mormorar,* etc. *Om.* significa «omite», *añ.* «añade», y se indica la edición (o las ediciones) en la (o las) que ocurre la omisión o adición.

Reproduzco el texto de A, corrigiéndolo únicamente en los casos en los que la existencia de una errata o de una alteración del impresor (o corrector) parece casi segura. Pero, incluso en esos casos, se señala la corrección. Se escriben en cursiva las palabras (o partes de palabras) corregidas y se indica cómo figuran en A.

En algún caso ha sido necesario añadir una o varias palabras para restablecer el sentido: si la omisión afecta únicamente a A o está documentada en una de las otras tres ediciones utilizadas en la presente edición, el término (o los términos) se imprime (o imprimen) entre corchetes sencillos ([ ]); si no aparece en ninguna de estas cuatro ediciones, se utilizan los corchetes dobles ([[ ]]), aunque aparezca en ulteriores ediciones.

Cuando A, por error, añade un término contrario al sentido, que no figura en ninguna de las otras tres ediciones, se utiliza el signo < >. El signo doble << >> se emplea cuando figura en las cuatro ediciones seguidas.

El sistema utilizado para indicar las variantes con respecto a A o las correcciones a las que se somete el texto de A es el siguiente:

la: las A. (En A figura *las,* aunque el sentido requeriría *la.*)

la: *om.* B. (B omite *la,* que figura en A, C y D.)

la: la la *añ.* B. (B añade el segundo *la.*)

[la]: *om.* A; la BCD. (A omite *la,* que se ha añadido para restablecer el sentido; figura en B, C y D.)

[[la]]: *om.* ABCD. (Ha sido necesario añadir *la* para restablecer el sentido, aunque no figura en ninguna de las cuatro ediciones seguidas.)

la <la>: la la *añ.* A; la BCD. (A añade un segundo *la,* debido a una errata, que no figura ni en B, ni en C, ni en D.)

la <<la>>: *añ.* ABCD. (Todas las ediciones, debido a una errata, añaden un segundo *la.*)

He deshecho, sin indicarlo, las abreviaturas del texto que afectan esencialmente a *n* y *m* final de sílaba y a títulos y tratamientos: *cõ = con; v. m. = vuestra merced; s. = san,* etc.

Siguiendo la tendencia más general en la edición de textos clásicos españoles y las normas de la colección en la que aparece, he modernizado la ortografía del texto A seguido, así como de los elementos de los textos B, C y D incluidos en las variantes[347]. He modificado también la puntuación conforme a los hábitos modernos. La normalización según los usos de la ortografía moderna ha supuesto la sustitución, en la mayoría de los casos, aunque no siempre, de *x* por *j,* la simplificación de la *ss,* la supresión de *ç,* la sustitución de *y* por *i* en muchos casos *(reyna),* la distinción entre *v* y *u,* la regularización del uso de *h,* etc. He deshecho también las contracciones frecuentes en la época, como *desto, della,* etc. He regularizado, conforme a los usos mo-

---

[347] Se ha modernizado también la ortografía de las citas del *Tesoro* de Covarrubias o del *Diccionario de Autoridades* incluidas en las notas del texto.

dernos, la vacilación de la época en el empleo de los grupos cultos: *Otavio/Octavio, dotor/doctor, perfeción/perfección,* etc., y también en el timbre de las vocales átonas: *enormes/inormes, murmurar/mormorar,* etc. En cambio, he respetado la vacilación en el uso de los pronombres átonos: *le, la, lo,* etc., ciertas crasis como *matalle, decille,* y formas como *felice* y las variantes morfológicas: *truje, pluviera,* etc.

El conservar la ortografía del texto habría aumentado la dificultad para el lector moderno y, además, no reproduciría la ortografía de María de Zayas, sino probablemente la del impresor: a veces una misma edición muestra un notable cambio de criterio que denota la mano de varios tipógrafos.

He conservado en portada el título de la primera edición independiente de la Segunda parte (que figura también en la segunda edición). El título de *Desengaños amorosos,* con el que hoy se conocen, en general, estos relatos, y empleado como título por Amezúa en su edición, no figura en el título de ninguna edición anterior a la suya, aunque la autora llama, en el interior de la obra, a sus novelas *desengaños*[348], como llamaba *maravillas* a las de la primera colección.

Con posterioridad a la aparición de mi edición, se han publicado diversas ediciones del conjunto de la segunda parte que siguen las correcciones que yo introduje en la organización del texto[349]. Las he tenido todas en cuenta al establecer el texto de esta nueva edición.

---

[348] En la edición prínceps, a partir del final del segundo desengaño, y en la edición de 1649, a partir del segundo desengaño, en las páginas pares figura «Desengaños de las damas».

[349] Son las ediciones de Estrella Ruiz-Gálvez Priego *(Obra narrativa completa: Novelas amorosas y ejemplares, Desengaños amorosos,* 2001), de Enrique Suárez Figaredo (2014, edición digital) y de Julián Olivares *(Honesto y entretenido sarao [Primera y segunda parte],* 2 vols., 2017), a las que hay que añadir la excelente edición de la *Parte segunda del sarao y entretenimiento honesto,* presentada por Elizabeth Treviño Salazar como tesis doctoral (Bellaterra, Universitat Autònoma de Barcelona, 2018). Véase INTRODUCCIÓN, págs. 98-99 y 106.

Bibliografía

ADÁN ROCA, M.ª Amparo, *La influencia italiana en doña María de Zayas y Sotomayor,* Tesis doctoral, Universidad de Valencia, Facultad de Filología, 1998, 2 vols.

ALBERS, Irene y FELTEN, Uta (eds.), *Escenas de transgresión: María de Zayas en su contexto literario-cultural,* Madrid, Iberoamericana; Frankfurt am Main, Vervuert, 2009.

ALBERT, Mechthild, BONILLA CEREZO, Rafael y FABRIS, Ángela, *Nuevos enfoques sobre la novela corta barroca,* Berna, Peter Lang, 2016.

ALCALDE, Pilar, *Estrategias temáticas y narrativas en la novela feminizada de María de Zayas,* Neward, Delaware, Juan de la Cuesta, 2005.

AMEZÚA Y MAYO, Agustín G. de, «Doña María de Zayas. Notas críticas», en *Opúsculos histórico-literarios,* vol. II, Madrid, CSIC, 1951, págs. 1-47.

— «Prólogo» a María de Zayas y Sotomayor, *Desengaños amorosos. Parte segunda del sarao y entretenimiento honesto,* Madrid, RAE, Biblioteca Selecta de Clásicos Españoles, 1950, págs. VII-XXIV.

— «Prólogo» a María de Zayas y Sotomayor, *Novelas amorosas y ejemplares,* Madrid, RAE, Biblioteca Selecta de Clásicos Españoles, págs. VII-L.

— *Formación y elementos de la novela cortesana.* [Discurso leído ante la RAE], Madrid, Tipografía de Archivos, 1929.

BARBEITO CARNEIRO, María Isabel, «María de Zayas y Sotomayor (1590-¿?)», en *Mujeres y literatura del Siglo de Oro, espacios profanos y espacios conventuales,* Madrid, Safekat, 2007, págs. 157-190.

—   «María de Zayas y Sotomayor», en *Escritoras madrileñas del siglo XVII (Estudio bibliográfico-crítico),* Tesis doctoral, Madrid, Universidad Complutense, 1986, t. II, págs. 830-876.

—   «Una incógnita, María de Zayas y Sotomayor», en *Mujeres del Madrid barroco: voces testimoniales,* Madrid, Horas y Horas, 1992, págs. 165-182.

BARRASS, Tine, «El llamado feminismo de las novelas de doña María de Zayas y Sotomayor», en *Estudis Romànics,* 16 (1980), págs. 119-152.

BLANQUÉ, Andrea, «María de Zayas o la versión de *Las noveleras*», en *Nueva Revista de Filología Hispánica,* 39.2 (1991), págs. 921-950.

BOMLI, Petronella Wilhelmina, *La femme dans l'Espagne du Siècle d'Or,* La Haya, Martinus Nijhoff, 1950.

BOSSE, Monika, POTTHAST, Barbara y STOLL, André (eds.), *La creatividad femenina en el mundo hispánico: María de Zayas, Isabel Rebeca Correa, Sor Juana Inés de la Cruz,* Kassel, Edition Reichenberger, 1999, 2 vols.

BOURLAND, Caroline B., *Boccaccio and the «Decameron» in Castilian and Catalan Literature,* Nueva York; París, Macon, Protat Frères Imprimeurs, 1905.

—   *The short story in Spain in the seventeenth century with a bibliography of the novela from 1576 to 1700,* Northampton, Massachusetts, impreso para Smith College, 1927. Reimpresión, Nueva York, Burt Franklin, 1973.

BROWN, Kenneth, «Context i text del *Vexamen* d'Acadèmia de Francesc Fontanella», en *Llengua & Literatura,* 2 (1987), págs. 173-252.

—   «María de Zayas y Sotomayor: escribiendo poesía en Barcelona en época de guerra (1643)», en *Dicenda. Cuadernos de Filología Hispánica,* 11 (1993), págs. 355-360.

BROWNLEE, Marina S., «Elusive subjectivity in María de Zayas», en *Journal of Interdisciplinary Literary Studies* (Lincoln), 6.2 (1994), págs. 163-183.

—   «Genealogías impugnadas en María de Zayas», en *Silva. Studia philologica in honorem Isaías Lerner,* Isabel Lozano-Renieblas y Juan Carlos Mercado (coords.), Madrid, Castalia, 2001, págs. 99-110.

— «Postmodernism and the Baroque in María de Zayas», en *Cultural authority in Golden Age Spain,* Marina S. Brownlee y Hans Ulrich Gumbrecht (eds.), Baltimore, John Hopkins U. P., 1995, págs. 107-127.

— *The cultural labyrinth of María de Zayas,* Philadelphia, University of Pennsylvania Press, 2000.

CHARNON-DEUTSCH, Lou, «The Sexual Economy in the Narrative of María de Zayas», en *Letras femeninas* (Lincoln), 17.1-2 (1991), págs. 15-28.

CHEVALIER, Maxime, «Un cuento, una comedia, cuatro novelas (Lope de Rueda, Juan Timoneda, Cristóbal de Tamariz, Lope de Vega, María de Zayas)», en *Essays on narrative fiction in the Iberian Peninsula in honour of Frank Pierce,* R. B. Tate (ed.), Oxford, The Dolphin Book Co., 1982, págs. 27-38.

CLAMURRO, William H., «Ideological contradiction and imperial decline: toward a reading of Zayas's *Desengaños amorosos*», en *South Central Review: The Journal of the South Central Modern Language Association,* 5.2 (1988), págs. 43-50.

— «Locura y forma narrativa en *Estragos que causa el vicio* de María de Zayas y Sotomayor», en *Actas del IX Congreso de la Asociacion Internacional de Hispanistas,* 18-23 de agosto de 1986, Berlín, Sebastian Neumeister (ed.), Dieter Heckelmann (introd.), Franco Meregalli (introd.), Frankfurt, Vervuert, 1989, 2 vols., t. I, págs. 405-413.

COLÓN CALDERÓN, Isabel, «*Ars e ingenium* en las novelas de María de Zayas», en *Dicenda,* 10 (1991-1992), págs. 63-72.

— CARO BRAGADO, David, MARÍAS MARTÍNEZ, Clara y RODRÍGUEZ DE RAMOS, Alberto (eds.), *Los viajes de Pampinea: novella y novela española en los Siglos de Oro,* Madrid, SIAL, Prosa barroca, 2013.

— *La novela corta en el siglo XVII,* Madrid, Ediciones del Laberinto, 2001.

COTONER, Luisa y RIERA, Carmen, «Zayas o la ficción al servicio de la educación femenina», en *Breve historia feminista de la literatura española (en lengua castellana). IV. La literatura escrita por mujeres: desde la Edad Media al siglo XVIII,* Iris M. Zabala (ed.), Barcelona, Anthropos; San Juan, Universidad de Puerto Rico, 1997, págs. 281-303.

Díez Borque, José María, «El feminismo de doña María de Zayas», *La mujer en el teatro y la novela del siglo XVII,* Actas del II Coloquio del Grupo de Estudios sobre el Teatro Español (G.E.S.T.E.), Toulouse, 16-17 de noviembre de 1978, Yves-René Fonquerne (Prol.), Université de Toulouse-Le Mirail, France-Ibérie Recherche, 1979, págs. 61-83.

Donovan, Josephine, «From avenger to victim: genealogy of a Renaissance novela», en *Tulsa Studies in Women's Literature,* 15.2 (1996), págs. 269-288.

El Saffar, Ruth, «Ana/Lysis/Zayas: reflections on courtship and literary women in María de Zayas's *Enchantments of Love*», en *Indiana Journal of Hispanic Literatures,* 2.1 (1993), págs. 7-28.

— *Rapture encaged: the suppression of the feminine in Western Culture,* Londres; Nueva York, Routledge, 1994.

Faye, Djidiack, *La narrativa de María de Zayas y Sotomayor,* Tesis doctoral, Universidad de León, 2009.

Felten, Hans, «La mujer disfrazada: un tópico literario y su función. Tres ejemplos de Calderón, María de Zayas y Lope de Vega», en *Hacia Calderón,* Octavo Coloquio Anglogermano, Bochum 1987, organizado bajo la dirección del Prof. Manfred Tietz, Hans Flasche (ed.), Stuttgart, Franz Steiner Verlag, 1988, págs. 77-82.

— «María de Zayas y Sotomayor», en *Siete siglos de autores españoles,* Kurt Reichenberger & Roswitha Reichenberger (eds.), Kassel, Edition Reichenberger, 1991, págs. 169-170.

— *María de Zayas y Sotomayor: zum Zusammenhang zwischen moralitischen Texten und Novellenliteratur,* Frankfurt am Main, Vittorio Klostermann, 1978.

Foa, Sandra M., «Humor and suicide in Zayas and Cervantes», en *Anales Cervantinos,* 16 (1977), págs. 71-83.

— «María de Zayas: visión conflictiva y renuncia del mundo», en *Cuadernos Hispanoamericanos,* 331 (1978), págs. 128-135.

— «Zayas y Timoneda: elaboración de una patraña», en *Revista de Archivos, Bibliotecas y Museos,* 79 (1976), págs. 835-849.

— *Feminismo y forma narrativa: estudio del tema y las técnicas de María de Zayas y Sotomayor,* Valencia, Albatros, 1979.

Formichi, Giovanna de Gregorio, «Saggio sulla bibliografia critica della novela spagnola seicentesca», en *Lavori Ispanistici,* serie III, Florencia, Casa editrice d'Anna, págs. 5-105.

GABRIELE, John P., «El mundo al revés: la construcción de una narrativa femenina en *La traición en la amistad* de María de Zayas y Sotomayor», en *Actas del XIV Congreso de la Asociación Internacional de Hispanistas*, Nueva York, 16-21 de julio de 2001, t. II. *Literatura Española. Siglo XVI y XVII*, Isaías Lerner, Robert Nival y Alejandro Alonso (eds.), Newark, Delaware, Juan de la Cuesta, 2004, págs. 239-245.

GAGLIARDI, Donatella, «Dos testamentos inéditos de María de Zayas (Nápoles, 1656 y 1657)», en *eHumanista*, 40 (2018), págs. 561-586.

GÁLVEZ, Estrella, «Tras la careta: imagen, disfraz e identidad en la obra de María de Zayas», en *Imágenes de mujeres/Images de femmes*, Bernard Fouques y Antonio Martínez González (eds.), Université de Caen, 1998, págs. 199-212.

GAMBOA TUSQUETS, Yolanda, *Cartografía social en la narrativa de María de Zayas*, Madrid, Biblioteca Nueva, 2009.

GANELIN, Charles y MANCING, Howard (eds.), *The Golden Age comedia: text, theory and performance*, West Lafayette, Purdue University Press, 1994.

GARCÍA, Susan Paun de, «Magia y poder en María de Zayas», en *Cuadernos de Aldeeu*, 8.1 (1992), págs. 43-54.

— «*Traición en la amistad* de María de Zayas», en *Anales de Literatura Española* (Alicante), 6 (1988), págs. 377-390.

— *Love and deceit in the works of doña Maria de Zayas y Sotomayor*, Ann Arbor, Michigan, University Microfilms International, 1987.

GARTNER, Bruce S., *Maria de Zayas y Sotomayor: the poetics of subversion*, Tesis doctoral, Emory University, 1990.

GONZÁLEZ RAMÍREZ, David, «Boccaccio, el *Decamerón* y la acuñación de un neologismo: la "novela" en el siglo XV», en *Anuario de Estudios Medievales*, 47.1 (2017), págs. 102-128.

— «En el origen de la novela corta del Siglo de Oro: los *novellieri* en España», en *Arbor*, 187.752 (2011), págs. 1221-1243.

GOYTISOLO, Juan, «El mundo erótico de María de Zayas», en *Cuadernos de Ruedo Ibérico*, 39-40 (octubre de 1972), págs. 3-27, y en *Disidencias*, Barcelona, Seix Barral, 1977, págs. 63-115.

GREER, Margaret Rich, *María de Zayas tells baroque tales of love and the cruelty of men*, The Pennsylvania State University Press, University Park, 2000.

Grieve, Patricia E., «Embroidering with saintly threads: María de Zayas challenges Cervantes and the Church», en *Renaissance Quarterly,* 44.1 (1991), págs. 86-106.

Griswold, Susan C., «Topoi and rhetorical distance: the *feminism* of María de Zayas», en *Revista de Estudios Hispánicos,* 14.2 (1980), págs. 97-116.

Guillén, Felisa, «El marco narrativo como espacio utópico en los *Desengaños amorosos* de María de Zayas», en *Revista de Literatura,* 60.120 (1998), págs. 527-535.

Gutiérrez, Elena, *The poetry of María de Zayas: poetic, feminine, and musical contexts,* Tesis doctoral, Washington, The Catholic University of America, 2014.

Hegstrom Oakey, Valerie, «The fallacy of false dichotomy in María de Zayas's *La traición en la amistad»,* en *Bulletin of the Comediantes,* 46.1 (1994), págs. 59-70.

Kaminsky, Amy Katz, «Dress and redress: clothing in the *Desengaños amorosos* of María de Zayas y Sotomayor», en *Romanic Review,* 79.2 (1988), págs. 377-391.

— (ed.), *Water Lilies/Flores del agua: an anthology of Spanish women writers from the fifthteenth through the nineteenth century,* Minneapolis; Londres, University of Minnesota Press, 1996.

Kohn, Mary Ellen, *Violence against women in the novels of María de Zayas y Sotomayor,* Tesis doctoral, University of Illinois at Urbana-Champaign, 1994.

Kothe, Anamaria Harriette, *Displaying the muse: print, prologue, poetics, and early modern women writers published in England and Spain,* Tesis doctoral, University of Maryland; 1996; Ann Arbor, Michigan, UMI Dissertation Services, 2003.

Krömer, Wolfram, *Formas de la narración breve en las literaturas románicas hasta 1700,* versión española de Juan Conde, Madrid, Gredos, 1973.

Langle de Paz, Teresa, *Las voces del cuerpo: el arte narrativo de María de Zayas,* Tesis doctoral, Brown University; Ann Arbor, Michigan, UMI Dissertation Services, 1997.

Lara, M. V. de, «De escritoras españolas – II. María de Zayas y Sotomayor», en *Bulletin of Spanish Studies,* 9 (1932), págs. 31-37.

Lasperas, Jean-Michel, «Personnage et récit dans les *Novelas amorosas y ejemplares* de María de Zayas y Sotomayor», en *Mélanges de la Casa de Velazquez,* 15 (1979), págs. 365-384.

— *La nouvelle en Espagne au Siècle d'Or,* Publications de la Recherche, Université de Montpellier, Éditions du Castillet, 1987.

MALDONADO, Felipe C. R., «Otra María de Zayas... y van cuatro», en *La Estafeta Literaria,* 501 (1 de octubre de 1972), págs. 10-13.

MANCUSO, Emilia, *Donna María de Zayas y Sotomayor: una donna in difesa delle donne nella Spagna del seicento,* Roma, Cooperativa Editrice «Il Ventaglio», 1980.

MANLEY, Stewart, «Magic, inherent evil and the proto-feminism of María de Zayas y Sotomayor: a comparison with selected novelas of Miguel de Cervantes and Alonso de Castillo Solórzano», en *Bulletin of Hispanic Studies,* 96.2 (2019), págs. 127-143.

MARTÍNEZ DEL PORTAL, María de, «Estudio preliminar», a María de Zayas y Sotomayor, *Novelas completas,* Barcelona, Bruguera, 1973, págs. 9-34.

MEDINA, Alberto, «María de Zayas o la imposibilidad del amor cortés: causalidad y amor cortés en *Mal presagio casar lejos*», en *Bulletin of Hispanic Studies* (Liverpool), 75.4 (1998), págs. 411-424.

MELLONI, Alessandra, «María de Zayas fra *comedia* e *novela*», en *Teoría y realidad en el teatro español del siglo XVII: la influencia italiana,* Actas del Coloquio, Roma, 16 a 19 de noviembre de 1978, Francisco Ramos Ortega (ed.), Roma, Instituto Español de Cultura y de Literatura de Roma, 1981, págs. 485-505.

— *Il sistema narrativo di Maria de Zayas,* Turín, Quaderni Ibero-Americani, 1976.

MENÉNDEZ PELAYO, Marcelino, *Orígenes de la novela,* nueva edición de Enrique Sánchez Reyes, Madrid; Santander, CSIC; Aldus, t. III, 1943.

MERRIM, Stephanie, *Early modern women's writing and Sor Juana Inés de la Cruz,* Nashville, Vanderbilt University Press, 1999.

MONTESA PEYDRO, Salvador, *Texto y contexto en la narrativa de María de Zayas,* Madrid, Dirección General de la Juventud y Promoción Sociocultural, 1981.

MORBY, Edwin S., «The *Difunta pleiteada* theme in María de Zayas», en *Hispanic Review,* 16 (1948), págs. 238-242.

O'BRIEN, Eavan, «Personalizing the Political: The Habsburg Empire of María de Zayas's *Desengaños amorosos*», en *Bulletin of Hispanic Studies,* 88.3 (2011), págs. 289-305.

171

— *Women in the prose of María de Zayas,* Woodbridge, Tamesis, 2010.

OLIVARES, Julián, «Introducción» a María de Zayas y Sotomayor, *Honesto y entretenido sarao (Primera y segunda parte),* Zaragoza, Prensas de la Universidad de Zaragoza, 2017, págs. IX-CVI.

— «Introducción» a María de Zayas y Sotomayor, *Novelas amorosas y ejemplares,* Madrid, Cátedra, 2000, págs. 9-147.

OLIVARES, Julián y BOYCE, Elizabeth S. (eds.), *Tras el espejo la musa escribe: lírica femenina de los Siglos de Oro,* Madrid, Siglo XXI, 1993.

OLTRA, José Miguel, «Zelima o el arte narrativo de María de Zayas», en *Formas breves del relato,* Coloquio Casa de Velázquez, Dept. de Literatura Española de la Universidad de Zaragoza, Madrid, febrero de 1985, Yves-René Fonquerne (ed.), Madrid, Secretariado de Publicaciones de la Universidad de Zaragoza; Casa de Velázquez, págs. 177-190.

ORDÓÑEZ, Elizabeth J., «Woman and her text in the works of María de Zayas and Ana Caro», en *Revista de Estudios Hispánicos* (St. Louis), 19.1 (1985), págs. 3-15.

OZME, Emre y RUIZ PÉREZ, Pedro, «Deseo y autoridad: la tensión de la autoría en María de Zayas», en *Criticón,* 128 (2016), págs. 37-51.

PABST, Walter, *La novela corta en la teoría y en la creación literaria: notas para la historia de su antinomia en las literaturas románicas,* versión española de Rafael de la Vega, Madrid, Gredos, 1972.

PARDO BAZÁN, Emilia, «Breve noticia», en *Novelas de D.ª María de Zayas y Sotomayor,* Madrid, Impr. de Agustín Avrial, Biblioteca de la Mujer, t. III, s.f. [1892], págs. 5-16.

PÉREZ-ERDELYI, Mireya, *La pícara y la dama: la imagen de las mujeres en las novelas picaresco-cortesanas de María de Zayas y Alonso de Castillo Solórzano,* Miami, Florida, Ediciones Universal, 1979.

PLACE, Edwin B., «Spanish sources of the diabolism of Barbey d'Aurevilly», en *The Romanic Review,* 19 (1928), págs. 332-338.

— *Manual elemental de novelística española: bosquejo histórico de la novela corta y el cuento durante el Siglo de Oro,* Madrid, Victorino Suárez, 1926.

— *María de Zayas, an oustanding woman short-story writer of seventeenth century Spain,* Boulder, Colorado, The University of Colorado Studies, vol. 13, 1923.

Polo, Victorino, «El romanticismo literario de D.ª María de Zayas y Sotomayor», en *Anales de la Universidad de Murcia,* 26 (1967-1968), págs. 557-566.

Profeti, Maria Grazia, «Los parentescos ficticios desde una perspectiva femenina: María de Zayas y Mariana de Carvajal», en *Les parentés fictives en Espagne (XVIᵉ-XVIIᵉ siècles),* Colloque International, Sorbonne, 15, 16 et 17 mai 1986, Augustin Redondo (ed.), París, Publications de la Sorbonne, Travaux du Centre de recherche sur l'Espagne des XVIᵉ et XVIIᵉ siècles, Université de la Sorbonne Nouvelle-París, III, 1988, págs. 239-246.

Quintana, Benito, «La poesía de los *Desengaños amorosos* de María de Zayas y su función unificadora en el marco narrativo», en *Etiópicas: Revista de Letras Renacentistas,* 7 (2011), págs. 105-119.

Rabell, Carmen R., *Rewriting the Italian novella in counter-reformation Spain,* Woodbridge, Tamesis, 2003.

Rhodes, Elizabeth, *Dressed to kill: death and meaning in Zayas's «Desengaños»,* Toronto; Buffalo; Londres, University of Toronto Press, 2011.

Roca Franquesa, José M., «*Aventurarse perdiendo* (Novela de D.ª María de Zayas y Sotomayor)», en *Homenaje al Profesor Alarcos García,* Valladolid, Universidad de Valladolid, 1965-1967, t. II, págs. 401-410.

— «La ideología feminista de Doña María de Zayas», en *Archivum,* 26 (1976), págs. 293-311.

Rodríguez de Ramos, Alberto, «La biografía de María de Zayas: una revisión y algunos hallazgos», en *Analecta Malacitana,* 37.1-2 (2014), págs. 237-253.

Romero-Díaz, Nieves, «Aphra Behn y María de Zayas: en busca de una tradición (im)propia», en *Hispanic Journal,* 29.1 (2008), págs. 23-35.

Ruiz-Gálvez Priego, Estrella, «Introducción» a María de Zayas y Sotomayor, *Obra narrativa completa: Novelas amorosas y ejemplares, Desengaños amorosos,* Madrid, Biblioteca Castro, 2001, págs. IX-XLIX.

Senabre Sempere, Ricardo, «La fuente de una novela de D.ª María de Zayas», en *RFE,* 46 (1963), págs. 163-172.

Serrano Poncela, Segundo, «Casamientos engañosos (Doña María de Zayas, Scarron y un proceso de creación literaria)», en *Bulletin hispanique,* 64 (1962), págs. 248-259.

Serrano y Sanz, Manuel (1903-1905), *Apuntes para una biblioteca de escritoras españolas desde el año 1401 al 1833,* 2 vols., Madrid, Rivadeneyra, Tipografía de la «Revista de Archivos, Bibliotecas y Museos». Reimpresión, Madrid, Atlas, 1975.

Smith, Paul Julian, «Writing women in Golden Age Spain: Saint Teresa and María de Zayas», en *Modern Language Notes,* 102.2 (1987), págs. 220-240.

Soufas, Teresa Scott, «María de Zayas's (un)conventional Play, *La traición en la amistad»,* en *The Golden Age comedia: text, theory, and performance,* Charles Ganelin y Howard Mancing (eds.), West Lafayette, Purdue University Press, 1994, págs. 148-164.

— *Dramas of distinction: a study of plays by Golden Age women,* Lexington, The University Press of Kentucky, 1997.

— *Women's acts: plays by women dramatists of Spain's Golden Age,* Lexington, The University Press of Kentucky, 1997, págs. 273-308.

Stackhouse, K. A., «Verisimilitude, magic and the supernatural in the novelas of María Zayas y Sotomayor», en *Hispanófila,* 62.1 (1978), págs. 65-76.

Stroud, Matthew D., «Love, friendship, and deceit in *La traición en la amistad,* by María de Zayas», en *Neophilologus,* 69.4 (1985), págs. 539-547.

Sylvania, Lena E. V., *Doña María de Zayas y Sotomayor: a contribution to the study of her works,* Nueva York, Columbia University Press, 1922. Reimpresión, Nueva York, Ams Press, 1966.

Tamper, Valencia L., *María de Zayas's «Novelas amorosas y ejemplares» through the lens of Simone de Beauvoir's «The Second Sex»,* Tesis doctoral, Tuscaloosa, Alabama, The University of Alabama, 2015.

Teruel, José, «El triunfo del desengaño. Marco y desengaño postrero de la *Parte segunda del sarao y entretenimiento honesto,* de María de Zayas», en *Edad de Oro,* 33 (2014), págs. 317-334.

Trambaioli, Marcela, «El anti-don Juan de María de Zayas», en *Revista de Literatura,* 76.152 (2014), págs. 511-529.

Treviño Salazar, Elizabeth, «"Está ya el gusto tan empalagado de lo antiguo": una noción cervantina en la prosa de María de Zayas», en *Visiones y revisiones cervantinas,* Actas selectas del VII Congreso Internacional de la Asociación de Cervantistas (Münster, 30 de septiembre-4 de octubre de 2009), Christoph Strosetzki (ed.), Alcalá de Henares, Centro de Estudios Cervantinos, 2011, págs. 879-888.

— «"Querría que me entendiesen todos: el culto y el lego": la influencia del *Arte nuevo* en la prosa de María de Zayas», en *Cuatrocientos años del Arte nuevo de hacer comedias de Lope de Vega: actas selectas del XIV Congreso de la Asociación Internacional de Teatro Español y Novohispano de los Siglos de Oro: Olmedo, 20 al 23 de julio de 2009,* Germán Vega García-Luengos y Héctor Urzáiz Tortajada (eds.), Valladolid, Universidad de Valladolid, Servicio de Publicaciones e Intercambio Editorial, 2010, págs. 1025-1033.

— *Estudio y edición de la «Parte segunda del sarao y entretenimiento honesto» (1647) de María de Zayas y Sotomayor,* Tesis doctoral, Bellaterra, Universitat Autònoma de Barcelona, 2018, 2 vols.

Val, Joaquín del, «La novela española en el siglo XVII», en *Historia general de las literaturas hispánicas,* Guillermo Díaz-Plaja (ed.), t. III, Barcelona, Barna, 1953, págs. XLIII-LXXX.

Van Praag, J. A., «Sobre las novelas de María de Zayas», en *Clavileño,* 15 (1952), págs. 42-43.

Vasileski, Irma V., *María de Zayas y Sotomayor: su época y su obra,* Madrid, Plaza Mayor, 1973.

Velasco, Sherry M., «Contradiction, control & utopia in María de Zayas», en *Journal of Hispanic Philology,* 19.1-3 (1994-1995), págs. 201-213.

Vollendorf, Lisa, «Fleshing out feminism in early modern Spain: María de Zaya's corporeal politics», en *Revista Canadiense de Estudios Hispánicos,* 22.1 (1997), págs. 87-108.

— «Reading the body imperiled: violence against women in María de Zayas», en *Hispania,* 78.2 (1995), págs. 272-282.

— *Reclaiming the body: María de Zayas's early modern feminism,* Chapel Hill, North Carolina Studies in the Romance Languages and Literatures, 2001.

— *The body imperiled: violence against women in María de Zayas's novellas,* Tesis doctoral, University of Pennsylvania, 1995; Ann Arbor, Michigan, UMI Dissertation Services, 2003.

— (ed.), *Literatura y feminismo en España: siglos XV-XXI,* Barcelona, Icaria, 2005.

WELLES, Marcia L., «María de Zayas y Sotomayor and her novela cortesana: a re-evaluation», en *Bulletin of Hispanic Studies* (Liverpool), 55.4 (1978), págs. 301-310.

WELLES, Marcia L. y GOSSY, Mary S., «María de Zayas y Sotomayor (1590?-1661?/1669?)», en *Spanish woman writers: a bio-bibliographical source book,* Linda Gould Levine, Ellen Engelson Marson y Gloria Feiman Waldman (eds.), Westport; Londres, Greenwood Press, 1993, págs. 507-519.

WILLIAMSEN, Amy R. y WHITENACK, Judith A. (eds.), *María de Zayas: the dynamics of discourse,* Madison, Teaneck, Fairleigh Dickinson University Press; Londres, Associated University Presses, 1995.

WILSON, Katharina M. y WARNKE, Frank J., *Women writers of the seventeenth century,* Atenas y Londres, University of Georgia Press, 1989.

YLLERA, Alicia, «Las dos versiones del *Castigo de la miseria* de María de Zayas», en *Actas del XIII Congreso de la Asociación Internacional de Hispanistas: Madrid, 6-11 de julio de 1998. I. Medieval. Siglos de Oro,* Florencio Sevilla y Carlos Alvar (eds.), Madrid, Castalia, 2000, págs. 827-836.

— «L'homme objet de désir dans les nouvelles de María de Zayas», en *Éros volubile: les Metamorphoses de l'amour du Moyen Âge aux Lumières,* Dolores Jiménez y Jean-Christophe Abramovici (eds.), París, Éditions Desjonquières, 2000, págs. 92-100.

— «Novela cortesana», en *Gran enciclopedia cervantina,* vol. IX, Universidad de Alcalá de Henares; Instituto Universitario de Investigación Miguel Cervantes, 2015, págs. 8701-8715.

— «Reminiscencias literarias españolas en *Les Illustres Françaises* de Robert Challe», en *Paseos por la memoria en homenaje a Isabel Herrero,* Loreto Casado, Rosa de Diego y Lydia Vázquez (eds.), Bilbao, Servicio Editorial, Universidad del País Vasco, 2002, págs. 201-206.

— «Temas de María de Zayas en la literatura francesa (Molière, Beaumarchais, Chasles, Barbey d'Aurevilly)», en *Estudis en memòria del professor Manuel Sanchis Guarner: estudis de llen-*

gua i literatura, Universitat de València, Quaderns de Filologia, 1984, págs. 317-324.

— «Una novelita de Scarron y su fuente española: *Le Châtiment de l'avarice*», en *Renaissance & Classicisme: homenatge a Caridad Martínez,* Francisco Lafarga y Marta Segarra (eds.), Barcelona, PPU, 2004, págs. 227-241.

ZAYAS [Y SOTOMAYOR], María de, *La traición en la amistad,* ed. de Alessandra Melloni, Verona, Università degli Studi di Verona, Facoltà di Economia e Commercio, Istituto di Lingue e Letterature straniere, 1983.

— *La traición en la amistad,* ed. del grupo Te@doc, dirigido por Teresa Ferrer Valls, Universitat de València, 2015. Edición electrónica.

— *Parte segunda del sarao y entretenimiento honesto [Desengaños amorosos],* ed. de Alicia Yllera, Madrid, Cátedra, 1983.

— ENRÍQUEZ DE GUZMÁN, Feliciana y DE LA CUEVA, Leonor, *Teatro de mujeres del barroco,* presentación de Marina Subirats y Juan Antonio Hormigón, ed. de Felicidad González Santamera y Fernando Doménech, Madrid, Asociación de Directores de Escena de España, 1994, págs. 31-172.

ZAYAS Y SOTOMAYOR, María de, *Desengaños amorosos. Parte segunda del sarao y entretenimiento honesto,* ed. de Agustín G. de Amezúa, Madrid, RAE, Biblioteca Selecta de Clásicos Españoles, 1950.

— *Honesto y entretenido sarao (Primera y segunda parte),* ed. de Julián Olivares, 2 vols., Zaragoza, Prensas de la Universidad de Zaragoza, 2017.

— «La traición en la amistad», en *Women's acts, plays by women dramatists of Spain's Golden Age,* ed. de Teresa Scott Soufas, Lexington, The University Press of Kentucky, 1997, págs. 273-308.

— *La traición en la amistad,* ed. de Bárbara López-Mayhew, Newark, Delaware, Juan de la Cuesta, 2003.

— *La traición en la amistad,* ed. de Matthew Stroud, Trinity University, 1999. <http://www.trinity.edu/mstrud/comedia/traicion.html>.

— *La traición en la amistad / Friendship betrayed,* ed. de Valerie Hegstrom y trad. de Catherine Larson, Lewisburg, Bucknell University Press; Londres, Associated University Presses, 1999.

— *Novelas amorosas y ejemplares,* ed. de Agustín G. de Amezúa, Madrid, RAE, Biblioteca Selecta de Clásicos Españoles, 1948.

— *Novelas amorosas y ejemplares,* ed. de Julián Olivares, Madrid, Cátedra, 2000.

— *Novelas completas,* ed. de María Martínez del Portal, Barcelona, Bruguera, 1973.

— *Obra narrativa completa: Novelas amorosas y ejemplares, Desengaños amorosos,* ed. de Estrella Ruiz-Gálvez Priego, Madrid, Biblioteca Castro, 2001.

PARTE
SEGVNDA.
DEL SARAO, Y
ENTRETENIMIENTO
HONESTO DE DOÑA
MARIA DE ZAYAS
SOTOMAYOR.

AL
EXCELENTISSIMO SEÑOR
DON IAIME FERNANDEZ DE YXAR,
Silva, Pinòs, Fenollet, y Cabrera, Duque, y Señor de
Yxar, Códe de Belchite, Marques de Alenquer, Có-
de de Valfagona, Vizcóde de Canet, y Illa, Señor de
las Baronias de la Portella, Peramola, Grions,
Alcaliz, y Eftacho, y Gentilhombre de la
Camara de fu Magestad, &c.

CON LICENCIA.

En Çaragoça : En el Hofpital Real , y General de nuestra
Señora de GRACIA, Año, 1647.

A cofta de Matias de Lizao.

Abreviaturas

BC: Biblioteca de Cataluña.
Bibl.: Biblioteca.
BL: British Library.
BNE: Biblioteca Nacional de España.
BNF: Biblioteca Nacional de Francia.
Covarr.: *Tesoro de la lengua castellana o española* de Sebastián de Covarrubias.
DA: *Diccionario de Autoridades.*
DRAE: *Diccionario de la lengua española* de la Real Academia Española (24.ª ed.).
HSA: Biblioteca de la Hispanic Society of America.
NUC: *The National Union Catalog* (The American Library Association).
RAE: Real Academia Española.

Índice de las novelas
de María de Zayas y Sotomayor

Novelas amorosas y ejemplares (Primera parte)

1. Aventurarse perdiendo.
2. La burlada Aminta y Venganza del honor.
3. El castigo de la miseria.
4. El prevenido engañado.
5. La fuerza del amor.
6. El desengaño amando y Premio de la virtud.
7. Al fin se paga todo.
8. El imposible vencido.
9. El juez de su causa.
10. El jardín engañoso.

Parte segunda del sarao y entretenimiento honesto (Desengaños)

1. La esclava de su amante.
2. La más infame venganza.
3. El verdugo de su esposa (en las ediciones anteriores a mi edición de 1983 es la cuarta novela).
4. Tarde llega el desengaño (en las ediciones anteriores a mi edición de 1983 es la quinta novela).
5. La inocencia castigada (en las ediciones anteriores a mi edición de 1983 es la tercera novela).

6. Amar solo por vencer.
7. Mal presagio casar lejos.
8. El traidor contra su sangre.
9. La perseguida triunfante.
10. Estragos que causa el vicio.

*Parte segunda del sarao
y entretenimiento honesto
[Desengaños amorosos]*

AL EXCELENTÍSIMO SEÑOR DON JAIME FERNÁNDEZ
DE HÍJAR, SILVA, PINÓS, FENOLLET Y CABRERA,
DUQUE Y SEÑOR DE HÍJAR, CONDE DE BELCHITE,
MARQUÉS DE ALENQUER, CONDE DE VALFAGONA,
VIZCONDE DE CANET Y ILLA, SEÑOR DE LAS BARONÍAS
DE LA PORTELLA, PERAMOLA, GRIONS,
ALCALIZ Y ESTACHO, Y GENTILHOMBRE
DE LA CÁMARA DE SU MAJESTAD, ETC.[1]

Determineme a un mismo tiempo de dar, por mi cuenta, a la luz este libro, resolviéndome de ofrecerle a la de Vuestra Excelencia, para asegurarle de las sombras de envidiosos maldicientes que, a fuer de fantasmas nocturnas, hacen espantos de que nuestro sexo haya merecido tan generales aplausos, ceñídole tan debidos laureles, y eternizándose con tan subido punto de honores de tan lucido e inmortal ingenio. Como si estuvieran vinculados a solos varones sus ventajosos lucimientos y se opusiera algún estoque de fuego e impidiera o imposibilitara al discurso femenino la entrada del paraíso de las letras, o algún dragón solo para los hombres reservara la fruta de oro de las ciencias. Que aunque en todos siglos han desmentido doc-

---

[1] El duque D. Jaime Francisco Sarmiento de Silva (Madrid, 1625-Madrid, 1700) era hijo de Rodrigo Sarmiento de Silva y de Isabel Fernández de Híjar, duquesa de Híjar y VII condesa de Belchite. Heredó los títulos de su madre. Fue virrey de Aragón de 1681 a 1692.

tísimas mujeres este común engaño, y dado a muchos Teseos sutiles trazas y ardides para salir de intrincados laberintos, y tenido a raya muchos Edipos con dificultosos enigmas, y aun deshecho las altivas ruedas de presunciones vanas de filósofos soberbios, niñas con más ciencias que años, en los nuestros, la autora de esta segunda parte (sola a sí misma igual, si no superior a la primera), con la viveza sutil de su ingenio, elegante dulzura de su estilo, sazonado y opimo[2] fruto de sus sentencias y verdadero, mas nunca bien conocido espejo de desengaños, acredita la fama de mujeres sabias que celebran las edades pasadas. Es la presente dichoso asunto de elogios, copiosa mies de siempre limitados panegíricos, y a las venideras ejemplo raro que imiten, gloria inmortal a que aspiren y renombre superior que veneren. Y a todas constará de mi acertada elección, para que, como a la autora deberán siempre las edades aplausos de entendida, ella deba a mis aciertos los agradecimientos de tal mecenas, pues ni su buen gusto pudo aspirar a más, para su amparo, que a la nobleza, ingenio y valor de tan gran Príncipe, ni de Vuestra Excelencia se puede esperar menos que es amparar a una dama, que fía su nombre y crédito de tan gloriosa protección. Esta me deberá siempre mi señora doña María de Zayas, y yo a Vuestra Excelencia, la que todo el mundo, y en particular eternamente le han de agradecer todas las damas, como tan interesadas en la que yo recibo de Vuestra Excelencia, cuya mano, humilde, beso, etc. De Zaragoza, mayo, a 10 de 1647.

Servidora de Vuestra Excelencia.
Inés de Casamayor[3].

---

[2] *opimo:* «abundante».
[3] Viuda del librero Matías de Lizau. Esta dedicaría aparece únicamente en A.

Mandome Vuestra Merced, como a tan obediente súbdito suyo, reconociera esta Segunda parte del sarao y entretenimiento honesto de doña María de Zayas Sotomayor. Y mirado con la atención que debo, después de no hallar en él algo que contradiga a la fe, le veo lleno de ejemplos para reformar costumbres, y digno de que se dé a la estampa; que en él (ya que el ocio de las mujeres ha crecido el número a los libros inútiles), la que se ocupare en leerle, tendrá ejemplos con que huir los riesgos a que algunas desatentas se precipitan. Así lo siento. De mi posada, 28 de octubre 1646.

El doctor Juan Francisco Ginovés,
Cura de San Pablo.

Imprímase.
El doctor Sala, Ofic.

CENSURA DEL DOCTOR JUAN FRANCISCO ANDRÉS, CRONISTA DEL REINO DE ARAGÓN

Leí la Segunda parte de las Novelas de doña María de Zayas y Sotomayor, de orden del ilustre señor don Adrián de Sada y Azcona, doctor en ambos Derechos, del Consejo de Su Majestad y asesor del ilustrísimo señor don Pedro Pablo Zapata Fernández de Heredia y Urrea, caballero Mesnadero, señor de las villas de Trasmoz, la Mata y Castelviejo, del Consejo de Su Majestad, Regente la General Gobernación de Aragón y Presidente en la Real Audiencia, y no hallo que estas diversiones ingeniosas ofendan las Regalías y Preeminencias de Su Majestad, ni a las buenas costumbres. Y así se puede conceder la licencia que se pide y suplica, para darlas a la estampa, porque este aplauso tiene muy merecido el dueño de esta obra. Este es mi parecer. En Zaragoza, 11 de noviembre de 1646.

El doctor Juan Francisco Andrés.

Imprimatur.
Sada, Asesor[4].

---

[4] En B, en lugar de las censuras anteriores, figura:

APROBACIÓN DEL MAESTRO FRAY PÍO VIVES, PRIOR DE SANTA CATALINA MÁRTIR DE BARCELONA

Por orden del ilustre señor doctor Miguel Juan Boldó, canónigo de la Santa Iglesia de Barcelona, oficial y vicario general de este obispado, he leído con atención este libro, cuyo título es: *Segunda parte del sarao y entretenimiento honesto de doña María de Zayas Sotomayor,* y no hallo en él cosa contra nuestra santa fe y buenas costumbres; antes en él veo un asilo donde puede acogerse la femenil flaqueza más acosada de importunidades lisonjeras, y un espejo de lo que más necesita el hombre para la buena dirección de sus acciones. Y así le juzgo muy provechoso y digno de comunicarse al mundo por la estampa. Así lo siento y lo firmo de mi mano en Santa Catalina Mártir de Barcelona, Orden de Predicadores, a 23 de septiembre 1648.

Fr. Pío Vives.

23 septiembre 1648. Imprimatur.
Boldó, Vic. Gen. & Ofic.
23 septiembre 1648. Imprimatur.
Fontanella Regens.

El mercader de libros que costeó las dos ediciones C y D, añadió una nueva dedicatoria:

A DON VICENTE DE BAÑUELOS Y SUAZO, DEL CONSEJO DE SU MAJESTAD Y SU ALCALDE DE CASA Y CORTE.

El cuidado en renovar con la impresión de este libro la fama de su autora pudiera, quizá, dejarla agradecida, pero el acierto en asegurar con el amparo de Vuestra Merced su libro y su fama, sin duda la dejará envidiosa. No se ofende la seriedad de más graves estudios, viéndose tal vez solicitada de gustosos escritos, que si no merecen hospedar tan superiores cuidados, les sirven de agradable tránsito para dignas tareas. Templados deseaba Platón en los que hubiesen de administrar su República, los rigurosos preceptos de la severa Filosofía, buscando quien con variedad y doctrina tuviese instruido el juicio y adornado el ingenio, a Vuestra Merced buscaba, pero lógrale con más dicha este libro, afianzando en su protección, deseos que fueron sin duda de su autora, y atento los cumple mi afecto, deseando no perder ocasión de manifestarse reconocido. Guarde Dios a Vuestra Merced.

Su más aficionado de Vuestra Merced.
Mateo de la Bastida.

En C y D, que incluyen la *Primera y segunda parte de las novelas amorosas y exemplares de doña María de Zayas y Sotomayor,* aparecen las aprobaciones y licencias de la *Primera parte* y de la *Segunda*:

APROBACIÓN DEL MAESTRO JOSEPH DE VALDIVIESO

Este Honesto y entretenido sarao, que mandó ver el señor don Juan de Mendieta, vicario general en esta Corte, y que escribió doña María de Zayas, no hallo cosa no conforme a la verdad católica de nuestra Santa Madre Iglesia, ni disonante a las buenas costumbres. Y cuando a su autora, por ilustre emulación de las Corinas, Safos y Aspasias, no se le debiera la licencia que pide, por dama y hija de Madrid, me parece que no se le puede negar.

El Maestro Joseph de Valdivieso.

D añade la fecha de la aprobación, tras «no se le puede negar»: «Madrid y junio de 1634».

señor de las villas de Trasmoz, la Mata y Castelviejo, del Consejo de Su Majestad, Regente de la General Gobernación de Aragón y Presidente en la Real Audiencia, y no hallo que estas diversiones ingeniosas ofendan las Regalías y Preeminencias de Su Majestad, ni a las buenas costumbres. Y así se puede conceder la licencia que se pide y suplica, para darlas a la estampa, porque este aplauso tiene muy merecido el dueño de esta obra. Este es mi parecer. En Zaragoza, 11 de noviembre de 1646.

El doctor Juan Francisco Andrés.

Imprimatur.
Sada, Asesor.

Se añaden la licencia, fe de erratas y tasa:

Licencia

Tiene licencia Mateo de la Bastida, Mercader de libros, para imprimir este libro intitulado, *Primera y segunda parte de las Novelas amorosas y ejemplares* de doña María de Zayas y Sotomayor. Dada en Madrid, a 7 de marzo de 1659.

Luis Vázquez de Vargas.

Fe de erratas

Este libro intitulado, *Novelas ejemplares, Primera y segunda parte,* compuesto por doña María de Zayas, corresponde con su original. En Madrid, a 10 de octubre de 1659.

Licenciado D. Carlos Murcia de la Llana.

Tasa

Tasaron los señores del Consejo Real este libro intitulado, *Primera y segunda parte de las Novelas* de doña María de Zayas, a cuatro maravedís cada pliego, como consta de su original.

Así figura en C. En D el texto de la tasa es el siguiente:

Tasa

Tasaron los señores del Consejo Real este libro a cuatro maravedís cada pliego, como consta de su original

[[Noche primera]][a]
Introducción

Para el primero día del año quedó, en la Primera parte de mi «Entretenido sarao», concertadas las bodas de la gallarda Lisis con el galán don Diego, tan dichoso en haber merecido esta suerte, como prometían las bellas partes de la hermosa dama, y nuevas fiestas para solemnizarlas con más aplauso[1]. Mas, cuando las cosas no están otorgadas del Cielo, poco sirven que las gentes concierten, si Dios no lo otorga; que como quien mira desapasionado lo que nos está bien, dispone a su voluntad, y no a la nuestra, aunque nosotros sintamos lo contrario. Y así, o que fuese alguna

---

[a] [[Noche primera]]: *om.* ABCD

[1] El marco de esta Segunda parte continúa la trama desarrollada en el de las *Novelas amorosas y ejemplares,* donde Lisis, enamorada de don Juan, sufre que este prefiera a su prima Lisarda, pero acepta, a lo largo de la obra, prometerse con don Diego. Al final de las *Novelas* se prometía una segunda parte, en la que debía desposarse Lisis con don Diego, y se anunciaba ya el castigo que sufriría la ingratitud de don Juan, al abandonarlo Lisarda. Pero la autora, en los diez años que median entre la primera y la segunda parte de sus novelas, ha decidido dar un final distinto al marco (cfr. Introducción). Para preparar este cambio, introduce la nueva enfermedad de Lisis, por lo que la nueva reunión, en lugar de celebrarse unos días después de la primera, tiene lugar transcurrido más de un año, en las carnestolendas del año siguiente.

desorden, como suele suceder en los suntuosos banquetes, o el pesar de considerarse Lisis ya en poder de extraño dueño, y que por solo vengarse del desprecio que le parecía haberle hecho don Juan, amando a su prima Lisarda, usurpándole a ella[a] las glorias de ser suya, mal hallada con dueño extraño de su voluntad, y ya casi en poder del[b] no apetecido, se dejó rendir a tan crueles desesperaciones, castigando con verter perlas a sus divinos ojos, que amaneció otro día la hermosa dama con una mortal calentura, y tan desalentada y rendida a ella que los médicos, desconfiando de su vida, antes de hacerle otros remedios, le ordenaron los importantes al alma, mandándola confesar y recibir el divino[c] Sacramento, como más cordial medicina. Y luego procuraron con su ciencia hacer las importantes al cuerpo, con cuya alteración y nuevos cuidados cesaron las fiestas ya dichas; y volvió el alegría de las pasadas noches en llantos y tristeza de su noble madre y queridas amigas, que lo sentían ternísimamente, y en principal don Diego; y no hay que maravillar, pues cuando ya[d] se veía[e] casi en posesión de su belleza, se hallaba temeroso de perderla para siempre. Bien sentía el ingrato don Juan ser él la causa de la enfermedad de Lisis, pues el frío de sus tibiezas eran la mayor calentura de la dama, y sentía faltase del mundo una estrella que le daba ser: tal era la belleza y discreción de Lisis, junto con otras mayores virtudes de que era dotada[f]; mas estaba tan rendido a la hermosura de Lisarda, que presto hallaba en ella el consuelo de su pena. Y aunque muchas veces proponía, para alentarla, hacerle más caricias, y con esta intención la visitaba, como Lisarda jamás se apartaba de su prima, en viéndola el afectuoso amante, no se acordaba de los propósitos hechos. Aumentábase el mal de Lisis, faltando en todos las esperanzas de su salud, y más a la bien entendida señora, que como era quien le sentía y sabía me-

---

    [a] ella: ellas D   [b] del: de D   [c] divino: *om.* D   [d] ya: *om.* CD   [e] veía: vía CD   [f] dotada: dotado D

jor las circunstancias de él (pues unas veces se hallaba ya entre las manos de la muerte, y otras, aunque pocas, con más alivio), tuvo lugar su divino entendimiento de obrar en su alma nuevos propósitos, si bien a nadie lo daba a entender, guardando para su tiempo la disposición de su deseo, mostrando a don Diego y a la demás familia, cuando se hallaba con mejorados accidentes, un honesto agrado, con que enfrenaba cualquier deseo, y solo le tenían puesto en verla con salud.

Más de un año duró la enfermedad, con caídas y recaídas, sin tratarse en todo este tiempo de otra cosa más de acudir a la presente causa, padeciendo don Diego el achaque de desesperado: tanto, que ya quisiera de cualquiera suerte fuera suya Lisis, por estar seguro de él; mas si alguna vez lo proponía, hallaba en la dama un enojo agradable y una resistencia honesta, con que le obligaba a pedir perdón de haber intentado tal. En esta ocasión le trujeron[a] a Lisis una hermosísima esclava, herrada en el rostro[2], mas no porque la S y clavo que esmaltaba sus mejillas manchaba su belleza, que antes la descubría más. Era mora, y su nombre Zelima; de gallardo entendimiento y muchas gracias, como eran leer, escribir, cantar, tañer, bordar y, sobre todo, hacer excelentísimos versos. Este presente le hizo a Lisis una su tía, hermana de su madre, que vivía en la ciudad de Valencia, y aunque pudiera desdorar algo de la estimación de tal prenda el ser mora, sazonaba este género de desabrimiento con decir quería ser cristiana. Con esta hermosa mora se alegró tanto Lisis, que gozándose con sus habilidades y

---

[a] trujeron: trajeron CD

[2] *herrada en el rostro:* era costumbre de la época marcar con un hierro candente a los esclavos en el rostro. La marca más frecuente era la S y clavo, aunque no era la única. En los desengaños cuarto y décimo, se alude también a la presencia de esclavas herradas en el rostro (págs. 342 y 652). Alusiones a esta costumbre aparecen en numerosos escritores de la época.

agrados, casi se olvidaba de la enfermedad, cobrándose tanto amor, que no era como de[a] señora y esclava, sino de dos queridas hermanas: sabía muy bien Zelima granjear y atraer a sí la voluntad de Lisis, y Lisis pagárselo en quererla tanto, que apenas se hallaba sin ella. Entretenía Zelima a su señora haciendo alarde de sus habilidades, ya cantando y tañendo, ya refiriéndole versos, y otras contándole cosas de Argel, su patria. Y aunque muchas veces la veía Lisis divertida, y tan transportada, que sin sentir se le caían[b] las lágrimas de sus divinos ojos, creía Lisis serían memorias de su tierra, y tal vez que le preguntaba la causa, le respondía la discreta Zelima:

—A su tiempo, señora mía, la sabrás, y te admirarás de ella.

Con que Lisis no la importunaba más. Sanó Lisis, convaleció Lisis, y volvió el sol de su hermosura a recobrar nuevos rayos, y apenas la vio don Diego con entera salud, cuando volvió de nuevo a sus pretensiones, hablando a Laura y pidiendo cumpliese la palabra de darle[c] a Lisis por esposa. Comunicó la discreta señora con su hermosa hija lo que don Diego le había propuesto, y la sabia dama dio a su madre la respuesta que se podía esperar de su obediente proceder, añadiendo que, pues se allegaban los alegres días de las carnestolendas, y en ellos se habían de celebrar sus bodas, que tenía gusto de que se mantuviese otro entretenido recreo como el pasado, empezando el domingo, para que el último día se desposase, y que le diese licencia para que lo dispusiese. Mucho se alegró su madre con la fiesta que quería hacer Lisis. Concedida facultad para ordenarlo, se dispuso de esta suerte: en primer lugar, que habían de ser las damas las que novelasen (y en esto acertó con la opinión de los hombres, pues siempre tienen a las mujeres por noveleras); y en segundo, que los que refiriesen fuesen casos verdaderos, y que tuviesen nombre de «desengaños» (en esto no sé si los satisfizo, porque como ellos procuran siem-

---

[a] de: *om.* D   [b] caían: caía CD   [c] darle: darles C

pre engañarlas, sienten mucho se desengañen). Fue la pretensión de Lisis en esto volver por[3] la fama de las mujeres (tan postrada y abatida por su mal juicio, que apenas hay quien hable bien de ellas). Y como son los hombres los que presiden en todo, jamás cuentan los malos pagos que dan, sino los que les dan; y si bien lo miran, ellos cometen la culpa, y ellas siguen tras su opinión, pensando que aciertan; que lo cierto es que no hubiera malas mujeres si no hubiera malos hombres. No hablo con los que no lo fueren, que de la misma manera que a la mujer falsa, inconstante, liviana y sin reputación no se le ha de dar nombre de mujer, sino de bestia fiera, así el hombre cuerdo, bien intencionado, y que sabe en los mismos vicios aprovecharse de la virtud y nobleza a que está obligado, no será comprehendido en mi reprehensión; mas hablo de los que, olvidados de sus obligaciones, hacen diferente de lo que es justo; estos tales no serán hombres, sino monstruos; y si todos lo son, con todos hablo, advirtiendo que de las mujeres que hablaré en este libro no son de las comunes, y que tienen por oficio y granjería[a][4] el serlo, que esas pasan por sabandijas, sino de las no merecedoras de desdichados sucesos.

Habíale pedido a Lisis Zelima por merced le fuese concedido que los versos que se cantasen los diese ella[5], de que Lisis se holgó, por excusarse de este trabajo, y que la primera que desengañase fuese ella. Y Lisis, imaginando la petición no acaso[6], lo tuvo por bien, y así nombró para la primera noche a Zelima, y tras ella a su prima Lisarda, luego

---

granjería: granjearía B

[3] *volver por:* «defender».
[4] *granjería:* «ganancia».
[5] En las *Novelas amorosas y ejemplares* es Lisis la que procura los versos, salvo en dos ocasiones en las que los músicos cantan versos de don Juan.
[6] *no acaso:* «no casual». Anteriormente, Lisis había preguntado a Zelima la causa de sus lágrimas.

Nise, y tras ella, Filis. Para la segunda noche puso la primera a su madre, segunda, Matilde, y tercera y cuarta, a doña Luisa y doña Francisca, dos señoras hermanas que había poco vivían en su casa; la primera, viuda, y la otra doncella, mozas hermosas y bien[a] entendidas. Y la tercera noche puso primero a doña Estefanía; esta era una prima suya[b] religiosa, que había con licencia salido del convento a curarse de unas peligrosas cuartanas, y ya sana de ellas, no aguardaba para volverse a él más de que se celebrasen las bodas de Lisis; y ella tomó para sí el postrero desengaño, para que hubiese lugar para su desposorio[7]. Ordenando[c] esto, convidó a todos los caballeros y damas citados en la Primera parte[8] y muchos más que vinieron avisados unos de otros. Con esto, se sacó licencia del nuncio para que se desposasen sin amonestaciones, o por más secreto, o por mayor grandeza (que está ya el gusto tan empalagado de lo antiguo, que buscan lo más moderno, y lo tienen por sainete[9]). Se previnieron músicos, y entoldaron las salas de ricas tapicerías, suntuosos estrados, curiosos escritorios, vistosas sillas y taburetes, aliñados braseros, tanto de bue-

---

[a] bien: muy bien *añ.* D   [b] suya: suya que tenía   [c] ordenando: ordenado D

[7] La organización de los *Desengaños* es idéntica a la de las *Novelas amorosas y ejemplares,* aunque en tres noches en lugar de en cinco, como en la obra anterior. Parece, pues, que el título de *noche* que encabeza a las novelas posteriores a la segunda no debe ser atribuido a la autora sino a un corrector o al impresor (véase INTRODUCCIÓN).

[8] Constituyen los narradores de la Primera parte Lisarda, Matilde, don Álvaro, don Alonso, Nise, Filis, don Miguel, don Lope, Laura, y don Juan. Lisis no narraba ninguna historia. Se invitaba además a los padres de los caballeros y a las madres de las damas. Puesto que aquí solo intervienen damas, la autora se ve obligada a añadir tres nuevos personajes femeninos, además de Zelima.

[9] *sainete:* «cosa agradable»; en sentido figurado, «cualquier cosa que mueve a la complacencia, inclinación o gusto de otra: como el donaire, discreción, etc.» (DA).

nas lumbres como de diversas y olorosas perfumaderas, claros y resplandecientes faroles, muchas bujías, y sobre todo sabrosas y costosas colaciones, sin que faltase el amigo chocolate (que en todo se halla, como la mala ventura). Todo tan en su punto, que la hermosa sala no parecía sino abreviado cielo, y más cuando empezaron a ocuparle[a] tantas jerarquías de serafines, prefiriendo a todas la divina Lisis, de negro, con muchos botones de oro; y si bien la dama no era más linda que todas, por la gallardía y entendimiento, las pasaba. Acomodados todos en sus lugares, sin que faltase de los suyos el ingrato don Juan y el dichoso don Diego, y todos los hombres mal contentos de que, por no serles concedido el novelar, no podían dar muestra de las intenciones. Y quizá los que escriben deseos*os*[b] de verse en ocasión de vengarse, como si a mí me importase algo, pues no les quito el entendimiento que Dios les dio, por tenerle; si acaso escribir esto fuese presunción, y no entretenimiento. Y las damas, contentas de que les llegaba la ocasión de satisfacerse de tantos agravios como les hacen en sentir mal de ellas, y juzgar a todas por una. Zelima, que junto a Lisis estaba, se levantó, y haciendo una cortés y humilde reverencia (habiendo prevenido los músicos de lo que habían de hacer, como a quien tocaba dar los versos), se entró en una cuadra[10], y los músicos dieron principio a la fiesta con este romance:

> Mentiroso pastorcillo,
> que a los montes de Toledo
> llevaste[c] mis alegrías
> y me dejaste mis celos.

---

[a] ocuparle: ocuparla D   [b] deseos*os:* deseos ABCD   [c] llevaste: llevastes D

[10] *cuadra:* «sala o pieza de la casa» (DA).

Dueño de quien soy esclava,
    y a quien reconoce imperio,
    por confrontación de estrellas,
    mi cautivo pensamiento.

Deidad a cuyos altares,
    sacrificada en deseos,
    el alma, víctima humilde,
    es holocausto y incienso.

¿Qué dichosa te entretiene,
    que faltando al plazo puesto,
    consientes que estén mis ojos
    bañados en llanto tierno?

Si los rigores de ausencia
    hicieran suerte en tu pecho,
    ni tú estuvieras sin mí,
    ni yo estuviera con ellos.

Si cuando te despediste
    callé el dolor que padezco,
    ya que no por no sentirle,
    porque tú fueses contento.

Y con aqueste[a] seguro,
    ignorando mis tormentos,
    la rienda a la ausencia alargas,
    pensando que no la siento.

Vuelve a mirarte en los ojos,
    que sueles llamar espejos,
    y los verás por tu causa
    caudalosas fuentes hechos.

---

[a] aqueste: aquesto B

Vuelve, y verás que las horas
   las llamo siglos eternos;
   los días, eternidades:
   tanto es el dolor que tengo.

Quizá a la que te detiene,
   estando sin mí contento,
   quitarás de los favores
   que a mis espaldas le has hecho.

Que según sin mí te hallas,
   puedo llamar mis contentos
   censos, que son al quitar,
   pues[a] me los quitas tan presto.

Celos me abrasan el alma;
   ¡ay de mí!, valedme, cielos,
   dad agua apriesa, ojos míos,
   pues veis que crece el incendio.

Mas es fuego de alquitrán
   este en que me estoy ardiendo,
   que más se aviva la llama
   mientras más lágrimas vierto.

Dicen algunos que son
   los celos de amor hielo;
   mas en mí vienen a ser
   abrasado Mongibelo[11].

¿Para qué quiero la vida?
   ¿Para qué el reposo quiero?
   ¡Ay, zagalejos del Tajo,
   no ángeles, sino infierno!

---

[a] pues: que D

[11] *Mongibelo*: nombre siciliano del Etna, también empleado antiguamente como sinónimo de «infierno».

Mirad que Salicio es mío,
    en él vivo y por él muero,
    y quitármele es sacar
    el alma a mi triste cuerpo.

Violentamente gozáis
    esa vida que poseo,
    porque sus favores son
    los bienes solos que tengo.

¡Ay, Dios!, a quien me quejo,
    o a quien aquestas lágrimas ofrezco,
    si mi ingrato Salicio está tan lejos.

Yo triste, y él contento,
    él gozando otros gustos, yo con celos;
    que soy inmortal Eseo[12],
    pues no me acaba este mortal veneno.

Largo les pareció el romance a los oyentes; mas como no sabían el designio de Zelima, no[13], porque ella de propósito lo había prevenido así para tener lugar de hacer lo que ahora se dirá. Demás que los músicos de los libros son más piadosos que los de las salas de los señores, que

---

[12] *Eseo:* probablemente Iseo, heroína de la novela francesa medieval *Tristán e Iseo,* de la que se hicieron varias traducciones en la Península ibérica. La versión castellana, el *Tristán de Leonís,* se imprimió en 1501 y contó con varias ediciones en el siglo XVI. La historia inspiró un romance del que se conocen varias versiones. El «mortal veneno» es el filtro amoroso, el amor.

[13] Redacción incorrecta. Probablemente el impresor se saltó una parte del texto. Cobraría sentido suprimiendo *no,* como se suprime en la edición de Barcelona, 1736? (pág. 231), aunque reaparece en ediciones posteriores. Las ediciones de Madrid, 1814 (pág. 221) y París, 1847 (pág. 185) presentan un texto diferente: «Largo les pareció el romance a los oyentes, mas como no sabían el designio de Zelima, la que de propósito lo había prevenido así para tener lugar de hacer lo que ahora se dirá [...]».

acortan los romances, que les quitan el ser, y los dejan sin pies ni cabeza[14].

A los últimos acentos de los postreros versos, salió Zelima de la cuadra, en tan diferente traje de lo que entró[a], que a todos puso en admiración. Traía sobre una camisa de transparente cambray, con grandes puntas y encajes, las mangas muy anchas de la parte de la mano; unas enaguas de lama[15] a flores azul y plata, con tres o cuatro relumbrones[16] que quitaban la vista, tan corta, que apenas llegaba a las gargantas de los pies, y en ellos unas andalias[17] de muchos lazos y listones de seda muy vistosos; sobre esto un vaquerillo[18] o aljuba[19] de otra telilla azul y plata, muy vistosa, y asida[b] al hombro una almalafa[20] de la misma tela. Tenía la aljuba o vaquerillo las mangas tan anchas, que igualaban con las de la camisa, mostrando sus blancos y torneados[c] brazos con costosos carcajes[21] o brazaletes; los largos, ondeados y hermosos cabellos, que ni eran oro ni ébano, sino un castaño tirante a rubio, tendidos[d] por las

---

[a] entró: entó D   [b] asida: asido D   [c] torneados: torneadores D
[d] tendidos: tendido CD

[14] En las *Novelas amorosas y ejemplares* censura María de Zayas esta misma tendencia a desdeñar los poemas de cierta extensión: «porque la llaneza de su ingenio no era como los fileteados de la Corte, que en pasando de seis estancias se enfadan» (I, 3, pág. 271).

[15] *lama:* «cierta tela de oro y plata, que hoy más comúnmente se llama restaño» (DA).

[16] *relumbrones:* «adornos resplandecientes».

[17] *andalias:* «sandalias».

[18] *vaquerillo:* «sayo vaquero pequeño». El *vaquero* es un «sayo o vestidura de faldas largas». Se le dio este nombre por su parecido con el que usaban los pastores (DA).

[19] *aljuba:* «vestidura que usaban los árabes y parece era traje para hombres y mujeres de todas esferas, pues se hacía de tejidos bastos y también de telas ricas» (DA).

[20] *almalafa:* «especie de manto o ropa que usaban las moras, y se ponía sobre todo el demás vestido y comúnmente era de lino» (DA).

[21] *carcajes:* «argollas, brazaletes usados por las moras». Según el DA era adorno para los pies, pero aquí los lleva en los brazos.

espaldas, que le pasaban de la cintura una vara, y cogidos por la frente con una cinta o apretadorcillo de diamantes, y luego prendido a la mitad de la cabeza un velo azul y plata, que toda la cubría; la hermosura, el donaire, la majestad de sus airosos y concertados pasos no mostraba sino una princesa de Argel, una reina de Fez o Marruecos, o una sultana de Constantinopla.

Admirados quedaron damas y caballeros, y más la hermosa Lisis, de verla, y más con arreos que ella no había visto, y no acertaba a dar lugar al disfraz de su esclava, y así, no hizo más de callar y admirarse (como todos) de tal deidad, porque la contemplaba una ninfa o diosa de las antiguas fábulas. Pasó Zelima hasta el estrado, dejando a las damas muy envidiosas de su acabada y linda belleza, y a los galanes rendidos a ella, pues hubo más de dos que, con los clavos del rostro, sin reparar en ellos, la hicieran señora y poseedora de su persona y hacienda, y aun se juzgara indigno de merecerla. Hizo Zelima una reverencia al auditorio, y otra a su señora Lisis, y sentose en dos almohadas que estaban situadas[a] en medio del estrado, lugar prevenido para la que había de desengañar, y vuelta a Lisis, dijo así:

—Mandásteme, señora mía, que contase esta noche un desengaño, para que las damas se avisen de los engaños y cautelas de los hombres, para que vuelvan por su fama en tiempo que la tienen tan perdida, que en ninguna ocasión hablan ni sienten de ellas bien, siendo su mayor entretenimiento decir mal de ellas: pues ni comedia se representa, ni libro se imprime que no sea todo en ofensa de las mujeres, sin que se reserve[22] ninguna; y si bien no tienen ellos toda la culpa, que si como buscan las malas para sus deleites, y estas no pueden dar más de lo que tienen, buscaran las buenas para admirarlas[b] y alabarlas, las hallaran honorosas,

---

[a] situadas: sitiadas ABCD   [b] admirarlas: admitirlas D

[22] reservar: «excluir, exceptuar».

cuerdas, firmes y verdaderas; mas es tal nuestra desdicha y el mal tiempo que alcanzamos, que a estas tratan peor[a]; y es que como las otras no los han menester más de mientras los han menester, antes que ellos tengan tiempo de tratarlas mal, ellas les dan con la ceniza en la cara.

Muchos[b] desengaños pudiera traer, en apoyo de esto, de las antiguas y modernas desdichas sucedidas a mujeres por los hombres. Quiero pasarlas en silencio, y contaros mis desdichados sucesos, para que escarmentando en mí, no haya tantas perdidas[c] y tan pocas escarmentadas. Y porque lo mismo que contaré[d] es la misma reprehensión, digo así[e]:

---

[a] peor: mucho peor CD   [b] Muchos: Muchísimos CD   [c] perdidas: perdidas como hay *añ.* CD   [d] contaré: contaré ahora *añ.* CD   [e] así: de esta manera CD

Desengaño primero
La esclava de su amante[1]

—Mi nombre es doña Isabel Fajardo, no Zelima[a], ni mora, como pensáis, sino cristiana, y hija de padres católicos, y de los más principales de la ciudad de Murcia; que estos hierros que veis en mi rostro no son sino sombras de los que ha puesto en mi calidad y fama la ingratitud de un hombre. Y para que deis más crédito, veislos aquí quitados; así pudiera quitar los que han puesto en mi alma mis desventuras y poca cordura.

Y diciendo esto, se los quitó y arrojó lejos de sí, quedando el claro cristal de su divino rostro sin mancha, sombra ni oscuridad, descubriendo aquel sol los esplendores de su hermosura sin nube. Y todos los que colgados de lo que intimaba[2] su hermosa boca, casi sin sentido, que apenas osaban apartar la vista por no perderla, pareciéndoles que como ángel se les podía esconder. Y por fin, los galanes más

---

[a] Zelima: Zelina AB; Zelima CD

[1] Como se ha indicado anteriormente (véase INTRODUCCIÓN), solo esta novela lleva título en todas las ediciones. En las demás novelas, el título aparece en la edición de Barcelona, Rafael Figueró, 1716, aunque no se hace general hasta la edición de Barcelona, Pablo Campins, 1734, puesto que falta en las ediciones madrileñas de 1724, 1729 y 1734.

[2] *intimar:* «publicar» (DA).

enamorados, y las damas más envidiosas, y todos compitiendo en la imaginación sobre si estaba mejor con hierros o sin hierros, y casi se determinaban a sentir viéndola[a] sin ellos, por parecerles más fácil la empresa; y más Lisis, que como la quería con tanta ternura, dejó caer por sus ojos unos desperdicios[3]; mas, por no estorbarla, los recogió con sus hermosas manos. Con esto, la hermosa doña Isabel prosiguió su discurso, viendo que todos callaban, notando la suspensión de cada uno, y no de todos juntos.

—Nací en la casa de mis padres sola, para que fuese sola la perdición de ella: hermosa, ya lo veis; noble, ya lo he dicho; rica, lo que bastara, a ser yo cuerda, o a no ser desgraciada[b], a darme un noble marido. Crieme hasta llegar a los doce años entre las caricias y regalos de mis padres, que, claro es que no habiendo tenido otro de su matrimonio, serían muchos, enseñándome entre ellos las cosas más importantes a mi calidad. Ya se entenderá, tras las virtudes que forman una persona virtuosamente cristiana, los ejercicios honestos de leer, escribir, tañer y danzar, con todo lo demás competentes[c] a una persona de mis prendas, y de todas aquellas que los padres desean ver enriquecidas a sus hijas; y más los míos, que, como no tenían otra, se afinaban[d] en estos extremos. Salí única en todo, y perdonadme que me alabe, que, como no tengo otro testigo, en tal ocasión, no es justo pasen por desvanecimiento mis alabanzas. Bien se lo pagué, pero más bien lo he pagado. Yo fui en todo extremada, y más en hacer versos, que era el espanto de aquel reino, y la envidia de muchos no tan peritos en esta facultad; que hay algunos ignorantes que, como si las mujeres les quitaran el[e] entendimiento por tenerle, se consumen de los aciertos ajenos. ¡Bárbaro, ignorante! Si los[f] sabes

---

[a] viéndol*a:* viéndolas AB; viéndola CD   [b] desgraciad*a:* desgraciadia A; desgraciada BCD   [c] competentes: competente D   [d] afinaban: aficionaban D   [e] el: en D   [f] lo*s:* lo ABC; los D

---

[3] *desperdicios:* «lágrimas».

hacer, hazlos, que no te roba nadie tu caudal; si son buenos los
que no son tuyos, y más si son de dama, adóralos y alábalos;
y si malos, discúlpala, considerando que no tiene más caudal,
y que es digna de más aplauso en una mujer que [en][a] un
hombre, por adornarlos con menos arte.

Cuando llegué a los catorce años, ya tenía mi padre[b] tantos pretensores[4c] para mis bodas, que ya, enfadado, respondía que me dejasen ser mujer; mas como, según decían
ellos, idolatraban en mi belleza, no se podían excusar de
importunalle. Entre los más rendidos se mostró apasiona-
dísimo un caballero, cuyo nombre es don Felipe, de pocos
más años que yo, tan dotado de partes, de gentileza y nobleza, cuanto desposeído de los de fortuna, que parecía
que, envidiosa de las gracias que le había dado el Cielo, le
había quitado los suyos. Era, en fin, pobre; y tanto, que en
la ciudad era desconocido, desdicha que padecen muchos.
Este era el que más a fuerza de suspiros y lágrimas procuraba granjear mi voluntad; mas yo seguía la opinión de todos; y como los criados de mi casa me veían[d] a él poco
afecta, jamás le oyó ninguno, ni fue mirado de mí, pues
bastó esto[e] para ser poco conocido en otra ocasión. Pluviera el Cielo le mirara yo bien, o fuera parte para que no me
hubieran sucedido las desdichas que lloro. ¡Hubiera sabido
excusar algunas!; mas, siendo pobre, ¿cómo le había de mirar mi desvanecimiento?, pues tenía yo hacienda para él y
para mí; mas mirábale de modo que jamás pude dar señas
de su rostro, hasta que me vi engolfada en mis desventuras.

Sucedió en este tiempo el levantamiento de Cataluña[5],
para castigo de nuestros pecados, o solo de los míos, que

---

    [a] [en]: *om.* ABC; en D   [b] mi padre: mis padres D   [c] pretensores:
pretensiones D   [d] veían: vían CD   [e] esto: en esto *añ.* D

    [4] *pretensores:* «pretendientes».
    [5] *levantamiento de Cataluña:* ocurrido en junio de 1640, en tiempos de
Felipe IV. La pacificación del territorio no fue total hasta 1652. Preocupó

aunque han sido las pérdidas grandes, la mía es la mayor: que los muertos en esta ocasión ganaron eterna fama, y yo, que quedé viva, ignominiosa infamia. Súpose en Murcia cómo Su Majestad (Dios le guarde) iba al ilustre y leal reino de Aragón, para hallarse presente en estas civiles guerras; y mi padre, como quien había gastado lo mejor de su mocedad en servicio de su rey, conoció lo que le importaban a Su Majestad los hombres de su valor; se determinó a irle a servir, para que en tal ocasión le premiase los servicios pasados y presentes, como católico y agradecido rey; y con esto trató de su jornada, que sentimos[a] mi madre y yo ternísimamente, y mi padre de la misma suerte; tanto, que a importunidades de mi madre y mías, trató llevarnos en su compañía, con que volvió nuestra pena en gozo, y más a mí, que, como niña, deseosa[b] de ver tierras, o por mejor sentir mi desdichada suerte, que me guiaba a mi perdición, me llevaba contenta. Prevínose la partida, y aderezado lo que se había de llevar, que fuese lo más importante, para, aunque a la ligera, mostrar mi padre quién era, y que era descendiente de los antiguos Fajardos de aquel reino. Partimos de Murcia, dejando con mi ausencia común y particular tristeza en aquel reino, solemnizando en versos y prosas todos los más divinos entendimientos la falta que hacía a aquel reino.

Llegamos a la nobilísima y suntuosa ciudad de Zaragoza, y aposentados en una de sus principales casas, ya descansada del camino, salí a ver, y vi y fui vista. Mas no estuvo en esto mi pérdida, que dentro en mi casa estaba el in-

---

[a] sentimos: sentimientos D [b] deseosa: deseoso C

la cuestión a la autora, que reprochará a los caballeros el no acudir prestos en ayuda del rey, dato que confirman los contemporáneos. Esta alusión fecha supuestamente la historia pocos años antes de que fuese compuesta. María de Zayas incluye en casi todas sus novelas alusiones a acontecimientos históricos que acrecienten la impresión de veracidad de sus relatos.

cendio, pues sin salir me había ya visto mi desventura; y como si careciera[a] esta noble ciudad de hermosuras, pues hay tantas que apenas hay plumas ni elocuencias que basten a alabarlas, pues son tantas que dan envidia a otros reinos, se empezó a exagerar la mía, como si no hubieran visto otra. No sé si es tanta como decían; solo sé que fue la que bastó a perderme; mas, como dice el vulgar, «lo nuevo aplace»[6]. ¡Oh, quién no la hubiera tenido para excusar tantas fortunas! Habló mi padre a Su Majestad, que, informado de que había sido en la guerra tan gran soldado, y que aún no estaban amortiguados sus bríos y valor, y la buena cuenta que[b] siempre había dado de lo que tenía a su cargo, le mandó asistiese al gobierno de un tercio de caballos, con título de maese[c] de campo, honrando[d] primero sus pechos[e] con un hábito de Calatrava; y así fue fuerza, viendo serlo[f], el asistir allí, en[g] enviar a Murcia por toda la hacienda que se podía traer, dejando la demás a cuenta de[h] deudos nobles que tenía allá.

Era dueña de la casa en que vivíamos una señora[i] viuda, muy[j] principal y medianamente[k] rica, que tenía un hijo y una hija; él mozo y[l] galán y de buen discurso, así no fuera falso traidor[m], llamado don Manuel; no quiero decir su apellido, que mejor es callarle, pues no supo darle lo que merecía. ¡Ay, qué[n] a costa mía he hecho experiencia de todo! ¡Ay, mujeres fáciles, y si supiésedes, una por una, y todas juntas, a lo que os ponéis el día que os dejáis rendir a las falsas caricias de los hombres, y cómo quisiérades más haber nacido sin oídos y sin ojos; o si os desengañásedes en mí, de que más vais a perder, que a ganar! Era la hija moza,

---

[a] careciera: carecía D [b] que: *om.* D [c] maese: maestre D [d] honrando: honrándole CD [e] primero sus pechos: *om.* CD [f] viendo serlo: *om.* CD [g] en: y CD [h] cuenta de: *om.* CD [i] señora: *om.* CD [j] muy: *om.* CD [k] medianamente: *om.* CD [l] y: *om.* CD [m] traidor: y traidor *añ.* CD [n] qué: y qué *add.* CD

[6] *aplacer:* «agradar, contentar».

y medianamente hermosa, y concertada de casar con un primo, que estaba en las Indias y le aguardaban para celebrar sus bodas en la primera flota, cuyo nombre era doña Eufrasia. Esta y yo nos tomamos tanto amor, como su madre y la mía, que de día ni de noche nos dividíamos, que, si no era para ir a dar el común reposo a los ojos, jamás nos apartábamos, o yo en su cuarto, o ella en el mío. No hay más que encarecerlo, sino que ya la ciudad nos celebraba con el nombre de «las dos amigas»; y de la misma suerte don Manuel dio en quererme, o en engañarme, que todo viene a ser uno.

A los principios empecé a extrañar y resistir sus pretensiones y porfías, teniéndolos por atrevimientos contra mi autoridad y honestidad; tanto, que por atajarlos me excusaba[a] y negaba a[b] la amistad de su hermana, dejando de asistirla en su cuarto, todas las veces que sin nota podía hacerlo; de que don Manuel hacía tantos sentimientos, mostrando andar muy melancólico[c] y desesperado, que tal vez me obligaba a lástima, por ver que ya mis rigores se atrevían a su salud. No miraba yo mal (las veces que podía sin dárselo a entender) a don Manuel, y bien gustara, pues era fuerza tener dueño, fuera él a quien tocara la suerte; mas, ¡ay!, que él iba con otro intento, pues con haber tantos que pretendían este lugar, jamás se opuso a tal pretensión; y estaba mi padre tan desvanecido en mi amor, que aunque lo intentara, no fuera admitido, por haber otros de más partes que él, aunque don Manuel tenía muchas, ni yo me apartara del gusto de mi padre por cuanto vale el mundo. No había hasta entonces llegado amor a hacer suerte en mi libertad; antes imagino que, ofendido de ella, hizo el estrago que tantas penas me cuesta. No había tenido don Manuel lugar de decirme, más de con los ojos y descansos de su corazón, su voluntad, porque yo no se le daba; hasta que una tarde,

---

[a] excusaba: escuchaba D   [b] a: *om.* D   [c] melancólico: malencólico D

estando yo con su hermana en su cuarto, salió de su aposento, que estaba a la entrada de él, con un instrumento[a]; y sentándose en el mismo estrado con nosotras, le rogó[b] doña Eufrasia cantase alguna cosa, y él extrañándolo, se lo supliqué también por no parecer grosera; y él, que no deseaba otra cosa, cantó un soneto, que si no os cansa mi larga historia, diré con los demás que se ofrecieren en el discurso de ella.

Lisis, por todos, le rogó lo hiciese así, que les daría notable gusto, diciendo:

—¿Qué podréis decir, señora doña Isabel, que no sea de mucho agrado a los que escuchamos? Y así, en nombre de estas damas y caballeros, os suplico no excuséis nada de lo que os sucedió en vuestro prodigioso suceso, porque, de lo contrario, recibiremos gran pena.

—Pues con esa licencia —replicó doña Isabel—, digo que don Manuel cantó este soneto; advirtiendo que él a mí y yo a él nos nombrábamos[c] por Belisa y Salicio.

> A un diluvio la tierra condenada,
> que toda se anegaba en sus enojos,
> ríos fuera de madre eran sus ojos,
> porque ya son las nubes mar airada.
>
> La dulce Filomena retirada,
> como no ve del sol los rayos rojos,
> no le rinde canciones en despojos,
> por verse sin su luz desconsolada.
>
> Progne lamenta, el ruiseñor no canta,
> sin belleza y olor están las flores,
> y estando todo triste de este modo,

---

[a] con un instrumento: con un instrumento en la mano *añ.* CD
[b] rogó: rogó mucho *añ.* CD   [c] nombrábamos: nombramos D

213

con tanta luz, que al mismo sol espanta,
toda donaire, discreción y amores,
salió Belisa, y serenose todo.

Arrojó, acabando de cantar, el instrumento en el estrado, diciendo:

—¿Qué me importa a mí que salga el sol de Belisa en el oriente a dar alegría a cuantos la ven, si para mí está siempre convertida en triste ocaso?

Diole, diciendo esto, un modo de desmayo, con que, alborotadas su madre, hermana[a] y criadas, fue fuerza llevarle a su cama, y yo retraerme a mi cuarto, no sé si triste o alegre; solo sabré asegurar que me conocí confusa, y determiné no ponerme más en ocasión de sus atrevimientos. Si me durara este propósito, acertara; mas ya empezaba en mi corazón a hacer suertes amor, alentando yo misma mi ingratitud, y más cuando supe, de allí a dos días, que don Manuel estaba con un accidente, que a los médicos había puesto en cuidado. Con todo eso, estuve sin ver a doña Eufrasia hasta otro día, no dándome por entendida, y fingiendo precisa ocupación con la estafeta de mi tierra; hasta que doña Eufrasia, que hasta entonces no había tenido lugar, asistiendo a su hermano, le dejó reposando y pasó a mi aposento, dándome muchas quejas de mi descuido y sospechosa amistad, de que me disculpé, haciéndome de nuevas y muy pesarosa de su disgusto. Al fin, acompañando a mi madre, hube de pasar aquella tarde a verle; y como estaba cierta que su mal procedía de mis desdenes, procuré, más cariñosa y agradable, darle la salud que le había quitado con ellos, hablando donaires y burlas, que en don Manuel causaban varios efectos, ya de alegría, y ya de tristeza, que yo notaba con más cuidado que antes, si bien lo encubría con cauta disimulación. Llegó la hora de despedirnos, y

---

[a] hermana: y hermana *añ*. D

214

llegando con mi madre a hacer la debida cortesía, y esforzarle con las esperanzas de la salud, que siempre se dan a los enfermos, me puso tan impensadamente en la mano un papel, que, o fuese la turbación del atrevimiento, o recato de mi madre y de la suya, que estaban cerca, que no pude hacer otra cosa más de encubrirle. Y como llegué a mi cuarto, me entré en mi aposento, y sentándome sobre mi cama, saqué el engañoso papel para hacerle pedazos sin leerle, y al punto que lo iba a conseguir, me llamaron, porque había venido mi padre, y hube de suspender por entonces su castigo; y no hubo lugar de dársele hasta que me fui a acostar, que habiéndome desnudado una doncella que me vestía y desnudaba, a quien yo quería mucho por habernos criado desde niñas, me acordé del papel y se le pedí, y que me llegase de camino la luz para abrasarle en ella.

Me dijo la cautelosa Claudia, que este era su nombre; y bien le puedo dar también el de cautelosa[a], pues también estaba prevenida contra mí, y en favor del ingrato y desconocido don Manuel:

—¿Y acaso, señora mía, ha cometido este desdichado algún delito contra la fe, que le quieres dar tan riguroso castigo? Porque si es así, no será por malicia, sino con inocencia; porque antes entiendo que le sobra fe y no que le falta.

—Con todo mi honor le está cometiendo —dije yo—, y por que no haya más cómplices, será bien que este muera.

—¿Pues a quién se condena sin oírle? —replicó Claudia—. Porque, a lo que miro, entero está como el día en que nació. Óyele, por tu vida, y luego, si mereciere pena, se la darás, y más si es tan poco venturoso como su dueño.

—¿Sabes tú cúyo es? —le torné a replicar.

—¿De quién puede ser, si no es admitido, sino del[b] mal correspondido don Manuel, que por causa tuya está como

_____

[a] cautelosa: cautela D   [b] del: de D

está, sin gusto y salud, dos males que, a no ser desdichado, ya le hubieran muerto? Mas hasta la muerte huye de los que lo son.

—Sobornada parece que estás, pues abogas con tanta piedad por él.

—No estoy, por cierto —respondió Claudia—, sino enternecida, y aun, si dijera lastimada, acertara mejor.

—¿Pues de qué sabes tú que todas esas penas de que te lastimas tanto son por mí?

—Yo te lo diré —dijo la astuta Claudia—. Esta mañana me envió tu madre a saber cómo estaba, y el triste caballero vio los cielos abiertos en verme; contome sus penas, dando de todas la culpa a tus desdenes, y esto con tantas lágrimas y suspiros, que me obligó a sentirlas como proprias[a], solemnizando con suspiros los suyos y acompañando con lágrimas las suyas.

—Muy tierna eres, Claudia —repliqué yo—; presto crees a los hombres. Si fueras tú la querida, presto le consolaras.

—Y tan presto —dijo Claudia—, que ya estuviera sano y contento. Díjome más, que en estando para poderse levantar, se ha de ir donde a tus crueles ojos y ingratos oídos no lleguen nuevas [de][b] él.

—Él ya quisiera que estuviera bueno, para que lo cumpliera —dije yo.

—¡Ay, señora mía! —respondió Claudia—, ¿es posible que en cuerpo tan lindo como el tuyo se aposenta alma tan cruel? No seas así, ¡por Dios! que ya se pasó el tiempo de las damas andariegas que con corazones de diamantes dejaban[c] morir los caballeros, sin tener piedad de ellos. Casada has de ser, que tus padres para ese[d] estado te guardan; pues si es así, ¿qué desmerece don Manuel para que no gustes que sea tu esposo?

---

[a] proprias: proprias AB; propias CD   [b] [de] *om:* ABC; de D
[c] dejaban: deseaban ABCD   [d] ese: este D

—Claudia —dije yo—, si don Manuel estuviera tan enamorado como dices, y tuviera tan castos pensamientos, ya me hubiera pedido a mi padre[a]. Y pues no trata de eso, sino de que le corresponda, o por burlarme, o ver mi flaqueza, no me hables más en él, que me das notable enojo.

—Lo mismo que tú dices —volvió a replicar Claudia— le dije yo, y me respondió que cómo se había de atrever a pedirte por esposa incierto de tu voluntad; pues podrá[b] ser que, aunque tu padre lo acepte, no gustes tú de ello.

—El gusto de mi padre se hará[c] el mío —dije yo.

—Ahora, señora —tornó a decir Claudia—, veamos ahora el papel, pues ni hace ni deshace el leerle, que pues[d] lo demás corre por cuenta del Cielo.

Estaba ya mi corazón más blando que cera, pues mientras Claudia me decía lo referido, había entre mí hecho varios discursos, y todos en abono de lo que me decía mi doncella, y en favor de don Manuel; mas, por no darla más atrevimientos, pues ya la juzgaba más de la parte contraria que de la mía, después de haberle[e] mandado no hablase más en ello, ni fuese adonde don Manuel estaba, porfié a quemar el papel y ella a defenderle, hasta que, deseando yo lo mismo que ella quería, le abrí, amonestándola primero que no supiese don Manuel sino que le había rompido sin leerle, y ella prometídolo, vi que decía así:

«No sé, ingrata señora mía, de qué tienes hecho el corazón, pues a ser de diamante, ya le hubieran enternecido mis lágrimas; antes, sin mirar los riesgos que me vienen, le tienes cada día más endurecido; si yo te quisiera menos que para dueño de mí y de cuanto poseo, ya parece que se hallara disculpa a tu crueldad; mas, pues gustas que muera sin remedio, yo te prometo darte gusto, ausentándome[f] del mundo y de tus ingratos ojos, como lo verás en levantán-

[a] mi padre: mis padres CD   [b] podrá: podía D   [c] se hará: será CD   [d] que pues: pues que CD   [e] haberle: haberla D   [f] ausentándome: ausetándome D

dome de esta cama, y quizá entonces te pesará de no haber admitido mi voluntad».

No decía más que esto el papel. Mas, ¿qué más había de decir? Dios nos libre de un papel escrito a tiempo; saca fruto donde no le hay, y engendra voluntad aun sin ser visto. Mirad qué sería en mí, que ya no solo había[a] mirado, mas miraba los méritos de don Manuel todos juntos y cada uno por sí. ¡Ay, engañoso amante, ay, falso caballero, ay, verdugo de mi inocencia![b]. ¡Y, ay, mujeres fáciles y mal aconsejadas, y cómo os dejáis vencer de mentiras bien afeitadas[7], y que no les dura el oro con que van cubiertas más de mientras dura el apetito! ¡Ay, desengaño, que visto, no se podrá engañar ninguna! ¡Ay, hombres!, y ¿por qué siendo hechos de la misma masa y trabazón que nosotras, no teniendo más nuestra alma que vuestra alma, nos tratáis como si fuéramos hechas de otra pasta, sin que os obliguen los beneficios que desde el nacer al morir os hacemos? Pues si agradecierais los que recibís de vuestras madres, por ellas estimarais y reverenciarais a las demás; ya, ya lo tengo conocido a costa mía, que no lleváis otro designio sino perseguir nuestra inocencia[c], aviltar[d] [8] nuestro entendimiento, derribar nuestra fortaleza, y haciéndonos viles y comunes, alzaros con < con >[e] el imperio de la inmortal fama. Abran las damas los ojos del entendimiento y no se dejen vencer de quien pueden temer el mal pago que a mí se me dio, para que dijesen en esta ocasión y tiempo estos desengaños, para ver si por mi causa cobrasen las mujeres la opinión perdida y no diesen lugar a los hombres para alabarse, ni hacer burla de ellas, ni sentir mal de sus flaquezas y mal-

---

[a] había: aún D   [b] inocencia: inociencia A; inocencia BCD   [c] inocencia: inociencia A; inocencia BCD   [d] aviltar: habilitar CD   [e] con <con>: con con *añ*. A; con BCD

[7] *afeitado*: «aderezado, adornado».
[8] *aviltar*: «envilecer».

ditos intereses, por los cuales hacen tantas, que, en lugar de ser amadas, son aborrecidas, aviltadas[a] y vituperadas.

Volví de nuevo a mandar a Claudia y de camino rogarle no supiese don Manuel que había leído el papel, ni lo que había pasado entre las dos, y ella a prometerlo, y con esto se fue, dejándome divertida en tantos y tan confusos pensamientos, que yo misma me aborrecía de tenerlos. Ya amaba, ya me arrepentía; ya me repetía piadosa, ya me hallaba mejor. Airada y final[9], me determiné a no favorecer a don Manuel, de suerte que le diese lugar a atrevimientos; mas tampoco desdeñarle, de suerte que le obligase a algún desesperado suceso. Volví con esta determinación a continuar la amistad de doña Eufrasia, y a comunicarnos con la frecuencia que antes hacía gala. Si ella me llamaba cuñada, si bien no me pesaba de oírlo, escuchaba a don Manuel más apacible, y si no le[b] respondía a su gusto, a lo menos no le afeaba el decirme su amor sin rebozo; y con lo que más le favorecía era decirle que me pidiese a mi padre por esposa, que le aseguraba de mi voluntad; mas como el traidor llevaba otros intentos, jamás lo puso en ejecución.

Llegose en este tiempo el alegre de las carnestolendas, tan solemnizado en todas partes, y más en aquella ciudad, que se dice, por ponderarlo más, «carnestolendas de Zaragoza». Andábamos todos de fiesta y regocijo, sin reparar los unos en los desaciertos ni aciertos de los otros. Pues fue así, que pasando sobre tarde al cuarto de doña Eufrasia a vestirme con ella de disfraz para una máscara que teníamos prevenida, y ella y sus criadas y otras amigas ocupadas adentro en prevenir lo necesario, su traidor hermano, que debía de estar aguardando esta ocasión, me detuvo a la puerta de su

---

[a] aviltadas: habilitadas CD   [b] le: el D

[9] *y final:* posible errata que se repite en las ediciones posteriores. De las ediciones anteriores al siglo xx, únicamente en la edición de París, 1847, figura «a final» (pág. 192).

aposento, que, como he dicho, era a la entrada de los de su madre, dándome la bienvenida, como hacía en toda cortesía otras veces. Yo, descuidada, o, por mejor, incierta de que pasaría a más atrevimientos, si bien ya habían llegado a tenerme asida por una mano, y viéndome divertida, tiró de mí, y sin poder ser parte a hacerme fuerte, me entró dentro, cerrando la puerta con llave. Yo no sé lo que me sucedió, porque del susto me privó el sentido un mortal desmayo.

¡Ah, flaqueza femenil de las mujeres, acobardadas desde la infancia y aviltadas[a] las fuerzas con enseñarlas primero a hacer vainicas que a jugar las armas! ¡Oh, si no volviera jamás en mí, sino que de los brazos del mal caballero me traspasaran a la sepultura! Mas guardábame mi mala suerte para más desdichas, si puede haberlas mayores. Pues pasada poco más de media hora, volví en mí, y me hallé, mal digo, no me hallé, pues me hallé perdida, y tan perdida, que no me supe ni pude volver ni podré ganarme jamás; y infundiendo en mí[b] mi agravio una mortífera rabia, lo que en otra mujer pudiera causar lágrimas y desesperaciones, en mí fue un furor diabólico, con el cual, desasiéndome de sus infames lazos, arremetí a la espada que tenía a la cabecera de la cama, y sacándola de la vaina, se la fui a envainar en el cuerpo. Hurtole al[c] golpe, y no fue milagro, que estaba diestro en hurtar, y abrazándose conmigo, me quitó la espada, que me la iba a entrar por el cuerpo por haber errado el del infame, diciendo[d] de esta suerte:

—Traidor, me vengo en mí, pues no he podido en ti, que las mujeres como yo así vengan sus agravios.

Procuró el cauteloso amante amansarme y satisfacerme, temeroso de que no diera fin a mi vida; disculpó su atrevimiento con decir que lo había hecho por tenerme segura; y ya con caricias, ya con enojos mezclados con halagos, me

    [a] aviltadas: habilitadas CD   [b] mí: *om.* D   [c] al: el D   [d] diciendo: diciéndole D

220

dio palabra de ser mi esposo. En fin, a su parecer más quieta, aunque no al mío, que estaba hecha una pisada serpiente, me dejó volver a mi aposento, tan ahogada en lágrimas, que apenas tenía aliento para vivir. Este suceso dio conmigo en la cama, de una peligrosa enfermedad, que fomentada de mis ahogos y tristezas, me vino a poner a punto de muerte; estando de verme así tan penados[a] mis padres, que lastimaban a quien los veía.

Lo que granjeó don Manuel con este atrevimiento fue que, si antes me causaba algún agrado, ya aborrecía hasta su sombra. Y aunque Claudia hacía instancia por saber de mí la causa de este pesar que había en mí, no lo consiguió, ni jamás la quise[b] escuchar palabra que de[c] don Manuel procurase decirme, y las veces que su hermana me veía era para mí la misma muerte. En fin, yo estaba tan aborrecida, que si no me la di yo misma, fue por no perder el alma. Bien conocía Claudia mi mal en mis sentimientos, y por asegurarse más, habló a don Manuel, de quien supo todo lo sucedido. Pidiole me aquietase y procurase desenojar, prometiéndole a ella lo que a mí, que no sería otra su esposa.

Permitió el Cielo que mejorase de mi mal, porque aún me faltaban por pasar otros mayores. Y un día que estaba Claudia sola conmigo, que mi madre ni las demás criadas estaban en casa, me dijo estas razones:

—No me espanto, señora mía, que tu sentimiento sea de la calidad que has mostrado y muestras; mas a los casos que la fortuna encamina y el Cielo permite para secretos suyos, que a nosotros no nos toca el saberlo, no se han de tomar tan a pechos y por el cabo, que se aventure a perder la vida y con ella el alma. Confieso que el atrevimiento del señor don Manuel fue el mayor que se puede[d] imaginar; mas tu temeridad es más terrible, y supuesto que en este suceso, aunque has aventurado mucho, no has perdido

[a] penados: tristes D   [b] quise: quiso D   [c] de: *om.* CD   [d] puede: pueda D

nada, pues en siendo *tu*[a] esposo queda puesto el reparo, si tu pérdida se pudiera remediar con esos sentimientos y desesperaciones, fuera razón tenerlas. Ya no sirven desvíos para quien posee y es dueño de tu honor, pues con ellos das motivo para que, arrepentido y enfadado de tus sequedades, te deje burlada; pues no son las partes de tu ofensor de tan pocos méritos que no podrá conquistar con ellas[b] cualquiera hermosura de su patria. Puesto [que][c] más acertado es que se acuda al remedio, y no que cuando le busques no le halles, hoy me ha pedido que te amanse y te diga cuán mal lo haces con él y contigo misma, y que está con mucha pena de tu mal; que te alientes y procures cobrar salud, que tu voluntad es la suya, y no saldrá, en esto y en todo lo que ordenares, de tu gusto. Mira, señora, que esto es lo que te está bien, y que se pongan medios con tus padres para que sea tu esposo, con que la quiebra de *tu*[d] honor quedará soldada y satisfecha, y todo lo demás es locura y acabar de perderte.

Bien conocí que Claudia me[e] aconsejaba lo cierto, supuesto que ya no se podía hallar otro remedio; mas estaba tan aborrecida de mí misma, que en muchos días no llevó de mí buena respuesta. Y aunque ya me empezaba a levantar, en más de dos meses no me dejé ver de mi atrevido amante, ni recado que me enviaba quería recibir, ni papel que llegaba a mis manos llevaba otra respuesta que hacerle pedazos. Tanto, que don Manuel, o fuese que en aquella ocasión me tenía alguna voluntad, o porque picado de mis desdenes quería llevar adelante sus traiciones, se descubrió a su hermana, y le contó lo que conmigo le había pasado y pasaba[f], de que doña Eufrasia, admirada y pesarosa, después de haberle afeado facción[10] tan grosera y mal hecha,

---

    ª *tu:* mi AC; tu BD   ᵇ ellas: ella D   ᶜ [que]: *om.* ABC; que D   ᵈ *tu:* te A; tu BCD   ᵉ me: no me *añ.* D   ᶠ y pasaba: *om.* CD

    ¹⁰ *facción:* en principio, «acometimiento de soldados o ejecución de alguna empresa militar, para ganar gloria y honra contra los enemigos»,

tomó por su cuenta quitarme el enojo. Finalmente ella y Claudia trabajaron tanto conmigo, que me rindieron. Y como sobre las pesadumbres entre amantes las paces aumentan el gusto, todo el aborrecimiento que tenía a don Manuel[a] se volvió en amor, y en él, el amor aborrecimiento: que los hombres, en estando en posesión, la voluntad se desvanece como humo.

Un año pasé en estos desvanecimientos, sin poder acabar con don Manuel pusiese terceros con mi padre para que se efectuasen nuestras bodas; y otras muchas que a mi padre le trataban no llegaban a efecto, por conocer la poca voluntad que tenía de casarme. Mi amante me entretenía diciendo que en haciéndole Su Majestad merced de un hábito de Santiago que le había pedido, para que más justamente mi padre le admitiese por hijo, se cumplirían mis deseos y los suyos. Si bien yo sentía mucho estas dilaciones, y casi temía mal de ellas, por no disgustarle, no apretaba más la dificultad.

En este tiempo, en lugar de un criado que mi padre había despedido, entró a servir en casa un mancebo, que, como después supe, era aquel caballero pobre que jamás había sido bien visto de mis ojos. Mas ¿quién mira bien a un pobre? El cual, no pudiendo vivir sin mi presencia, mudado hábito y nombre[b], hizo esta transformación. Pareciome, cuando le vi la primera vez, que era el mismo que era; mas no hice reparo en ello, por parecerme imposible. Bien conoció Luis (que así dijo llamarse) a los primeros lances, la voluntad que yo y don Manuel nos teníamos, y no creyendo, de la entereza de mi condición, que pasaba a más de honestos y recatados deseos, dirigidos al conyugal lazo. Y él estaba cierto que en esto no había de alcanzar, aunque fue-

_____

[a] Man*u*el: Mannel A; Manuel BCD   [b] nombre: nombro B

por extensión, «acción», sentido poco frecuente en otros autores, pero que aparece en diversas ocasiones en María de Zayas (págs. 347, 396, 578, etc.).

ra conocido por don Felipe, más que los despegos que siempre callaba, por que no le privase de verme, sufriendo como amante aborrecido y desestimado, dándose por premiado en su amor con poderme hablar y ver a todas horas. De esta manera pasé algunos meses, que aunque[a] don Manuel, según[b] conocí después, no era su amor verdadero, sabía tan bien las artes de fingir, que yo me daba por contenta y pagada de mi voluntad. Así me duraran estos engaños. Mas ¿cómo puede la mentira pasar por verdad sin que al cabo se descubra? Acuérdome que una tarde que estábamos en el estrado de su hermana, burlando y diciendo burlas y entretenidos acentos[11] como otras veces, le llamaron, y él, al levantarse[c] del asiento, me dejó caer la daga en las faldas, que se la había quitado por el estorbo que le hacía para estar sentado en bajo. A cuyo asunto hice este soneto:

> Toma tu acero cortador, no seas
> causa de algún exceso inadvertido,
> que puede ser, Salicio, que sea Dido,
> si por mi mal quisieses ser Eneas.

> Cualquiera atrevimiento es bien que creas
> de un pecho amante a[d] tu valor rendido,
> muy cerca está de ingrato el que es querido;
> llévale, ingrato, si mi bien deseas.

> Si a cualquiera rigor de aquesos[e] ojos
> te lloro Eneas y me temo Elisa[12],
> quítame la ocasión de darme muerte,

---

[a] aunque: aun D   [b] según: que según *añ*. D   [c] levantarse: levantar CD
[d] a: de D   [e] aquesos: aquellos D

[11] *acentos:* «versos».
[12] *Elisa:* otro nombre de Dido, reina de Cartago.

que quieres la vida por despojos,
    que me mates de amor, mi amor te avisa;
    tú ganarás honor, yo dulce suerte.

Alabaron doña Eufrasia y su hermano más la presteza
de[a] hacerle que el soneto, si bien don Manuel, tibiamente;
ya parecía[b] que andaba su voluntad achacosa, y la mía temerosa de algún mal suceso en los míos, y a mis solas daban mis ojos muestra de mis temores, quejábame de mi
mal pagado amor, dando al[c] Cielo quejas de mi desdicha. Y
cuando don Manuel, viéndome triste y los ojos con las señales de haberles dado el castigo que no merecían, pues no
tuvieron culpa en mi tragedia, me preguntaba la causa, por
[no][d] perder el decoro a mi gravedad, desmentía con él los
sentimientos de ellos, que eran tantos, que apenas los podía
disimular. Enamoreme[e], rogué, rendime; vayan[f], vengan
penas, alcáncense unas a otras. Mas por una violencia estar
sujeta a tantas desventuras, ¿a quién le ha sucedido sino a
mí? ¡Ay, damas hermosas y avisadas, y qué desengaño este[g],
si le contempláis! Y ¡ay, hombres, y qué afrenta para vuestros engaños! ¡Quién pensara que don Manuel hiciera burla de una mujer como yo, supuesto que, aunque era noble
y rico, aun para escudero de mi casa no le admitieran mis
padres! Que este es el mayor sentimiento que tengo, pues
estaba segura de que no [me][h] merecía y conocía que me
desestimaba.

Fue el caso que había más de diez años que don Manuel
hablaba una[i] dama de la ciudad, ni la más hermosa, ni la
más honesta, y aunque casada, no hacía ascos[j] de ningún
galanteo, porque su marido tenía buena condición: comía
sin traerlo, y por no estorbar, se iba fuera cuando era menester; que aun aquí había reprehensión para los hombres;

---

   [a] de: le D   [b] parecía: perecía C   [c] al: a B   [d] [no]: *om.* ABC; no D
[e] Enamoreme: Enamorome CD   [f] vaya*n:* vaya ABCD   [g] este: es este *añ.*
D   [h] [me]: *om.* ABC; me D   [i] una: a una D   [j] ascos: aseos D

mas los comunes y bajos que viven de esto no son hombres, sino bestias. Cuando más engolfada estaba Alejandra, que así tenía nombre esta dama, en la amistad de don Manuel, quiso el Cielo, para castigarla, o para destruirme, darle una peligrosa enfermedad, de que, viéndose en peligro de muerte, prometió a Dios apartarse de tan ilícito trato, haciendo voto de cumplirlo. Sustentó esta devota promesa, viéndose con la deseada salud, año y medio, que fue el tiempo en que don Manuel buscó mi perdición, viéndose despedido de Alejandra; bien que, como después supe, la visitaba en toda cortesía, y la regalaba por la obligación pasada. ¡Ah, mal hayan estas correspondencias corteses, que tan caras cuestan a muchas! Y entretenido en mi galanteo, faltó a la asistencia de Alejandra, conociendo el poco fruto que sacaba de ella; pues esta mujer, en faltar de su casa, como solía mi ingrato dueño, conoció que era la ocasión otro empleo, y buscando la causa, o que de criadas pagadas de la casa de don Manuel, o mi desventura que se lo debió de decir, supo cómo don Manuel trataba su casamiento conmigo. Entró aquí alabarle mi hermosura y su rendimiento, y como jamás se apartaba de idolatrar en mi imagen, que cuando se cuentan los sucesos, y más si han de dañar, con menos ponderación [[son suficientes]][a][13].

En fin, Alejandra, celosa y envidiosa de mis dichas, faltó a Dios lo que había prometido, para sobrarme a mí en penas; que si faltó a Dios, ¿cómo no me había de sobrar a mí? Era atrevida y resuelta, y lo primero a que se atrevió fue a verme. Pasemos adelante, que fuera hacer este[b] desengaño eterno, y no es tan corto el tormento que padezco en refe-

---

[a] [[son suficientes]]: *om.* ABCD   [b] este: ese D

[13] [[son suficientes]]: no figura en las cuatro ediciones cotejadas, como tampoco en las ediciones siguientes hasta la edición de Madrid, 1795: «que cuando se cuentan los sucesos, y mas si han de dañar, con menos ponderación son suficientes» (pág. 246).

226

rirle que me saboree tan despacio en él. Acarició a don Manuel, solicitó que volviese a su amistad, consiguió lo que deseó, y volvió de nuevo a reiterar[a] la ofensa, faltando en lo que a Dios había prometido de poner enmienda. Parecerá, señores, que me deleito en nombrar a menudo el nombre de este ingrato, pues no es sino que como ya para mí es veneno, quisiera que trayéndole en mis labios, me acabara de quitar la vida. Volviose, en fin, a adormecer y transportar en los engañosos encantos de esta Circe. Como[b] una división[14] causa mayores deseos entre los que se aman, fue con tanta puntualidad el asistencia en su casa, que fue fuerza hiciese falta en la mía. Tanto, que ni en los perezosos días del verano, ni en las cansadas noches del invierno no había una hora para mí. Y con esto empecé a sentir las penas que una desvalida y mal pagada mujer puede sentir, porque si a fuerza de quejas y sentimientos había un instante para estar conmigo, era con tanta frialdad y tibieza, que se apag*aba*n[c] en ella los encendidos fuegos de mi voluntad, no para apartarme de tenerla, sino para darle las sazones[d] que merecía. Y últimamente empecé a temer; del temer nace el celar, y del celar[e] buscar las desdichas y hallarlas. No le quiero prometer a un corazón amante más perdición que venir a tropezar en celos, que es cierto que la caída será para no levantarse más; porque si calla los agravios, juzgando que los ignora, no se recatan de hacerlos; y si habla más descubiertamente, pierden el respeto, como me sucedió a mí, que no pudiendo ya disimular las sinrazones de don Manuel, empecé a desenfadarme y reprehenderla[f] y de esto pasar a reñirle[g], con que me califiqué por enfadosa y de mala condición, y a pocos pasos que di, me hallé en los lances de aborrecida.

---

[a] reiterar: tolerar en D   [b] Como: Y como *añ.* D   [c] apag*aba*n: apagan ABC; apag*aba* D   [d] sazones: desazones D   [e] celar: celear D   [f] reprehenderla: reprehenderla ABCD   [g] reñirle: reñirla ABCD

[14] *división*: «discordia, riña».

Ofréceseme[a] a la memoria un soneto que hice, hallándome un día muy apasionada, que, aunque os canse, le he de decir:

No vivas, no, dichosa, muy segura
de que has de ser toda la vida amada;
llegará el tiempo que la nieve helada
agote de tu dicha la hermosura.

Yo, como tú, gocé también ventura,
ya soy, como me ves, bien desdichada;
querida fui, rogada y estimada
del que tu gusto y mi dolor procura.

Consuela[b] mi pasión, que el dueño mío,
que ahora es tuyo, fue conmigo ingrato,
también contigo lo será, dichosa.

Pagarasme el agravio en su desvío;
no pienses que has feriado muy barato,
que te has de ver, como yo estoy, celosa.

Admitía estas finezas don Manuel, como quien ya no las estimaba; antes con enojos quería desvanecer mis sospechas, afirmándolas por falsas. Y dándose más cada día a sus desaciertos, venimos él y yo a tener tantos disgustos y desasosiegos, que más era muerte que amor el que había entre los dos; y con esto me dispuse a averiguar la verdad de todo, porque no me desmintiese, y de camino, por si podía hallar remedio a tan manifiesto daño, mandé a Claudia seguirle, con que se acabó de perder todo. Porque una tarde que le vi algo inquieto, y que ni por ruegos ni lágrimas mías, ni pedírselo su hermana, no se pudo estorbar que no saliese de casa, mandé a Claudia viese dónde iba, la cual le siguió hasta verle entrar en casa de Alejandra. Y aguardan-

---

[a] Ofréceseme: Ofrécesme C   [b] Consuela: Censuela A; Consuela BCD

do a ver en lo que resultaba, vio que ella con otras amigas y don Manuel se entraron en un coche y se fueron a un jardín. Y no pudiendo ya la fiel Claudia sufrir tantas libertades cometidas en ofensa mía, se fue tras ellos, y al entrar en el vergel, dejándose ver, le dijo lo que fue justo, si, como fue bien dicho, fuera bien admitido. Porque don Manuel, si bien corrido de ser descubierto, afeó y trató mal a Claudia, riñéndola más como dueño que como amante mío; con lo cual la atrevida Alejandra, tomándose la licencia de valida, se atrevió a Claudia con palabras y obras, dándose por sabidora de quién era yo, cómo me llamaba y, en fin, cuanto por mí había pasado, mezclando entre estas libertades las amenazas de que daría cuenta a mi padre de todo. Y aunque no cumplió esto, hizo otros atrevimientos tan grandes o mayores, como era venir a la posada de don Manuel a todas horas. Entraba atropellándolo todo, y diciendo mil libertades; tanto, que en diversas ocasiones se puso Claudia con ella a mil riesgos. En fin, para no cansaros, lo diré de una vez. Ella era mujer que no temía a Dios, ni a su marido, pues llegó su atrevimiento a tratar quitarme la vida con sus propias manos. De todos estos atrevimientos no daba don Manuel la culpa a Alejandra, sino a mí, y tenía razón, pues yo, por mis peligros, debía sufrir más. Estaba ya tan precipitada, que ninguno se me hacía áspero, ni peligroso, pues me entraba por todos[a] sin temor de ningún riesgo. Todo era afligirme, todo llorar y todo dar a don Manuel quejas; unas veces, con caricias, y otras con despegos, determinándome tal vez a dejarle y no tratar más de esto, aunque me quedase perdida, y otras pidiéndole hablase a mis padres, para que siendo su mujer cesasen estas revoluciones[15]. Mas como ya no quería, todas estas desdichas sentía y temía doña Eufrasia, porque había de venir a parar

---

[a] todos: todo D

[15] *revoluciones:* «inquietudes».

en peligro de su hermano; mas no hallaba remedio, aunque le buscaba. A todas estas desventuras hice unas décimas, que os quiero referir, porque en ellas veréis mis sentimientos mejor pintados, y con más finas colores, que dicen así:

> Ya de mi dolor rendida,
>   con los sentidos en calma,
>   estoy deteniendo el alma,
>   que anda buscando salida;
>   ya parece que la vida,
>   como la candela que arde
>   y en verse morir cobarde
>   vuelve otra vez a vivir,
>   porque aunque desea morir,
>   procura que sea más tarde.
>
> Llorando noches y días,
>   doy a mis ojos enojos,
>   como si fueran mis ojos
>   causa de las ansias mías.
>   ¿Adónde estáis, alegrías?
>   Decidme[a], ¿dónde os perdí?
>   Responded, ¿qué causa os di?
>   Mas ¿qué causa puede haber
>   mayor que no merecer
>   el bien que se fue de mí?
>
> Sol fui de[b] algún cielo ingrato,
>   si acaso hay ingrato cielo;
>   fuego fue, volviose hielo;
>   sol fui, luna me retrato,
>   mi menguante fue su trato;
>   mas si la deidad mayor
>   está en mí, que es el amor,
>   y este no puede menguar,
>   difícil será alcanzar
>   lo que intenta su rigor.

---

[a] Decidme: Decirme D   [b] de: del A; de BCD

Celos tuve, mas, querida,
  de los celos me burlaba:
  antes en ellos hallaba
  sainetes para la vida;
  ya, sola y aborrecida,
  Tántalo en sus glorias soy;
  rabiando de sed estoy,
  ¡ay, qué penas! ¡ay, qué agravios!,
  pues con el agua a[a] los labios,
  mayor tormento me doy.

¿Qué mujer habrá tan loca,
  que viéndose aborrecer,
  no le canse el[b] padecer
  y esté como firme roca?
  Yo sola, porque no toca
  a mí la ley de olvidar,
  venga pesar a pesar,
  a un rigor otro rigor,
  que ha de conocer amor
  que sé cómo se ha de amar.

Ingrato, que al hielo excedes;
  nieve, que a la nieve hielas,
  si mi muerte no recelas,
  desde hoy más temerla puedes;
  regatea las mercedes,
  aprieta más el cordel,
  mata esta vida con él,
  sigue tu ingrata porfía;
  que te pesará algún día
  de haber sido tan cruel.

Sigue, cruel, el encanto
  de esa engañosa sirena,
  que por llevarte a su pena,

te adormece con su canto;
huye mi amoroso llanto,
no te obligues de mi fe,
porque así yo esperaré
que has de ser como deseo
de aquella harpía Fineo[16],
para que vengada esté.

Préciate de tu tibieza,
no te obliguen mis enojos,
pon más capote a los ojos,
cánsate de mi firmeza;
ultraja más mi nobleza,
ni sigas a la razón;
que yo, que en mi corazón
amor carácter ha sido,
pelearé con tu olvido,
muriendo por tu ocasión.

Bien sé que tu confianza
es de mi desdicha parte,
y fuera mejor matarte
a pura desconfianza;
todo cruel se me alcanza,
que como te ves querido,
tratas mi amor con olvido,
porque una noble mujer,
o no llegar a querer,
o ser lo que siempre ha sido.

Ojos, llorad, pues no tiene
ya remedio vuestro mal;
ya vuelve el dolor fatal,
ya el alma a la boca viene;

---

[16] *Fineo:* adivino ciego que vivía atormentado por las Harpías, figuras mitológicas griegas representadas como aves con cabeza de mujer. Los Argonautas lo liberan de ellas.

ya solo morir conviene,
por que triunfe el que me mata;
ya la vida se desata
del lazo que al alma dio,
y con ver que me mató,
no olvido al que me maltrata.

Alma, buscad dónde estar,
que mi palabra os empeño,
que en vuestra posada hay dueño
que quiere en todo mandar.
Ya, ¿qué tenéis que aguardar,
si vuestro dueño os despide,
y en vuestro lugar recibe
otra alma que más estima?
¿No veis que en ella se anima
y con más contento vive?

¡Oh, cuántas glorias perdidas
en esa casa dejáis!
¿Cómo ninguna sacáis?
Pues no por mal adquiridas,
mal premiadas, bien servidas,
que en eso ninguna os gana;
pero si es tan inhumana
la impiedad del que os arroja,
pues veis que en veros se enoja,
idos vos de buena gana.

Sin las potencias salís,
¿cómo esos bienes dejáis?,
que a cualquier parte que vais
no os querrán, si lo advertís.
Mas oigo que me decís
que sois como el que se abrasa,
que viendo que el fuego pasa
a ejecutarle en la vida,
deja la hacienda perdida,
que se abrase con la casa.

Pensando en mi desventura,
    casi a la muerte he llegado;
    ya mi hacienda se ha abrasado,
    que eran bienes sin ventura.
    ¡Oh, tú, que vives segura
    y contenta en casa ajena!,
    de mi fuego queda llena,
    y algún día vivirá,
    y la tuya abrasará;
    toma escarmiento en mi pena.

Mira, y siente cuál estoy,
    tu caída piensa en mí,
    que ayer maravilla fui,
    y hoy sombra mía no soy:
    lo que va de ayer a hoy
    podrá ser de hoy a mañana.
    Estás contenta y lozana;
    pues de un mudable señor
    el fiarse es grande error:
    no estés tan alegre, Juana.

Gloria mis ojos llamó;
    mis palabras, gusto y cielos.
    Diome celos, y tomelos
    al punto que me los dio.
    ¡Ah, mal haya quien amó
    celosa, firme y rendida,
    que cautelosa y fingida
    es bien ser una mujer,
    para no llegarse a ver,
    como estoy, aborrecida!

¡Oh, Amor, por lo que he servido
    a tu suprema deidad,
    ten de mi vida piedad!
    Esto por premio te pido:
    no se alegre este atrevido
    en verme por él morir;

pero muriendo vivir,
muerte será, que no vida;
ejecuta amor la herida,
pues yo no acierto a pedir.

Sucedió en este tiempo nombrar Su Majestad por virrey de Sicilia al señor almirante de Castilla, y viéndose don Manuel engolfado en estas competencias que entre mí y Alejandra traíamos, y lo más cierto, con poco gusto de casarse conmigo, considerando su peligro en todo, sin dar cuenta a su madre y hermana, diligenció por medio del mayordomo, que era muy íntimo suyo, le recibió[a] el señor almirante por gentilhombre de su Cámara; y teniéndolo secreto, sin decirlo a nadie, solo a un criado que le servía y había de ir con él, hasta la partida del señor almirante, dos o tres días antes mandó prevenir su ropa, dándonos a entender a todos quería ir por seis o ocho días a un lugar donde tenía no sé qué hacienda; que esta jornada la había hecho otras veces en el tiempo que yo le conocía. Llegó el día de la partida, y despedido de todos los de su casa, al despedirse de mí (que de propósito había pasado a ella para despedirme, que, como inocente de su engaño, aunque me pesaba, no era con el extremo que si supiera la verdad de él), vi más terneza en sus ojos que otras veces, porque al tiempo de abrazarme no me pudo hablar palabra, porque se le arrasaron los ojos de agua, dejándome confusa, tierna y sospechosa; si bien no juzgué sino que hacía amor algún milagro en él y conmigo. Y de esta suerte pasé aquel día, ya creyendo que me amaba, vertiendo lágrimas de alegría, ya de tristeza de verle ausente. Y estando ya cerrada la noche, sentada en una silla, la mano en la mejilla, bien suspensa y triste, aguardando a mi madre, que estaba en una visita, entró Luis, el criado de mi casa, o[b] por mejor acertar, don Felipe, aquel caballero pobre, que por serlo había sido

---

a recibió: recibiera D   b o: *om.* D

tan mal mirado de mis ojos, que no había sido ni antes ni en esta ocasión conocido de ellos, y que servía por solo servirme. Y viéndome, como he dicho, me dijo:

—¡Ay, señora mía!, y cómo si supieses tu desdicha, como yo la sé, esa tristeza y confusión se volvería en pena de muerte.

Asusteme al oír esto; mas, por no impedir saber el cabo de su confusa razón, callé; y él prosiguió, diciéndome:

—Ya no hay que disimular, señora, conmigo, que aunque ha muchos días que yo imaginaba estos sucesos, ahora es diferente, que ya sé toda la verdad.

—¿Vienes loco, Luis? —le repliqué.

—No vengo loco —volvió a decir—; aunque pudiera, pues no es tan pequeño el amor que como a señora mía te tengo, que no me pudiera haber quitado el juicio, y aun la vida, lo que hoy he sabido. Y porque no es justo encubrírtelo más, el traidor don Manuel se va a Sicilia con el almirante, con quien va acomodado por gentilhombre suyo. Y demás de haber sabido de su criado mismo, que por no satisfacerte a la obligación que te tiene ha hecho esta maldad, yo le he visto por mis ojos partir esta tarde. Mira qué quieres que se haga en esto, que a fe de quien soy, y que soy más de lo que tú imaginas, como sepa que tú gustas de ello, que aunque piense perder la vida, te ha de cumplir lo prometido, o que hemos de morir él y yo por ello.

Disimulando mi pena, le respondí:

—¿Y quién eres tú, que, cuando aqueso fuese verdad, tendrías valor para hacer eso que dices?

—Dame licencia —respondió Luis—, que después de hecho, lo sabrás.

Acabé de enterarme de la sospecha que al principio dije había tenido de ser don Felipe, como me había dado el aire, y queriéndole responder, entró mi madre, con que cesó la plática. Y después de haberla recibido, porque me estaba ahogando en mis propios suspiros y lágrimas, me entré en mi aposento, y arrojándome sobre la cama, no es necesario contaros las lástimas que dije, las lágrimas que lloré y las determinaciones que tuve, ya de quitarme la vida, ya de quitársela a quien me la quitaba. Y al fin admití la peor y la que ahora oiréis, que estas eran honrosas, y la que elegí, con la que me acabé de perder; porque al punto me levanté con más ánimo que mi pena prometía, y tomando mis joyas y las de mi madre, y muchos dineros en plata y en oro, porque todo estaba en mi poder, aguardé[a] a que mi padre viniese a cenar, que habiendo venido, me llamaron; mas yo respondí que no me sentía buena, que después tomaría una conserva. Se sentaron a cenar, y como vi acomodado lugar para mi loca determinación, por estar los criados y criadas divertidos en servir la mesa, y si aguardara a más, fuera imposible surtir efecto mi deseo, porque Luis cerraba las puertas de la calle y se llevaba la llave, sin dar parte a nadie, ni a Claudia, con ser la secretaria de todo, por una que salía de mi aposento a un corredor, me salí y puse en la calle.

A pocas de mi casa estaba la del criado que he dicho había despedido mi padre cuando recibió a Luis, que yo sabía medianamente, porque lastimada de su necesidad, por ser anciano, le socorría y aun visitaba las veces que sin mi madre salía fuera. Fuime a ella; donde[b] el buen hombre me recibió con harto dolor de mi desdicha, que ya sabía él por mayor, habiéndole dado palabra que, en haciéndose mis bodas, le traería a mi casa.

Reprehendió Octavio, que este era su nombre, mi determinación; mas visto ya no había remedio, hubo de obedecer y callar, y más viendo que traía dineros, y que le di a él parte de ellos. Allí pasé aquella noche, cercada[c] de penas y temores, y otro día le mandé fuese a mi casa, y sin darse por entendido, hablase a Claudia y le dijese que me buscaba a mí, como hacía otras veces, y viese qué había y si me buscaban.

---

[a] aguardé: aguerdé A[v]   [b] donde: *om.* B   [c] cercada: crcada B

Fue Octavio, y halló que halló el remate de mi desventura. Cuando llego a acordarme de esto, no sé cómo no se me hace pedazos el corazón. Llegó Octavio a mi desdichada casa, y vio entrar y salir toda la gente de la ciudad, y admirado entró él también con los demás, y[a] buscando a Claudia, y hallándo[la][b] triste y llorosa, le contó cómo acabando de cenar entró mi madre donde yo estaba, para saber qué mal me afligía, y como no me halló, preguntó por mí, a lo que todas[c] respondieron que sobre la cama me habían dejado cuando salieron a servirla, y que habiéndome buscado por toda la casa y fuera, como hallasen las[d] llaves de los escritorios sobre la cama, y la puerta que salía al corredor, que siempre estaba cerrada, abierta, y mirados los escritorios, y vista la falta de ellos, luego vieron que no faltaba en vano. A cuyo suceso empezó mi madre a dar gritos; acudió mi padre a ellos, y sabiendo la causa, como era hombre mayor, con la pena y susto que recibió, dio una caída de espaldas, privado de todo sentido, y que ni se sabe si de ella, si del dolor, había sido el desmayo, tan profundo, que no volvió más de él.

De todo esto fue causa mi facilidad. Díjole cómo aunque los médicos mandaban se tuviese las horas que manda y pide[e] la ley, que era excusado, y que ya se trataba de enterrarle; que mi madre estaba poco menos, y que con estas desdichas no se hacía caso de la mía, si no era para afear mi mal acuerdo; que ya[f] mi madre había sabido lo que pasaba con don Manuel, que, en volviendo yo las espaldas, todos habían dicho lo que sabían, y que no había consentido buscarme, diciendo que, pues yo había elegido el marido a mi gusto, que Dios me diese más dicha con él que había dado a su casa.

Volvió Octavio con estas nuevas, bien tristes y amargas para mí, y más cuando me dijo que no se platicaba por la

---

[a] y: *om.* D   [b] hallándo[la]: hallando AB; hallándola CD   [c] todas: todos BD   [d] las: las las *añ.* A[v]   [e] y pide: *om.* D   [f] ya: *om.* D

ciudad sino mi suceso. Dobláronse mis pasiones, y casi estuve en términos de perder la vida; mas como aún no me había bien castigado el Cielo ser motivo de tantos males, me la quiso guardar para que pase los que faltaban. Animeme algo con saber que no me buscaban, y después de coser todas mis joyas y algunos doblones en parte donde los trujese[a] conmigo sin ser vistos, y dispuesto lo necesario para nuestra jornada, pasados cuatro o seis días, una noche nos metimos Octavio y yo de camino, y partimos la vía de Alicante, donde iba a embarcarse mi ingrato amante. Llegamos a ella, y viendo que no habían llegado las galeras, tomamos posada hasta ver el modo que tendría en dejarme ver de don Manuel.

Iba Octavio todos los días adonde el señor almirante posaba; veía a mi traidor esposo (si le puedo dar este nombre), y veníame a contar lo que pasaba. Y entre otras cosas, me contó un día cómo el mayordomo buscaba una esclava, y que aunque le habían traído algunas, no le habían contentado. En oyendo esto, me determiné a otra mayor fineza, o a otra locura mayor que las demás, y como lo pensé, lo puse por obra. Y fue que, fingiendo clavo y S para el rostro, me puse en hábito conveniente para fingirme esclava y mora, poniéndome por nombre Zelima, diciendo a Octavio me[b] llevase y dijera era suya, y que si agradaba, no reparase en el precio. Mucho sintió Octavio mi determinación, vertiendo lágrimas en abundancia por mí; mas yo le consolé con advertirle este disfraz no era más de para[c] proseguir mi intento y traer a don Manuel a mi voluntad, y ausentarme de España, y que teniendo a los ojos a mi ingrato, sin conocerme, descubriría su intento. Con esto se consoló Octavio, y más con decirle que el precio que le diesen por mí se aprovechase de él, y me avisase a Sicilia de lo que mi madre disponía de sí.

---

[a] trujese: trajese CD   [b] me: que me *añ*. D   [c] para: *om*. D

En fin, todo se dispuso tan a gusto mío, que antes que pasaron ocho días ya estuve[a] vendida en cien ducados, y esclava, no de los dueños que me habían comprado y dado por mí la cantidad que digo, sino de mi ingrato y alevoso amante, por quien yo me quise entregar a tan vil fortuna. En fin, satisfaciendo a Octavio con el dinero que dieron por mí, y más de lo que yo tenía, se despidió para volverse a su casa con tan tierno sentimiento, que por no verle verter tiernas lágrimas, me aparté de él sin hablarle, quedando con mis nuevos amos, no sé si triste o alegre, aunque en[b] encontrarlos buenos fui más dichosa que en lo demás[c] que hasta aquí he referido; demás que yo los supe agradar y granjear, de modo que antes de muchos días me hice dueño de su voluntad y casa.

Era mi señora moza y de afable condición, y con ella y otras dos doncellas que había en casa me llevaba tan bien, que todas me querían como si fuera hija de cada una y hermana de todas, particularmente con la una de las doncellas, cuyo nombre era Leonisa, que me quería con tanto extremo, que comía y dormía con ella en su misma cama. Esta me persuadía que me volviese cristiana, y yo la agradaba con decir lo haría cuando llegase la ocasión, que yo lo deseaba más que ella. La primera vez que me vio don Manuel fue un día que comía con mis dueños. Y aunque lo hacía muchas veces por ser amigo[d], no había tenido yo ocasión de verle, porque no salía de la cocina, hasta este día que digo, que vine a traer un plato a la mesa; que como puso en mí los aleves[17] ojos y me reconoció, aunque le debió de desvanecer[18] su vista la S y clavo de mi rostro, tan perfectamente imitado el natural, que a nadie diera sospecha de ser fingidos. Y elevado[e] entre el sí y el no, se olvidó de llevar el bocado a la boca,

---

[a] estuve: estaba D   [b] en: *om.* CD   [c] demás: *om.* D   [d] amigo: amigos D   [e] elevado: elevados D

[17] *aleve:* «infiel, desleal, pérfido, alevoso y traidor» (DA).

[18] *desvanecer:* «turbar, ofuscar».

pensando qué sería lo que miraba, porque por una parte creyó ser la misma que era, y por otra no se podía persuadir que yo hubiese cometido tal delirio, como ignorante de las desdichas por su causa sucedidas en mi triste casa; pues a mí no me causó menos admiración otra novedad que vi, y fue que como le vi que me miraba tan suspenso, por no desengañarle tan presto, aparté de él los ojos y púselos en los criados que estaban sirviendo. En compañía de dos que había en casa, vi a Luis, el que servía en la mía. Admireme, y vi que Luis estaba tan admirado de verme en tal hábito como don Manuel. Y como me tenía más fija en su memoria que don Manuel, a pesar de los fingidos hierros, me conoció. Al tiempo del[a] volverme adentro, oí que don Manuel había preguntado a mis dueños si era la esclava que habían comprado.

—Sí —dijo mi señora—. Y es tan bonita y agradable, que me da el mayor desconsuelo el ver que es mora; que diera doblado de lo que costó porque se hiciese cristiana, y casi me hace verter lágrimas ver en tan linda cara aquellos hierros, y doy mil maldiciones a quien tal puso.

A esto respondió Leonisa, que estaba presente:

—Ella misma dice que[b] se los puso por un pesar que tuvo de que por su hermosura le hubiesen hecho un engaño. Y ya me ha prometido a mí que será cristiana.

—Bien ha sido menester que los tenga —respondió don Manuel—, para no creer que es una hermosura que yo conozco en mi patria; mas puede ser que naturaleza hiciese esta mora en la misma estampa.

Como os he contado, entré cuidadosa de haber visto a Luis, y llamando un criado de los de casa, le pregunté qué mancebo era aquel que servía a la mesa con los demás.

—Es —me respondió— un criado que este mismo día recibió el señor don Manuel, porque el suyo mató un hombre, y está ausente.

---

a del: de D   b que: *om.* B

—Yo le conozco —repliqué— de una casa donde yo estuve un tiempo, y cierto que me holgara hablarle, que me alegra ver acá gente de donde me he criado.

—Luego —dijo— entrará a comer con nosotros y podrás hablarle.

Acabose la comida y entraron todos los criados dentro, y Luis con ellos. Sentáronse a la mesa, y cierto que yo no podía contener la risa, a pesar de mis penas, de ver a Luis, que mientras más me miraba, más se admiraba, y más oyéndome llamar Zelima, no porque no me había conocido, sino de ver al extremo de bajeza que me había puesto por tener amor. Pues como se acabó de comer, aparté a Luis, y díjele:

—¿Qué fortuna te ha traído, Luis, adonde yo estoy?

—La misma que a ti, señora mía; querer bien y ser mal correspondido, y deseos de hallarte y de vengarte en teniendo lugar y ocasión.

—Disimula, y no me llames sino Zelima, que esto importa a mis cosas, que ahora no es tiempo de más venganzas que las que amor toma de mí; que yo he dicho que has servido en una casa donde me crié, y que te conozco de esta parte, y a tu amo no le digas que me has conocido ni hablado, que más me fío de ti que de él.

—Con seguridad lo puedes hacer —dijo Luis—, que si él te quisiera y estimara como yo, no estuvieras en el estado que estás, ni hubieras causado las desdichas sucedidas.

—Así lo creo —respondí—; mas dime, ¿cómo has venido aquí?

—Buscándote, y con determinación de quitar la vida a quien ha sido parte para que tú hagas esto, y con esa intención entré a servirle[a].

—No trates de eso, que es perderme para siempre; que aunque don Manuel es falso y traidor, está mi vida en la

---

[a] servirle: servirte D

suya; fuera de que yo trato de cobrar mi perdida opinión, y con su muerte no se granjea sino la mía, que apenas harías tú tal cuando yo misma me matase. —Esto le dije por que no pusiese su intento[a] en ejecución—. ¿Qué hay de mi madre, Luis?

—¿Qué quieres que haya? —respondió—, sino que pienso que es de diamante, pues no la han acabado las penas que tiene. Cuando yo partí de Zaragoza, quedaba disponiendo su partida para Murcia; lleva consigo el cuerpo de tu padre y mi señor, por llevar más presentes sus dolores.

—Y por allá ¿qué se platica de mi desacierto? —dije yo.

—Que te llevó don Manuel —respondió Luis—, porque Claudia dijo lo que pasaba. Con que tu madre se consoló algo en tu pérdida, pues le parece que con tu marido vas, que no hay que tenerte lástima; no como ella, que le lleva sin alma. Yo, como más interesado en haberte perdido, y como quien sabía más bien que no te llevaba don Manuel, antes iba huyendo de ti, no la quise acompañar; y así, he venido donde me ves, y con el intento que te he manifestado, el cual suspenderé hasta ver si hace lo que como caballero debe. Y de no hacerlo, me puedes perdonar: que aunque sepa perderme y perderte, vengaré tu agravio y el mío. Y cree que me tengo por bien afortunado en haberte hallado y en merecer que te fíes de mí y me hayas manifestado tu secreto antes que a él.

—Yo te lo agradezco —respondí—. Y por que no sientan mal de conversación tan larga, vete con Dios, que lugar habrá de vernos; y si hubieres menester algo, pídemelo, que aún no me lo ha quitado la fortuna todo, que ya tengo qué darte, aunque sea poco para lo que mereces y yo te debo.

Y con esto y darle un doblón de a cuatro, le despedí. Y cierto que nunca más bien me pareció Luis que en esta

---

[a] intento: intención D

ocasión; lo uno, por tener de mi parte algún arrimo, y lo otro por verle con tan honrados y alentados intentos.

Algunos días tardaron las galeras en llegar al puerto, uno de los cuales, estando mi señora fuera con las doncellas, y sola yo en casa, acaso don Manuel, deseoso de satisfacerse de su sospecha, vino a mi casa a buscar a mi señor, o a mí, que es lo más cierto. Y como entró y me vio, con una sequedad notable, me dijo:

—¿Qué disfraz es este, doña Isabel? ¿O cómo las mujeres de tus obligaciones, y que han tenido deseos y pensamientos de ser mía, se ponen en semejantes bajezas? Siéndolo tanto, que si alguna intención tenía de que fueses mi esposa, ya la he perdido, por el mal nombre que has granjeado conmigo y con cuantos lo supieren.

—¡Ah traidor engañador y perdición mía! ¿Cómo no[a] tienes vergüenza de tomar mi nombre entre tus labios, siendo la causa de esa bajeza con que me baldonas, cuando por tus traiciones y maldades estoy puesta en ella? Y no solo eres causador de esto, mas de la muerte de mi honrado padre, que por que pagues a manos del Cielo tus traiciones, y no a las suyas, le quitó la vida con el dolor de mi pérdida. Zelima soy, no doña Isabel; esclava soy, que no señora; mora soy, pues tengo dentro de mí misma aposentado un moro renegado como tú, pues quien falta[b] a Dios la palabra que le dio de ser mío, ni es cristiano ni noble, sino un infame caballero. Estos hierros y los de mi afrenta, tú me los has puesto, no solo en el rostro, sino en la fama. Haz lo que te diere gusto, que si se te ha quitado la voluntad de hacerme tuya, Dios hay en el cielo y rey en la tierra, y si estos no lo hicieren hay puñales, y tengo manos y[c] valor para quitarte esa infame[d] vida, para que deprendan[e] en[f] mí las mujeres nobles a castigar hombres falsos y desagra-

  ª no: *om.* B   ᵇ falta: faltó B   ᶜ y: y hay *añ.* B   ᵈ infame: *om.* CD
  ᵉ deprendan: deprenden B   ᶠ en: de CD

decidos. Y quítateme de[a] delante, si no quieres que haga lo que digo.

Viome tan colérica y apasionada, que, o por que no hiciese algún desacierto, o porque no estaba contento de los agravios y engaños que me había hecho, y le faltaban más que hacer, empezó a reportarme con caricias y halagos, que yo no quise por gran espacio admitir, prometiéndome remedio a todo. Queríale bien, y creíle. (Perdonadme estas licencias que tomo en decir esto, y creedme que más llevaba el pensamiento de restaurar mi honor que no el achaque de la liviandad). En fin, después de haber hecho las amistades, y dádole[b] cuenta de lo que me había sucedido hasta a aquel punto, me dijo que pues ya estas cosas estaban en este estado, pasasen así hasta que llegásemos a Sicilia, que allá se tendría modo como mis deseos y los suyos tuviesen dichoso fin. Con esto nos apartamos, quedando yo contenta, mas no segura de sus engaños; mas para la primera vez no había negociado muy mal.

Vinieron las galeras y embarcamos[c] en ellas con mucho gusto mío, por ir don Manuel en compaña[d] de mis dueños y en la misma galera que yo iba, donde le hablaba y veía a todas horas, con gran pena de Luis, que como no se le negaban mis dichas, andaba muy triste, con lo que confirmaba el pensamiento que tenía de que era don Felipe, mas no se lo daba a sentir, por no darle mayores atrevimientos.

Llegamos a Sicilia, y aposentámonos todos dentro de Palacio. En reconocer la tierra y tomarla cariño se pasaron algunos meses. Y cuando entendí que don Manuel diera orden de sacarme de esclava y cumplir lo prometido, volvió de nuevo a matarme con tibiezas y desaires; tanto que aun para mirarme le faltaba voluntad. Y era que había dado en andar distraído con mujeres y juegos, y lo cierto de todo,

---

[a] de: *om.* C   [b] dádole: dándole D   [c] embarcamos: embarcámonos CD
[d] compaña: compañía BD

que no tenía amor; con que llegaron a ser mis ahogos y tormentos de tanto peso, que de día ni de noche se enjugaban mis tristes ojos, de manera que no fue posible encubrírselo a Leonisa, aquella doncella con quien profesaba tanta amistad, que sabidas debajo de secreto mis tragedias, y quién era, quedó fuera de sí.

Queríame tanto mi señora, que por dificultosa que era la merced que le pedía, me la otorgaba. Y así, por poder hablar a don Manuel sin estorbos y decirle mi sentimiento, le pedí una tarde licencia para que con Leonisa fuera a merendar a la marina; y concedida, pedí[a] a Luis dijera a su amo que unas damas le aguardaban a la marina; mas que no dijese[b] era yo, temiendo que no iría. Nos fuimos a ella, y tomamos un barco para que nos pasase a una isleta, que tres o cuatro millas dentro del mar se mostraba muy amena y deleitosa. En esto llegaron don Manuel y Luis, que, habiéndonos conocido, disimulando el enfado, solemnizó la burla. Entramos todos cuatro en el barco con dos marineros que le gobernaban, y llegando a la isleta, salimos en tierra, aguardando en el mismo barquillo los marineros para volvernos cuando fuese hora (que en esto[c] fueron[d] más dichosos que los demás).

Sentámonos debajo de unos árboles, y estando hablando en la causa que allí me había llevado, yo dando quejas y don Manuel disculpas falsas y engañosas, como siempre, de la otra parte de la isleta había dado fondo en una quiebra o cala de ella una galeota de moros cosarios de Argel, ye como desde lejos nos viesen, salieron en tierra el arráez y otros moros, y viniendo encubiertos hasta donde estábamos, nos saltearon de modo que ni don Manuel ni Luis no pudieron ponerse en defensa, ni nosotras huir. Y así, nos llevaron cautivos a su galeota, haciéndose, luego que tuvieron presa,

---

    [a] pedí: pedía D   [b] dijese: dijese que *añ.* D   [c] esto: sto A; esto BCD
[d] fueron: fuesen D   [e] y: *om.* D

a la mar, que no se contentó la fortuna con haberme hecho esclava de mi amante, sino de moros, aunque en llevarle a él conmigo no me penaba tanto el cautiverio. Los marineros, viendo el suceso, remando a boga arrancada, como dicen, se escaparon, llevando la nueva de nuestro desdichado suceso.

Estos cosarios moros, como están diestros en tratar y hablar con cristianos, hablan y entienden medianamente nuestra lengua. Y así, me preguntó el arráez, como me vio herrada, quién era yo. Le dije que era mora y me llamaba Zelima; que me habían cautivado seis años había; que era de Fez, y que aquel caballero era hijo de mi señor, y el otro su criado, y aquella doncella lo era también de mi casa. Que los tratase bien y pusiese precio en el rescate; que apenas lo sabrían sus padres, cuando enviarían la estimación. Y esto[a] lo dije fiada en las joyas y dineros que traía conmigo. Todo lo dicho lo hablaba alto, por que los demás lo oyesen y no me sacasen mentirosa.

Contento quedó el arráez, tanto con la presa por su interés, como por parecerle había hecho un grande[b] servicio a su Mahoma en sacarme, siendo mora, de entre cristianos, y así lo dio a entender, haciéndome muchas caricias, y a los demás buen tratamiento, y así, fuimos a Argel y nos entregó a una hija suya hermosa y niña, llamada Zaida, que se holgó tanto conmigo, porque era mora, como con don Manuel, porque se enamoró de él. Vistiome luego de estos vestidos que veis, y trató de que hombres diestros en quitar estos hierros me los quitasen; no porque ellas no usan tales señales, que antes lo tienen por gala, sino porque era S y clavo, que daba señal de lo que yo era; a[c] lo que[d] respondí que yo misma me los[e] había puesto por mi gusto y que no los quería quitar.

   [a] esto: eso B   [b] grande: gran D   [c] a: *om.* D   [d] que: cual D   [e] los: lo D

Queríame Zaida ternísimamente, o por merecérselo[a] yo con mi agrado, o por parecerle podría ser parte con mi dueño para que la quisiese. En fin, yo hacía y deshacía en su casa como propria[b] mía, y por mi respeto trataban a don Manuel y a[c] Luis y a Leonisa muy bien, dejándolos andar libres por la ciudad, habiéndoles[d] dado permiso para tratar su rescate, habiendo avisado a don Manuel hiciese el precio de todos tres, que yo le daría joyas para ello, de lo cual mostró don Manuel quedar agradecido; solo hallaba dificultad en sacarme a mí, porque, como aviara, cierto es que no se podía tratar de rescate; aguardábamos[e] los redentores para que se dispusiese todo.

En este tiempo me descubrió Zaida su amoroso cuidado, pidiéndome hablase a don Manuel, y que le dijese que, si quería volverse moro, se casaría con él y le haría señor de grandes riquezas que tenía su padre, poniéndome con esto en nuevos cuidados y mayores desesperaciones, que me vi en puntos de quitarme la vida. Dábame lugar para hablar despacio a don Manuel, y aunque en muchos días no le dije nada de la pasión de la mora, temiendo su mudable[f] condición, dándole a ella[g] algunas fingidas respuestas, unas de disgusto y otras al contrario, hasta que ya la fuerza de los celos, más por pedírselos a mi ingrato que por decirle la voluntad de Zaida; porque el traidor, habiéndole parecido bien, con los ojos deshacía cuanto hacía. Después de reñirme mis sospechosas quimeras, me dijo que más acertado le parecía engañarla; que le dijese que él no había de dejar su ley, aunque le costase, no una vida que tenía, sino mil; mas si ella quería venirse con él a tierra de cristianos y ser cristiana, que la prometía casarse con ella. A esto añadió que yo la sazonase, diciéndole cuán bien se hallaría, y lo que más me gustase[h] para

    [a] merecérselo: merecerlo D   [b] propria: propia D   [c] a: *om.* D   [d] habiéndoles: habiéndolos B   [e] aguardábamos: aguardamos CD   [f] mudable: mala D   [g] ella: ellas D   [h] diciéndole cuán bien se hallaría, y lo que más me gustase: *om.* D

atraerla a nuestro intento, que en saliendo de allí, estuviese segura que cumpliría con su obligación. ¡Ah, falso, y cómo me engañó en esto como en lo demás!

En fin, para no cansaros, Zaida vino en todo muy contenta, y más cuando supo que yo también me iría con ella. Y se concertó para de allí a dos meses la partida, que su padre había de ir a un lugar donde tenía hacienda y casa; que los moros, en todas las tierras donde tienen trato, tienen mujeres y hijos. Ya la venganza mía contra don Manuel debía de disponer el Cielo, y así facilitó los medios de ella; pues ido el moro, Zaida hizo una carta en que su padre la enviaba a llamar, porque había caído de una peligrosa enfermedad, para que el rey le diese licencia para su jornada, por cuanto los moros no pueden ir de un lugar a otro sin ella. Y alcanzada, hizo aderezar una galeota bien armada de remeros cristianos, a quien[a] se avisó con todo secreto[b] el designio, y poniendo en ella todas las riquezas de plata, oro y vestidos que sin hacer rumor podía llevar, y con ella, yo y Leonisa, y otras dos cristianas que la servían, que mora no quiso llevar ninguna, don Manuel y Luis, caminamos por la mar la vía de Cartagena o Alicante, donde con menos riesgo se pudiese salir.

Aquí fueron mis tormentos mayores, aquí mis ansias sin comparación; porque como allí no había impedimento que lo estorbase, y Zaida iba segura que don Manuel había de ser su marido, no se negaba a ningún favor que pudiese hacerle. Ya contemplaban mis tristes ojos a don Manuel asido de las manos de Zaida, ya[c] miraban a Zaida colgada de su cuello, y aun beberse[d] los alientos en vasos de coral; porque como el traidor mudable la amaba, él se buscaba las ocasiones. Y si no llegó a más, era por el cuidado con que yo andaba, siendo estorbo de sus mayores placeres. Bien

---

[a] quien: que D   [b] secreto: el secreto *añ.* B   [c] ya: y D   [d] beberse: volverse D

conocía yo que no gustaban de que yo fuese tan cuidadosa, más disimulaban su enfado. Y si tal vez le decía al medio moro alguna palabra[a], me daba en los ojos con que qué podía hacer, que bastaban los riesgos que por mis temeridades y locuras había pasado, que no era razón por ellas mismas nos viésemos en otros mayores; que tuviese sufrimiento hasta llegar a Zaragoza, que todo tendría remedio.

Llegamos, en fin, con próspero viaje a Cartagena; tomada tierra, dada libertad a los cristianos, y con que pudiesen ir a su tierra, puesta la ropa a punto, tomamos el camino para Zaragoza, si bien Zaida descontenta, que quisiera en la primera tierra de cristianos bautizarse y casarse: tan enamorada estaba de su nuevo esposo. Y aun si no lo hizo, fue por mí, que no porque no deseaba lo mismo. Llegamos a Zaragoza, siendo pasados seis años que partimos de ella, y a su casa de don Manuel. Halló a su madre muerta, y a doña Eufrasia viuda, que habiéndose casado con el primo que esperaba de las Indias, dejándola recién parida de un hijo, había[b] muerto en la guerra de un carabinazo. Fuimos bien recibidos de doña Eufrasia, con la admiración y gusto que se puede imaginar. Tres días descansamos, contando los unos a los otros los sucesos pasados, maravillada doña Eufrasia de ver la[c] S y clavo en mi rostro, que por Zaida no le había quitado, a quien consolé con decirle eran fingidos, que era fuerza tenerlos hasta cierta ocasión.

Era tanta la priesa que Zaida daba que la bautizasen, que se quería casar, que me obligó una tarde, algo antes de anochecer, llamar a don Manuel, y en presencia de Zaida y de[d] su hermana y la[e] demás familia, sin que faltase Luis, que aquellos días andaba más cuidadoso, le dije estas razones:

—Ya, señor don Manuel, que ha querido el Cielo, obligado de mis continuos lamentos, que nuestros trabajos y

---

[a] palabra: palabras D   [b] había: que había *añ.* D   [c] la: *om.* D   [d] de: *om.* CD   [e] la: *om.* CD

desdichas[a] hayan tenido fin con tan próspero suceso como haberos traído libre de todos a vuestra casa, y Dios ha permitido que yo os acompañase en lo uno y lo otro, quizá para que, viendo por vuestros ojos con cuanta perseverancia y paciencia os he seguido en ellos, paguéis deudas tan grandes. Cesen ya engaños y cautelas y sepa Zaida y el mundo entero que lo que me debéis no se paga con menos cantidad que con vuestra persona, y que de estos hierros que están en mi rostro, cómo por vos solo se los podéis quitar, y que llegue el día en que las desdichas y afrentas que he padecido tengan premio; fuerza es que ya mi ventura no se dilate, para que los que han sabido mis afrentas y desaciertos sepan mis logros y dichas. Muchas veces habéis prometido ser mío, pues no es razón que cuando otras os tienen por suyo, os tema yo ajeno y os llore extraño. Mi calidad ya sabéis que es mucha; mi hacienda no es corta; mi hermosura, la misma que vos buscastes y elegistes; mi amor no le[b] ignoráis; mis finezas pasan a temeridades. Por ninguna parte perdéis, antes ganáis; que si hasta aquí con hierros fingidos he sido vuestra esclava, desde hoy sin ellos seré verdadera. Decid, os suplico, lo que queréis que se disponga, para que lo que os pido tenga el dichoso lauro que deseo, y no me tengáis más temerosa, pues ya de justicia merezco el premio que, de tantas desdichas como he pasado, os estoy pidiendo.

No me dejó decir más el traidor, que, sonriéndose, a modo de burla, [dijo][c]:

—¿Y quién os ha dicho, señora doña Isabel, que todo eso que decís no lo tengo muy conocido? Y tanto, que con lo mismo que habéis pensado obligarme, me tenéis tan desobligado, que si alguna voluntad os tenía, ya ni aun pensamiento de haberla habido en mí tengo. Vuestra calidad no la niego, vuestras finezas no las desconozco; mas si no hay

---

[a] y desdichas: *om.* CD   [b] le: lo D   [c] [dijo]: *om.* ABC; dijo D

voluntad, no sirve todo eso[a] nada. Conocido pudiérades tener en mí, desde el día que me partí de esta ciudad, que, pues os volví las espaldas, no os quería para esposa. Y si entonces aún se me hiciera dificultoso, ¿cuánto más será ahora, que solo por seguirme, como pudiera una mujer baja, os habéis puesto en tan civiles empeños? Esta resolución con que ahora os hablo, días ha que la pudiérades tener conocida. Y en cuanto a la palabra que decís os he dado, como esas damas los hombres por alcanzar lo que deseamos, y pudieran ya las mujeres tener conocida esta treta, y[b] no dejarse engañar, pues las avisan tantas escarmentadas. Y, en fin, por esa parte me hallo menos obligado que por las demás; pues si la di alguna vez, fue sin voluntad de cumplirla, y solo por moderar vuestra ira. Yo nunca os he engañado; que bien podíais[c] haber conocido que el dilatarlo nunca ha sido falta de lugar, sino que no tengo ni he tenido tal pensamiento; que vos sola sois la que os habéis querido engañar, por andaros tras mí sin dejarme. Y para que ya salgáis de esa duda y no me andéis persiguiendo, sino que viéndome imposible os aquietéis y perdáis la esperanza que en mí tenéis, y volviéndoos con vuestra madre, allá entre vuestros naturales busquéis marido que sea menos escrupuloso que yo, porque es imposible que yo me fiase de mujer que sabe hacer y buscar tantos disfraces. Zaida es hermosa, y riquezas no le faltan; amor tiene como[d] vos, y yo se le tengo desde el punto que la vi. Y así, para en siendo cristiana, que será en previniéndose lo necesario para serlo, le doy la mano de esposo, y con esto acabaremos, vos de atormentarme y yo de padecerlo.

De la misma suerte que la víbora pisada, me pusieron las infames palabras y aleves obras del ingrato don Manuel. Y queriendo responder a ellas, Luis, que desde el punto que él había empezado su plática se había mejorado de lugar y

<hr/>

[a] eso: esto D   [b] y: *om.* B   [c] podíais: podáis D   [d] como: con CD

se puso al mismo lado de don Manuel, sacando la espada y diciendo:

—¡Oh falso y mal caballero! ¿Ya de esa suerte pagas las obligaciones y finezas que debes a un ángel?

Y viendo que a estas voces se levantaba don Manuel, metiendo mano a la suya, le tiró una estocada tal, que, o fuese cogerle desapercibido, o que el Cielo por su mano le envió su merecido castigo y a mí la deseada venganza, que le pasó de parte a parte, con tal presteza, que al primer ¡ay! se le salió el alma, dejándome a mí casi sin ella, y en dos saltos se puso a la puerta, y^b diciendo:

—Ya, hermosa doña Isabel, te vengó don Felipe de los agravios que te hizo don Manuel. Quédate con Dios, que si escapo de este riesgo con la vida, yo te buscaré.

Y en un instante se puso en la calle. El alboroto, en un fracaso como este, fue tal, que es imposible contarle; porque las criadas, unas acudieron a las ventanas dando voces y llamando gente, y otras a doña Eufrasia, que se había desmayado, de suerte que ninguna reparó en Zaida, que como siempre había tenido cautivas cristianas no sabía ni hablaba muy mal nuestra lengua. Y^c habiendo entendido todo el caso, y viendo a don Manuel muerto, se arrojó sobre él llorando, y con el dolor de haberle perdido, le quitó la daga que tenía en la cinta, y antes que nadie pudiese, con la turbación que todas tenían, prevenir su riesgo, se la escondió en el corazón, cayendo muerta sobre el infeliz mozo.

Yo, que como más cursada en desdichas, era la que tenía más valor, por una parte lastimada del suceso, y por otra satisfecha con la venganza, viéndolos a todos revueltos y que ya empezaba a venir gente, me entré en mi aposento, y tomando todas las joyas de Zaida que de más valor y menos embarazo eran, que estaban en mi poder, me salí a

^a Y: *om.* D ^b y: *om.* D ^c Y: Y no *añ.* D

la calle, lo uno porque la justicia no asiese de mí para que dijese quién era don Felipe, y lo otro por ver si le hallaba, para que entrambos nos pusiésemos en salvo; mas no le hallé.

En fin, aunque había días que no pisaba las calles de Zaragoza, acerté la casa de Octavio, que me recibió con más admiración que cuando la primera vez fui a ella, y contándole mis sucesos, reposé allí aquella noche (si pudo tener reposo mujer por quien habían pasado y pasan tantas desventuras). Y así, aseguro que no sé si estaba triste, si alegre: porque por una parte el lastimoso fin de don Manuel, como aún hasta entonces no había tenido tiempo de aborrecerle, me lastimaba el corazón; por otra, sus traiciones y malos tratos, junto considerándole ya no mío, sino de Zaida, encendía en mí tal ira, que tenía[a] su muerte y mi venganza por consuelo; luego, considerar el peligro de don Felipe, a quien tan obligada estaba por haber hecho lo que a mí me era fuerza hacer para volver por mi opinión perdida. Todo esto me tenía con mortales ahogos y desasosiegos.

Otro día salió Octavio a ver por la ciudad lo que pasaba, y supo cómo habían enterrado a don Manuel y a Zaida, al uno como a cristiano, y a ella como a mora desesperada, y cómo a mí y a don Felipe nos llamaba la Justicia a pregones, poniendo grandes penas a quien nos encubriese y ocultase. Y así me fue fuerza estarme escondida quince días, hasta que se sosegase el alboroto de un caso tan prodigioso. Al cabo, persuadí a Octavio fuese conmigo a Valencia, que allá, más seguros, le diría mi determinación. No le iba a Octavio tan mal con mis sucesos, pues siempre granjeaba de ellos con qué sustentarse, y, así, lo concedió. Y puesto por obra, tres o cuatro días estuve después de llegar a Valencia sin determinar lo que dispondría de mí. Unas veces me determinaba a entrarme en un convento hasta saber nuevas de don Felipe, a quien no podía negar la

---

[a] tenía: temía D

obligación que le tenía, y a costa de mis joyas sacarle libre del peligro que tenía por[a] el delito cometido, y pagarle con mi persona y bienes, haciéndole mi esposo; mas de esto me apartaba el temer que quien una vez había sido desdichada, no sería jamás dichosa. Otras veces me resolvía en irme a Murcia con mi madre, y de esto me quitaba con imaginar cómo parecería ante ella, habiendo sido causa de la muerte de mi padre y de[b] todas sus penas y trabajos.

Finalmente, me resolví a la determinación con que empecé mis fortunas, que era ser siempre esclava herrada, pues lo era en el alma. Y así, metiendo las joyas de modo que las pudiese siempre traer conmigo, y este vestido en un lío, que no pudiese parecer más de ser algún pobre arreo de una esclava, dándole[c] a Octavio con que satisfice el trabajo que por mí tomaba, le hice me sacase a la plaza, y a pública voz de pregonero me vendiese, sin reparar en que el precio que le diesen por mí fuese bajo o subido. Con grandes veras procuró Octavio apartarme de esta determinación, metiéndome por delante quién era, lo mal que me estaba y que si hasta entonces, por reducir y seguir a don Manuel lo había hecho, ya para qué era seguir una vida tan vil. Mas viendo que no había reducirme, quizá por permisión del Cielo, que me quería traer a esta ocasión, me sacó a la plaza, y de los primeros que llegaron a comprarme fue el tío de mi señora Lisis, que aficionado, o por mejor decir, enamorado, como pareció después, me compró, pagando por mí cien ducados. Y haciendo a Octavio merced de ellos, me despedí de él, y él se apartó de mí llorando, viendo cuán sin remedio era ya el verme en descanso, pues yo misma me buscaba los trabajos.

Llevome mi señor[d] a su casa y entregome a mi señora doña Leonor; la cual poco contenta, por conocer[e] a su ma-

---

[a] por: par D   [b] de: _om._ D   [c] dándole: dando D   [d] señor: seño- D
[e] conocer: ver B

rido travieso de mujeres, quizá temiendo de mí lo que le debía de haber sucedido con otras criadas, no me admitió con gusto. Mas después de algunos días que me trató, satisfecha de mi proceder honesto, admirando en mí la gravedad y estimación que mostraba, me cobró amor, y más cuando, viéndome perseguida de su marido, se lo avisé, pidiéndole pusiese remedio en ello, y el que más a propósito halló fue quitarme de sus ojos. Con esto ordenó enviarme a Madrid, y a poder de mi señora Lisis; que, dándome allá[a] nuevas de su afable condición, vine con grandísimo gusto en mejorar de dueño, que en esto bien le merezco ser creída, pues por el grande amor que la tengo, y haberme importunado algunas veces le dijese de qué nacían las lágrimas que en varias ocasiones me veía[b] verter, y yo haberle prometido contarlo a su tiempo, como lo he hecho en esta ocasión; pues para contar un desengaño, ¿qué mayor que el que habéis oído en mi larga y lastimosa historia?

Ya, señores —prosiguió la hermosa doña Isabel—, pues he desengañado con mi engaño a muchas, no será razón que me dure toda la vida vivir engañada, fiándome en que tengo de vivir hasta que la fortuna vuelva su rueda en mi favor; pues ya no ha de resucitar don Manuel, ni cuando esto fuera posible, me fiara de él, ni de ningún hombre, pues a todos los contemplo en este engañosos y taimados para con las mujeres. Y lo que más me admira es que ni el noble, ni el honrado, ni el de obligaciones, ni el que más se precia de cuerdo, hace más con ellas que los civiles[19] y de humilde esfera; porque han tomado por oficio decir mal de ellas, desestimarlas y engañarlas, pareciéndoles que en esto no pierden nada. Y si lo miran bien, pierden mucho, porque mientras más flaco y débil es el sujeto de las mujeres, más *a*poyo[c] y amparo habían de tener en el valor de los

---

[a] allá: *om.* CD   [b] veía: vía CD   [c] *a*poyo: opoyo AB; apoyo CD

[19] *civil:* «mezquino, ruin, de baja condición y procederes» (DA).

hombres. Mas en[a] esto basta lo dicho, que yo, como ya no los he menester, porque no quiero haberlos menester, ni me importa que sean fingidos o verdaderos, porque tengo elegido Amante que no me olvidará, y Esposo que no me despreciará, pues le contemplo ya[b] los brazos abiertos para recibirme. Y así, divina Lisis —esto dijo poniéndose de rodillas—, te suplico como esclava tuya me concedas licencia para entregarme a mi divino Esposo, entrándome en religión en compañía de mi señora doña Estefanía, para que en estando allí, avise a mi triste madre, que en compañía de tal Esposo ya se holgará hallarme, y yo no tendré vergüenza de parecer en su presencia, y ya que le he dado triste mocedad, darle descansada vejez. En mis joyas me parece tendré para cumplir el dote y los demás gastos. Esto no es razón me lo neguéis, pues por un[c] ingrato y desconocido amante he pasado tantas desdichas, y siempre con los hierros y nombre de su esclava[d], ¿cuánto mejor es serlo de Dios, y a Él ofrecerme, con el mismo nombre de «La esclava de su amante»?

Aquí dio fin la hermosa doña Isabel con un ternísimo llanto, dejando a todos tiernos y lastimados; en particular Lisis, que, como acabó y la vio de rodillas ante sí, la echó los brazos al cuello, juntando su hermosa boca con la mejilla de doña Isabel, le dijo con mil hermosas lágrimas y tiernos sollozos:

—¡Ay señora mía!, ¿y cómo habéis permitido tenerme tanto tiempo engañada, teniendo por mi esclava a la que debía ser y es señora mía? Esta queja jamás la perderé, y os pido perdonéis los yerros que he cometido en mandaros como a esclava contra vuestro valor y calidad. La elección que habéis hecho, en fin, es hija de vuestro entendimiento, y así yo la tengo por muy justa, y excusado es pedirme li-

---

[a] en: a D   [b] ya: yo B   [c] un: *om.* D   [d] esclava: escuela D

cencia, pues vos la tenéis para mandarme como a vuestra. Y si las joyas que decís tenéis no bastaren, os podéis servir de las mías, y de cuanto yo valgo y tengo.

Besaba doña Isabel las manos a Lisis, mientras le decía esto. Y dando lugar a las damas y caballeros que la llegaban a abrazar y a[a] ofrecérsele, se levantó, y después de haber recibido a todos y satisfecho a sus ofrecimientos con increíbles donaire y despejo, pidió una[b] arpa, y sentándose junto a los músicos, sosegados[c] todos, cantó este romance:

> Dar celos quita el honor;
>   la presunción, pedir celos;
>   no tenerlos no es amor,
>   y discreción es tenerlos.
>
> Quien por picar a su amante
>   pierde a su honor el respeto
>   y finge lo[d] que no hace,
>   o se determina a hacerlo,
>
> ocasionando el castigo,
>   se pone a cualquiera riesgo;
>   que también supone culpa
>   la obra como el deseo.
>
> Quien pide celos, no estima
>   las partes que le dio el Cielo,
>   y ensalzando las ajenas,
>   abate el merecimiento.
>
> Está a peligro que elija
>   su mismo dueño por dueño,
>   lo que por reñir su agravio
>   sube a la esfera del fuego.

---

[a] a: *om.* D   [b] una: un D   [c] sosegados: y sosegados *añ.* D   [d] lo: o D

Quien tiene amor y no cela,
   todos dicen, y lo entiendo,
   que no estima lo que ama
   y finge sus devaneos.

Celos y amor no son dos:
   uno es causa; el otro, efecto.
   Porque efecto y causa son
   dos, pero solo un sujeto.

Nacen celos del amor,
   y el mismo amor son los celos,
   y si es, como dicen, dios,
   una en dos causas contemplo.

Quien vive tan descuidado[a]
   que no teme, será necio;
   pues quien más estado alcanza,
   más cerca está de perderlo.

Seguro salió Faetón
   rigiendo el carro febeo,
   confiado en su volar
   por las regiones del cielo.

Ícaro, en alas de cera,
   por las esferas subiendo,
   y en su misma confianza,
   Ícaro y Faetón murieron.

Celos y desconfianza,
   que son una cosa es cierto;
   porque el celar es temer;
   el desconfiar, lo mesmo.

---

[a] duscuidado $A^r A^d$; descuidado $A^v BC$; lastimado D

Luego, quien celos tuviere
  es fuerza que sea discreto,
  porque cualquier confiado
  está cerca de ser necio.

Con aquesto he desatado
  la duda que se ha propuesto,
  y responderé a cualquiera
  que deseare saberlo.

De que en razón de celos,
  es tan malo darlos
  como tenerlos.

Pedirlos, libertad;
  darlos, desprecio.

Y de los dos extremos,
  malo es tenerlos[a]; pero aqueste quiero,
  porque mal puede amor serlo sin ellos.

---

[a] tenerlos: tenellos D

[Desengaño segundo]^{a1}

Acabada la música, ocupó la hermosa Lisarda el asiento situado para las que habían de desengañar, temerosa de haber de mostrarse apasionada^b contra los hombres, estando su amado don Juan presente; mas, pidiéndole licencia con los hermosos ojos, como si dijera: «Más por cumplir con la obligación que por ofenderte hago esto», empezó así:

—Mandásteme, hermosa Lisis, que fuese la segunda en dar desengaños a las damas, de que deben escarmentar en sucesos ajenos, para no dejarse engañar de los hombres. Y cierto, que más por la ley de la obediencia me obligo a admitirlo que por sentir que tengo de acertar. Lo primero, porque aún no he llegado a tiempo de desengañarme a mí,

---

^a [Desengaño segundo]: *om.* ACD; Desengaño segundo B   ^b apasionada: apasionado D

¹ En la edición de 1649 figura bajo la denominación de Desengaño segundo. En las ediciones de 1647, 1659^a, 1659^b, 1664, 1705, 1724, 1729 y en la de Madrid, 1734, el segundo desengaño está fundido con el primero, aunque, a partir de la edición de 1659^a, figura independientemente en la Tabla de Materias. En este caso, la edición de 1649 corrigió un error de la prínceps, reproducido en ediciones posteriores. El título, La más infame venganza, aparece en la edición de Barcelona, 1716, aunque no figura en las ediciones de Madrid, 1724, 1729 y 1734; aparece en todas las ediciones a partir de la edición de Barcelona, 1734 (véase Introducción).

pues aún apenas sé si estoy engañada, y mal puede quien no sabe un arte, sea el que fuere, hablar de él, y tengo por civilidad[2] decir mal de quien no me ha hecho mal. Y con esto mismo pudiera disculpar a los hombres; que lo cierto es que los que se quejan están agraviados, que no son tan menguados de juicio que dijeran[a] tanto mal como de las mujeres dicen. Y para que ni ellos se quejen, y yo cumpla con lo que me es mandado, sucintamente referiré un caso que sucedió a una principal y inocente[b] dama, con lo que me parece que, sin agraviar[c], desengañaré a las que hubieren menester desengañarse. Y, sobre todo, pienso que no conseguiré fruto ninguno, pues donde la hermosa doña Isabel ha salido tan bien de su empeño, escarmentando a todas con su mismo suceso, no deja de ser atrevimiento querer ninguna lucir como ha lucido, y menos mi entendimiento, que carece de todo acierto, y suplicando a todo este auditorio, hermoso y noble, perdonéis las faltas de él, digo de esta suerte[d]:

No ha muchos años que en la nobilísima y populosa ciudad de Milán había un caballero dotado de todas las partes, gracias y prerrogativas de que puede colmar naturaleza y fortuna, si bien mocedades y juegos disminuyó lo más de su hacienda. Era español, y que con un honrado cargo en la guerra había pasado a aquel país; casó allí con una dama igual a su calidad, aunque no rica, con que vino a ser su hacienda bastante, no más de a pasar una modesta y descansada vida, ni sobrándole ni faltándole para criar dos hijos que tuvo de su matrimonio.

Con algún regalo nació primero Octavia, llamándose así por su madre, y el segundo don Juan, de quien no diré el

---

[a] dijeran: dijeren B   [b] y inocente: *om.* CD   [c] que sin agraviar: *om.* CD
[d] de esta suerte: stesta suerte A^v; así CD

[2] *civilidad:* «miseria», «mezquindad», «ruindad» (DA).

apellido; que cuando los hombres, con sus travesuras, y las mujeres[a], con sus flaquezas, desdoran su linaje, es mejor encubrirle que manifestarle.

Era Octavia, aunque mayor que su hermano seis años, de las hermosísimas[b] mujeres de aquel reino, así no lo fueran[c] las gracias, las habilidades[d], el[e] donaire, el[f] entendimiento; quien sin verla la oía, la admiraba fea cuando la celebraba hermosa. Llegando, pues, a la edad cuando más campea la belleza, se enamoró de ella, viéndola en un festín, un hijo de un senador, mozo, galán, entendido y rico, partes para que no tuviera Octavia mucha culpa en corresponderle. Más era cuerda, y notó que ya no es dote la hermosura, y que Carlos, que este era su nombre, era rico y no se había de casar con quien no lo fuese; con cuyos temores se defendió algún tiempo. Así lo hiciera siempre, que así no fuera causa de las desdichas que después sucedieron. Pues, como he dicho, vio Carlos a Octavia en un festín, regocijo[g] usado en aquella tierra, y viéndola, se perdió, o lo dio a entender, que para mí lo peor que siento de los hombres es que publican más que sienten. No miró Octavia mal a Carlos; mas viéndole imposible (aunque no para lo que merecía su hermosura), detuvo el afecto del mirar para no llegar a sentir; porque, como no estaba de parecer de hacer lo que las comunes, no tuvo por acertado empeñarse en amar menos que a quien pudiese ser su[h] esposo, y que ya que su desdicha la[i] encaminase a rendirse, fuese obligando a serlo. ¡Oh, qué de engaños han padecido por esta parte las mujeres, y qué de desengañadas tienen los hombres, cuando ya no tienen remedio!

Muy cautivo se halló Carlos de la belleza de Octavia, mas no con el pensamiento que ella tenía, que era el matri-

---

[a] con sus travesuras, y las mujeres: *om.* D   [b] hermosísimas: hermosisias A[c]; hermosas CD   [c] fueran: fuera ABCD   [d] las habilidades: *om.* CD   [e] el: *om.* CD   [f] el: y CD   [g] regocijo: regocijado B   [h] su: *om.* A[d]CD   [i] la: le B

263

monio, porque en tal caso no pensaba Carlos salir de la voluntad de su padre, que entendía no había hasta entonces nacido mujer que igualase a su hijo; mas pareciole, como Octavia no estaba muy sobrada más de una honrada medianía que alcanzaban sus padres, que con joyas y dineros conquistaría este imposible de hermosura y, a no bastar, valerse de la fuerza o de algún engaño; que esto es echar, como dicen, por el atajo. Y así, empezó primero la conquista de este fuerte[a], después de haber mirado con las balas de los suspiros y con el asistencia en su calle de noche y de día. Mas a esto Octavia, si no descuidada, a lo menos advertida de que con no verlo ni oírlo se había de defender, se negaba a todo, *huyendo*[b] de la vista de Carlos, aumentando en él con estos desvíos, o el amor, o el deseo, que tal vez los hombres suelen volver en tema[3] la voluntad.

No gozaba Carlos, sin competidores, de su amor mal correspondido; que como Octavia era hermosa, había muchos deseosos de merecer sus divinas prendas y con más honestos pensamientos que Carlos. Mas Octavia los hacía a todos iguales, y si de alguno se dejaba llevar su altivo desdén, era a un deudo de su madre, que mediante el parentesco le trataba con más[c] cariño, por visitarla algunas veces, y él andaba buscando ocasión para pedirla a su padre por esposa. No ignoraba esto Carlos, que era rico, y criados sobornados son descubridores de lo más oculto que sus amos hacen. Y como era imposible el decirle ni su amor ni sus celos, por no darle lugar la dama, una noche de las calurosas de julio, sentado debajo de los balcones, como otras veces le sucedía, al son del destemplado[d] instrumento de sus lastimosos suspiros cantó este soneto:

---

[a] este fuerte: esta suerte CD   [b] *huyendo:* viendo AB (grafía de «huyendo»); huyendo CD   [c] más: mucho más *añ.* D   [d] del destemplado: de este templado D

[3] *tema:* «obstinación» (DA).

Apenas[a] en amor di el primer paso,
   cuando en rabiosos celos di de ojos.
   ¡Ay, qué crueles penas!, ¡ay, qué enojos!
Favor, amor, que en su rigor me abraso.

¿Cómo de gloria estás conmigo escaso,
   que se lleva otro dueño mis despojos?
   ¡Oh, qué prados de espinas y de abrojos,
mirando ajeno el bien, llorando paso!

Mal haya quien, amando, en nada fía;
   fidelidad ingrata, triste lloro;
   a yugo desleal, mi cuello obligo.

Ya murió mi esperanza, era al fin mía;
   falsa me paga, cuando firme adoro;
   tropiezo en celos, si a Cupido sigo.

¡Oh amor, dulce enemigo!
   ¡Oh cruel tiranía!
   Reinar y amar no quieren compañía.

Ya parece que Octavia escuchaba a Carlos tan bien como le había mirado, pues estuvo en el[b] balcón mientras Carlos cantó el referido soneto. Había de ser desgraciada, y empezaba ya su desdicha a ponerla en las ocasiones de perderse. Y así dio lugar con estarse queda en el balcón a que Carlos, como que hablaba con sus mismos pensamientos, le afease lo mal que decía tanta hermosura con tanta crueldad. Que aunque no tuvo respuesta, se contentó el amante con el favor de haberle escuchado, con que tuvo atrevimiento de escribirle este papel:

«No sé qué gloria consigues, divina Octavia, en ser cruel, o en qué te ofende mi amoroso rendimiento que te excuses, ya que no de premiarle, de oírle, que aún no me conceden

---

[a] Apenas: A penas D   [b] en el: el en D

tus hermosos ojos licencia de nombrarme suyo; pues asegúrate que, o has de dejar de ser hermosa, o que no he de apartarme de amarte. Y pues es cada imposible de estos imposible vencerle, permíteme que, pues soy y he de ser tuyo mientras tuviere vida, el favor de oírme, que con esto lo sustentaré para ser tuyo».

¡Qué peligrosa bala para el fuerte de la honestidad es la porfía! Todas cuantas defensas le[a] pueden poner, rinde, como sucedió en Octavia; pues habiendo venido a sus manos este papel por medio de una criada, a quien Carlos supo granjear con oro, lo que primero había sido agrado se convirtió en amor. Enamorose Octavia, dejose vencer, de suerte que tuvo Carlos respuesta de este y otros que le escribió, y no solo este favor, mas el de hablarle de noche por una reja, después de acostados sus padres, que don Juan, su hermano, no asistía en Milán, acudiendo fuera de ella a sus estudios. Era muchacho, y no muy bien inclinado, ocasión para que su padre le privase de sus regalos. Deseaba que fuese de la Iglesia, aunque él no tenía ese parecer, y con esto tenía más lugar Octavia para seguir su empresa amorosa, con intención de ver si podía granjear a Carlos para esposo.

Algunos meses entretuvo Octavia su amante con solo este favor de hablarle, sin consentirle tomarle una mano por la permisión que daba la reja, temerosa, aunque le quería bien, de algún engaño, conociendo que era imposible, si el amor no le obligaba, por ser Carlos tan rico, y él, más enamorado con las resistencias de Octavia, deseoso de mayores favores; mas la dama, al paso que le veía más desearlos, se los negaba; tanto, que ya tocaba en crueldad, de lo que el galán se quejaba, culpando su poco amor. Y para mostrárselo mejor, cantó una noche a los dejos de un laúd, que le traía un criado, este soneto[b]:

---

[a] le: se D   [b] este soneto: esta canción D

¡Ay, cómo imito a Tántalo en la pena,
   pues, el agua a la boca, de sed muero!
   Tengo conmigo al bien que adoro y quiero,
   y parece que el bien de mí se ajena.

De las penas de amor, el alma llena,
   el premio de mi amor gozar espero,
   y cuando ya le toco, desespero,
   porque un rigor mi atrevimiento enfrena.

¿Qué delito me usurpan tus favores,
   hermosa ingrata, que en mi alma vives?
   ¿Por ventura robé yo[a] la[b] ambrosía?

Aplaca de mi alma [los][c] ardores,
   que no es razón que del cristal me prives
   cuando muere de sed el alma mía[4].

Vesme sin alegría,
   y tú, cruel conmigo,
   morir me dejas, y con ser testigo
   de las penas que paso,
   no me socorres cuando más me abraso.

Cuando morir me dejas,
   y mirarme no sientes,
   con fieros accidentes,
   sin remediar mis quejas,
   y si lloran mis ojos,
   recibes de mis lágrimas enojos,
   o remedia la llama en[d] que me abraso,
   o déjame llorar el mal que paso,
   y el llanto[e] venza mío[f]

ª robé yo: robete yo C; robete D   b la: lo la *añ*. A[d]   c [los]: *om.* AB;
los CD   d en: *om.* D   e llanto: lanto A (corregido en «Erratas»); llanto
BCD   f mío: el mío CD

4 Se añade al soneto un largo estrambote.

tu crueldad, tu tibieza, tu desvío,
pues es rigor quitarme,
cuando llorando estoy, desahogarme.

¡Ay, con cuántos rigores
el alma sin ti lucha,
y si tu voz escucha,
oh, cómo son mayores!
Cobarde, no me atrevo
a hacerla de mi boca dulce cebo;
que fuera gran contento,
en vaso de rubí, beber su acento.

¡Ay, Dios!, quién me lo quita;
digo que un miedo, que en mi alma habita,
de temer que te ofendo,
cuando gozar este favor pretendo.

Bien sabes que te quiero,
y que con alma ingrata
no miras que me mata
tu recato severo;
pues si vivo en tus ojos,
y me quitan la vida sus enojos,
haces suerte en la vida,
¡oh, más ingrata mientras más querida!,
y para que concluya,
yo viva y muera en la desgracia tuya,
si no has de ser mi dueño,
y de ser tuyo mi palabra empeño.

Pues, dueño de mi vida,
goce yo tus favores,
quítame estos temores,
no seas mi homicida.
Mas, ¡ay amor!, que muero;
ya de obligarte, ingrata, desespero;
ya mi bien no me quiere,
ya mi memoria en su memoria muere,

> y pues de mí se olvida,
> venga la muerte, acábese la vida,
> y vivan en mis ojos
> eternamente lágrimas y enojos.

> Canción triste: si obligas
> a mi dueño querido,
> inmortal vivirás de eterno olvido.
> Y si no, moriremos
> en la desdicha que los dos tenemos.

Menos que esto había ya menester Octavia, porque ya amaba a Carlos más que fuera razón; que en esto se ve cuán flacas son las mujeres, que no saben perseverar en el buen intento. Y aun por esta parte disculpo a los hombres en la poca estimación que hacen de ellas; mas disculpemos los yerros de amor con el mismo amor. Y así, abriendo la ventana, le llamó, diciendo:

—No sé, Carlos, cómo me tienes por tan cruel y ingrata como has mostrado y das a entender en tus versos, pues has merecido llegar al favor que hoy gozas, a pesar de mi recato y nobleza, sin haberme asegurado de un dichoso fin en tu pretensión. Y yo, por quererte bien, aún no he reparado en eso, ni mirado lo mal que le está a mi opinión, y a la de mis padres y hermano, galanteos, menos de quien ha de ser mi esposo, sino que agora, mal hallado con la merced que te hago, te quejas de ingratitudes y crueldades, cuando debieras mirar que fuera tenerlas conmigo misma si hiciera lo que pides sin resguardo de mi honor. Tú sí que eres el cruel conmigo, pues pudiéndome hacer dichosa, me haces desdichada; que claro es que perderé esposo por tu causa, y no te ganaré a ti, como si desmereciera yo esta dicha. Pobre soy para igualarme a tu riqueza; en esto confieso que me excedes, pero en lo demás te igualo. Y cuando no lo hiciera, amor iguala bajezas con grandezas fiadoras; esta poca o mucha belleza que tengo, que en eso[a] será lo que tú

---

[a] eso: esto CD

quisieres. ¿Por qué estás cobarde en hacerme tuya? Y cuando haciéndolo me conozcas ingrata, entonces te podrás lamentar[a] por desvalido, y si no, conténtate con lo que alcanzas y no te quejes. Y para que en ningún tiempo lo puedas hacer justamente de mí, te digo que, menos que siendo mi esposo, no pidas más ni alcanzarás más. Y aun esto lo he hecho pareciéndome[b] que un hombre de tu entendimiento[c] el día que se puso[d] a amar una mujer de mi calidad[e] no había de ser con otro intento[f].

Con esto calló, y Carlos, como no[g] había de cumplir, no se le hizo dificultoso prometer[h], y así le respondió:

—Hermoso dueño mío: no quiera el Cielo que por cosa que a mí me es tan bien[i] me quite a mí propio[j] la dicha de ser vuestro y de gozar los favores que tanto deseo. Y para conseguirlo y teneros a vos segura, y que vos lo[k] estéis de mí, con una condición, que es que por ahora esté secreto, por la avara y civil condición de mi padre, que piensa darme mujer aún más rica que él, sin mirar que la más grande riqueza es vuestra hermosura; yo os daré, no una vez, sino mil, la fe y palabra de ser vuestro esposo.

¡Qué liberal promete Carlos, y qué ignorante cree Octavia! Liviandad me parece; mas vaya, que ella se hallará burlada; que promesas de rico a pobre pocas veces se cumplen, y más en casos amorosos. Quería Carlos alcanzar, y prometía, y quería Octavia marido de las prendas de Carlos, y así, pareciéndole que con el dote de la hermosura le bastaba, aceptó, dándole a Carlos las gracias. Y Carlos, después de haber venido la criada, tercera en estas locuras, delante de ella le dio fe y palabra de ser su marido. ¡Ah, Octavia, y qué engaño se te previene! En la hermosura te fías, sin mirar

---

[a] lamentar: levantar CD   [b] pareciéndome: pareciéndome a mí *añ*. D   [c] entendimiento: entendimiento y capacidad *añ*. D   [d] puso: puso y determinó *añ*. D   [e] calidad: calidad y prendas *añ*. D   [f] intento: intento y fin *añ*. D   [g] no: no lo *añ*. D   [h] prometer: prometerlo D   [i] es tan bien: está bien D   [j] propio: proprio D   [k] *lo:* los AC; lo BD

que es una flor que, en manoseándola un hombre, se marchita, y en marchitándose, la arroja y la pisa. Este es el mismo desengaño, hermosas damas; no creáis que ningún hombre lo que no hace enamorado lo hará después arrepentido. Y si alguno lo ha hecho, es un milagro, y aún después lo hace padecer.

Rindiose[a] Octavia, ¡oh, mujer fácil! Abrió a Carlos la puerta, ¡oh loca! Entregole[b] la joya más rica que una mujer tiene, ¡oh hermosura desdichada! No quiero decir más en esto, que el mismo suceso desengañará. Gozaron sus amores muchos días, entrando Carlos con secreto en casa de Octavia. No se arrepintió Carlos tan presto, que antes se hallaba muy gustoso con su amada prenda, y ella teniéndose por extremo dichosa. Ocasionáronse en este tiempo las largas y peligrosas guerras de aquellos reinos[5], que no solas lloran ellos, sino nosotros, pues de esto se originó entrársenos en España y costarnos a todos tanto como cuesta; y en una de las batallas que se dieron murió el padre de Octavia, por seguir ya anciano el ejercicio de su mocedad, que eran las armas. Y su madre a pocos meses murió también de pena de haber perdido su amado esposo. ¡Dichosos en perder la vida antes que se la acabara ver la perdición de su hija!

Don Juan, como supo la muerte de sus padres, y que ya no tenía freno a sus travesuras, vino luego a Milán, más cursado en juegos y mujeres que en los estudios; que como no los seguía de voluntad, mas de por la fuerza que le hacía su padre, no había aprovechado nada en ellos, mas de en

---

[a] *Rindiose:* Riose ABCD   [b] entregole: entregó D

[5] Alusión a las hostilidades iniciadas en 1614 cuando Carlos Manuel I, duque de Saboya, luchó contra España, reclamando el Monferrato en nombre de su nieta, a la muerte de su yerno, el duque Francisco IV (1612). Pero parece que este suceso hace pensar a la autora en el levantamiento de Cataluña.

acabar parte de la hacienda que había; y arrimando los hábitos y libros, empezó a gastar la que había quedado, sin mirar que tenía una hermana moza, hermosa y por tomar estado. Y para que ella no gastase nada, la tenía tan encerrada y necesitada de todo, que aunque él no la tuviera así, ella misma se quitara de los ojos de todos, por no parecer en menos porte que el que traía en vida de sus padres; porque aunque tenía algunas joyas de valor que Carlos le había dado, no osaba que don Juan se las viese, porque tan presto llegaran a sus ojos como las tuviera puestas con dueño.

Con estos sucesos cesó el poder entrar Carlos en su casa como solía; no porque don Juan supiese nada, sino por temor de que no lo entendiese, viendo que Carlos no quería por temor de su padre que se publicase; de manera que apenas se veían si no era pasando por la calle, y eso con mil temores, por conocer la arrebatada condición de don Juan, que con él no había hora segura; de que los dos amantes estaban tan impacientes, que ni Carlos vivía ni sosegaba, ni Octavia enjugaba sus ojos. El mayor alivio que tenían era escribirse por medio de aquella criada dicha, la cual un día trujo[a] un papel a su señora que Carlos le dio con estas décimas, habiendo tomado asunto para ellas haber visto a Octavia en el balcón muy triste y llorosa, como la que más sentía el estar apartada de su esposo, que tal creía ella que era Carlos:

> Triste estáis, dueño querido,
> y puedo decir que al sol
> le ha faltado el esplendor
> de que siempre está vestido;
> el gusto tenéis perdido,
> y yo no os le puedo dar;
> mas si para remediar
> el alegría perdida

---

[a] trujo: trajo CD

272

habéis menester mi vida,
con gusto os la quiero dar.

Leandro[6] seré en perdella
con voluntad animosa,
porque en mi poder no hay cosa
que no seáis dueño de ella.
Y si por secreta estrella
para ser vuestro nací,
y falta el poder en mí
para alegrar vuestros ojos,
dadme a mí aquesos enojos,
hareisme dichoso así.

¡Ay, quién poderoso fuera
de poderos alegrar!
Porque, como os supe amar,
daros contento supiera.
El sol, en su sacra esfera,
aún no estuviera seguro,
y por vuestros ojos juro
que son en mí sus enojos
prados de espinas y abrojos,
donde el sufrimiento apuro.

Mas, señora, si mi suerte,
de mis glorias enemiga,
es la misma que os obliga
a que sufráis esa muerte,
decilde que por que acierte
su golpe ejecute en mí,
y vos, mi dueño, vivid[a],

---

[a] vivid: viví ABCD

[6] Alusión a la historia de Hero y Leandro, contada por Ovidio. Leandro atravesaba todas las noches el Helesponto a nado para reunirse con Hero. Una noche, la tempestad apagó la antorcha que le guiaba, por lo que el muchacho se ahogó. Hero se suicidó al descubrir su cadáver.

y si no, pedilde vos
que le ejecute en los dos,
y será acertado así.

Mas, en tanto que esto llega,
alegraos; que, vive Dios,
que a mí me matáis, si vos
os matáis de rabia ciega.
En mis lágrimas se anega
este papel amoroso,
en vuestras manos dichoso,
cuando las llegue a besar;
pues sin saber qué es amar,
más es que yo venturoso.

Muchos días, como he dicho, se pasaron sin que estos
dos amantes pudiesen dar alivio a sus penas; porque don
Juan, o de celoso, o mal intencionado, el día que iba a
misa, no se^a quitaba de su lado, que otras visitas no se las
dejaba hacer; con que Carlos estaba desesperado y Octavia
perdía el juicio. Hasta que sucedió que en una casa de juego, sobre juzgar una suerte, mató un caballero principal de
la ciudad, y queriéndole prender por ella, se escapó y retiró
a un convento, viendo que si le prendían, no le iría muy
bien, respecto de traerle ya la justicia por sus travesuras
sobre ojo. Y desde allí avisó por un papel a su hermana, que
deshaciéndose de algunas cosas de casa, le juntase el dinero
que pudiese, para ponerse a mejor recado, porque le habían
avisado trataban de sacarle de la iglesia; que en llegando a
Nápoles, donde quería irse, le avisaría o enviaría por ella, y
dándole media docena de documentos de lo que había de
hacer en su ausencia, que los pudiera también tomar para
sí. Todo se hizo como él pidió, cumpliéndolo todo Carlos
porque Octavia no se deshiciese de sus joyas, y con todo

<hr />

^a se: se le *añ.* B

274

secreto fue a ver a su hermano, y despedido de ella, se pasó al reino de Nápoles, quedando Carlos, con el ausencia de don Juan, por dueño de la casa de Octavia, entrando y saliendo en ella sin ningún recato, restaurando los gustos perdidos con tanto exceso, que ya le vinieron a cansar, cuando ya toda la ciudad lo murmuraba, retirándose las señoras de ella de comunicar ni ver a Octavia, por estar su fama tan oscurecida.

Más de dos años pasaron de esta suerte, que aunque Carlos se hallaba ya achacoso de la voluntad, no se atrevía a declararse de todo punto con Octavia; si ella ya vivía menos segura de que Carlos le cumpliese la palabra, conociendo en su tibieza[a] su desdicha; no la veía con tanta puntualidad, ni la trataba con el cariño que antes. Muchas noches faltaba al lecho, y a las lágrimas que Octavia vertía, y a las bien entendidas quejas que le daba, él ponía por excusa a su padre, diciendo que le reñía porque salía de casa de noche. Y si ella le hablaba en razón del casamiento, le[b] respondía que si le quería ver destruido y[c] muerto a manos de su padre. Y aunque Octavia le suplicaba que, por excusar la ofensa de Dios, se casasen en secreto, le decía que si era él persona que cuando llegase esa ocasión se había de casar [[asi]][d].

Avivó con estas cosas, dudando Octavia de la fe de Carlos, dándose por perdida; martirizaba sus ojos y ajaba su hermosura, y Carlos cada día más desapasionado. ¡Ah, qué se les pudiera decir agora a los hombres, infamando a Carlos de engañador, de falso y mal caballero!, ¡y qué le pudiera afear a Octavia su flaqueza, para que las damas, viendo reprehender a Octavia, mirasen[e] lo que habían de hacer!, mas este desengaño se lo está diciendo por mí. Fíense, fíense, que al cabo se hallarán como Octavia se halló: sin espo-

[a] tibieza: tiebieza D   [b] le: la D   [c] y: o D   [d] [[así]]: *om.* ABCD   [e] mirasen: mirase D

so, sin honor y aun sin amante, que Carlos aun de serlo estaba arrepentido. Carlos no alcanzaba, y se desesperaba. Carlos alcanzó, y se arrepiente. Y es lo peor que este Carlos debió de procurar muchos Carlos, que aunque en todos tiempos los ha habido, y hoy lo son todos y todas son Octavias, y ni ellos se arrepienten de serlo, ni ellas tampoco, cayendo cada día en los mismos hoyos que cayeron los pasados.

Ya, en fin, Carlos, cansado de Octavia, no le parecía tan hermosa, ni le agradaba su asistencia, ni le descuidaba su cuidado; y como naturalmente se enfadaba de ella, todo le enfadaba; la asistencia era poca, los cariños eran menos. Ya se descuidaba del ordinario sustento, y si se le pedía, ponía ceño; de manera que Octavia se halló en el estado de aborrecida, sin saber cómo. Y si bien conocía que los lazos, que en otro tiempo tenían preso a su desconocido dueño, ya los ponderaba dogales para el cuello[a], disimulaba cuanto podía, por no acabar de perderle. ¡Ah, desdichadas mujeres, que el mismo martirio conserváis por no perderle! ¡Dichosas muchas veces las que libres de tal mal conserváis la vida en quietud, sin estar agradando un tirano, que cuando más propio le tenéis, más perdido!

Finalmente, Carlos aborreció a Octavia, y estaba tan cansado de ella, que se pasaban los dos y los tres días que no la veía, y si la veía, era a fuerza y con poco asiento[b]. Y de todo tenía la[c] culpa su padre, que no la tenía de todo punto, porque aunque eran ya estos amores tan públicos que ni nadie ni *él los*[d] ignoraba, y le reprehendía como padre, y pudiera por esta parte no acudir a ellos, no era[e] tan a menudo que le estorbasen lo que él mismo, con el poco gusto que tenía, se estorbaba.

Sucedió, pues (que cuando las desdichas han de venir no faltan acasos que alienten), que en Novara murió un caba-

---

[a] cuello: cuello y *añ.* D   [b] asiento: aliento D   [c] la: *om.* D   [d] *él los:* ellos ABCD   [e] era: eran D

llero, amigo del senador, padre de Carlos, y le dejó por testamentario y tutor de una sola hija que tenía, llamada Camila, de edad de veinte años, medianamente hermosa y sumamente rica, si bien la mayor riqueza de Camila era la virtud, que sobre honesta y santa criatura, el entendimiento y demás gracias era[a] grande. Pues como el senador vio la ocasión, aplicó luego tal joya para su hijo, y como lo pensó lo quiso efectuar, y llamándole a solas, se lo comunicó, engrandeciendo las partes de Camila y el acierto que en que fuese su esposa se hacía, añadiendo a esto afearle el amistad de Octavia y diciéndole lo mal que parecía en Milán, aun que la estimase por amiga, cuanto y más tomarla por mujer; pues una mujer que se había rendido a él, ¿qué confianza podía tener que no se rindiese a otro?, y que la hermosura de todos[b] era apetecida. Añadiendo a esto que si no ponía remedio en ello, dotándola para que se casase o entrase religiosa, admitiendo la esposa que le proponía, que con la potestad que tenía de juez haría en ella un ejemplar castigo, haciéndola desterrar de Milán públicamente por inquietadora de su casa. Que como Carlos ya no amaba a la desdichada Octavia, dando las disculpas a su padre convenientes, y asegurándole pondría en orden su vida, y haciendo que Octavia se entrase en un convento, aceptó el casamiento de Camila, aficionándose, como mudable, de la nueva dama que esperaba tener por suya. Y por que Octavia no le impidiese mediante la palabra que delante de testigos le había dado, añadió un engaño a otro. Fue a ver a Octavia, fingiéndose muy triste. Y la triste dama, como le quería y siempre estaban colgados sus ojos de su semblante, y le vio algunas ternezas en ellos, o falsedades, por no mentir, y dar algunos congojosos suspiros, sintiendo más su pena que él mismo, empezó a temer, y más viendo que Carlos, sin rogárselo, como muchas veces le había sucedido, porque des-

[a] era: eran D   [b] todos: todo D

pués que la^a había aborrecido, si no era a fuerza de lágrimas, no podía alcanzar tal favor, se desnudó y puso en el lecho, haciendo ella lo mismo, para que en aquel amoroso potro confesase, apretado de los lazos que le pusiese al cuello, que no era menester apretarle mucho, porque él tenía voluntad de decirlo, pues de industria se mostraba tan penado. Al fin, con amorosas caricias, le dijo:

—No sé qué me tema, ¡oh Carlos!, señor mío, de lo que veo en ti esta noche. Tus^b suspiros en el pecho, y lágrimas en los ojos, y que no partas^c conmigo la pena que causa esta novedad, a la cuenta, que yo soy quien te la da. Y si es así, cree que será con ignorancia, y no de malicia. Y entender lo contrario será en ti falta de conocimiento, y aun de voluntad. Porque si de mí entendiera que podía, ni aun con el pensamiento, ofenderte, antes que tú llegaras a saber mi delito, me le castigara yo quitándome la vida. Y supuesto esto^d, *si*^e quieres que yo más justamente te ayude a sentir lo que sientes, comunica conmigo tu pena y sácame de tanta confusión, que me tienes ahogada en temores y sepultada en sospechas.

No aguardaba más el engañoso Carlos, y así, fingiendo mayores ahogos y más apretados sentimientos, le respondió:

—Mucho me pesa, Octavia mía, que juzgues que es mi pena por desaciertos tuyos, que si alguna cosa me obliga a adorarte y estimarte, es tu cordura y honestidad, pues con ser tu hermosura tanta, es más que tu hermosura, pues si ella me enamoró, tus virtudes me cautivaron, y cree que aunque eres tú la causa de mi sentimiento, no eres tú, supuesto que no tienes más culpa en ella más de ser desgraciada y no haber nacido rica, ocasión para que mi padre te aborrezca y yo no me atreva a decirle que eres mi esposa.

---

^a la: le D   ^b Tus: Tu ABCD   ^c partas: paras D   ^d esto: ello B   ^e *si:* y ABCD

Y para no darte la purga en taza penada[7], sino que la bebas de una vez, mi padre ha sabido de hecho todos nuestros amores y la asistencia que tengo en tu casa, la continuación con que te asisto, y rematadamente le han dicho que me quiero casar contigo, que le gasto la hacienda y otras cosas en que se adelantó la lengua traidora que se lo dijo; que a saber yo de quién era, la hubiera sacado del lugar donde está. Él está como padre enojado, y como juez airado, y como viejo avaro sin paciencia. Ha jurado te ha de prender, y por inquietadora de la ciudad y de su hijo, desterrarte públicamente, añadiendo que hará buscar a tu hermano, cuando esto no baste, y le obligará con decirle tus flaquezas a que te dé el merecido castigo. No me atreví, según le veía, [a][a] declararle la verdad, ni tampoco a casarme luego, por no agravar más el caso, ni ocasionarle a más cólera; porque si ahora, en duda, es su ira tanta, ¿qué será si lo tuviese por verdad? Tengo por sin duda que a entrambos nos quitara la vida. Esta es mi confusión y tristeza, porque sé cuán apriesa se ejecutará lo que ha dicho. Aquí estoy contigo, y te tengo en mis brazos, y te estoy llorando ausente y desterrada, con tanta afrenta, o en poder de la ira de tu hermano, adonde corra riesgo tu vida y la mía. Ahora que lo sabes, mira si con tu divino entendimiento hallas salida a tantas desdichas como se nos aparejan; pues claro es que, pasándolas tú, son tan mías como tuyas.

En gran espacio no pudo responder Octavia a Carlos, temiendo como flaca mujer el daño que se[b] le amenazaba, no sospechando de Carlos cautela ninguna, viéndole con tan tiernos sentimientos. Mas, cobrándose de la pasión que tenía, le respondió, desperdiciando hermosas perlas:

---

[a] [a]: *om.* ABC; a D   [b] se: *om.* D

[7] *en taza penada:* «poco a poco». *(Penado:* «se aplica también al vaso, copa o taza, que da la bebida con dificultad y escasez, y por extensión se dice de otras cosas». DA).

—¡Ay, Carlos, y qué de días ha que ha temido y teme esto mi triste corazón! Y cuando te rogaba con tantas ansias que me hicieras de todo punto dichosa, no era por temer que me habías de faltar a la palabra dada, sino por escapar de esta tempestad con honor, y tú sentías que era desconfianza de tu amor; que si estuvieras casado conmigo, a lo hecho ¿qué podía hacer tu padre? Pues no aventuraba a perder más de los bienes de fortuna, que en lo demás no le debo nada. Pedirte en el riesgo que lo hagas es excusado, que el que no lo hizo en la[a] bonanza de la paz, menos[b] lo hará en la tempestad de la guerra. Y así, no trato de nada más de huir de la fortuna que me amenaza, fiada en que harás como cristiano y como caballero[c]. Mira tú[d] dónde será bien esconderme del rigor de tu padre, si será a propósito salirme de Milán por algunos meses o ocultarme en casa de algún deudo mío.

—No, Octavia mía, no —dijo[e] el cauteloso Carlos—; salirte de la ciudad es muy a costa mía, que no podrán mis ojos, enseñados a mirar tu belleza, vivir sin ella. Pues en casa de ningún pariente, tampoco; porque yo no he de dejar de entrarte a ver, y dos veces que sea notado de las espías que me ha de poner mi padre, no hallándote a ti, cuando te busque, has[f] de correr el mismo peligro. Lo que me[g] parece más a propósito es entrarte en un convento, y que lleves a él tu hacienda y[h] criadas, y te estés allí algunos meses, en tanto que a mi padre se le pasa la ira, que viéndote a ti en clausura, y a mí, que todo no le durará mucho, que al fin es padre y hará como tal; que cuando yo te saque de él para mi esposa, podrá ser estén las cosas de otra manera. Allí te veré todos los días, y te iré dando joyas y dineros, para que, pues la codicia de mi padre es tanta, pues a ti la riqueza de tu hermosura te bastara, tengas con qué hartarla y satisfacerla.

---

    [a] la: *om.* B   [b] menos: mucho menos se puede esperar *añ.* D   [c] caballero: un buen caballero *añ.* D   [d] tú: tú ahora *añ.* D   [e] dijo: dijo entonces *añ.* D   [f] has: ha ABCD   [g] me: a mí me *añ.* B   [h] y: *om.* B

Concedió Octavia en lo que ordenó Carlos, y no fue mucho que la engañara, según él lo sabía ponderar, haciéndola mil caricias y prometiéndole[a] de nuevo ser su esposo. Y despidiéndose de sus brazos con caudalosos ríos que vertían sus ojos. Llegó el día; con él se dispuso todo; de suerte que antes de la noche ya Octavia estaba en el convento y Carlos libre de su embarazo, que avisando a su padre cómo ya Octavia[b] estaba en religión, se efectuó el casamiento con Camila, partiéndose el senador mismo a Novara[c] por ella. Más de un mes se pasó en disponer las cosas para la boda, visitando en este tiempo cada día a Octavia con tantas finezas y agasajos, que como la dama había visto en él tantos despegos desde que la había aborrecido, y agora le juzgaba tan amante, daba por bien empleada su reclusión. Regalábala mucho, y dábale[d] joyas de valor, que ella tomaba creyendo que era para la causa que le había dicho, que era aumentar su dote; mas Carlos iba con otra intención, porque como no se había de casar con ella, quería con aquello satisfacer a su obligación, por que cuando Octavia supiese que se había casado, no lo sintiese tanto, viéndose rica para tomar otro estado, imaginando que con el oro doraría la falta de su fama. ¡Quién hiciera esta[e] traición sino un hombre! Mas quiero callar, que el mismo suceso dice más que yo puedo decir.

Llegose el día deseado de Carlos, ya nuevamente enamorado de Camila, que aunque no muy hermosa, el trato y ser ropa nueva le hacía de[f] apetecerla. Tenía Camila la belleza que ha de tener la propria[g] mujer, pues más en las virtudes que en hermosura ha de florecer; demás que no era tan fea, que pudiera por esto ser aborrecida, y cuando lo fuera, la hiciera hermosa más de cincuenta mil ducados que tenía de dote, y deseaba ya Carlos verse dueño de todo. Despo-

[a] prometiéndole: prometiéndola D   [b] Octavia: Octava C   [c] Novara: Navara D   [d] dábale: dábala D   [e] esta: esa B   [f] hacía de: había de ABC; hacía el D   [g] propria: propia BCD

sose y velose Carlos con mucho gusto y grandes fiestas, olvidando de todo punto la obligación de Octavia. Pasado dos o tres días, que en las ocupaciones dichas entretenido, ya más moderados los alientos de desear, con haber gozado de su esposa y tenerla ya, como a suya, menos apetecida, como dijo un galán, que otro día después de haberse casado estaba triste, preguntándole si estaba arrepentido, respondió: «¿Pues quién ignora que no fuera casamiento si no lo estuviera?». En fin, como digo, acordose Carlos de Octavia, y que era fuerza desengañarla, porque él no pensaba más verla. La escribió un papel que decía así:

«Cuando las aventuras no están otorgadas del Cielo, ni sirve desearlas, ni pretenderlas. La de que fueses, hermosíssima Octavia, mía y yo tuyo, se ve que no lo estaba, pues permitió otra cosa. Sabe Dios lo que siento el desengañarte; mas, pues no puede ser menos, mayor crueldad será tenerte engañada que haberte trocado por otra. Mi padre me ha casado con una señora, de la calidad y nobleza que sabrás que alcanza mi esposa Camila, de más de haber juntado a mi hacienda cincuenta mil ducados, de que soy hoy dueño, y tú, si quisieres también serlo; pues todo estará a tu voluntad, si quieres usar de ella, como de tu entendimiento espero. Ya no sirven lágrimas ni desesperaciones, porque lo hecho no tiene remedio; el tuyo deseo, como quien te ha querido tanto. Y así, te suplico pongas la mira en el estado que[a] gustas elegir; y es cierto que, por mi gusto, el de religiosa, te suplico que admitas, y te ayudaré con mi persona y hacienda, y excusarasme con esto la pena que recibiré en ver la belleza que ha sido mía en poder de otro dueño».

Había pasado los días que Carlos había faltado Octavia muy penada, no pudiendo imaginar la causa, y más no atreviéndose a enviar a saber de Carlos, por el peligro que temía, que como recibió el papel, bien asustada le abrió y

---

leyó, y viendo en él la sentencia de su muerte en la burlada fe de Carlos, se cayó amortecida, que, por remedios que se le hicieron, no volvió en sí en muchas horas. Y[a] ya que fue restaurada en su sentido, no lo[b] fue en su sentimiento, porque hacía cosas[c] como mujer loca[d], y sin duda se quitara la vida, si las criadas y religiosas la dejaran sola: tan aborrecida la tenía. En fin, algo más quieta, de allí a dos días despachó a Nápoles un propio[e] con una carta a su hermano, diciéndole en ella que sin temor de ningún peligro se viniese luego a Milán, que tenía necesidad de él para cosas tocantes a su honor, avisándole dónde estaba, para que se viniese allí derecho. Leída la carta por don Juan, al punto se puso en camino.

Licencia me daréis, señores, para que me admire, en este desengaño en que pondero los engaños de los hombres, de la ira de una mujer; mas también me la darán estos mismos para conocer que de las cautelas de los hombres nacen las iras[f] de las mujeres, y que por una que procura venganza, hay mil que no la toma[g] de sí misma; que yo aseguro que si todas vengaran las ofensas que reciben, como Octavia hizo, no hubiera tantas burladas y ofendidas. Mas hay tantas mujeres de tan común estilo, que la venganza que toman es, si las engaña uno, engañarse ellas con otro, con que dan lugar a aquel que pudiera temer ultraje y salga de cualquiera obligación. ¡Oh, qué mal tiempo que alcanzamos, donde tienen por venganza la deshonestidad y el vicio! ¡Cuánto más acierto fuera que a la que le faltan manos para vengarse, dejarle al Cielo su causa, que él volverá por ella! ¡Ay, hombres, y cómo sois causa de tantos males! Porque ya no hallados con las comunes, buscáis y solicitáis las recatadas y recogidas, y si las vencéis, las dais ocasión, o para que sean tan comunes como las demás, o que hagan lo que Octavia

---

[a] Y: *om.* B   [b] lo: le CD   [c] cosas: tales extremos y cosas *añ.* D   [d] como mujer loca: como pudiera hacer una mujer loca *añ.* D   [e] propio: proprio D   [f] las iras: de las iras *añ.* D   [g] toma: toman D

hizo. No se dejara vencer Octavia si Carlos no la combatie-
ra a todo riesgo; no se engañara Octavia si Carlos la desen-
gañara; ni Octavia buscara venganza si no la burla[a] Carlos.
Pues tenga Octavia ira, y pague Carlos tan mal trato, que
todo lo merece, pues no faltando en Milán mujeres sin
obligaciones con quien pudiera entretenerse, se puso a solicitar, vencer y engañar la que las tenía. Paréceme que este
desengaño tanto es para los hombres como para las mujeres. Pero quédese aquí, que me parece que ya don Juan ha
venido, y hay mucho que decir.

Llegó don Juan al convento donde estaba su hermana, y
después de los recibimientos de ausencia tan larga, que ella
aplaudió con lágrimas, le preguntó la causa de estar allí, y
no en su casa, como la había dejado, a que satisfizo Octavia
contando su desdicha y metiéndole el papel de Carlos en
las manos, pidiéndole de más a más venganza de sus agravios. Ya he dicho la inclinación de don Juan, más ajustada
a travesuras y desgarros[8] que a prudencia; mas en esta ocasión pareció que degeneró[9] algo de su mismo ser, porque
reportando el furor que tal suceso era fuerza le causase, con
palabras entre airadas y cariñosas, respondió a su hermana
que tratase, pues había sido loca[b] y liviana[c], de tomar el
hábito y ser religiosa, pues no había otro remedio, si no
quería perder la vida a sus manos; que lo demás lo dejase a
él, que no se quedaría Carlos alabando de la burla. Y luego
trató por medios de amigos y deudos de su padre, y de joyas de valor que le dio su hermana, pues ya no las había
menester, porque otro día tomó el hábito de religiosa, de
ajustar la muerte que había hecho, por lo que se ausentó
de Milán; que habiendo dineros y favores, no fue dificulto-

---

[a] burla: burlara D   [b] loca: tan loca *añ.* B   [c] y liviana: *om.* B

[8] *desgarro:* «arrojo, desvergüenza, descaro».
[9] *degeneró:* en este caso carece del sentido negativo que tiene normal-
mente y significa meramente «alteró, faltó a su modo de ser habitual».

so, de manera que antes de un mes se vio libre, paseando por la ciudad.

No se aseguró mucho Carlos cuando supo la repentina venida de don Juan, y más viéndole libre, y más sabiendo que Octavia era ya monja, que por medio de algunos amigos había procurado aquietarla, ofreciéndole lo que hubiese menester para el nuevo estado; mas Octavia jamás se dejó ver de ninguno, con que Carlos quedó menos seguro. Mas como veía a don Juan con el descuido que andaba, y que le hablaba y trataba con familiaridad de amigo, se sosegó más, aunque no de traer siempre dos pistolas en las faltriqueras, y los criados que andaban con él de la misma suerte. Mas parecíale que Octavia no le debía de haber dicho nada, fiándose en el amor que le tenía. Él pensaba esto, y don Juan, su venganza, que si la tomara, como era razón, en quien le había hecho el agravio, nadie le culpara; mas vengose de la culpa de Carlos en quien no tenía culpa, de suerte que hasta en la satisfacción del honor de su hermana siguió[a] sus traviesas inclinaciones, y así, pensó una traición que solo se pudiera hallar en un bajo y común hombre, y no de la calidad que don Juan era. Y fue que propuso quitarle a Carlos el honor con Camila, como él se le había quitado a él con Octavia. ¡Miren qué culpa tenía la inocente! ¡Será para vengarse en ella de su marido!, pues si Octavia quedó burlada de Carlos, ya Octavia no estaba sin culpa, pues se dejó vencer del amor de Carlos, fiada solo de una palabra falsa que le dio. Mas Camila honesta, Camila cuerda, Camila recogida y no tratando sino de servir a su marido, ¿se quiere vengar en Camila? ¡Oh, pobre dama, y cómo tú sola pagarás los yerros de Octavia, los engaños de Carlos y las traiciones de don Juan!

Ya he dicho el uso y costumbre de aquellos reinos, que son los festines, que un día[b] se celebran en unas casas y

_____

    [a] siguió: finguió D   [b] un día: unos días D

otros en otras, y que es permitido a las damas casadas y doncellas, y aun a las viudas, aª ir a ellos, y a los caballeros, con máscaras y sin ellas, entrar, y sacar a danzar la dama que les parece, y en los asientos, si caíanᵇ junto a ellas, hablarlasᶜ, y ellas no extrañar el gracejar con ellos. Pues como Camila era recién casada, si bien su condición no era de las más esparcidas, a petición de parientas y amigas y a ruego de su esposo, iba a muchos o a todos. Y don Juan, que no se descuidaba, avisado de los queᵈ podía ver a Camila, entraba en ellos con galas y trajes costosos, que para todo había en lo que Carlos había dado a Octavia, luciendo en él más que en otro, por tener gallardo talle y buen rostro, no faltándole lo entendido y airoso. ¡Así se supiera aprovechar para obrar bien de ello!ᵉ.

Empezó a enamorar a Camila con aquello de lo rendido, afectuoso y tierno, acreditándose de amante con suspiros y elevaciones, de que saben muy bien los señores hombres el arancel, que para tales engaños son muy diestros. Y la vez que podía tomar lugar donde pudiese hablar a Camila, celebraba su talle y hermosura, *engran*deciendoᶠ la dicha de haber merecido verla, y la que no podía ser. Esto le causaba a danzar, y en tal ocasión la requebraba y galanteaba. No le respondía Camila palabra, gustando más de acreditarse de necia que de deshonesta, si bien no se atrevía a negar el salir a danzar, por que no la calificasenᵍ por melindrosa; lo que hacía era excusarse de ir a ellos la vez que sin nota podía hacerlo. Mas cuando los ruegos de las amigas y parientas pasan a importunación, y por este caso a mandárselo su esposoʰ, era fuerza no negarse a ellos, y de esta suerte vino don Juan en varias ocasiones a ponerle en la mano cuatro o seis papeles, bien notados y no mal escritos, que la dama recibió, no por gusto, sino por no dar nota, de los cuales no

    ª a: el D   ᵇ caían: caen D   ᶜ hablarlas: hablallas D   ᵈ que: en que *añ*. D   ᵉ de ello: de ellos D   ᶠ *engran*deciendo: en agradeciendo ABCD   ᵍ calificasen: sacrificasen D   ʰ esposo: espeso D

se puede decir lo que contenían, porque la discreta Camila, por lo dicho, los recibía, no los leía, antes sin abrirlos los hacía pedazos, y al último, ya cansada, le[a] reprendió de su atrevimiento con palabras severas y crueles amenazas. Y viendo que no era posible que se quietase[b], desistiendo de tal locura, se excusó de todo punto de ellos y aun de salir de su casa, si no era que fuese con ella Carlos, a quien no dio cuenta del caso, por excusarle el riesgo. Pues viendo el mal aconsejado don Juan que por vía de amor no podía salir con su intención, mudó de[c] intento, y procuró con engaño <a> aprovecharse[d] de la fuerza, y consiguiolo del modo que ahora diré.

Un día que supo que Carlos era ido a caza con sus criados y algunos amigos, se vistió un vestido de los mejores que tenía su hermana, y tocándose y componiéndose de suerte que pudiese parecer mujer, se entró, cubierto con su manto, en una silla, y se hizo llevar a[e] casa de Camila, llevando consigo dos amigos de su parcialidad, que le hiciesen resguardo. Y llegando a la puerta del cuarto en que la dama vivía, bajo y distinto del[f] senador, que posaba[g], preguntó por ella, diciendo la quería hablar para un negocio de importancia. Le[h] respondió una criada, que estaba en otro cuarto de la misma casa, a visitar una amiga que vivía en él. A lo que replicó don Juan le dijesen que estaba allí una señora principal, que necesitaba de hablarla para un caso de mucho riesgo. Si bien rehusó la criada, lo hubo de hacer, y dicho el tal recado a Camila, respondió que estaba en visita, y que sería descortesía dejarla; que volviese otro día. A lo que replicó don Juan que no sufría dilación su necesidad, que aquella señora con quien estaba daría licencia, que ella sería breve y se podría volver; que convencida Camila de esto y de los ruegos de la[i] amiga con quien

---

[a] le: la A; le BCD   [b] quietase: aquietase D   [c] de: su D   [d] aprovecharse: a aprovecharse *añ.* ABC; aprovecharse D   [e] a: en D   [f] del: *om.* CD   [g] posaba: pasaba B   [h] Le: Y le *añ.* D   [i] la: la a *añ.* D

287

estaba, pasó a su casa, y viendo la dama que tenía echado el manto en el rostro, pareciéndole de calidad en el traje, y que era recato necesario tener cubierta la cara, creyendo ser su venida a pedirle favor para con su suegro, sin reparar en más, la tomó por la mano y se fue a sentar con ella en el[a] estrado; a lo cual el engañoso don Juan le dijo que se sirviese de oírla en parte más oculta, para que supiese a lo que venía, que era caso de honor, y le[b] pudiese descubrir el rostro; que visto esto, Camila se entró con ella hasta la cuadra donde tenía la cama, y sentadas[c] en el estrado que estaba delante, así como don Juan vio sentada a Camila, se levantó y cerró la puerta con la misma llave que estaba en la cerradura, y sacando una daga, le[d] dijo:

—A la primera voz que des, Camila, te tengo de esconder esta en el pecho, y los que quedan allá fuera, a tus criadas, que bien sé que hombres no los hay en casa, que son idos a caza con Carlos, tu traidor esposo. Mírame y conóceme por don Juan de tal (pase así por no nombrarle, que es muy conocido), no el que te enamoraba como tú juzgabas, cuando te hablaba y escribía en los festines, sino el que deseaba vencerte, para que, publicando tu flaqueza, quedara vengada mi desdichada hermana Octavia, a quien Carlos, tu marido, burló y deshonró debajo de la palabra de esposo, que faltó[e] por casarse contigo, y con su afrenta vengarme de la mía, y después matalle. Mas pues fue tan dichoso que tiene mujer que sabe guardar su honor, que no[f] mi liviana hermana el mío, haga la fuerza lo que no ha podido la astucia.

Que como esto dijo, teniéndole la daga puesta al pecho, tan junta, que aún matizó la punta con la inocente sangre de la desdichada dama, que medio muerta del temor de ver la muerte tan cerca y de lo que estaba escuchando, conociendo a su traidor amante, que ya tenía el rostro descubierto, no tuvo fuerzas para defenderse; y si lo hiciera, estaba ya tan resuelto y vencido del demonio, que la matara. Cumplió don Juan su infame deseo, y viendo que Camila se había desmayado, la dejó, y abriendo la puerta, salió, no cubierto, como entró, sino echado el manto atrás, diciendo:

—Decidle[a] a Carlos, vuestro dueño, que cómo, habiendo burlado a Octavia y deshonrádome[b] a mí, no vivía con más cuidado; que ya yo me he vengado quitándole el honor con su mujer, como él me le quitó a mí con mi hermana; que yo soy don Juan, hermano de Octavia; que agora, que se guarde de mí, porque aún me falta tomar venganza en su vida, ya que la tengo en su honor.

Y como dijo esto, sin atreverse las criadas a hablar, por verle la daga y una pistola en las manos, se entró en la silla, y a los lados los dos que venían con él. Caminaron a un convento de religiosos descalzos, donde se ocultaron.

Acudieron las criadas a su señora, y halláronla[c] mal compuesta y sin sentido; y corriendo sangre del piquete que la daga del traidor don Juan le había hecho en los pechos. Empezaron a dar voces, a las cuales acudió el amiga que vivía en casa, que el senador no estaba en ella; que, sabido el caso, haciéndola remedios, volvió en sí, tan desconsolada y llorosa, que daba lástima a quien la miraba. Y no hallándose segura, aunque sin culpa, por no haber avisado a Carlos de la pretensión del traidor don Juan y dádole los papeles que le había escrito, de la ira de su esposo, aconsejada de la amiga y criadas, todas mujeres sin ánimo, antes que Carlos y el senador viniesen, tomó algunos dineros y joyas que fuesen bastantes[d] alimentarla[e] algunos meses y una criada de las que tenía y se fue a un convento, debiéndole en esto

---

[a] Decidle: Decilde CD   [b] deshonrádome: deshonrándome B   [c] halláronla: hallaron D   [d] bastantes: bastante D   [e] alimentarla: a alimentarla *añ.* D

más la vida que la inocencia, porque encubrírselo a Carlos era imposible, por cuanto el infame don Juan, como no lo había hecho con otro fin que deshonrar a Carlos, lo iba publicando a voces por la casa y la calle[a].

Vino Carlos de su desdichada caza, y halló en su cuarto a su padre haciendo extremos de loco, que sabiendo ser la causa *de*l[b] desdichado suceso de su casa, quedó peor que su padre, si bien el viejo senador hablaba y decía dos mil dislates; mas Carlos callaba, como el que tenía la culpa y la pena en haberse asegurado de la disimulación de don Juan, culpando a Camila de lo que ella, por excusarle algún riesgo, había callado.

Divulgose el caso por la ciudad, andando en opiniones la opinión de Camila. Unos decían que no quedaba Carlos con honor si no la mataba; otros, que sería mal hecho, supuesto que la dama no tenía culpa, y cada uno apoyaba su parecer.

Más de un año estuvo Camila en el convento y Carlos sin salir de su casa, si bien traía espías para saber si don Juan estaba en la ciudad; mas él se debió poner en tal parte, que era excusado el buscarle. Y si bien todos los que le visitaban le consolaban con la poca culpa de su esposa, y su padre hacía lo mismo, ya más reportado, por no perderle; mas Carlos no tenía consuelo.

Visitó el senador a Camila en el convento, y este día fue de juicio, según las lástimas que la dama hizo con él, que, asegurado de su inocencia, y viendo la disculpa que daba de no haber avisado a su esposo de la pretensión de don Juan, pareciéndole sería su recato y retiro y aspereza bastantes defensas, y no poner a Carlos en ocasión de perderse, trató con Carlos que hiciese vida con su mujer, pues por parte de ella no había sido su agravio; y metiéndose de por medio el Gobernador y toda la nobleza de Milán, lo acep-

---

[a] y la calle *om.* A[d]   [b] *de*l: el ABD; del D

tó, y Camila salió del convento, bien temerosa[a], aunque no culpada, y se vino a su casa tan honestamente vestida, que en lo que vivió no se puso más galas que las que sacó del convento, que era un hábito de picote[10]. Pareció delante de Carlos con tanta vergüenza, que apenas alzó los ojos a mirarle, y él la recibió tan severo, que no dio indicios de seguridad ninguna. Desconsuelo bien grande para Camila, y más cuando vio que Carlos no consintió que comiese ni durmiese con él, ni hablaba con ella más de para lo que no se podía excusar, con que Camila vivía mártir, sus ojos continuamente no enjutos de lágrimas, y como quien no tenía segura la vida; confesaba muy a menudo en su oratorio, sin salir más a ver ni a[b] ser vista de nadie, ni Carlos lo consintiera.

De esta suerte y con esta vida, bien arrepentida de haber salido del convento, vivió poco más de un año, al cabo del cual reinó en Carlos el demonio, y la dio un veneno para matarla; mas no le sucedió así, porque debía de querer Dios que esta desdichada y santa señora padeciese más martirios para darle en el Cielo el premio de ellos. Y fue el caso que no la quitó el veneno luego la vida, mas hinchose toda con tanta monstruosidad, que sus brazos y piernas parecían unas gordísimas columnas, y el vientre se apartaba una gran vara de la cintura; solo el rostro no tenía hinchado. Nunca se levantaba de la cama, y en ella estaba como un apóstol, diciendo mil ejemplos y dando buenos consejos a sus criadas. De esta suerte vivió seis meses, al cabo de los cuales, estando sola en su cama, oyó una voz que decía: «Camila, ya es llegada tu hora». Dio gracias a Dios porque la quería sacar de tan penosa vida; recibió sus sacramentos, y otro día en la noche murió[c], para vivir eternamente.

Enterrada Camila, con gran pesar de su muerte en todos los que conocían su virtud, Carlos, tomando dineros y

---

[a] temerosa: temorosa C   [b] a: *om.* D   [c] murió: *om.* B

[10] *picote:* «tela áspera y basta que se fabrica de pelos de cabra».

otras joyas de valor, sin dar parte a nadie, ni a su padre, ni llevar consigo ningún criado, se desapareció una noche, con que dio a su padre bien desconsolada[a] vejez, porque no tenía otro hijo ni hija; tanto, que le obligó a casarse, por tenerlos. Sospechose que Carlos había partido a buscar a su enemigo don Juan, si acaso supo parte segura donde estaba, mas de ninguno de los dos se supo jamás nueva ninguna.

Octavia profesó, siendo la más dichosa, pues trocó por el verdadero Esposo el falso y traidor que la engañó y dejó burlada. Este caso me refirió quien le vio por sus ojos, y que no ha muchos años que sucedió me afirmó por muy cierto. Y más os digo, que no se ha disimulado en él más que la patria y nombres[b], porque aún viven algunas de las parte en él citadas, como son Octavia y el senador, padre de Carlos, casado y con hijos que ha tenido de su segundo matrimonio, porque de don Juan y Carlos no se supo qué se hicieron.

No tengo que decir a las damas otro desengaño mayor que haber oído el que he contado, mas de que ni las culpadas[c] ni las sin culpa[d] están seguras de la desdicha, que a todas se extiende su jurisdicción; y si esta desdicha la causan los engaños de los hombres o su flaqueza, ellas mismas lo podrán decir, que yo, como he dicho, si hasta agora no conozco los engaños, mal podré avisar con los desengaños.

Congojada y sonrosada acabó la hermosa Lisarda el pasado suceso, no por faltarle caudal a su entendimiento, que le sobraba para mayores desempeños, por ir huyendo de culpar de todo punto a los hombres en las desdichas que suceden a las mujeres, por no enojar a don Juan, el cual, por no alentar, la dijo:

---

[a] desconsolada: desconsoloda A[r]   [b] nombres: nombre D   [c] las culpadas: las culpas C; las con culpas D   [d] culpa: culpas D

—Cierto, bellísima Lisarda, que habéis tenido tanta gracia y donaire, tanto en el desengaño que habéis dicho, como en las reprehensiones que a las damas y caballeros habéis dado, que se puede desear, sin tenerle por mal, que digáis mal y tenerlo todos por favor.

—Lo cierto es —dijo doña Isabel— que si como es este sarao entretenido fuera certamen, la hermosa Lisarda merecía el premio. Mas de mi voto digo que soy del parecer de Carlos, que no dejó Camila de tener alguna culpa en callarle a Carlos la pretensión de don Juan a los principios, que con eso se avisara Carlos[a], que sabía el agravio de su hermana.

—Eso fuera —replicó Lisis— si Camila supiera el amor de Carlos y Octavia; pues aunque se murmuraba en la ciudad, Camila, como forastera, no lo sabría, y no sé qué mujer hubiera en el mundo tan necia que se atreva a decirle a su marido que ningún galán la pretende[b], pues se pueden[c] seguir de eso muchos riesgos, y el mayor es si está[d] un hombre seguro de celos, despertarle para que los tenga y no viva seguro de su mujer, supuesto que la fineza del amor es la confianza; que aunque algunos ignorantes dicen que no es sino los celos, lo tengo por engaño, que el celoso, no porque ama más guarda la dama, sino por temor de perderla, envidioso de que[e] lo que es suyo ande en venta para ser de otro. Y así, no mató a Camila eso, que siento que hizo como cuerda y honesta, pareciéndole, como lo hiciera si el falso don Juan no buscara aquella invención diabólica para su venganza, que su resistencia y recato la libraran del deshonesto amor de don Juan. No la mató, como digo, sino la crueldad de Carlos, que como se cansó de Octavia, siendo hermosa y no teniéndola por propia, hastío que empalaga a muchos o a todos, también le cansaría Camila, y para eso

---

[a] Carlos: a Carlos *añ.* D [b] pretende: pretendía D [c] pueden: puede D [d] si está: a D [e] que: *om.* D

mejor fuera dejarla en el convento o divorciarse de ella, y no, después de haberle dado tan triste vida, quitársela. El desengaño le da y le dará a muchas, pues, como dice el señor don Juan, mi prima Lisarda ha dado a todos documentos tan cuerdos, que por ello le doy las gracias.

Con esto que dijo la hermosa Lisis cesaron de ventilar la culpa y disculpa de Camila, dando lugar a la linda doña Isabel, que, acompañando a los músicos, cantaron este romance:

«¿Adónde vas, dueño mío,
    que aquesos pasos que das
    es dar heridas al alma,
    con que la dejas mortal[11].

Si eres tú mi propia vida,
    ¿cómo es posible que vas
    a ser mi propio cuchillo,
    sin mirar que es impiedad?

¡Cómo viviré sin ti!
    Dime, ¿quién alegrará
    mis ojos, cuando, sin verte,
    llenos de penas están?

¿Qué días serán los míos
    llegando a considerar
    ajena toda la[a] aldea
    de tu suprema deidad?

Pues las noches, ¡ay de mí!,
    ampáreme[b], voluntad,
    que solo en su valentía
    tiene defensa mi mal.

---

[a] la: el D   [b] ampáreme: ampárame D

[11] *mortal:* «moribunda».

Detente, mi amado dueño;
    mas no me quiero quejar,
    que no quiero detenerte,
    si con tu gusto te vas.

Mas, con todo, tu partida
    muy apriesa es, bueno está;
    si te vas, vete despacio;
    detente y[a] un poquito más.

Dame un día más de vida.
    ¡Ay, ojos, cuáles estáis!
    Pero si os falta la luz,
    gozad de la obscuridad».

Esto cantaba un amante
    a su dueño, que se va,
    si no a perderle, a dejarle,
    que todo viene a ser mal.

Pues, de todas suertes, queda
    con un dolor inmortal,
    siendo su vista su vida,
    y su muerte lo demás.

Y así cantaba, llorando: «¿Dónde vas?
    Mira que cada paso es un puñal,
    con que a mi triste vida muerte das».

----

[a] y: *om.* CD

Desengaño tercero[a] [1]

A los últimos dejos del estribillo, se levantó la hermosa
Nise de su asiento, y haciendo una cortés reverencia, se
pasó al del[b] desengaño, y con mucho donaire y despejo
dijo:

—Por decreto de la hermosa y discreta Lisis, me toca
esta noche el tercero desengaño. Y[c] aunque pudiera esta
audiencia cerrarse con los referidos, pues son bastantes para
que las damas de estos tiempos estemos prevenidas, con el
ejemplo de las pasadas, a guardarnos de no caer en las desdichas que ellas cayeron, por dejarse vencer de los engaños
disfrazados en amor de los hombres, por que no me tengáis
por alguna[d] de las engañadas, que si mi corto entendimiento me ayuda, espero no serlo; aunque mi desengaño no sea
de tanta erudición como los referidos, ocupo este lugar,
advirtiendo que, supuesto que la hermosa[e] Lisis manda que
sean casos verdaderos los que se digan, si acaso pareciere

---

[a] *Desengaño tercero:* Noche IV A; Noche cuarta BCD   [b] del: *om.* D
[c] Y: *om.* D   [d] alguna: algunas D   [e] hermosa: hermoso D

[1] En todas las ediciones figura como NOCHE CUARTA, a pesar de que en
el texto se habla de *tercero desengaño.* Se vio anteriormente (véase INTRO-
DUCCIÓN) que se trata de un error del corrector o impresor. El título,
EL VERDUGO DE SU ESPOSA, aparece en la edición de Barcelona, 1716,
aunque no figura en las ediciones de Madrid, 1724, 1729 y 1734. Figura
en todas las ediciones a partir de la de Barcelona, 1734.

que los desengaños aquí referidos, y los que faltan, los habéis oído en otras partes, será haberle contado quien, como yo y las demás desengañadoras, los[a] supo por mayor, mas no con las circunstancias que aquí van hermoseados, y no sacados de una parte a otra, como hubo algún lego o envidioso que lo dijo de la primera parte de nuestro sarao. Diferente cosa es novelar solo con la inventiva un caso que ni fue, ni pudo ser, y ese[b] no sirve de desengaño, sino de entretenimiento, a contar un caso verdadero, que no solo sirva de entretener, sino de avisar. Y como nuestra intención no es de solo divertir, sino de aconsejar a las mujeres que miren por su opinión y teman, con tantas libertades como el día de hoy profesan, no les suceda lo que a las que han oído y oirán les ha[c] sucedido, y también por defenderlas, que han dado los hombres en una opinión, por no decir flaqueza, en ser contra ellas, hablando y escribiendo como si en todos tiempos no hubiera habido de todo, buenas mujeres y buenos hombres, y, al contrario, malas y malos, que se verá un libro y se oirá una comedia y no hallarán[d] en él ni en ella una mujer inocente, ni un hombre falso[e]. Toda la carga de las culpas es al sexo femenil, como si no fuese mayor la del hombre, supuesto que ellos quieren ser la perfección de la naturaleza. Luego, mayor delito será el que hiciere el perfecto que el imperfecto; más pesada es la necedad del discreto que del necio; y así, es bien se sepa que[f], como hay mujeres livianas, hay hombres mudables, y como interesadas, engañosos, y como libres, crueles; y si se mira bien, la culpa de las mujeres la causan los hombres.

Caballero que solicitas la doncella, déjala, no la inquietes, y verás cómo ella, aunque no sea más de por vergüenza y recato, no te buscará a ti. Y el que busca y desasosiega la casada, no lo haga, y verá cómo[g], cuando no la obligue

---

ª los: lo B   ᵇ ese: este D   ᶜ ha: han D   ᵈ hallarán: hallan D   ᵉ falso: falto D   ᶠ que: *om.* D   ᵍ cómo: *om.* D

la honestidad, el respeto y temor de su marido la hará que no te solicite ni busque. Y el que inquieta a la viuda, no lo haga[a], que no será ella tan atrevida que aventure su recato, ni te busque, ni pretenda. Y si las[b] buscas y las[c] solicitas y las haces caer, ya con ruegos, ya con regalos, ya con dádivas, no digas mal de ellas, pues tú tuviste la culpa de que ellas caigan en ella[d]. Esto es en[e] cuanto a las mujeres de honor; que las que tratan de vivir con libertad, ¿qué quieres sacar de ellas sino lo que pretendes, que es entretenerte, y ella[f] quitarte tus dineros, que para eso te admite? Y pues ya lo sabes, ¿para qué las culpas que hacen su hacienda y destruyen la tuya, y luego te quejas que te engañan?, que vosotros os queréis engañar[g]. La causa[h] yo la diré[i]. Encuentras una mujer en la calle; dícesle cuatro palabras: óyelas sin averiguar si tú las dices de veras o burlando; píntasete honrada y que no la ve el sol; créeslo, necio; convídasla con tu posada; acepta, va a ella. Pues le[j] gozas ignorante, ¿por qué de una mujer que se te rindió luego, crees que en apartándose de ti no hará lo mismo con otro? Y si piensas diferente, tú eres el que te engañas, que ella, con su misma facilidad, te[k] avisa. ¿Pues para qué te quejas de ella ni la ultrajas?, que ella hace su oficio. Si te ruega y busca, no la admitas, que su misma deshonestidad te avisa[l] que no eres tú el primero. Y si te agradó[m], la sigues, no te quejes de nadie, pues sabes[n] que cada uno ha de hacer como quien es. ¿Ves cómo no tienen la culpa las mujeres, sino los hombres, en quien ha de estar la cordura, el buen lenguaje, la modestia y el[ñ] entendimiento[o], y no se hallarán ya estas virtudes, sino todo al contrario? ¡Ay, qué de buenas hubiera si los hombres las

---

    [a] haga: hago D   [b] las: la C   [c] las: la D   [d] ella: ellas D   [e] en: *om.* D   [f] ella: *om.* D   [g] engañar: engañar y *añ.* D   [h] la causa: la causa de todo esto *añ.* D   [i] diré: diré ahora *añ.* D   [j] le: la D   [k] te: *om.* D   [l] avisa: avisa muy claramente *añ.* D   [m] agradó: agradó algo *añ.* D   [n] pues sabes: pues sabes muy bien *añ.* D   [ñ] el: *om.* D   [o] entendimiento: entendimientos D

dejaran! Mas ellos hablan, y ellas escuchan, y de mentiras bien alhajadas, ¿quién no se deja vencer? Y más si, convertida la pretensión en tema, se las está diciendo a todas horas[a]. Esto baste, y pluviera a Dios bastara para enmienda. Y por que se vea que, si Camila perdió con su esposo por callar las pretensiones de don Juan, en el desengaño que ahora diré, no le sirvió a otra dama, para asegurar su crédito con su marido, avisarle de las pretensiones de otro don Juan, aunque el Cielo abonó su causa. Y con estas prevenciones dichas[b], prosigo de esta suerte:

En la ciudad de Palermo, en el reino de Sicilia, hubo en tiempos pasados dos caballeros nobles, ricos, galanes[c], discretos y, sobre todo, para que fuesen estas gracias de naturaleza y fortuna más lucidas, eran hijos de españoles, que habiendo sus padres pasado a aquel reino a ejercer cargos que su rey les encomendó, se casaron y avecindaron allí, como sucede cada día a los españoles que allá pasan. Eran, sobre lo dicho, don Juan y don Pedro (que estos son sus propios nombres) tan grandes amigos, por haberse desde niños criado[d] juntos, mediante el amistad de los padres, que en diciendo «los dos amigos», ya se conocía que eran don Pedro y don Juan. Juntos paseaban, de una mesma[e] forma vestían, y en no estando don Pedro en su casa, le hallaban en la de don Juan, y si faltaba este de la suya, era seguro que estaría en la de don Pedro, porque un instante no se hallaban divididos; aunque vivían en casas distintas, todo lo más del tiempo estaban juntos.

Sucedió, pues, en medio de este extremo de amistad, tratar a don Pedro un casamiento con una rica y principal señora de la ciudad, con tanto extremo de hermosura, que ninguno la nombraba que no fuese con el aplauso de la bella Roseleta, que este era su nombre. Efectuose el casa-

[a] horas: haras D   [b] dichas: *om.* D   [c] galanes: galantes D   [d] criado: criados B   [e] mesma: misma CD

miento, porque fuese esta señora como bella[a] desgraciada, que por la mayor parte se apetece lo mismo que viene a ser cuchillo de nuestras vidas. Y aunque don Juan se halló a las bodas de su amigo, que se celebraron con mucha fiesta y aparato, no debió de mirar la belleza, gracia y donaire de Roseleta, y si la miró, fue como a mujer de su amigo, freno que si le durara el tenerle, fuera tenido por verdadero.

Ya casado don Pedro, y en su casa su esposa, don Juan como acordó, no por temor de sí, que hasta entonces no había ni aun imaginado[b] cupiera en él la menor ofensa de don Pedro, sino por excusar murmuraciones (que esto es lo que ha de mirar la verdadera amistad), considerando no parecería[c] bien asistir tanto como solía a la casa de don Pedro, excusando cuanto podía ir a ella. Y como don Pedro, tan recién casado y con tan linda dama, enamorado como amante y cuidadoso como marido, asistiendo a[d] su esposa[e], no podía ir tan a menudo como antes a la casa de su amigo, y él no venía sino de tarde en tarde a la suya, sentíalo ternísimamente, y con este sentimiento, la vez que veía a don Juan, le daba sentidas quejas, diciéndole que si entendiera que por casarse le había de perder, aunque los méritos de su esposa eran tantos, lo hubiera excusado; y con esto le rogaba mudase de[f] propósito, acudiendo a su casa de la misma suerte que antes, que él estaba cierto que Roseleta tendría con él el mismo gusto que conocía que él tenía. Con palabras cuerdas y afables se excusó don Juan muchas veces de la petición de su amigo; mas, viendo era imposible el reportarle, hubo de conceder en darle gusto, entrando en casa de don Pedro con la familiaridad que antes, comiendo y cenando los más días con él y su esposa, la cual, viendo lo mucho que su marido amaba a don Juan, le recibía con un honesto agrado.

---

[a] bella: ella B   [b] imaginado: imaginando D   [c] parecería: parecerla D   [d] a: en D   [e] esposa: esposo B   [f] de: el D

Ya he dicho que don Juan no había mirado a la bella Roseleta, aunque se halló a sus bodas. Y aquí se conoce que una cosa es mirar y otra ver. Viola don Juan en estas ocasiones, y admiró en ella una tan sin igual belleza, que sin querer llevaba y atraía la vista de cuantos la miraban, y juzgó a don Pedro por el hombre más dichoso del mundo. De aquí le *nació*[a] una envidia de no haber él merecido tal prenda, no faltando en él partes para haberla alcanzado, y de todo esto enamorarse de todo punto de la mujer de su amigo, tan loco y perdido, que aunque se quería retener de mirarla y desearla[b], no le[c] era posible, que en llegando a mirar una mujer humana con asomos de divinidad, quedaba otra vez perdido; pues que si contemplaba debajo de una honesta gravedad[d] tal donaire y gracia, mezcl*ado*[e] con un divino entendimiento, no solo aventuraba a perder sus honrados designios, mas la misma vida. De suerte estaba don Juan que, por más que lo intentaba, no podía enfrenar con el freno de la razón el desenfrenado caballo de su voluntad.

Con grandes desasosiegos se hallaba el triste caballero, y en viéndose a solas, él mismo se reprehendía, diciendo: «¿Qué es esto, traidor don Juan? ¿Qué viles pensamientos son estos? ¿Qué enemigo mortal de mi amigo don Pedro los tuviera? ¿O de quién supieras[f] tú que intentaba el agravio de tu amigo que no le hicieras pedazos? ¿Pues qué dirá de ti el mundo, si llegase a saberlo, sino, o que no eres de sangre noble[g], o has perdido el juicio? ¡Oh, amigo don Pedro, y qué engañado vives en el amor que tienes a este desleal amigo, que ha dado lugar a tan viles y infames pensamientos! Mejor fuera decírtelo, para que tomaras venganza de tan desleal y traidor amigo. ¡Ay, Roseleta, nunca mis desdichados ojos vieran tu más que celestial hermosura, acompañada de tan innumerables gracias! ¡Oh, si nacieras

---

    [a] *nació:* renació ABCD   [b] y desearla: *om.* D   [c] le: lo D   [d] gravedad: brevedad D   [e] mezcl*ado:* mezclando ABCD   [f] supieras: supieres D   [g] noble: nobles D

fea! ¡Oh, si no fueras mujer de don Pedro! No, no me ha de vencer tu hermosura; viva el honor de mi[a] amigo, y muera yo, pues fui tan liviano, que he tenido tan ruines deseos».

Con este propósito se determinaba a no amar a Roseleta. Mas, ¿qué servía?[b]. Que, en volviéndola a ver, toda[c] su fortaleza daba en tierra, y rindiendo con ella sus potencias, lo ponía todo a los pies de Roseleta. Con estos combates andaba tan triste y divertido, que si comía, se le olvidaba el bocado desde[d] la mano a la boca, y si le hablaban, parecía que no entendía o respondía a despropósito. Notaba don Pedro la tristeza de su amigo; a solas, y delante de su esposa, le preguntaba la causa de su tristeza; mas él se excusaba con decir que él mismo la ignoraba.

Muchos días pasó don Juan con estas imaginaciones, ya perdiéndose, y ya volviéndose a cobrar; hasta que, rendido a ellas, cayó en la cama de una peligrosa enfermedad, en que llegó muy al cabo, asistiéndole don Pedro y visitándole algunas veces Roseleta. En fin, ya con salud, y volviendo a la casa de su amigo como antes, resuelto, aunque aventurase cuanto había y el honor, que era lo más, a decir a Roseleta su amor, en hallando ocasión. Y vínole a propósito que un día, comiendo con don Pedro y su esposa, estando tan triste y divertido como siempre, le dijo don Pedro:

—Cierto, amigo don Juan, que puedo estar verdaderamente quejoso y agraviado de vuestra amistad, pues no se compadece tenerla los dos desde nuestra primera edad, como todos saben, y que me celéis[e] la causa de vuestra tristeza, haciéndome sospechar muchas cosas de ella que agravian vuestra calidad y la mía. Porque ¿qué cosa os puede obligar a estar, como os veo y he visto[f], en términos de perder la vida, que no se pueda comunicar conmigo, aun-

    [a] mi: *om.* CD   [b] servía: servir D   [c] toda: a toda *añ.* D   [d] desde: de D   [e] celéis: calléis D   [f] he visto: he visto también *añ.* CD

que fuera contra vuestro honor? Por Dios os pido que me saquéis de esta confusión.

Que viendo don Juan que de callar podía imaginar alguna cosa, y también por empezar a poner la primera piedra en el cimiento de su pretensión[a], le dijo:

—Cierto, amigo don Pedro, que el haberme recatado de haberos dicho mi pena, ni ha sido falta de voluntad, ni menos el tener por sospechosa vuestra amistad, sino de vergüenza de que ninguno sepa de mí[b] mi flaqueza, que es bien grande el que yo me haya rendido a un pensamiento que me cueste lo que veis y habéis visto. Y así, para sacaros de ese cuidado, con licencia de vuestra esposa, os la[c] diré. Sabed que desde que vi la hermosura de Angeliana, una dama de esta ciudad a quien pienso que[d] conocéis, estoy de la manera que veis, porque es tanta su severidad y desvío para conmigo, que aunque he procurado que sepa mi pasión, no la[e] ha querido oír, ni recibir papel ni recado de mi parte, y esto me trae tan triste y desesperado, que si no es quitarme la vida, no me queda otra cosa. Esta es la ocasión, y no otra ninguna[f]; ved si hacía bien en callarla, pues es vileza que el corazón de un hombre se rinda a una mujer con tanto extremo que le ponga en el que yo me veo.

No era así como don Juan decía, que a esta ocasión había ya gozado a Angeliana con palabra de esposo[g], si bien desde que vió a Roseleta se le había entibiado la voluntad. Consolaban don Pedro y su[h] esposa a don Juan, lastimados de su pena, aconsejándole que pues Angeliana era de la calidad que todos sabían, y no tenía padres, que la pidiese[i] por esposa a sus deudos, que todos estimarían tenerle por tal. A esto respondió don Juan que era lo cierto lo que le aconsejaban; mas que[j], aunque la quería ternísimamente, que no tenía voluntad de casarse hasta que entrase en más edad.

---

[a] pretensión: protensión D   [b] mí: *om.* D   [c] la: lo D   [d] que: *om.* CD
[e] la: *om.* D   [f] ninguna: *om.* CD   [g] con palabra de esposo: *om.* CD   [h] su:
se B   [i] pidiese: pidiesen D   [j] que: *om.* CD

De esta manera pasó más de dos meses, sin tener lugar de declararle[a] a Roseleta su amor si no era con los ojos y ansiosos suspiros, que ella no atendía[b], ni creía que fuesen sino por Angeliana. Hasta que un día, estando comiendo con Roseleta y don Pedro, le vino a buscar un caballero con quien había de averiguar unas cuentas, y porque no entrase dentro, donde estaban comiendo él y su esposa con don Juan, se levantó de la mesa y salió fuera; que viendo don Juan tan buena ocasión, no la quiso perder. Como su amorosa voluntad estaba ya resuelta y determinada, temblándole la voz y con un suspiro que parecía rendir entre él el alma, le[c] dijo:

—¡Ay, hermosa Roseleta, y qué desdichado y dichoso fue el día en que te conocí y vi tu alzada[d] hermosura; dichoso, por haber gozado mis ojos de tu celestial vista, y desdichado en contemplarte ajena, pues quedé privado del bien de merecerte! No es Angeliana la causa de mi tristeza, sino tú, hermosa señora, que eres el ángel en que idolatra mi voluntad. No te digo esto por que me des remedio, que morir por ti es mi apetecida vida, y amando pienso llegar al fin de ella, sino para que si me ves triste, tú eres la causa, y no Angeliana, que así me favorecieras tú como ella me favorece, y por ti no la estimo.

Más pudiera[e] decir don Juan, y aun pienso que se alargara a más su atrevimiento, porque Roseleta estaba fuera de su sentido de enojo, si a este tiempo no entrara don Pedro, y estorbó que don Juan fuera más atrevido, y Roseleta se cobrara de su turbación, para que llevara la respuesta como merecía su atrevimiento[f]. Acabose la comida, y Roseleta se retiró, rabiando de cólera, y don Pedro y su amigo se salieron a pasear, don Juan bien contento por haber declarado su amor a la dama. Muchos días pasaron que no pudo don

    [a] declararle: declarar B   [b] atendía: entendía D   [c] le: la D   [d] alzada: realzada D   [e] pudiera: quisiera D   [f] y Roseleta se cobrara de su turbación, para que llevara la respuesta como merecía su atrevimiento: om. D

Juan tornar a decir más palabra a la dama, porque ella se recataba tanto y huía de no darle más atrevimiento, que ya le pesaba de haberle tenido, por no perder su vista; porque Roseleta, muchas veces, por no salir a comer con don Juan, fingía repentinos accidentes, y otras que no podía excusar, no alzaba los ojos a mirarle.

Y un día que ya todos tres habían acabado de comer y estaban sobre mesa platicando, no habiendo podido Roseleta excusar el no hallarse presente, don Pedro preguntó a don Juan cómo le iba con los amores de Angeliana.

—Muy mal —dijo don Juan—, pues porque los días pasados tuve lugar de intimarle[a] mi pasión y los desvelos que me cuesta su hermosura, se me ha negado, de suerte que apenas se deja ver, y si la veo, es con un ceño con que me quita la vida, a cuyos enfados le he[b] hecho unos versos que, si gustáis, os los quiero leer.

—Mucho gusto me haréis —dijo don Pedro.

Aunque a Roseleta le pesó, como quien ya sabía a quién dirigía don Juan[c] todas aquellas cosas, y si no fuera por su esposo, se levantara y se fuera. Y sacando don Juan el papel, leyó que decía así:

Si es imposible vivir,
amado dueño, sin vos,
que pida al tiempo que vuele,
no será muy grande error.

La gloria que tengo en veros,
de que al amor gracias doy,
en faltando vos, es pena,
porque vos mi gloria sois.

Si sin el sol no vivimos,
y vos, mi bien, sois el sol,

---

[a] intimarle: intimarla D   [b] he: *om.* D   [c] Juan: Diego B

fuerza es que sin vos no viva;
mirad vuestra obligación.

No por interés que tiene
    el sol de nuestro favor
    acude[a] a darnos la vida;
    esta es sabida cuestión.

Sabe que necesitamos,
    así el Cielo lo ordenó,
    de que dé aliento a la vida
    con su luz y su calor.

Pues si el sol hace este efecto,
    y sin vos muriendo estoy,
    no por vos, sino por mí,
    dad remedio a mi pasión.

Fáltame la confianza,
    mis méritos pocos son;
    así como[b] yo sé amaros,
    supiera si amado soy.

A estos ojos que os adoran
    no les[c] cercenéis, por Dios,
    el bien que en veros reciben
    que es darles[d] mortal dolor.

No soy mío, bella ingrata,
    vuestro soy. Si ingrata sois,
    muy presto veréis mi vida
    perdida por tal rigor.

¿Quién podrá, si os escondéis,
    sufrir el estar sin vos?
    Ojos, llorad, pues sois nubes,
    y se os ha escondido el sol.

---

[a] acude: acuda D   [b] como: come B   [c] les: lo D   [d] darles: darle B

Si en otro oriente salís
y yo me quedo sin vos,
noche seré de Noruega,
pues vuestra luz me faltó.

En teniéndote ausente,
muert*o*[a] soy,
la vida se me acaba,
¡ay, qué rigor!

Alabó don Pedro el romance. Y no me espanto, que era
tan[b] apasionado de las cosas de don Juan, su amigo, que
aunque fuera peor, le pareciera[c] bien. Mas su esposa, que
desde que le empezó a decir estaba reprimiendo la cólera,
porque vio al blanco que tiraba, y con ella dejaba y tomaba
su rostro mil alejandrinas rosas, con semblante entre risueño y altivo, le dijo:

—Cierto, señor don Juan, que ya vuestro amor deja de
serlo, y toca en locura o temeridad. Si conocéis que esa
dama no gusta de que la améis, o por su honestidad, o
porque no se agrada de vuestras pretensiones, porque no le
están bien a su honor, que es lo más cierto, pues no porque
una mujer sepa que un hombre la ama, si es en menoscabo
de su opinión, está obligada a amarle, ya os pudiérades[d]
cansar de querer vencer un imposible; sino que los hombres empiezan amando, y acaban venciendo, y salen des-
preciando. Porque en viendo que una mujer se les resiste,
ya no por amarla, sino por vencerla, trocando el amor en
tema, perseveran para vengarse de los desprecios que le ha
hecho, y quieren que una mujer, aunque no quiera, los
quiera, y no sé qué ley hay que, si la tal es cuerda y tiene
honra, se aborrezca a sí por querer a otro, y más si sabe que
el tal amor no es para darle honor, sino para quitársele. Si

---

[a] muert*o*: muerta ABC; muerto D   [b] tan: *om.* D   [c] pareciera: parecería B   [d] pudiérades: pudiera D

no os quiere, dejalda[a], y amad a otra, que os amará y os costará menos cuidados, y os excusaréis de riesgos. Que de mí digo que, si entendiera que había en ningún hombre atrevimiento para poner en mí el pensamiento, que es pensamiento a mirarme con ojos de quitarme la opinión, si diciéndoselo a mi esposo no le quitara la vida, lo hiciera yo por mis manos.

No sintió bien don Juan de[b] la reprehensión que Roseleta le dio, porque con ella le amenazaba. Mas don Pedro rio mucho el enojo de su esposa por volver por Angeliana, y llevando a don Juan consigo, se salió de casa, muy descontento don Juan del desdén de su dama. Mas no por eso se apartó de su pretensión; antes, mientras más imposible la miraba, más se perdía, y se determinó a no dejar de amar y porfiar hasta vencer o morir. Y con esta bien desleal intención para lo que debía[c] a la verdadera amistad de su amigo, y así, sin temer ponerse al riesgo que Roseleta le había intimado, la escribió en diferentes ocasiones cuatro papeles, que hizo que llegasen a sus manos por cautela y con apoyo de una criada; mas de ninguno tuvo respuesta, ni aun pudo saber de la tercera, que con engaño se los daba, si los había leído. Hasta que al quinto, Roseleta, después de haber reñido a la criada su atrevimiento, le envió a decir con ella misma que se quitase de tal locura, porque si pasaba adelante su infame pretensión, se lo diría a su esposo.

No temió don Juan el amenaza de la dama, por parecerle imposible que ninguna mujer tuviese atrevimiento de dar parte a su marido de caso semejante, por lo que podría perder con él, supuesto que le advertía del daño a que estaba puesta, y de la quietud que debe tener un casado, en razón de la confianza que es justo tener[d] y le despertaba a celoso, enfermedad en el casado muy peligrosa. Y así, pen-

---

[a] dejalda: dejadla CD [b] de: *om.* CD [c] debía: vía D [d] tener: temer ABCD

só que no lo haría, aunque lo proponía, pues era más por
que se excusase de molestarla; y con esto le envió el sexto
papel, que decía así:

¡Qué poco siente mis penas
    tu corazón de diamante;
qué ingrata miras mi amor,
    poco te obligan mis males!

Un volcán tengo en el pecho;
    pero como el tuyo es Alpe[2]
huye el fuego de la nieve,
    y en mí muere como nace.

¡Quién pensara que mi amor,
    en guerras tan desiguales,
como es mi fuego y tu hielo,
    no hubiera muerto[a] cobarde!

¿Quién le[b] ve escapar rendido
    de ingratitudes tan grandes,
que piense que ha de volver
    otra vez a aventurarse?

Si no soy yo, bella ingrata,
    que soy quien su fuerza sabe,
y conozco que si huye,
    es para más animarse.

No porque jamás se aparta
    de quererte y adorarte,
que antes faltará la vida
    que en mí aquesta fe me falte.

---

[a] muerto: muerte AB; muerto CD   [b] le: la B

[2] *Alpe:* el uso en singular de *Alpe* en lugar de *Alpes* es poco frecuente.

Temblando a tus ojos llego,
    que amor tiene tretas tales:
en las burlas, atrevido;
temeroso en las verdades.

Quien ama, cobarde estima;
    que el mismo amor al amante
el atrevimiento acorta
y la soberbia deshace.

Cuando te hablo en mi pecho,
    mil cosas digo a tu imagen,
que, a escucharlas, bella ingrata
fuerza es que las estimases.

Triste estoy, mil penas siento,
    todas de tu rigor nacen,
aunque digas que mi amor
intenta temeridades.

Pónesme pena de muerte;
    mas ¡qué importa que me mates!,
pues morir a causa tuya
muerte es que puede envidiarse.

Es tanto lo que te quiero,
    que amaré lo que tú ames;
estimaré lo que estimas,
solo porque tú lo mandes.

Alguna secreta causa,
    que el alma profeta sabe
(que en adivinar desdichas
no hay sabio que más[a] alcance),

_____

[a] que más: más que B

señora mía, me obliga
amargamente a quejarme;
quiera el Cielo que ella mienta,
quiera el amor que me engañe.

Si mi pena no te obliga,
bien sabes tú lo que haces;
no merezco más favor,
pues no te animas a darle.

Sabe Dios, si como Él solo
se obliga de voluntades,
te obligaras de la mía,
conociendo lo que vale.

Que aunque cruel me maltratas,
tú vinieras a obligarte
de la vida que aborreces,
y acabaran tus crueldades.

¡Ay de mí!, ¿cómo diré
mi amor? Mas mi lengua calle;
que si no le has de pagar,
más justo será ignorarle.

Fue tan grande el enojo que Roseleta recibió con este último papel, que sin mirar riesgos, ni temer peligros, con una crueldad de basilisco, tomando este y los demás que tenía guardados, se fue a su marido, y poniéndoselos todos en las manos le dijo;

—Para que veáis el amigo que tenéis y de quien os fiais y traéis a vuestra casa: vuestro amigo don Juan trata de quitaros la honra, solicitando[a], con las muestras[b] que en él habéis visto, vuestra mujer. Y advertid que la Angeliana por quien publica desvelos soy yo, y a mí es a quien dirige todas

---

[a] solicitando: y solicitando *añ*. D   [b] muestras: muestres A^vA^d

sus palabras y versos; que si le dije el otro día lo que delante de vos pasó, fue por reñirle sus atrevimientos. Y ni esto, ni amenazarle que os lo diría, me ha servido de nada, pues se ha atrevido a escribirme tan descaradamente como en ellos[a] veréis. Ahora, ved qué remedio se ha de poner, porque yo no hallo otro sino quitarle la vida. Yo he cumplido con lo que me toca; ahora cumplid con lo que os conviene a vos.

En el discurso de este desengaño veréis, señores, cómo a las que nacieron desgraciadas nada les[b] quita de que no lo sean hasta el fin; pues si Camila murió por no haber notificado a su esposo las pretensiones de don Juan, Roseleta, por avisar al suyo de los atrevimientos y desvelos de su amante, no está fuera de[c] padecer lo mismo, porque en la estimación de los hombres el mismo lugar tiene la que habla como la que calla. Dios nos libre si dan en desacreditarnos, que por una medida pasan todas.

Cómo quedaría don Pedro oyendo a Roseleta no hay lengua que lo diga; júzguelo el que lo oye, pues, sobre el agravio, se le ofrecía ser su mayor amigo quien se le hacía. Leyó los papeles, y volviolos a repasar. Ya la cólera no le daba lugar a aguardar tiempo para su venganza, y ya el amor que a don Juan tenía le atajaba el tomarla. Mas al fin, ya resuelto a que tal agravio no quedase sin castigo, se resolvió a dársele de modo que no se supiese por la ciudad, por que no quedase su honor en opiniones. Y así, le mandó[d] a Roseleta que respondiese a don Juan un papel muy tierno, disculpándose de su ingratitud y dándole a entender que estaba arrepentida del desdén que hasta allí le había mostrado, y que para darle más seguras satisfacciones, le aguardaba otro día en la noche, en su quinta, que él muy bien sabía, porque su marido iba otro día fuera de Palermo a un negocio donde había de estar dos días, y que no entrase por

---

[a] ellos: ella CD   [b] les: le D   [c] de: *om.* D   [d] mandó: maadó D

la puerta de la quinta, sino por un portillo que estaba en la huerta, por excusar que no le viesen los labradores que en la quinta había; que en la misma huerta le aguardaba sola con aquella criada que era testigo de sus pensamientos. Finalmente, el papel le notó[3] don Pedro, y le escribió Roseleta, y[a] le llevó[b] la criada, ignorando que era ordenado por su señor, sino creyendo que Roseleta, ya vencida de don Juan, le respondía. Recibió el papel el enamorado mozo, haciendo y diciendo mil locuras de gozo, satisfaciendo a la mensajera su cuidado; y enviando a decir a su señora que sería obedecida, la despidió. ¡Oh ceguedad de amante que no advirtió el peligro, ni admiró la liviandad[c] de Roseleta al primer favor, sobre tanta crueldad, darle lugar para hablarla, antes alabando su dicha, y dando gracias al amor, porque tras tantas penas le había dado tal gloria!

Llegó la mañana del aplazado día, y don Pedro, con dos criados, apercibido su camino, se partió, hallándose don Juan presente, que de falso se ofreció a ir con él; mas don Pedro, no aceptando, salió de Palermo por diferente puerta de la que iba a la quinta, y luego, torciendo el camino él y sus criados, se ocultaron en ella, como la quinta no estaba más de tres millas de la ciudad, que es una legua española. En acabando de comer, Roseleta se entró en su coche con la criada tercera de los amores; a vista del mismo don Juan, que no se descuidaba, partió camino de la quinta, y entreteniéndose por el campo hasta que fue de noche, dio la vuelta por otra parte y se volvió a su casa, admirada la criada de lo que veía[d]. Poco antes de anochecer, subió don Juan en un caballo, y solo caminó hacia la quinta, con tanto contento de ir a verse con la más que hermosa Roseleta, que no llevaba pensamiento de azar ninguno, y al salir de la

---

[a] y: *om.* D   [b] le llevó: llevole D   [c] liviandad: laviandad A[r]   [d] veía: vía CD

[3] *notar*: «dictar».

ciudad tocaron al Avemaría, que oyéndolo don Juan, aunque divertido en sus amorosos cuidados, pudo más la devoción, y parando adonde oyó la campana, se puso a rezar, pidiendo a la Virgen María, nuestra purísima Señora, que no mirando la ofensa que iba a hacerle, le librase de peligro y le alcanzase perdón de su precioso Hijo. Y acabada su devota oración, siguió su camino.

Úsase en toda Italia ajusticiar los delincuentes en la misma parte que cometen el delito, y aquel mismo día habían, una milla de la ciudad, ahorcado tres hombres, a[a] un lado del camino por donde don Juan iba, porque habían allí muerto unos caminantes por robarlos. Y como por allá, y aun en muchas partes de España, los dejan en la horca, estos tres que digo se estaban en ella. Al llegar don Juan casi enfrente del funesto madero, oyó una voz que dijo: «¡Don Juan!». Que como se oyó nombrar, miró a todas partes, y no viendo persona ninguna, porque aunque ya había cerrado la noche hacía luna, aunque algo turbia, pasó adelante, pareciéndole que se había engañado; y a pocos más pasos[b] oyó otra vez la misma voz, que volvió a decir: «¡Don Juan!». Volvió, espantado, a todas partes, y no viendo persona ninguna, santiguándose, volvió a seguir su camino; y llegando ya enfrente de la horca, oyó tercera vez la misma voz, que le dijo: «¡Ah, don Juan!». A este último acento, y ya casi enfadado de la burla que hacían de él, se llegó a la horca, y viendo los tres hombres en ella, con ánimo increíble, les dijo:

—¿Llámame alguno de vosotros?

—Sí, don Juan—respondió el que parecía más mozo—. Yo te llamo.

—¿Pues qué es lo que me quieres?— le respondió don Juan—.¿Quieres que te haga algún bien, o que te haga decir algunas misas?

---

[a] a: y a *añ*. D   [b] pasos: pasados B

—No —respondió el hombre—, que por ahora no las he menester. Para lo que te llamo es para que me quites de aquí.

—¿Pues estás vivo? —dijo don Juan.

—Pues si no lo estuviera —replicó el hombre—, ¿qué necesidad tenía de pedirte que me quitases?

—¿Cuándo te ahorcaron? —dijo don Juan.

—Hoy —replicó el hombre.

—¿Pues cómo has podido vivir hasta ahora?

—¿Hay para Dios imposible que lo sea? Cuando quiere librar una vida, y aun enterrado lo puede hacer, como sea su voluntad.

—¿Pues cómo haremos —dijo [don]ª Juan—, que no hay con qué subir allá *ar*ribaᵇ, y si corto la soga, podrás caer y hacerte daño?

—Vuelve las ancas del caballo, y como con la espada cortes la soga, yo me quedaré después de pies en él.

Hízolo así el admirado caballero, yᶜ como cortó la soga, se quedó el hombre sentado en las ancas del caballo. Hecho esto, volvieron a su camino, pareciéndole a don Juan siglos lo que se había detenido: tanto deseo tenía de llegar donde esperaba gozar toda su gloria en los brazos de Roseleta. Y yendo por él, le dijo:

—Dime ahora: ¿cómo ha sido esto, que habiéndote ahorcado estés vivo?

—Yo estaba inocente del delito que me levantaron; confesé de miedo del tormento. Y así, fue Dios servido de guardarme la vida.

—La cosa más rara y milagrosa que se ha visto es esta.

—Sí es —dijo el hombre—; mas ya ha sucedido en otros, como se ve en el milagro de Santo Domingo de la Calzada, en España, que hasta hoy se guardan las memorias en el gallo y la gallina que resucitaron para crédito de que

---

ª [don]: *om.* A   ᵇ *ar*riba: riba ABC; arriba D   ᶜ y: *om.* D

316

el mozo que habían ahorcado quince días había estaba vivo[4]; que Dios, como padre de misericordias, acude con ellas a quien le ha menester, como ha hecho a mí, y aun a ti, pues quiso traerte[a] por esta parte a tiempo que me pudieses socorrer y fueses[b] la mano por donde se cumpliese la voluntad divina.

—Bendito sea —dijo don Juan—, que lo ordenó así; que cuando no fuera mi venida para el gusto que espero gozar de ella, por haberte socorrido a tal tiempo, la doy y por bien empleada y te prometo, como caballero, no desampararte mientras viviere, por que la necesidad no te obligue a hacer por donde te veas otra vez en tan desventurado lugar como te has visto.

—Yo te beso, señor, la mano —dijo el hombre—, y doy gracias al Cielo que te encaminó por esta parte.

Al fin, tratando en esto y en otras cosas, descubrieron la quinta, que estaba en medio de una deleitosa arboleda, por haber en aquella tierra muy hermosos jardines, y la quinta le tenía de los mejores de cuantas por aquel prado había. Y a tiro de arco de ella, dijo don Juan al hombre, bajándose del caballo, y él de la misma suerte:

—Quédate aquí con este caballo y aguárdame, que yo voy a un negocio preciso, que es el que me sacó esta noche de mi casa, que presto daré la vuelta, para que nos volvamos[c] a la ciudad, o te avisaré de lo que has de hacer.

—No, don Juan —replicó el hombre—, no andas acertado en eso que me mandas; que en ese negocio a que vas, que te[d] importa tanto, yo lo tengo de hacer y tú eres el que te has de quedar aquí con el caballo.

---

[a] traerte: traer B   [b] fueses: fuese ABCD   [c] volvamos: vamos: B   [d] te: om. D

[4] Recuerdo de dos milagros de la vida de santo Domingo de la Calzada. Resucitó a un ahorcado, injustamente acusado, e hizo cantar a un gallo y una gallina asada. En recuerdo de estos milagros, se representa al santo con un gallo y una gallina en una mano y en la otra una cuerda.

Riose don Juan de voluntad, y respondiole:

—¿Pues sabes tú lo que yo vengo a hacer, o cómo la puedes tú suplir la falta que yo haré?

—Esa es la gracia —respondió—; que sé a lo que vienes, y he de hacer lo que tú vienes a hacer.

—Acaba —dijo[a] don Juan—, que estás porfiando en vano y perdemos tiempo.

—Ya yo lo veo —dijo el ahorcado—que perdemos, no solo tiempo, mas palabras, y tú eres el porfiado. Toma el caballo, que esto ha de ser, que yo he de ir, y[b] tú te has de quedar.

—Cansado eres, y a saber esto, no te hubiera traído conmigo, que si supieses los ratos de gusto que me quitas en detenerme, no me pagarías descortés el beneficio que[c] esta noche te he hecho.

—No sabes bien cómo te le[d] pago —dijo el hombre— y los gustos que te estorbo. Y para que no nos cansemos, que quieras, que no quieras, he de ir yo adonde[e] tú vas, y más que no has de quedar aquí donde estamos, que el caballo le has de atar a aquel árbol que está allí desviado, y tú te has de subir en otro apartado de él, que no puedas ser visto. Y ten atención a lo que vieres y oyeres; entonces conocerás a cuál de los dos importa más el ir: tú o yo.

Embelesado estaba don Juan oyéndole con mil asustadas palpitaciones que el corazón le daba, que le hacía temblar todo el cuerpo sin poder aquietarle, aunque se aprovechaba de todo su valor y ánimo, pareciéndole todos prodigios los que veía. Y sin replicar más, tomó su caballo, y atándole al árbol que el hombre le había señalado, se subió en otro no muy lejos de él, aguardando a ver en qué paraba la porfía de aquel hombre, el cual, en viéndole puesto en parte segura, caminó a la quinta. Y de lo que más se maravilló don

---

[a] dijo: di- D   [b] y: *om.* D   [c] que: *om.* B   [d] le: lo CD   [e] adonde: donde D

Juan fue de ver que no encaminó a la puerta; antes, dando vuelta por junto a las tapias, se fue a un portillo que en la huerta había, que era por donde él estaba avisado que había de entrar, por que no fuese visto de la gente que en la quinta había, acordándose muy bien que él no le había dicho por la parte que había de entrar.

Llegó el ahorcado al portillo, y apenas saltó por él, que era como de algo menos que un estado[5] de un[a] hombre, cuando don Pedro y sus criados, que estaban en centinela, pareciéndoles ser don Juan, a una disparando las pistolas, le derribaron en tierra, y luego que le vieron tendido, fueron sobre él, y dándole muchas puñaladas, le cogieron y echaron en un pozo, echando sobre él cantidad de piedras que tenían apercibidas.

Sin sentido quedó don Juan, oyendo desde el sitio en que estaba el ruido de las bocas de fuego, sin poder imaginar qué fuese, y no hacía sino santiguarse. Y más le creció el admiración cuando, de allí a un cuarto de hora, vio abrir las puertas de la quinta y salir por ella tres hombres a caballo, que, como llegaron a emparejar con el de don Juan y los sintió, relinchó. A lo que uno de los tres dijo:

—El caballo del señor; no subirá más en él.

Y pareciole en la voz y en el talle a su amigo don Pedro.

—¡Válgame el Cielo! —que esto decía el espantado caballero—, ¿qué es lo que me ha sucedido y sucede? ¡Don Pedro y sus criados en la quinta! ¡No dejarme ir aquel hombre que quité de la horca! ¡Oír ruido de pistolas! ¡Decir don Pedro que no subiré más en el caballo! ¡No sé qué sienta!

Y diciendo esto, como los perdió de vista y que habían tomado el camino de la ciudad, se bajó del árbol, y queriendo ir hacia la quinta, llegó el hombre todo bañado en

---

[a] un: *om.* CD

[5] *estado:* «medida de longitud de siete pies».

sangre y mojado, dando con su venida a don Juan nuevas admiraciones, que le dijo:

—Pídote por Dios que me desates tantas dudas y saques del cuidado en que estoy con las cosas que esta noche me han sucedido. Que, o pienso que sueño, o que estoy encantado.

—No sueñas, ni estás encantado —respondió él—. ¿Qué te tengo de decir? ¿No viste a don Pedro, tu amigo, y a sus criados? ¿No oíste lo que dijeron? ¿Pues tan ignorante eres que no sacas de eso lo que puede ser? Vesme cómo vengo, pues todas estas heridas me han dado, creyendo ser tú, y luego me echaron en un pozo, y muchas piedras sobre mí. Y aún pienso que don Pedro no quedó vengado de tu traición y falsa amistad, de que Roseleta, su mujer, le dio cuenta, poniéndole en la mano tus papeles, y por orden suya te escribió ella para que, viniendo aquí, su marido te diese el castigo que merecen tus atrevimientos. Y mira lo que los cristianos pecadores debemos a la Virgen María, Madre de Dios y Señora nuestra, que con venir, como venías, a ofender a su precioso Hijo y a Ella, se obligó de aquella Avemaría que le rezaste, cuando, saliendo de la ciudad, tocaron a la oración, y de una misa que todos los sábados le haces decir en tu capilla, donde tienes tu entierro y el de tus padres, y le pidió a su precioso Hijo te librase de este peligro que tú mismo ibas a buscar; y su Divina Majestad, por su voluntad (quizá para que siendo este caso tan prodigioso y de admiración, tú y los demás que lo supieren sean con más veras devotos de su Madre), me mandó viniese de la manera que has visto, para que, tomando a los ojos de don Pedro y sus criados tu forma, lleven creído que te dejan muerto y sepultado en aquel pozo, y tú tengas lugar de arrepentirte y enmendarte. Ya te he librado y dicho lo que tan admirado te tiene. Quédate con Dios, y mira lo que haces, y que tienes alma, y que esta noche has estado cerca de perderla con la vida. Que yo[a] me voy adon-

---

[a] Que yo: Y que yo *añ.* C; Y que D

de estaba cuando Dios me mandó que viniera a librarte; que yo muerto estoy, que no vivo, y acuérdate de mí para hacerme algún bien.

Y diciendo esto, dejando a don Juan más confuso y asombrado que hasta allí, se le desapareció de delante. Que es lo cierto que, a no valerse de todo su ánimo, cayera allí sin sentido. Mas haciéndose mil veces la cruz en su frente, y dando muchas gracias a Dios y a su bendita Madre, desató su caballo, y subiendo en él, tomó el camino de la ciudad, con nuevos pensamientos, bien diferentes de los que hasta allí había tenido; que como llegó enfrente de la horca, miró hacia allá y vio en ella los tres hombres, como antes estaban.

Entrose[a] en la ciudad, encomendándolos a Dios, y llegando a su casa se acostó, sin hablar a ninguno de sus criados, que estaban admirados de su tardanza, por ser ya pasada de medianoche, la cual pasó, hasta que fue de día, con mucha inquietud; que, como vio la luz, se vistió y se fue a casa de su amigo don Pedro, que estaba durmiendo con su mujer, contento de haberse vengado, y de modo que nadie sabría qué se había hecho don Juan; que como entró en la calle, y los criados de don Pedro que se habían hallado a su muerte le viesen, más admirados que don Juan había estado la noche antes, fueron a don Pedro, y despertándole le dijeron:

—¡Señor, la mayor maravilla que ha sucedido en el mundo!

—¿Y qué es? —replicó don Pedro.

—Que don Juan está vivo y viene acá —respondieron ellos.

—¿Estáis en vuestro juicio —dijo don Pedro—, o le habéis perdido? ¿Cómo puede don Juan venir[b], ni estar vivo?[c] Pues cuando no muriera de las heridas que le dimos, era

---

[a] entrose: entró D   [b] venir: vivir D   [c] vivo: vino A; vivo BCD

imposible salir del pozo, con las piedras que le echamos encima.

—En mi juicio estoy, que no le[a] he perdido, y digo que viene sano y bueno —dijo el uno de ellos—, y vesle sub*ir*[b] por la escalera.

—Y ¡vive Dios! —dijo el otro—, que está ya en la antesala, y[c] que no las tengo todas conmigo, esté vivo o muerto.

Cuando esto se acabó de decir, ya don Juan estaba[d] en la cuadra, dejándolos a todos como los que han visto visiones, y más a don Pedro, que no podía creer sino que era cuerpo fantástico[6]. Pues entrando don Juan, se echó a los pies de don Pedro, pidiéndole perdón de los agravios que no había cometido, aunque los había intentado, y a Roseleta de sus atrevidas y locas pretensiones, contando sin que faltase nada de lo que le había pasado, dejando a todos tan confusos, que apenas acertaban a responderle. Y hecho esto, despidiéndose de todos, haciendo primero quitar los cuerpos de los ahorcados de la horca, y haciéndoles un honroso entierro, mandándoles decir muchas misas, se fue a un convento de religiosos carmelitas descalzos, y se entró fraile, tomando el hábito de aquella purísima Señora que le había librado de tan manifiesto peligro.

Bien pensaréis, señores, que estos prodigiosos sucesos serían causa para que don Pedro estimase y quisiese más a su esposa, conociendo cuán honesta y honrada era[e], pues no solo había defendido su honor de las persuasiones de don Juan, sino avisádole de ellas para que pusiese remedio y se vengase. Pues no fue así, que con los crueles y endurecidos corazones de los hombres no valen ni las buenas obras ni las malas; que de la misma suerte, como no sea a su gusto, estiman lo uno que lo otro, pues en ellos no es durable la voluntad, y por esto[f] se cansan hasta de las pro-

---

[a] le: lo B   [b] sub*ir*: sube ACD; subir B   [c] y: *om.* D   [d] ya don Juan estaba: ya estaba don Juan B   [e] era: *om.* B   [f] esto: eso B

[6] *fantástico:* «fantasmal».

pias mujeres, que si no las arrojan de sí, como las que no son, no es porque las aman, sino por su opinión. Así le sucedió a don Pedro, que, o fuese que se cansó de la belleza de Roseleta (por tenerla por plato ordinario, y quisiera mudar, y ver diferente cara), o por hallarse corrido de lo que le había sucedido con don Juan, viendo que se había divulgado por la ciudad, que no se hablaba en otra cosa; y como el vulgo es novelero, y no todos bien entendidos, cada uno daba su parecer. Unos, si don Pedro había satisfecho su honor con lo que había hecho, pues aunque se suponía no haber tenido efecto la culpa, para el honor del casado, solo el amago basta, sin que dé el golpe. Otros, poniéndolo en la honestidad de Roseleta, diciendo si había sido o no; y[a] juzgando si la movió diferentes accidentes que la honestidad a avisar a su marido de las pretensiones de don Juan, y a esto anteponían el entrar tan de ordinario en su casa. Otros decían que había andado atrevida en dar parte a su marido de esas[b] cosas, pudiendo ella atajarlas. Otros, que no cumplía con la ley de honrada si no lo hiciera. De manera que en todas partes se hablaba[c] y había corrillos sobre el caso, señalando a don Pedro con el dedo. «Este —decían— es el que tornó a matar el ahorcado». Otros respondían: «Buen lance echó; bien desagraviado quedó». Todo esto traía a don Pedro avergonzado, y con tal descontento, que sin mirar cómo el Cielo había sido autor de la defensa de don Juan, y que él estaba ya puesto al amparo de la misma que se le había dado para que él no ejecutase su venganza, se lo vino a pagar todo su inocente esposa, aborreciéndola de modo que ante sus ojos era un monstruo y una bestia fiera.

Opúsose a la hermosa y desdichada dama para que lo fuese de todo punto, si ya no bastaba verse aborrecida de su esposo, Angeliana[d], aquella dama que al principio dije que

---

[a] y: *om.* D   [b] esas: estas D   [c] hablaba: hallaba D   [d] Angeliana: Angelina C

don Juan amaba cuando se enamoró de Roseleta, y que la había gozado con palabra de esposo; que como supo el suceso, rabiosa de haber perdido a don Juan por causa de Roseleta, se quiso vengar de entrambos: de la dama, quitándole su marido, y de don Juan, agraviándole con su amigo. Era libre y había errado, causa para que algunas se den más a la libertad; que esto habían de mirar los hombres cuando desasosiegan las doncellas, que va sobre ellos el enseñarlas a ser malas. Poníase en las partes más ocasionadas para que don Pedro la viese, y aunque no era tan hermosa como Roseleta, los ademanes libres, con otras señas que con lascivos ojos le hacía, como ya él aborrecía a su esposa, le atrajeron, de suerte que vino a conseguir su intento, de modo que don Pedro se enamoró de ella, entrando en su casa, no como recatado amante, sino con más libertad que si fuera su marido; porque, como amor nuevo, le asistía más, faltando en su casa, no solo al regalo y agasajo de su esposa, sino también al sustento de su familia, no bastándole su hacienda y la de su mujer para que Angeliana destruyese; que siempre para las cosas del diablo sobra, y para las de Dios falta.

Vino a ser tan pública esta amistad, que la ciudad la murmuraba, y Roseleta no la ignoraba, por donde, impaciente, se quejaba, viniendo a tener entre ella y don Pedro los disgustos acostumbrados que sobre tales casos hay entre casados. Y por esto, y ver que se disminuía su hacienda, no gozando ella de ella, se determinó a[a] escribir un papel a Angeliana, amenazándola, si no se apartaba de la amistad de su marido, le[b] haría quitar la vida. Este papel dio Angeliana a don Pedro con grandes sentimientos y lágrimas, y para dañarlo más, le dijo que ella sabía por muy[c] cierto que don Juan había gozado a Roseleta; que el dalle los papeles y cuenta de las pretensiones que tenía fue celosa por ven-

[a] a: *om.* D   [b] le: la D   [c] muy: *om.* D

garse de él, porque se quería casar con ella, y que aquellos papeles eran de los primeros que don Juan le había escrito; que los que después se escribían el uno al otro, llenos de amores y caricias, como ella había visto algunos, por habérselos quitado a don Juan, que de esos no le había dado parte. Finalmente, la traidora Angeliana lo dispuso de modo, pidiéndole la vengase de los atrevimientos de su esposa[a] y de haber sido causa de que ella no lo fuese de don Juan, que don Pedro, dándole crédito, se lo prometió. Y para ejecutarlo, porque no le diesen a él ni a Angeliana la culpa, se concertaron los dos en lo que habían de hacer, y fue que don Pedro se retiró de industria de no ir en casa de su dama y asistir con más puntualidad y cuidado a la suya y al regalo de Roseleta, con que la pobre señora, sosegados sus celos, empezó a tener más gusto que hasta allí[b], viendo que su marido se había aquietado y quitádose de la ocasión de Angeliana.

Más de dos meses aguardó el falso don Pedro la ocasión que deseaba, no viendo a su dama sino con gran cautela y recato. En este tiempo, Roseleta cayó mala de achaque de un mal o aprieto de garganta, de que fue necesario sangrarla, como se hizo. Y esa misma noche el ingrato y cruel marido, después de recogida la familia, viendo que Roseleta dormía, le quitó la venda de la sangría, y le[c] destapó la vena, por donde se desangró, hasta que rindió la hermosa vida a la fiera y rigurosa muerte. Y como vio que ya había ejecutado el golpe y[d] que estaba muerta, dando grandes voces, llamando criados y criadas que trajesen luz, alborotó la casa y vecindad, y entrando con luz[e], que él de propósito había muerto cuando hizo el buen hecho, hallaron la hermosa dama muerta, que como se había desangrado, estaba la más bella cosa que los ojos humanos habían visto.

---

[a] esposa: esposo ABCD   [b] allí: allí había tenido *añ*. D   [c] le: la D
[d] y: *om*. D   [e] con luz: con su luz *añ*. D

Llorábala toda su familia, y también la ciudad lamentaba tal desgracia, ayudando a todos el cruel don Pedro, que dando gritos y llorando lágrimas falsas, hacía y decía tales extremos, que en muchos acreditaba sentimientos, mas en otros cautela.

—¿Adónde te has ido, decía, amada esposa mía? ¿Cómo has dejado el triste cuerpo de tu don Pedro sin alma? ¡Presto seguirá tras ti la de este desgraciado[a] hombre! ¡Ay, ángel mío!, ¿cómo viviré sin ti? ¿Quién alegrará mis ojos, faltándoles la hermosura de mi querida y amada Roseleta?

Arrojábase sobre ella, besábale las manos, no quería que nadie le consolase, que él se estaba consolado. Enterraron a Roseleta con general sentimiento de todos, y esa misma noche vino Angeliana a consolar a don Pedro, y hízolo tan bien, que se quedó en casa, por que no se volviese a desconsolar, con que empezaron todos a conocer que él le[b] había muerto; mas como no se podía averiguar, paró solo en murmurarlo, y más cuando dentro de tres meses se casó con Angeliana, con quien vivió en paz, aunque no seguros del castigo de Dios, que si no se les dio en esta vida, no les reservaría de él en la otra. Buscó don Pedro a don Juan, ya profeso, para matarle; mas no[c] lo permitió Dios, que la que le había guardado[d] una vez, le guardó siempre, porque con licencia de sus mayores se pasó a más estrecha vida, donde acabó en paz.

Vean ahora las damas de estos tiempos si con el ejemplo de las de los pasados se hallan con ánimo para fiarse de los hombres, aunque sean maridos, y no desengañarse de que el que más dice amarlas, las aborrece, y el que más las alaba, más las vende; y el que más muestra estimarlas, más las desprecia; y que el que más perdido se muestra por ellas, al fin las da muerte; y que para con las mujeres todos son

---

    [a] desgraciado: despraciado A; despreciado BCD   [b] le: la CD   [c] no: *om.* D   [d] guardado: aguardado D

unos. Y esto se ve en que si es honrada, es aborrecida porque lo es; y si es libre, cansa; si es honesta, es melindrosa; si atrevida, deshonesta; ni les[a] agradan sus trajes ni sus costumbres, como se ve en Roseleta y Camila, que ninguna acertó, ni la una callando, ni la otra hablando. Pues, señoras, desengañémonos; volvamos por nuestra opinión; mueran los hombres en nuestras memorias, pues más obligadas que a ellos estamos a nosotras mismas.

Con mucho desenfado, desahogo y donaire dio fin la hermosa Nise su desengaño, dando a las damas, con su bien entendido documento, que temer y advertir lo que era justo que todas miren. Libre vivía Nise de amor, que aunque era hermosa y deseada de muchos para merecerla por esposa, jamás había rendido a ninguno su libre voluntad, y por eso con menos embarazo que Lisarda había hablado[7]. Y como vieron que ya había dado fin, empezaron las damas y caballeros a dar sus pareceres sobre el desengaño dicho, alegando[b] si don Pedro fue fácil en creer lo que Angeliana le dijo contra el decoro de su esposa, pues debía conocer que, siendo su amiga y estando rabiosa del papel que había recibido, lo cierto es que no podía hablar bien de ella. Los caballeros le disculpaban, alegando que un marido no está obligado, si quiere ser honrado, a averiguar nada, pues cuando con los cuerdos quedase sin culpa, los ignorantes no le disculparían, y cuando quisiera disimular por ser caso

---

[a] les: las CD   [b] alegando: alegrando D

[7] Se destaca que Nise está libre de amor. Sin embargo, en la presentación que de ella se hace en el marco de las *Novelas amorosas* se le da como pretendiente a don Alonso: «Venía la hermosa dama [Matilde] de noguerado y plata; acompañábala don Alonso, galán, de negro, porque salió así Nise...» (I, pág. 170). Los colores tienen, en este caso, un valor simbólico, pues muestran las inclinaciones amorosas de los personajes. Como en el caso de Lisis, la autora alteró, en los *Desengaños,* el proyecto inicial de la Primera parte.

secreto lo que Angeliana le decía, le bastaba pensar que ella lo sabía, y más afirmando haber visto papeles diferentes de los que a él le habían dado. Y cuando estuviera muy cierto de la inocencia de Roseleta, ya parecía que Angeliana la ponía [[en duda]]ᵃ aunque mintiese, [[y]]ᵇ dejaba oscurecido su honor.

Las damas decían lo contrario, afirmando que no por la honra la había muerto, pues, ¿qué más deshonrado y oscurecido quería ver su honor, que con haberse casado con mujer ajada de don Juan y después gozada de él?; sino que por quedar desembarazado para casarse con la culpada, había muerto la sin culpa; que lo que más se podíanᶜ admirar era de que hubiese Dios librado a don Juan por tan cauteloso modo y permitido que padeciese Roseleta. A lo cual Lisis respondió que enᵈ eso no había que sentir más de que a Dios no se le puede preguntar por qué hace esosᵉ milagros, supuesto que sus secretos son incomprensibles, y así, a unos libra y a otros deja padecer; que a ella le parecía, con el corto caudal de su ingenio, que a Roseleta le había dado Dios el Cielo padeciendo aquel martirio, porque la debió de hallar en tiempo de merecerle, y que a don Juan le guardó hasta que le mereciese con la penitencia, y que tuviese más larga vidaᶠ y tantos desengaños para enmendarla. Con que sujetándose todos a su parecer, dieron lugar a la linda doña Isabel y a los demás músicos, que estaban aguardando silencio, para que cantasen este romance:

> A pesar de la fortuna
> que su vista me quitó
> sin ser Aurora en mis brazos,
> ayer Febo amaneció.
>
> Vertiendo risa en las flores
> con su divino esplendor,

ᵃ [[en duda]]: *om.* ABCD   ᵇ [[y]]: *om.* ABCD   ᶜ podían: ponían D
ᵈ en: *om.* D   ᵉ esos: estos D   ᶠ más larga vida: más la a vida D

dando perlas a las fuentes,
lustre, ser y admiración.

¿Quién vio, entre celajes rojos,
salir gobernando el sol
los flamígeros caballos
que descompuso Faetón?

¿Quién vio decretar a Jove[8]
el castigo que se dio
al mozo mal entendido
que por soberbio cayó?

¿Y quién vio al sabio Mercurio
adormecer al pastor
que velaba con cien ojos
a la desdichada *Io?*[a][9].

¿Quién vio sujetando a Marte,
con su extremado valor,
las belicosas escuadras
de quien es dueño y señor?

¿Quién le vio rendir a Venus
la soberbia condición,
animoso entre soldados,
tierno tratando de amor?

¿Quién vio conquistando[b] al mundo
aquel magno emperador

---

[a] *Io:* Iio ABCD   [b] conquistando: conquistado D

[8] Jove: Júpiter.
[9] Io, conocida por las persecuciones que sufrió por parte de Hera, celosa de los amores de Zeus con la muchacha. Zeus la transformó en vaca, pero la diosa, conociendo el engaño, le pidió el animal y la confió a Argos. Hermes (Mercurio) logró, con una flauta, cerrar los numerosos ojos de Argos y robar a Io. Para vengar la muerte de Argos, Hera mandó a Io un tábano que la picaba sin cesar. Io huyó constantemente, hasta llegar a Egipto, donde recuperó su forma humana y fundó la ciudad de Menfis.

que alcanzó en el tanto monta,
glorias, título y blasón?[10].

¿Quién vio vencer imposibles
aquel mozo que abrasó
por castigar su flaqueza
su brazo con tal valor?[11].

Así, selvas a mis ojos
un bello sol ofreció,
y de haberle visto selvas
mi dicha alabando estoy.

Envídieme la fortuna,
si oriente soy de tal sol,
siendo diamante que alcanzo
a sus rayos más valor.

Mas ¡ay! que tal favor
en sueños la fortuna me ofreció;
porque nunca mi amor,
si no es durmiendo, aquesto mereció.

---

[10] Remite a la célebre anécdota de Alejandro Magno, recogida por Quinto Curcio Rufo, en su *Historia de Alejandro* (III, 1, 10-18). Alejandro, siguiendo a Darío, llegó a la ciudad de Gordio, a la que sometió, y, en el templo de Júpiter, halló un nudo inextricable, del que un oráculo había anunciado que quien lo desatara sería señor de Asia. Alejandro lo cortó con su espada y prosiguió sus conquistas. A partir de esta anécdota se creó el refrán «tanto monta cortar como desatar». El mote heráldico de Fernando el Católico era una abreviación del mismo: «tanto monta».

[11] Alusión a la anécdota, narrada por Tito Livio, *Los orígenes de Roma* (II, 12-13), del joven patricio romano, Cayo Murcio. Durante el asedio de Roma por Porsena, rey de Clusio, a favor del restablecimiento de los Tarquinos, Cayo Murcio penetró en el campamento enemigo para matar al rey, pero mató por error a un secretario. Detenido y llevado ante el tribunal, puso su mano derecha en un brasero encendido para el sacrificio, quemándose. En adelante se le dio el sobrenombre de Escévola *(Scævola* «el zurdo»).

Desengaño cuarto[a] [1]

Acabada la música, ocupó la hermosa Filis el asiento que había ya dejado desembarazado [[Nise]][b], bien temerosa de salir del empeño tan airosa como las demás que habían desengañado. Y congojada de esto, cubriendo el hermoso rostro de nuevas y alejandrinas rosas que el ahogo le causaron, dijo:

—Cierto, hermosas damas y discretos caballeros, y tú, divina Lisis, a cuyo gobierno estamos todas sujetas, que cediera de voluntad a cualquiera, que me quisiera sacar de este empeño en que estoy puesta, este lugar; porque haber de desengañar en tiempo que se usan tantos engaños, que ya todos viven de ellos, de cualquiera estado o calidad que sean [[es fuerte rigor]][c2]. Y así, dudo que ni las mujeres

---

[a] *Desengaño cuarto:* Noche V A; Noche quinta BCD   [b] [[Nise]]: *om.* ABCD   [c] [[es fuerte rigor]]: *om.* ABCD

[1] En todas las ediciones figura como NOCHE QUINTA, incluso en las que añaden *Desengaño quinto.* Sin embargo, en el plan inicial de la obra ocupa el cuarto lugar (véase INTRODUCCIÓN). El título, TARDE LLEGA EL DESENGAÑO, aparece en la edición de Barcelona, 1716, aunque no figura en las ediciones de Madrid, 1724, 1729 y 1734. Figura en todas las ediciones a partir de la de Barcelona, 1734.
[2] La oración parece incompleta. En ediciones posteriores no se corrige. Así figura en las ediciones de Barcelona, 1705 (pág. 314), de Madrid, 1734 (pág. 329), de Barcelona, 1734 (pág. 314), de Madrid, 1795 (pág. 341), etc. He suplido *es fuerte rigor,* como propone Amezúa (ed. cit., pág. 175).

331

son engañadas, que una cosa es dejarse engañar y otra[a] es engañarse, ni los hombres deben de tener la culpa de todo lo que se les imputa. Y así, las mujeres vemos hoy, sin los casos pasados, ver en los presentes llorar y gemir tantas burladas. ¿Qué mejor desengaño habemos menester? Mas dirán lo que dijo una vez una bachillera, oyendo contar una desdicha que había sucedido a una dama casada con su marido: «Bueno fuera que por una nave que se anega, no navegasen las demás».

Y cierto, que aunque se dice que el libre albedrío no está sujeto a las estrellas, pues aprovechándonos de la razón las podemos vencer, que soy de parecer que si nacimos sujetos a desdichas, es imposible apartarnos de ellas. Bien se advierte en Camila y Roseleta, que ni la una con su prudencia pudo librarse, aunque calló, ni la otra, con su arrojamiento, hablando se libró tampoco. Y aunque miro en Carlos y don Pedro dos ánimos bien crueles, no me puedo persuadir a que todos los hombres sean de[b] una misma manera, pues juzgo que ni los hombres deben ser culpados en todo, ni las mujeres tampoco. Ellos nacieron con libertad de hombres, y ellas con recato de mujeres. Y así, por lo que deben ser más culpadas, dejando aparte que son más desgraciadas, es que, como son las que pierden más, luce en ellas más el delito. Y por esto, como los hombres se juzgan los más ofendidos, quéjanse y condénanlas en todo, y así están hoy más abatidas que nunca, porque deben de ser los excesos mayores.

Demás de esto, como los hombres, con el imperio que naturaleza les otorgó en serlo, temerosos quizá de que las mujeres no se les quiten, pues no hay duda que si no se dieran tanto a la compostura, afeminándose más que naturaleza las afeminó, y como en lugar de aplicarse a jugar las armas y a estudiar las ciencias, estudian en criar el cabello[3] y matizar el rostro, ya pudiera ser que pasaran en todo a los

---

[a] otra: otras CD   [b] de: om. D

[3] criar el cabello: «cuidar el cabello».

332

hombres. Luego el culparlas de fáciles y de poco valor y menos provecho es porque no se les alcen con la potestad. Y así, en empezando a tener discurso las niñas, pónenlas a labrar[4] y hacer vainillas[5], y si las enseñan a leer, es por milagro, que hay padre que tiene por caso de menos valer que sepan leer y escribir sus hijas, dando por causa que de saberlo son malas, como si no hubiera muchas más que no lo saben y lo son, y esta es natural envidia y temor que tienen de *que los*[a] han de pasar en todo. ¡Bueno fuera que si una mujer ciñera espada, sufriera que la agraviara un hombre en ninguna ocasión! ¡Harta gracia fuera que si una mujer profesara las letras, no se opusiera con los hombres tanto a las dudas como a los puestos! Según esto, temor es el abatirlas y obligarlas a que ejerzan las cosas caseras.

Esto prueba bien el valor de las hermanas del emperador Carlos Quinto[6], que no quiero asir de las pasadas, sino de

---

[a] *que los:* los que ABCD

[4] *labrar:* «vale también hacer y ejecutar con la aguja diversas labores en la ropa blanca» (DA).

[5] *vainillas:* «vainicas».

[6] Tres de las cuatro hermanas de Carlos V mostraron excelentes cualidades intelectuales. Isabel de Austria (1501-1526) murió muy joven, tras una vida llena de adversidades. Casó con Cristián II (1481-1559), rey de Dinamarca y de Suecia, depuesto en 1524 tras diversas luchas. Leonor (1498-1558), la mayor de las hijas de Felipe el Hermoso y Juana I de Castilla, casó con Manuel el Afortunado de Portugal. Enviudó en 1521 y, por el tratado de Cambray, casó con Francisco I de Francia. Se esforzó, sin resultado, por restablecer la paz entre Francisco I y Carlos V. Las otras dos hermanas de Carlos V, en quienes, sin duda, piensa María de Zayas, desempeñaron importantes tareas políticas. María (1505-1558) casó con Luis II, rey de Hungría y Bohemia. Al enviudar, en 1526, se refugió en Viena, huyendo de los turcos. Fue nombrada en 1531 gobernadora de los Países Bajos, tras su tía Margarita de Austria, desempeñando el cargo durante veinticinco años con habilidad. Era una mujer de gran inteligencia, protectora de artistas y poetas, y reunió una excelente biblioteca. Catalina (1507-1578) fue mujer de Juan III de Portugal y, a su muerte, asumió la regencia del país en nombre de su nieto Sebastián.

las presentes, pues el entendimiento de la serenísima infanta doña Isabel Clara Eugenia de Austria[7], pues con ser el católico rey don Felipe II de tanto saber, que adquirió el nombre de Prudente, no hacía ni intentaba facción ninguna que no tomase consejo con ella: en tanto estimaba el entendimiento de su hija, pues en el gobierno de Flandes bien mostró cuán grande era su saber y valor. Pues la excelentísima condesa de Lemos, camarera mayor de la serenísima reina Margarita, y aya de la emperatriz de Alemania, abuela del excelentísimo conde de Lemos, que hoy vive, y viva muchos años, que fue de tan excelentísimo entendimiento, de más de haber estudiado la lengua latina, que no había letrado que la igualase[8]. La señora doña Eugenia de Contreras, religiosa en el convento de Santa Juana de la Cruz, hablaba la lengua latina, y tenía tanta prontitud en la gramática y teología, por haberla estudiado, que admiraba a los más elocuentes en ella[9]. Pues si

---

[7] Hija de Felipe II y de Isabel de Valois (1566-1633). Felipe II la casó con el archiduque Alberto, hijo de Maximiliano II, y abdicó en ella sus derechos sobre Flandes. Posteriormente, al fallecer el archiduque Alberto sin descendencia, los Países Bajos volvieron a la corona española, conservando Isabel Clara Eugenia el cargo de gobernadora.

[8] La reina Margarita es la archiduquesa Margarita de Austria (1584-1611), hija del archiduque Carlos de Austria, que casó en 1598 con Felipe III y fue madre, entre otros hijos, de Felipe IV y de Ana, mujer de Luis XIII de Francia. La emperatriz de Alemania es María Ana de Austria (1606-1646), hija de Felipe III y de Margarita de Austria, que casó con el futuro emperador del Sacro Imperio Romano Germánico, Fernando III. La condesa de Lemos, abuela del «actual conde de Lemos» (Francisco Fernández de Castro, IX conde de Lemos) es Catalina de Zúñiga y Sandoval, hija del III conde de Lerma y hermana del privado de Felipe III, que casó con el VI conde de Lemos en Valladolid, el 28 de noviembre de 1574, y murió en Madrid en 1628. Fue camarera mayor de la reina doña Margarita de Austria.

[9] Religiosa franciscana del convento de Santa Juana de la Cruz de Salamanca. Publicó unas liras en los preliminares de *El Adonis* de Antonio del Castillo de Larzával (Salamanca, 1632), que preceden a la décima de María de Zayas. Pérez de Montalbán la cita con admiración y destaca sus conocimientos de la lengua latina, la vivacidad de su ingenio y su habilidad en verso y en prosa (*Para todos,* núm. 81 del *Índice de los ingenios de Madrid*).

todas estas y otras muchas de que hoy goza el mundo, excelentes en prosa y verso, como se ve en la señora doña María Barahona, religiosa en el convento de la Concepción Jerónima[10], y la señora doña Ana Caro, natural de Sevilla: ya Madrid ha visto y hecho experiencia de su entendimiento y excelentísimos versos, pues los teatros la han hecho estimada y los grandes entendimientos le han dado laureles y vítores, rotulando su nombre por las calles[11]. Y no será justo olvidar a la señora doña Isabel de Ribadeneira, dama de mi señora la condesa de Gálvez[12], tan excelente y única en hacer versos, que de justicia merece el aplauso entre las pasadas y presentes, pues escribe con tanto acierto, que arrebata, no solo a las mujeres, mas a los hombres, el laurel de la frente[13]; y otras

---

[10] María de Barahona compuso unos versos a la muerte de Pérez de Montalbán. Según este nos dice, en su *Para todos* (núm. 245 del *Índice de los ingenios de Madrid),* gozó de gran fama por sus habilidades musicales; componía las letras y la música de sus cantos y los interpretaba con extraordinaria habilidad.

[11] Ana Caro Mallén de Torres, poetisa y autora dramática, nos ha dejado diversas composiciones poéticas —entre ellas unas décimas a María de Zayas, donde se firma María Caro de Mallén— y dos comedias, *El conde de Partinuplés* y *Valor, agravio y mujer.* Los contemporáneos la dicen sevillana, aunque Serrano y Sanz supuso que tal vez naciese en Granada, ciudad donde nació su hermano Juan Caro de Mallén *(op. cit.,* I, págs. 177-216). Juana Escabias Toro confirmó sus orígenes granadinos y añadió que era una esclava adoptada por Gabriel Caro de Mallén y Ana María de Torres. La familia se trasladó a Sevilla hacia 1625, donde Ana María Caro de Mallén inició su carrera literaria *(Ana Caro Mallén: reconstrucción biográfica y análisis y edición escénica de sus comedias,* Tesis doctoral, Madrid, UNED, 2012, págs. 143-177).

[12] Aunque en las ediciones manejadas figura *condesa de Gálvez,* se trata probablemente de la condesa de Galve, ya que el título de conde de Gálvez no fue creado hasta 1783. El título de conde de Galve se creó en 1573 y fue el primer conde Baltasar de Mendoza y de la Cerda, tercer hijo de Diego Hurtado de Mendoza, primer conde de Mélito, embajador y escritor.

[13] María de Zayas nos dice que es dama de la condesa de Gálvez. Según Serrano y Sanz fue religiosa de la orden de San Francisco. Fue célebre como poetisa y Lope de Vega la alabó en el *Laurel de Apolo* (Silva I). Nos

muchas que no nombro, por no ser prolija. Puédese creer que si como a estas que estudiaron les concedió el Cielo tan divinos entendimientos, si todas hicieran lo mismo, unas más y otras menos, todas supieran y fueran famosas.

De manera que no voy fuera de camino en que los hombres de temor y envidia las privan de las letras y las armas, como hacen los moros a los cristianos que han de servir donde hay mujeres, que los hacen eunucos por estar seguros de ellos. ¡Ah, damas hermosas, y[a] qué os pudiera decir, si supiera que como soy oída no había de ser murmurada! ¡Ea, dejemos las galas, rosas y rizos, y volvamos por nosotras: unas, con el entendimiento, y otras, con las armas! Y será el mejor desengaño para las que hoy son y las que han de venir. Y supuesto que he dicho lo que siento, y ya que estoy en este asiento, he de desengañar, y es fuerza que cumpliendo el mandamiento de la divina Lisis, ha de ser mi desengaño contra los caballeros. Por si algún día los hubiere menester, les pido perdón y licencia.

Con gran gusto escucharon todos a la hermosa Filis, que después de haberla dado las gracias y concedido lo que tan justamente pedía, empezó así:

> Si mis penas pudieran ser medidas,
> no fueran penas, no, que glorias fueran;
> con más facilidad contar pudieran
> las aves que en el aire están perdidas.
>
> Las estrellas, a cuenta reducidas,
> más cierto que ellas número tuvieran;

---

[a] y: *om.* B.

ha llegado un soneto de elogio a Lope de Vega y alguna composición religiosa (Serrano y Sanz, *op. cit.,* II, págs. 147-148). Nieves Baranda Leturio, *Cortejo a lo prohibido: lectoras y escritoras en la España moderna,* Madrid, Arco/libros, 2005, pág. 231, n. 33, considera que son dos escritoras diferentes.

por imposibles, fáciles se vieran
contadas las arenas esparcidas.

Sin ti, dulce y ausente dueño mío,
la noche paso deseando el día;
y en viendo el día, por la noche lloro.

Lágrimas, donde estás, con gusto envío;
gloria siento por ti en la pena mía,
cierta señal que lo que pierdo adoro.

Espero, desespero, gimo y lloro;
que sin ti, dueño amado,
me cansa el río y entristece el prado.

¡Cuándo llegará el día
en que te vuelva a ver, señora mía!

Que hasta que yo te vea,
no hay gusto para mí que gusto sea.

Así cantaba para divertir su pena, siendo tan grande
como quien sabe qué es ausencia, don Martín, caballero
mozo, noble, galán y bien entendido, natural de la imperial
ciudad de Toledo, a quien deseos de acrecentamientos de
honor habían ausentado de su patria y apartado de una
gallarda y hermosa dama, prima suya, a quien amaba para
esposa, navegando la vuelta de España, honrado de valerosos hechos y acrecentado de grandes servicios en Flandes,
donde había servido con valeroso ánimo y heroico valor a
su católico rey, y de quien esperaba, llegando a la Corte,
honrosos premios, ligando de camino el libre cuello al yugo
del matrimonio, lazo amable y suave para quien le toma
con gusto, como le[a] esperaba gozar con su hermosa prima,
juzgando el camino eterno, por impedirle llegar a gozar y

_____

[a] le: él D

poseer sus amorosos brazos, pareciéndole el próspero viento con que la nave volaba, perezosa calma. Cuando la fortuna (cruel enemiga del descanso, que jamás hace cosa a gusto del deseo), habiendo cerrado la noche oscura, tenebrosa y revuelta de espantosos truenos y temerosos relámpagos, con furiosa lluvia, trocándose el viento apacible en rigurosa tormenta. Los marineros, temerosos de perderse, queriendo amainar las velas, por que la nave no diese contra alguna peña y se hiciese pedazos; mas no les fue posible, antes empezó a correr, sin orden ni camino, por donde el furioso viento la quiso llevar, con tanta pena de todos, que viendo no tenían otro remedio, puestos de rodillas, llamando a Dios, que tuviese misericordia de las almas, ya que los cuerpos se perdiesen. Y así, poniendo el timón la vía de Cerdeña, pareciéndoles no medrarían muy mal si llegasen a ella, perdidas las esperanzas de quedar con las vidas, con grandes llantos se encomendaba cada uno al santo con quien más devoción tenía. Y es lo cierto que, si no fuera por el valor con que don Martín[a] los animaba, el mismo miedo los acabara; mas era toledano, cuyos pechos no le conocen, y así, haciendo la misma cara al bien que al mal, poniendo las esperanzas en Dios, esperaba con valor lo que sucediese.

Tres días fueron de esta suerte, sin darles lugar la oscuridad y el ir engolfados en alta mar a conocer por dónde iban; y ya que esto les aseguraba el temor de hacerse[b] pedazos la nave, no lo hacía de dar en tierra de moros, cuando al cuarto día descubrieron tierra poco antes de anochecer; mas fue para acrecentarles el temor, porque eran unas montañas tan altas, que antes de sucederles el mal, ya le tenían previsto, y procurando amainar, fue imposible, que la triste nave venía tan furiosa, que antes que tuviesen lugar de hacer lo que intentaban, dio contra las peñas y se hizo pedazos; que, viéndose perdidos, acudió cada uno como

---

ª Martín: Marín D   ᵇ hacerse: hacerle B

pudo a salvar la vida, y aun esa tenía por imposible el librarla.

Don Martín, que, siguiendo el ejercicio de las armas, no era esta la primera fortuna en que se había visto, animosamente asió una tabla, haciendo cada uno lo mismo; con cuyo amparo, y el del Cielo, pudieron, a pesar de las furiosas olas, tomar tierra en la parte donde más cómodamente pudieron; que como en ella se vieron, aunque conociendo su manifiesto peligro, por llegar las olas a batir en las mismas peñas, por^a estar furiosas y fuera de madre, dieron gracias a Dios por las mercedes que les había hecho, y buscando como pudiesen donde ampararse, don Martín y otro caballero pasajero, que los demás enderezaron hacia otras partes, se acogieron a un hueco o quiebra que en la peña había, donde, por estar bien cóncavo y cavado, no llegaba el agua.

Estuvieron hasta la mañana, que habiéndose sosegado el aire y quitádose el cielo el ceño, salió el sol y dio lugar a que, las olas retiradas a su cerúleo albergue, descubrió una arenosa playa de ancho hasta dos varas, de modo que podía muy bien andar alrededor de las peñas. Que viendo esto don Martín y su compañero, temerosos de que no los hallase allí la venidera noche, y deseosos de saber dónde estaban, y menesterosos de sustento, por no haber comido desde la mañana del día pasado, salieron de aquel peligroso albergue, y caminando por aquella vereda, iban buscando si hallaban alguna parte por donde subir a lo alto, con harto cuidado de que no fuese tierra de moros donde perdiesen la libertad que el Cielo les había concedido, aunque les parecía más civil muerte acabar la vida a manos de la hambre (no sé qué dulzura tiene esta triste vida, que aunque sea *con*^b trabajos y desdichas, la apetecemos).

Dábales a don Martín y su camarada más guerra la hambre que el esperar verse cautivos, y sentían más la pérdida

---

^a por: por no *añ*. CD   ^b *con*: contra ACD; con B

de los mantenimientos, que con la nave se habían perdido, que los vestidos y ropa que se habían anegado con ella. Si bien a don Martín no le hacían falta los dineros, porque en un bolsillo que traía en la faltriquera había escapado buena cantidad de doblones y una cadena.

Más de medio día sería pasado cuando, caminando orilla de la mar, descubrieron una mal usada senda que a lo alto de la peña subía, y entrando por ella, no con poca fatiga, a cosa de las cuatro de la tarde, llegaron a lo alto, desde donde descubrieron la tierra llana y deleitosa, muchas arboledas muy frescas y en ellas huertas de agradable vista, y muchas tierras sembradas, y en ellas, o cerca, algunas hermosas caserías; mas no vieron ninguna gente, con que no pudieron apelar de su pensamiento de que estaban entre enemigos. Mas, al fin, sujetos a lo que la fortuna quisiese hacer de ellos, como hallasen qué comer, siguieron su camino, y a poco más de una legua, ya que quería anochecer, descubrieron un grande y hermoso castillo, y vieron delante de él andarse paseando un caballero, que en su talle, vestido y buena presencia parecía serlo. Tenía sobre un vestido costoso y rico un gabán de terciopelo carmesí, con muchos pasamanos de oro al[a] uso español, de que no se alegraron poco nuestros mojados y hambrientos caminantes, dando mil gracias a Dios de que, ya que con tanto trabajo los había guiado hasta allí, fuese tierra de cristianos, porque hasta a aquel punto habían temido lo contrario. Y yéndose para el caballero, que se paró a esperarlos, juzgando en verlos venir así lo que podía ser, que como llegasen más cerca, pudieron ver que era un hombre de hasta cuarenta años, algo[b] moreno, mas de hermoso rostro, el bigote y cabello negro y algo encrespado. Llegando, pues, más cerca, con semblante severo y alegre, los saludó con mucha cortesía, y prosiguió, diciendo:

---

^a al: y al *añ.* D   ^b algo: y algo *añ.* D

340

—No tengo necesidad, señores, de preguntaros qué ventura os ha traído aquí, que ya juzgo, en el modo que venís a pie y mal enjutos, parece que habéis escapado de alguna derrotada nave que en la tempestad pasada se ha perdido, haciéndose pedazos en esas[a] peñas. Y no ha sido pequeña merced del Cielo en haber escapado con las vidas, que ya otros muchos[b] han perecido sin haber podido tomar tierra.

—Así es —respondió don Martín, después de haberle vuelto las corteses saludes[14]—, y suplícoos, señor caballero, me hagáis merced de decirme qué tierra es esta, y si hallaremos cerca algún lugar donde poder repararnos del trabajo pasado y del que nos fatiga, que es no haber comido dos días ha.

—Estáis, señores —respondió el caballero—, en la Gran Canaria, si bien por donde la fortuna os la hizo tomar es muy dificultoso el conocerla, y de aquí a la ciudad hay dos leguas, y supuesto que ya el día va a la última jornada, será imposible llegar a ella a tiempo que os podáis acomodar de lo que os falta, y más siendo forasteros, que es fuerza ignoréis el modo. Y supuesto la necesidad que tenéis de sustento y descanso, porque me parecéis en la lengua españoles, y tener yo gran parte de esa[c] dichosa tierra, que es de lo que más me honro, os suplico *que aceptéis*[d] mi casa para descansar esta noche y todo el tiempo que más os diere gusto, que en todo podéis mandar como propia, y yo lo tendré por muy gran favor; que después yo iré con vosotros a la ciudad, donde voy algunas veces, y os podréis acomodar de lo que os faltare para vuestro viaje.

Agradecieron al noble caballero don Martín y su camarada, con corteses razones, lo que les ofrecía, aceptando, por la necesidad que tenían, su piadoso ofrecimiento. Y con

---

[a] esas: estas BD   [b] muchos: machos B   [c] esa: esta CD   [d] *que aceptéis*: aceptando ABCD

[14] *saludes*: «usado en plural, son los actos y expresiones corteses» (DA).

esto, todos tres y algunos criados que habían salido del castillo se entraron en él, y cerrando y echando el puente, por ser ya tarde y aquellos campos mal seguros de salteadores y bandoleros, subieron a lo alto; y iban notando nuestros héroes que el caballero debía[a] ser muy principal y rico, porque todas las salas estaban muy aliñadas de ricas colgaduras y excelentes pinturas y otras cosas curiosas, que decían el valor del dueño, sin faltar mujeres que acudieron a poner luces y ver qué se les mandaba, tocante al regalo de los huéspedes que su señor tenía, porque salieron, llamando[b], dos doncellas y cuatro esclavas blancas herradas en los rostros, a quienes[c] el caballero dijo que fuesen a su señora y le dijesen mandase apercibir dos buenas camas para aquellos caballeros, juntas en una cuadra, y que se aderezase presto la cena, porque necesitaban de comer y descansar.

Y mientras esto se hacía, don Martín y el compañero se quedaron con el caballero, contando de su viaje y del modo que habían llegado allí, juzgando, por lo que a las criadas había dicho dijesen a su señora, que el caballero era casado. Aderezada la cena y puestas las mesas, ya que se querían sentar, se les ofreció a la vista dos cosas de que quedaron bien admirados, sin saber qué les había sucedido. Y fue que diciéndoles el caballero que se sentasen, y haciendo él lo mismo, sacó una llave de la faltriquera, y dándola a un criado, abrió con ella una pequeña puerta que en la sala había, por donde vieron salir, cuando esperaban, o que saliesen algunos perros de caza, o otra cosa semejante, salió, como digo, una mujer, al mismo tiempo que, por la otra donde entraban y salían las criadas, otra, que la vista de cualquiera de ellas causó a don Martín y su compañero tan grande admiración, que, suspendidos, no se les acordó de lo que iban a hacer, ni atendieron a que el caballero les daba priesa que se sentasen.

---

[a] debía: debía de *añ.* CD   [b] llamando: llamado ABCD   [c] quienes: quien ABCD

La mujer que por la pequeña puerta salió parecía tener hasta veinte y seis años, tan hermosísima, con tan grande extremo, que juzgó don Martín, con haberlas visto muy lindas en Flandes y España, que esta les excedía a todas, mas tan flaca y sin color, que parecía más muerta que viva, o que daba muestras de su cercana muerte. No traía sobre sus blanquísimas y delicadas carnes [[más que]]ª un saco de una jerga[15] muy basta, y este le servía de camisa, faldellín y vestido, ceñido con un pedazo de soga. Los cabellos, que más eran madejas de Arabia que otra cosa, partidos en crenchaᵇ, como se dice, al estilo aldeano, y puestos detrás de sus orejas, y sobre ellos arrojada una toca de lino muy basto. Traía en sus hermosas manos (que parecían copos de blanca nieve) una calavera. Juzgó don Martín, harto enternecido de verla destilar de sus hermosos ojos sartas de cristalinas perlas, que si en aquel traje se descubrían tanto los quilates de su belleza, que en otro más precioso fuera asombro del mundo; y como llegó cerca de la mesa, se entró debajo de ella.

La otra que por la otraᶜ puerta salió era una negra, tan tinta, que el azabache era blanco en su comparación, y sobre esto, tan fiera, que juzgó don Martín que si no era el demonio, que debía serᵈ retrato suyo, porque las narices eran tan romas, que imitaban los perros bracos que ahora están tan validos, y la boca, con tan grande hocico y bezos tan gruesos, que parecía boca de león, y lo demás a esta proporción. Pudo muy bien don Martín notar su rostro y costosos aderezos en lo que tardó en llegar a la mesa, por venir delante de ella las dos doncellas, con dos candeleros de plata en las manos, y en ellos dos bujías de cera encendidas. Traía la fiera y abominable negra vestida una saya

---

ª [[más que]]: *om.* ABCD   ᵇ crencha: trencha D   ᶜ otra: *om.* B   ᵈ ser: de ser *añ.* D

[15] *jerga:* «tela gruesa y rústica...» (DA).

entera con manga en punta, de un raso de oro encarnado, tan resplandeciente y rica, que una reina no la podía tener mejor; collar de hombros y cintura de resplandecientes diamantes; en su garganta y muñecas, gruesas y albísimas perlas, como lo eran las arracadas[16] que colgaban de sus orejas; en la cabeza, muchas flores y piedras de valor, como lo eran las sortijas que traía en sus manos. Que como llegó, el caballero, con alegre rostro, la tomó por la mano y la hizo sentar a la mesa, diciendo:

—Seas bien venida, señora mía.

Y con esto se sentaron todos; la negra, a su lado, y don Martín y su camarada enfrente, tan admirados y divertidos en mirarla, que casi no se acordaban de comer, notando el caballero la suspensión, mas no porque dejase de regalar y acariciar a su negra y endemoniada dama, dándole los mejores bocados de su plato, y la desdichada belleza que estaba debajo de la mesa, los huesos y mendrugos, que aun para los perros no eran buenos, que como tan necesitada de sustento, los roía como si fuera uno de ellos.

Acabada la cena, la negra se despidió de los caballeros y de su amante o marido, que ellos no podían adivinar qué fuese, y se volvió por donde había venido, con la misma solemnidad de salir las doncellas con las luces, y saliendo de debajo de la mesa la maltratada hermosura, un criado de los que asistían a servir, en la calavera que traía en las manos, le echaron agua, y volviéndose a su estrecho albergue, cerró el criado la puerta con llave y se la dio a su señor. Pues pasado esto, y los criados idos a cenar, viendo el caballero a sus huéspedes tan suspensos pensando en las cosas que en aquella casa veían, sin atreverse a preguntar la causa, les habló de esta suerte:

—Si bien, buenos amigos, el trabajo pasado en la mar os necesita más de descanso y reposo que de oír sucesos, véoos

---

[16] *arracadas:* «pendientes, colgantes de las orejas usados por las mujeres».

tan admirados de lo que en esta casa veis, que estoy seguro que no os pesará de^a oír el mío, y la causa de los extremos que veis, que los juzgaréis encantamientos de los que se cuentan había en la primera edad del mundo. Y por que salgáis de la admiración en que os veo, si gustáis de saberla, con vuestra licencia os contaré mi prodigiosa historia, asegurándoos que sois los primeros a quien la he dicho y han visto lo que en este castillo pasa; porque desde que me retiré a él de la ciudad, no he consentido que ninguno de mis deudos o amigos que me vienen a ver pasen de la primera sala, ni mis criados se atreverán a contar a nadie lo que aquí pasa, pena de que les costara la vida.

—Antes, amigo y señor —respondió don Martín—, te suplico que lo digas y me saques de la confusión en que estoy, que no puedo tener, con el descanso que dices que mi fatiga ha menester, más gusto y alivio que oír la historia que encierra tan prodigiosos misterios.

—Pues, supuesto eso, os la diré —dijo el caballero—; estadme atentos, que pasa así:

Mi nombre es don Jaime de Aragón, que este^b mismo fue el de mi padre, que fue natural de Barcelona, en el reino de Cataluña, y de los^c nobles caballeros de ella, como lo dice mi apellido. Tuvo mi padre con otros caballeros de su patria unas competencias sobre el galanteo de una dama, y fue de suerte que llegaron a sacar las espadas; donde mi padre, o por más valiente, o más bien afortunado, dejando uno de sus contrarios en el último vale¹⁷, se escapó en un caballo al reino de Valencia, y embarcándose allí, pasó a Italia, donde estuvo algunos años en la ciudad de Nápoles, sirviendo al rey como valeroso caballero, donde llegó a ser capitán. Y ya cansado de andar fuera de su patria, volviéndose a ella con tormenta, derrotado, como vosotros, en esas

---

^a de: el D   ^b este: ese A^r   ^c los: *om.* D

¹⁷ *en el último vale:* «en la última despedida» (DA).

peñas, y salvando la vida por el mismo modo, estándose reparando en la ciudad del trabajo pasado, vio a mi madre, que habiendo muerto sus padres, la habían dejado niña y rica. Finalmente, al cabo de dos años que la galanteó, vino a casarse con ella. Tuviéronme a mí solo por fruto de su matrimonio, que llegando debajo de su educación a la edad floreciente de diez y ocho años, era tan inclinado a las armas, que pedí a mis padres licencia para pasar a Flandes a emplear algunos años en ellas y ver tierras. Tuviéronlo por bien mis padres, por que no perdiese el honor que por tan noble ejercicio podía ganar, aunque con paternal sentimiento; me acomodaron de lo necesario, y tomando su bendición, me embarqué para Flandes, que llegado a ella, asenté mi plaza y acudí a lo que era necesario en el ejercicio que profesaba, y en esto gasté seis años, y pienso que estuviera hasta ahora si no me hubiera sucedido un caso, el más espantoso que habréis oído.

Tenía yo a esta sazón veinte y cuatro años, el talle conforme a la floreciente edad, que tenía las galas como de soldado y las gracias como de mozo, acompañando a esto con el valor de la noble sangre que tengo. Pues estando un día en el cuerpo de guardia con otros camaradas y amigos, llegó a mí un hombre anciano, que al parecer profesaba ser escudero, y llamándome aparte, me dijo que le oyese una palabra, y despidiéndome de mis amigos, me aparté con él, que en viéndome solo, me puso en la mano un papel, diciendo que le leyese y de palabra le diese la respuesta. Leíle y contenía estas razones:

«Tu talle, español, junto con las demás gracias que te dio el Cielo, me fuerzan a desear hablarte. Si te atreves a venir a mi casa con las condiciones que te dirá ese criado, no te pesará de haberme conocido. Dios te guarde».

Viendo que el papel no decía más, y que se remitía a lo que dijese el criado, le pregunté el modo de poder obedecer lo que en aquel papel se me mandaba, y me respondió que no había que advertirme más de que, si me resolvía a ir, que le[a] aguardase en dando las diez en aquel mismo puesto, que él vendría por mí y me llevaría. Yo, que con la juventud que tenía, y la facultad que profesaba, ayudado[b] de mi noble sangre, no miraba en riesgos, ni temía peligros, pareciéndome que aunque fuese a los abismos no aventuraba nada, porque no conocía la cara al temor, acepté la ida, respondiendo que le aguardaría. Advirtiome el sagaz mensajero que en este caso no había riesgo ninguno, más del[c] de comunicarlo con nadie, y que así, me suplicaba que ni a camarada ni amigo no lo dijese, que importaba a mí y a la persona que le enviaba.

Asegurado de todo, y yo sin sosiego hasta ver el fondo a un caso con tantas cautelas gobernado, apenas vi que serían las diez, cuando, hurtándome a mis camaradas, me fui al señalado puesto, y dando el reloj las diez, llegó él en un valiente caballo, que por hacer la noche entre clara se dejaba ver, y bajando de él, lo primero que hizo fue vendarme los ojos con un tafetán de que venía apercibido; de cuya facción unas veces dudaba fuese segura, y otras me reía de semejantes transformaciones. Y diciendo que subiese en el caballo, subió él a las ancas. Empezamos a caminar, pareciéndome, en el tiempo que caminamos, que habían sido dos millas, porque cruzando calles y callejuelas, como por ir tapados los ojos no podía ver por dónde iba, muchas veces creí que volvíamos a caminar lo que ya habíamos caminado. En fin, llegamos al cabo de más de una hora a una casa, y entrando en el zaguán, nos apeamos, y así, tapados los ojos como estaba, me asió de la mano y me subió por unas escaleras. Yo os confieso que en esta ocasión tuve algún temor, y me pesó de haberme puesto en una ocasión, que ella misma, pues iba fundada en tanta cautela, estaba amenazando algún grave peligro; mas considerando que ya no podía volver atrás, y que no era lo peor haberme dejado

---

[a] le: se B   [b] ayudado: ayudando D   [c] del: el B

mi daga y espada, y una pistola pequeña que llevaba en la faltriquera, me volví a cobrar, pues juzgué que, teniendo con qué defenderme, ya que muriese, podía matar. Acabamos de subir, y en medio de un corredor, a lo que me pareció, por haber tentado las barandas, con una llave que traía abrió una puerta, y trasladando, al entrar por ella, mi mano, que en la suya llevaba otra, que al parecer del tacto juzgué mejor, sin hablar palabra, volvió a cerrar y se fue, dejándome más encantado que antes; porque la dama a quien me entregó, según juzgué por el rugir[18] de la seda, fue conmigo caminando otras tres salas, y en la última, llegando a un estrado, se sentó y me dijo que me sentase. Animeme cuando la oí hablar, y díjele:

—Gracias a Dios, señora mía, que ya sé que estoy en el cielo y no, como he creído, que me llevaban a los infernales abismos.

—¿Pues en qué conocéis que aquí es el cielo? —me replicó.

—En la gloria que siento en el alma, y en el olor y dulzura de este albergue. Y que aunque ciego, o yo soy de mal conocimiento, o esta mano que tengo en la mía no puede ser sino de algún ángel.

—¡Ay don Jaime! —me volvió a replicar—. No juzgues a desenvoltura esto que has visto, sino a fuerza de amor, de que he querido muchas veces librarme, y no he podido, aunque he procurado armarme de la honestidad y de la calidad que tengo; mas tu gala y bizarría han podido más, y así han salido vencedoras, rindiendo todas cuantas defensas he procurado poner a los pies de tu valor, con lo cual, atropellando inconvenientes, te[a] he traído de la manera que ves; porque tanto a ti como a mí nos importa vivir con este secreto y recato. Y así, para conseguir este amoroso

<hr />

[a] te: *om.* B

[18] *rugir:* «crujir» (DA).

empleo, te ruego que no lo comuniques con ninguno; que si alguna cosa mala tenéis los españoles, es el no saber guardar secreto.

Con esto, me desvendó los ojos; aunque fue como si no lo hiciera, porque todo estaba a oscuras. Yo, agradeciéndole tan soberanos favores, con el atrevimiento de estar solos y sin luz, empecé a procurar por el tiento a conocer lo que la vista no podía, brujuleando partes tan realzadas, que la juzgué en mi imaginación por alguna deidad.

Hasta dada la una estuve con ella gozando regaladísimos favores, cuantos la ocasión daba lugar, y ya que le pareció hora, habiéndome dado un bolsillo grande y con buen bulto, pues estaba tan lleno que apenas se podía cerrar, se despidió de mí con amorosos sentimientos, y volviéndome a vendar los ojos, diciendo que la noche siguiente no me descuidase de estar en el mismo puesto, salió conmigo hasta la puerta por donde entré, y entregándome al mismo que me había traído; volviendo a cerrar, bajamos donde estaba el caballo, y subiendo en él, caminamos otro tanto tiempo como a la ida, hasta ponerme en el mismo puesto de donde me había sacado. Llegué, en yéndose el criado, a mi posada, y hallando en ella ya acostados y durmiendo a mis camaradas, me retiré a mi aposento, y haciéndome[a] millares de cruces del suceso que por mí pasaba, abrí el bolsillo, y había en él una cadena[b] de peso de doscientos escudos de oro, cuatro sortijas de diamantes y cien doblones de a cuatro. Quedé absorto, juzgando que debía de ser mujer poderosa, y dando gracias a mi buena dicha, pasé la noche, dando otro día cadena al cuello y a las manos relumbrones, jugando largo y gastando liberal con los amigos; tanto que ellos me decían que de qué Indias había venido, a quien satisfacía con decir que mi padre me lo había enviado. Y a la noche siguiente, aguardando en el puesto a mi guía, que

---

[a] haciéndome: haciendo B   [b] cadena: cada A; cadena BCD

fue muy cierta a la misma hora, a quien recibí con los brazos; y con darle lo que merecía su cuidado. Y con esto, de la misma suerte que la noche pasada, fui recibido, y agasajado, y bien premiado mi trabajo, pues aquella noche me proveyó las faltriqueras de tantos doblones, que será imposible el creerlo.

De esta suerte pasé más de un mes, sin faltar noche ninguna mi guía, ni yo de gozar mi dama encantada, ni ella de colmarme de dineros y preciosas joyas, que en el[a] tiempo que digo largamente me dio más de seis mil ducados, con que yo me trataba como un príncipe, sin que, en todo este tiempo que he dicho, permitió dejarse ver, y si la importunaba para ello, me respondía que no nos convenía, porque verla y perderla había de ser uno. Mas como las venturas fundadas en vicios y deleites perecederos no pueden durar, cansose la fortuna de mi dicha, y volvió su rueda contra mí.

Y fue que como mis amigos y camaradas me veían tan medrado y poderoso, sospecharon mal, y empezaron a hablar peor, porque echando juicios y haciendo discursos de dónde podía tener yo tantas joyas y dineros, dieron en el más infame, diciendo que era ladrón o salteador. Y esto lo hablaban a mis espaldas, tan descaradamente, que vino a oídos de un camarada mío, llamado don Baltasar, y si bien en varias ocasiones había vuelto por mí y puéstose a muchos riesgos, enfadado de verme en tan mala opinión, y quizá temiendo no fuese verdad lo que se[b] decía, me apartó una tarde de todos, sacándome al campo, me dijo:

—Cierto, amigo don Jaime, que ya es imposible el poderme excusar de deciros mi sentimiento y para lo que aquí os he traído. Y creedme que el quereros bien lo ocasiona, porque siento tanto el oír hablar mal de vos, como se hace entre todos los que os conocen y os han visto no tan sobrado como estáis. Y para decirlo de una vez, sabed que, des-

_____

ᵃ el: *om.* D   ᵇ se: le D

pués que os ven con tantos aumentos y mejorado de galas y joyas, como hacéis alarde de unos días a esta parte, entre los soldados, todos juntos, y cada uno de por sí, haciendo conjeturas y juicios de dónde os puede venir, dicen públicamente que lo tenéis de donde aun yo me avergüenzo de decirlo. Mas ya no es tiempo de que se os encubra: dicen, en fin, que debéis de hurtar y capear[19], y sácanlo de que os ven faltar todas las noches. Yo he tenido, por volver por vos, muchos enfados; mas es caso dificultoso poder uno solo ser contra tantos. Ruégoos, por la amistad que entre los dos hay, que es más que parentesco, me saquéis de esta duda, para que ya que los demás estén engañados, no lo esté yo; que soy también hombre y puede ser que viendo que os guardáis y cauteláis de mí, crea el mismo engaño que los demás creen, y sabiendo yo lo contrario, pueda seguramente volver por vuestra perdida opinión y sustentar la mía.

Reíme muy de voluntad oyendo a don Baltasar lo que me decía, y quise disculparme dando diferente color al[a] caso, por no descubrir el secreto de mi amada prenda, que ya a este tiempo, con las cargas de las obligaciones que le[b] tenía, aunque no la veía, la quería. Mas al fin don Baltasar apretó tanto la dificultad, que, pidiéndole por la misma amistad que había entre los dos me guardase secreto, avisándole el riesgo que me corría, le conté todo lo que me había sucedido y sucedía. Admirose y tornose a admirar don Baltasar, y después de haber dado y tomado sobre el caso, me dijo:

—¿Es posible, amigo, que no hemos de saber esta casa dónde es, siquiera para seguridad de vuestra vida?

—Dudoso lo hallo —dije yo—, por el modo con que me llevan.

---

[a] al: el D [b] le: la D

[19] *capear:* «asaltar».

—No muy dudoso —dijo don Baltasar—, pues se puede llevar una esponja empapada en sangre, y esta acomodada en un vaso, y haciendo con ella, al entrar o salir, una señal en la puerta, será fácil otro día que hallemos por ella la casa.

En fin, para abreviar, aquella misma noche llevé la esponja y señalé la puerta, y otro día don Baltasar y yo no dejamos en toda la ciudad calle ni plaza, rincón ni callejuela, que no buscamos; mas nunca tal señal pudimos descubrir, y volviéndonos ya a la posada, cansados y admirados del caso, no a veinte casas de ella, en unas muy principalísimas, vimos la señal de la sangre, de que quedamos confusos y atónitos, y juzgamos que el rodear, cuando me llevaban, tanto, era por deslumbrarme, para que juzgase que era muy lejos. Informámonos cúyas eran las dichas casas, y supimos ser de un príncipe y gran potentado de aquel reino, ya muy viejo, y que solo tenía una hija heredera de todo su estado y riqueza, viuda, mas muy moza, por haberla casado niña, de las más bellas damas[a] de aquel país. Mirámoslo todo muy bien, y notamos que aunque había muchas rejas y balcones, todas estaban con muy espesas celosías, por donde se podía ver sin ser vistos. Recogímonos a la posada hablando en el caso, y después de haber cenado, nos salimos, yo a mi puesto, para aguardar mi guía, y don Baltasar a ocultarse en la misma casa, hasta satisfacerse. Y al fin nos enteramos de todo, porque venido mi viejo norte, yo me fui a mis oscuras glorias, y don Baltasar aguardó hasta que me vio entrar, con que se volvió a la posada, y yo me quedé con mi dama, con la cual, haciéndole nuevas caricias y mostrándole mayores rendimientos, pude[b] alcanzar, aunque contra su voluntad, dejarse ver; y[c] así ella misma fue por la luz, y saliendo entre sus hermosos dedos con una bujía de cera encendida, vi, no una mujer, sino un serafín, y sentándose junto a mí, me dijo:

ª damas: *om.* B   ᵇ pude: puede C   ᶜ y: *om.* D

—Ya me ves, don Jaime; quiera el Cielo no sea para perderme. Madama Lucrecia soy, princesa de Erne. No dirás que no has alcanzado conmigo cuanto has querido. Mira lo que haces.

¡Ay, qué de[a] desórdenes hace la mocedad! Si yo tuviera en la memoria estas palabras, no hubiera llegado al estado en que estoy, y le tuviera mayor[b], porque matando la luz, prosiguió diciendo:

—Mi padre es muy viejo, no tiene otro heredero sino a mí, y aunque me salen muchos casamientos, ninguno acepto ni aceptaré hasta que el Cielo me dé lugar para hacerte mi esposo.

Besele las manos, por las mercedes que me hacía y las que de nuevo me ofrecía, y siendo hora, colmado de *dichas*[c] y dineros, y muy enamorado de la linda Lucrecia, me vine a mi posada, dando cuenta a don Baltasar de lo que me había pasado, si bien cuidadoso de que conocí en Lucrecia quedar triste y confusa.

Otro día por la mañana me vestí aún con más gala y cuidado que otras veces, y con mi camarada salimos a la calle como otras veces, y como mozo mal regido y enamorado empezamos a dar vueltas por la calle, ya hacia arriba, y ya abajo, mirando a las ventanas, porque ya los ojos no podían excusarse de buscar la hermosura que habían visto. Y después de comer, gastamos la tarde en lo mismo. ¡Ay de mí, y cómo ya mi desdicha me estaba persiguiendo, y mis venturas, cansadas de acompañarme, me querían dejar! Porque no habiendo en todo el día visto ni aun sombra de mujer en aquella casa, llegamos a la mía, y mientras don Baltasar fue al cuerpo de guardia, yo me quedé a la puerta. Era poquito antes de anochecer, como se dice entre dos luces, cuando llegó a mí una mujer en traje flamenco, con una mascarilla en el rostro, y me dijo en lengua española,

[a] de: *om.* CD   [b] mayor: mejor B   [c] *dichas:* desdichas ABCD

que ya la saben todos en aquel reino por la comunicación que hay con españoles:

—Mal aconsejado mozo, salte de la ciudad al punto. Mira que no te va menos que la vida, porque esta noche te han de matar por mandado de quien más te quiere. Que de lástima que tengo a tu juventud y gallardía, con harto riesgo mío, te aviso.

Y diciendo esto, se fue como el mismo viento, sin aguardar respuesta mía, ni yo poder seguirla, porque al mismo punto llegó don Baltasar con otros amigos que posaban con nosotros. Y si os he de decir la verdad, aunque no vinieran, no la pudiera seguir, según cortado y desmayado me dejaron sus palabras, si bien no[a] colegí que fuese mi amada señora el juez que me condenaba a tan precisa y cercana muerte. Con todo eso, como llegaron los amigos, me cobré algo, y después de haber cenado, aparté a don Baltasar y le conté lo que me había pasado; que echando mil juicios, unas veces temiendo, y otras con el valor que requerían tales casos, estuvimos hasta los tres cuartos de las diez, que ya cansado de pensar qué sería, con la soberbia que mi valor me daba, dije:

—Las diez darán. Vamos, amigo, y venga el mundo, que aunque me cueste la vida, no dejaré la empresa comenzada.

Salimos, llegué al puesto, dieron las diez y no vino el que esperaba. Aguardé hasta las once, y viendo que no venía, dije a don Baltasar:

—Puede ser que, si acaso os han visto, no lleguen por eso. Apartaos y encubríos en[b] esta callejuela; veamos si es esta la ocasión.

Que apenas don Baltasar se desvió donde le dije, cuando salieron de una casa más abajo de donde yo estaba seis hombres armados y con máscaras, y disparando los dos de ellos dos pistolas, y los otros metiendo mano a las espadas,

[a] no: me D   [b] *en:* con ABC; en D

me acometieron, cercándome por todas partes. De las pistolas, la una fue por alto; mas la otra me acertó en un brazo, que si bien no encarnó para hacérmele pedazos, bastó a herirme muy mal. Metí mano y quise defenderme; mas fue imposible, porque a cuchilladas y estocadas, como eran seis contra mí, me derribaron, herido mortalmente. Al ruido, volvió mi camarada, y salieron de las casas vecinas gente, y de mi posada los amigos, que aún no estaban acostados, por haberse puesto a jugar. Y los traidores, viendo lo que les importaba, se pusieron en fuga; que si no, tengo por sin duda que no se fueran hasta acabarme. Lleváronme a la posada medio muerto; trujeron[a] a un tiempo los médicos para el alma y para el cuerpo, que no fue pequeña misericordia de Dios quedar para poderme[b] aprovechar de ellos. En fin, llegué a punto de muerte; mas no quiso el Cielo que se ejecutase entonces esta sentencia.

Púsose tanto cuidado en mi cura, como me hallé con dineros[c] para hacerlo, que vine a mejorar de mis heridas, y a estar ya para poderme levantar; y cuando lo empezaba a hacer, me envió el general a decir con el sargento mayor que tratase de salir luego de aquel país y me volviese a mi patria, porque me hacía cierto de que quien me había puesto en el estado [en][d] que estaba aún no estaba vengado; que así se lo avisaban por un papel que le habían dado, sin saber quién, y que le decían en él que por loco y mal celador de secretos había sido. Que no hiciese juicios, que de mano de una mujer se había todo originado.

En esto conocí de qué parte había procedido mi daño. Y así, sin aguardar a estar más convalecido, me puse en camino, y con harto trabajo, por mi poca salud, llegué a mi patria, donde hallé que ya la airada Parca había cortado el hilo de la vida a mi madre, y mi padre, viejo y muy enfer-

---

[a] trujeron: trajeron CD   [b] poderme: poder B   [c] dineros: dinero D
[d] [en]: *om.* ACD; en B

mo, con que dentro de un año siguió a su amada consorte. Quedé rico, y en lo mejor de mi edad, pues tenía a la sazón de treinta y tres a treinta y cuatro años. Ofreciéronseme luego muchos casamientos de señoras de mucha calidad y hacienda. Mas yo[a] no tenía ninguna voluntad de casarme, porque aún vivía en mi alma la imagen adorada de madama Lucrecia, perdida el mismo día que la vi; que aunque había sido causa de tanto mal como padecí, no la podía olvidar ni aborrecer. Hasta que una Semana Santa, acudiendo a la iglesia mayor a asistir a los divinos oficios, vi un sol: poco digo, vi un ángel; vi, en fin, un retrato de Lucrecia, tan parecido a ella, que mil veces me quise persuadir a que, arrepentida de haberme puesto en la ocasión que he dicho, se había venido tras mí. Vi, en fin, a Elena, que este es el nombre de aquella desventurada mujer que habéis visto comer los huesos y migajas de mi mesa. Y así como la vi, no la amé, porque ya la amaba: la adoré. Y luego propuse, si no había causa que lo estorbase, a hacerla mi esposa. Seguila; informeme de su calidad y estado. Supe que era noble; mas tan pobre, que aun para una medianía le faltaba. Era doncella, y sus virtudes las mismas que pude[b] desear, pues al dote de la hermosura se allegaba el de honesta, recogida y bien entendida. No tenía padre, que había muerto un año había, y su madre era una honrada y santa señora.

Contento de todo, haciendo cuenta que la virtud y hermosura era la mayor riqueza, y que en tener a Elena tenía más riquezas[c] que tuvo Midas, me casé con ella, quedando madre y hija tan agradecidas, que siempre lo estaban repitiendo. Y yo, como más amante, me tuve en merecerla por el más dichoso de los hombres. Saqué[d] a Elena de la mayor miseria a la mayor grandeza, como habéis visto en esta negra que ha estado a mi mesa esta noche, dando envidia a las más nobles damas de toda la Gran Canaria, tanto con la

[a] yo: ya B   [b] pude: puede B   [c] riquezas: riqueza B   [d] Saqué: Sequé D

hermosura como con la grandeza en que la veían[a], luciendo tanto la belleza de Elena con los atavíos y ricas joyas, que se quedaban embelesados cuantos la veían[b], y yo cada día más y más enamorado, buscando nuevos rendimientos para más obligar. Amábala tan ternísimamente, que las horas sin ella juzgaba siglos, y los años en su compañía, instantes. Elena era mi cielo, Elena era mi gloria, Elena era mi jardín, Elena mis holguras y Elena mi recreo. ¡Ay de mí! ¿Y cómo me tendréis por loco, viéndome recrear con el nombre de Elena, y maltratarla como esta noche habéis visto! Pues ya es Elena mi asombro, mi horror, mi aborrecimiento; fue mujer Elena, y como mujer ocasionó sus desdichas y las mías. Murió su madre a los seis años [[de]][c] casada Elena, y sentilo yo más que ella. ¡Pluviera[d] el Cielo viviera, que quizá a su sombra fuera su hija la que me debía ser!

Tenía Elena un primo hermano, hijo de una hermana de su padre, mozo, galán y bien entendido; mas[e] tan pobre, que no tenía para sustentar el seguir sus estudios para ser de la Iglesia. Y yo, que todas las cosas de Elena las estimaba mías, para que pudiera conseguir los estudios, le truje[f] a mi casa, comiendo, vistiendo y triunfando, a costa de mi hacienda[g], y se lo daba yo con mucho gusto, porque le tenía en lugar de hijo. Ya había ocho años que éramos casados, pareciéndome a mí que no había una hora. Vivíamos en la ciudad, si bien todos[h] los veranos nos veníamos a este castillo, a recoger la hacienda del campo, como todos los que la tienen[i] hacen. Y aquel verano, que fue en el que empezó mi desdicha, sucedió no estar Elena buena, y creyendo que fuesen achaques de preñada, como yo lo deseaba sumamente, por tener prendas suyas[j], no la consentí venir aquí. Vine yo solo, y como el vivir sin ella era imposible, a los

---

[a] veían: vían CD   [b] veían: vían C   [c] [[de]]: *om.* ABCD   [d] Pluviera: pluguiera D   [e] mas: *om.* B   [f] truje: traje CD   [g] de mi hacienda: mía CD   [h] todos: *om.* CD   [i] los que la tienen: *om.* CD   [j] sumamente, por tener prendas suyas: *om.* CD

ocho días que aquí estuve[a], aquejándome[b] el deseo de verla, volví a la ciudad con el mayor contento que puede imaginarse. Llegué a sus brazos y fui recibido con el mismo. ¡Que cuando considero las traiciones de una mujer, se me acaba la vida! ¡Con qué disimulación me acarició, pidiéndome que si había de volver al castillo, no la dejase, que estando apartada de mí, no vivía! Pues apenas sosegado en mi casa, me apartó aparte esta negra que aquí veis, que nació en mi casa de otra negra y un negro, que siendo los dos esclavos de mis padres los casaron, y me dijo llorando:

—Ya, señor, no fuera razón encubrirte la maldad que pasa, que fuera negarme *a* la[c] la crianza que tus padres y tú hic*i*steis[d] a los míos y a mí y al pan que como. Sabe Dios la pena que tengo en llegar a decirte esto; mas no es justo que pudiendo remediarlo, por callar yo, vivas tú engañado y sin honra. Y por no detenerme, que temo que no será más mi vida de cuanto me vean hablar contigo, porque así me han amenazado, mi señora y su primo tratan en tu ofensa y ilícito amor, y en faltando[e] tú, en tu lugar ocupa su primo tu lecho. Yo lo había sospechado, y cuidadosa lo miré, y es el mal que lo sintieron. Yo te he avisado de la traición que te hacen; ahora[f] pon en ello el remedio.

Cómo quedé[g], buenos amigos, el Cielo solo lo sabe, y vosotros lo podéis juzgar. Mil[h] veces quise sacar la lengua a la vil mensajera, y otras no dejar en toda la casa nada vivo. Mas viendo que era espantar la caza[i], me reporté, y disimulando mi desventurada pena, traté otro día, no teniendo paciencia para aguardar a ver mi agravio a vista de ojos, de que nos viniésemos aquí, y dando a entender que me importaba estar aquí más despacio que otras veces, envié todo

---

    [a] que aquí estuve: *om.* CD   [b] aquejándome: dejándome D   [c] negarme *a* la: negármela la A; negarme la B; negarme la CD   [d] hic*i*steis: hicesteis A; hicisteis BCD   [e] faltando: feltando A[v]   [f] ahora: agora CD   [g] quedé: queden D   [h] Mil: Mis D   [i] la caza: la caza si lo hacía *añ.* D

el *menaje*[a] de casa, criadas y esclavas[b], primero, y luego partimos nosotros: Elena, con gusto de lo que yo le tenía; que yo tuve cautela y disimulación, que ya para mí es, aunque pudiera ser que no fuera: que al honor de un marido solo que él lo sospeche basta, cuanto y más habiendo testigo de vista.

Lo primero que hice, ciego de furiosa cólera, en llegando aquí, fue quemar vivo al traidor primo de Elena, reservando su cabeza para lo que habéis visto, que es la que *traía*[c] en las manos, para que le sirva de vaso en que beba los[d] acíbares, como bebió en su boca las dulzuras. Luego, llamando a la negra que me había descubierto la traición, le di todas las joyas y galas de Elena, delante de ella misma, y le dije, por darla más dolor, que ella había de ser mi mujer, y como a tal se sirviese, y mandase el hacienda, criadas y criados, durmiendo en mi misma cama, aunque esto no lo ejecuto, que antes que Elena acabe, la he de quitar a ella también la vida. Queríase disculpar Elena, mas no se lo consentí. No la[e] maté luego, porque una muerte breve es pequeño castigo para quien hizo tal maldad contra un hombre que, sacándola de su miseria, la puso en el alteza que os he contado.

En fin, de la suerte que veis, ha dos años que la tengo, no comiendo más de lo que hoy ha comido, ni bebido, ni teniendo más de unas pajas para cama, ni aquel rincón donde está es mayor que lo[f] que cabe su cuerpo echado, que aun en pie no se puede poner; su compañía es la calavera de su traidor y amado primo. Y así ha de estar hasta que muera, viendo cada día la esclava que ella más aborrecía, adornada de sus galas y en el lugar que ella perdió en mi mesa y a mi lado.

Esto es lo que habéis visto, que os tiene tan admirados[g]. Consejo no os le pido, que no le tengo de tomar, aunque

---

[a] *menaje:* homenaje ABCD   [b] esclavas: esclavos D   [c] *traía:* traigo ABCD   [d] los: las AB; los CD   [e] *la:* las ABCD   [f] que lo: quello D   [g] admirados: admirado ABCD

me le^a deis, y así, podéis excusaros de ese trabajo; porque si me decís^b que es crueldad que viva muriendo, ya lo sé, y por eso lo hago. Si dijéredes que fuera más piedad matarla, digo que es la verdad, que por eso no la mato, por que pague los agravios con la pena, los gustos que perdió y me quitó con los disgustos que pasa. Con esto, idos a reposar, sin decirme nada, porque de haber traído a la memoria estas cosas, estoy con tan mortal rabia, que quisiera que fuera hoy el día en que supe mi agravio, para poder de nuevo ejecutar el castigo. Mañana nos veremos, y podrá ser que esté más humana mi pasión, y os oiré todo lo que me quisiéredes decir, no porque he de mudar^c propósito, sino por no ser descortés con vosotros.

Con esto, se levantó de la silla, haciendo don Martín y su compañero lo mismo, y mandando a un criado los llevase adonde tenían sus lechos, dándoles las buenas noches, se retiró don Jaime adonde tenía el suyo.

Espantados iban don Martín y el compañero del suceso de don Jaime, admirándose cómo un caballero de tan noble sangre, cristiano y bien entendido, tenía ánimo para dilatar tanto tiempo tan cruel venganza en una miserable y triste mujer que tanto había querido, juzgando, como discretos, que también podía ser testimonio[20] que aquella maldita esclava hubiese levantado a su señora, supuesto que don Jaime no había aguardado a verlo. Y resuelto don Martín en dárselo a entender otro día, se empezaron a desnudar. Y don Jaime, ya retirado a otra cuadra donde dormía, con la pasión, como él había dicho, que de traer a la memoria los naufragios^d de su vida, se empezó a pasear por ella, dando suspiros y golpes una mano con otra, que parecía que estaba sin juicio.

---

^a le: lo B   ^b decís: decir D   ^c mudar: mudar de *añ*. CD   ^d naufragios: naufragio- D

[20] *testimonio:* «falsa acusación» («Vale también impostura o falsa atribución de alguna culpa. Dícese regularmente falso testimonio». DA).

Cuando Dios, que no se olvida de sus criaturas y quería que, ya que había dado (como luego se verá) el premio a Elena de tanto padecer, no quedase el cuerpo sin honor, ordenó lo que ahora oiréis[a] y fue que apenas se habían recogido todos, cuando la negra, que acostada estaba, empezó a dar grandes gritos, diciendo: «¡Jesús, que me muero, confesión!», y llamando a las criadas por sus nombres, a cada una decía que le llamasen a su señor. Alborotáronse todas, y entrando adonde[b] la negra estaba, la hallaron batallando con la cercana muerte. Tenía el rostro y cuerpo cubierto de un mortal sudor, y tras esto, con un temblor que la cama estremecía, y de rato en rato se quedaba amortecida, que parecía que ya había dado el alma, y luego volvía con los mismos dolores y congojas a temblar y sudar a un tiempo. Pues viendo que decía que le llamasen a su señor, que le importaba hablarle antes de partir de este mundo, le llamaron, que así él, como don Martín y su compañero, habían, al alboroto de la casa, salido fuera, y entrando todos tres y algunos de los criados que vestidos se hallaron adonde la negra estaba, notando don Martín la riqueza de la cama en que la abominable figura dormía, que era de damasco azul, goteras de terciopelo con franjas y fluecos[21] de plata, que a la cuenta juzgó ser la cama misma de Elena, que hasta de aquello la había hecho dueño el mal aconsejado marido. Y como la negra vio a su señor, le dijo:

—Señor mío: en este paso en que estoy, no han de valer mentiras ni engaños. Yo me muero, porque a mucha priesa siento que se me acaba la vida. Yo cené y me acosté buena y sana, y ya estoy acabando. Soy cristiana, aunque mala, y conozco, aunque negra, con el discurso que tengo, que[c] ya estoy en tiempo de decir verdades, porque siento que me está amenazando el juicio de Dios. Y ya que en la vida no

---

[a] oiréis: diréis D   [b] adonde: donde D   [c] que: *om.* B

[21] *fluecos:* «flecos».

le[a] he temido, en la muerte no ha de ser de ese modo. Y así, te juro, por el paso riguroso en que estoy, que mi señora está inocente, y no debe la culpa por donde la tienes condenada a tan rigurosa pena. Que no me perdone Dios si cuanto te dije no fue testimonio que la levanté; que jamás yo le vi cosa que desdijese de lo[b] que siempre fue, santa, honrada y honesta, y que su primo murió sin culpa. Porque lo cierto del caso es que yo me enamoré de él, y le andaba persuadiendo fuese mi amante, y como yo veía que siempre hablaba con mi señora, y que a mí no me quería, di en aquella mala sospecha que se debían de amar; pues aquel día mismo que tú viniste, riñendo mi señora conmigo, le dije no sé qué libertades en razón de esto, que indignada de mi libertad, me maltrató de palabra y obra, y estándome castigando, entró su primo, que, sabido el caso, ayudó también a maltratarme, jurando entrambos que te lo habían de decir. Y yo, temiendo tu castigo, me adelanté con aquellas mentiras, para que tú me vengases de entrambos, como lo hiciste. Mas ya no quiere Dios que esté más encubierta mi maldad; ya no tiene remedio lo hecho. Lo que ahora[c] te pido es que me perdones y alcances de mi señora lo mismo, para que me perdone Dios, y vuélvela a su estado, porque por Él te juro que es sin culpa lo que está padeciendo.

—Sí haré —dijo a esta última razón don Jaime, los ojos bermejos de furor—. Este es el perdón que tú mereces, engañadora y mala hembra, y pluviera a Dios tuvieras más vidas que esa que tienes para quitártelas todas.

Y diciendo esto, se acercó de un salto a la cama, y sacando la daga, la[d] dio tres o cuatro puñaladas, o las que bastaron a que llegase más presto la muerte. Fue hecho el caso con tanta presteza, que ninguno lo pudo prevenir, ni estorbar, ni creo lo hicieran, porque juzgaron bien merecido aquel castigo.

---

a le: lo B   b lo: *om.* B   c ahora: agora CD   d la: le D

Saliose, hecho esto, don Jaime fuera, y muy pensativo se paseaba por la sala, dando de rato en rato unos profundos suspiros. A este tiempo llegó don Martín, y muy contento le dijo:

—¿Pues cómo, señor don Jaime, y en día de tanta alegría, en que habéis ganado honor y mujer, pues podéis hacer cuenta que hoy os casáis nuevamente con la hermosa Elena, hacéis extremos y el tiempo que habéis de gozaros en sus brazos le dejáis perder? No tenéis razón. Volved en vos y alegraos, como todos nos alegramos. Dad acá esa llave, y saquemos esta triste y inocente señora.

Aquietose algo el pobre caballero, y sacando la llave, la dio a don Martín, el cual abriendo la estrecha puerta, llamó a la dama, diciendo:

—Salid, señora Elena, que ya llegó el día de vuestro descanso.

Y viendo que no respondía, pidió le acercasen la luz, y decía bien, que ya Elena le tenía. Y entrando dentro, vio a la desgraciada dama muerta estar echada sobre unas pobres pajas, los brazos en cruz sobre el pecho, la una mano tendida, que era la izquierda, y con la derecha hecha con sus hermosos dedos una bien formada cruz. El rostro, aunque flaco y macilento, tan hermoso, que parecía un ángel, y la calavera del desdichado y inocente primo junto a la cabecera, a un lado. Fue tan grande la compasión que le sobrevino al noble don Martín, que se le arrasaron los ojos de lágrimas, y más cuando llegó y, tentándola la mano, vio que estaba fría, que a la cuenta, así como desde su penosa cárcel debió de oír a su marido contar su lastimosa historia, fue su dolor tan grande, que bastó lo que no había hecho la penosa vida que pasaba, el dolor de ver el crédito que daba a un engaño, a acabarle la vida. Y viendo, pues, que ya no había remedio, después de haberle dicho con lágrimas el buen don Martín:

—Dichosa tú, Elena, que ya acabaste con tu desgraciada suerte, y desdichada en que siquiera no supieras cómo ya el

Cielo volvió por tu inocencia[a], para que partieras de este mundo con algún consuelo.

Llamó a don Jaime, diciendo:

—Entrad, señor, y ved de lo que ha sido causa vuestro cruel engaño. Entrad, os suplico, que para ahora son las lágrimas y los sentimientos, que ya Elena no tiene necesidad de que vos le deis el premio de su martirio, que ya Dios se le ha dado en el Cielo.

Entró don Jaime alborotado y con pasos descompuestos, y como vio a Elena de la suerte que estaba, llorando como flaca mujer, él, que había tenido corazón de fiera, se arrojó sobre ella [[y]][b], besándole la mano, decía:

—¡Ay, Elena mía, y cómo me has dejado! ¡Por qué, señora, no aguardabas a tomar venganza de este traidor, que quiso dar crédito más a una falsedad que a tus virtudes? ¡Pídesela a Dios, que cualquiera castigo merezco!

Don Martín, que le vio con tanta pasión, acudió, advertido, a quitarle la daga que tenía en la pretina, temiendo no hiciese alguna desesperación. Y es lo cierto que la hiciera, porque, echando la mano a buscarla y no hallándola, se empezó a dar puñadas y arrancarse las barbas y cabellos, y a decir algunos desaciertos. Acudieron todos llorando, y casi por fuerza le sacaron fuera. Mas, por cosas que hacían, no le pudieron aquietar, hasta que rematadamente perdió el juicio. Que sobre las demás lástimas vistas, esta echó el sello, para que cuantos estaban presentes, soltando las riendas al dolor, daban gritos, como si a cada uno le faltara la prenda más amada de su alma; en particular, las doncellas y esclavas de la difunta Elena, que cercada[c] la tenían, llorando y diciendo mil lastimosas razones, abonándola y publicando su virtuosa vida, que por no haberlas querido su señor oír, no lo habían hecho antes.

---

[a] inocencia: inociencia D   [b] [[y]]: *om.* ABCD   [c] cercad*a:* cercadas ABCD

Viendo don Martín tal confusión, mandó que las mujeres se retirasen adentro, y por fuerza entre él y los criados llevaron a don Jaime a su cama y le acostaron, atándole, por que no se levantase y se arrojase por alguna ventana, que ese era su tema, que le dejasen quitarse[a] la vida, para ir adonde[b] estaba Elena, mandando a dos criados no se apartaran de él ni le dejaran solo. Informose si don Jaime tenía algún pariente en la ciudad, y diciéndole tenía un primo hermano, hijo de una hermana de su madre, caballero rico y de mucha calidad y nobleza, despachó luego uno de los criados con una carta para que viniese a disponer lo necesario en tantos fracasos; que, sabido el caso por don Alejandro, y informado de todo, él y su mujer, con mucha gente de su casa, así criados como criadas, con otros caballeros que supieron el caso, vinieron al castillo de don Jaime, donde hallando tantas lástimas, todos juntos lloraban de ternura, y más de ver a Elena, que cada hora parecía estar más hermosa. Sacáronla de donde estaba, que hasta entonces no había consentido don Martín tocar a ella, y puesta en una caja que se mandó traer de la ciudad, después de haber enterrado[c] la negra, que parecía un retrato de Lucifer, allí, en la capilla del castillo, con don Jaime y el cuerpo de Elena y todo lo demás de hacienda y gente, se vinieron a la ciudad, en casa de don Alejandro, y don Martín y su camarada con ellos, que les hacían todos mucha honra. Y después de sepultada Elena con igual sentimiento de todos, se trató con médicos afamados dar remedio a don Jaime, mas no fue posible.

Allí estuvo don Martín un mes, aguardando si don Jaime mejoraba, y visto que no tenía remedio, despedido de don Alejandro, se embarcó para España, y tomado próspero puerto, llegó a la Corte, y visto por Su Majestad las ocasiones en que le había servido, se lo premió como merecía[d],

---

[a] quitarse: quitar B   [b] adonde: donde D   [c] enterrado: enterrado a *añ*. D   [d] merecía: merecían ACD; merecía B

donde en llegando a Toledo se casó con su amada prima, con quien vive hoy contento y escarmentado en el suceso que vio por sus ojos, para no engañarse de enredos de malas criadas y criados. Y en las partes que se hallaba, contaba el suceso que habéis oído de la misma manera que yo le he dicho, donde con él queda bien claramente probada la opinión de que, en lo que toca a crueldad, son los hombres terribles, pues ella misma los arrastra, de manera que no aguardan a segunda información; y se ve asimismo que hay mujeres que padecen inocentes, pues no todas han de ser culpadas, como en la común opinión lo son. Vean ahora las damas si es buen desengaño considerar que si las que no ofenden pagan, como pagó Elena, ¿qué harán las que siguiendo sus locos devaneos, no solo dan lugar al castigo, mas son causa de que infaman a todas, no mereciéndolo todas? Y es bien mirar que, en la era que corre, estamos en tan adversa opinión con los hombres, que ni con el sufrimiento los vencemos, ni con la inocencia los obligamos.

Aquí dio fin la hermosa Filis a su desengaño, enterneciendo a cuantos le oyeron con cuánta paciencia había Elena llevado su dilatado martirio; y los galanes, agradecidos a la cortesía que Filis había tenido con ellos, le dieron corteses agradecimientos; y todos, dando cada uno su parecer, gastaron alguna parte de la noche, que ya iba caminando con apresurado paso a su albergue, para dar lugar al día, que asimismo venía caminando a toda diligencia. Y esto fue en tanto que sacaban una costosa y bien dispuesta colación, que, por ser tan tarde, no quiso Lisis que fuera cena, quedando avisados que se juntasen el día siguiente más temprano, porque tuviesen lugar después de dichos los cuatro desengaños, recibir un suntuoso banquete que estaba prevenido. Con esto se dio fin a la noche, cantando doña Isabel y los músicos estas canciones:

Como Tántalo muero,
  el cristal a la boca,
  y cuando al labio toca,
  y que gustarla quiero,
  de mí se va apartando,
  sin mirar que de sed estoy rabiando.

¿Hurté yo la ambrosía?
  ¡Oh Júpiter airado!,
  ¿por qué me has castigado
  con tanta tiranía?
  ¡Ay, qué rigor tan fiero.
  que estando junto al bien, por el bien muero!

¡Ay, pensamiento mío!,
  ¿qué te han hecho mis ojos,
  que, colmados de enojos,
  es cada cual un río?
  ¡Y tú, sordo a mis quejas,
  sin dolerte su mal, llorar los dejas!

Noche *segunda*[a] [1]

A la última hora de su jornada iba por las cristalinas esferas el rubicundo Apolo, recogiendo sus flamígeros caballos por llegar ya con su carro cerca del occidente, para dar lugar a su mudable hermana a visitar la tierra[2], cuando los caballeros y damas que la pasada noche se habían hallado en casa de la bien entendida Lisis[3], honrando la fiesta de su honesto y entretenido sarao, estaban ya juntos en la misma sala. Y no era pequeño favor haber acudido tan temprano: porque desengañar y decir verdades está hoy tan mal aplau-

[a] *Segunda:* III A; Tercera BCD

[1] Como se señaló en la INTRODUCCIÓN, en todas las ediciones esta novela figura en tercer lugar, aunque parece ser debido a un error del impresor o del corrector, ya que se trata evidentemente de la introducción a la segunda noche.

[2] Imagen trivial, frecuente en el Renacimiento y en el siglo XVII, de la que se mofa Cervantes al ponerla en boca de don Quijote, que imagina cómo un día contarán sus hazañas: «Apenas había el rubicundo Apolo tendido por la faz de la ancha y espaciosa tierra las doradas hebras de sus hermosos cabellos...» (I, 2, pág. 103; t. I, edición de Rodríguez Marín, 1947).

[3] Esta alusión confirma el inicio de la segunda noche, aunque en las ediciones se alterase el orden de los relatos (véase INTRODUCCIÓN). Poco después se indicará que hubo mayor concurrencia que la noche anterior e incluso se habla de las segundas desengañadoras frente a las primeras que actuaron.

dido, por pagarse todos más de la lisonja bien vestida que de la verdad desnuda, que había bien qué agradecerles; mas eso tienen las novedades, que aunque no sean muy sabrosas, todos gustan de comerlas. Y por esta causa hubo esta noche más gente que la pasada; que unos a la fama de la hermosa esclava, que ya se había transformado en señora, y otros, por la hermosura de las damas convidadas, por gozar de la novedad, venían, aunque no sé si muy gustosos, por estar prevenidos de que las desengañadoras, armadas de comparaciones y casos portentosos, tenían publicada la guerra contra los hombres, si bien ellos viven tan exentos de leyes, que no las conocen si no son a sabor de su gusto. Tenían duda de que las segundas que habían de desengañar a las damas de los engaños en que viven igualasen a las primeras y deseaban ver cómo salían de su empeño; aunque tengo por cierto que, si bien estaban estas, como las pasadas, determinadas a tratar con rigor las costumbres de los hombres, no era por aborrecerlos, sino por enmendarlos, para que, si les tocaba alguno, no llevasen el pago que llevan las demás[a]. Y no me espanto, que suele haber engaños tan bien sazonados que, aunque se conoce que lo son, no empalagan, y aun creo que cuando más desengañan las mujeres, entonces se engañan más; demás que mis desengaños son para los que engañan y para las que se dejan engañar, pues aunque en general se dice por todos, no es para todos, pues las que no se engañan, no hay necesidad de desengañarlas, ni [[a]][b] los que no engañan no les tocará el documento. ¿Quién ignora que habría esta noche algunos no muy bien intencionados? Y aun me parece que los oigo decir: «¿Quién las pone a estas mujeres en estos disparates? ¿Enmendar a los hombres? Lindo desacierto. Vamos agora a estas bachillerías[c], que no faltará ocasión de venganza». Y como no era esta fiesta en que se podía pagar un silbo a

---

un mosquetero, dejarían en casa doblado el papel y cortadas las plumas, para vengarse. Mas también imagino que a las desengañadoras no se les daba mucho, que diciendo verdades, no hay qué temer, pues pueden poner falta en lo hablado, tanto en verso como en prosa; mas en la misma verdad no puede haber falta, como lo dijo Cristo, nuestro Señor, cuando dijo: «Si verdad os digo...».

Que trabajos del entendimiento, el que sabe lo que es, le estimará, y el que no lo sabe, su ignorancia le disculpa, como sucedió en la primera parte de este sarao, que si unos le desestimaron, ciento le aplaudieron, y todos le buscaron y le buscan, y ha gozado de tres impresiones, dos naturales y una hurtada; que los bien intencionados son como el abeja, que de las flores silvestres y sin sabor ni olor hacen dulce miel; y los malos, como el escarabajo, que de las olorosas hace basura. Pues crean que, aunque las mujeres no son Homeros con basquiñas[4] y enaguas, y Virgilios con moño, por lo menos, tienen el alma y las potencias y los sentidos como los hombres. No quiero decir el entendimiento, que, aunque muchas pudieran competir en él con ellos, fáltales el arte de que ellos se valen en los estudios, y como lo que hacen no es más que una natural fuerza es que no salga tan acendrado. Mas esta noche no les valió las malas intenciones, pues en lugar de vengarse, se rindieron, que aquí se vio la fuerza de la verdad.

Salieron las desengañadoras siguiendo a Lisis, que traía de la mano a doña Isabel, muy ricamente vestidas y aderezadas, y muy bien prendidas, y con tantas joyas, que parecía cada una un sol con muchos soles; y más doña Isabel, que habiendo renunciado el hábito morisco, pues ya no era necesario, su aderezo era costosísimo; tanto, que no se podía juzgar qué daba más resplandores: su hermoso rostro o sus ricas joyas, que esta noche hizo alarde de las que la pa-

---

[4] *basquiña*: «saya».

sada había dicho tenía reservadas para los gastos de su religión. Doña Isabel se pasó al lado de los músicos, y las demás, con Lisis, al estrado, y la discreta Laura, su madre, que era la primera que había de desengañar, al asiento del desengaño. Admirados quedaron todos de tanta hermosura y gallardía. Los que las habían visto la noche antes, juzgaron que en esta se habían armado de nueva belleza, y los que no las habían visto, juzgando que el Cielo se había trasladado a la tierra, y todos los ángeles en aquella sala, pareciéndoles que con las deidades no se puede tener rencor, perdieron el enojo que traía*n*[a], y decían:

—Aunque más mal digáis de nosotros, os lo perdonamos, por el bien de haber visto tanta hermosura.

Pues sentadas las damas y sosegados todos, la hermosa doña Isabel cantó sola[b] este romance, que se hizo estando ausente el excelentísimo señor conde de Lemos[5], que hoy vive y viva muchos años, de[c] mi señora la condesa, su esposa:

> Los bellos ojos de Atandra,
> claros y hermosos luceros,
> cuyo resplandor da al sol
> las luces con que le vemos.

> De quien aprendió el amor
> a matar con rayos negros,
> quitando a las flechas de oro
> valor y merecimiento.

---

[a] traía*n*: traía ABC; traían D [b] sola: solo CD [c] de: y D

[5] Francisco Fernández de Castro Andrade y Portugal, Lignano de Gatinara, IX conde de Lemos (1613-1662). Casó en 1629 con doña Antonia Girón, hija de Pedro Téllez de Girón, III duque de Osuna, que murió en Madrid en 1648. Fue gentilhombre de la Cámara de Felipe IV y después de la de Carlos II, virrey de Aragón y posteriormente de Cerdeña.

Vertiendo sartas de perlas,
   que Manzanares risueño
   coge, para que sus ninfas
   adornen sus blancos cuellos,

al tiempo que el Alba hermosa
   deja de Titón[6] el lecho,
   la vi yo, y la vio el amor,
   por la ausencia de Fileno.

Aquel galán mayoral,
   hijo de aquel sol, que, siendo
   sol de este presente siglo,
   se pasó a ser sol del cielo.

Dejando púrpura y oro
   por el paño tosco y negro
   del patriarca Benito,
   cuyos pasos va siguiendo[7].

Tras aquestos resplandores,
   se fue su amante discreto,
   que, a los rayos de tal sol,
   serán los suyos eternos.

Mirando al aurora, dice
   la aurora de nuestro pueblo:

---

[6] Titón o Titono, hijo del rey troyano Laomedonte, hermano de Hesíone y Príamo, fue amante de Eos, la Aurora, el Alba. Eos obtuvo de Zeus su inmortalidad, pero olvidó pedir también la eterna juventud para su amante, por lo que, ya muy viejo, la Aurora lo convirtió en cigarra.

[7] Alusión al abandono del mundo, para hacerse religioso, de Francisco Ruiz de Castro Andrade y Portugal (1579-1637), VIII conde de Lemos, heredando el título de su hermano. Fue virrey y capitán general de Sicilia y casó en Nápoles con Lucrecia Lignano de Gatinara, fallecida en Zaragoza en 1623. A los seis años de haber enviudado, renunció a sus títulos y entró en el monasterio benedictino de Sahagún.

373

«No goces, Alba, tu esposo[a],
cuando sin mi esposo quedo.

Llore la tórtola, triste,
la pérdida de su dueño,
pues yo, sin mi dueño amado,
ausente y sola padezco.

¿Adónde vas sin tu Atandra?
¿Cómo te cansó tan presto?
Eres hombre, no me espanto;
mas no eres hombre, que miento.

Si eres deidad, necia soy
cuando de un ángel me quejo;
no me castigues, Amor,
pues ya ves que me arrepiento.

Vuelve, Fileno, a mis brazos,
mira las penas que tengo;
deja al sol, que tú eres sol
en su claro firmamento.

Si como luna recibo,
de tu esplendor, rayos bellos,
o vuelve a darme tu luz,
o tu luz iré siguiendo».

Dijo, y corriendo el aurora
la cortina al[b] claro Febo,
porque entraron sus zagales,
puso a sus quejas silencio.

Las ninfas de Manzanares,
que escuchándola estuvieron,
al son de acordadas liras
la cantaron estos versos:

---

[a] esposo: esposa CD   [b] al: el D

«Enjugad, Atandra,
vuestros soles negros,
que señala tristeza,
si llora el cielo.

Sol es vuestro amante,
ya venir le vemos,
pues vos sois su oriente,
al oriente vuestro.

Si de esa belleza
el divino extremo
le cautivó el alma,
y aprisionó el cuerpo.

No juzguéis su amor
tan corto y pequeño
que no alargue el paso,
acorzando[a] [8] el tiempo.

No deis a esos soles
tantos desconsuelos,
que señala tristeza,
si llora el cielo».

Con graves y dulces dejos se acabó la música, admirando los
que no habían visto a la linda doña Isabel la hermosura y el donaire, dejándoles tan enamorados como suspensos, no sabiendo
qué lugar le podían dar sino el de[b] décima musa. Y si habían
entrado con ánimo de murmurar y censurar este sarao, por atreverse en él las damas a ser contra los hombres, se les olvidó lo
dañado de la intención con la dulce armonía de su voz y la hermosa vista de su belleza, perdonando, por haberla visto, cualquiera ofensa que recibiesen de las demás en sus desengaños. Y
viendo Laura la suspensión de todos, dio principio de esta suerte:

---

[a] acorzando: acortando CD   [b] de: *om.* CD

[8] *acorzar:* «acortar». «Es voz baja y usada en Aragón» (DA).

—Viví tan dulcemente engañada, el tiempo que fui amada y amé, de que me pudiese dar la amable condición de mi esposo causa para saber y especificar agora desengaños; que no sé si acertaré a darlos a nadie; mas lo[a] que por ciencia alcanzo, que de experiencia estoy muy ajena, me parece que hoy hay de todo, engañadas y engañados, y pocos o ningunos que acierten a desengañarse. Y así, las mujeres se quejan de sus engaños, y los hombres de los suyos. Y esto es porque no quieren dejar de estarlo; porque paladea tanto el gusto esto de amar y ser amados que, aunque los desengaños se vean a los ojos, se dan por desentendidos y hacen que no los conocen, si bien es verdad que los que más se cobran en ellos son los hombres, que como el ser mudables no es duelo, se dejan llevar tanto de esta falta, que dan motivo a las mujeres para que se quejen y aun para que se venguen, sino que han elegido una venganza civil, y que fuera tanto mejor vengarse en las vidas que no en las honras, como de quedar ellas con nombre de valerosas, y ellos con el castigo que su mudable condición merece; porque no puedo imaginar sino que el demonio las ha propuesto este modo de venganza de que usan las que lo usan. Porque, bárbara, si tu amante o marido te agravia, ¿no ves que en hacer tú lo mismo te agravias a ti misma, y das motivo para que si es marido te quite la vida, y si[b] es amante diga mal de ti? No seas liviana, y si lo fuiste, mata a quien te hizo serlo, y no mates tu honra. De esto me parece que nace el tener los hombres motivo para decir mal de las mujeres; de más que, como ya los hombres se precian de mudables, fuerza es que, para seguir su condición, busquen las comunes, y creo que lo hacen de propósito por hallar ocasión para dejarlas, pues claro está que las hallarán a cada paso, porque no quieren seguir otro ejercicio, y les sabe mejor pasear que no hilar. ¿Quién duda que a cada

_____

[a] lo: *om.* D [b] si: *om.* A^v

paso les darán ocasión para que varíen? Y así, por esta parte, a todos los culpo y a todos los disculpo. Por lo que no tienen los hombres disculpa es por el hablar licenciosamente de ellas, pues les basta su delito, sin que ellos se le saquen a plaza y lo peor es que se descuidan y las llevan a todas por un camino, sin mirar cuánto se desdoran a sí mismos, pues hallaremos pocos que no tengan mujer o parienta o conocida a quien guardar decoro.

Ni de lo malo se puede decir bien, ni de lo bueno mal; mas la cortesía hará más que todo, diciendo bien de todas; a unas, porque son buenas, y a otras, por no ser descorteses. ¿Quién duda, señores caballeros, que hay mujeres muy virtuosas, muy encerradas, muy honestas? Direisme: «¿Adónde están?». Y diréis bien, porque como no las buscáis, no las halláis, ni ellas se dejan buscar, ni hallar, y hablan de las que tratan y dicen cómo les va con ellas[a]. Y así, en lugar de desengañar, quisiera aconsejar y pedirles que, aunque sean malas, no las ultrajen, y podrá ser que así las hagan buenas.

Y en verdad, hermosas damas, que fuera cosa bien parecida que no hubiera hombres muy nobles, muy sabios, muy cuerdos y muy virtuosos. Cierto es que los hay, y que no todos tratan engaños, ni hablan desenfrenadamente contra las mujeres, y los que lo hacen digo que no le está a un hombre tan mal obrar mal como hablar mal; que hay cosas que son mejores para hechas que para dichas. De suerte que, honrando y alabando a las damas, restauran la opinión perdida, pues tanto cuesta lo uno como lo otro, y lo demás es bajeza; y las damas[b] sean cuerdas y recogidas, que con esto no habrán menester desengaños, que quien no se engaña, no tiene necesidad de desengañarse. Los ríos, los prados, las comedias no son para cada día, que se rompen muchos mantos y vale cara la seda; véndanse a deseo, y verán cómo ellas mismas hacen buenos a los hombres. En

---

[a] ellas: ella D   [b] damas: demás D

cuanto a la crueldad, no hay duda de que está asentada en el corazón del hombre, y esto nace de la dureza de él, y pues ya este sarao se empezó con dictamen de probar esto y avisar a las mujeres para que teman y escarmienten, pues conocen que todo cae sobre ellas, como se verá en el desengaño que agora diré.

[[Desengaño quinto]][a] [1]

En una ciudad cerca de la gran Sevilla, que no quiero
nombrarla, porque aún viven hoy deudos muy cercanos de
don Francisco, caballero principal y rico, casado con una
dama su igual hasta en la condición. Este tenía una hermana de las hermosas mujeres que en toda la Andalucía se
hallaba, cuya edad aún no llegaba a diez y ocho años. Pi-
diósela por mujer un caballero de la misma ciudad, no inferior a su calidad, ni menos rico, antes entiendo[b] que le
aventajaba en todo. Pareciole, como era razón, a don Francisco que aquella dicha solo venía del Cielo, y muy contento con ella, lo comunicó con su mujer y con doña Inés, su
hermana, que como no tenía más voluntad que la suya, y
en cuanto a la obediencia y amor reverencial le tuviese en
lugar de padre, aceptó el casamiento, quizá no tanto por él,
cuanto por salir de la rigurosa condición de su cuñada, que
era[c] de lo cruel que imaginar se puede[d]. De manera que antes de dos meses se halló, por salir de un cautiverio, pues-

---

[a] [[Desengaño quinto]]: *om.* ABCD   [b] entiend*o*: entiende ABCD
[c] que era: *om.* D   [d] puede: pueda B

[1] Como se indicó anteriormente, en todas las ediciones anteriores a mi
edición de 1983 ocupa el tercer lugar (véase INTRODUCCIÓN). El título, LA
INOCENCIA CASTIGADA, no aparece hasta la edición de Barcelona, 1716,
aunque sigue faltando en las ediciones de Madrid, 1724, 1729 y 1734.
Figura en todas las ediciones a partir de la de Barcelona, 1734.

ta en otro martirio; si bien, con la dulzura de las caricias de su esposo, que hasta en eso, a los principios, no hay quien se la gane a los hombres; antes se dan tan buena maña, que tengo para mí que las gastan todas al primer año, y después, como se hallan salidos[a] del caudal del agasajo, hacen morir a puras necesidades de él a sus esposas, y quizá, y sin quizá, es lo cierto ser esto la causa por donde ellas, aborrecidas, se empeñan en bajezas, con que ellos pierden el honor y ellas la vida.

¿Qué espera un marido, ni un padre, ni un hermano, y hablando más comúnmente, un galán, de una dama, si se ve aborrecida, y falta de lo que ha menester, y tras eso, poco agasajada y estimada, sino una desdicha? ¡Oh, válgame Dios, y qué confiados son hoy los hombres, pues no temen que lo que una mujer desesperada hará, no lo hará el demonio! Piensan que por velarlas y celarlas se libran y las apartan de travesuras, y se engañan. Quiéranlas, acarícienlas y denlas lo que les falta, y no las guarden ni celen, que ellas se guardarán y celarán, cuando no sea de virtud, de obligación. ¡Y válgame otra vez Dios, y qué moneda tan falsa es ya la voluntad, que no pasa ni vale sino el primer día, y luego no hay quien sepa su valor!

No le sucedió por esta parte a doña Inés la desdicha, porque su esposo hacía la estimación de ella que merecía su valor y hermosura; por esta le vino la desgracia, porque siempre la belleza anda en pasos de ella. Gozaba la bella dama una vida gustosa y descansada, como quien entró en tan florida hacienda con un marido de lindo[b] talle y mejor condición, si le durara; mas cuando sigue a uno una adversa suerte, por más que haga [no] [[podrá]] librarse[c] de ella. Y fue que, siendo doncella, jamás fue vista, por la terrible condición de su hermano y cuñada; mas ya casada, o ya

---

[a] salidos: fallidos D   [b] de lindo: lindo de CD   [c] [no] [[podrá]] librarse: librarse AC; ibrarse B; no librará D

acompañada de su esposo, o ya con las parientas y amigas, salía a las holguras, visitas y fiestas de la ciudad. Fue vista de todos, unos alabando su hermosura y la dicha de su marido en merecerla, y otros envidiándola y sintiendo no haberla escogido para sí, y otros amándola inlícita[a] y deshonestamente, pareciéndoles que con sus dineros y galanterías la granjearían para gozarla.

Uno de estos fue don Diego, caballero mozo, rico y libre, que, a costa de su gruesa hacienda, no solo había granjeado el nombre y lugar de caballero, mas que no se le iban por alto ni por remontadas las más hermosas garzas de la ciudad. Este, de ver la peligrosa ocasión, se admiró, y de admirarse, se enamoró, y debió, por lo presente, de ser de veras, que hay hombres que se enamoran de burlas, pues con tan loca desesperación mostraba y daba a entender su amor en la continua asistencia en su calle, en las[b] iglesias, y en todas las partes que podía seguirla. Amaba, en fin, sin juicio, pues no atendía a la pérdida que podía resultar al honor de doña Inés con tan públicos galanteos. No reparaba la inocente dama en ellos: lo uno, por parecerle[c] que con su honestidad podía vencer cualesquiera deseos lascivos de cuantos la[d] veían[e]; y lo otro, porque en su calle vivían sujetos, no solo hermosos, mas hermosísimos, a quien imaginaba dirigía don Diego su asistencia. Solo amaba a su marido, y con este descuido, ni se escondía, si estaba en el balcón, ni dejaba de asistir a las músicas y demás finezas de don Diego, pareciéndole iban dirigidos a una de dos damas, que vivían más abajo de su casa, doncellas y hermosas, mas con libertad.

Don Diego cantaba[f] y tenía otras habilidades, que ocasiona la ociosidad de los mozos ricos y sin padres que los sujeten; y las veces que se ofrecía, daba muestras de ellas en

---

[a] inlícita: inclícita B; ilícita D   [b] las: *om.* D   [c] parecerle: parecerla D   [d] la: le CD   [e] veían: vían C   [f] cantaba: cantana A[r]

la calle de doña Inés. Y ella y sus criadas, y su mismo marido, salían a oírlas, como he dicho, creyendo se dirigían a
diferente sujeto, que, a imaginar otra cosa, de creer es que[a]
pusiera estorbo al dejarse ver. En fin, con esta buena fe
pasaban todos, haciendo gala del bobeamiento de don Diego, que, cauto[b], cuando su esposo de doña Inés o sus criados le[c] veían[d], daba a entender lo mismo que ellos pensa-
ban, y con este cuidado descuidado, cantó una noche, sentado a la puerta de las dichas damas, este romance:

> Como la madre a quien falta
> el tierno y amado hijo,
> así estoy cuando no os veo,
> dulcísimo dueño mío.
>
> Los ojos, en vuestra ausencia,
> son dos caudalosos ríos,
> y el pensamiento, sin vos,
> un confuso laberinto.
>
> ¿Adónde estáis, que no os veo,
> prendas que en el alma estimo?
> ¿Qué oriente goza esos rayos,
> o qué venturosos indios?
>
> Si en los brazos del Aurora
> está el Sol alegre y rico,
> decid: siendo vos mi aurora,
> ¿cómo no estáis en los míos?
>
> Salís, y os ponéis sin mí,
> ocaso triste me pinto
> triste Noruega parezco,
> tormento en que muero y vivo.

---

[a] que: ques A[r]   [b] cauto: cantó D   [c] le: se D   [d] veían: vían CD

Amaros no es culpa, no;
adoraros no es delito;
si el amor dora los yerros,
¡qué dorados son los míos!

No viva yo, si ha llegado
a los amorosos quicios
de las puertas de mi alma
pesar de haberos querido.

Agora que no me oís,
habla mi amor atrevido,
y cuando os veo, enmudezco,
sin poder mi amor deciros.

Quisiera que vuestros ojos
conocieran de los míos
lo que no dice la lengua,
que está, para hablar, sin bríos.

Y luego que os escondéis,
atormento los sentidos,
por haber callado tanto,
diciendo lo que os estimo.

Mas por que no lo ignoréis,
siempre vuestro me eternizo;
siglos durará mi amor,
pues para vuestro he nacido.

Alabó doña Inés, y su esposo, el romance, porque como
no entendía que era ella la causa de las bien cantadas y lloradas penas de don Diego, no se sentía agraviada; que, a
imaginarlo, es de creer que no lo consintiera. Pues viéndose
el mal correspondido caballero cada día peor y que no daba
un paso adelante en su pretensión, andaba confuso y triste,
no sabiendo cómo descubrirse a la dama, temiendo de su
indignación alguna áspera y cruel respuesta. Pues, andando

como digo una mujer que vivía en la misma calle, en un aposento enfrente de la casa de la dama, algo más abajo, no[[tó]][a] el cuidado de don Diego con más sentimiento que doña Inés, y luego conoció el juego, y un día que le vio pasar, le llamó y, con cariñosas razones, le procuró sacar la causa de sus desvelos.

Al principio negó don Diego su amor, por no fiarse de la mujer; mas ella, como astuta, y que no debía de ser la primera que había hecho, le dijo que no se lo negase, que ella conocía medianamente su pena, y que si alguna en el mundo le podía dar remedio, era ella, porque su señora doña Inés la hacía mucha merced, dándole entrada en su casa y comunicando con ella sus más escondidos secretos[b], porque la conocía desde antes de casarse, estando en casa de su hermano. Finalmente, ella lo pintó tan bien y con tan finas colores, que don Diego casi pensó si era echada por parte de la dama, por haber notado su cuidado. Y con este loco pensamiento, a pocas vueltas que este astuto verdugo le dio, confesó de plano toda su voluntad, pidiéndola diese a entender a la dama su amor, ofreciéndole, si se veía[c] admitido, grande interés. Y para engolosinarla más, quitándose una cad*e*na[d] que traía puesta, se la dio. Era rico y deseaba alcanzar, y así, no reparaba en nada. Ella la recibió, y le dijo descuidase, y que anduviese por allí, que ella le avisaría en teniendo negociado; que no quería que nadie le viese hablar con ella, porque no cayesen en alguna malicia.

Pues ido don Diego, muy contenta la mala mujer, se fue en casa de unas mujeres de oscura vida que ella conocía, y escogiendo entre ellas una, la más hermosa, y que así en el cuerpo y garbo pareciese a doña Inés, y llevola a su casa, comunicando con ella el engaño que quería hacer; y escondiéndola donde de nadie fuese vista, pasó en casa de doña

---

[a] no[[tó]]: no ABCD   [b] secretos: secretetos A[v]   [c] veía: vía CD   [d] cad*e*na: cada A; cadena BCD

Inés, y diciendo a las criadas dijesen a su señora que una vecina de enfrente la quería hablar, que, sabido por doña Inés, la mandó entrar. Y ella, con la arenga y labia necesaria, de que la mujercilla no carecía, después de haberle besado la mano, le suplicó le hiciese merced de prestarle por dos días aquel vestido que traía puesto, y que se quedase en prenda de él aquella cadena, que era la misma que le había dado don Diego, porque casaba una sobrina. No anduvo muy descaminada en pedir aquel que traía puesto, porque, como era el que doña Inés ordinariamente traía, que era de damasco pardo, pudiese don Diego dejarse llevar de su engaño. Doña Inés era afable, y como la conoció por vecina de la calle, le respondió que aquel vestido estaba ya ajado de traerle continuo, que otro mejor le daría.

—No, mi señora —dijo la engañosa mujer—; este basta, que no quiero que sea demasiadamente costoso, que parecerá (lo que es) que no es suyo, y los pobres también tenemos reputación. Y quiero yo que los que se hallaren a la boda piensen que es suyo, y no prestado.

Riose doña Inés, alabando el pensamiento de la mujer, y mandando traer otro, se le puso, desnudándose aquel y dándoselo a la dicha, que le tomó contentísima, dejando en prendas la cadena, que[a] doña Inés tomó, por quedar segura, pues apenas conocía a la que le llevaba, que fue con él más contenta que si llevara un tesoro. Con esto aguardó a que viniese don Diego, que no fue nada descuidado, y ella, con alegre rostro, le recibió diciendo:

—Esto sí que es saber negociar, caballerito bobillo. Si no fuera por mí, toda la[b] vida te pudieras andar tragando saliva sin remedio. Ya hablé a tu dama, y la dejo más blanda que una madeja de seda floja. Y para que veas lo que me debes y en la obligación que me estás, esta noche, a la oración, aguarda a la puerta de tu casa, que ella y yo te iremos a

^a que: qua A^v; que A^rA^dBCD   ^b la: tu D

hacer una visita, porque es cuando su marido se va a jugar a una casa de conversación[2], donde está hasta las diez; mas dice que, por el decoro de una mujer de su calidad y casada, no quiere ser vista; que no haya criados, ni luz, sino muy apartada, o que no la haya; mas yo, que soy muy apretada de corazón, me moriré si estoy a oscuras, y así podrás apercibir un farolillo que dé luz, y esté sin ella la parte adonde[a] hubieres de hablarla.

Todo esto hacía, por que pudiese don Diego reconocer el vestido, y no el rostro, y se engañase. Mas volvíase loco el enamorado mozo, abrazaba a la falsa y cautelosa tercera, ofreciéndola de nuevo suma de interés, dándole cuanto consigo traía. En fin, él se fue a aguardar su dicha, y ella, él ido, vistió a la moza que tenía apercibida el vestido de la desdichada doña Inés, tocándola y aderezándola al modo que la dama andaba. Y púsola de modo que, mirada algo a lo oscuro, parecía la misma doña Inés, muy contenta de haberle salido tan bien la invención, que ella misma, con saber la verdad, se engañaba.

Poco antes de anochecer, se fueron en casa de don Diego, que las estaba aguardando a la puerta, haciéndosele los instantes siglos; que, viéndolas y reconociendo el vestido, por habérsele visto ordinariamente a doña Inés, como en el talle le parecía y venía tapada, y era ya cuando cerraba la noche, la tuvo por ella. Y[b] loco de contento, las recibió y entró en un cuarto bajo, donde no había más luz que la de un farol que estaba en el antesala, y a esta y a una alcoba que en ella había, no se comunicaba más que el resplandor que entraba por la puerta. Quedose la vil tercera en la sala de afuera, y don Diego, tomando por la mano a su fingida doña

---

[a] adonde: donde D   [b] Y: *om.* D

[2] *casa de conversación:* «se llama aquella donde se juntan varias personas a divertirse, pasando el tiempo en conversar o en jugar; la cual no suele estar abierta para todos como lo están las casas de juego» (DA).

Inés, se fueron a sentar sobre una cama de damasco que estaba en el alcoba. Gran rato se pasó en engrandecer don Diego la dicha de[a] haber merecido tal favor, y la fingida doña Inés, bien instruida en lo que había de hacer, en responderle a propósito, encareciéndole el haber venido y vencido los inconvenientes de su honor, marido y casa, con otras cosas que más a[b] gusto les estaba, donde don Diego, bien ciego en su engaño, llegó al colmo de los favores, que tantos desvelos le habían costado el desearlos y alcanzarlos, quedando muy más enamorado de su doña Inés que antes.

Entendida era la que hacía el papel de doña Inés, y representábale tan al propio, que en don Diego puso mayores obligaciones; y así, cargándola de joyas de valor, y a la tercera de dinero, viendo ser la hora conveniente para llevar adelante su invención, se despidieron, rogando el galán a su amada señora que le viese presto, y ella prometiéndole que, sin salir de casa, la aguardase cada noche desde la hora que había dicho hasta las diez, que si hubiese lugar, no le perdería. Él se quedó gozosísimo, y ellas se fueron a su casa, contentas y aprovechadas a costa de la opinión de la inocente y descuidada doña Inés. De esta suerte le visitaron algunas veces en quince días que tuvieron el vestido; que, con cuanto supieron, o fuese que Dios por que se descubriese un caso como este, o que temor de que don Diego no reconociese con el tiempo que no era la verdadera doña Inés la que gozaba, no se previnieron de hacer[c] otro vestido como con el que les[d] servía de disfraz. Y viendo era tiempo de volverle[e] a su dueño, la última noche que se vieron con don Diego le dieron a entender que su marido había dado en recogerse temprano, y que[f] era fuerza por algunos días recatarse, porque les parecía que andaba[g] algo cuidadoso, y que era fuerza asegurarle, que, en habiendo ocasión de verle, no la

[a] de: en B   [b] a: *om.* D   [c] hacer: *om.* CD   [d] les: las B   [e] volverle: volver D   [f] que: *om.* CD   [g] porque les parecía que andaba: por parecerles andaba CD

perderían. Se despidieron, quedando don Diego tan triste como alegre cuando la primera vez las vio. Con esto, se volvió el vestido a doña Inés, y la fingida y la tercera partieron la ganancia, muy contentas con la burla.

Don Diego, muy triste, paseaba la calle de doña Inés, y muchas veces que la veía[a], aunque notaba el descuido de la dama, juzgábalo a recato, y sufría su pasión[b] sin atreverse a más que a mirarla; otras, hablaba con la tercera qué había sido de su gloria; y ella unas veces le decía que no tenía lugar, por andar su marido cuidadoso; otras, que ella[c] buscaría ocasión para verle. Hasta que un día, viéndose *impor*tunada[d] de don Diego, y que le pedía llevase a doña Inés un papel, le dijo que[e] no se cansase, porque la dama, o era[f] miedo de su esposo, o que se había arrepentido, porque cuando la veía[g], no consentía la hablase en esas cosas, y aun llegaba a más, que le[h] negaba la entrada en su casa[i], mandando a las criadas no la dejasen entrar. En esto se ve cuán mal la mentira se puede disfrazar en traje de verdad, y si lo hace, es por poco tiempo.

Quedó el triste don Diego con esto[j] tal, que fue milagro no perder el juicio; y en mitad de sus penas, por ver si podía hallar alivio en ellas, se determinó en hablar a doña Inés y saber de ella misma la causa de tal desamor y tan repentino. Y así, no faltaba de día ni de noche de la calle, hasta hallar ocasión de hacerlo. Pues un día que la vio ir a misa sin su esposo (novedad grande, porque siempre la acompañaba), la siguió hasta la iglesia, y arrodillándose junto a ella lo más paso que pudo, si bien con grande turbación, le dijo:

—¿Es posible, señora mía, que vuestro amor fuese tan corto, y mis méritos tan pequeños, que apenas nació cuando murió? ¿Cómo es posible que mi agasajo fuese de tan

---

[a] veía: vía CD   [b] sufría su pasión: sufríalo CD   [c] ella: *om.* CD
[d] *impor*tunada: afortunada ABCD   [e] que: *om.* CD   [f] era: por CD
[g] cuando la veía: *om.* CD   [h] le: la CD   [i] casa: asa A[v]A[d] (corregido en «Erratas»); casa A[r]BCD   [j] esto: eso D

poco valor, y vuestra voluntad tan mudable, que siquiera bien hallada con mis cariños, no hubiera echado algunas raíces para siquiera tener en la memoria cuantas veces os nombrastes[a] mía, y yo me ofrecí por esclavo vuestro? Si las mujeres de calidad dan mal pago, ¿qué se puede esperar de las comunes? Si acaso este desdén nace de haber andado corto en serviros y regalaros, vos habéis tenido la culpa, que quien os rindió lo poco os hubiera hecho dueño de lo mucho, si no os hubiérades retirado tan cruel, que aun cuando os miro, no os dignáis de favorecerme con vuestros hermosos ojos, como si cuando os tuve en mis brazos no jurasteis mil veces por ellos[b] que no me habíades de olvidar.

Mirole doña Inés admirada de lo que decía, y dijo:

—¿Qué decís, señor? ¿Deliráis, o teneisme por otra? ¿Cuándo estuve en vuestros brazos, ni juré de no olvidaros, ni recibí agasajos, ni me hicisteis cariños? Porque mal puedo olvidar lo que jamás me he acordado, ni cómo puedo amar ni aborrecer lo que nunca amé.

—Pues, ¡cómo! —replicó don Diego—. ¿Aún queréis negar que no me habéis visto ni hablado? Decid que estáis arrepentida de haber ido a mi casa, y no lo neguéis, porque no lo podrá negar el vestido que traéis puesto, pues fue[c] el mismo que llevasteis, ni lo negará fulana, vecina de enfrente de vuestra casa, que fue con vos.

Cuerda y discreta era doña Inés, y oyendo del vestido y mujer, aunque turbada y medio muerta de un caso tan grave, cayó en lo que podía ser, y volviendo a don Diego, le dijo:

—¿Cuánto habrá eso que decís?

—Poco más de un mes —replicó él.

Con lo cual doña Inés acabó de todo punto de creer que el tiempo que el vestido estuvo prestado a la misma mujer le habían hecho algún engaño. Y por averiguarlo mejor, dijo:

---

[a] nombrastes: nombrasteis D   [b] ellos: ellas CD   [c] pues fue: que es D

—Agora, señor, no es tiempo de hablar más en esto. Mi marido ha de partir mañana a Sevilla a la cobranza de unos pesos que le han venido de[a] Indias; de manera que a la tarde estad en mi calle, que yo os haré llamar, y hablaremos largo sobre esto que me habéis dicho. Y no digáis nada de esto a esa mujer, que importa encubrirlo de ella.

Con esto don Diego se fue muy gustoso por haber negociado tan bien, cuanto doña Inés quedó triste y confusa. Finalmente, su marido se fue otro día, como ella dijo, y luego doña Inés envió a llamar al Corregidor. Y venido, le puso en parte donde pudiese oír lo que pasaba, diciéndole convenía a su honor que fuese testigo y juez de un caso de mucha gravedad. Y llamando a don Diego, que no se había descuidado, y[b] le dijo estas razones:

—Cierto, señor don Diego, que me dejasteis ayer puesta en tanta confusión, que si no hubiera permitido Dios la ausencia de mi esposo en esta ocasión, que con ella he de averiguar la verdad y sacaros[c] del engaño y error en que estáis, que pienso que hubiera perdido el juicio, o yo misma me hubiera quitado la vida. Y así, os suplico me digáis muy por entero y despacio lo que ayer me dijisteis de paso en la iglesia.

Admirado don Diego de sus razones, le contó cuanto con aquella mujer le había pasado, las veces que había estado en su casa, las palabras que le había dicho, las joyas que le había dado. A que doña Inés, admirada, satisfizo y contó cómo ese[d] tiempo había estado el vestido en poder de esa mujer, y cómo le había dejado en prenda una cadena, atestiguando con sus criadas la verdad, y cómo ella no había faltado de su casa, ni su marido iba a ninguna casa de conversación, antes se recogía con el día. Y que ni conocía tal mujer, sino solo[e] de verla a la puerta de su casa, ni la había

  ª de: de las *añ.* CD   ᵇ y: *om.* CD   ᶜ verdad y sacaros: verda   caros Aᵈ
  (faltan letras, pero espacio en blanco)   ᵈ ese: este B   ᵉ solo: *om.* D

hablado, ni entrado en ella en su vida. Con lo cual don Diego quedó embelesado, como los que han visto visiones, y corrido de la burla que se había hecho de él, y aún más enamorado de doña Inés que antes.

A esto salió el Corregidor, y juntos fueron en casa de la desdichada tercera, que al punto confesó la verdad de todo, entregando algunas de las joyas que le habían tocado de la partición y la cadena, que se volvió a don Diego, granjeando de la burla doscientos azotes por infamadora de mujeres principales y honradas, y más desterrada por seis años de la ciudad, no declarándose más el caso por la opinión de doña Inés, con que la dama quedó satisfecha en parte, y don Diego más perdido que antes, volviendo de nuevo a sus pretensiones, paseos y músicas; y esto con más confianza, pareciéndole que ya había menos que hacer, supuesto que la dama sabía su amor, no desesperando de la conquista, pues tenía caminado lo más. Y lo que más le debió de animar fue no creer que no había sido doña Inés la que había gozado, pues aunque se averiguó la verdad con tan fieles testigos, y que la misma tercera la[a] confesó, con todo debió de entender había sido fraude, y que, arrepentida doña Inés, lo había negado, y la mujer, de miedo, se había sujetado a la pena.

Con este pensamiento la galanteaba más[b] atrevido, siguiéndola si salía fuera, hablándola si hallaba ocasión. Con lo que doña Inés, aborrecida, ni salía ni aun a misa, ni se dejaba ver del atrevido mozo, que, con la ausencia de su marido, se tomaba más licencias[c] que eran[d] menester; de suerte que la perseguida señora aun la puerta no consentía que se abriese, porque no llegase su descomedimiento a entrarse en su casa. Mas, ya desesperada y resuelta a vengarse por este soneto que una noche cantó en su calle, sucedió lo que luego se dirá.

_____

[a] la: lo D   [b] más: muy D   [c] licencias: licencia D   [d] eran: era D

Dueño querido: si en el alma mía
alguna parte libre se ha quedado,
hoy de nuevo a tu imperio la he postrado,
rendida[a] a tu hermosura y gallardía.

Dichoso soy, desde aquel dulce día,
que con tantos favores quedé honrado;
instantes a mis ojos he juzgado
las horas que gocé tu compañía.

¡Oh! Si fueran verdad los fingimientos
de los encantos que en la edad primera
han dado tanta fuerza a los engaños,

ya se vieran logrados mis intentos,
si de los dioses merecer pudiera,
encantado, gozarte muchos años.

Sintió tanto doña Inés entender que aún no estaba don Diego cierto de la burla que aquella engañosa mujer le había hecho en desdoro de su honor, que al punto le envió a decir con una criada que, supuesto que ya sus atrevimientos pasaban a desvergüenzas, que se fuese con Dios, sin andar haciendo escándalos ni publicando locuras, si no que le prometía, como quien era, de hacerle matar.

Sintió tanto el malaconsejado mozo esto, que, como desesperado, con mortales bascas, se fue a su casa, donde estuvo muchos días en la cama, con una enfermedad peligrosa, acompañada de tan cruel melancolía, que parecía querérsele acabar la vida; y viéndose morir de pena, habiendo oído decir que en la ciudad había un moro, gran hechicero y nigromántico[b], le hizo buscar, y que se le trajesen, para obligar con encantos y hechicerías a que le quisiese doña Inés.

---

[a] rendida: rendido D   [b] nigromántico: ningromántico A; nigromántico BCD

392

Hallado el moro y traído, se encerró con él, dándole larga cuenta de sus amores tan desdichados como atrevidos, pidiéndole remedio contra el desamor y desprecio que hacía de él su dama, tan hermosa como ingrata. El nigromántico[a] agareno le prometió que, dentro de tres días, le daría con que la misma dama se le viniese a su poder, como lo hizo; que como ajenos de nuestra católica fe, no les es dificultoso, con apremios que hacen al demonio, aun en cosas de más calidad. Porque, pasados los tres días, vino y le trajo una imagen de la misma figura y rostro de doña Inés, que por sus artes la había copiado al natural, como si la tuviera presente. Tenía en el remate del tocado una vela, de la medida y proporción de una bujía de un cuarterón de cera verde. La figura de doña Inés estaba desnuda, y las manos puestas sobre el corazón, que tenía descubierto, clavado por él un alfiler grande, dorado, a modo de saeta, porque en lugar de la cabeza tenía una forma de plumas del mismo metal, y parecía que la dama quería sacarle con las manos, que tenía encaminadas a él.

Díjole el moro que, en estando solo, pusiese aquella figura sobre un bufete, y que encendiese la vela que estaba sobre la cabeza, que sin falta ninguna vendría luego la dama, y que estaría el tiempo que él quisiese, mientras él no le dijese que se fuese. Y que cuando la enviase, no matase la vela, que en estando la dama en su casa, ella se moriría por sí misma; que si la mataba antes que ella se apagase, correría riesgo la vida de la dama, y asimismo que no tuviese miedo de que la vela se acabase, aunque ardiese un año entero, porque estaba formada por tal arte, que duraría eternamente, mientras que en la noche del Bautista no la echase en una hoguera bien encendida. Que don Diego, aunque no muy seguro de que sería verdad lo que el moro le aseguraba, contentísimo, cuando no por las esperanzas

---

[a] nigromántico: ningromántico A; nigromántico BCD

que tenía, por ver en la figura el natural retrato de su natural enemiga, con tanta perfección, y naturales colores, que, si como no era de más del altor[3] de media vara, fuera de la altura de una mujer, creo que con ella olvidara el natural original de doña Inés, a imitación del que se enamoró de otra pintura y de un árbol[4]. Pagole al moro bien a su gusto el trabajo; y despedido de él, aguardaba la noche como si esperara la vida, y todo el tiempo que [[la]][a] venida[b] se dilató, en tanto que se recogía la gente y una hermana suya, viuda, que tenía en casa y le asistía a su regalo, se le hacía una eternidad: tal era el deseo que tenía de experimentar el encanto.

Pues recogida la gente, él se desnudó, para acostarse, y dejando la puerta de la sala no más de apretada, que así se lo advirtió el moro, porque las de la calle nunca se cerraban, por haber en la casa más vecindad, encendió la vela, y poniéndola sobre el bufete, se acostó, contemplando a la luz que daba la belleza del hermoso[c] retrato; que como la vela empezó a arder, la descuidada doña Inés, que estaba ya acostada, y su casa y gente recogida, porque su marido aún no había vuelto de Sevilla, por haberse recrecido a sus cobranzas algunos pleitos, privada con la fuerza del encanto y de la vela que ardía de su juicio, y en fin, forzada de algún espíritu diabólico que gobernaba aquello, se[d] levantó de su cama, y poniéndose unos zapatos que tenía junto a ella, y un faldellín[5] que estaba con sus vestidos sobre un taburete,

---

[a] [[la]]: *om.* ABCD   [b] venida: venía D   [c] hermoso: *om.* CD   [d] se: y se *añ.* D

[3] *altor:* «altura» (DA).
[4] En el que «se enamoró de otra pintura», probable alusión a Pigmalión, rey de Chipre, que se enamoró de una estatua que él mismo había esculpido. Es posible que el que se enamoró «de un árbol» sea Apolo, que se enamoró de la ninfa Dafne. Ella huyó de él y su padre la transformó en un laurel para evitar que fuese alcanzada por el dios. Apolo hizo del laurel su árbol.
[5] *faldellín:* «falda interior».

tomó la llave que tenía debajo de su cabecera, y saliendo fuera, abrió la puerta de su cuarto, y juntándola en saliendo, y mal torciendo la llave, se salió a la calle, y fue en casa de don Diego, que aunque ella no sabía quién la guiaba, la supo llevar[a]; y cómo halló la puerta abierta, se entró, y sin hablar palabra, ni mirar en nada, se puso dentro de la cama donde estaba don Diego, que viendo un caso tan maravilloso, quedó fuera de sí; mas levantándose y cerrando la puerta, se volvió a la cama, diciendo:

—¿Cuándo, hermosa señora mía, merecí yo tal favor? Agora sí que doy mis penas por bien empleadas. ¡Decidme, por Dios, si estoy durmiendo y sueño este bien, o si soy tan dichoso que, despierto y en mi juicio, os tengo en mis brazos!

A esto y otras muchas cosas que don Diego le decía, doña Inés no respondía palabra; que viendo esto el amante, algo pesaroso, por parecerle que doña Inés estaba fuera de su sentido con el maldito encanto, y que no tenía facultad para hablar, teniendo aquellos, aunque favores, por muertos, conociendo claro que si la dama estuviera en su juicio, no se los hiciera, como era la verdad, que antes[b] pasara por la muerte, quiso gozar el tiempo y la ocasión, remitiendo[c] a las obras las palabras. De esta suerte la tuvo gran parte de la noche, hasta que viendo ser hora, se levantó, y abriendo la puerta, le dijo:

—Mi señora, mirad que es ya hora de que os vais.

Y en diciendo esto, la dama se levantó, y poniéndose su faldellín y calzándose, sin hablarle[d] palabra, se salió por la puerta y volvió a su casa. Y llegando a ella, abrió, y volviendo a cerrar, sin haberla sentido nadie, o por estar vencidos del sueño, o porque participaban todos del encanto, se echó en su cama, que así como estuvo en ella, la vela que

---

[a] llevar: llenar C   [b] antes: antes que *añ*. CD   [c] remitiendo: y remitiendo *añ*. B   [d] hablarle: hablar CD

estaba en casa de don Diego, ardiendo, se apagó, como si con un soplo la mataran, dejando a don Diego mucho más admirado, que no acababa de santiguarse, aunque lo hacía muchas veces, y si el acedia[6] de ver que[a] todo aquello era violento no le templara, se volviera loco de alegría. Estese con ella lo que le durare, y vamos a doña Inés, que como estuvo en su cama y la vela se apagó, le pareció, cobrando el perdido sentido, que despertaba de un profundo sueño; si bien acordándose de lo que le había sucedido, juzgaba que todo le había pasado soñando, y muy afligida de tan descompuestos sueños, se reprendía a sí misma, diciendo:

—¡Qué es esto, desdichada de mí! ¿Pues cuándo he dado yo lugar a mi imaginación para que me represente cosas tan ajenas de mí, o qué pensamientos ilícitos he tenido yo con este hombre para que de ellos hayan nacido tan enormes y deshonestos efectos? ¡Ay de mí!, ¿qué es esto, o qué remedio tendré para olvidar cosas semejantes?

Con esto, llorando y con gran desconsuelo, pasó la noche y el día, que ya sobre tarde se salió a un balcón, por divertir algo su enmarañada memoria, al tiempo que don Diego, aún no creyendo fuese verdad lo sucedido, pasó por la calle, para ver si la veía. Y fue al tiempo que, como he dicho, estaba en la ventana, que como el galán la vio quebrada de color y triste, conociendo de qué procedía el tal accidente, se persuadió a dar crédito a lo sucedido; mas doña Inés, en el punto que le vio, quitándose de la ventana, la cerró con mucho enojo, en cuya facción conoció don Diego que doña Inés iba a su casa privada de todo su sentido, y que su tristeza procedía si acaso, como en sueños, se acordaba de lo que con él había pasado; si bien, viéndola con la cólera que se había quitado de la ventana, se puede creer que le diría:

---

[a] que: *om.* D

[6] *acedia:* «disgusto».

—Cerrad, señora, que a la noche yo os obligaré a que me busquéis.

De esta suerte pasó don Diego más de un mes, llevando a su dama[a] la noche que le daba gusto a su casa, con lo que la pobre señora andaba tan triste y casi asombrada de ver que no se podía librar de tan descompuestos sueños, que tal creía que eran, ni por encomendarse, como lo hacía, a Dios, ni por acudir a menudo a su confesor, que la consolaba, cuanto era posible, y deseaba que viniese su marido, por ver si con él podía remediar su tristeza. Y ya determinada, o a enviarle a llamar, o a persuadirle la diese licencia para irse con él, le[b] sucedió lo que agora oiréis. Y fue que una noche, que por ser de las calurosas del verano, muy serena y apacible, con la luna hermosa y clara, don Diego encendió su encantada vela, y doña Inés, que por ser ya tarde estaba acostada, aunque dilataba el sujetarse al sueño, por no rendirse a los malignos sueños que ella creía ser, lo que no era sino la pura verdad, cansada de desvelarse, se adormeció, y obrando en ella el encanto, despertó despavorida, y levantándose, fue a buscar el faldellín, que no hallándole, por haber las criadas llevado los vestidos para limpiarlos, así, en camisa como estaba, se salió a la calle, y yendo encaminada a la casa de don Diego, encontró con ella el Corregidor, que con todos sus ministros de justicia venía de ronda, y con él don Francisco, su hermano, que habiéndole encontrado, gustó de acompañarle, por ser su amigo; que como viesen aquella mujer en camisa, tan a paso tirado, la dieron voces que se detuviese; mas ella callaba y andaba a toda diligencia, como quien era llevada por el espíritu maligno: tanto, que los obligó a ellos a[c] alargar el paso por diligenciar el alcanzarla; mas cuando lo hicieron, fue cuando doña Inés estaba ya en la sala, que en entrando los unos y los otros, ella se fue a la cama donde estaba don

[a] dama: cama C   [b] le: la D   [c] a: *om.* B

Diego, y ellos a la figura que estaba en la mesa con la vela encendida en la cabeza; que como don Diego vio el fracaso y desdicha, temeroso de que si mataban la vela doña Inés padecería el mismo riesgo, saltando de la cama les dio voces que no matasen la vela, que se quedaría muerta aquella mujer, y vuelto a ella, le dijo:

—Idos, señora, con Dios, que ya tuvo fin este encanto, y vos y yo el castigo de nuestro delito. Por vos me pesa, que inocente padeceréis.

Y esto lo decía por haber visto a su hermano al lado del Corregidor. Levantose, dicho esto, doña Inés, y como había venido, se volvió a ir, habiéndola al salir todos reconocido, y también su hermano, que fue bien menester la autoridad y presencia del Corregidor para que, en ella y en don Diego, no tomase la justa venganza que a su parecer merecían.

Mandó el Corregidor que fuesen la mitad de sus ministros con doña Inés, y que viendo en qué paraba su embelesamiento, y que[a] no se apartasen de ella hasta que él mandase otra cosa, sino que volviese uno a darle cuenta de todo; que viendo que de allí a poco la vela se mató repentinamente, le dijo al infelice don Diego:

—¡Ah señor, y cómo pudiérades haber escarmentado en la burla pasada, y no poneros en tan costosas veras!

Con esto aguardaron el aviso de los que habían ido con doña Inés, que como llegó a su casa y abrió la puerta, que no estaba más de apretada, y entró, y todos con ella, volvió a cerrar, y se fue a su cama, se echó en ella; que como a este mismo punto se apagase la vela, ella despertó[b] del embelesamiento, y dando un grande grito, como se vio cercada de aquellos hombres y conoció ser ministros de justicia, les dijo que qué buscaban en su casa, o por dónde habían entrado, supuesto que ella tenía la llave.

---

[a] y que: *om.* CD   [b] despertó: se despertó *añ.* B

—¡Ay, desdichada señora! —dijo uno de ellos—, ¡y cómo habéis estado sin sentido, pues eso preguntáis!

A esto, y al grito de doña Inés, habían ya salido las criadas alborotadas, tanto de oír dar[a] voces[b] a su señora como de ver allí tanta gente. Pues[c] prosiguiendo el que había empezado, le contó a doña Inés cuanto había sucedido desde que la habían encontrado hasta el punto en que estaba, y cómo a todo se había hallado su hermano presente; que oído por la triste y desdichada dama, fue milagro no perder la vida. En fin, por que no se desesperase, según las cosas [[que]][d] hacía y decía, y las hermosas lágrimas que derramaba, sacándose a manojos sus cabellos, enviaron a avisar al Corregidor de todo, diciéndole ordenase lo que se había de hacer. El cual, habiendo tomado su confesión a don Diego y[e] él dicho la verdad del caso, declarando cómo doña Inés estaba inocente, pues privado su entendimiento y sentido con la fuerza del encanto venía como habían visto; con que su hermano mostró asegurar su pasión, aunque otra cosa le quedó en el pensamiento.

Con esto mandó el Corregidor poner a don Diego en la cárcel[f] a buen recaudo, y *tomando*[g] la encantada figura, se fueron a casa de doña Inés, a la cual hallaron haciendo las lástimas dichas, sin que sus criadas ni los demás fuesen parte para consolarla, que a haber quedado sola, se hubiera quitado la vida. Estaba ya vestida y arrojada sobre un estrado, alcanzándose un desmayo a otro, y una congoja a otra, que como vio al Corregidor y a su hermano, se arrojó a sus pies pidiéndole que la matase, pues había sido mala, que, aunque sin su voluntad, había manchado su honor. Don Francisco, mostrando en exterior piedad, si bien en lo interior estaba vertiendo ponzoña y crueldad, la levantó y abrazó, teniéndoselo todos a nobleza, y el Corregidor le dijo:

---

[a] dar: *om.* B [b] voces: veces D [c] Pues: *om.* CD [d] [[que]]: *om.* ABCD [e] y: *om.* CD [f] cárcel: cálcel D [g] *tomando:* tomar mandó AB; tomando CD

399

—Sosegaos, señora, que vuestro delito no merece la pena que vos[a] pedís, pues no lo es, supuesto que vos no erais parte para no hacerle.

Que algo más quieta la desdichada dama, mandó el Corregidor, sin que ella lo supiera, se saliesen fuera y encendiesen la vela; que, apenas fue hecho, cuando se levantó y se salió adonde la vela estaba encendida, y en diciéndole que ya era hora de irse, se volvía a su asiento, y la vela se apagaba y ella volvía como de sueño. Esto hicieron muchas veces, mudando la vela a diferentes partes, hasta volver con ella en casa de don Diego y encenderla allí, y luego doña Inés se iba a[b] allá de la manera que estaba, y aunque la hablaban, no respondía.

Con que averiguado el caso, asegurándola, y acabando de aquietar a su hermano, que estaba más sin juicio que ella, mas por entonces disimuló, antes él era el que más la disculpaba, dejándola el Corregidor dos guardias[c], más por amparo que por prisión, pues ella no la merecía, se fue cada uno a su casa, admirados del suceso. Don Francisco se recogió a la suya, loco de pena, contando a su mujer lo que pasaba; que, como al fin cuñada, decía que doña Inés debía de fingir el embelesamiento por quedar libre de culpa; su marido, que había pensado lo mismo, fue de su parecer, y al punto despachó un criado a Sevilla con una carta a su cuñado, diciéndole en ella dejase todas sus ocupaciones y se viniese al punto, que importaba al honor de entrambos, y que fuese tan secreto, que no supiese nadie su venida, ni en su casa, hasta que se viese con él.

El Corregidor otro día buscó al moro que había hecho el hechizo, mas no pareció. Divulgose el caso por la ciudad, y sabido por la Inquisición, pidió el preso, que le fue entregado con el proceso ya sustanciado, y puesto cómo había de estar, que llevado a su cárcel, y de ella[d] a la Supre-

---

[a] vos: *om.* B   [b] a: *om.* CD   [c] guardias: guardas CD   [d] de ella: dalle D

ma[7], no pareció más. Y no fue pequeña piedad castigarle en secreto, pues al fin él había de morir a manos del marido y hermano de doña Inés, supuesto que el delito cometido no merecía menor castigo.

Llegó el correo a Sevilla y dio la carta a don Alonso, que como vio lo que en ella se le ordenaba, bien confuso y temeroso de que serían flaquezas de doña Inés, se puso en camino, y a largas jornadas llegó a casa de su cuñado, con tanto secreto, que nadie supo su venida. Y sabido todo el caso como había sucedido, entre todos tres había diferentes pareceres sobre qué género de muerte darían a la inocente y desdichada doña Inés, que aun cuando de voluntad fuera culpada, le bastara por pena de su delito la que tenía, cuanto y más no[a] habiéndole cometido, como estaba averiguado. Y de quien más pondero la crueldad es de la traidora cuñada, que, siquiera por mujer, pudiera tener piedad de ella.

Acordado, en fin, el modo, don Alonso, disimulando su dañada intención, se fue a su casa, y con caricias y halagos la aseguró, haciendo él mismo de modo que la triste doña Inés, ya más quieta, viendo que su marido había creído la verdad, y estaba seguro de su inocencia, porque habérselo encubierto era imposible, según estaba el caso público, se recobró de su pérdida. Y si bien, avergonzada de su desdicha, apenas osaba mirarle, se moderó en sus sentimientos y lágrimas. Con esto pasó algunos días, donde un día, con mucha afabilidad, le dijo el cauteloso marido cómo su hermano y él estaban determinados y resueltos a irse a vivir con sus casas y familias a Sevilla; lo uno, por quitarse[b] de los ojos[c] de los que habían sabido aquella desdicha, que los[d] señalaban[e] con el dedo, y lo otro por asistir a sus pleitos,

---

[a] no: *om.* D   [b] quitarse: quitar D   [c] de los ojos: *om.* D   [d] los: las D
[e] señalaban: señalaba D

[7] *Suprema*: «usado como sustantivo es, por antonomasia, el Supremo Consejo de la Inquisición, a quien preside el Inquisidor general» (DA).

que habían quedado empantanados. A lo cual doña Inés dijo que en ella no había más gusto que el suyo. Puesta por obra la determinación propuesta, vendiendo cuantas posesiones y hacienda tenían allí, como quien no pensaba volver más a la ciudad, se partieron todos con mucho gusto, y doña Inés más contenta que todos, porque vivía afrentada de un suceso tan escandaloso.

Llegados a Sevilla, tomaron casa a su cómodo[8], sin más vecindad que ellos dos, y luego despidieron todos los criados y criadas que habían traído, para hacer sin[a] testigos la crueldad que ahora diré.

En un aposento, el último de toda la casa, donde, aunque hubiese gente de servicio, ninguno tuviese modo ni ocasión de entrar en él, en el hueco de una chimenea que[b] allí había, o ellos la hicieron, porque para este caso no hubo más oficiales que el hermano, marido y cuñada, habiendo traído yeso y cascotes, y[c] lo demás que era menester, pusieron a la pobre y desdichada doña Inés, no dejándole más lugar que cuanto pudiese estar en pie, porque si se quería sentar, no podía, sino, como ordinariamente se dice, en cuclillas, y la tabicaron, dejando solo una ventanilla como medio pliego de papel, por donde respirase y le pudiesen dar una miserable comida, por que no muriese tan presto, sin que sus lágrimas ni protestas los enterneciese. Hecho esto, cerraron el aposento, y la llave la tenía la mala y cruel cuñada, y ella misma le iba a dar la comida y un jarro de agua, de manera que aunque después recibieron criados y criadas, ninguno sabía el secreto de aquel cerrado[d] aposento.

Aquí estuvo doña Inés seis años, que permitió la divina Majestad en tanto tormento conservarle la vida, o para castigo de los que se le daban, o para mérito suyo, pasando lo

---

[a] sin: sus D   [b] que: *om.* D   [c] y: *om.* B   [d] cerrado: cercado D

[8] *cómodo*: «conveniencia».

que imaginar se puede, supuesto que he dicho de la manera que estaba, y que las inmundicias y basura, que de su cuerpo echaba, le servían de cama y estrado para sus pies; siempre llorando y pidiendo a Dios la aliviase de tan penoso martirio, sin que en todos ellos viese luz, ni recostase su triste cuerpo, ajena y apartada de las gentes, tiranizada a los divinos sacramentos y a oír misa, padeciendo más que los que martirizan los tiranos, sin que ninguno de sus tres verdugos tuviese piedad de ella, ni se enterneciese de ella, antes la traidora cuñada, cada vez que la llevaba la comida, le decía mil oprobios y afrentas, hasta que ya Nuestro Señor, cansado de sufrir tales delitos, permitió que fuese sacada esta triste mujer de tan desdichada vida, siquiera para que no muriese desesperada.

Y fue el caso que, a las espaldas de esta casa en que estaba, había otra principal de un caballero[a] de mucha calidad. La mujer del que digo había tenido una doncella que la había casado años había, la cual enviudó, y quedando necesitada, la señora, de caridad y por haberla servido, por que no tuviese, en la pobreza que tenía, que pagar casa, le dio dos aposentos que estaban arrimados al emparedamiento[b] en que la cuitada doña Inés estaba, que nunca habían sido habitados de gente, porque no habían[c] servido sino de guardar cebada. Pues pasada a ellos esta buena viuda, acomodó su cama a la parte que digo, donde estaba doña Inés, la cual, como siempre estaba lamentando su desdicha y llamando a Dios, que la socorriese, la otra, que estaba en su cama, como con el sosiego de la noche todo estaba en quietud, oía los ayes y suspiros, y al principio es de creer que entendió era alguna alma de la otra vida. Y tuvo tanto miedo, como estaba sola, que apenas se atrevía a estar allí; tanto, que la obligó a pedir a una hermana

---

    [a] caballero: cabailero C   [b] emparedamiento: emperamiento D   [c] habían: había D

suya le diese, para que estuviese con ella, una muchacha de hasta diez años, hija suya, con cuya compañía más alentada asistía más allí, y como se reparase más, y viese que entre los gemidos que doña Inés daba, llamaba a Dios y a la Virgen María, Señora nuestra, juzgó sería alguna persona enferma, que los dolores que padecía la obligaban a quejarse de aquella forma. Y una noche que más atenta estuvo[a], arrimado el oído a la pared, pudo apercibir que decía quien estaba de la otra parte estas razones:

—¿Hasta cuándo, poderoso y misericordioso Dios, ha de durar esta triste vida? ¿Cuándo, Señor, darás lugar a la airada muerte que ejecute en mí el golpe de su cruel guadaña, y hasta cuándo estos crueles y carniceros verdugos de mi inocencia les ha de durar[b] el poder de tratarme así? ¿Cómo, Señor, permites que te usurpen tu justicia, castigando con su crueldad lo que tú, Señor, no castigaras? Pues cuando tú envías el castigo, es a quien tiene culpa, y aun entonces es[c] con piedad; mas estos tiranos castigan en mí lo que no hice, como lo sabes bien Tú, que no fui parte en el yerro por que padezco tan crueles tormentos; y el mayor de todos, y que más siento, es carecer de vivir y morir como cristiana, pues ha tanto tiempo que no oigo misa, ni[d] confieso mis pecados, ni recibo tu santísimo Cuerpo. ¿En qué tierra de moros pudiera estar cautiva que me trataran como me tratan? ¡Ay de mí!, que no deseo salir de aquí por vivir, sino solo por morir católica y cristianamente, que ya la vida la tengo tan aborrecida, que, si como el triste sustento que me dan, no es por[e] vivir, sino por no morir desesperada[f].

Acabó estas razones con tan doloroso llanto, que la que escuchaba, movida a lástima, alzando la voz, para que la oyese, le dijo:

_____

[a] estuvo: estaba D [b] durar: dudar A; durar BCD [c] es: *om.* D [d] ni: *om.* CD [e] por: para B [f] desesperad*a*: desesperado ABC; desesperada D

—Mujer, o quien eres, ¿qué tienes o por qué te lamentas tan dolorosamente? Dímelo, por Dios, y si soy parte para sacarte de donde estás, lo haré, aunque aventure y arriesgue la vida.

—¿Quién eres tú —respondió doña Inés—, que ha permitido Dios que me tengas lástima?

—Soy —replicó la otra mujer— una vecina de esta otra parte, que ha poco que vivo[a] aquí, y en ese corto tiempo me has ocasionado muchos temores; tantos cuantos ahora compasiones. Y así, dime qué podré hacer, y no me ocultes nada, que yo no excusaré ningún trabajo por sacarte del que padeces.

—Pues [si][b] así es, señora mía —respondió doña Inés—, que no eres de la parte de mis crueles verdugos, no te puedo decir más por ahora, porque temo que me escuchen, sino que soy una triste y desdichada mujer, a quien la crueldad de un hermano, un marido y una cuñada tienen puesta en tal desventura, que aun no tengo lugar de poder extender este triste cuerpo: tan estrecho es en el que estoy, que si no es en pie, o mal sentada, no hay otro descanso, sin otros dolores y desdichas que estoy padeciendo, pues, cuando no la hubiera mayor que la oscuridad en que estoy, bastaba; y esto no ha un día, ni dos, porque aunque aquí no sé cuándo es de día ni de noche, ni domingo, ni sábado, ni Pascua, ni año, bien sé que ha una eternidad de tiempo. Y si esto lo padeciera con culpa, ya me consolara. Mas sabe Dios que no la tengo, y lo que temo no es la muerte, que antes la deseo; perder el alma es mi mayor temor, porque muchas veces me da imaginación de con mis propias manos hacer cuerda a mi garganta para acabarme; mas luego considero que es el demonio, y pido ayuda a Dios para librarme de él.

—¿Qué hiciste que los obligó a tal? —dijo la mujer.

---

[a] vivo: vino D   [b] [si]: *om.* AB; si CD

—Ya te he dicho —dijo doña Inés— que no tengo culpa; mas son cosas muy largas y no se pueden contar. Agora lo que has de hacer, si deseas hacerme bien, es irte al Arzobispo o al Asistente[9] y contarle lo que te he dicho, y pedirles vengan a sacarme de aquí antes que muera, siquiera para que haga las obras de cristiana; que te aseguro que está ya tal mi triste cuerpo, que pienso que no viviré mucho, y pídote por Dios que sea luego, que le importa mucho a mi alma.

—Agora es de noche —dijo la mujer—; ten paciencia y ofrécele a Dios eso que padeces, que yo te prometo que, siendo de día, yo haga lo que pides.

—Dios te lo pague —replicó doña Inés—, que así lo haré, y reposa agora, que yo procuraré, si puedo, hacer lo mismo, con las esperanzas de que has de ser mi remedio.

—Después de Dios, créelo[a] así—respondió la buena mujer.

Y con esto, callaron. Venida la mañana, la viuda bajó a su señora y le contó todo lo que le había pasado, de que la señora se[b] admiró y lastimó, y si bien quisiera aguardar a la noche para hablar ella misma a doña Inés, temiendo el daño que podía recrecer si aquella pobre mujer se muriese así, no lo dilató más, antes mandó poner el coche. Y por que con su autoridad se diese más crédito al caso, se fue ella y la viuda al Arzobispo, dándole cuenta de todo lo que en esta parte se ha dicho, el cual, admirado, avisó al Asistente, y juntos con todos sus ministros, seglares y eclesiásticos, se fueron a la casa de don Francisco y don Alonso, y cercándola por todas partes, por que no se escapasen, entraron dentro y prendieron a los dichos y a la mujer de don Fran-

---

[a] créelo: créolo D   [b] se: le D

[9] *Asistente:* «en Sevilla se da este título y nombre al Corregidor de aquella ciudad. También los hay en otras partes, como en Santiago y Marchena, aunque de inferior representación» (DA).

cisco, sin reservar criados ni criadas, y tomadas sus confesiones, estos no supieron decir nada, porque no lo sabían; mas los traidores hermano y marido y la cruel cuñada, al principio, negaban; mas viendo que era por demás, porque el Arzobispo y Asistente venían bien instruidos, confesaron la verdad. Dando[a] la cuñada la llave, subieron donde estaba la desdichada doña Inés, que como sintió tropel de gente, imaginando lo que sería, dio voces. En fin, derribando el tabique, la sacaron.

Aquí entra ahora[b] la piedad, porque, cuando la encerraron allí, no tenía más de veinte y cuatro años, y seis que había estado, eran treinta, que era la flor de su edad.

En primer lugar, aunque tenía los ojos claros, estaba ciega, o de la oscuridad (porque es cosa asentada que si una persona estuviese mucho tiempo sin ver luz, cegaría), o fuese de esto, u[c] de llorar, ella no tenía vista. Sus hermosos cabellos, que cuando entró allí eran como hebras de oro, blancos[d] como la misma nieve, enredados y llenos de animalejos, que de no peinarlos se crían en tanta cantidad, que por encima hervoreaban; el color, de la color de la muerte; tan flaca y consumida, que se le señalaban los huesos, como si el pellejo que estaba encima fuera un delgado cendal; desde los ojos hasta la barba, dos surcos cavados de las lágrimas, que se le escondía en ellos un bramante grueso; los vestidos hechos ceniza[e], que se le veían las más partes de su cuerpo; descalza de pie y pierna, que de los excrementos de su cuerpo, como no tenía dónde echarlos, no solo se habían consumido, mas la propia carne comida hasta los muslos de llagas y gusanos, de que estaba lleno el hediondo lugar. No hay más que decir, sino que causó a todos tanta lástima, que lloraban como si fuera hija de cada uno[f].

  ª Dando: Y dando *añ*. D   ᵇ ahora: *om*. D   ᶜ u: o B   ᵈ blancos: estaban D   ᵉ ceniza: cenizas D   ᶠ uno: una D

Así como la sacaron, pidió que si estaba allí el señor Arzobispo, la llevasen a él, como fue hecho, habiéndola, por la indecencia que estar desnuda causaba, cubiértola con una capa. En fin, en brazos la llevaron junto a él, y ella echada por el suelo, le besó los pies, y pidió la bendición, contando en sucintas razones toda[a] su desdichada historia, de que se indignó tanto el Asistente, que al punto los mandó a todos tres poner en la cárcel con grillos y cadenas, de suerte que no se viesen los unos a los otros, afeando a la cuñada más que a los otros la crueldad, a lo que ella respondió que hacía lo que le mandaba su marido.

La señora que dio el aviso, junto con la buena dueña que lo descubrió, que estaban presentes a todo, rompiendo la pared por la parte que estaba doña Inés, por no pasarla por la calle, la llevaron a su casa, y haciendo la noble señora prevenir una regalada cama, puso a doña Inés en ella, llamando médicos y cirujanos para curarla, haciéndole[b] tomar sustancias, porque era tanta su flaqueza, que temían[c] no se muriese. Mas doña Inés no quiso tomar cosa hasta dar la divina sustancia a su alma, confesando y recibiendo el Santísimo, que le fue luego traído.

Últimamente, con tanto cuidado miró la señora por ella, que sanó; solo de la vista, que esa no fue posible restaurársela. El Asistente sustanció el proceso a los reos, y averiguado todo, los condenó a todos tres a muerte, que fue ejecutada en un cadalso, por ser nobles y caballeros, sin que les valiesen sus dineros para alcanzar perdón, por ser el delito de tal calidad. A doña Inés pusieron, ya sana y restituida en su hermosura, aunque ciega, en un convento con dos criadas que cuidan de su regalo, sustentándose de la gruesa hacienda de su hermano y marido, donde hoy vive haciendo vida de una santa, afirmándome quien la vio cuando la sacaron de la pared, y después, que es de las más hermosas

---

[a] toda: *om.* B   [b] haciéndole: haciéndola CD   [c] temían: temía D

mujeres que hay en el reino del[a] Andalucía; porque, aunque está ciega, como tiene los ojos claros y hermosos como ella los tenía, no se le echa de ver que no tiene vista.

Todo este caso es tan verdadero como la misma verdad, que ya digo me le contó quien se halló presente. Ved ahora si puede servir de buen desengaño a las damas, pues si a las inocentes les sucede esto, ¿qué esperan las culpadas? Pues, en cuanto a la crueldad para con las desdichadas mujeres, no hay que fiar en hermanos ni maridos, que todos son hombres. Y como dijo el rey don Alfonso[b] el Sabio, que el corazón del hombre es bosque de espesura, que nadie le puede hallar senda, donde la crueldad, bestia fiera y indomable, tiene su morada y habitación.

Este suceso habrá que pasó veinte años, y vive hoy doña Inés, y muchos de los que le vieron y se hallaron en él; que quiso Dios darla sufrimiento y guardarle la vida, por que no muriese allí desesperada, y para que tan rabioso lobo como su hermano, y tan cruel basilisco como su marido, y tan rigurosa leona como su cuñada, ocasionasen ellos mismos su castigo.

Deseando estaban las damas y caballeros que la discreta Laura diese fin a su desengaño; tan lastimados y enternecidos los tenían los prodigiosos sucesos de la hermosa cuanto desdichada doña Inés, que todos, de oírlos, derramaban ríos de lágrimas de solo oírlos[c]. Y no ponderaban tanto la crueldad del marido como del hermano, pues parecía que no era sangre suya quien tal había permitido; pues cuando doña Inés, de malicia, hubiera cometido el yerro que le obligó a tal castigo, no merecía más que una muerte breve, como se han dado a otras que han pecado de malicia, y no darle tantas y tan dilatadas como le[d] dieron. Y a[e] la que más culpaban era a la cuñada, pues ella, como mujer, pudiera

    ᵃ del: de la B; de D   ᵇ Alfonso: Alonso B   ᶜ de solo oírlos: *om.* CD
ᵈ le: la D   ᵉ a: *om.* D

ser más piadosa, estando cierta, como se averiguó, que privada de sentido con el endemoniado encanto había caído en tal yerro. Y la primera que rompió el silencio fue doña Estefanía, que dando un lastimoso suspiro, dijo:

—¡Ay, divino Esposo mío! Y si Vos, todas las veces que os ofendemos, nos castigarais así, ¿qué fuera de nosotros? Mas soy necia en hacer comparación de vos, piadoso Dios, a los esposos del mundo. Jamás me arrepentí cuanto ha que me consagré a Vos de ser esposa vuestra; y hoy menos lo hago ni lo haré, pues aunque os agraviase, que a la más mínima lágrima me habéis de perdonar y recibirme con los brazos abiertos.

Y vuelta a las damas, les dijo:

—Cierto señoras, que no sé cómo tenéis ánimo para entregaros con nombre de marido a un enemigo, que no solo se ofende de las obras, sino de los pensamientos; que ni con el bien ni el mal acertáis a darles gusto; y si acaso sois comprendidas en algún delito contra ellos, ¿por qué os fiais y confiáis de sus disimuladas maldades, que hasta que consiguen su venganza, y es lo seguro, no sosiegan? Con solo este desengaño que ha dicho la señora Laura, mi tía, podéis quedar bien desengañadas, y concluida la opinión que se sustenta en este sarao, y los caballeros podrán también conocer cuán[a] engañados andan en dar toda la culpa a las mujeres, acumulándolas todos los delitos, flaquezas, crueldades y malos tratos, pues no siempre tienen la culpa. Y es el caso que, por la mayor parte, las de más aventajada calidad son las más desgraciadas y desvalidas, no solo en sucederles las desdichas que en los desengaños referidos hemos visto, sino que también las comprenden en la opinión en que tienen a las vulgares. Y es género de pasión o tema [[de]][b] los divinos entendimientos que escriben libros y componen comedias, alcanzándolo todo en seguir la opinión del

---

[a] cuán: qué D   [b] [[de]]: *om.* ABCD

vulgacho, que en común da la culpa de todos los malos sucesos a las mujeres; pues hay tanto en qué culpar a los hombres, y escribiendo de unos y de otros, hubieran excusado a estas damas el trabajo[a] que han tomado por volver por el honor de las mujeres y defenderlas, viendo que no hay quien las defienda, a desentrañar[b] los casos más ocultos, para probar que no son todas las mujeres las malas, ni todos los hombres los buenos.

—Lo cierto es —replicó don Juan— que verdaderamente parece que todos hemos dado[c] en el vicio de no decir bien de las mujeres, como en el tomar tabaco, que ya tanto le gasta el ilustre como el plebeyo. Y diciendo mal de los otros que le toman, traen su tabaquera más a mano y en más custodia que el rosario y las Horas, como si porque ande en cajas de oro, plata y cristal dejase de ser tabaco, y si preguntan por qué lo toman, dicen que porque se usa. Lo mismo es el culpar a las damas en todo, que llegado a ponderar pregunten al más apasionado por qué dice mal de las mujeres, siendo el más deleitable vergel de cuantos crio la naturaleza, responderá: «Porque se usa».

Todos rieron la comparación del tabaco al decir mal de las mujeres, que había hecho don Juan. Y si se mira bien, dijo bien, porque si el vicio del tabaco es el más civil de cuantos hay, bien le comparó al vicio[d] más abominable que puede haber, que es no estimar, alabar y honrar a las damas; a las buenas, por buenas, y a las malas, por las buenas.

Pues viendo la hermosa doña Isabel que la linda Matilde se prevenía para pasarse al asiento del desengaño, hizo señal a los músicos que cantaron este romance:

---

  [a] trabajo: trabajos D   [b] desentrañar: desengañar D   [c] dado: dalo D
  [d] del tabaco es el más civil de cuantos hay, bien le comparó al vicio: *om.* D

«Cuando te mirare Atandra,
   no mires, ingrato dueño,
   los engaños de sus ojos,
   porque me matas[a] con celos.

No esfuerces sus libertades,
   que si ve en tus ojos ceño,
   tendrán los livianos suyos
   en los tuyos escarmiento.

No desdores tu valor
   con tan civil pensamiento,
   que serás causa que yo
   me arrepienta de mi empleo.

Dueño tiene, en él se goce,
   si no le salió a contento,
   reparara[b] al elegirle
   o su locura o su acierto.

Oblíguete a no admitir
   sus livianos devaneos
   las lágrimas de mis ojos,
   de mi alma los tormentos.

Que si procuro sufrir
   las congojas que padezco,
   si es posible a mi valor,
   no lo es a mi sufrimiento.

¿De qué me sirven, Salicio,
   los cuidados con que velo
   sin sueño las largas noches,
   y los días sin sosiego,

si tú gustas de matarme,

---

[a] matas: mates D   [b] reparara: repara C

412

dando a esa tirana el premio,
que me cuesta tantas penas,
que me cuesta tanto sueño?

Hoy, al salir de tu albergue,
mostró con rostro risueño,
tirana de mis favores,
cuánto se alegra en tenerlos[a].

Si miraras que son míos,
no se los dieras[b] tan presto
cometiste estelionato,
porque vendiste lo ajeno.

Si te viera desabrido,
si te mirara severo.
no te ofreciera, atrevida,
señas de que yo te ofendo».

Esto cantó una casada
a solas en su instrumento,
viendo en Salicio y Atandra
averiguados los celos.

---

[a] tenerlos: tenerlas ABC; tenerlos D   [b] dieras: diera B

Desengaño sexto[a] [1]

Cuando dio fin la música, ya la hermosa Matilde estaba prevenida para referir su desengaño, bien incierta de que luciese como los que ya quedaban dichos. Mas ella era tan linda y donairosa, que solas sus gracias bastaban a desengañar a cuantos la miraban, de que ninguno la merecía. Y así, cuando no fuera su desengaño de los más realzados, la falta de él supliera su donaire. Y viendo que todos suspensos callaban, dijo así:

—Cierto, hermosas damas y bien entendidos caballeros, que cuando me dispuse a ocupar este asiento, dejé a la puerta prevenida una posta, y yo traigo las espuelas calzadas; porque el decir verdad es lo mismo que desengañar. Y en el tiempo que hoy alcanzamos, quien ha de decir verdades ha de estar resuelto a irse del mundo, porque si nos han de desterrar de él los que las escuchan, más vale irnos nosotros, pues la mayor suerte es vencerse uno a sí mismo, que no dejarse vencer de otros. De esto nació el matarse los gentiles, porque como no alcanzaban[2] la inmortalidad del

---

[a] *Desengaño sexto:* Noche VI A; Noche sexta BCD

[1] En todas las ediciones figura NOCHE, incluso en las ediciones tardías en las que se añade *Desengaño sexto* y el título (véase INTRODUCCIÓN). El título, AMAR SOLO POR VENCER, aparece en la edición de Barcelona, 1716, aunque no figura en las ediciones de Madrid, 1724, 1729 y 1734. Figura en todas las ediciones a partir de la de Barcelona, 1734.

[2] *alcanzar:* «conocer».

alma, en cambio de no verse abatidos y ultrajados de sus enemigos, no estimaban la vida, y tenían por más honrosa victoria morir a sus mismas manos, que no a las de sus enemigos. Y de esta misma causa nace hoy el decir mal los hombres de las mujeres, porque los desengañan, si no con las^a palabras, con las obras. Hablo de las que tratan de engañar y desengañar. Los hombres fueron los autores de los engaños^b; historias divinas y humanas nos lo dicen, que aunque pudiera citar algunas, no quiero, porque quiero granjear nombre de desengañadora, mas no de escolástica; que ya que los hombres nos han usurpado ese^c título, con afeminarnos más que naturaleza nos afeminó, que ella, si nos dio flacas fuerzas y corazones tiernos, por lo menos, nos infundió el alma tan capaz para todo como la de los varones. Y supuesto esto, gocen su imperio, aunque tiranamente adquirido, que yo, por lo menos, me excusaré de cuestiones de escuelas.

Digo, en fin, que como las mujeres vieron que los hombres habían de más a más inventado contra ellas los engaños, hurtáronles, no el arte, sino el modo. Entra un hombre engañando (como es la verdad que todos lo saben hacer bien), la mujer finge engañarse; pues cuando ve que ya el hombre trata de deshacer el engaño, adelántase a ser primera. ¿Quién es tu enemigo? (El adagio lo dice.) Ellos, por no declararse por engañadores, disimulan y queréllanse[3] de que no hay que fiar de ellas, porque todas engañan. ¿Veis cómo la verdad está mal recibida? Ellas, por no morir a manos de los engaños de los hombres, desengañan y quieren más morir a las suyas, que bien cruel muerte^d es la mala opinión en que las tienen. Porque ¿qué mayor desengaño que quitarles su dinero y ponerlos en la calle?

---

^a las: *om.* CD   ^b engaños: desengaños D   ^c ese: este D   ^d cruel muerte: cruelmente CD

[3] *querellarse:* «quejarse».

El daño es que los hombres, como están tan hechos a engañar, que ya se hereda como mayorazgo, hacen lo mismo la vez que pueden, con la buena, como con la que no lo es. Ellos dicen que de escarmentados, y este es el mayor engaño suyo, que no es sino que no[a] pueden más. Miren las que no tratan de los deleites vulgares lo que les sucede a las[b] otras, y será el verdadero acierto. Mas es[c] el mal que, como las que digo no van con el dictamen de las demás, que es engañar y desengañar, entran en el engaño, y se están en él toda la vida, y aun de esto se les ha conseguido a muchas la muerte, como se verá en mi desengaño. Pues si hoy las que estamos señaladas para desengañar, hemos de decir verdades y queremos ser maestras de ellas, ¿qué esperamos sino odios y rencillas? Que aseguraré, hay más de dos que están deseando salir de este lugar para verter de palabra y escrito la ponzoña que le ha ocasionado nuestro sarao. Luego bien prevenida está la posta, y bien dispuesto el traer puestas las espuelas, y con todo eso[d] no he de morir de miedo. Ya estoy en este asiento: desengañar tengo a todas y guardarme de no ser engañada.

Paciencia, caballeros, que todo viene a ser una satirilla más o[e] menos, y eso no hará novedad, porque ya sé que no puede faltar. Mas en eso[f] me la ganen, porque jamás dije mal de las obras ajenas; que hay poetas y escritores que se pudren de que los otros escriban. Todo lo alabo, todo lo estimo. Si es levantadísimo, lo envidio, no que lo haya trabajado su dueño, sino no haber sido yo la que lo haya alcanzado, y juzgo, en siendo obra del entendimiento, que cuando no se estime de ella otra cosa sino el desvelo de quien la hizo, hay mucho que estimar; y supuesto que yo no atropello ni digo mal de los trabajos ajenos, mereceré de cortesía que se diga bien de los míos. Y en esta conformidad, digo así:

---

[a] no: *om.* D   [b] las: *om.* CD   [c] es: *om.* D   [d] eso: esto D   [e] *o:* a ABCD
[f] eso: esto CD

En la Babilonia de España, en la nueva maravilla de Europa, en la madre de la nobleza, en el jardín de los divinos entendimientos, en el amparo de todas las naciones, en la progenitora de la belleza, en el retrato de la gloria, en el archivo de todas las gracias, en la escuela de las ciencias, en el cielo tan parecido al cielo, que es locura dejarle si no es para irse al cielo, y, para decirlo todo de una vez, en la ilustre villa de Madrid, Babilonia, madre, maravilla, jardín, archivo, escuela, progenitora, retrato y cielo (en fin, retiro de todas las grandezas del mundo), nació la hermosísima Laurela (no en estos tiempos, que en ellos no fuera admiración el ser tan desgraciada como ella, por haber tantas bellas y desgraciadas), de padres ilustres y ricos, siendo la tercera en su casa, por haberse adelantado la primera y segunda hermana, no en hermosura, sino en nacer antes que Laurela.

Ya se entiende que siendo sus padres nobles y ricos, la criarían y doctrinarían bien, enseñándola todos los ejercicios y habilidades convenientes, pues sobre los caseros, labrar, bordar y lo demás que es bien que una mujer sepa para no estar ociosa, fue leer y escribir, tañer y cantar a una arpa, en que salió tan única, que oída, sin ser vista, parecía un ángel, y vista y oída, un serafín. Aún no tenía Laurela doce años, cuando ya tenía doce mil gracias; tanto que ya las gastaba como desperdicios y la llamaban el «milagro de naturaleza». Y si bien criada con el recogimiento y recato que era justo, ni se pudo esconder de los ojos de la desdicha, ni de los de don Esteban, mozo libre, galán, músico, poeta y, como dicen, baldío, pues su más conocida renta era servir, y en faltando esto, faltaba todo. No se le conocía tierra ni pariente, porque él encubría en la que había nacido, quizá para disimular algunos defectos de bajeza. Servía a un caballero de hábito, y era de él bien querido por sus habilidades y solicitud.

Tendría don Esteban al tiempo que vio a Laurela de diez y nueve a veinte años: edad floreciente y en la que mejor asesta sus tiros el amor. Y así fue, pues viendo un día a la hermosa niña en un coche, en compañía de su madre y hermanas, se enamoró tan locamente (si se puede decir así), que perdió el entendimiento y la razón, que no pudo ser menos; pues informado de quién era Laurela, no desistió de su propósito, conociéndole tan imposible, pues ni aun para escudero le estimaran sus padres. Andaba loco y desesperado y tan divertido en sus pensamientos, que faltaba a[a] la asistencia de su dueño, si bien, como había otros criados, no se conocía de todo punto su falta. En fin, viéndose naturalmente morir, se determinó a solicitar y servir a Laurela, y probar si por esta parte podía alcanzar lo que no conseguía por otra, supuesto que no alcanzaba más bienes que los de su talle y gracias, que en cuanto a esto no había qué desperdiciar en él. Paseaba la calle, dábala[b] músicas de noche, componiendo él mismo los versos, alabando su hermosura y gentileza, porque en esto era tan pronto, que si cuanto hablaba lo quería decir en verso[c], tenía caudal para todo. Mas de nada de esto hacía caso, ni lo sentía Laurela; porque era tan niña, que no reparaba en ello, ni aunque a esta sazón tenía catorce años, porque todo este tiempo pasó don Esteban en sus necios desvelos. No había llegado a su noticia qué era amar, ni ser amada; antes su desvelo era, en dejando la labor, acudir al arpa junto con criadas, que tenía buscadas aposta que sabían cantar, y con ellas entretener y pasar el tiempo, aunque no sé para qué buscamos ocasiones de pasarle, que él se pasa bien por la posta.

Todo el tiempo que he dicho pasó don Esteban en esta suspensa y triste vida, sin hallar modo ni manera para descubrir a Laurela su amor, unas veces por falta de atrevimiento, y las más por no hallar ocasión, porque las veces que salía de casa era con su madre y hermanas, y cuando no fuera esto, ella atendía tan poco a sus cuidados[d], que los pagaba con un descuidado descuido. Pues considerando el atrevido mozo lo poco que granjeaba, aguardando que por

---

[a] a: *om.* D   [b] dábala: dábale B   [c] verso: versos CD   [d] cuidados: criados D

milagro supiera Laurela su amor, intentó uno de los mayores atrevimientos que se puede imaginar, y que no se pusiera en él sino un hombre que no estimara la vida. Y fue que, hallándose un día en casa de un amigo casado, estaba allí una mujer que había sido criada de la casa de Laurela, a quien él reconoció, como quien medianamente, por su asistencia, conocía de vista a todas, que haciéndose algo desentendido, le dijo:

—Paréceme, señora, haberos visto; mas no me puedo acordar dónde.

La moza, reconociendo haberle visto algunas veces en aquella calle, le respondió:

—Habreisme visto, señor, hacia el Carmen, que allí cerca he servido algunos meses en casa de don Bernardo.

—Así es —dijo él—, que en esa misma casa os he visto, y no me acordaba.

—Y yo a vos —dijo la moza— os he visto algunas veces pasar por esa misma calle.

—Tengo en ella —dijo don Esteban— un galanteo, y por eso la paso a menudo. Mas, ¿por qué os salisteis de esa casa, que tengo noticia ser buena?

—¡Y cómo que lo es! Mas en habiendo muchas criadas, fácil cosa es encontrarse unas con otras, y así me sucedió a mí. Yo servía en la cocina. Hay en casa otras tres doncellas; reñimos una de ellas y yo, y la una por la otra, nos despedimos. Y cierto que me ha pesado, porque los señores son unos ángeles, en particular mi señora Laurela, que es la menor de tres hijas que hay, que solo por ella se puede servir de balde; porque como es muchacha, toda la vida anda jugando con las criadas.

—Hermosa es esa dama —respondió don Esteban—, más que sus hermanas.

—¡Qué tiene que hacer! ¡Ay, señor mío! Vale más la gracia, el donaire y el agrado de mi señora[a] Laurela que todas

---

[a] señora: señor A^{r}A^d

las demás, y más cuando toma el arpa y canta, que no parece sino un ángel.

—¿Tan bien canta? —dijo don Esteban.

—Excelentísimamente —respondió la moza—. Y es tan aficionada a la música, que cuantas criadas reciben[a] gusta que sepan cantar y tañer, y si no lo saben y tienen voz, las hace enseñar, y como lo sepan, no se les da nada a sus padres que no sepan otra labor, porque aman tan tiernamente esta hija, que no tratan sino de agradarla[b], y en siendo músicas, no regatean con ellas el salario. Y yo aseguro que habrá sentido harto mi señora Laurela la ida de la que riñó conmigo, porque cantaba muy bien, y aun yo, con no saber cómo se entona, si mucho estuviera allá, saliera cantora, que como las[c] oía a todas horas, también yo, en la cocina, al son de mis platos, entonaba y decía mis[d] letrillas.

Oído esto por don Esteban, al punto fundó en ello su remedio, porque despedido de allí, se fue a la Platería[4], y vendiendo algunas cosillas que tenía granjeadas, compró todo lo necesario para transformarse en doncella, y no teniendo necesidad de buscar cabelleras postizas, porque en todos tiempos han sido los hombres aficionados a melenas, aunque no tanto como ahora, apercibiéndose de[e] una navaja, para cuando el tierno vello del rostro le desmintiese su traje, dejando sus galillas a guardar a un amigo, sin darle parte de su intento, se vistió y aderezó de modo que nadie juzgara sino que era mujer, ayudando más al engaño tener muy buena cara, que con el traje que digo, daba mucho que desear a cuantos le[f] veían. Hecho esto, se fue en casa de

---

[a] cuantas criadas reciben: cuantas reciben criadas CD   [b] agradarla: agradarla y servirla *añ*. CD   [c] las: la CD   [d] mis: mil D   [e] de: *om*. D   [f] le: la D

[4] Zona central de la calle Mayor de Madrid, entre el lugar donde se situó la Puerta de Guadalajara, ya entonces desaparecida, junto a la actual Plaza del Comandante Las Morenas, y la Plaza de San Salvador, hoy de la Villa.

Laurela, y dijo a un criado que avisase a su señora si quería recibir una doncella, porque venía avisada que se había despedido una. Los criados, como su ejercicio es murmurar de los amos, que les parece que solo para eso los sustentan, le dijeron, burlando de la condición de Laurela, que si no sabía tañer y cantar que bien se podía volver por donde había venido, porque en aquella casa no se pedía otra labor, y que siendo música, la recibirían al punto.

—Siempre oí —dijo don Esteban— que tañer y cantar no es ajuar; mas, si en esta casa gustan[a] de eso, les ha venido lo que desean, que a Dios gracias mis padres, como me criaron para monja, casi no me enseñaron otro ejercicio. Faltáronme al mejor tiempo, con que he venido de ser señora a servir, y me acomodo mejor a esto que no a hacer otra flaqueza.

—En verdad —dijo el uno de los criados—, que tenéis cara más para eso que para lo que pretendéis, y que gastara yo de mejor gana con vos mi jornalejo que con el guardián de San Francisco.

—En lo uno ni en lo otro le envidio la ganancia, hidalgo —dijo don Esteban—, y ahorremos de chanzas y entre a decir si me han menester, porque si no, tengo otras dos casas en vista[b], y me iré a la que más me diere gusto.

—Yo le tendré muy grande en que quedéis en casa, señora hermosa, porque me habéis parecido como[c] un pino de oro, y así, entraré a decirlo; mas ha de ser con una condición: que me habéis de tener por muy vuestro.

—Entre, galán, y dígalo, que se verá su pleito —respondió don Esteban.

Y con esto el criado entró donde estaban sus señoras y les dijo cómo afuera estaba una doncella que preguntaba si la querían recibir para servir en lugar de la que se despidió.

—Y os prometo, señoras, ¡ah! —medió el amartelado escudero—, que su cara, despejo y donaire más mere-

---

[a] gustan: gusta D   [b] vista: venta ABCD   [c] como: om. CD

ce*n*ᵃ que la sirvan que no que sirva. Y demás de esto, dice que sabe tañer y cantar.

Sonole bien a Laurela esta habilidad, como quien era tan llevada de ella, y [[a]]ᵇ las demás no desagradó; que luego mandaron que entrase, que como madre y hermanas querían ternísimas a Laurela, todas le seguían la inclinación, no juzgándola viciosa, no advirtiendo que el demonio teje sus telas, tomando para hacerlo de cada uno la inclinación que tiene. Dada, pues, la licencia, entró la doncella, y vista y informadas de lo que sabía hacer, agradadas de su brío y desenvoltura, a pocos lances quedó en casa. Porque si a todas agradó, a Laurela enamoró: tanto era el agrado de la doncella. No fue este amor de calidad delᶜ de don Esteban; porque Laurela, sin advertir engaño, creyó que era mujer.

Preguntáronla el nombre, y dijo que se llamaba Estefanía, sin don; que entonces no debía de ser la vanidad de las señoras tanta como la de ahora, que si tiene picaza, la llaman «doña Urraca», y si papagayo, «don Loro»; hasta a una perrita llamó una dama «doña Marquesa», y a una gata «doña Miza»⁵.

ᵃ merece*n*: merece ABCD   ᵇ [[a]]: *om.* ABCD   ᶜ del: *om.* CD

⁵ En otras ocasiones critica María de Zayas, en los mismos términos, la utilización del título de «don» por parte de aquellos a quienes no corresponde, pues en principio solo los caballeros tenían derecho a usarlo (6, pág. 430; 7, pág. 486). En la literatura de la época son frecuentes las alusiones semejantes. En *¿Quién engaña más a quién?,* Alarcón dice:

> Doña Claudia y doña Julia
> eran de labor doncellas,
> que ya son también donadas
> las familias escuderas (I, 9).

Francisco Santos, en *Los gigantones,* al hablar de una mujer de vida bastante irregular, declara: «Está desvanecida, no se acuerda que su padre zurcía zapatos, y, extraña a toda buena razón, ha negado a sus padres, y [...] llamándose Juana Gómez, se ha puesto Doña Fulana de Sandoval» (Bomli, *op. cit.,* págs. 16-17).

423

—Pues, Estefanía —dijo Laurela—, yo quiero oír tu voz, para ver si me agrada tanto como tu cara.

—¡Ay señora mía —respondió Estefanía—, si la voz no es mejor que la cara, buena medra sacaré!

Y habiéndole dado una guitarra, templó sin enfadar, y cantó sin ser rogada. Falta tan grande de los cantores: cuando vienen a conceder, ya tienen enfadado al género humano de rogarlos. Mas Estefanía cantó así:

Después que pasó,
de la edad dorada,
las cosas que cuentan
las viejas honradas;

y después que al cielo
fueron desterradas
la verdad hermosa,
la inocencia santa;

porque acá las gentes
ya las maltrataban,
o por ser mujeres,
o por no imitarlas;

cuando las encinas
la miel destilaban,
y daba el ganado
hilos de oro y plata,

ofrecían los prados
finas esmeraldas,
y la gente entonces
sin malicia estaba;

cuando no traían
fregonas ni damas

guardainfantes[6], moños
guardapiés[7] y enaguas;

cuando los galanes
calzaban abarcas[a],
no medias de pelo[8],
que estén abrasadas.

La[b] de plata vino,
donde ya empezaban
a saber malicias
y a maquinar trazas.

Esta pasó. Y luego,
la de alambre falsa
mostró en sus engaños
maliciosas trazas.

Llegó la de hierro,
tan pobre y tan falta
de amistad, que en ella
no hay más que marañas.

Son tantos los males,
tantas las desgracias,
que se teme el mundo
de que ya se acaba.

---

[a] abarcas: albarcas D   [b] La: -a A[v]

[6] *guardainfantes*: «cierto artificio muy hueco, hecho de alambres con cinta, que se ponían las mujeres en la cintura y sobre el que se ponían la basquiña» (DA).

[7] *guardapiés*: «guardapiés, tapapiés o brial: falda larga, que se hace de ordinario de telas finas como rasos, brocados de seda, oro o plata». El DA recoge además la indicación de Covarrubias de que antiguamente solo lo usaban las reinas y señoras muy ilustres.

[8] *medias de pelo*: «medias de seda hilada al natural».

Al Tiempo envió,
   con su blanca barba,
   de Júpiter santo,
   a la audiencia sacra,

para que le advierta
   que repare y haga
   contra tantos vicios
   jueces de [[la]]ª fama.

Júpiter le dijo
   que diga la causa,
   que a pedir justicia
   obliga a sus canas.

«Lo primero pido
   —dijo en voces altas—
   que los lisonjeros
   desterrados vayan,

porque solo aquestos
   oro y seda arrastran
   y de los señores
   son pulgas que abrasan.

Y que a la Mentira
   descubran la cara;
   que verdad se nombra,
   como anda tapada.

Ítem, que declare
   cómo o dónde halla
   los diversos trajes
   con que se disfraza.

Que las viejas muestrenᵇ
   sus cabezas canas;

ª [[la]]: *om.* ABCD   ᵇ muestren: muestran D

las damas, sus pelos;
los hombres, sus calvas.

Porque hay mil achaques,
postillas y agallas,
reumas[a] y jaquecas,
y otras cosas malas.

Después que se usa
vender en la plaza
cabelleras, moños,
que a los muertos sacan.

Si son pelicortas,
que manden que traigan
las cofias de papos[b] [9]
de la infanta Urraca[10].

Que a los hombres manden
que vistan botargas[11],
como en otros tiempos
los godos usaban,

---

[a] reumas: remas ABCD   [b] papos: pabos D

[9] *papos:* «antiguamente significaba también una moda de tocado que usaban las mujeres, con unos huecos o bollos que cubrían las orejas, y por otro nombre se llamaban bufos» (DA).

[10] Se refiere probablemente a Urraca, infanta de Castilla y León, hija de Fernando I, que nació a mitad del siglo XI y murió a los sesenta y siete años, y a quien correspondió Zamora en el reparto del reino hecho por su padre a su muerte. Era conocida por sus implicaciones en la historia del Cid, con el episodio del cerco de Zamora, en el que murió el rey Sancho asesinado por Bellido Dolfos. La anécdota había sido llevada unos años antes a la escena con *Las mocedades del Cid* de Guillén de Castro. También Lope de Vega trató dramáticamente la historia del cerco de Zamora en *Las almenas de Toro.*

[11] *botargas:* «una parte del traje, que se traía antiguamente, que cubría el muslo y la pierna y era ancha» (DA).

que nuestros abuelos
era gente honrada,
y siempre vistieron
una martingala[12].

Las medias de pelo
mueran abrasadas,
y las que las hacen
sean leña y ascuas,

porque no hay haciendas,
que todas se gastan
en ponerse unas
todas las semanas.

Demás, que parecen
que descalzos andan,
quitando el valor
a las toledanas.

Que a sus trajes vuelvan,
y vuelvan a Francia
los que le han hurtado,
que parece infamia.

Que Francia el valor
le ha robado a[a] España,
y los españoles,
al francés, las galas.

Que en la Ropería[13]
acorten las faldas
[[a]][b] aquestos jubones,
ya medio sotanas.

---

[a] a: *om.* B   [b] [[a]]: *om.* ABCD

[12] *martingala:* «parte del arnés que cubría las entrepiernas» (DA).
[13] Calle próxima a la Plaza Mayor.

Y que se recojan
aquestas que andan
pelando, atrevidas,
las bolsas y el alma.

Y porque trabajen,
les señalen casa,
donde, recogidas,
coman, si lo ganan.

Que gastando mantos,
y rompiendo sayas,
como vemos, vale
la seda muy cara.

Que a los coches pongan
corozas[14] muy altas,
por encubridores
de bajezas tantas.

Y que <<a>> ciertas[a] viejas,
que en forma de santas,
voluntades juntan,
a los montes vayan,

porque solo sirven
de enseñar muchachas
a chupar las bolsas
y hacer caravanas[15].

---

[a] <<a>> ciertas: a ciertas *añ.* ABCD

[14] *corozas:* «cucuruchos que se ponían como señal afrentosa en la cabeza de ciertos condenados».
[15] *hacer caravanas:* «engañar». *Caravanas:* «metafóricamente se entienden las diligencias que uno hace para lograr alguna pretensión y también se comprenden en este sentido las ceremonias y cortejos precisos para entrar en ella» (DA).

Que algunos maridos
    manden que en sus casas
    miren, por si hay
    varas encantadas,

con que sus mujeres
    oro y tela arrastran,
    y ellos, paseando,
    comen, visten, calzan.

Que <<a>> mil[a] maldicientes,
    que atrevidos hablan
    contra las mujeres,
    a la guerra vayan.

Que sobre los "dones"
    echen alcabalas,
    y la cantidad
    a pobres repartan,

que si cada uno
    ofrece una blanca,
    el uno por ciento
    no hará suma tanta»[16].

Esto pidió el Tiempo,
    y[b] Júpiter manda
    que se vea su pleito
    que fue no hacer nada.

Cantó esta sátira Estefanía con tanto donaire y desenvoltura, que dejó a todas embelesadas, creyendo que tenían en ella una preciosa joya; que a saber que era el caballo troya-

---

[a] <<a>> mil: a mil *añ*. ABCD   [b] y: y que *añ*. B

[16] Nueva crítica de la utilización del «don» por quienes, no siendo caballeros, no tenían derecho a utilizarlo. (Véase pág. 423, n. 5.)

no, pudiera ser no les diera tanto gusto. Pues como Laurela era niña y tan inclinada a la música, fuera de sí de gozo, se levantó del estrado, y cruzando los brazos al cuello de Estefanía, juntando su hermosa boca con la mejilla, favor que no entendió ella llegar a merecerle, le dijo:

—¡Ay amiga, y qué alegre estoy de tenerte conmigo, y cómo no te tengo de tener por criada, sino por hermana y amiga!

Tomole Estefanía una de sus hermosas manos, y besándosela, por el favor que le hacía, dio por bien empleado su disfraz, que la hacía merecedora de tantos favores, y díjole:

—Señora mía: yo sé que te merezco y mereceré toda la merced que me hicieres, como lo conocerás con el tiempo; porque te aseguro que desde el punto que vi tu hermosura, estoy tan enamorada (poco digo: tan perdida), que maldigo mi mala suerte en no haberme hecho hombre.

—Y a serlo —dijo Laurela—, ¿qué hicieras?

—Amarte y servirte hasta merecerte, como lo haré mientras viviere; que el poder de amor también se extiende de mujer a mujer, como de galán a dama.

Diolesa a todas gran risa oír a Estefanía decir esto, dando un lastimoso suspiro, juzgando que se había enamorado de Laurela. Preguntó Estefanía si había más doncellas en casa.

—Otras dos —dijo Laurela— y una criada que guisa de comer.

Y oído esto, pidió a sus señoras que se sirvieran de darle cama aparte, porque no estaba enseñada a dormir acompañada, y que demás de esto era apasionada de melancolía, cosa usada de los que hacen versos, y que se hallaba mejor con la soledad.

—¿Luego también tienesb esa habilidad? —dijo Laurela.

—Por mis pecados —respondió Estefanía—, para que estuviese condenada a eterna pobreza.

---

a Dioles: Diolas D   b tienes: tiene D

—Cada día me parece que descubrirás nuevas habilidades —respondió Laurela—; mas en cuanto a la[a] pobreza, vencido has a tu fortuna en haber venido a mi poder, que yo te haré rica, para que te cases como tú mereces.

—Ya soy la más rica del mundo, pues estoy en tu poder; que yo no quiero más riqueza que gozar de tu hermosa vista. Y en lo que toca a casarme, no tienes que tratarme tal cosa, que la divina imagen que hoy ha tomado asiento en mi corazón no dará lugar a que se en él aposente[b] otra ninguna.

Volviéronse a reír todas, confirmando el pensamiento que tenían de que Estefanía estaba enamorada de Laurela. Y, en fin, para más agradarla, le dieron su aposento y cama dividido de las demás, con que Estefanía quedó muy contenta, por poder, al desnudarse y vestirse, no dar alguna sospecha, y remediar cuando las flores del rostro empezasen a descubrir lo contrario de su hábito; que aunque hasta entonces no le habían apuntado, se temía no tardarían mucho. Gran fiesta hicieron las demás criadas a Estefanía, ofreciéndosele todas por amigas, si bien envidiosas de los favores que le hacía Laurela. Vino su padre a cenar, que era un caballero de hasta cuarenta años, discreto y no de gusto melancólico, sino jovial y agradable, y dándole cuenta de la nueva doncella que habían[c] traído a casa y de sus gracias y habilidades, y diciendo la quería ver, vino Estefanía, y con mucha desenvoltura y agrado besó a su señor la mano, y él, muy pagado de ella, lo más que ponderó fue la hermosura; con tal afecto, que al punto conoció Estefanía que se había enamorado, y no le pesó, aunque temió[d] verse perseguida de él. Mandola que cantase, que no lo rehusó; que como no era mujer más que en el hábito, no la ocupó la vergüenza. Y así, pidiendo una guitarra, con la prontitud del inge-

_____

[a] la: tu D   [b] a que se en él aposente: a que se aposente en él CD
[c] habían: había D   [d] temió: temía B

nio y la facilidad que tenía en hacer versos, que era cosa maravillosa, cantó así:

> Ausentose mi sol, y en negro luto
> me dejó triste y de dolor cercada;
> volvió a salir la aurora aljofarada,
> y dile en feudo lágrimas por fruto.
>
> Nunca mi rostro de este llanto enjuto,
> le da la norabuena a su llegada;
> que si ella ve su sol, yo, desdichada,
> al mío doy querellas por tributo.
>
> Sale Febo tras ella, dando al suelo
> oro, si le dio perlas el aurora,
> plata a las fuentes y cristal al río.
>
> Sola yo, con eterno desconsuelo,
> no me alegro, aunque miro alegre a Flora;
> que aunque sale su sol, no sale el mío.
>
> Amo, temo y porfío
> a vencer con mi amor fieros temores;
> mas ¡ay, que por instantes son mayores!
>
> En mí es amor gigante,
> en mí es infante tierno,
> para que sea mi tormento eterno.
>
> Ama gigante
> y teme como infante,
> y yo padezco como firme amante.

—Competencia puede haber, Estefanía, sobre cuál ha de llevar[a] el laurel entre tu voz y tu hermosura —dijo don Bernardo, que así se llamaba el padre de Laurela.

---

[a] llevar: llenar C

—Y más —dijo doña Leonor, que este es el nombre de su madre— que lo que canta, ella misma lo[a] compone. Y en este soneto parece que estaba enamorada Estefanía cuando le hizo.

—Señora mía —respondió ella—, lo estaba, y lo estoy, y estaré hasta morir; y aún ruego a Dios, no pase mi amor más[b] allá del sepulcro. Y en verdad que como se iban cantando los versos, se iban haciendo; que a todo esto obliga la belleza de mi señora Laurela; que como se salió acá fuera y me dejó a oscuras, y yo la tengo por mi *sol, tomé*[c] este asunto ahora que me mandó don Bernardo, mi señor, que cantase.

Empezaron todas a reírse, y don Bernardo preguntó qué enigmas eran aquellas.

—¿Qué enigmas han de ser —dijo doña Leonor—, sino que Estefanía está enamorada de Laurela desde el punto que la vio, y lamenta su ausencia celebrando su amor, como habéis visto?

—Bien me parece —respondió don Bernardo—, pues de tan castos amores bien podemos esperar hermosos nietos.

—No quiso mi dicha, señor mío —dijo Estefanía—, que yo fuera hombre; que, a serlo, sirviera como Jacob por tan linda Raquel[17].

—Más te quiero yo mujer que no hombre —dijo don Bernardo.

—Cada uno busca y desea lo que ha menester —respondió Estefanía.

Con esto[d] y otras burlas, que pararon en amargas veras, se llegó la hora de acostarse, diciendo Laurela a Estefanía[e] la viniese a desnudar, porque desde luego la hacía favor del oficio de camarera.

---

    [a] lo: lo que *añ.* C; es lo que *añ.* D   [b] más: a más *añ.* B   [c] *sol, tomé:* soltome ABCD   [d] esto: estos D   [e] Estefanía: Estefanir A[r]A[d]

[17] *Génesis* 29, 16-30.

Se fueron, y Estefanía con su señora, asistiéndola hasta que se puso en la cama, gozando sus ojos, en virtud de su engaño, lo que no se le permitiera menos que con su engañoso disfraz, enamorándose más que estaba, juzgando a Laurela aún más linda desnuda[a] que vestida.

Más de un año pasó en esta vida Estefanía, sin hallar modo cómo descubrir a Laurela quién era, temiendo su indignación y perder los favores que gozaba. Que de creer es que a entender Laurela que era hombre, no pasara[b] por tal atrevimiento; que aunque en todas ocasiones le daba a entender su amor, ella y todas lo juzgaban a locura, antes les[c] servía de entretenimiento y motivo de risa, siempre que la veían hacer extremos y finezas de amante, llorar celos y sentir desdenes, admirando que una mujer estuviese enamorada de otra, sin llegar a su imaginación que pudiese ser lo contrario. Y muchas veces Laurela se enfadaba de tanto querer y celar, porque si salía fuera, aunque fuese con su madre y hermanas, cuando venía, la pedía celos. Y si tal vez salía con ellas, le pedía que se echase el manto en el rostro, porque no la viesen, diciendo que a nadie era bien fuese permitido ver su hermosura. Si estaba a la ventana, la hacía quitar. Y si no se entraba, se enojaba y lloraba; y le decía tan sentidas palabras que Laurela se enojaba y la decía que la dejase, que ya se cansaba de tan impertinente amor. Pues que si le trataban algún casamiento, que, como era su belleza tanta, antes la deseaban a ella que a sus hermanas, aunque eran mayores y no feas, allí eran las ansias, las congojas, las lágrimas y los desmayos; que la terneza de su amor vencía la fiereza de hombre, y se tenía entendido que Estefanía se había de morir el día que se casase Laurela.

No le faltaban a Estefanía, sin las penas de su amor, otros tormentos que la tenían bien disgustada, que era la persecución[d] de su amo, que en todas las ocasiones que se ofre-

---

ᵃ desnuda: *om.* B   ᵇ pasara: pasar D   ᶜ les: le D   ᵈ persecución: presecución D

cían la perseguía, prometiéndola casarla[a] muy bien si hacía por él lo que deseaba. Y si bien se excusaba con decirle era doncella, no se atrevía a estar un punto sola en estando en casa, porque no fuese con ella atrevido y se descubriese la maraña. Abrasábase Estefanía en celos de un caballero que vivía en la misma casa, mozo y galán, con cuya madre y hermanas tenía Laurela y su madre y las demás grande amistad, y se comunicaban muy familiarmente, pasando por momentos los unos al cuarto de los otros, porque sabía que estaba muy enamorado de Laurela, y la deseaba esposa, y la había pedido a su padre, si bien no se había efectuado, porque como Laurela era muy niña, quisiera su padre acomodar primero a las mayores. Y era de modo lo que Estefanía sentía que fuese allá Laurela, que no le faltaba sino perder el juicio. Y lo dio bien a entender una tarde que estaba Laurela con las amigas que digo en su cuarto, que habiendo algún espacio que estaba allá, la mandó llamar su madre; que, como vino, las halló a todas en una sala sentadas a los bastidores, y Estefanía con ellas bordando, que aunque no era muy cursada en aquel ejercicio, con su buen entendimiento se aplicaba a todo. Llegó Laurela, y sentándose con las demás, miró a Estefanía, que estaba muy melancólica y ceñuda, y empezose a reír, y sus hermanas y las demás doncellas de la misma suerte, de que Estefanía, con mucho enojo, enfadada, dijo:

—Graciosa cosa es que se rían de lo que lloro[b] yo.

—Pues no llores —respondió Laurela, riendo[c]—, sino canta un poco, que me parece, según estás de melancólica, que un tono grave le cantarás del Cielo.

—Por eso[d] te llamé[e] —dijo su madre—, para que, mandándoselo tú, no se excusase; que aunque se lo hemos rogado, no ha querido, y me ha admirado, porque nunca la he visto hacerse de rogar sino hoy.

---

[a] casarla: casaría D   [b] lloro: llore D   [c] riendo: riéndose D   [d] eso: esto CD
[e] llamé: llamé yo *añ.* D

—En verdad que me tiene mi señora Laurela muy sazonada para que haga lo que su merced me mande[a].

—¡Ay amiga! —dijo Laurela—, ¿y en qué te he ofendido, que tan enojada estás?

—En el alma —respondió Estefanía.

—Deja esas locuras —replicó Laurela—, y canta un poco, que es disparate creer que yo te tengo de agraviar en el alma, ni en el cuerpo, siquiera porque sea verdad lo que mi madre dice, que cantarás mandándolo yo, y de no hacerlo, te desdices de lo que tantas veces has dicho, que eres mía.

—No me desdigo, ni vuelvo atrás de lo que he dicho —dijo Estefanía—; que una cosa es ser de cuya soy, y otra estar enojada. Y sé que no estoy cantando o[b] hablando, sino para decir desaciertos; mas algún día me vengaré de todo.

Reían todas.

—Canta ahora —dijo Laurela—, aunque sea cuanto quisieres, que después yo llevaré con gusto tu castigo, como no sea perderte, que lo sentiré mucho.

—Así supiera yo —dijo Estefanía— que eso[c] se había de sentir, como no estuviera un instante más en casa.

—Dios me libre de tal —respondió Laurela—. Mas dime: queriéndome tanto, ¿tuvieras corazón para dejarme?

—Soy tan vengativa, que por matar, me[d] matara, y más cuando estoy rabiosa, como ahora.

—Canta, por tu vida —dijo Laurela—, que después averiguaremos este enojo.

Pues como Estefanía era de tan presto ingenio, y más en hacer versos, en un instante apercibió, cantando, decirle su celosa pasión en estas canciones:

---

[a] mande: manda   D   [b] o: y D   [c] eso: esto CD   [d] matar, me: matarme D

¡Oh soberana diosa,
    así a tu *E*ndimión[a] [18] goces segura,
sin que vivas celosa,
    ni desprecie[b] por otra tu hermosura;
    que te duela mi llanto,
pues sabes qué es amar[c], y amaste tanto:
    ya ves que mis desvelos
nacen de fieros y rabiosos celos!

Fuese mi dueño ingrato
    a no sé qué concierto de su gusto:
¡Ay, Dios, y qué mal trato!
    ¡Castigue amor un caso tan injusto!
    Y tú, Diana bella,
mira mi llanto, escucha mi querella,
    y sus pisadas[d] sigue,
y con tu luz divina le persigue.

Para muchos has sido
    cansada, sacra dea, y enfadosa,
y muchos han perdido,
    por descubrirlos, ocasión dichosa.
    Hazlo así con mi amante;
sigue sus pasos, vela vigilante,
    y dale mil disgustos;
impídele sus amorosos gustos.

Darete el blanco toro,
    de quien Europa, enamorada, goza[19];

---

[a] *E*ndimión: Indimión ABCD   [b] desprecie: desprecies D   [c] amar: amor D   [d] pisadas: veredas D

[18] Endimión es un pastor de gran belleza del que se enamora Selene (la Luna), quien, en algunas versiones, tiene de él cincuenta hijas. Selene obtuvo de Zeus que permaneciese eternamente joven, dormido en un sueño perpetuo.

[19] Zeus tomó la apariencia de un toro blanco para raptar a Europa, hija de Agenor, rey de Tiro. La llevó a Creta y tuvo con ella tres hijos, entre ellos Minos, quien sucedió a Asterión en el trono.

438

de Midas, el tesoro,
y de Febo, tu hermano, la carroza;
el vellocino hermoso,
que de Jasón fue premio venturoso,
y por bella y lozana,
juzgaré que mereces la manzana,

solo porque me digas
si fue a gozar algunos dulces lazos[a].
Sí, dices. No prosigas:
hechos los vea cuatro mil pedazos.
Y di: ¿Quiérelos[b] mucho[c]?
Que sí, me dices: tal sentencia escucho.
Ea, pues, ojos míos,
volveos con llanto caudalosos ríos.

¿Cómo, di, ingrato fiero,
tan mal pagas mi amor, tan mal mi pena?
Mas ¡ay de mí!, que quiero
contar del mar la más menuda arena,
ver en el suelo estrellas,
y en el hermoso cielo plantas bellas;
pues, si lo consideras,
es lo mismo pedirte que me quieras.

Del amor dijo el sabio
que solo con amor pagar se puede.
No es pequeño mi agravio,
no quiera Amor que sin castigo quede;
pues cuando más te adoro,
si lo entiendes así, confusa ignoro,
y es mi mal tan extraño,
que mientras más te quiero, más me engaño.

Confieso que en ti sola
extremó su poder naturaleza,

---

[a] lazos: brazos D   [b] Quiérelos: Quieres los D   [c] mucho: mucha C

y en la tierra española
eres monstruo de gala y gentileza;
mas de una piedra helada
tienes el alma, por mi mal, formada,
y la mía, en tu hielo,
es Etna[a], es un volcán, es Mongibelo.

Esos ojos que adoras,
   ¿acaso son más dulces que los míos?
   Sí, pues en ellos moras;
   y por su causa tratas con desvíos
   los ojos, que en tus ojos
   adoran por favores los enojos,
   por gloria los desdenes
   y los pesares por dichosos bienes.

Ojos, ¿no la mirasteis?
   Pues pagad el mirar con estas penas.
   Corazón, ¿no la amasteis?
   Pues sufrid con paciencia estas cadenas.
   Razón, ¿no te rendiste?
   Pues, di, ¿por qué razón estás tan triste?
   ¿Pues es mayor fineza
   amar en lo que amáis esa tibieza[b]?

¿No sabes que te adoro?
   Pues ¿cómo finges que mi amor ignoras?
   Mas ¿qué mayor tesoro,
   que cuando tú nueva belleza adoras,
   halles el pecho mío
   tan abrasado, cuanto[c] el tuyo[d] frío?
   Y ten en la memoria
   que amar sin premio es la mayor victoria.

Así seas oída
   de tu Narciso, ninfa desdichada,
   que en eco convertida

---

  [a] Etna: Egna ABC; Etna D   [b] esa tibieza: esta fineza D   [c] cuanto: cuando D [d] tuyo: tuya D

fue tu amor y belleza mal lograda[a];
que si contigo acaso
habla la causa en quien de amor me abraso,
le digan tus acentos
mis tiernos y amorosos sentimientos.

Y tú, Venus divina,
    así a[b] tu Adonis en tus brazos veas.
a ti, gran Proserpina,
    así de tu Plutón amada[c] seas,
y que tus gustos goce
los seis meses que faltan a los doce;
que a Cupido le pidas
restituya mis glorias ya perdidas.

Así de la corona
    goces de Baco, ¡oh Ariadna bella!,
y al lado de Latona[20]
    asiento alcances como pura estrella;
y al ingrato Teseo
veas preso y rendido a tu deseo,
que[d] le impidas el gusto
a quien me mata con cruel disgusto.

Y tú, Calisto[e] hermosa,
    así en las aguas de la mar te bañes,
y que a Juno celosa[f],
    para gozar a Júpiter, engañes;
que si desde tu esfera
vieres que aquesta fe tan verdadera

---

[a] mal lograda: malograda D   [b] a: *om* D   [c] amada: amadas D   [d] que: a que *añ.* CD   [e] Calisto: Calixto ABCD   [f] celosa: velosa D

[20] Nombre romano de Leto, hija de Ceo, uno de los titanes, y de Febe. Encinta de Zeus, fue perseguida por Hera que no le dejaba dar a luz en ningún lugar donde brillase el sol. Tras largo errar, Poseidón preparó una cámara de agua en la isla de Delos para que nacieran los gemelos Apolo y Ártemis.

se paga con engaño,
castigues sus mentiras y mi daño.

¡Oh tú, diosa suprema,
de Júpiter hermana y dulce esposa!,
así tu amor no tema
agravios de tu fe, ni estés celosa;
que mires mis desvelos,
pues sabes qué es amor, agravio y celos,
y como reina altiva,
seas, con quien me agravia, vengativa.

Dile al pastor que tiene,
para velar a Íole[21], los cien ojos,
que a tu gusto conviene
velar de aqueste sol los rayos rojos,
que solían ser míos,
y son ahora de otros desvaríos;
pero tenga advertencia
que es vara de Mercurio su elocuencia.

Y tú, triste Teseo,
refiérele[a] la pena que padeces
en el Cáucaso feo,
que las entrañas al rigor ofreces
de aquella águila hambrienta,

---

[a] refiérele: refiere D

[21] Alusión al pastor guardián de los cien ojos que vigila a Íole o Yole.
El guardián es Argos, pero la anécdota no se refiere a Íole, sino a Io. Hera
manda a Argos vigilar a Io, celosa de sus relaciones con Zeus (véase pág. 329,
n. 9). Íole es hija de Eurito, rey de Ecalia, a quien Heracles vence y da
muerte, llevándose a la muchacha como concubina. Celosa de ella,
Deyanira, esposa de Heracles, presenta al héroe la túnica que le produci-
rá la muerte.

porque padezca con dolor y afrenta,
y así, en cabeza ajena,
tendrá escarmiento y sentirá mi pena[22].

Dile, Tántalo triste
por faltarte[a] lealtad, la pena tuya,
la gloria que perdiste
del néctar sacro. Y para que concluya,
cuéntale tu fatiga,
y cómo amor tu ingratitud castiga.
Habla, no estés tan mudo;
podrá el temor lo que el amor no pudo.

No goce de su amante
la verde yedra de su cuello asida,
pues que la fe inconstante
de aquel dueño querido de mi vida
ya se pasa a otro dueño,
con que yo de morir palabra empeño;
pero será de amores,
porque sean más dulces mis dolores.

Desháganse los lazos
del leal y dichoso Hermafrodito,
pues en ajenos brazos
a mi hermoso desdén estar permito,
sin que mi mano airada
no tome la venganza deseada;
que con celos bien puedo
ni respetar deidad, ni tener miedo.

---

[a] faltarte: faltarle B

[22] Teseo es el gran héroe ateniense, autor de numerosas aventuras, entre las que destaca su victoria sobre el minotauro de Creta. En estos versos, se le atribuye el suplicio de estar encadenado en el Cáucaso, donde todas las mañanas un águila le roía el hígado que le crecía de nuevo por la noche. En realidad es Prometeo quien soporta este castigo, por haber robado el fuego del Olimpo, entregándolo a los mortales. Heracles lo libera matando al águila. Idéntica atribución de este suplicio a Teseo, en lugar de a Prometeo, aparece al final de la obra (pág. 677, n. 11).

Canción: si de mi dueño
   bien recibida fueres,
   pues de mi pena fiel testigo eres,
   cual sabia mensajera
   dile me excuse aquesta pena fiera,
   y para no matarme,
   si desea mi vida, quiera amarme.

Admiradas estaban doña Leonor y sus hijas, con todas las demás, de oír a Estefanía, y Laurela, que de rato en rato ponía en[a] ella sus hermosos ojos, notando[b] los sentimientos con que cantaba, tomando y dejando los colores en el rostro conforme lo que sentía, y ella de industria, en su canción, ya parecía que hablaba con dama, ya con galán, por divertir a las demás. Y viendo había dado fin con un ternísimo[c] suspiro, Laurela, riéndose, le dijo:

—Cierto, Estefanía, que si fueras, como eres mujer, hombre, que dichosa se pudiera llamar la que tú amaras.

—Y aun así como así —dijo Estefanía—, pues para amar, supuesto que el alma es toda una en varón y en la hembra, no se me da más ser hombre que mujer; que las almas no son hombres ni mujeres, y el verdadero amor en el alma está, que no en el cuerpo; y el que amare el cuerpo con el cuerpo, no puede decir que es amor, sino apetito, y de esto nace arrepentirse en poseyendo; porque como no estaba el amor en el alma, el cuerpo, como mortal, se cansa siempre de un manjar, y el alma, como espíritu, no se puede enfastiar[23] de nada.

—Sí; mas es amor sin provecho amar una mujer a otra —dijo una de las criadas.

—Ese —dijo Estefanía— es el verdadero amor, pues amar sin premio es mayor fineza.

----

[a] en: *om.* D   [b] notando: amando D   [c] ternísimo: eternísimo D

[23] *enfastiar:* «enfadar, hastiar». Lo recoge Covarrubias, en la entrada *enhastiar,* pero el DA señala su falta de uso en la época.

—Pues ¿cómo los hombres —dijo una de las hermanas de Laurela— a cuatro días que aman le piden, y si no se le dan, no perseveran?

—Porque no aman —respondió Estefanía—; que si amaran, aunque no los premiaran[a], no olvidaran. Que amor verdadero es el carácter del alma, y mientras el alma no muriere, no morirá el amor. Luego siendo el alma inmortal, también lo será el amor; y como amando solo con el cuerpo, al[b] cuerpo no le alcanzan, aborrecen o olvidan luego, por tener lugar para buscar alimento en otra parte, y si alcanzan, ahítos, buscan lo mismo.

—Pues según eso —dijo otra doncella—, los hombres de ahora todos deben de amar solo con el cuerpo, y no con el alma, pues luego olvidan, y tras eso dicen mal de las mujeres, sin reservar a las buenas ni a las malas.

—Amiga —respondió Estefanía—: de las buenas dicen mal, porque no las pueden alcanzar; y de las malas, porque están ahítos de ellas.

—¿Pues por qué las buscan? —dijo la otra hermana de Laurela.

—Porque las han menester —dijo Estefanía—; y por excusar un buen día a los muchachos, por que los maestros no los suelten temprano.

—Pues si solo por necesidad aman, y son tan malas para ellos las unas como las otras, más vale —respondió Laurela— ser buena y no admitirlos.

—Todo es malo —dijo Estefanía—, que ni han de ser las damas tan desdeñosas que tropiecen en crueles, ni tan desenvueltas que caigan en desestimación.

—Sí. Mas yo quisiera saber —replicó la otra doncella— qué piensa sacar Estefanía de amar a mi señora Laurela, que muchas veces, a no ver su hermosura, y haberla visto algunas veces desnuda, me da una vuelta el corazón pensando que es hombre.

---

[a] premiaran: apremiaran CD [b] al: el CD

—Pluviera[a] a Dios; aunque tú[b], mi amiga, dieras cuatro en los infiernos; mas eso es vivir de esperanza; qué sé yo si algún día hará, viéndome morir de imposibles[c], algún milagro conmigo.

—El Cielo excuse ese milagro por darme a mí gusto —dijo Laurela—, porque no soy amiga de prodigios, y de eso no pudieras ganar más de perderme para siempre.

Con esto pasaban, teniendo todas chacota y risa con los amores de Estefanía, que aunque disimulaba, no la traía poco penada ver que ya las compañeras, entre burlas y veras, jugando[d] unas con otras, procuraban ver si era mujer o hombre; demás que había menester andar con demasiada cuenta con las barbas que empezaban a nacer, y no sabía cómo declararse con Laurela, ni menos librarse con su padre, que, perdido por ella, era sombra suya en todas las ocasiones que podía.

Pues sucedió, porque la fatal ruina de Laurela venía a toda diligencia, que aquel caballero que vivía en casa y amaba a Laurela con mortales celos de Estefanía, tornó a pedírsela por esposa a su padre, diciendo, por que no se la negase, que no quería otro dote con ella más que el de su hermosura y virtudes; que don Bernardo, codicioso, aceptó luego, y tratándolo con su mujer y hija, la hermosa Laurela obedeció a su padre, diciendo que no tenía más gusto que el suyo. Y con esto, muy contenta, entró donde estaba Estefanía y las demás criadas, y le dijo:

—Ya, Estefanía, ha llegado la ocasión en que podré hacer por ti y pagarte el amor que me tienes.

—¿En qué forma, señora mía? —respondió ella.

—En que me caso —tornó a responder Laurela—; que ahora me lo acaba de decir mi padre, que me ha prometido por esposa a don Enrique.

---

[a] Pluviera: Publiera CD   [b] tú: en D   [c] imposibles: imposible D
[d] jugando: juzgando D

Apenas oyó estas últimas palabras Estefanía, cuando con un mortal desmayo cayó en el suelo, con que todas se alborotaron, y más Laurela, que sentándose y tomándole la cabeza en su regazo, empezó a desabrocharle[a] el pecho, apretarle las manos y pedir apriesa agua, confusa, sin saber qué decir de tal amor y tal[b] sentimiento. Al cabo de un rato, con los remedios que se le hicieron, Estefanía volvió en sí, con que, ya consoladas todas, la[c] mandó Laurela ir a acostar, sin preguntalle nada, ni ella lo dijera, porque estaba tal, que parecía que ya se le acababa la vida.

Laurela, mientras las demás fueron a que se acostase, quedó revolviendo en su pensamiento mil quimeras, no sabiendo dar color de lo que veía hacer a aquella mujer; mas que fuese hombre jamás llegó a su imaginación: que si tal pensara, no hay duda sino que resueltamente la apartara de sí, sin tornarla a ver, y no le valiera menos que la vida.

Acostada Estefanía, y las criadas ocupadas en prevenir la cena, Laurela entró donde estaba y sentándose sobre la cama, le[d] dijo:

—Cierto, Estefanía, que me tienes fuera de mí, y que no sé a qué atribuya las cosas que te veo hacer después que estás en casa. Y casi pensara[e], a no ser caso imposible, y que pudiera ocasionar muchos riesgos, o que no eres lo que pareces, o que no tienes juicio. ¿Qué perjuicio te viene de que yo tome estado, para que hagas los extremos que esta noche he visto?

—El de mi muerte, señora[f] —respondió Estefanía—. Y pues morir, viéndote casada, o morir a tus manos todo es morir, mátame o haz lo que quisieres, que ya no puedo callar, ni quiero; tan aborrecida tengo la vida que, por no verte en poder de otro dueño, la quiero de una vez perder. No soy Estefanía, no; don Esteban soy. Un caballero de

[a] desabrocharle: desembrocharle B   [b] tal: *om.* CD   [c] la: las D   [d] le: la D
[e] Y casi pensara: Y caso pensara C; Y acaso pensar D   [f] señora: *om.* CD

Burgos, que enamorado de la extremada belleza que te dio el Cielo, tomé este hábito, por ver si te podía obligar con estas finezas a que fueses mía; porque aunque tengo nobleza con que igualarte, soy tan pobre, que no he tenido atrevimiento de pedirte a tu padre, teniendo por seguro que el granjear tu[a] voluntad era lo más esencial; pues una vez casado contigo, tu padre había de tenerse por contento, pues no me excede más que en los bienes de fortuna, que el Cielo los da y los quita. Ya te he sacado de confusión; cuerda eres, obligada estás de mi amor. Mira lo que quieres disponer, porque apenas habrás pronunciado la sentencia de mi muerte con negarme el premio que merezco, cuando yo me la daré con esta daga que tengo debajo de la[b] almohada para este efecto.

Figura de mármol parecía Laurela. Tan helada y elevada estaba oyendo a Estefanía, que apenas se osaba apartar de ella los ojos, pareciéndole que en aquel breve instante que la perdiese de vista, se le había de transformar, como lo había hecho de Estefanía en don Esteban, en algún monstruo o serpiente. Y visto que callaba, no sabiendo si eran burlas o veras sus razones, le dijo (ya más cobrada del susto que le había dado con ellas):

—Si no imaginara, Estefanía, que te estás burlando conmigo, la misma daga con que estás amenazando tu vida fuera verdugo de la mía y castigo de tu atrevimiento.

—No son burlas, Laurela; no son burlas —respondió Estefanía—. Ya no es tiempo de burlarme; que si hasta aquí lo han sido, y he podido vivir de ellas, era con las esperanzas de que habían de llegar las veras y habías de ser mía. Y si esto no llegara a merecer, me consolara con que si no lo fueras, por lo menos no te hicieras ajena, entregándote a otro dueño; mas ya casada o concertada, ¿qué tengo que esperar sino morir? ¿Es posible que has estado tan ciega

———————
[a] tu: su D   [b] de la: de esta CD

que en mi amor, en mis celos, en mis suspiros y lágrimas, en los sentimientos de mis versos y canciones no has conocido que soy lo que digo y no lo que parezco? Porque, ¿quién ha visto que una dama se enamore de otra? Y supuesto esto, o determínate a ser mía, dándome la mano de esposa, o que apenas saldrás con intento contrario por aquella puerta, cuando yo me haya quitado la vida. Y veremos luego qué harás o cómo cumplirás con tu honor para entregarte[a] a tu esposo y para disculparte con tus padres y con todo el mundo. Que claro es que hallándome sin vida, y que violentamente me la he quitado, y viendo que no soy mujer, si primero, creyendo que lo era, solemnizaban por burlas mis amores, conociendo las veras de ellos, no han de creer que tú estabas ignorante, sino que con tu voluntad me transformé contigo.

¿Quién podrá ponderar la turbación y enojo de Laurela[b] oyendo lo que don Esteban con tanta resolución decía? Ninguno, por cierto. Mas en lo que hizo se conocerá: que fue, casi fuera de juicio, asir la daga que en la mano tenía, diciendo:

—Matándome yo, excusaré todas esas[c] afrentas y excusaré que lo hagan mis padres.

Mas don Esteban, que estaba con el mismo cuidado, la tuvo tan firme, que las flacas fuerzas de la tierna dama no bastaron a sacarla de sus manos, y viéndola tan rematada, la suplicó se quietase, que todo era burla; que lo que era la verdad era ser Estefanía, y no más, y que se mirase muy bien en todo, que no se precipitase, que Estefanía sería, mientras ella gustase que no fuese don Esteban.

Con esto, Laurela, sin hablarle palabra, con muy grande enojo, se salió y la dejó contenta con haber vencido la mayor dificultad, pues ya, por lo menos, sabía quién era Laurela; la cual, ni segura de que fuese Estefanía, ni cierta de

---

[a] entregarte: entregarle D   [b] Laurela: Laura D   [c] esas: estas D

que era don Esteban, se fue a su aposento con grandísima pasión, y sin llamar a nadie se desnudó y acostó, mandando dijesen a sus padres que no salía a cenar por no sentirse buena.

Dormían todas tres hermanas, aunque en camas distintas, en una misma cuadra, con lo que Laurela se aseguró de que Estefanía no se pondría en ningún atrevimiento, caso que fuese don Esteban. Y ya todos recogidos, y hermanas acostadas y aun dormidas, sola Laurela, desvelada y sin sosiego, dando vueltas por la cama, empezó a pensar qué salida tendría de un caso tan escandaloso como el que le estaba sucediendo. Unas veces se determinaba[a] avisar a su padre de ello; otras, si sería mejor decir a su madre que despidiese a Estefanía; y otras miraba los inconvenientes que podían resultar, si su padre creería[b] que ella de tal atrevimiento estaba inocente. Ya se aseguraba en lo mucho que la querían sus padres y cuán ciertos estaban de su virtuosa y honesta vida; ya reparaba en[c] que, cuando sus padres se asegurasen, no lo había de quedar el que había de ser su esposo; pues comunicación de tanto tiempo con Estefanía había de criar en él celosos pensamientos, y que, o había de ser para perderle, o para vivir siempre mal casada, que no se podía esperar menos de marido que entraba a serlo por la puerta del agravio y no de la confianza.

Consideraba luego las bellas partes de don Esteban, y parecíale que no le aventajaba don Enrique más que en la hacienda, y para esta falta (que no era pequeña) echaba en la balanza de su corazón, por contrapeso, para que igualase el amor de don Esteban, la fineza de haberse puesto por ella en un caso tan arduo, las lágrimas que le había visto verter, los suspiros que le había oído desperdiciar, las palabras que le había dicho aquella noche; que con estas cosas y otras

---

[a] se determinaba: se determinaba a *añ*. CD   [b] creería: creerla C   [c] en: *om*. D

450

tocantes a su talle y gracias, igualaba el peso, y aun hacía ventaja. Ya se alegraba, pareciéndole que, si le tuviera [por]ª esposo, todas podían envidiar su dicha; ya se entristecía, pareciéndole que su padre no le estimaría, aunque más noble fuese, siendo pobre. En estos pensamientos y otros muchos, vertiendo lágrimas y dando suspiros, sin haber dormido sueño la halló la mañana. Y lo peor es que se halló enamorada de don Esteban; que como era niña mal leída en desengaños, aquel rapaz, enemigo común de la vida, del sosiego, de la honestidad y del honor, el que tiene tantas vidas a cargo como la muerte, el que pintándoleᵇ ciego ve adónde, cómo y cuándo ha de dar la herida, asestó el dorado arpón al blandoᶜ pecho de la delicada niña, y la hirió con tanto rigor, que ya cuantos inconvenientes hallaba antes de amar, losᵈ miraba facilidades. Ya le pesara que fuera Estefanía y no don Esteban; ya se reprehendía de haberle hablado con aspereza; ya temía si se habríaᵉ muerto, como leᶠ había de hacer, y al menor ruido queᵍ sentía fuera, le parecía que eran las nuevas de la muerte.

Todas estas penas la ocasionaron un accidente de calentura, que puso a todos en gran cuidado, como tan amada de todos, y más a Estefanía, que, como lo supo, conociendoʰ procedía de la pena que había recibido con lo que le había dicho, se vistió y fue a ver a su señora, muy triste y los ojos muy rojos de llorar, que notó muy bien Laurela, como quien ya no la miraba como a Estefanía, sino como a don Esteban. Vino el médico que habían ido a llamar, y mandó sangrar a Laurela, que ejecutado este remedio y habiéndose ido todos de allí, juzgando que, donde Estefanía asistía, todosⁱ sobraban en el servir aʲ Laurela. En fin, por ir dando fin a este discurso, tanto hizo Estefanía, puesta de rodillas delante de la cama; tanto rogó y tanto lloró, y todo con tan

ª [por]: *om.* ABC; por D   ᵇ pintándole: pitándole C   ᶜ blando: blanco D   ᵈ los: las ABCD   ᵉ habría: había D   ᶠ le: lo B   ᵍ que: *om.* CD   ʰ conociendo: *om.* B   ⁱ asistía, todos: asistiat, odos A   ʲ a: *om.* C

ternísimos afectos[a] y sentimientos, que ya cierta Laurela de ser don Esteban, perdió el enojo y perdonó el atrevimiento del disfraz, y prometiéndose el uno al otro palabra de esposo, concertaron se disimulase hasta que ella estuviese buena, que entonces determinarían lo que se había de hacer para que no tuviesen trágico fin tan extraños y prodigiosos amores. ¡Ay, Laurela! ¡Y si supieras cuán trágicos serán, no hay duda sino que antes te dejaras morir que aceptar tal! Mas excusado es querer excusar lo que ha de ser, y así le sucedió a esta mal aconsejada niña. ¡Oh, traidor don Esteban! ¿En qué te ofendió la candidez de esta inocencia, que tan apriesa le vas diligenciando su perdición?

Más de un mes estuvo Laurela en la cama, bien apretada de su mal, que valiera más que la acabara. Mas ya sana y convalecida, concertaron ella y su amante, viendo con la priesa que se facilitaba su matrimonio con don Enrique, que, hechas las capitulaciones y corridas dos amonestaciones, no aguardaban a más que pasase la tercera para desposarlos, y cuán imposible era estorbarlo, ni persuadir a sus padres que trocasen a don Enrique por don Esteban, ni era lance ajustado descubrir en tal ocasión el engaño de Estefanía, menos que estando los dos seguros de la indignación de don Bernardo y don Enrique, que ya como hijo era admitido, [[concertaron]][b] que se ausentasen una noche, que, puestos en cobro y ya casados, sería fuerza aprovecharse del sufrimiento[24], pues no había otro remedio, que pondrían personas que con su autoridad alcanzasen el perdón de su padre.

Y suspendiendo la ejecución para de allí a tres días, Estefanía, con licencia de su señora, diciendo iba a ver una amiga o parienta, salió a prevenir la parte adonde había de lle-

---

[a] afectos: efectos B   [b] [[concertaron]]: *om.* ABCD

[24] *sufrimiento:* «paciencia, conformidad y tolerancia, con que se sufre alguna cosa» (DA).

var a Laurela, como quien no tenía más casa ni bienes que su persona, y en esa[a] había más males que bienes; que fue en casa de un amigo, que aunque era mancebo por casar, no tenía mal alhajado un cuartico de casa en que vivía, que era el mismo donde don Esteban había dejado a guardar un vestido y otras cosillas no de mucho valor; que cuando el tal amigo le vio en el hábito de dama, que él creía no estaba en el lugar, santiguándose, le preguntó qué embeleco era aquel. A quien don Esteban satisfizo contándole todo lo que queda dicho, si bien no le dijo quién era la dama. En fin, le pidió lugar para traerla allí, que el amigo le concedió voluntariamente, no solo por una noche, sino por todas las que gustase, y le dio una de dos llaves que tenía el cuarto, quedando advertido que de allí a dos noches él se iría a dormir fuera, por que con más comodidad gozase amores que le costaban tantas invenciones; con que se volvió muy alegre a[b] casa de Laurela, la cual aquellos días juntó todas las joyas y dineros que pudo, que serían de valor de más de[c] dos mil ducados, por tener, mientras su padre se desenojase, con qué pasar.

Llegada la desdichada noche, escribió Laurela un papel a su padre, dándole cuenta de quién era Estefanía, y cómo ella se iba con su esposo, que por dudar que no le admitiría por pobre, aunque en nobleza no le debía nada, y otras muchas razones en disculpa de su atrevimiento, pidiéndole perdón con tierno sentimiento. Y[d] aguardó a que todos estuviesen acostados y dormidos, habiendo de nuevo don Esteban prometido ser su esposo, que con menos seguridad no se arrojara Laurela a tan atrevida acción, dejando el papel sobre las almohadas de su cama, y Estefanía, el vestido de mujer en su aposento, tomando la llave, se salieron, cerrando por defuera la puerta, se llevaron la llave, porque si fuesen sentidos, no pudiesen salir tras ellos hasta que estuviesen en salvo.

---

[a] esa: esta C   [b] a: en CD   [c] más de: *om.* CD   [d] Y: *om.* CD

Se fueron a la casa que don Esteban tenía apercibida, dando el traidor a entender a la desdichada Laurela que era suya, donde se acostaron con mucho reposo, Laurela creyendo que con su esposo, y él imaginando lo que había de hacer, que fue lo que ahora se dirá.

Apenas se empezó a reír la mañana[25], cuando se levantó y hizo vestir a Laurela, pareciéndole que a esta hora no había riesgo que temer, como quien sabía que en casa de Laurela las criadas no se levantaban hasta las ocho, y los señores a las diez, si no era el criado que iba a comprar. Vestido él, y Laurela bien temerosa qué sería tanto madrugar, facción bien diferente de la que ella esperaba, la hizo cubrir el manto, y tomando las joyas y dineros, salieron de casa y la llevó a Santa María, iglesia mayor de esta Corte[26], y en estando allí, le dijo estas razones:

—Las cosas, hermosa Laurela, que se hacen sin más acuerdo que por cumplir con la sensualidad del apetito no pueden[a] durar, y más cuando hay tanto riesgo como el que a mí me corre, sujeto al rigor de tu padre y esposo y de la justicia, que no me amenaza menos que la horca. Yo te amé desde que te vi, y hice lo que has visto, y te amo por cierto. Mas no con aquella locura que antes, que no miraba en riesgo ninguno; mas ya los veo[b] todos, y todos[c] los temo, con que es fuerza desengañarte. Yo Laurela, no soy de Burgos, ni caballero, porque soy hijo de un pobre oficial de carpintería, que por no inclinarme al trabajo, me vine a este lugar, donde sirviendo he pasado fingiendo nobleza y caballería. Te vi y te amé, y busqué la invención que has visto, hasta conseguir mi deseo. Y si bien no fueras la pri-

---

[a] pueden: puede C   [b] los veo: los ven C; lo ven D   [c] todos: a todos añ. D

[25] *reír la mañana:* «amanecer». *(Reír el alba:* «rayar el alba» DA).
[26] La iglesia de Santa María la Mayor o de Santa María de la Almudena era la iglesia más antigua de Madrid. Dedicada a la patrona de la villa, estaba situada en la calle Mayor y fue demolida en 1868.

mera en el mundo que casándose humildemente ha venido de alto a bajo estado, y trocando la seda en sayal ha vivido con su marido contenta, cuando quisiera yo hacer esto, es imposible, porque soy casado en mi tierra, que no es veinte leguas de aquí, y mi mujer la tienen mis padres en su casa, sustentándola con su pobre trabajo. Esto soy, que no hay tal potro como el miedo, que en él se confiesan verdades. Tú puedes considerar cómo me atreveré a ser hallado de tu padre, que a este punto ya seré buscado, donde no puedo esperar sino la muerte, que tan merecida tengo por la traición que en su casa he cometido. Nada miraba con el deseo de alcanzar tu hermosura. Mas ya es fuerza que lo mire, y así vengo determinado a dejarte aquí y ponerme en salvo, y para hacerlo tengo necesidad de estas joyas que tú no has menester, pues te quedas en tu tierra, donde tienes deudos que te ampararán, y ellos reportarán el enojo de tu padre, que al fin eres su hija, y considerará la poca culpa que tienes, pues has sido engañada. Aquí no hay que gastar palabras, ni verter lágrimas, pues con nada de esto me has de enternecer, porque primero es mi vida que todo; antes tú misma, si me tienes voluntad, me aconsejarás lo mismo, pues no remedias nada de tu pérdida con verme morir delante de tus ojos, y todo lo que me detengo aquí contigo, pierdo de tiempo para salvarme. Sabe Dios que si no fuera casado, no te desamparara, aunque fuera echarme una esportilla al hombro para sustentarte, que ya pudiera ser que tu padre, por no deshonrarse, gustara de tenerme por hijo; mas si tengo mujer, mal lo puedo hacer, y más que cada día hay aquí gente de mi tierra que me conocen, y luego han de llevar allá las nuevas, y de todas maneras, tengo de perecer. Dicho te he lo que importa; con esto, quédate a Dios, que yo me voy a poner al punto a caballo, para, partiendo[a] de Madrid, excusarme el peligro que me amenaza.

---

[a] partiendo: en partiendo *añ*. CD

455

Dicho esto, sin aguardar respuesta de la desdichada Laurela, sin obligarse de su lindeza, sin enternecerse de sus lágrimas, sin apiadarse de sus tiernos suspiros, sin dolerse del riesgo y desamparo en que la dejaba[a], como civil y ruin, que quiso más la vida infame que la muerte honrosa, pues muriendo a su lado cumplía con su obligación, la dejó tan desconsolada como se puede imaginar, vertiendo perlas y pidiendo a Dios la enviase la muerte, y se fue donde hasta hoy no se sabe nuevas de él, si bien piadosamente podemos creer que no le dejaría Dios sin su[b] castigo.

Dejemos a Laurela[c] en la parte dicha, adonde la trujo[d] su ingrato amante, o donde se trujo[e] ella misma, por dejarse tan fácilmente engañar, implorando justicias contra el traidor y temiendo [las][f] iras de su padre, sin saber qué hacer, ni dónde irse, y vamos a su casa, que hay bien qué contar en lo que pasaba en ella. Que como fue hora[g], el[h] criado que tenía a cargo ir a comprar lo necesario, se vistió, fue a tomar la llave (que siempre, para este efecto, quedaba en la puerta, por la parte de adentro, porque no inquietasen a los señores que dormían) y no la halló; pensó que Estefanía, que era la que cerraba, la habría llevado. Hubo de aguardar hasta que, ya las criadas vestidas, salieron a aliñar la casa, y dícholes fuesen a pedir la llave a Estefanía, de que enfadadas, como envidiosas de ver que ella lo mandaba todo, después de haber murmurado un rato, como se acostumbra entre este género de gente, entraron a su aposento, y como no la hallaron, sino solos los vestidos sobre la cama, creyeron se habría ido a dormir con Laurela, de quien no se apartaba de noche ni de día. Mas como vieron que todas reposaban, no se atrevieron a entrar, y volviéndose afuera, empezaron a decir bellezas sobre la curiosidad de quitar la llave. Y así estuvieron hasta que fue hora que entrando en

---

[a] en que la dejaba: en que a la miserable dejaba *añ*. B   [b] su: *om*. D
[c] Lau*rela*: Laulera A; Laurela BCD   [d] trujo: trajo CD   [e] trujo: trajo CD
[f] [las]: *om*. ABC; las D   [g] hora: a hora D   [h] el: que el *añ*. D

la cámara y abriendo las ventanas para que sus señoras despertasen, viendo las cortinas de la cama tiradas, fueron, y abriéndolas, diciendo: «Estefanía, ¿dónde puso anoche la llave de la puerta?», ni hallaron a Estefanía, ni a Laurela, ni otra cosa más del papel sobre las almohadas. Y viendo un caso como este, dieron voces, a las cuales las hermanas, que durmiendo con el descuido que su inocencia pedía estaban, despertaron despavoridas[a], y sabido el caso, saltaron de las camas y fueron a la de Laurela, entendiendo era burla que les harían las doncellas. Y mirando, no solo en ella mas debajo, y hasta los más pequeños dobleces, creyendo en alguno las habían de hallar, con que, desengañadas, tomaron el papel, que, visto, decía el sobrescrito a su padre, llorando, viendo por esta seña que no había que buscar a Laurela, se le fueron a llevar, contándole lo que pasaba, se le dieron. Que por no ser cansada, no refiero lo que decía, mas de que, como he dicho, le contaba quién era Estefanía y la causa por qué se había transformado de caballero en dama; cómo era don Esteban de Fel[b], caballero de Burgos, y cómo a su esposo le había dado posesión de su persona, y se iban hasta que se moderase su[c] ira, y otras cosas a este modo, parando en pedirle perdón, pues el yerro solo tocaba en la hacienda, que en la calidad no había ninguno.

La pena que don Bernardo sintió, leído el papel, no hay para qué ponderarla[d]; mas era cuerdo y tenía honor, y consideró que con voces y sentimientos no se remediaba nada, antes era espantar la caza para que no se viniese a su poder. Consideró esto en un instante, pareciéndole mejor modo para cogerlos y vengarse el disimular, y así, entre enojado y risueño, viendo a doña Leonor y sus hijas deshacerse en llanto, las mandó callar y que no alborotasen la casa, ni don Enrique entendiese el caso hasta que con más acuerdo se le

---

[a] despavoridas: despavoridos B   [b] Fel: Fei D   [c] su: la D   [d] ponderarla: poderarla D

dijese. Que para qué habían ellas de llorarle el gusto a Laurela; que pues ella había escogido esposo, y le parecía que era mejor que el que él[a] le daba, que Dios la hiciese bien casada. Que cuando quisiese venir a él, claro está que la había de recibir y amparar como a hija.

Con esta disimulación, pareciéndole que no se le encubrirían para darles[b] el merecido castigo, mandó a los criados que, pena de su indignación, no dijesen a nadie nada, y a su mujer y hijas, que callasen. Ya que no[c] les[d] excusó la pena, moderó los llantos y escándalo, juzgando todos que, pues no mostraba rigor, que presto se le pasaría el enojo, si tenía alguno, y los perdonaría y volvería a su casa, si bien su madre y hermanas[e], a lo sordo, se deshacían en lágrimas, ponderando entre ellas las palabras y acciones de la engañosa Estefanía, advirtiendo entonces lo que valiera más que hicieran antes.

Tenía don Bernardo una hermana casada, cuya casa era cerca de Santa María, y su marido oía todos los días misa en dicha iglesia. Pues este, como los demás días, llevado de su devoción, entró casi a las once en ella, donde halló a Laurela, que aunque le vio y pudiera encubrirse, estaba tan desesperada y aborrecida de la vida, que no lo quiso hacer. Que, como la vio tan lejos de su casa, sola, sin su madre, ni hermanas, ni criada ninguna, y, sobre todo, tan llorosa, le preguntó la causa, y ella, con el dolor de su desdicha, se la contó, pareciéndole que era imposible encubrirlo, supuesto que ya por el papel que había dejado a su padre estaría público.

Algunos habrá que digan fue ignorancia; mas, bien mirado, ¿qué podía hacer, supuesto que su desdicha era tan sin remedio? Porque, como creyó que su atrevimiento no tenía de yerro más de casarse sin gusto de su padre, con esa

---

    [a] él: *om.* BCD   [b] darles: darlas D   [c] no: no se *añ.* B   [d] les: los D
[e] hermanas: hermanos D

seguridad se había declarado tanto en el papel. Y así, en esta ocasión no le encubrió a su tío nada, antes le pidió su amparo. Y el que le dio fue que, diciéndole palabras bien pesadas, la llevó a su casa y la entregó a su tía, diciéndole lo que pasaba, que aún con más riguridad[27] que su marido la trató, poniendo en ella bien[a] violentamente las manos, con que la desdichada Laurela, demás de sus penas, se halló bien desconsolada y afligida. Fue el tío al punto en casa de su cuñado, dándole cuenta de lo que pasaba. Con esta segunda pena se renovó la primera en las que aún no tenían los ojos enjutos de ella.

En fin, por gusto de su padre, Laurela quedó en casa de su tía hasta que se determinase lo que se había de hacer, y por ver si se podía coger al engañador, y los dos juntos contaron a don Enrique lo que había sucedido; del cual fue tan tierno el sentimiento, que fue milagro no perder la vida, además que les[b] pidió que pasasen adelante los conciertos, sin que sus padres supiesen lo que pasaba, que si Laurela había sido engañada, el mismo engaño le servía de disculpa: tan enamorado esta*ba*[c] don Enrique; a quien su padre respondió que no tratase de eso, que ya Laurela no estaba más que para un convento.

Más de un año estuvo Laurela con sus tíos, sin ver a sus padres ni hermanas, porque su padre no consintió que la viesen, ni él, aunque iba algunas veces a casa de su hermana, no la veía, ni ella se atrevía a ponérsele delante; antes se escondía, temerosa de su indignación, pasando una triste y desconsolada vida, sin que hubiese persona que la viese ni en ventana ni en la calle, porque no salía si no era muy de mañana, a misa; ni aun reír ni cantar, como solía. Hasta que, al cabo de este tiempo, un día de Nuestra Señora de Agosto, con su tía y criadas, madrugaron y se fueron a

---

[a] bien: *om.* CD   [b] les: le D   [c] esta*ba*: está ACD; estaba B

[27] *riguridad:* «lo mismo que rigor, aunque es menos usado» (DA).

Nuestra Señora de Atocha, donde, para ganar el jubileo que en este día hay en aquella santa iglesia, confesaron y comulgaron: Laurela, con buena intención (quién lo duda); mas la cruel tía no sé cómo la llevaba, pues no ignoraba la sentencia que estaba dada contra Laurela, antes había sido uno de los jueces de ella. Mucho nos sufre Dios, y nosotros, por el mismo caso, le ofendemos más. Cruel mujer, por cierto, que ya que su marido y hermano eran cómplices en la muerte de la triste[a] dama, ella, que la pudiera librar, llevándola a un convento, no lo hizo; mas era tía, que es lo mismo que suegra, cuñada o madrastra; con esto lo he dicho todo.

Mientras ellas estaban en Atocha, entre el padre y el tío, por un aposento que servía de despensa, donde no entraban sino a sacar lo necesario de ella, cuyas espaldas caían a la parte donde su tía tenía el estrado, desencajaron todo el tabique, y puéstolo de modo que no se echase de ver. Venidas de Atocha, se sentaron en el estrado, pidiendo las diesen de almorzar, con mucho sosiego, y a la mitad del almuerzo, fingiendo la tía una necesidad precisa, se levantó y entró en otra cuadra desviada de la sala, quedando Laurela y una doncella que habían[b] recibido para que la sirviese, bien descuidadas de la desdicha que les estaba amenazando. Y si bien pudieron salvar a la doncella, no lo hicieron, por hacer mejor su hecho, pues apenas se apartó la tía, cuando los que estaban de la otra parte derribaron la pared sobre las dos, y saliéndose fuera, cerraron la puerta, y el padre se fue a su casa, y el tío dio la vuelta por otra parte, para[c] venir a su tiempo a la suya.

Pues como la pared cayó y cogió las pobres damas, a los gritos que dieron las desdichadas, acudieron todas dando voces, las criadas con inocencia, mas la tía con malicia, al mismo tiempo que el tío entró con todos[d] los vecinos que acudieron al golpe y alboroto, que, hallando el fracaso y

---

[a] triste: *om.* CD   [b] habían: había D   [c] para: por B   [d] todos: *om.* D

ponderando la desgracia, llamaron gente que apartase la tierra y cascotes, que no se pudo hacer tan apriesa, que cuando surtió efecto, hallaron a la sin ventura Laurela de todo punto muerta, porque la pared la había abierto la cabeza, y con la tierra se acabó de ahogar. La doncella estaba viva; mas tan mal tratada, que no duró más de dos días. La gente que acudió se lastimaba de tal desgracia, y su tía y tío la lloraban, por cumplir con todos; mas a una desdicha de fortuna, ¿qué se podía hacer sino darles pésames y consolarlos? En fin, pasó por desgracia la[a] que era malicia. Y aquella noche llevaron la mal lograda hermosura a San Martín, donde tenía su padre entierro[28].

Fueron las nuevas a su padre (que no era necesario dárselas), que las recibió con severidad; y él mismo se[b] [las][c] llevó a su madre y hermanas, diciendo que ya la fortuna había hecho de Laurela lo que él había de hacer en castigo de su atrevimiento, en cuyas palabras conocieron que no había sido acaso el suceso, que los tiernos sentimientos que hacían lastimaban a cuantos las[d] miraban. Y para que su dolor fuese mayor, una criada de sus tíos de Laurela, que servía en la cocina y se quedó en casa cuando fueron a Atocha, oyó los golpes que daban para desencajar la pared, en la despensa, y saliendo a ver qué era, acechó por la llave y vio a su amo y cuñado que lo hacían y decían:

—Páguelo la traidora, que se dejó engañar y vencer, pues no hemos podido hallar al engañador, para que lo pagaran juntos.

---

[a] la: lo B   [b] se: *om.* D   [c] [las]: *om.* ABC; las D   [d] las: la CD

[28] Existen otros ejemplos de este tipo de muerte provocada como venganza del honor, aparentando un accidente, en obras contemporáneas. También se produce la muerte de la mujer, haciendo el marido que caiga encima de ella una pared, en *Casarse por vengarse* de Rojas Zorrilla. En *El toledano vengado* de Lope de Vega, el marido hace caer sobre la mujer el techo de la habitación. Existen noticias de hechos verídicos análogos en la época (Bomli, *op. cit.,* págs. 80-81).

La moza, como oyó esto y sabía el caso de Laurela, luego vio que lo decían por ella, y con gran miedo, temiendo no la matasen porque lo había visto, sin hablar palabra, se volvió a la cocina; ni menos, o no se atrevió, o no pudo avisar a Laurela, antes aquella misma noche, mientras se andaba previniendo el entierro, cogió su hatillo y se fue, sin atreverse a descubrir el caso a nadie, y aguardando tiempo, pudo hablar en secreto a la hermana mayor de Laurela[a], y le contó lo que había visto y oído, y ella a su madre y a la otra hermana, que fue causa de que su sentimiento y dolor se renovase, que les duró mientras vivieron, sin poder jamás consolarse.

Las hermanas de Laurela entraron, a pocos meses, monjas, que no se pudo acabar con ellas se casasen, diciendo que su desdichada hermana las había dejado buen desengaño de lo que había que fiar de los hombres, y su madre, después que enviudó, con ellas, las cuales contaban este suceso como yo le he dicho, para que sirva a las damas de desengaño, para no fiarse de los bien fingidos engaños de los cautelosos amantes, que no les dura la[b] voluntad más de hasta vencerlas.

—Dirán ahora los caballeros presentes —dijo la hermosa Lisis, viendo que Matilde había dado fin a su desengaño—: «¡Cuántos males, ay[c], causamos nosotros!». Y si bien hablarán irónicamente, dirán bien; pues en lo que acabamos de oír se prueba bastantemente la cautela con que se gobiernan con[d] las desdichadas mujeres, no llevando[e] la mira a más que vencerlas, y luego darlas[f] el pago que dio don Esteban a Laurela, sin perdonar el engaño de transformarse en Estefanía; y que hubiese[g] en él perseverancia para que en tanto tiempo no se cansase de engañar, o no se redujese a querer de veras. ¿Quién le vio tan enamorado, tan

[a] Laurela: Laura D   [b] la: de D   [c] ay: *om.* D   [d] con: *om.* D   [e] llevando: llenando D   [f] darlas: darles D   [g] hubiese: hubiése D

fino, tan celoso, tan firme, tan hecho Petrarca de Laurela, como el mismo Petrarca de *Laura*[a] que no tuviera, entre tantas[b] desdichadas y engañadas como en las edades pasadas y presentes ha habido y hay, como lo hemos ventilado en nuestros desengaños, que había de ser Laurela la más dichosa de cuantas han nacido y que había de quitarnos a todos con su dicha la acedía de tantas[c] desdichas?

¡Ah, señores caballeros!, no digo yo que todos seáis malos, mas que no sé cómo se ha de conocer el bueno; demás que yo no os culpo de otros vicios, que eso fuera disparate; solo para con las mujeres no hallo con qué disculparos. Conocida cosa es que habéis dado todos en este vicio, y haréis[d] más transformaciones que Prometeo[e][29] por traer una mujer a vuestra voluntad, y si esto fuese para perseverar amándola y estimándola, no fuera culpable; mas, para engañarla y deshonrarla, ¿qué disculpa habrá que lo sea? Vosotros hacéis a las mujeres malas, y os ponéis a mil riesgos porque sean malas, y luego publicáis que son malas[f], y no miráis que si las quitáis el ser buenas, ¿cómo queréis que lo sean?

Si inquietáis la casada, y ella, persuadida de las finezas que hacéis (pues no son las mujeres mármoles), la derribáis y hacéis violar la fe que prometió a su esposo, ¿cómo será ya[g] esta[h] buena? Diréis: «Siéndolo». Que no se hallan ya a

---

[a] *Laura:* Laurela ABCD   [b] tantas: santas D   [c] tantas: a tantas *añ.* D   [d] haréis: hallaréis D   [e] Prom*e*teo: Promoteo ABC; Promateo D   [f] y luego publicáis que son malas: *om.* CD   [g] ya: *om.* D   [h] esta: este D

[29] Prometeo, hijo del titán Jápeto y de la oceánide Clímene, es el gran benefactor de la humanidad, para quien roba el fuego de los dioses y enseña a su hijo Deucalión a construir una gran arca para salvarse en el diluvio que Zeus envía a la tierra. Es célebre por el suplicio al que fue condenado (véase pág. 443, n. 22). No se le atribuyen, en cambio, transformaciones debidas a razones amorosas, como deja suponer el texto. Por el contrario, es Zeus quien adopta múltiples formas para lograr sus propósitos amorosos: se transforma en lluvia de oro, toro, sátiro, cisne y en

cada paso santas Teodoras Alexandrinas[30], que por solo un yerro que cometió contra su esposo, hizo tantos años de penitencia. Antes hoy, en haciendo uno, procuran hacer otro, por ver si les sale mejor; que no le hicieran si no hubieran caído en el primero.

Déjase vencer la viuda honesta de vuestros ruegos. Responderéis: «No se rinda. Que no hay mujeres tórtolas, que siempre lamentan el muerto esposo, ni Artemisas, que mueran llorándole sobre el sepulcro». ¿Cómo queréis que esta sea buena, si la hicisteis mala y la enseñasteis a serlo?

Veis la simple doncella, criada al abrigo de sus padres, y traéis ya el gusto tan desenfadado, que no hacéis ascos[a] de nada: lo mismo es que sea doncella que no lo sea. Digerís[b] linda y desahogadamente cualquiera yerro, por pesado y fuerte que sea; solicitaisla, regalaisla, y aun si estos tiros no bastan, la amagáis con casamiento. Cae, que no son las murallas de Babilonia, que tan a costa labró Semíramis[31].

---

[a] ascos: aseos D   [b] Digerís: Dijeras CD

diversas apariencias humanas. En este caso, parece ser una confusión con el dios marino Proteo, capaz de metamorfosearse de diversas maneras, transformándose en león, serpiente, pantera, agua y árbol, aunque no por razones amorosas, sino para evitar ser obligado a dar su oráculo.

[30] Según la leyenda, vivió en tiempos del emperador Zenón y, habiendo sido infiel a su marido, se retiró a un monasterio de hombres para hacer penitencia. Llevó una vida austerísima y no fue reconocida hasta su muerte.

[31] Según diversas leyendas griegas, Semíramis fue reina de Asiria, esposa de Nino, fundador de Nínive, constructora de los principales monumentos de Babilonia, entre otros de sus célebres murallas, fundadora de diversas ciudades e impulsora de grandes conquistas. Heródoto (Historia, I, 184) habla de ella. Posteriormente, Diodoro de Sicilia (Biblioteca histórica, II, 4-20) la hace hija de la diosa Dérceto y expuesta al nacer y alimentada por unas palomas. Es posible que tenga cierta base histórica el personaje y que la leyenda se cree a partir de la figura de Sammuramat, una de las mujeres del rey asirio Shamshi-Adad V. Son muy frecuentes las alusiones al personaje en la literatura del XVII. María de Zayas menciona, en la décima novela de la Primera parte, los jardines que construyó sobre las murallas de Babilonia (pág. 527). La historia de Semíramis fue llevada

Daisla luego[a] mal pago, faltando lo que prometisteis, y lo peor es que faltáis a Dios, a quien habéis hecho la promesa. ¿Qué queréis que haga esta? Proseguir con el oficio que la enseñasteis, si se libra del castigo a que está condenada, si lo saben sus padres y deudos.

Luego, cierto es que vosotros las hacéis malas[b], y no solo eso, mas decís que lo son. Pues ya que sois los hombres el instrumento de que lo sean, dejadlas, no las deshonréis, que sus delitos y el castigo de ellos[c] a cuenta del Cielo están; mas no sé si vosotros os libraréis también de ellos, pues los[d] habéis causado, como se ve cada día en tantos como pagan con la vida. Pues lo cierto es que a ninguno matan que no lo merezca, y si en la presente justicia no lo debía, de atrás tendría hecho por donde pagase, que como a Dios no hay nada encubierto, y son sus secretos tan incomprensibles, castiga cuando más es su voluntad, o quizá cansado de que apenas salís de una cuando os entráis en otra. Y es que, como no amáis de verdad en ninguna parte, para todas os halláis desembarazados.

Oí preguntar una vez, a un desembarazado de amor (porque aunque dice[e] que le tiene, es engaño, supuesto que en él la lealtad está tan achacosa como en todos) que de qué color es el amor. Y respondile que el que mis padres y abuelos y las historias que son más antiguas dicen se usaba en otros tiempos: no tenía color, ni el verdadero amor le ha de tener. Porque ni ha de tener el alegre carmesí, porque no ha de esperar el alegría de alcanzar; ni el negro, porque no se ha de entristecer de que no alcance; ni el verde, porque ha

---

[a] luego: *om.* CD [b] malas: males C [c] ellos: ellas D [d] los: lo D [e] dice: dicen D

varias veces a la escena: Cristóbal de Virués compuso *La gran Semíramis,* Calderón, *La hija del aire* (1653), Voltaire también trató el tema en una de sus tragedias (1748). Se hicieron numerosas óperas de las cuales la más célebre es la de Rossini (1823).

de vivir sin esperanzas[a]; ni el amarillo, porque no ha de tener desesperaciones; ni el pardo, porque no ha de darle nada de esto pena. Solas dos le competen, que es el blanco puro, cándido y casto, y el dorado, por la firmeza que en esto ha de tener. Este es el verdadero amor: el que no es delito tenerle ni merece[b] castigo. Hay otro modo de amar; uno[c] que no mancha[d] jamás la lealtad: este es el amor imitador de la pureza. Otro, que tal vez violado, arrepentido de haber quebrado la lealtad, vuelve por este mérito a granjear[e] lugar en amor, mas no por puro, sino por continente. El amor de ahora que usáis, señores caballeros, tiene muchas colores: ya es rubio, ya pelinegro, ya moreno, ya blanco, ya viudo[f], ya casado, ya soltero, ya civil y[g] mecánico[32], y ya ilustre y alto. Y Dios os tenga de su mano, no le busquéis barbado, que andáis tan de mezcla, que ya no sabéis de qué color vestirle. Para conseguir esto, es fuerza que hagáis muchas mujeres malas. Y hay muchas que lo son por desdicha, y no por accidente ni gusto, y a estas no es razón que las deis ese nombre, que si es culpa sin perdón dársele aun [[a]][h] las más comunes, pues el honrar a las mujeres comunes es deuda, ¿qué será en las que no lo son? Que entre tantos como hoy las vituperan y ultrajan no se halle ninguno que las defienda, ¿puede ser mayor desdicha? ¡Que ni aun los caballeros, que, cuando los[i] señalan por tales, prometen la defensa de las mujeres, se dejen también llevar de la vulgaridad, sin mirar que faltan a lo mismo que son y la fe que prometieron! No hay más que ponderar. Y que, ya que las hacéis malas y estudiáis astucias para que lo sean, ocasionando sus desdichas, deshonras y muertes[j],

---

[a] esperanzas: esperanza B   [b] merece: merecer ABCD   [c] uno: unos ABCD   [d] mancha: manchan ABCD   [e] granjear: grenjear D   [f] ya viudo: *om.* CD   [g] y: ya CD   [h] [[a]]: *om.* ABCD   [i] los: *om.* CD   [j] deshonras y muertes: deshonradas y muertes C; deshonradas y muertas D

[32] *mecánico:* «bajo, plebeyo».

¡que gustéis de castigarlas con las obras y afrentarlas con las palabras! ¡Y que no os corráis de que sea así! Decid bien de ellas, y ya os perdonaremos el^a mal que las hacéis.

Esto es lo que os pid*o*^b, que, si lo miráis sin pasión, en favor vuestro es más que en el suyo. Y los más nobles, más afectuosos haréis que los que no lo son, por imitaros^c, hagan lo mismo. Y creed que, aunque os parece que hay muchas culpadas^d, hay muchas más inculpables, y que no todas las que han sido muertas^e violentamente lo debían; que si muchas padecen con causa, hay tantas más que no la^f han dado, y si la dieron, fue por haber sido engañadas.

Más dijera Lisis, y aun creo que no fuera mal escuchada, porque los nobles y cuerdos presto se sujetan a la razón, como se vio en esta ocasión, que estaban los caballeros tan colgados de sus palabras, que no hubo ahí tal que quisiese ni contradecirla ni estorbarla. Mas viendo la linda doña Isabel que era tarde y faltaban dos^g desengaños para dar fin a la noche, y también que doña Luisa se prevenía^h para dar principio al que le tocaba, haciendo señas a los músicos, cantó así:

> Si amados pagan mal los hombres, Gila,
>   dime, ¿qué harán si son aborrecidos?
>   Si no se obligan cuando son queridos,
>   ¿por qué tu lengua su traición perfila?
>
> Su pecho es un Car*ibd*isⁱ y una Escila³³
>   donde nuestros deseos van perdidos;
>   no te engañen, que no han de ser creídos
>   cuando su boca más dulzor destila.

---

^a el: lo B   ^b pido: pide ABC; pido D   ^c imitaros: imitarlos D
^d culpadas: *om.* CD   ^e muertas: muerta D   ^f la: lo CD   ^g dos: otros dos
añ. B   ^h prevenía: preciaba B   ⁱ Car*ibd*is: Caravis ABCD

³³ Dos figuras mitológicas, situadas a ambos lados del estrecho de Mesina, entre Sicilia y la península itálica, que impedían el paso por el mismo.

Si la que adoran tienen hoy consigo,
   que mejor es llamarla la engañada,
   pues engañada está quien de ellos fía,

A la que encuentran, como soy testigo,
   dentro de un hora dicen que es la amada;
   conclúyase con esto tu porfía.

Su cruel tiranía
   huir pienso animosa;
   no he de ser de sus giros mariposa.

En solo un hombre creo,
   cuya verdad estimo por empleo.

Y este no está en la tierra,
   porque es un hombre Dios, que el cielo encierra.

Este sí que no engaña;
   este[a] es hermoso y sabio,
   y que jamás hizo a ninguna agravio.

---

[a] este: esta D

468

Desengaño séptimo[a] [1]

Cuando la hermosa doña Isabel acabó de cantar, ya doña Luisa tenía ocupado el asiento del desengaño, y con mucha gracia dijo así:

—Por mi vida, que no sé qué mayor desengaño, hermosas damas, queréis oír, que este soneto que la hermosa doña Isabel acabó ahora de decir, pues en él ha dicho el Hombre que solo hay que no <<se>> engañe[b] y el que merece solo ser amado. Mas, ya que no puedo excusar de decir lo que me toca, dejaré a una parte muchas que pudiera detener. ¡Si supiérades los penosos desasosiegos que tuve con mi esposo, tan opuesto a mi voluntad, que jamás le conocí agradecido a ella, antes, con muchos desabrimientos en las palabras y un pesado ceño[c] en los ojos, me satisfacía cuando yo más le granjeaba y lisonjeaba con caricias! Mas, porque para sí nadie es buen juez a los ojos ajenos, dejaré muchas fortunas mías y contaré desdichas ajenas, contando una historia tan verdadera, que aún hoy hay quien no tiene, acordándose de

---

[a] *Desengaño* séptimo: Noche VII ACD; Noche séptima B   [b] <<se>> engañe: se engañe ABCD   [c] pesado ceño: pedazo CD

[1] En todas las ediciones se habla de NOCHE SÉPTIMA (véase INTRODUCCIÓN), sin duda un error del corrector o impresor. El título, MAL PRESAGIO CASAR LEJOS, aparece en la edición de Barcelona, 1716, aunque no figura en las ediciones de Madrid, 1724, 1729 y 1734. Figura en todas las ediciones a partir de la edición de Barcelona, 1734.

ella, enjutas las lágrimas, no dando más reprehensión a los caballeros de la que el mismo desengaño les ofrece; porque fui tan amante de los despegos y tibiezas de mi esposo, que en él respeto a todos. Y con esta advertencia, digo así:

Por muerte de un gran señor de España, quedaron sin el amparo que tenían en su padre, por haberles faltado su madre días antes, un hijo y cuatro hijas, de la hermosura y virtudes que se puede creer tendrían tan grandes señoras. Y si bien entrando su hermano en la herencia de los estados les previno a sus hermanas el amparo de padre, no les pudo prevenir el librarlas de la desdichada estrella en que nacieron, que puedo asegurar que de cada una se pudiera contar un desengaño, pues ni les sirvió la hermosura, la virtud, el entendimiento, la real sangre, ni la inocencia para que no fuesen víctimas sacrificadas en las aras de la desgracia.

La primera, llamada doña[a] Mayor, casó en Portugal, y esta señora se llevó consigo, cuando se fue con su esposo, a la menor de todas (su nombre es doña María), con intención de darla en aquel reino marido igual a su grandeza. Mas a la una y otra siguió su mala fortuna, porque no siendo doña Mayor amada de su esposo, por la [[poca]][b] simpatía que la nación portuguesa tiene con las damas castellanas, en no hacer confianza de ellas; y así, o por probarla, o, lo más cierto, por tener achaque para librarse de ella con color de agravio, escribió una carta en nombre de un caballero castellano, dándosela a un paje que se la llevase a su señora. Que, hecho así, estándola leyendo, admirada de que a ella se escribiese tal, entró el marido, que aguardaba esta ocasión, y sacando la espada para matarla, porque el triste paje, a voces, empezó a decir la traición, le mató, y luego a su inocente esposa. La hermana, viendo el fracaso, y habiendo muy bien oído ella y las criadas lo que el paje

---

[a] doña: de doña *añ.* D   [b] [[poca]]: *om.* ABCD

había dicho, temiendo la muerte (que le diera, sin duda), se arrojó por una ventana, y de las criadas castellanas se escaparon algunas, y otras acompañaron a su señora en el eterno viaje. Doña María fue tan desgraciada, que se rompió todas las piernas, de modo que algunos años que vivió estuvo siempre en la cama, porque al caer pudo ser vista de algunos caballeros castellanos que asistían a su mal lograda hermana, los cuales la salvaron y trujeron[a] a Castilla; que sabido el caso por Su Majestad, castigó el reo como hasta hoy hay memoria de su castigo.

La segunda hermana, y cuyo nombre es doña Leonor, casó en Italia. Esta señora, teniendo ya de su matrimonio un niño de cuatro años, porque alabó de muy galán un capitán español, no con mal intento, sino que de verdad lo era, estándose lavando la cabeza, entró el marido por una puerta escusada de un retrete, y con sus propios[b] cabellos, que los tenía muy hermosos, le[c] hizo lazo a la garganta, con que la ahogó, y después mató al niño con un veneno, diciendo que no había de heredar su estado hijo dudoso. Y si el capitán, avisado por una dama de la misma señora, no se escapara, corriera la misma fortuna.

Quedó por casar doña Blanca, que era la[d] tercera hermana, y la primera, no solo de las demás en hermosura, entendimiento y valor, mas de todas las damas[e] de aquel tiempo, porque así lucía doña Blanca entre las más solemnizadas de la corte, como el lucero entre las demás estrellas. Por conveniencias a la real corona y gusto[f] de su hermano, se concertó su matrimonio con un príncipe de Flandes, cuyo padre, que aún vivía, era gran potentado de aquel reino. No había sucedido ni sucedió tan presto la desdicha de sus hermanas, porque se[g] puede creer que si sucediera antes de casarse doña Blanca, por sin duda tengo que no lo aceptara,

    ª trujeron: trajeron CD   ᵇ propios: proprios B   ᶜ le: la D   ᵈ la: *om.* D
ᵉ damas: demás D   ᶠ gusto: gasto D   ᵍ se: *om.* CD

antes se entrara religiosa; mas había de seguir por lo que las demás, y así, la suerte cruel no ejecutó su deseo hasta que ya doña Blanca estuvo cautiva en el lazo que sola la muerte le[a] rompe.

Con poco gusto aceptó la hermosa señora el casarse sin conocer ni saber con quién, porque decía, y decía bien, que era grande ánimo el de una mujer cuando se casaba solo por conveniencias y ajeno gusto con[b] un hombre de quien ignoraba la condición y costumbres; por cuya causa envidiaba a las que se casaban precediendo primero las finezas de enamorados, pues, cuando sobre voluntad no acertase[c], no se podía quejar de nadie, sino de sí misma. Y viendo que no podía conseguir este modo de casarse, al tiempo de firmar las capitulaciones, sacó por condición, antes de otorgarlas, que el príncipe había de venir a España, y antes de casarse la había de galantear y servir un año, de la misma manera y con las mismas finezas, que si no estuviera otorgada por su esposa, sino que la enamorase con paseos, músicas, billetes y regalos, como si la pretendiera a excusas y a fuerza de[d] finezas, porque quería amar por el trato y conocer en él el entendimiento, condición y gracias de su esposo.

Mucho rieron su hermano y todos cuantos supieron las condiciones con que doña Blanca aceptó el casamiento, que aun en Palacio se contaba y reía. Mas su hermano, que la quería ternísimamente, por darla gusto ye porque se dilatase el perderla, vino en todo cuanto doña Blanca pedía, y así, se avisó al príncipe, que hizo lo mismo con mucho gusto; que como era de poca más edad que doña Blanca, por ver a España, si bien a descontento de su padre, puso luego en ejecución su partida.

Tenía doña Blanca, entre las damas que la asistían, una que se había criado con ella desde niñas[f], y a quien amaba

---

[a] le: se D   [b] con: cou A^vA^r   [c] acertase: aceptase: ABCD   [d] de: *om.* D
[e] y: *om.* D   [f] niñas: niña CD

más que a^a ninguna, con quien comunicaba lo más secreto de sus pensamientos. Pues un día que doña Blanca se estaba tocando, y todas sus damas asistiéndola, les preguntó (como era tan afable):

—¿Qué habéis oído de lo que se platica en la Corte de las condiciones con que^b acepté este casamiento?

Doña María (que se llamaba la dama tan querida suya) le respondió (como la que, fiada en su amor, hablaba con más libertad):

—Si te he de decir verdad, señora mía, a todos oigo decir que es locura; porque pudiendo gozar gustos descansados con tu esposo, le quieres condenar y te condenas a la pena de la dilación y a los desasosiegos de amar con esperanzas de poseer lo mismo que es tuyo.

—¿Y quién son los necios, doña María —preguntó doña Blanca—, que llaman locura a una razón fundada en buen discurso, de manera que sienten mejor de casarse una mujer con un hombre que jamás vio ni habló, y que suceda ser feo, o necio, o desabrido, o mal compuesto, y se halle después aborrecida y desesperada de haberse empleado mal, que no avisarse del caudal que lleva en su esposo? Todas cuantas cosas se compran se procuran ver, y que, vistas, agraden al gusto, como es un vestido, una joya. ¿Y un marido, que no se puede deshacer de él, como de la joya y del vestido, ha de ser por el gusto ajeno? ¡Cuánto más acertado es que, galán, le^c granjee^d la voluntad, y ella, bien hallada con ella, se la pague, que no, como hemos visto a muchas, que se casan sin gusto, y viviendo sin él, se pasan de la vida a la muerte, sin haber vivido el tiempo que duró el casamiento, o que, viéndose galanteadas de otros que supieron con finezas granjearles la voluntad, como no se la tenían a sus esposos, caer en muchas liviandades, que

---

^a a: *om.* D   ^b que: qne A^d   ^c le: la D   ^d granje*e*: granje ABC; granjee D

no cayeran si los amaran! No hay, doña María, más firme amor que el del[a] trato; con él se descubren los defectos o gracias [[del]][b] que ha de tener por compañero toda la vida. Y a los que se valen del adagio vulgar, «que quien se casa por amor vive con dolor», tengo por ignorante, pues su misma ignorancia le desmiente, porque jamás se puede olvidar lo que de veras se amó, y amando, no sienten ni las penas, ni las necesidades, ni las incomodidades; todo lo dora y endulzura el amor. Y si tal vez hay desabrimientos[c], lo causan las desigualdades que en los casamientos por amores hay; mas, si son iguales en la nobleza y en los bienes de fortuna, ¿qué desabrimientos ni dolor puede haber que no lo supla todo el amor? Es como decir muchos que el marido no ha de ser celoso: es engaño notable, pues no siéndolo tanto que peque en necio, y él no falte por celoso al cariño y regalo de su esposa, antes con eso la excusa de que no sea fácil, pues más presto se arroja a cualquiera travesura la que tiene el marido descuidado que no la que le tiene cuidadoso, pues sabe que tiene, o no tiene, lugar. Yo, por lo menos, quiero conocer en mi esposo, en las finezas de galán, lo cariñoso, cuando sea marido, y en los aciertos de puntual sin posesión, lo que obrará puesto en ella.

—Estoy bien con eso —dijo doña María—. Mas tú, señora, no puedes; aunque conozcas diferentes condiciones en el príncipe de las que en tu idea te prometes, ¿puedes ya dejar de ser suya?

—En eso hay mucho que averiguar, porque yo no soy la que me le he prometido; que a ser eso así, no procurara avisarme de lo que cobro en él. Hánmele prometido galán, bien entendido, afable, liberal, con otras mil prerrogativas de que vienen llenas las cartas; tantos hipérboles como dicen los retratos, que se ha visto infinitas veces ser engañosos. Averiguo otra cosa; luego, no tendré obligación de

---

[a] del: *om.* D   [b] [[del]]: *om.* ABCD   [c] desabrimientos: desabrimiento D

cumplir lo firmado, pues no me dan lo que me[a] prometieron. Y para eso hay conventos, pues no me tengo yo de cautivar con otro diferente del que me dijeron, y me puedo llamar a[b] engaño, diciendo que yo me prometí a un hombre perfecto, y que supuesto que me le dan imperfecto, que no es el que me ha de merecer. Venga el príncipe y empiécese la labor amorosa, que no permitirá el Cielo que sea menos que como yo deseo, y sepa ser buen galán, para que después no sea descuidado marido; que si no fuere tal como me le han pintado, el tiempo me dirá lo que tengo de hacer, y cada uno siga su opinión, que yo no pienso apartarme de la mía.

Con estos y otros coloquios entretenían[c] doña Blanca y sus damas el tiempo que tardó en llegar el príncipe; que, venido y visto, en cuanto a la presencia, talle y gala, con la hermosura del rostro, no[d] hubo qué desperdiciar, y aun a doña Blanca le pareció muy bien, y no sé si le pesó del concierto en cuanto a la dilación, según lo dio a entender cuando le vio por entre unas menudas celosías, y después, oyéndole hablar con su hermano, por lo que la podía cubrir una antepuerta.

Teníanle prevenida posada en la misma calle donde vivía doña Blanca, que, de industria, para conseguir lo concertado, no le[e] aposentaron en su misma casa. Entre las demás gracias que tenía el príncipe era hablar muy bien nuestra lengua, porque los señores siempre tienen maestros que los habilitan en todas. No quiso doña Blanca que le[f] viera aquel día el príncipe, dando por excusa el no hallarse apercibida, excusando la visita que de cortesía se debía hacer, quizá por tenerle más deseoso de su vista, o porque naturalmente no se casaba con gusto, y quedando citada para otro día, el príncipe y su gente se fueron a descansar.

---

[a] me: *om.* D [b] a: *om.* D [c] entretenían: entretenía D [d] no: y no *añ.* D [e] le: se D [f] le: la D

Venida la mañana, doña Blanca se levantó muy melancólica; tanto, que a fuerza parecía que estaba deteniendo las lágrimas que por sus hermosísimos ojos estaban reventando por salir, teniendo a sus criadas confusas, y más a doña María, extrañando el no darle parte de su pena. Y así, en burlas, le dijo:

—¿Qué severidad o tristeza es esta, señora, en tiempo de tanta alegría, como es justo tener por la venida del príncipe, mi señor[a]?

A esto respondió doña Blanca:

—Aún, hasta ahora, no es razón darle ese[b] título; que aún hay de plazo un año hasta que lo sea.

—Y aun eso debe de ser —replicó doña María— lo que te tiene triste, si no es que no te ha parecido bien el novio. Dínoslo, así el Cielo te haga con él muy dichosa.

—Por tu vida, doña María —respondió doña Blanca—, y por la mía también, que ni es lo uno ni lo otro; porque en cuanto haberme parecido bien, te puedo jurar que yo soy la apasionada. Y en cuanto a desear que el año del concierto estuviese cumplido, te doy mi palabra que quisiera que durara una eternidad. Y asimismo te prometo que no sé de qué me procede este disgusto, si ya no es de pensar que tengo de ausentarme de mi natural, y de mi hermano, y irme a tierras tan remotas como son adonde he de ir; mas tampoco me parece es la causa esta, ni la puedo dar alcance, aunque más lo procuro.

Hablando en esto y otras cosas con que sus damas la procuraban divertir, se aderezó y prendió, con tanto cuidado suyo y de todas, que parecía un ángel, y salió donde su hermano y el príncipe la aguardaban, que se enamoró tanto de la hermosa doña Blanca, o lo fingió, que el corazón del hombre para todo tiene astucias, que dio bien a entender con los ojos y las palabras cuánto le pesaba de la dilación que para gozar tal belleza había. Y comenzándose desde

---

[a] señor: seño A[d]   [b] ese: este D

este punto el galanteo en las alabanzas y en la vista, tuvo fin la visita, y doña Blanca se retiró a su cuarto tan triste, que ya no tan solo procuraba detener las perlas que a las ventanas de sus ojos se asomaban, mas dejaba caer hasta el suelo cuantas desperdiciaban sus pestañas.

¡Oh, qué profeta es el corazón! ¡Pocas veces se olvida de avisar las desdichas que han de venir! ¡Si nosotros le creyésemos! Porque confesar que le agradaba el príncipe, no negar que le amaba, haberle parecido bien y no desear la posesión, antes pesarle de que para llegar a tenerla era corto plazo el de un año, y que quisiera fuera más dilatado, cosas son que admiran.

Acostose al punto, sin querer responder a cuanto sus damas le decían, y estuvo sin levantarse de la cama cuatro días, admirando a todos, y más a su hermano, que la entró a ver, tan diferentes efectos como en ella veían; en los cuales días de indisposición, informado el príncipe cuál era la dama más querida de doña Blanca, y sabido que era doña María, la habló y dio un papel, y un rico presente de cosas muy sazonadas de su país, y para ella una joya de mucho valor, con otras que repartiese con las otras damas, que doña María recibió, y habiéndolo llevado a su señora, después de dar a las damas sus joyas, y doña Blanca visto las suyas, muy agradada de ellas, leyó el papel, que decía así[a]:

«No debe ser admitido galán el que no sanea su atrevimiento con el deseo de ser esposo; ni tampoco será buen marido el que no fuere finísimo galán, pues es fuerza que lo sea todo para ser perfecto en todo. Lúcese bien vuestro entendimiento, hermosísima señora mía, en disponer que la gloria de mereceros se conquiste con la pena de desearos. Que soy vuestro, ya lo sabéis; que sois mía, ignoro, pues aún no he llegado a estado de tal bien. Y así, os suplico ordenéis lo que he de hacer para mereceros mía, pues ya sé lo

---

[a] así: *om.* B; de esta manera D

que he de hacer para no morir hasta que lo seáis. Y pues a los golpes de vuestra belleza no tengo otro reparo sino la esperanza, me alentéis con ella, para que no muera con la dilación de vuestra gloriosa posesión. El Cielo os guarde».

Leído el papel, alabó doña Blanca el entendimiento y solemnizó el buen gusto del presente. Mas no respondió por escrito, más de mandar a doña María le dijese cómo lo había recibido con la estimación que se debía. Pasados los cuatro días, se levantó doña Blanca, ya cuanto moderada la tristeza, y oía con más gusto cómo le decían que el príncipe paseaba la calle y que había salido muy galán de sus colores, y esa noche salió a oír una música que le dio, cantando excelentísimamente, a seis voces, este soneto:

> No quiere, dueño amado, el dolor mío
> tan áspero remedio como ausencia,
> que ni hay valor, cordura, ni paciencia
> para sufrir, aunque sufrir porfío.
>
> Tratadme con desdenes, con desvío,
> con celos; aunque es tanta su violencia,
> haréis de un firme amor clara experiencia
> aunque me vuelva con mi llanto un río.
>
> Que como yo me vea en vuestros ojos,
> dulces nortes de amor, estrellas mías,
> en quien las dichas de mi suerte espero,
>
> alegres, tristes, con cien mil enojos
> darán aliento a mis cansados bríos;
> pero cuando no os veo, desespero.
>
> Si más que a mí no os quiero,
> si veros me da vida.
> tenelda[a], si no os veo, por perdida[b].

---

[a] tenelda: tenedla D   [b] perdida: perdido D

Bien conoció el príncipe que estaban las rejas ocupadas, y no dudó de que estaría en ellas doña Blanca, y con mucho desenfado y donaire, como quien galanteaba con fe de amante y seguridad de esposo, dijo, llegándose más cerca:

—¿Seré[a] tan dichoso que entre tantas estrellas esté el sol, y entre tantos nortes la blanca y plateada Cintia?[2].

—Sí —respondió una de las damas que, como estos amores iban con las conveniencias ya dichas y a lo público, no le querían regatear los favores ni se temían[b] las murmuraciones.

—¿Pues cómo, señora mía —prosiguió—, cubrís vuestros divinos rayos y lustrosos candores con la oscuridad del silencio? Merezca yo un favor vuestro, aunque sea mandarme morir.

—Que viváis muchos años —respondió doña Blanca—, y que prosiga la música es lo que mando.

Y con esto, avisando a los músicos, volvieron a cantar este romance:

> Contaros quiero mis dichas,
> dulces y amorosas selvas,
> en cambio de que escuchasteis
> con grato oído mis penas.
>
> Salió a mis ojos el sol
> de una divina belleza,

---

[a] seré: ser ABCD   [b] temían: temía ABCD

[2] *Cintia*: nombre de Diana, identificada con la Ártemis griega, así llamada porque nació al pie del monte Cintio, en la isla de Delos. Al asimilarse esta última a la Luna, pasó a designar la Luna. En este sentido utilizan el nombre diversos poetas, como Góngora (cfr. Bernardo Alemany y Selfa, *Vocabulario de las obras de don Luis de Góngora y Argote,* Madrid, RAE, Tipografía de la «Revista de Archivos, Bibliotecas y Museos», 1930, pág. 221), Balbuena, etc. (cfr. Miguel de Toro y Gisbert, *Ortología castellana de nombres propios,* París, Librería Paul Ollendorff, s.a. [1914?], pág. 112).

tal que deidad la adorara,
a no conocer la[a] eterna.

A sus acentos, el alma,
  con tanta dulzura atenta,
  instantes juzgó las horas,
  millares contó las quejas.

Amor, desterrando dudas,
  aunque niño, cobró fuerzas:
  miente quien dice que amor
  es mayor con las ofensas.

Con las ternezas se cría,
  si con la vista se engendra;
  con las firmezas se anima[b],
  las finezas le alimentan.

Los agravios le desmayan,
  las sinrazones le hielan,
  enferma con los temores
  y muere con las ofensas.

Y siendo así que el amor
  con los favores se aumenta,
  quien tantos ha recibido,
  fuerza es querer con más veras.

¿Quién verá, Blanca divina,
  tu hermosura y gentileza,
  que no te dé por tributo
  mil almas si las tuviera?

Tal imperio[c] tu hermosura
  ha puesto en mí, que quisiera

---

[a] conocer la: conocerla AB; conocer la CD   [b] anima: animan D
[c] imperio: impirio D

de nuevo entregarte el alma,
a no ser tuya esta prenda.

Y[a] a tener tantas que darte,
como son las hojas vuestras,
ninguna libre quedara,
que todas se las rindiera.

¡Ay! dueño del alma mía,
si la estimáis como vuestra,
maltratald*a*[b] con amor,
no la matéis con[c] ausencia.

Si más que a mí no os estimo,
ruego a Dios que no me vea
en posesión de esos ojos,
siempre esté en desgracia vuestra.

Selvas: si veis de Blanca la belleza,
contalde mi firmeza,
referilde mi pena,
rogalde[d], selvas, que de mí se duela.

Acabando de cantar, se retiró doña Blanca, y quedó
doña María para decir al príncipe que su señora se daba por
muy bien servida de sus finezas, con que el príncipe, muy
gustoso, se fue a su posada.

No se acabara jamás este desengaño, si se hubieran de
contar por menudo las cosas que sucedieron en este «entretenimiento de amor y prueba de entendimiento», que así le
llamaba[e] doña Blanca, porque llegó a escribirse el uno al
otro bien entendidos y tiernos papeles, a hablarle doña
Blanca por una reja, no concediéndole más favor que el de
sus hermosas manos; deseando las damas y más doña Ma-

---

[a] Y: *om*. D   [b] maltratald*a:* maltrataldo ABCD   [c] con: con su D
[d] rogalde: rogadle D   [e] llamaba: llama D

ría, que durara tantos años como días tenía el[a] del concierto; porque, demás de gozar las más noches de músicas, los días de paseos, toros, cañas[3] y encamisadas[4], máscaras[5] y otras fiestas que el príncipe hacía en servicio de doña Blanca, estaban muy medradas de galas y otras dádivas, y[b] a vueltas de esto gozaban también de sus galanteos. Y si ellas deseaban que el año no se acabara, doña Blanca lo deseaba más, porque cada día que pasaba de él le costaba a ella el haber pasado muchos desperdicios de perlas: tanto era lo que sentía imaginar que se había de casar, y demás de esto, amaba al príncipe tan ternísimamente, que cuando la venía a ver, a[c] la dama o paje que le daba la nueva, daba, en albricias, una joya. ¿Quién vio jamás tan diferentes efectos de amor y desamor?

Contábanse en la Corte estos amores por cosa de admiración. Unos decían que doña Blanca tenía buen gusto en hacer que le costase al príncipe tan cara su hermosura, que la comprase a precio de dilaciones; otros, que era locura, lo que era verdaderamente suyo, y que podía poseer sin embarazos, enajenarse de ello. De suerte que cada uno hablaba como sentía del caso. Tal vez que las criadas hablaban con los criados del príncipe, procurando saber de ellos cómo llevaba su dueño estas dilaciones; ellos les decían que estaba

---

[a] el: *om.* B   [b] y: *om.* D   [c] a: *om.* D

[3] *cañas:* juego o fiesta de a caballo en el que los caballeros, organizados en varias cuadrillas, realizan diversas escaramuzas, arrojándose las cañas recíprocamente y protegiéndose con las adargas. «Algunas veces se hace vestidos la mitad de los caballeros a la morisca y la otra mitad a la castellana y entonces se llama esta fiesta Moros y Cristianos» (DA).

[4] *encamisada:* «fiesta que se hacía de noche con hachas por la ciudad en señal de regocijo, yendo a caballo, sin haber hecho prevención de libreas, ni llevar orden de máscara, por haberse dispuesto repentinamente para no dilatar la demostración pública y celebración de la felicidad sucedida» (DA).

[5] *máscara:* «festejo de nobles a caballo, con invención de vestidos y libreas, que se ejecuta de noche con hachas, corriendo parejas» (DA).

desesperado, y que si bien quería de veras a doña Blanca, si no fuera por su hermano, hubiera deshecho los conciertos y vuéltose a su tierra, y que así se lo escribía su[a] padre que lo hiciese. Y cuando doña María le decía esto a doña Blanca, arrasándosele los ojos de lágrimas, respondía:

—Más desesperada estoy yo de que se cumpla tan presto el plazo; que si a ellos se les hace tarde, yo le juzgo temprano.

En fin, llegó (que no hay ninguno que no llegue, y más el que trae por padrino a las desdichas, que parece que le espolean para que se cumpla más presto). Desposose doña Blanca con igual regocijo de toda la corte. Y cuando pensaron que la tornaboda había de ser con el mismo regocijado aplauso, fue con llantos y lutos; porque casi una tras otra llegó la triste nueva del desdichado fin de sus hermanas, trayéndole a sus ojos la más pequeña, imposibilitada de poder andar, porque de las rodillas abajo no tenía piernas ni pies, habiendo de ser la cama el teatro donde mientras vivió representaba a todas horas la adversa estrella con que había nacido; con lo cual doña Blanca quedó tan temerosa y desabrida, que se tiene por seguro que si no se hubiera desposado, por ningún temor, interés ni conveniencia, se casara. Y así lo decía a sus damas con muchos sentimientos: antes se hubiera entrado religiosa.

En fin, llenos de lutos y pesares, se acabaron de celebrar las bodas y luego se empezó a tratar de la partida. Doña María trataba de casarse con el camarero de su hermano[b] de doña Blanca, que cuando supo que quería quedarse, como la quería tanto y se habían criado juntas, y la tenía por alivio en sus mayores penas, lo sintió tanto que, por moderarle el desconsuelo, se dio orden que don Jorge[6] (que

---

[a] su: a su *añ*. D   [b] hermano: hermana D

[6] Cambio de nombre del criado, aquí llamado *don Jorge,* aunque posteriormente llevará el nombre de *don Gabriel.* Olvido propable de la escritora o, con menos probabilidad, errata de impresión o corrección.

este era el nombre del camarero de su hermano de doña Blanca) fuese en su servicio con otros criados que llevaba españoles, con promesa de que, en llegando allá, los casaría y haría merced. Con que dentro de dos meses casada, dejó doña Blanca a España, con tan tierno sentimiento de apartarse de su hermano y hermana y de su amada patria, que el príncipe mostraba gran enfado de ello; porque, como ya estaba en posesión, se iba cansando de los gustos que en esperanza le habían agradado; mas disimulaba a la cuenta hasta sacarla del poder de su hermano. Y al tiempo que doña Blanca partió de Madrid, se había averiguado la inocencia[a] de su hermana doña Mayor, y el rey había severamente castigado a su marido, con lo cual se moderó en parte el dolor de su muerte, juzgándola gozando[b] en el Cielo la corona de mártir.

Partida, en fin, con el sentimiento que digo; agasajada, los días que duró el camino por tierra, de su marido, mas no con tanto cariño como cuando estaba en la Corte, de que ella, con extrañas admiraciones, daba parte a su querida doña María, que como cuerda la alentaba y aconsejaba, y entretenía la tristeza que llevaba de haber dejado su paternal albergue, y irse a vivir desterrada para siempre de él, y más con los despegos que empezó a ver en su esposo; porque apenas se embarcaron y le pareció que tenía la inocente palomilla fuera de todo punto de su nido, cuando se despegó de ella con tanta demostración de tibieza o enfado, que muchas veces llegaban a tener rencillas sobre ello, y a las quejas que ella le daba, respondía:

—No seas viciosa, española, ni te lamentes tanto por lo que ahora se empieza. ¿Qué quieres: verme siempre junto a ti? Y algún día desearás verme lejos.

No sé qué desdicha[c] tienen las españolas con los extranjeros, que jamás las estiman, antes se cansan a dos días y las

---

[a] inocencia: iniocencia AC; inocencia BD   [b] gozando: gozaba D
[c] desdicha: desdichas D

484

tratan con desprecio. Y esto, por haberlo visto en muchas, lo digo.

Tuvo fin el viaje, y llegados a sus estados, se halló doña Blanca con menos gusto que antes, porque el suegro era hombre severo, y que tocaba más en cruel que en piadoso, y enfadado del largo tiempo que su hijo se había detenido en el galanteo, aun el mismo día que llegaron a su presencia, no disimuló el enfado, y la recibió diciendo:

—¿Cuándo había^a de ser esta venida? Basta, que las españolas sois locas. No sé qué extranjero os apetece, si no es que esté desesperado.

Y otras razones, de que doña Blanca, corrida, no acertó a responder, conociendo claramente que estaba en poder de sus enemigos. Y si con alguna cosa tuvo alivio su pena, fue con una hermana de su esposo, llamada la señora Marieta, que en aquellos países, ni en Italia, ninguno se llama «don», si no son^b los clérigos, porque nadie hace ostentación de los «dones» como en España, y más el día de hoy, que han dado en una vanidad tan grande, que hasta los cocheros, lacayos y mozas de cocina le tienen; estando ya los negros^c «dones» tan abatidos, que las taberneras y fruteras son «doña Serpiente» y «doña Tigre». Que, de mi voto, aunque no el de más acierto, ninguna persona principal se le había de poner. Que no ha muchos días que oí llamar a una perrilla de falda «doña Jarifa», y a un gato «don Morro». Que si Su Majestad (Dios le guarde) echara alcabala sobre los «dones», le había de aprovechar más que el uno por ciento, porque casas hay en Madrid, y las conozco yo, que hierven de «dones», como los sepulcros de gusanos. Que me contaron por muy cierto que una labradora socarrona de Vallecas, vendiendo pan, el otro día, en la plaza, a cualquiera vaivén que daba el^d burro,

---

^a había: había había *añ.* B   ^b son: *om.* B   ^c negros: negro D   ^d el: al D

decía: «Está quedo, don Rucio». Y queriendo partirse, empezó a decir: «don Arre», y queriendo pararse, «don Jo»[7].

Era la señora Marieta muy hermosa y niña, aunque casada con un primo suyo, y lo que mejor tenía era ser muy virtuosa y afable, y posaba con su padre. Con esta señora trabó doña Blanca grande amistad, cobrándose las dos tanto amor, que si no era para dormir, no se dividía la una de la otra, comunicando entre ellas sus penas, que gustos tenían tan pocos, que no las cansaba mucho el contarlos, porque tan poco estimaba su esposo a la señora Marieta, como el príncipe a doña Blanca.

Tenía el príncipe un paje, mozo, galán, y que los años no pasaban[a] de diez y seis, tan querido suyo, que trocara su esposa el agasajo suyo por el del paje, y él tan soberbio con la privanza, que más parecía señor que criado. Él tenía cuanto el príncipe estimaba, con él comunicaba sus más íntimos secretos, por él se gobernaba todo, y él tan desabrido con todos, que más trataban de agradarle que al príncipe. Pues, como doña Blanca muchas veces que preguntaba qué hacía su esposo, y le respondían que estaba con Arnesto (que este era su nombre), y algunas que, o por burlas o veras, le decía que más quería a su paje que no a ella, fue causa para que Arnesto aborreciese a doña Blanca, de suerte que lo mostraba, no solo en el desagrado con que la asistía, si era necesario, mas en responderle en varias ocasiones algunas libertades. Y doña Blanca, asimismo le aborrecía, por tener por seguro le debía de servir de tercero en algunos amores que debía[b] de tener el príncipe, y que de esto nacía la libertad y soberbia del paje.

Con este pensamiento, dio en ser celosa, con que se acabó de perder, porque ella se desagradaba declaradamente

---

[a] pasaban: qasaban A[d]   [b] debía: desvía D

[7] De nuevo fustiga el uso de «don» por quienes no tienen derecho a utilizarlo. (Véase pág. 423, n. 5).

de las cosas de Arnesto, hablándole con sequedad y despego, y él con libertad y desenvoltura, llegando doña Blanca y el príncipe a tener sobre esta causa muchos disgustos, y todo para en hallarse menos querida de su esposo y más odiada de Arnesto, y aun de su suegro, que muchas veces oía de él palabras muy pesadas, porque no la llamaban por su nombre, sino «la Españoleta». Y aunque doña Blanca volvía por sí, no consintiéndose perder el respeto, le valía poco, porque todos eran sus declarados enemigos, sin que tuviese ninguno de su parte, supuesto que los criados que tenía españoles estaban tan oprimidos y mal queridos como ella.

Era doña Blanca excelentísima música y cantaba divinamente, no teniendo necesidad de buscar los tonos que había de cantar, porque el Cielo le había dado la[a] gracia de saberlos hacer, y más en esta ocasión, que como tenía caudal de celos, los hacía con más sentimiento, pues con ellos alentaba su natural. Y así, un día que la señora Marieta le pidió cantase alguna cosa de las que hacía a su celosa pasión, cantó este romance que había hecho, y le diré aquí, porque fue causa de un gran disgusto que tuvo con su esposo.

> «¿Qué gusto tiene tus ojos
> de ver los ojos que un tiempo
> dueños llamaron los tuyos,
> dos copiosas fuentes hechos?
>
> ¿Qué gusto te da saber
> cuán poco ocupan el sueño,
> pues ellos están llorando,
> cuando los tuyos durmiendo?
>
> Muy a mi costa les quitas
> el imperio que tuvieron;

---

[a] la: *om.* B

mas tú te llevas la gloria
y ellos pasan los tormentos.

No sé cómo es esta enigma:
que la nieve está en tu pecho,
y sin que en él se deshaga,
ya se destila por ellos.

Mas ya llego a conocer
de aquesta duda el secreto,
que otro fuego se deshace,
y resulta el daño en ellos.

¡Que entre las muertas cenizas
de aquel tu pasado incendio
no guardases una brasa
que reviviese algún tiempo!

Si tienes el corazón
hecho para mí de hielo,
acércate, ingrato, al mío,
que presto será deshecho.

Mira que al fuego que ardes
es un aparente fuego;
el mío no, que es de[a] amor,
y es su calor verdadero.

No sé cómo un pecho noble
puede vivir satisfecho,
cuando ve un alma rendida
tirar los golpes violentos.

No te acabo de entender,
ni a mí[b] misma no me entiendo;
solo entiendo que te adoro,
solo entiendo que padezco.

_____

[a] de: *om.* D   [b] mí: *om.* B

Mis lágrimas te endurecen,
   y viene a ser caso nuevo
   caer sobre el hielo el agua
   y no dejarle deshecho.

Solo en ti, por que yo muera,
   permite amor tal extremo,
   pues debieras conocer
   que me pierdes, si te pierdo.

Segura estoy que tendrás
   quien te quiera; pero advierto
   que quien te quiera hallarás,
   mas no más que yo te quiero.

Muy avaro estás conmigo,
   muy pocos gustos te debo;
   que aun por negarme el cariño,
   siempre estás fingiendo sueño.

Frío me dijiste ayer
   que tenías, alto cuento;
   pues, ¿cuándo tienes calor
   para darme a mí consuelo?

No me mates tan apriesa,
   basta[a] que me matan celos;
   penas que, cuando hay amor,
   son más que las del infierno.

Disimula las tibiezas,
   que, si no amor, es respeto;
   no te precies de cruel,
   cuando de tuya me precio.

_____

[a] basta: hasta D

Di a la Circe que te encanta
    algo de lo que merezco,
    y pídele facultad
    para no ser tan grosero.

¿Quién me dijera algún día
    esta ingratitud que veo[a]?
    ¡Ah, finezas de hombre ingrato,
    y cómo en humo se fueron!

Yo me acuerdo cuando el sol
    te halló en la calle, viniendo,
    más de alguna vez, a ver
    lo que estás aborreciendo.

Y veo que ahora estás
    tú reposando en el lecho,
    y yo sintiendo y llorando
    tu tibieza y mi desprecio.

Pues yo espero que algún día
    te ha de castigar el Cielo,
    y que la misma que estimas
    ha de ser el instrumento.

Y entonces conocerás
    lo que tienes en mi pecho
    que cual pelícano está,
    para regalarte, abierto.

Y aun estás tan riguroso,
    tan ingrato y tan severo,
    que no conservas mis brazos,
    por si te faltan aquellos.

---

[a] veo: vea ABC; veo D

Mis penas me han de matar,
    porque ya mi sufrimiento
    está tan falto de fuerzas,
    que casi a vivir no acierto.

No es gran victoria matarme,
    cuando ves que estoy muriendo
    a manos de tu rigor,
    y a la fuerza de mis celos.

Préciate de tu crueldad;
    cantarás como otro Nero,
    viendo que se abrasa el alma
    adonde tienes tu imperio.

¡Oh, si estuviera en mi mano
    aborrecerte! Aunque pienso
    que, en lugar de castigarte,
    lisonja te hubiera hecho.

Mas es carácter del alma
    el amor con que te quiero;
    pues quien desea imposibles,
    no podrá lograr su intento.

Mas si piensas ostentar
    el rigor de que me quejo,
    morir a fuerza de agravios
    será el último remedio».

Así canta y llora Blanca,
    mas no la escucha su dueño;
    que lágrimas en ausencia
    son de muy poco provecho.

Y más con un ingrato,
    que en otra más dichosa está adorando,
    y aunque la ve llorar, no se enternece,
    porque es cruel y lágrimas no siente.

No acertaba en nada doña Blanca, aunque fuese la más acertada; porque como era mal recibida, enfadaba de todas maneras. Y así, entrando a este punto el príncipe y su padre[a], que venían de fuera, como a los últimos versos decía que sería el último remedio el morir, respondió:

—Así será, que de otra manera no me puedo librar de sus enfados.

Y prosiguiendo con grandísimo enojo, dijo:

—¿Qué locuras o qué mentiras son estas, Blanca, que así, en verso y prosa, con achaque y color de lamentarte, estás diciendo contra mí? ¿Que no basta en secreto cansarme y atormentarme con ellas, sino que cantando las publicas? Cansadísimas mujeres sois las españolas; gran castigo merece el extranjero que mezcla su sangre con la vuestra.

A esto, como doña Blanca estaba cierta de que había sido, como quien la tenía tan ilustre, que era mayor su engaño, que no el del príncipe, respondió con brío:

—Mayor le merece la española que, entendiendo viene a ser señora, deja su patria donde lo es, por hacerse esclava de quien no la merece.

—No seáis atrevida, doña Blanca —respondió el suegro—, que os cortaré yo las alas. Con qué soberbia os remontáis, que no sé yo cuándo pensasteis vos, ni vuestro linaje, llegar a merecer ser esposa de mi hijo.

Finalmente, por no cansar, diciendo los unos y respondiendo los otros, se encendió el fuego, de suerte que el príncipe se descompuso con doña Blanca, no solo de palabras, mas de obras, maltratándola tanto, que fue milagro salir de sus manos con la vida, y esa se la pudo deber, después de Dios, a la señora Marieta, que con su autoridad puso treguas, aunque no paces, al disgusto de este día, pasándose muchos que ni el príncipe la vio, ni doña Blanca se levantó de la[b] cama.

---

[a] padre: dadre A[r]   [b] la: *om.* D

Mas al fin tuvieron fin estos enojos, haciéndose las amistades, no sé si para mayor enemistad, porque ni[a] doña Blanca quedó, como tan gran señora, contenta[b] con el desprecio pasado, ni el príncipe más cariñoso que antes, sino mucho menos; porque entre la vulgaridad, estas rencillas de entre casados, en llegando a acabarse los enojos, no se acuerdan más de ellas; mas en la grandeza de los señores es diferente, que aunque sean casados, tienen duelo. Y así se lo decía doña Blanca a doña María, que, aunque amaba ternísimamente a su esposo, todas las veces que le veía[c] le salían al rostro las colores que le habían puesto en él sus atrevidas manos.

Sucedió, dentro de pocos meses, un caso, el más atroz que se puede imaginar. Y fue, en primer lugar, amanecer dentro del mismo palacio una mañana, muerto a puñaladas, un gentilhombre de la señora Marieta, que le daba la mano cuando salía fuera, mozo de mucha gala y nobleza. Y luego, pasados dos días, que aún no estaba moderado el sentimiento que la señora Marieta y doña Blanca tuvieron de esta violenta y desastrada[d] muerte, y más, viendo que el príncipe viejo no había consentido hacer las diligencias que fuera muy justo hacer en un suceso tan desastrado, antes mandó que no se hablase más en ello, por donde se pensó[e] que había sido hecho por gusto suyo.

Como digo, dentro de dos días, envió su padre a llamar a su cuarto a la señora Marieta, que fue al punto, y entrando donde estaba, le[f] halló con su esposo y primo. No se pudo saber lo que entre ellos pasó, más de que se cerraron las puertas del cuarto, y se oyó por un espacio llorar a la señora Marieta, y después de esto llamar a Dios, y después quedar todo en silencio. Y fue que, a lo que después se vio, tenían atado al espaldar de una silla un palo, y haciéndola

_____

[a] ni: *om.* CD   [b] contenta: descontenta D   [c] veía: vía CD   [d] desastrada: desaliñada D   [e] pensó: pasó D   [f] le: la D

sentar en ella, su propio marido, delante de su padre, la dio garrote; que esta tan cruel sentencia contra la hermosa y desgraciada señora salió de acuerdo de los dos, suegro y yerno, de más de una hora que habían estado hablando a solas. No se pudo saber por qué, mas de la sospecha, por haber muerto primero a su gentilhombre, que se pudo *colegir*[a] [9] sería algún testimonio, porque la señora Marieta era tan noble y tan honesta, que no se podía pensar de ella liviandad ninguna, si ya no la dañó el ser tan afable[b] y el amar tanto a doña Blanca, que en todas ocasiones volvía por ella. En fin, murió apenas de veinte y cuatro años, siendo el juez su padre y el verdugo su mismo esposo.

Estaba doña Blanca cuidadosa qué haría allá dentro la señora Marieta, que ya sabía de sus damas que había sido llamada por su padre. No habiéndose, hasta mediodía, abierto la puerta de la sala donde se había ejecutado la cruel maldad, que era en la que comía, entraron, como se abrió, los criados y pusieron las mesas; mas aunque vieron el triste espectáculo, ninguno hablaba, o porque se lo habían mandado, o porque todos eran unos. Vino el príncipe de fuera, que no se halló al lastimoso caso, ni le sabía; que fuera cierto no lo consintiera, o la salvara, porque amaba mucho a su hermana y no *se sabía*[c] de él[10] que había sentido menos la muerte del

_____

ª *colegir*: conseguir ABCD   ᵇ afable: noble D   ᶜ no *se sabía* de él: no sabía si de él ABCD

9 Amezúa apuntó que acaso *conseguir* fuese una errata por *colegir* (*Desengaños*, pág. 281). Sin embargo, *conseguir* aparece en todas las ediciones anteriores al siglo xix.
10 *No sabía si de él* figura en las cuatro ediciones seguidas y también en ediciones posteriores, como las de 1664, 1705, Barcelona, 1734, 1752 y 1786. En otras ediciones se corrige la errata, aunque no siempre de la misma manera. La corrección que he introducido procede de la edición de 1712 («y no se sabía de él que había sentido menos la muerte del gentilhombre», pág. 400) y figura igualmente en las ediciones de 1729 y Madrid, 1734. En la edición de 1724 se dice: «y no sabía de él que había sentido menos la muerte del gentilhombre» (pág. 400), en la de 1736?:

gentilhombre. Pues venido, avisaron a doña Blanca saliese a comer, como lo hizo bien apriesa, por ver si veía[a] a la señora Marieta, y saber qué enigmas eran las que en aquella casa pasaban. Y sucedió así que, a un mismo tiempo, entraba el príncipe por la[b] una puerta, y doña Blanca salía por otra que correspondía a su cuarto, que también había estado cerrada hasta entonces esta[c] y otras dos más adentro; que como vio el triste cadáver, diciendo «¡Jesús sea conmigo»!, cayó de un mortal desmayo. Sus damas que con ella habían salido, aunque bien desmayadas de lo que presente veían[d], acudieron a ella[e], y el príncipe, que, como digo, había entrado al mismo tiempo, viendo, por una parte, a su hermana muerta, y[f] por otra a doña Blanca desmayada, a su padre y cuñado sentados a la mesa, no hay duda sino que traspasado de dolor, y asustado de un caso tal, con la color mortal, acudió a doña Blanca, diciendo a su padre:

—¿Qué crueldades son estas, señor, o qué pretendes de esta triste española, que la has llamado para que vea tan lastimoso caso?

A lo que respondió el padre:

—Calla, cobarde, que más pareces hijo de algún español que no mío, que luego te dejas vencer de hazañerías españolas.

Retiraron las damas[g] a doña Blanca a su cámara, acompañándolas[h] el príncipe, que no quiso sentarse a comer con su padre, antes mostrando tierno sentimiento de la muerte de su hermana y mal de su esposa, asistiendo a los remedios

---

[a] veía: vía CD   [b] la: *om.* D   [c] esta: esa B   [d] veían: vían CD   [e] a ella: *om.* D   [f] y: *om.* D   [g] damas: demás D   [h] acompañándolas: acompañándola D

«y no sabía si él que había sentido menos la muerte del gentilhombre» (pág. 414) y en las de 1786 y 1795: «y no sabía si de él que había sentido menos la muerte del gentilhombre» (pág. 414, en ambas ediciones). El texto de la edición de 1814 es: «y no era el que había sentido menos la muerte del gentilhombre» (pág. 398), lo que reproduce la edición de 1847 (pág. 331).

que se le hacían para tornarla en sí, que al cabo de una hora, creyendo todos[a] era muerta, y llorándola por tal, cobró el sentido con tantos suspiros y lágrimas, que enterneciera a un mármol, y viendo al príncipe, que la tenía por una de sus hermosas manos, alentándose lo más que pudo, le dijo:

—¿Qué quiere, señor, de mí vuestro padre, o qué es su pensamiento, que ya que hizo una crueldad como la que hoy ha hecho en su hija, siendo tan santa, honesta y virtuosa, me mandase llamar para que la viese? Si es que me quiso dar ejemplo, no hay para qué, supuesto que mi real sangre y mi honor no le han menester, por ser todo como mi nombre; demás que en el de la señora Marieta, vuestra hermana, por ser más puro que el sol, no hay que poner dolo, que para mí más la ha muerto la malicia que no la razón. Si es que ni vos ni él os halláis bien conmigo, enviadme a España, con mi hermano, que yo os doy palabra que, en deshaciendo Su Santidad el matrimonio, y llegando a ella, entrarme religiosa, que no será muy dificultoso romper un lazo que tan dulcemente os aprieta.

No la dejó la pena decir más. De lo cual, el príncipe, enternecido, la consoló, asegurándola estar él tan ajeno de lo que había pasado con su hermana, como ella; mas, que creyese que pues su padre y esposo se habían determinado a tal crueldad, que alguna secreta y bastante causa los obligaría. Y con algunas tibias caricias, comió con ella, y dejándola más quieta, a su parecer, se fue, porque le llamó Arnesto, su privado.

Ido el príncipe, llamó doña Blanca a doña María, y le mandó trujese[b] un escritorillo donde ella tenía sus más ricas y preciosas joyas, y que llamase a todas sus damas, las que habían venido con ella de España, que eran seis, que todas las demás eran flamencas. Y habiéndoles mandado cerrar la puerta, llorando con mucha terneza, les dijo:

---

[a] tod*os*: todas ABCD   [b] trujese: trajese CD

—Ya he visto, queridas amigas mías, en el cruel y desastrado suceso de la señora Marieta, que mi muerte no se dilatará mucho, que quien con su hija ha sido tan cruel, mejor lo será conmigo, y más con el poco amparo que tengo en mi esposo. Y por si me cogiere de susto, como a ella, no quiero que quedéis sin algún premio del trabajo que habéis tomado por acompañarme, dejando vuestra patria, padres y deudos. Y así, estas joyas que ahora os daré, traeldas siempre con vosotras en parte donde no os las vea nadie, para que si Dios os volviere a España, sacándoos de entre estos enemigos, tengáis con qué tomar estado. Toma tú, doña María, esta cadena y collar de diamantes, y esta sarta de perlas, que era de mi madre, que bien vale todo dos mil escudos, y cásate con don Gabriel, pues yo hasta ahora, por mis desdichas, no he podido cumplir lo que te prometí; y dichosa tú, que tendrás marido de tu[a] natural, y no como yo, que me entregué a un enemigo. Y vosotras, estas que quedan las podréis repartir entre todas. Y perdonadme que no vale más mi caudal, que de otra suerte os pensé yo pagar lo que me habéis servido.

Dicho esto, dándole todas mil agradecimientos, llorando como si ya la vieran muerta, pidió recado de escribir y escribió una carta a su hermano, dándole cuenta de lo que pasaba, y después de cerrada, la dio a doña María, para que de su parte dándola a don Gabriel, le mandase la despachase a España con persona confidente, y abrazándolas a todas, les dio su bendición, besándole ellas las manos.

Cuatro días estuvo doña Blanca en la cama, mientras se dio sepultura a la señora Marieta, al cabo de los cuales se levantó tan cubierta el alma[b] de luto, como el cuerpo; porque apenas se le enjugaban los ojos, ni se alegraba de nada, ni aun con la vista de su esposo. Mas esto no era mucho, porque él estaba tan seco y despegado con ella, que daba gracias a Dios el día que no le veía[c].

---

[a] tu: su B   [b] alma: ama B   [c] veía: vía CD

De esta suerte pasó más de cuatro meses, estando ya las cosas más quietas, y que parecía que los disgustos estaban más moderados y doña Blanca más consolada; mas, aunque ella estaba con algún descuido, no lo hacía así su fatal desdicha y la[a] estrella rigurosa de su nacimiento, que no le prometía más alegre fin que a sus hermanas, porque en el tiempo que parecía había más quietud, quiso ejecutar su sangriento golpe. Y así, dispuso que una tarde, después de comer, no habiendo el príncipe entrado, como solía otras, a dormir la siesta al estrado, extrañando doña Blanca que de la mesa se había retirado a su cuarto, que era en bajo, preguntó a una de las damas flamencas si había salido el príncipe fuera, y respondiéndole que no, que con Arnesto se había ido a su cuarto, sospechando que tenía en él la[b] dama causa de sus celos, sacando de un escritorio una llave de que estaba apercibida (que un corazón celoso de todo[c] está prevenido), bajó por un escalera de caracol que de su cuarto correspondía al del príncipe, y que jamás se abría[d], y abriendo paso y entrando con mucho sosiego, por no ser sentida, llegó hasta la cama del príncipe, en que dormía ordinariamente, que con ella era por gran milagro, y halló... ¿Qué hallaría?

Quisiera, hermosas damas y discretos caballeros, ser tan entendida que, sin darme a entender, me entendiérades, por ser cosa tan enorme y fea lo que halló. Vio acostados en la cama a su esposo y a[e] Arnesto, en deleites tan torpes y abominables, que es bajeza, no solo decirlo, mas pensarlo. Que doña Blanca, a la vista de tan horrendo y sucio espectáculo, más difunta que cuando vio el cadáver de la señora Marieta, mas con más valor, pues apenas lo vio, cuando más apriesa que había ido, se volvió a salir, quedando ellos, no vergonzosos ni pesarosos de que los hubiese visto, sino más descompuestos de alegría, pues con gran risa dijeron:

---

[a] la: *om.* D [b] en él la: en ella D [c] todo: toda D [d] abría: abrir D [e] a: *om.* D

—Mosca lleva la española.

Llegó doña Blanca a su cuarto, y sentándose en su estrado, puesta la mano en la mejilla, se estuvo gran espacio de tiempo tan embelesada como si hubiera visto visiones de la otra vida. Llegó, viéndola así, su amada doña María, y puesta ante ella de rodillas, le dijo:

—¿Qué hallaste, señora mía, que tan cuidadosa te veo?

—Mi muerte hallé, doña María —respondió doña Blanca—, y si hasta aquí la veía[a] en sombras, la veo ya clara y sin ellas. Bien sé que lo que he visto me ha de costar la vida. Y supuesto que ya no se me excusa el morir, ya que esto ha de ser, será con alguna causa, o dejaré de ser quien soy.

—¡Ah señora mía! —dijo doña María—, y cómo es bueno vivir, aunque sea padeciendo, siquiera hasta que tu hermano ponga el remedio a estos trabajos. Y pues desde que le escribiste dándole cuenta de ellos, tenías[b] tu remedio puesto en él, ¿por qué le quieres aventurar todo? Mejor es disimular, haciéndote desentendida, hasta que venga, como te avisó, a estos estados, y entonces, con su amparo, podrás mejor sujetar tu venganza. Muchas veces te he suplicado[c] que disimules tu pasión con esta cruel gente, tan poderosos, con ser tan grandes señores, que ni temen a Dios ni al mundo, y ahora te lo vuelvo a pedir con más veras, ya que no quieras hacer por ti, que no me espanto que tengas en tanto padecer aborrecida la vida, por tus tristes criados, que quedaremos sin tu amparo, en perpetuo cautiverio, si ya no hacen con ellos lo mismo que tú dices esperas harán contigo.

—Ya no puede ser —dijo doña Blanca—, que si bien juzgo que es verdad lo que dices, lo que hoy[d] he visto, sin haber más delito que verlo, me ha condenado a muerte. Y supuesto que ya no hay qué aguardar, era degenerar de

***

[a] veía: vía CD   [b] tenías: tenían D   [c] suplicado: suplicado con muchos ruegos *añ*. CD   [d] hoy: yo D

quien soy si entendiese esta infame gente que paso por un mal tan grande. Yo tengo de morir vengada, ya que no en los reos, que esos quedan reservados para ser[a] mis verdugos, hasta que la justicia de Dios lo sea suyo, a lo menos en el teatro donde se comete su ofensa y la mía, con tan torpes y abominables pecados, que aun el demonio se avergüenza de verlos. Y pues el delito que ellos hacen me condena a mí a muerte, no hay que aconsejarme, que servirá de darme enfado y no conseguir[b] fruto.

Diciendo esto, sin querer declararse más, dejando a doña María tan confusa como descontenta, sabiendo que el príncipe había salido fuera con su padre, y que Arnesto se había quedado escribiendo, en el mismo cuarto de su señor, unos despachos que le había mandado, bajó abajo, y llamando ella misma los criados más humildes, que no quiso que ninguna de sus criadas quedase comprendida en la ejecución de su venganza, mandó sacar la cama al patio y quemarla. Preguntole el atrevido paje que por qué causa se hacía aquel exceso. A quien respondió doña Blanca que la causa era su gusto, y que agradeciese no hacía en él otro tanto; mas que algún día lo haría, o no sería doña Blanca. Recogiose con esto a su cuarto, a disponerse para morir, que bien vio que[c] sería cierto, porque cuando volvió las espaldas, habiéndole dicho a Arnesto lo que se ha contado, le oyó decir entre dientes:

—Bien harás, española, si puedes; mas no te daré yo lugar para ello.

Como lo hizo. Pues apenas vinieron los príncipes, padre y hijo, cuando Arnesto les contó cuanto había pasado, ponderándolo con tales razones, que hinchó de venenosa furia los pechos dañados de sus señores, y más el del viejo, que ardiendo en ira, respondió:

—No temas eso, que antes de mañana a estas horas pagará la española atrevida estos excesos.

---

[a] ser: *om.* B   [b] conseguir: conseguirá D   [c] vio que: *om.* D

En fin, se resolvieron a quitarle la vida antes que su hermano llegase, que ya tenían aviso venía a gobernar las armas de aquellos reinos. Esa misma noche habló doña María a don Gabriel por una reja, por donde otras veces le hablaba, y dándole cuenta de lo que pasaba, le dijo cómo, si Dios no la remediaba, no tenía otro remedio que doña Blanca dejase de morir, y por que no ejecutasen también en él, como en quien sabían que doña Blanca estimaba tanto, se escondiese en parte que estuviese seguro, hasta ver en qué paraba, pues sus fuerzas, ni las de los demás criados españoles, no eran poderosas contra tan soberbios y poderosos enemigos, y más estando dentro de su estado, y dándole las joyas que doña Blanca le había dado, se despidió de él con muchas lágrimas, pidiendo a Dios los librase. Y así, don Gabriel, al punto, tomando un caballo, se partió sin avisar a nadie, por no alborotar, la vuelta de Amberes, donde si no había llegado, llegaría muy presto su hermano de doña Blanca.

Aquella noche no vio doña Blanca a su esposo, ni la llamaron, como las demás, para cenar, en que se conoció la ira que con ella tenían, y por estar más apercibida, no se acostó; antes, en siendo de día, como quien tan cierta tenía su muerte, envió a llamar su confesor, se confesó, recibiendo con mucha devoción el Santísimo Sacramento, y dándole al confesor una cadena y las sortijas que traía en las manos, le dijo se saliese luego de aquel lugar, porque, por ser español, no le iría en él mejor que a ella, y le pidió que si veía[a] a su hermano, le dijese por lo que moría. Hecho esto, se fue a su estrado, y sentándose en él, empezó a platicar con sus damas, como si no estuviera esperando la partida de esta vida, pareciéndoles a todas más linda que jamás la habían visto, porque el luto que traía por la señora Marieta la hacía más hermosa.

---

[a] veía: vía CD

Así estuvo hasta cerca de mediodía, que como los príncipes, padre y hijo, se vistieron, luego quisieron ejecutar la sentencia contra la inocente corderilla, como ya lo tenían determinado. Y entrando los dos con su sangrador y Arnesto, que traía dos bacías grandes de plata, que quisieron que, hasta en el ser él también ministro en su muerte, dársela con más crueldad. Mandando salir fuera todas las damas[a] y cerrando las puertas, mandaron al sangrador ejercer su oficio, sin hablar a doña Blanca palabra, ni ella a ellos, mas de llamar a Dios la ayudase en tan riguroso paso; la abrieron las venas de entrambos brazos, para que por tan pequeñas heridas saliese el alma, envuelta en sangre, de aquella inocente víctima, sacrificada en el rigor de tan crueles enemigos. Doña María, por el hueco de la llave, miraba, en lágrimas bañada, tan triste espectáculo.

A poco rato que la sangre comenzó a salir, doña Blanca se desmayó, tan hermosamente, que diera lástima a quien más la aborreciera, y quedó tan linda, que el príncipe, su esposo, que la estaba mirando, o enternecido de ver la deshojada azucena, o enamorado de tan bella muerte, volviéndose a su padre con algunas señales piadosas en los ojos, le dijo:

—¡Ay, señor, por Dios, que no pase adelante esta crueldad! Satisfecha puede estar con lo padecido vuestra ira y mi enojo. Porque os doy palabra que, cuanto ha que conozco a Blanca, no me ha parecido más linda que ahora. Por esta hermosura merece perdón de su atrevimiento.

A lo que respondió el cruel y riguroso viejo, con voz alterada y rigurosa:

—Calla, cobarde, traidor, medio mujer, que te vences[b] de la hermosura y tiene más poder en ti que los agravios. Calla otra vez, te digo, muera; que de tus enemigos, los menos. Y si no tienes valor, repara tu flaqueza con quitarte de delante. Salte fuera y no lo[a] veas, que mal se[b] defenderá ni ofenderá a los hombres quien desmaya de ver morir una mujer. Así tuviera a todas las de su[c] nación como tengo a esta.

Y diciendo esto, le abrió la puerta y hizo salir fuera. A lo que el príncipe, con las[d] lágrimas en los ojos, no replicó; en que se conoció que el despego que tenía con doña Blanca le debían[e] de ocasionar su padre y Arnesto. Pues ido el príncipe, se volvió a cerrar la puerta, y se prosiguió con la crueldad, asistiendo[f] los dos con ánimo de tiranos a ella, hasta que, desangrada, como Séneca, rindió la vida a la crueldad de los tiranos y el alma al Cielo[11].

Muerta[g] la hermosa doña Blanca tan desgraciadamente, por que no envidiase la desdicha de sus hermanas[h], si es don para ser envidiado, dejando bien qué llorar en aquellos Estados, pues los estragos, que tocaron[i] en crueldades, que el duque de Alba[12] hizo en ellos, fue en venganza de esta muerte, dejándola en el estrado como estaba y abriendo las puertas que correspondían al cuarto de sus damas, y cerrando las de la otra parte, se salieron fuera los ministros de esta crueldad, que como doña María y las demás pudieron salir adonde[j] estaba, no lo rehusaron, antes llorando se cercaron todas de ella, españolas y flamencas, que en el sentimiento tanto le[k] mostraban las unas como las otras, que como era tan afable, de todas igualmente era amada; unas le besaban las manos, otras la estremecían, pensando que

---

[a] lo: la D   [b] se: le D   [c] su: tu D   [d] las: *om.* CD   [e] debían: debía D   [f] asistiendo: habiendo B   [g] Muerta: Muera D   [h] hermanas: hermanos B   [i] tocaron: tocaren D   [j] adonde: donde D   [k] le: lo BD

[11] En otros textos de la época encontramos esta misma muerte. Así, en *El médico de su honra* de Calderón, doña Mencía muere también desangrada, aunque en este caso el marido provoca su muerte por celos (Bomli, *op. cit.,* págs. 79-80).

[12] Fernando Álvarez de Toledo y Pimentel, III duque de Alba (1507-1582), fue gobernador de Flandes de 1567 a 1573.

no estaba muerta, y todas hacían lastimoso duelo sobre el difunto y hermoso cuerpo, en particular doña María, que se arrancaba los cabellos, y se sacaba con sus mismos dientes pedazos de sus manos, diciendo lastimosas ternezas, que es de creer se matara si no fuera por no perder el alma.

Así estuvieron hasta la noche, que llevaron el cuerpo de doña Blanca a la bóveda de la capilla del príncipe, para que acompañase el de la señora Marieta, y a doña María y las otras damas españolas a una torre, teniendo a esta hora en otra a los criados españoles con el confesor, que no había tenido lugar de irse, menos a don Gabriel, que la noche antes se había partido, donde estuvieron muchos días, y estuvieran hasta que acabaran, si don Gabriel no diligenciara el modo de su libertad, que como llegó a Amberes, halló allí al[a] hermano de doña Blanca, que había llegado aquel día, y dándole cuenta de lo que pasaba, loco de dolor, juntando la gente de guerra, vino contra el príncipe, pensando llegar a tiempo, porque como todos los criados estaban presos, no sabían si se había ejecutado la muerte de doña Blanca; hasta que, cerca del estado, cogieron uno de la misma ciudad, que les dijo lo que pasaba, que ya estaba público, y también cómo los príncipes, padre y hijo, siendo avisados de su venida, estaban puestos en defensa; mas no les valió, que ellos y muchos de sus valedores pagaron con las vidas la muerte de la inocente doña Blanca, siendo su hermano para ellos un fiero león: tal era la mortal rabia que tenía.

Mas todo esto no fue hecho tan presto que los pobres criados y criadas no estuviesen más de cuatro años presos, pasando mil lacerías y trabajos; mas Dios les guardó en tantas penas la vida, para que saliesen a gozar su amada libertad. También sacaron el cuerpo de doña Blanca para traerle a España, que estaba tan lindo[b] como si entonces acabara de morir (señal de la gloria que goza el alma); que

---

[a] al: el B   [b] lindo: linda D

las cosas que su hermano hacía y decía enternecieran[a] un mármol. Don Gabriel y doña María, ya casados, con las demás damas y criados, vinieron a traer el hermoso cadáver; donde ya sosegados en su amada patria, tuvieron una hija, cuyo nombre fue el mismo de su madre. Y esta hija, llegando a edad de tomar estado, por su hermosura, casó con un deudo muy cercano de doña Blanca, que fueron mis padres, a quien, juntamente con mis abuelos, oí contar esta lastimosa[b] historia y verdadero desengaño que habéis oído, que os doy tan larga cuenta de ello, porque creáis su verdad, como la contaban los que la vieron con sus mismos ojos.

Vean ahora las damas si hay en este desengaño bien en qué desengañarse, y los caballeros en qué retratarse[13] de su mala opinión de que todas las mujeres padecen culpadas.

Eran a esta ocasión, que dio fin doña Luisa, tan tiernos los sentimientos de las damas y la admiración de los caballeros, que aunque veían[c] que había dado fin, todos callaban, si no era con los ojos, lenguas del alma; hasta que don Juan, viendo la suspensión de todo el auditorio, volviéndose a la hermosa doña Isabel, le[d] dijo:

—Cantad, señora, alguna cosa que divierta esta pasión, para que la señora doña Francisca empiece con otra a renovar nuestra terneza; que yo, en nombre de todos estos caballeros y mío, digo que queda[e] tan bien ventilada y concluida la opinión de las damas desengañadoras, y que con justa causa han tomado la defensa de las mujeres, y por conocerlo así, nos damos por vencidos y confesamos que hay hombres que, con sus crueldades y engaños, condenándose a sí, disculpan a las mujeres.

---

[a] enternecieran: enterneciera ABCD   [b] lastimosa: tan lastimosa *añ.* CD   [c] veían: vían CD   [d] le: la D   [e] queda: quoda D

[13] *retratarse:* moderno «retractarse». *(Retratarse:* «desdecirse de lo que se ha dicho» DA).

Que oyendo todos los caballeros lo que don Juan decía, respondieron que tenía razón. Con lo cual, sin dar lugar a las damas que moralizasen sobre lo referido, pues veían[a] que los caballeros, rendidas las armas de su opinión, se daban por rendidos a la suya, la hermosa doña Isabel y los músicos cantaron así:

Lástima os[b] tengo, ojos míos,
que estáis ciegos y cansados
a puro sentir desprecios,
y a puro llorar agravios.

Si ya vivís satisfechos
que servís a dueño ingrato,
que el oro de vuestro amor
le paga con plomo falso.

Y que cuando le aguardáis
con caricias y regalos,
a pesar de vuestras penas,
reposa en ajenos brazos.

¿Para qué os atormentáis,
para qué os estáis cansando,
si en taza de amargos celos
os da a beber desengaños?

Si es que lloráis, ojos míos,
venturas que ya pasaron,
advertid que de esas glorias
no hallaréis senda ni rastro.

Y si pensáis restaurar
lo perdido con el llanto,
sabed que en agua escribís
los gustos que ya pasaron.

---

[a] veían: vían DC   [b] os: *om.* D

Cuando más os ve rendidos,
de vosotros no hace caso;
que tratar mal al humilde
es condición de tiranos.

Si veis que no se lastima,
aunque escucha vuestro llanto,
decidme ya: ¿qué esperáis?,
¿o de qué sirve cansaros?

Más seguro será huir:
mas responderéis, llorando:
¿cómo he de huir de la vida,
cuando la tengo en sus manos?

Mas pues veis que no medráis,
ojos, buscad nuevo amo;
con lágrimas respondéis
no queréis ejecutarlo.

Pues advertid que si amor
se rinde a nuevos cuidados,
con quien más le sirve tiene
la condición de villano.

Pues no os podéis engañar,
aunque queráis disculparos;
que bien conocéis el dueño
de quien es el vuestro esclavo.

Pues sufrir y padecer,
sujetos a un ciego engaño,
eso es quitaros la vida
con tormento dilatado.

Gloriosa vive Castalia,
vosotros morís rabiando,

¿pues cómo no echáis de ver
que es grande hechicero el trato[a]?

¡Ay, cuitados de vosotros,
y[b] que poco remedio os hallo,
si no os vais a retraer
al templo del desengaño!

Pues si esperáis a que el tiempo
haga en vosotros milagro,
pasa en los bienes aprisa[c],
como en los males despacio.

Decid, ¿qué pensáis hacer?
Mas ya respondéis callando,
que presos por voluntad
jamás la prisión dejaron.

Morir amando,
que el valiente en la lid
no deja el campo.

---

[a] trato: trate C   [b] y: *om.* D   [c] aprisa: apriesa D

Desengaño octavo[a] [1]

En tanto que duró la música, que todos escucharon con gran gusto, oyendo en este romance trovados[2] los últimos versos de uno que hizo aquel príncipe del Parnaso, Lope de Vega Carpio, cuya memoria no morirá[b] mientras el mundo no tuviere fin, habían trocado asientos doña Luisa y doña Francisca, su hermana, que era a quien le tocaba el último desengaño de esta *segunda*[c] noche[3], no muy segura de salir victoriosa, como las demás; pero viendo era fuerza, se alentó; encomendándose a la ventura, empezó de esta suerte:

—Que los hombres siempre llevan la mira a engañar a las mujeres, no me persuado a creerlo; que algunos habrá

---

[a] *Desengaño* octavo: Noche VIII ACD; Noche octava B [b] morirá: mirará C; faltará D [c] *segunda:* octava ABCD

[1] En todas las ediciones se llama NOCHE OCTAVA, incluso en las que añaden DESENGAÑO OCTAVO (véase INTRODUCCIÓN). El título, EL TRAIDOR CONTRA SU SANGRE, aparece en la edición de Barcelona, 1716, aunque no figura en las ediciones de Madrid, 1724, 1729 y 1734. Aparecerá en todas las ediciones a partir de la de Barcelona, 1734.
[2] *trovados:* «imitados». *(Trovar:* «vale también imitar una composición métrica, aplicándola a otro asunto» DA).
[3] Aunque las ediciones hablan de *octava noche, octava* es una corrección ulterior y desafortunada del impresor o corrector, ya que si se tratase de la octava noche no sería el último desengaño de la noche sino el único, puesto que se narraría una novela diaria. Se trata pues de la *segunda noche,* que acaba con este relato.

que con la primera intención, o aficionados a la hermosura, o rendidos al agrado, o engolosinados de la comodidad, amen[a], téngolo por certísimo; que se cansan presto, y cansados, o se entibian, o aborrecen y olvidan, es seguro. Mas que hay muchos que engañan, ¿quién lo puede dudar? Pues todas las veces que yo dijere que deseo una cosa, teniéndola, engaño; que lo que poseo no lo puedo desear. ¿Pues cómo el casado, teniendo a su mujer, busca otra? No es respuesta el decir: «Haralo porque es más hermosa, más graciosa o más agradable». Porque le responderé: «Cuando amaste esa, ¿no la hallaste con todas esas gracias? ¿Sí? Pues mírala siempre con ellas, y será siempre una, y no engañes a otra diciendo que la quieres amar y servir. No amas ni sirves a la que tienes en casa, ¿y lo harás a la que buscas fuera?» Y lo mismo es el galán con la dama. Y de estos engaños que ellos hacen, las mujeres dan la causa, pues los creen. Y así, no [me][b] maravillo que los hombres las condenen.

No quieren los hombres confesar que engañan, que eso fuera preciarse de un mal oficio; antes, publicando buen trato, culpan a las mujeres de que no le tienen bueno. Y si los apuran, dicen: «¿Para qué se dejan ellas engañar?». Y tienen razón, que hay mujer que es como el ladrón obstinado, que aunque ve que están ahorcando al compañero, está él hurtando. Ven a las otras lamentarse de engañadas y mal pagadas, y sin tomar escarmiento, se engañan ellas mismas. ¿Por qué yo me he de engañar de cuatro mentiras bien afectadas que me dice el otro, asegurándome que se guardó para mí intacto y puro, sin tener otras ciento, a quien dice otro tanto, y luego me engañó? Bueno está el engaño. Anda, boba, que tú te engañaste; que a los hombres no se les ha de creer si no es cuando dicen: «*Domine, non sum dignus*».

---

[a] amen: asmen D   [b] [me]: *om.* AB; me CD

Aficionose un galán, por las nuevas que había oído, de una dama, o lo fingía (que era lo más seguro). Trató de verla, y ella no lo consintió[a]. Dio en escribirla, y ella, por lo galante, le respondía de lo cendrado[b][4], de lo cariñoso, de lo retórico. Y él siempre hacía sus fuerzas por verla. Mas ella lo excusó hasta que el tal hubo de hacer una jornada. Partió con su deseo, prometiéndola correspondencia, porque él amaba, según decía, el alma y no el cuerpo. A dos leguas no se le acordó más del tal amor. Mas ella, que, cuerda, conocía el achaque, no[c] había caminado una, cuando ya le tenía olvidado; porque a la treta armar la contratreta, que de cosario a cosario no hay que temer.

Esto es, señoras mías, no dejarse engañar; y mientras no lo hiciéredes así, os hallaréis a cada paso en las desdichas en que hoy se hallan todas las que tratan de estos misterios, más dolorosos que gozosos. Lo que siento mal de los hombres es el decir mal de ellas, porque si son buenas, no cumplen con las leyes divinas y humanas en culpar al que no tiene culpa; y si son malas, ¿qué es menester decir más mal que el que ellas mismas dicen de sí con sus malas obras? Y con esto ellos mostrarán su nobleza, y ellas su civilidad[5]. Mas ya me parece que no habrá en eso enmienda, y así, tratemos de salir con nuestra intención, que es probar que hay y ha habido muchas buenas, y que han padecido y padecen en la crueldad de los hombres, sin culpa. Y dejemos lo demás, porque tengo por sin duda que están ya tan obstinados los ánimos de los hombres contra las mujeres, que ha de ser trabajo sin fruto, porque como no encuen-

---

[a] Trató de verla y ella no lo consintió: Trató de ver a ella, no lo consintió D   [b] cendrado: acendrado CD   [c] no: y no *añ.* B

[4] *cendrado:* «acendrado, purificado, limpio, puro». Derivado de *cendrar* o *acendrar.* El DA recoge las voces *cendrar* y *cendrado,* pero en *cendrar* señala que «comúnmente se dice ya acendrar».

[5] *civilidad:* «miseria, mezquindad, ruindad» (DA).

tran con las buenas, no se quieren persuadir que las hay, y esa es su mayor ignorancia, que si las que hallan cada paso y a cada ocasión en las calles, por los prados y ríos, de noche y de día, pidiendo y recibiendo, y muchas dando su opinión a precio del vicio, fueran buenas, no las hallaran. Y crean que esto es lo cierto, y conociendo en la libertad de su trato lo que son, no se quejen, sino vayan con advertimiento que la que busca es, para en pasando aquello que halla, buscará otro tanto, y en dando en buscar, lo irán a buscar a los infiernos, cuando no le[a] hallen en el mundo. Y de las que buscan a todos no esperen sacar más que agravios, si lo son; porque yo tengo por seguro que el mayor es el que les hicieren en las bolsas, que los demás no lo son, pues saben que aquel es su oficio. Con esto he dicho lo que siento, y[b] lo diré en mi desengaño, en razón de la crueldad de los hombres y inocencia de muchas mujeres que han padecido sin culpa.

No ha mucho más de veinte y seis años que en una ciudad, de las nobles y populosas del Andalucía, que a lo que he podido alcanzar es la insigne de Jaén, vivía un caballero de los nobles y ricos de ella, cuyo nombre es don Pedro, hombre soberbio y de condición cruel. A este le dio Dios (no sé si para sus desdichas) un hijo y una hija. Y digo que no sé si fue ventura o desgracia el tenerlos, porque cuando los trabajos no se sienten, no son trabajos, que el mal no es mal cuando no se estima por mal; que hay corazones tan duros o tan ignorantes, que de la misma suerte reciben el trabajo que el gusto, y si bien dicen que es valor, yo le tengo por crueldad.

El hijo tenía por nombre don Alonso, y la hija doña Mencía; hermosa es fuerza que lo sea, porque había de ser desgraciada; de más que parece que compadece más la des-

---

[a] le: *om.* D   [b] y: *om.* D

dicha en la hermosa que en la fea. Virtuosa[a], era fuerza siendo noble, amada, ella misma con la afabilidad y noble condición se lo granjearía, deseada y apetecida. ¿Qué mujer rica de naturaleza y fortuna no lo es? Pues parece que por lo admirable de ver juntas en una mujer nobleza, hermosura, riqueza y[b] virtud, no solo admira, mas es imán que se lleva tras sí las voluntades; y teníalas doña Mencía tan granjeadas, que no solo en su misma tierra, mas en las apartadas y cercanas tenía su fama jurisdicción, por la[c] cual había muchos que la deseaban por esposa, y se la habían pedido a su padre; mas él, deseoso de que toda la hacienda la gozase don Alonso, teniendo intento de[d] que doña Mencía[e] fuese religiosa, la negaba a todos cuantos le[f] trataban de merecerla dueño.

A quien más apretó el deseo o el amor de doña Mencía fue a un caballero natural de la ciudad de Granada, que asistía en la de Jaén algunos años había, por haberse venido sus padres a vivir a ella, trayéndole muy pequeño. La causa se ignora; solo se sabía que era abastecido de riqueza, en tanta suma, que siendo su padre de los más poderosos de la ciudad, cualquiera de los caballeros de ella, cuando en don Enrique no hubiera las partes de gala, bizarría y noble condición, por solo la hacienda tuviera a suerte[g] emparentar con él, y la tenían por muy buena en tenerle por amigo, porque hallaban en su liber*alidad*[h] muchos desahogos para algunas ocasiones de necesidad, y don Pedro y su hijo la profesaban con él, aunque, como la soberbia de don Pedro predominaba en él más que su nobleza, no hacía dentro de sí mismo la estimación que a don Enrique se le debía, efecto de [[no]][i] desearle como los demás, para emparentar con él, y esto nacía de saber no sé qué mancha en la sangre de don Enrique, que don Pedro no ignoraba, que a

  ---

  [a] Virtuosa: Viciosa B   [b] y: *om.* D   [c] la: lo D   [d] de: *om.* B   [e] Mencía: María D   [f] le: la B   [g] suerte: su suerte *añ.* D   [h] liber*alidad:* libertad ABCD   [i] [[no]]: *om.* ABCD

la cuenta era haber sido sus abuelos labradores; falta que, supuesto que se cubría con ser cristianos viejos, y con tanta máquina de hacienda, no fuera mucho disimularla.

Enamorado de la hermosura y contento con la buena fama de doña Mencía, se atrevió don Enrique a pedírsela a su padre y hermano por esposa, que habiéndole respondido que doña Mencía quería ser monja, se halló defraudado de merecerla y desesperado por amarla. Mas como los amantes siempre viven de esperanzas, no la perdió del todo don Enrique, pareciéndole que si llegase a alcanzar lugar en la voluntad de la dama, importaba poco no tener la de su padre; pues, a todo riesgo, como ella quisiese ser su esposa, todo el daño podía resultar en sacarla de su poder, aunque no le diesen dote con ella, pues tenía bastantes bienes para no sentir la falta de que doña Mencía no los tuviese, más que los de su belleza y virtud.

Y con este[a] pensamiento, se determinó a servir a doña Mencía y granjearle[b] la voluntad, hasta conseguir su deseo y salir con su intención, y para esto granjeó la voluntad de un criado de doña Mencía, que la[c] acompañaba ordinariamente cuando salía fuera, aunque era pocas veces, por la condición escrupulosa de su padre y hermano, los cuales ya la hubieran encerrado en un convento, temerosos de que ella no se casase, viendo que no trataban de casarla, a no haber visto en doña Mencía poca voluntad a tal estado, y aguardaban a que, viéndose encerrada y no muy querida de los dos, la obligase el aprieto de sus condiciones a elegir el estado que ellos deseaban darle. Y si bien don Enrique no ignoraba que doña Mencía tenía otros pretensores que, con el mismo intento que él, la solicitaban, fiado en su gentileza y riqueza, y en el ayuda que el criado que había atraído[d] a sí con dádivas le prometía, dio principio a su pretensión con este papel:

---

[a] este: ese D   [b] granjearle: grajearle D   [c] la: las D   [d] atraído: traído D

«Mi atrevimiento es grande mas no mayor que vuestra hermosura, que con esa no hay comparación, sino solo mi amor. Forzado de él, os he pedido a vuestro padre por esposa; mas he sido tan desgraciado, que no le he merecido este bien, diciéndome que os tiene para religiosa. Viéndome morir sin vos, me ha parecido que, si vuestra voluntad me admite, importa poco que me falte la suya, pues no me hizo el Cielo tan pobre que tenga necesidad de su hacienda. Si acaso por esto desea poneros en el eterno cautiverio de la religión, quitando al mundo el sol de vuestra hermosura, y a mí la dicha de merecerla, mi intento es que seáis mi dueño, aunque sea a disgusto suyo. Ya os he dicho cuanto os puedo decir, y si os pareciere atrevimiento, tomad un espejo y[a] mirad vuestra belleza, y me perdonaréis. Suplicoos, señora mía, por ser ingrata conmigo, que no seáis cruel con vos, ni aguardéis a que vuestro padre, quitándoos la libertad, me quite a mí la vida».

No se descuidó el mensajero en dar el papel a su señora, la cual, habiéndole leído, y considerando cuán tiranamente su padre y hermano, por desposeerla de la hacienda, la[b] querían privar de la libertad, desesperada con la pasión y persuadida del criado, que puso todas las fuerzas en su astucia, diciéndole lo que ganaba[c] en ser esposa de don Enrique, su riqueza y partes, aconsejándola no dejase perder la ventura que le ofrecía el Cielo, diciéndole que si no se casaba así, no esperase serlo de mano de su padre, porque él sabía muy[d] bien su intención, que era quitarla de ocasión en que la hacienda, que toda la quería para su hermano, se desmembrase, y otras cosas a este modo. Pareciéndole a doña Mencía que el yerro de casarse sin gusto de su padre con el tiempo se doraría, agradada de las partes amables de don Enrique, a quien había visto muchas veces y tenía particular inclinación, y que había de ser[6] (que es lo más cier-

---

[a] y: *om.* D   [b] la: le D   [c] ganaba: ignoraba D   [d] muy: *om.* D

[6] Oración incompleta. Parece faltar «así».

to, porque aunque se dice que el sabio es dueño de las estrellas, líbrenos Dios de las que inclinan a^a desgracias, que aunque más^b se tema y se aparten de ellas^c, es necesaria mucha atención para que no ejecuten su poder), se rindió al gusto de su amante, al consejo de su criado y, lo más cierto, a su inclinación, y a pensar^d de esta suerte, al gusto de su padre por ser tan contrario al suyo. De manera que, hallando el amor entradas bastantes en el pecho tierno de la dama, se apoderó de él, empezando desde aquel mismo punto a amar a don Enrique, y a desearle y admitirle [[por]]^e esposo, respondiendo al papel tan a gusto de su amante, que desde ese mismo día se juzgó en posesión del bien que deseaba.

Pues viéndose favorecido, empezó a galantear y servir^f a doña Mencía con paseos, si bien recatados, por no alborotar a su padre y hermano; con regalos y joyas, que mostraban su amor y riqueza; con músicas y versos, en que era, si no muy acertado, por lo menos no los pedía prestados a otros. Todo dispuesto por la^g orden de Gonzalo (que este era el nombre del criado tercero) de esta voluntad, hablándose algunas noches, después de recogidos todos, por unas rejas bajas que caían a las espaldas de la casa de doña Mencía, y eran de su misma estancia, que por menos^h paseada aquella calle, la tenía su padre en ella; por donde una noche que doña Mencía le escuchaba, cantó don Enrique, al son de un laúd, estas décimas:

De la memoria, los ojos
se quejan y con razón,
porque ella ni el corazón
no gozan de sus enojos.
A la pena dan despojos
los ojos, pues en no ver

---

^a a: *om.* D   ^b más: *om.* D   ^c ellas: ella ABCD   ^d pensar; pesar D   ^e [[por]]: *om.* ABCD   ^f servir: servía D   ^g la: *om.* B   ^h menos: lo menos *añ.* B

con eterno padecer
están; pero la memoria
gozando el bien, está en [[la]]^a gloria,
porque llega a poseer.

Vieron los ojos el bien;
  mas la memoria ligera
  se le usurpó de manera
  que hace que sin él estén.
  Ellos vieron y no ven,
  ella no vio y el bien tiene,
  ella, cuando el bien no viene,
  en sí le goza, y los ojos
  gozan lágrimas y enojos
  hasta que el ver los despene.

La tabla, que al huésped llama,
  le aposenta y fuera queda,
  son los ojos, sin que pueda
  amor reparar su llama.
  Es la memoria la cama
  en que vos, señora, estáis;
  mas si a los ojos no dais
  parte del bien, que sois vos,
  yo os juro, mi bien, por Dios,
  de que un esclavo perdáis.

No hay cosa que satisfaga
  al mal que sin veros tienen,
  y si los dejáis que penen,
  no les dais segura paga.
  No permitáis los deshaga
  su continuo padecer,
  pues supieron escoger
  tan divino dueño en vos,
  pagad, señora, a los dos
  lo bien que os saben querer.

---

^a [[a]]: *om.* ABCD

Vuestro valor sin segundo
    celoso, mi bien, me tiene,
    temiendo que habrá quien pene
    por vos como yo en el mundo.
    Los celos que tengo fundo,
    señora, en vuestro valor,
    porque, si yo os tuve amor
    el día que os llegué a ver,
    cualquiera os podrá querer
    que os llegue a ver en rigor.

De justicia, amor pudiera
    pretender esta victoria;
    mas haga misericordia
    lo que justicia pudiera.
    De que hallaréis quien os quiera,
    yo no lo puedo dudar;
    pero quien os pueda amar,
    dulce dueño, más que yo,
    no le hay en el mundo, no,
    ni se ha de poder hallar.

Deidad sois, en quien mis ojos
    adoran de Dios el ser,
    pues que se ve su poder
    en tan divinos despojos.
    A vuestras plantas, de hinojos,
    os ofrezco cuanto soy,
    por esclavo vuestro estoy,
    en el rostro, señalado;
    el alma que ya os he dado
    dos mil veces os la doy.

Causó la música (aunque sin ostentación de voces ni instrumentos, más de la que alcanzó del Cielo el que la daba),
por novedad, admiración en la vecindad y qué temer[a] a su

---

[a] temer: temía D

padre de doña Mencía, que su hermano no estaba en casa, que, como mozo, se recogía tarde, ocupado en sus juegos y galanteos; mas por la primera vez no hizo extremo ninguno, considerando, en medio de su sospechoso recelo, que podía ocasionarla alguna dama de las que había en la vecindad, viendo que su hija parecía vivir descuidada de galanteos y amores. En fin, pasó por esta vez en su duda, porque aunque doña Mencía estaba junto a la reja, no la abrió, oyendo que su padre no dormía; antes muy paso se acostó, y no negoció mal en hacerlo, porque, desde que don Enrique empezó a cantar, estaba don Alonso en la calle, que venía a acostarse[a]; mas como en ninguna ventana de su casa vio gente, aunque enfadado, entrándose en ella, no se dio por entendido de su enfado.

Vínose a eslabonar de suerte la voluntad de don Enrique y doña Mencía, que ayudados de los consejos y solicitudes de Gonzalo, y de una doncella suya, a quien doña Mencía dio parte de su amor, que por la misma reja que se hablaban, delante de los criados se dieron fe y palabra de esposos, con que don Enrique se juzgó dichoso y doña Mencía segura de que su padre la hiciese fuerza para que tomase el estado que deseaba. Si bien, temiendo la dama la ira de su padre, pidió a su amante que por entonces no se hiciese novedad ninguna, hasta ver si su padre mudaba de intención, que se lo[b] concedió bien contra su voluntad, porque como amaba, quisiera verse[c] en la posesión de su amada prenda, siendo imposible por la condición dicha de su padre y hermano, si no era sacándola de su casa: tanta era la custodia con que la tenían. Y aunque causaba algún escándalo, en los vecinos de la misma calle, verlos hablar de noche por la reja, no se atrevían a estorbarlo por la soberbia que en padre y hijo conocían, disculpando en parte a la dama por la vida tan estrecha en que la tenían, que apenas

---

[a] acostarse: costarse D   [b] lo: le D   [c] verse: verle D

salía, sino a misa, y eso acompañándola su padre o su hermano.

Cuando don Enrique se enamoró de doña Mencía, tenía una dama, casada, mas libre y desenvuelta. Y como el verdadero amor no permite en el pecho donde se aposenta compañía, al punto que amó a doña Mencía para hacerla su esposa, se olvidó del de Clavela; en tanto extremo, que ni verla, ni aun pasar por su calle fue posible acabarlo con él. Clavela, sentida del desprecio y de la falta que le hacían las dádivas y regalos de don Enrique, dio en inquirir y saber la causa, sospechando que nuevos empleos le apartaban de ella, y encomendando el averiguarlo a la solicitud de una criada, no le fue dificultoso, porque siguiéndole de día y de noche, vino a saber cómo hablaba con doña Mencía todas las más noches por aquella reja. Y conociendo las partes de la dama, bien conoció que era casamiento, porque por otra vía no se podía entender que caminase aquel amor, y se resolvió a estorbarlo, aunque pusiese a peligro su vida y la de los dos amantes. ¿Qué no intentará una mujer libre y celosa? Pues como tal buscó a don Enrique, viendo que él no la buscaba a ella. Y sobre muchos disgustos[a] que sobre el caso tuvieron, viendo que ni con lágrimas ni ruegos, ni menos con amenazas, le[b] podía volver a su amistad, se determinó a llevarlo por camino más violento, pues aunque don Enrique se lo negó, como ella estaba bien cierta de la verdad, no tuvo atención a más que a vengarse, y la desdicha le dio modo para hacerlo.

Tenía esta dama amistad con unas señoras, madre y hija, de la ciudad, de lo bueno y calificado de ella, aunque en su modo de vida no se portaban con la atención competente a su sangre, porque recibían visitas con gran desdoro de su opinión, en cuya casa entraba familiarmente don Alonso, y aun ellas visitaban algunas veces a su hermana, porque,

---

[a] disgustos: disgutos D   [b] le: se D

aunque, por su modo de vida, las más principales de la ciudad se negaban a su casa, no les podían impedir venir a las suyas. En esta casa había visto don Alonso a Clavela, y aun no le había parecido mal, sino que se le había ofrecido por muy suyo, dicho a las dichas señoras la hablasen de su parte.

No ignoraba Clavela ser don Alonso hermano de doña Mencía, y si bien a los principios, creyendo don Enrique volvería a su amistad, se había negado a su pretensión, ya desvalida de todo punto de don Enrique, admitió a don Alonso, no tanto por estar aficionada a él, cuanto por entablar su venganza. Veíase, por causa de su marido, con don Alonso en casa de sus amigas, y un día que todas juntas estaban con don Alonso en conversación, le dijo Clavela que por qué no casaba a su hermana, que si aguardaba a que ella se casase sin su gusto, ni el de su padre.

—No hará Mencía tal —dijo don Alonso—, porque, demás de que su virtud y obediencia la^a asistían^b siempre, era muy niña, y aún no había llegado a su^c imaginación esos deseos, que, a ser de más edad, ya estuviera en religión.

—¡Qué bueno es eso —respondió Clavela— para lo que sé! Bien dicen que el postrero que lo sabe es el ofendido. Pues advierta, don Alonso que, si no está casada, ya anda en eso^d. Y dígolo así, porque no es de creer que una dama de la calidad y partes de la señora doña Mencía se atreviera contra su opinión, y la de su padre y hermano, a hablar todas las noches por una reja con don Enrique, si no fuera para casarse.

—Mira lo que dices, Clavela —dijo don Alonso—; que si son celos de don Enrique, porque entra algunas veces en mi casa, bien puedes tenerlos y dármelos a mí, con saber que aún no estás olvidada de esa voluntad; mas no que

---

^{a} la: le D ^{b} asistían AB: asitían AB; asistían C; asientan D ^{c} su: la B
^{d} eso: esto B

pongas dolo en el honor de mi hermana, porque desde mi cuarto al suyo hay mucho, y juraré que las veces que don Enrique entra a buscarme a mí, ni ve a mi hermana, ni ella está en tan poca custodia que le vea a él, porque es mi padre quien la vela.

Riose Clavela y las demás, que ya todas estaban puestas en hacer este mal a doña Mencía, y dijo:

—Ni son celos, ni a mí me importa nada don Enrique, que no es sino sentimiento de que se hable mal en la vecindad y otras partes contra el honor de esta señora. Las músicas, los paseos, el hablar de noche es tan público, que antes dicen que don Alonso y su padre se dan por desentendidos, por casarla sin dote con un hombre tan poderoso como don Enrique. Esto lo saben muy bien estas señoras, y es muy buen modo de tener yo celos, supuesto que si se toma mi voto, le daré ahora, aconsejando que sería mejor casarlos, que no dar motivo a murmuraciones.

La ira de don Alonso con esto que oyó fue tan grande, que apenas acertó a responder, y ciego de enojo, tanto de la liviandad de su hermana, como del atrevimiento de don Enrique, sin poder disimular su pasión, ni las mal aconsejadas mujeres reportarle en ella, pues ellas no pretendían sino incitarle a ella, se despidió y fue a su casa, y apartando a su padre, le dio cuenta de lo que pasaba, y después de varios acuerdos, se determinaron a disimular hasta vengarse, teniendo por afrenta que la sangre de don Enrique se mezclase con la suya.

Más de un mes se pasó sin tratarse de nada en razón de la venganza, porque como don Pedro era hombre mayor, no quiso hallarse a los riesgos de ella. Y así, habiendo venido la flota donde le traían cantidad de dineros, diciendo que quería hallarse al despacho de ellos en las aduanas de Sevilla, se partió de Jaén, llevando consigo a Gonzalo y otros dos criados que había en casa, no quedándole a don Alonso más de un paje que le acompañaba en este tiempo.

Disimuladamente se había don Alonso enterado del galanteo de su hermana, y vístola por sus ojos hablar con don Enrique, que si bien no se aseguraba mucho de las amenazas que Clavela le había hecho, amaba tanto a doña Mencía, que sin temer riesgos ni peligros, continuaba el verla, pareciéndole que, cuando Clavela intentase[a] hacer algún mal, todo podía parar en sacar la cara y decir que era doña Mencía su mujer, y aun a no impedírselo ella, temerosa de la ira de su padre, ya lo hubiera hecho. En teniendo cartas don Alonso de que su padre había llegado a Sevilla, al punto dio orden de lo que entre ellos había quedado dispuesto.

Mal segura se hallaba doña Mencía y temerosa por ver a su hermano andar desabrido con ella, y no queriendo ya aguardar[b] a algún lance peligroso, un día, acabando de comer, viendo a su hermano que se había ido a su cuarto, se entró en aquella cuadra por donde hablaba a don Enrique, cuya reja caía a las espaldas de la casa, que era donde ella se tocaba, por estar detrás de la [[cuadra]][c] en que tenía su cama, y se puso a escribir un papel a su esposo, pidiéndole se viese aquella noche con ella para disponer sus cosas; que, acabando de escribirla, don Alonso, que no se descuidaba y había estado acechando lo que hacía, habiendo enviado al paje de propósito fuera, y dejando encerradas en su mismo cuarto dos doncellas y una criada de cocina que había, amenazándolas con la muerte si chistaban, entró en el aposento de su hermana tan paso, que sin poder prevenir guardar el papel, la cogió cerrándole; y como se le quitó y le leyó, aunque la triste dama quiso disculparse, no le bastó ninguna cosa que en abono suyo intentase decir.

Saliose don Alonso fuera, y cerrándola con llave, se salió a la puerta de la calle, donde se estuvo hasta que vio pasar un clérigo, al cual llamó, diciendo entrase a confesar una mujer que estaba en grande peligro de muerte. Hízolo así

---

[a] intentase: intentara D   [b] aguardar: guardar D   [c] [[cuadra]]: *om.* ABCD

el sacerdote, y entrando dentro y don Alonso con él, harto espantado de no ver en toda la casa persona. Llegaron al retrete y abriendo don Alonso la puerta, le dijo que entrase y confesase aquella mujer que estaba allí, porque al punto había de morir. Asustose el sacerdote y díjole[a] que por qué causa quería hacer crueldad semejante.

—Padre —respondió don Alonso—, eso no le toca a vuestra[b] merced, ni a mí el darle cuenta, por qué la tengo de matar. Confesarla es lo que le piden, y si no lo quiere[c] hacer, váyase con Dios, que sin confesar la mataré.

Viendo, pues, el clérigo la determinación de don Alonso, entró y confesó a doña Mencía, la cual, con muchas lágrimas lo hizo, deteniendo al[d] clérigo, por entretener algún poco más la vida, como lo contó el mismo después. Acabada de confesar la dama, el sacerdote salió, y con palabras muy cuerdas y cristianas quiso reducir a don Alonso, diciéndole que mirase que aquella señora no debía aquella muerte, por cuanto su delito no pasaba a ofensa, supuesto que no era más de deseo de casarse, sin haber habido agravio ninguno de por medio; que temiese la ofensa de Dios y su castigo.

—Bien estoy con eso, padre —respondió el airado mozo—. Yo sé lo que tengo de hacer, y nunca dé consejos a quien no se los pide. Lo que yo le pido es que en estos ocho días no diga a nadie esto que aquí ha visto; porque si lo contrario hace, le he de hacer menudas piezas.

Temió tanto el clérigo, que, no dudando estaba tan en peligro como la dama, habiéndoselo prometido, no vio la hora que verse fuera de aquella casa; y aun después no acababa de asegurarse estaba en salvo, por lo cual no se atrevió a dar cuenta del caso, hasta que estuvo público.

Ido el sacerdote, don Alonso tornó a entrar donde estaba la desdichada dama, y dándola tantas puñaladas cuantas

---

   [a] díjole: dijo D   [b] vuestra: v. A; vuestra B; vuesa CD   [c] quiere: quisiere B   [d] al: el B

bastaron a privarla de la vida, se salió, y cerrando el retrete, se dejó la llave en la misma puerta, y luego aguardando a que viniese el paje, le dio el papel de doña Mencía, y le mandó se le llevase a don Enrique, diciéndole que dijese se le había dado su señora, y que luego le fuese a buscar en casa de aquellas señoras[a] donde solía ir, y que le aguardase allí hasta que él fuese. Con esto, cerrando la puerta de la calle, se fue en casa de un amigo, que debía de ser de las mismas mañas que él, a quien pidió le acompañase aquella noche en un caso que se le había ofrecido, y hallando en él el[b] ayuda que buscaba, se estuvo en la misma casa del amigo, retirado hasta que fuese hora de ir a él. Dio el papel de doña Mencía a don Enrique el paje, y habiéndole respondido de palabra dijese a su señora haría lo que le mandaba, se fue donde su amo le había dicho le esperase.

Mucho extrañó don Enrique el llevarle[c] el paje de don Alonso, porque de que[d] se había ido Gonzalo[e] a Sevilla, doña Mencía no le escribía sino con una criada, y a no conocer la letra de la dama, casi le pusiera en confusión de algún engaño; mas pensó que alguna gran novedad debía de haber, pues le escribía con diferente mensajero, y no veía la hora de ir a saberla; que como vio que habían dado las once, que era en la que la dama le hablaba, por ser en la que su casa estaba sosegada, solo, porque siempre iba así, aunque apercibido de armas bastantes, se fue a la calle de su dama, y llegando a la reja, la vio cerrada, porque don Alonso la[f] había dejado así, y haciendo la seña por donde se entendían, como vio que ni a una vez, ni a dos, ni a tres salía, se[g] llegó a la reja y paso[7] tocó en ella, y apenas puso en

---

[a] aquellas señoras: aquellos señores D   [b] el: la B   [c] llevarle: llevar CD
[d] de que: desde que D   [e] Gonzalo: don Gonzalo D   [f] la: le ABC; la D
[g] se: om. D

[7] paso: «bajo».

ella la mano, cuando las puertas[a] se abrieron con grandísimo estruendo, y alborotado con él, miró por ver que en el pequeño retrete había gran claridad, no de hachas ni bujías, sino una luz que solo alumbraba en la parte de adentro, sin que tocase a la de afuera. Y más admirado que antes, miró a ver de qué salía la luz, y vio al resplandor de ella a la hermosa dama tendida en el estrado, mal compuesta, bañada en sangre, que con estar muerta desde mediodía, corría entonces de las heridas, como si se las acabaran de dar, y junto a[b] ella un lago del[c] sangriento[d] humor.

A vista tan lastimosa, quedó don Enrique casi sin pulsos; que a su parecer juzgó que ya el alma se le apartaba del cuerpo, sin tener valor para apartarse, ni allegarse, porque todo el cuerpo le temblaba como si tuviera un gran accidente de[e] cuartana. Y más fue cuando oyó que de donde estaba el sangriento cadáver salía una voz muy débil y delicada, que le dijo:

—Ya, esposo, no tienes que buscarme en este mundo, porque ha más de nueve horas que estoy fuera de él, porque aquí no está más de este triste cuerpo, sin alma, de la suerte que le miras. Por tu causa me han muerto; mas no quiero que tú mueras por la mía, que quiero me debas esta fineza. Y así, te aviso que te pongas en salvo y mires por tu vida, que estás en muy grande peligro, y quédate a Dios para siempre.

Y acabando de decir esto, se tornaron las puertas de las ventanas a cerrar con el mismo ruido que cuando se abrieron.

Quedó de lo que había oído, sobre lo que había visto, tal don Enrique, casi tan difunto como su mal lograda esposa, faltándole de todo punto el ánimo y el valor, y no es maravilla, pues por una parte el dolor, y por otra el temor, le

---

[a] las puertas: las puertas de todo punto D   [b] a: de D   [c] del: de D
[d] sangriento: sangramiento D   [e] de: de de *an*. D

dejaron poco menos que mortal; tanto, que ni moverse de allí, ni aun alentarle era posible. Ya cuando esto sucedió, don Alonso y su amigo estaban en la calle, aunque ni sintieron el ruido, ni vieron abrir la ventana; mas seguros de que era don Enrique, pensando, como le veían[a] parado, que estaba aguardando que le abriesen, el uno por la una parte, y el otro[b] por la otra, le vinieron cercando, y cogido en medio, sin poder el pobre caballero defenderse, con la turbación que tenía, aunque vio acometerse, ni se pudo aprovechar de una pistola que traía, ni meter mano a la espada; de dos estocadas que a un tiempo le dieron, le tendieron en el suelo, y, caído, le dieron veinte y dos puñaladas, y dejándole casi muerto, se pusieron en fuga, porque a las voces[c] que dio pidiendo confesión, empezó a salir gente y sacar luces. En fin, huyeron[d]; don[e] Alonso se fue en casa de las ya dichas, y el amigo, a un convento.

La gente que se juntó llegaron a don Enrique, y le hallaron sin sentido, y estando trazando el llevarle a su casa, porque de todos era bien conocido, llegó la justicia, y haciendo su oficio, no pudieron averiguar más de que a las voces que aquel caballero había dado pidiendo confesión, habían salido y halládole en el estado que le veían[f]. Mirándole y revolviéndole, conocieron que no estaba muerto. En fin, le llevaron a su casa, dando con su vista la pena a sus padres, que era razón tener quien no tenía otro, y llamando quien le tomase la sangre, le desnudaron y pusieron en la cama, donde estuvo así hasta la mañana, que volvió en sí, permitiéndolo Dios[g] para que se supiese el lastimoso fin de doña Mencía; porque aunque la justicia, habiendo llamado a las puertas de don Pedro, y no respondiendo nadie, admirados[h] de ver tanto silencio como en la casa había, quisie-

---

    [a] veían: vían D   [b] otro: otra AB; otro CD   [c] voces: veces D   [d] huyeron: vieron (grafía de huyeron) ABCD   [e] don: que don añ. D   [f] veían: vían D   [g] Dios: Dios Nuestro Señor añ. D   [h] admirados: admirados y confusos añ. D

ron[a] romper las puertas, mas lo suspendieron[b] hasta que don Enrique, si volvía, diese su declaración; porque como don Pedro era tan principal y poderoso, todos le guardaban en la ciudad su debido respeto.

Vuelto en sí don Enrique, y dádole[c] una sustancia, cobrando algo del ánimo perdido, pidió que[d] juntamente le[e] llamasen el confesor y al Corregidor[f], y venidos delante del que le había de confesar, contó al Corregidor lo[g] que aquella noche le había sucedido, pidiendo se fuese a casa de don Pedro, y rompiendo, si no abrían, la puerta, viesen si había sido verdad o alguna ilusión fantástica; si bien por aquel papel que de su esposa había recibido y las heridas que le habían dado, lo[h] tenía por verdad. Y luego, mientras el Corregidor fue a averiguar el caso, admirado de lo que contaba el herido, se confesó y recibió el Santísimo[i], porque los cirujanos le hallaban muy de peligro.

El Corregidor y sus ministros fueron a casa de don Pedro, y llamando, mas como no respondiese nadie, derribaron la puerta, y entrando, no hallaron a nadie, y yendo de una sala en otra, hasta llegar al retrete, que como he dicho estaba la llave en la puerta, y abriendo, hallaron a la hermosa y desdichada doña Mencía de la misma suerte que decía don Enrique haberla[j] visto: las heridas y sangre que de ellas[k] corría, como si entonces se acabaran de dar. Junto a ella estaba un bufetillo, con recado de escribir, y en unos pliegos de papel que había encima, estaba escrito: «Yo la quité la vida, por que no mezclara mi noble sangre con la de un villano. —Don Alonso».

Visto esto, anduvieron toda la casa, por ver si había alguna gente, y en un aposento, el último de otro cuarto que estaba enfrente del que acababan de mirar y donde estaba

---

[a] quisieron: quisieron dar orden de *añ.* D   [b] lo suspendieron: lo supieron C; no lo hicieron D   [c] dádole: dándole D   [d] que: que luego *añ.* D   [e] le: *om.* D   [f] Corregidor: Corregidor también *añ.* D   [g] lo: todo lo *añ.* D   [h] lo: y lo *añ.* D   [i] Santísimo: Santísimo Sacramento *añ.* CD   [j] haberla: haber a B   [k] ellas: ella D

la difunta dama, oyeron dar gritos, y abriendo con la llave
que asimismo estaba en la cerradura, hallaron las dos doncellas y la criada de doña Mencía, de quien no pudieron
saber más de que don[a] Alonso, el día antes, habiéndolas
llamado, las había encerrado allí, amenazándolas que, si
daban voces, las había de matar. Diose orden de depositar
el cuerpo de doña Mencía en la parroquia[b], hasta que se
determinase otra cosa, y haciendo la justicia sus embargos,
como de oficio le tocaba, llamaron a don Alonso a pregones, avisando a Sevilla para que prendiesen a don Pedro;
mas él, probando la cuartada, presto le dieron por libre, y
tomando por excusa no ver la parte en que había sucedido
el fracaso de su amada hija, se quedó a vivir en Sevilla.

Divulgose por la ciudad el suceso, y[c] así, acudió el clérigo que había confesado a doña Mencía a contar lo que le
había sucedido. Don Enrique llegó muy al cabo; mas Dios,
por intercesión de su Madre Santísima, a quien prometió,
si le daba vida, ser religioso, se la otorgó, y así lo hizo, que
se entró fraile en un convento del seráfico padre san Francisco, y con mucha parte de su hacienda labró el convento,
que era pobre, y una capilla con una aseada bóveda, donde
pasó el cuerpo de su esposa, habiendo muchos testigos que se
hallaron a verle pasar, que, con haber pasado un año que
duró la obra, estaban las heridas corriendo sangre como el
mismo día que la mataron, y ella tan hermosa, que parecía
no haber tenido jurisdicción[d] la muerte en su hermosura.

Don Alonso, habiendo estado ocho días él y su paje escondidos en casa de aquellas damas, con Clavela, al cabo de
ellos, como estaba bien proveído de joyas y dineros, que
antes de salir de su casa había tomado, dejando el paje durmiendo, se partió una noche la vuelta de Sevilla, para despedirse de su padre y caminar a Barcelona, donde tenía

[a] don: *om.* B   [b] parroquia: perroquia AC; parroquia BD   [c] y: *om.* CD
[d] jurisdicción: juridicción AB; jurisdicción CD

determinación de embarcarse para pasar a Italia. El paje, cuando despertó y supo que su amo le había dejado, se salió del encierro, contando por la ciudad cómo su amo había estado en aquella casa ocho días, y cómo los había oído hablar de la muerte de su señora y heridas de don Enrique, por lo cual las tales damas estuvieron presas y a pique de darlas tormento; mas donde hay dineros, todo se negocia bien. El amigo de don Alonso, como contra él no había indicio ninguno, por estar el secreto entre los dos, en viendo sosegados estos alborotos, se paseó.

Don Alonso estuvo con su padre en Sevilla solos dos días, porque como sabía que estaba llamado a pregones y sentenciado en ausencia a cortar la cabeza, no paró allí más; antes se partió para Barcelona donde se embarcó, y con próspero viaje llegó a la ciudad de[a] Nápoles, donde asentó plaza de soldado, por no dar qué decir de que estaba allí sin ocupación ninguna, y socorrido largamente de su padre, pasaba una vida ociosa, jugando y visitando damas. Ayudole a darse tanto al vicio tomar amistad con un jenízaro, hijo de español y napolitana, hombre perdido y vicioso, tanto de glotonerías como en lo demás. Y como don Alonso tenía dineros, hallábase bien con él, ganándole la voluntad con lisonjas. Este era «clérigo salvaje», y, porque no se extrañe este nombre, digo que hay en Italia unos hombres que, sin letras ni órdenes, tienen renta por la Iglesia, solo con andar vestidos de clérigos, y llámanlos «prevetes salvajes», y así lo era Marco Antonio (que este era su nombre).

En teniendo aviso don Pedro de que su hijo estaba en Nápoles y tenía asentada plaza, le diligenció muchas cartas de favor, por las cuales el excelentísimo señor conde de Lemos, don Pedro Fernández de Castro[8], que era virrey en

---

[a] la ciudad de: *om.* B

[8] Don Pedro Fernández de Castro Andrade y Portugal, nacido en su villa señorial de Monforte de Lemos en 1575 y muerto en Madrid, en 1622.

aquel reino, le dio una bandera, con loª cual estaba don Alonso tan contento y olvidado de la justicia divina y de la inocente sangre de su hermana, que había derramado tan sin causa, como se ha visto, que dio enᵇ enamorarse, cosa que hasta entonces no había hecho: aunque había tenido amistad con Clavela, más había sido apetito que amor, y aun en esta ocasión lo pudiera excusar.

Estaba en la ciudad un caballero entretenido⁹, como hay en ella muchos, cuyo nombre es don Fernando de Añasco, español y caballero de calidad, y que había sido capitán de infantería. Este tuvo un hijo que casó allí con una señora de prendas, aunque no muy rica, y dejándola cinco hijas, murió; que, visto por don Fernando que la nuera y nietas estaban necesitadas, las trujoᶜ a su casa. Las dos mayores se entraron religiosas en el convento de la Concepción, de la misma ciudad, porque, estando velando juntas una noche, cayó entre las dos un rayo, y no las hizo mal, y ellas,

---

ª lo: la CD   ᵇ en: a B   ᶜ trujo: trajo CD

En 1598 sucedió a su padre. Fue el VII conde de Lemos. Estudió en la Universidad de Salamanca y de 1610 a 1616 fue virrey de Nápoles (periodo en el que supuestamente transcurre este relato). Cuando cayó en desgracia su tío y suegro, el duque de Lerma, fue desterrado a Monforte, regresando a Madrid poco antes de morir. Protegió a numerosos hombres de letras. Lope de Vega fue su secretario. Estuvieron en relación con él los Argensolas, Mira de Amescua, Góngora, Espinel, Quevedo, etc. Cervantes le dedicó varias de sus obras. María de Zayas hace de él una entusiasta alabanza en la quinta de sus *Novelas amorosas (La fuerza del amor)*, que también transcurre en Nápoles durante su mandato: «nobilísimo, sabio y piadoso príncipe, cuyas raras virtudes y excelencias no son para escritas en papeles, sino en láminas de bronce y en las lenguas de la fama» (pág. 368). Se ha supuesto que la autora vivió en Nápoles durante el tiempo de su mandato como virrey, en compañía de su familia (véase INTRODUCCIÓN).

⁹ *caballero entretenido:* «el que está esperando ocasión de que se le haga alguna merced de oficio y cargo, y en el entretanto le dan algunos gajes con que pueda sustentarse» (DA).

asombradas de esto, no quisieron estar más en el siglo. Las otras dos casaron por su hermosura, sin dote, con dos capitanes.

Quedó la menor, y[a] más hermosa, llamada doña Ana, y tan niña, que apenas llegaba a quince años. Mas como su madre y abuelo habían gastado tanto con las dos monjas, no tenían qué darla, ni aun para traerla, sino con un moderado aseo, y con todo eso, salía tanto su belleza, que ninguna de la ciudad (con haber muchas) no la igualaba, y ella pasaba a todas; mas no le[b] había llegado su ventura como a sus hermanas, porque la[c] estaba aguardando su desventura.

Viola don Alonso y enamorose de ella, y, enamorado, dio en galantearla con las tretas que todos los hombres galantean, o, por mejor decir, engañan; que este arancel todos le saben de memoria. ¡Ay de aquellas que los creen! ¡Y ay de doña Ana, que se dejó ver de don Alonso, que se[d] fue para ella amante, sino el hado fatal que le ocasionó su desgracia! Noble, honesta, recogida y hermosa era doña Ana. Mas ¿qué[e] le sirvió, si nació desgraciada? Hacíale, como dicen, rostro[10]; lo uno, porque ya[f] sabía quién era y su rico mayorazgo después de la vida de su padre; lo otro, porque, cuanto al talle, bien merecía ser querido, y quiso probar la suerte, por si acertaba, como sus hermanas, mas no porque se alargase más en los favores que le hacía, que a dejarse ver en la ventana y oír con gusto alguna música que le daba, que en esto aún con más extremos se adelantan en Italia que en otras partes, porque son todos muy inclinados a ella.

Diole una don Alonso, una noche, cantando él mismo a una vihuela este romance, tomando por asunto no haber

---

[a] y: *om.* D   [b] le: se D   [c] la: le D   [d] se: le D   [e] qué: de qué *añ.* D
[f] ya: *om.* D

[10] *hacer rostro:* «admitir, aceptar su galanteo» *(Hacer rostro:* «vale también admitir o dar señas de aceptar algunas cosas». DA).

ido doña Ana a un jardín, por^a llover mucho, donde habían de ir a holgarse su madre y hermanas con otras amigas, que, como don Alonso estaba enamorado, siempre andaba inquiriendo las salidas de la dama, por mostrar su cuidado en ellas, y esto se lo había dicho un criado de su casa. En fin, el romance era este:

> Llorad, ojos, pues las nubes
> han hecho conjuración
> por quitar que no gocéis
> los rayos de vuestro sol.
>
> Si para los desdichados
> hasta la muerte faltó,
> ¿cómo queréis ver la vida,
> pues tan desdichados^b sois?
>
> Esclavos sois de buen dueño;
> no os quejaréis, que no os dio
> todo cuanto pudo daros
> la fortuna de favor.
>
> Solo con este consuelo
> vivo alegre en mi pasión;
> que es gloria, por tal belleza,
> pasar penas y dolor.
>
> Detened, nubes, el agua,
> pues con mis ojos les doy
> bastante censo¹¹ a los ríos,
> que ya por mí mares son.
>
> Y tú, Anarda de mi vida,
> no te dé agua el temor;

---

^a por: per D   ^b desdichados: desdichada D

¹¹ *censo:* «caudal».

más agua vierten mis ojos,
y con más justa razón.

En el fuego que me abraso,
como la fragua es amor;
con agua nunca se apaga,
antes crece[a] su ardor.

Muerto de mis propias penas,
y en ellas penando estoy;
que es purgatorio tu ausencia;
tu vista, gloria mayor.

En el infierno, las almas
penan, que los cuerpos no;
aquí penan alma y cuerpo
juntos por una razón.

¿Cuándo en la gloria de verte
se acabará mi dolor?
¿Y cuándo he de verte mía,
que es el premio de mi amor?

Ya la esperanza me alienta,
ya me desmaya el temor,
ya fío en tu cortesía,
y ya temo tu rigor.

Mas en mirando estas nubes
me falta todo el valor,
que hasta las nubes persiguen
los que desdichados son.

Sal a alumbrarme[b], sol,
que se me anega el alma de dolor.

---

[a] crece: crece con *añ*. D   [b] alumbrarme: lumbrarme D

Con estos y otros engaños (que así los quiero llamar) andaba don Alonso solicitando la tierna y descuidada corderilla, hasta cogerla para llevarla al matadero, no acordándose de que había traído al mismo a la hermosa doña Mencía, su hermana, y se le[a] pasaron, en solicitudes amorosas, muchos días, que, como con ellas no granjeaba más favores de los ya dichos, andaba desesperado, de lo cual su amigo Marco Antonio había estado ignorante, hasta ya a los últimos días, que viéndole melancólico y desesperado, le dijo:

—Cierto, don Alonso, que aunque pudiera quejarme de vuestra amistad, no teniéndola por muy segura, pues encubrís de mí vuestra pasión amorosa, dando lugar a que la sepa de otra parte[b] y no de vuestra boca; no me quiero sentir agraviado de ello, antes compadecido de vuestra pena, me quiero ofrecer para el remedio de ella; que tengo por seguro no habrá en todo el reino de Nápoles *quien*[c] mejor que yo os dé la prenda que deseáis. Mas he menester saber qué intento es el vuestro en este galanteo de[d] doña Ana de Añasco; porque si la pretendéis menos que para esposa, os certifico que perdéis[e] tiempo, porque en doña Ana hay más partes de las que admiráis en su hermosura, pues demás de ser muy virtuosa y honesta, en calidad no os debe nada, porque su padre tuvo el hábito de Santiago por claro timbre de su nobleza. No es ella rica, que la fortuna hace esos desaciertos: a quien no las[f] merece, da muchas prosperidades, negándoselas[g] a los que con justa causa debían darse. De modo que, si la amáis para dama, os aconsejo os apartéis de esa locura, porque no sacaréis de ella, al cabo de muchos, más que habéis sacado hasta hoy. Y[h] si la deseáis esposa, que lo cierto es que os merece tal, dejadme a mí el cargo[i], que antes de seis días la[j] tendréis en vuestro poder.

---

[a] le: *om.* D   [b] parte: parte primero *añ.* D   [c] *quien:* que ABC; quien D   [d] de: *om.* C   [e] perdéis: perderéis CD   [f] las: los D   [g] negándoselas: negándosela D   [h] Y: *om.* B   [i] cargo: carga D   [j] la: le ABCD

—No me tengáis, amigo Marco Antonio —respondió don Alonso—, por tan ignorante, que había de pretender a doña Ana para menos que mi esposa; que no ignoro que de otra suerte no he de ser admitido. Y si bien[a] pudiera retirarme de este pensamiento la poca hacienda que tiene, que de todo[b] estoy bien informado, no reparo en eso, aunque la condición avarienta de mi padre me pudiera dar temor, pues yo tengo bienes, gracias al Cielo, para los dos, y mi padre no tiene otro hijo sino a mí. Su hermosura y nobleza, junto con su virtud, es lo que yo en doña Ana estimo. Y así, perdiendo el enojo de no haberos dado parte de este amor desde el principio, os suplico, pues aseguráis que tenéis poder para ello, que me hagáis dueño de tal belleza, que con eso me juzgaré dichosísimo.

Prometióselo Marco Antonio, y tomando la mano[12] en ello, lo supo negociar tan bien, dándole a entender a don Fernando lo que granjeaba en tener por yerno a don Alonso, contándole cuán gran caballero y rico era don Alonso, que antes de un mes estaba desposado con doña Ana, tan contenta ella y su madre y abuelo con el venturoso acierto, que les parecía tenían toda la ventura del mundo por suya.

Había poco que don Pedro había enviado a su hijo *letras*[c] de cantidad, con que él puso su casa, que fue en la misma de don Fernando, eligiendo don Alonso para sí un cuarto enfrente del suyo, que no tenía más división que un corredor. Sacó galas a doña Ana, con que lucía[d] más su hermosura, mostrando don Alonso el primer año en su alegría su acierto. A los nueve meses le dio el Cielo un hijo, que llamaron como a su abuelo paterno, don Pedro, el cual, doña Ana, muy madre, quiso criar a sus pechos. Bien quisiera

---

[a] si bien: siempre D   [b] de todo: *om.* D   [c] *letras:* levas ABC; letras D
[d] lucía: hacía D

[12] *tomar la mano:* «frase que, además del sentido recto, significa comenzar a razonar y discurrir sobre alguna materia que se ventilaba» (DA).

don Alonso que no supiera su padre que se había casado, temeroso de lo mal que lo había de recibir, y por no perder el socorro que todos los más ordinarios le enviaba; mas como nunca falta quien, por meterse en duelos ajenos, haga más mal que bien, *se lo*[a] escribieron a su padre, el cual, como lo supo, loco de enojo, le escribió una carta muy pesada, diciéndole en ella que ni se nombrase su hijo, ni le tuviese por padre, pues cuando entendió que le diera por nuera una gran señora de aquel reino, que engrandeciera su casa de calidad y riqueza, añadiendo renta a su renta, se había casado con una pobre mujer, que antes servía de afrenta a su linaje que de honor, y que si le tuviera presente, hiciera de él lo que él había hecho de su hermana; mas pues estaba tan contento con su bella esposa, que sin comer se podría[b] pasar, o que lo ganase como quisiese, que no le pensaba enviar un maravedí, antes pensaba dar tan buen cabo de su hacienda, que cuando él muriese no hallase ni aun sombra de ella[c]; que más quería jugarla[d] a las pintas[13], que no que la gozase la señora doña Ana de Añasco.

Mucho sintió don Alonso el enojo de su padre, y fue de modo que bastó a templarle el amor, de suerte que lo que hasta allí no le había sucedido, que era arrepentirse de haberse casado, en un instante le llegó el arrepentimiento, y

----

[a] *se lo*: solo ABC; se lo D   [b] podría: podía D   [c] ella: ellas D   [d] jugarla: jugarlo D

[13] *pintas:* «juego de naipes, especie del que se llama del Parar. Juégase volviendo a la cara toda la baraja junta, y la primera carta que se descubre es del contrario, y la segunda del que lleva el naipe, y estas dos se llaman Pintas. Vanse sacando cartas, hasta encontrar una semejante a alguna de las que salieron al principio, y gana aquel que encuentra con la suya tantos puntos cuantas cartas puede contar desde ella hasta dar con azar, que son el tres, el cuatro, el cinco y el seis, si no es cuando son pintas, o cuando hacen encaje al tiempo de ir contando, como, por ejemplo, si la cuarta carta es un cuatro no es azar sino encaje. El que lleva el naipe ha de querer los envites que le hace el contrario o dejar el naipe» (DA).

se le empezó a sentir en el desagrado con que trataba a su esposa. No sabía doña Ana la causa de ver tal[a] novedad en su esposo, y[b] lloraba sus despegos bien lastimosamente; mas al fin lo supo, porque vencido don Alonso de sus importunaciones, le enseñó la carta de su padre; pues como se quitó la máscara y vio que ya doña Ana lo sabía, lo que antes eran despegos se convirtió en aborrecimiento. Le daba a cada paso en la cara con su pobreza, y más fue cuando, gastado el dinero que tenía, empezó a dar tras las galas de su esposa, vendiendo unas para el sustento y jugando otras. Vino a tal estado la miseria, que despidiendo las criadas, se humilló a servir su casa, si[c] tal vez la criada de su madre la excusaba con acudir a servirla[d], y lo peor de todo era que muchos días no comiera, si no la socorrieran su madre y abuelo.

Con estas cosas se remató don Alonso, de suerte que no había cosa más aborrecida de él que la hermosa dama, y de aborrecerla nació el desear verse sin ella, creyendo que así tornaría a la amistad y[e] gracia de su padre, y luego con los buenos consejos de su amigo Marco Antonio, se resolvió a salir de todo de una vez, y concertando los dos cómo había de ser, lo dilataron hasta la partida del excelentísimo señor conde de Lemos, que ya se trataba su vuelta a España, quedando en su lugar, hasta que de Sicilia viniese el señor duque de Osuna[14], el señor don Francisco de Castro, conde

---

[a] tal: la D   [b] y: *om.* D   [c] si: o si *añ.* D   [d] servirla: servir D   [e] amistad y: *om.* B

[14] Pedro Téllez de Girón (1574-1624), III duque de Osuna. Fue nombrado virrey de Sicilia el 18 de septiembre de 1610, pero no llegó a la isla hasta marzo de 1611. Como se indica en el texto, fue nombrado virrey de Nápoles en sustitución del conde de Lemos e hizo su entrada oficial en la ciudad el 26 de diciembre de 1616. Ocupó el cargo hasta 1620. Fue protector y amigo de Quevedo. Al subir al poder el conde-duque de Olivares fue apresado (7-IV-1621), bajo la acusación de haberse enriquecido como virrey de Sicilia. Murió en prisión sin que se probase ninguno de los cargos.

de Castro y duque de Taurisano[15]. ¡Ah, mozo mal aconsejado, y cómo la sangre de tu hermana clama contra ti y, no harto de ella, quieres verter la de tu inocente esposa!

Llegose el plazo, y más apriesa el que ha de ser más desgraciado, y como la embarcación había de ser de noche, fue don Alonso a su casa con su amigo, y díjole a doña Ana, que acababa de dormir a su niño y le había echado en la cama, que viniese y vería embarcar al virrey, que antes que el niño despertase se volverían. Pareciole a doña Ana que era nuevo favor, en medio de tantos disgustos como con ella tenía, y así, cerrando la puerta del cuarto, y echándose la llave en la manga, para cuando volviese no[a] desasosegar a su madre ni abuelo, llegó a su cuarto, diciéndoles dejasen la puerta de la calle abierta, porque iba con don Alonso y Marco Antonio a ver embarcar al virrey, [y][b] se fue con ellos.

Acabado[c] doña Ana de salir, le dijo la criada a su madre:

—¿Por qué, señora, deja vuestra señoría ir a mi señora doña Ana de noche fuera, no usándose en esta tierra salir así las señoras?

A lo que respondió:

—Amiga con su marido va. ¿Ahí qué[d] hay que temer que nadie lo murmure?

---

[a] no: y no *añ.* D   [b] [y]: *om.* ABC; y D   [c] Acabado: Acabada D   [d] qué: *om.* B

[15]   Francisco Ruiz de Castro Andrade y Portugal (1579-1637), conde de Castro y duque de Taurisano, VIII conde de Lemos al suceder en el título a su hermano Pedro Fernández de Castro Andrade y Portugal (véase pág. 530, n. 8). Es el padre del conde de Lemos a cuya mujer llama María de Zayas «mi señora» (véase pág. 372, n. 5 e INTRODUCCIÓN). Como se indica en el texto, desempeñó el virreinato de Nápoles, en ausencia de su hermano mayor, entre el 8 y el 27 de julio de 1616, como había hecho anteriormente, en 1600 y 1601, en ausencia de su padre, que entonces ocupaba el cargo. Fue nombrado posteriormente virrey de Sicilia.

Con esto, habiéndose recogido, se acostaron, bien inocentes y descuidados del mal que había de suceder.

Llegó doña Ana a la marina, acompañada de sus dos enemigos, y habiendo estado en ella hasta las diez, embarcado[a] ya el virrey y partidas las galeras, aunque no todas, que algunas quedaban para la demás gente, ya que se quería volver a su casa con muy grandísimo cuidado de su niño, les rogó, a ella y a don Alonso, Marco Antonio llegasen a su posada a tomar un refresco, que aunque lo excusaron, doña Ana con su cuidado y don Alonso con su falsedad, como después se supo de él y Marco Antonio, lo hubo de aceptar. En fin, fueron, y llegando a ella, abriéndoles la puerta una criada de Marco Antonio, ya mujer mayor, se entraron a un jardinico, donde estaba puesta[b] la mesa, y en ella una empanada y otras cosas. Sentáronse a ella, y repartiendo Marco Antonio, dio al ama su parte, y le dijo pusiese allí lo que era menester y se fuese a su aposento, y[c] cenase y se acostase, que él cerraría la puerta y se llevaría la llave, para que cuando volviese de acompañar aquellos señores, pudiese entrar a acostarse.

Hecho como él lo ordenó, y recogida el ama, estando la descuidada doña Ana comiendo de la empanada, fingiendo don Alonso levantarse por algo que le faltaba, se llegó por detrás, y[d] con un cuchillón grande que él traía apercibido, y aquel día había hecho amolar, le[e] dio en la garganta tan cruel golpe, que le[f] derribó la cabeza sobre la misma mesa.

Hecho el sacrificio, la echaron en un pozo que había en el mismo jardín, y el cuchillo con ella, y tomando la cabeza, se salieron, y cerrando la puerta, echaron la llave por debajo. Se[g] fueron a la marina, y en una cueva que estaba en ella, haciendo un hoyo, la metieron, y al punto se embarcaron en una galera que iba apriesa, en[h] seguimiento del virrey. (¡Vayan!, que la justicia de Dios va tras ellos.)

---

[a] embarcado: embarcados B [b] puesta: *om.* D [c] y: *om.* D [d] y: *om.* D
[e] le: y la *añ.* D [f] le: la D [g] Se: Y se *añ.* D [h] en: y en *añ.* D

Como pasó de media noche, el niño, que doña Ana había dejado dormido, despertó, que ya tenía un año, y como se halló sin el abrigo y cariño de su madre, empezó a llorar, a cuyo llanto despertó su abuela; mas, no pudiéndose[a] persuadir que su madre no estaba ya con él, juzgando que el sueño la tenía rendida, decía entre sí: «¡Válgame Dios, tan dormida está doña Ana[b], que no siente llorar su hijo!». Calló el niño un rato, con lo que la buena señora se volvió a dormir, y cuando empezó a amanecer, despertó bien alborotada a los gritos que el niño daba, y levantándose, se vistió y salió a ver qué era la causa de estar su nieto tan sin sosiego. Mas como llamando muy recio, no le respondieron, casi sospechando el mal sucedido, llamando a don Fernando y a un criado, abrieron la puerta y entraron[c], que como no hallasen más que el angelito solo, no sintiendo bien del caso, la señora tomó el nieto, y llamando una[d] vecina, que le diese de mamar, le aquietó y adormeció. En tanto, se vistió don Fernando, saliendo[e] fuera para hacer diligencia por saber de don Alonso; mas todos decían no haberle visto.

En tanto que esto pasaba en casa de doña Ana, en la de Marco Antonio había otra tragedia, y fue que el ama se levantó, y como fuese adonde su amo dormía, mas aunque no le halló, no hizo novedad de ello, porque otras veces se quedaba fuera; mas hízola cuando salió al jardín y vio la mesa puesta, toda llena de sangre, y también la silla en que se había sentado aquella mujer, que si bien conocía a don Alonso, por ser amigo de[f] su amo, no sabía que fuese casado, ni conocía a su esposa, y no bien contenta de ver tales señales, quitó la mesa, y saliendo fuera halló la llave. En fin, tomó un caldero, y empezó a entrarle en el pozo para sacar agua para regar la casa. Aún no había entrado la mitad de la soga, cuando el caldero se detuvo en el mal logrado cuer-

[a] pudiéndose: pudiendo a D   [b] Ana: Ana no *añ*. D   [c] entraron: cerraron D   [d] una: a una *añ*. D   [e] saliendo: y saliendo *añ*. D   [f] de: da D

po, que se había quedado atravesado en lo angosto del pozo y no había llegado al agua. Porfiando, pues, para que entrase, y siendo imposible, sacole fuera y encendió un candil, y le ató en la soga, y como le bajó, miró qué era lo que no dejaba pasar el caldero; bien medrosa vio el bulto, que aunque le pareció de persona, no pudo apercibir[a] quién fuese. Con grandísimo susto, soltó la soga y[b] fue corriendo a la calle, dando descompasados gritos, a los cuales acudió la vecindad y la gente que pasaba, y buscando quien bajase abajo, sacaron el triste cuerpo sin cabeza.

Tenía vestido un faldellín francés con su justillo de damasco verde, con pasamanos de plata, que como era verano, no había salido con otro arreo, y un[c] rebociño[16] negro que llevaba cubierto, unas medias de seda nacarada, con el zapatillo negro que apenas era de seis puntos. Conoció el ama, por los vestidos, era la mujer que había visto cenar con su amo y don Alonso, mas no supo decir quién era. Avisaron a la justicia, que, venida, prendieron a la[d] ama hasta hallar más noticia del caso, y secrestando[17] los bienes de Marco Antonio, que no debían de ser muchos, llevaron el cuerpo a la plaza de Palacio, para ver si había alguno que le[e] conociese, habiendo mirado primero en el pozo si estaba la cabeza, mas no hallaron más del cuchillo.

Llegados con el cuerpo de doña Ana a la dicha plaza, y poniéndole en medio de ella, en unas andas, acudieron todos los soldados a ver el cuerpo, y entre los demás, don Fernando de Añasco, que al punto conoció a su nieta, y dando una gran voz dijo:

---

[a] apercibir: percibir CD   [b] y: *om.* D   [c] un: *om.* D   [d] a la: al D   [e] le: lo B

[16] *rebociño*: «mantilla o toca corta utilizada por las mujeres».

[17] *secrestar*: «en lo forense lo mismo que secuestrar, que es como hoy se dice» (DA).

—¡Ay, hija mía, y cómo ha mucho días que me decía el corazón este desastrado suceso, y no le[a] quería creer!

Hízolo llevar a su casa, donde no hay que decir cómo le recibiría su madre. Los oyentes lo juzguen, que yo no me atrevo a contarlo. Fuese a pedir justicia al virrey, el cual, lastimado de sus lágrimas, despachó tras las galeras, en un barcón grande, una escuadra de soldados, y por cabo al sargento don Antonio de Lerma, con cartas pidiendo al marqués de Santa Cruz[18], como general de las galeras, los reos, si bien esto[b] no pudo ser tan breve que no pasaron cinco o seis días, en los cuales se hicieron diligencias buscando la cabeza de doña Ana, mas no pareció. Al fin, dieron al cuerpo, sin ella, sepultura, dejando en su abuelo, madre y hermanas gran dolor de su muerte, y aun en cuantos la conocían.

Partidos los soldados, y con ellos un sobrino de don Fernando, por priesa que dieron en la navegación, no alcanzaron las galeras hasta Génova, donde, cuando llegaron, había sucedido un caso en que se vio que ya[c] Dios, ofendido y cansado de aguardar tan enormes delitos, como don Alonso cometía, para que pagase con su sangre culpada la inocente que había derramado en las muertes de su hermana y esposa; y fue que, habiendo dado fondo las galeras en el puerto, salieron de ellas todos o los más que iban embarcados, por descansar en tierra de las fa*tigas*[d] de la mar, sabiendo que habían de estar allí tres o cuatro días, y con los demás, don Alonso y su mal amigo Marco Antonio. Llegaron a comprar unas medias de seda en casa de un mercader,

---

[a] le: lo B   [b] esto: eso D   [c] ya: *om.* D   [d] fa*tigas*: fagitas A; fatigas BCD

[18] Álvaro de Bazán y Benavides (1571-1646), II marqués de Santa Cruz de Mudela, hijo del célebre almirante Álvaro de Bazán y Guzmán. El 28 de febrero de 1603 fue nombrado capitán general de la escuadra de las galeras de Nápoles y el 15 de octubre de 1615 capitán general de las galeras de España. El 6 de junio de 1621 recibió el título de teniente general de la mar.

y habiéndoles sacado el dicho una caja en que había muchos pares de todas colores, para que escogiesen, don Alonso, persuadido del demonio, o que Dios lo permitió así, escondió unas azules y el amigo otras leonadas, que como el mercader las echó menos, apellidándolos ladrones, llamando amigos y criados, asió de ellos, sacándoselas a vista de todos, y no contento con esto, llamó la justicia, que los llevó a la cárcel, haciéndoles causa de ladrones. Y si bien don Alonso y Marco Antonio se defendieran y no se dejaran prender, no llevaban armas, que en Génova no las trae ninguno[a], ni dejan[b] pasar a nadie en la puerta con ellas, y así, habían dejado las suyas donde las dejaban[c] los demás, sin valerles el ser soldados. Y así, los llevaron a la cárcel, donde estaban cuando llegaron los que iban por ellos, y dando las cartas al marqués de Santa Cruz, mandó se buscasen y los entregasen a quien venía por ellos, que siendo buscados en la cárcel, los sacaron y entregaron, y volvieron con ellos a Nápoles, y apenas les tomaron la confesión, cuando dijeron lo que sabían y más de lo que les preguntaron, diciendo don Alonso que ya era tiempo de pagar con la vida, no solo la muerte de su esposa, mas también la de su hermana, y que así había permitido Dios que hiciese en Génova aquel delito, para que pagase lo uno y lo otro; mas que no le perdonase Dios si él tuviera ánimo para matar a doña Ana, si Marco Antonio, su amigo, no le persuadiera a ello, diciéndole que con eso quitaría el enojo a su padre, y que él le había dado el modo y dispuesto el caso. Y que haberse dejado vencer de su consejo era permisión divina, para que pagase por lo uno y lo otro. Dijo más, que[d] había más de dos meses que, apenas se dormía, cuando le parecía ver a su hermana que le amenazaba con un cuchillo.

Sentenciáronle a degollar, y a Marco Antonio, ahorcar[e], y otro día salieron a morir[f]. Iba don Alonso, cuando salió,

---

[a] ninguno: ningunos D   [b] dejan: dejar D   [c] dejaban: dejar van D   [d] que: *om.* D   [e] ahorcar: a ahorcar *añ.* D   [f] morir: moría D

ya tan desmayado, que casi no se podía tener en la mula, y fue fuerza que se pusiese cerca quien le tuviese. Y viéndole así Marco Antonio, dando una voz grande, le dijo:

—¿Qué es esto, señor don Alonso: tuvisteis ánimo para matar, y no le tenéis para morir?

A lo que respondió don Alonso:

—¡Ay, Marco Antonio, y como que si[a] supiera qué era morir, no matara!

En llegando al cadalso, pidió por merced a la justicia se suspendiese la ejecución de su muerte por un poco de tiempo, y diciendo dónde estaba la cabeza de doña Ana enterrada, suplicó que fuesen por ella, como se hizo, sacándola tan fresca y hermosa como si no hubiera seis meses que estaba debajo de tierra. Lleváronsela, y tomándola en la mano, llorando, dijo:

—Ya, doña Ana, pago con una vida culpada la que te quité sin culpa. No te puedo[b] dar más satisfacción de la que te doy.

Y diciendo esto, se quedó desmayado, en que se conoció que no la quería mal, sino que los despegos de su padre y consejos[c] de Marco Antonio fueron causa de que la quitase la vida. En fin, don Alonso satisfizo con una muerte dos muertes, y con una vida dos vidas. Murió también Marco Antonio tan desahogadamente[d] (si se puede decir de quien moría ahorcado), que como estaba en la plaza y no entendió qué había pedido don Alonso, cuando mandó ir por la cabeza de doña Ana, preguntó que a qué se[e] aguardaba, y diciéndoselo, respondió:

—Buen despacho tiene mi amigo. Ya no falta sino que envíe también por la de su hermana a Jaén. Acabemos, señores, que no tengo condición para aguardar, y hasta morir quiero que sea[f] sin dilación.

[a] si: *om.* B   [b] puedo: pudo D   [c] consejos: consejo D   [d] desahogadamente: desagadamente ABC; desahogadamente D   [e] se: *om.* D   [f] sea: *om.* D

Fueron estas nuevas a Sevilla, a su padre, y cuando llegaron las cartas, estaba jugando con otros amigos, y acabando de leerlas, tomó los naipes, y barajándolos, dio cartas a los demás, y las tomó[a] para sí; y poniéndose muy despacio a brujulearlas, dijo:

—Más quiero tener un hijo degollado que mal casado.

Y se volvió a jugar, como si tales nuevas no hubiera tenido. Mas Dios, que no se sirve de soberbios, le envió el castigo de su crueldad, pues antes de un mes, una mañana, entrando los criados a darle de vestir, le hallaron en la cama muerto, dejando una muy gruesa hacienda, ¿a quién sino al nieto cuya madre tanto aborreció? Que, como los criados le vieron muerto, dando cuenta a la justicia, que puso la hacienda en administración, sabiendo cómo tenía aquel nieto, se avisó la muerte de don Pedro a don Fernando, y, sabida, él, su nuera con el niño, dejando a Italia, se vinieron a Sevilla, donde hoy, a lo que entiendo, vive, y[b] será don Pedro Portocarrero y Añasco, de algunos veinte y ocho años. Caso tan verdadero es[c] este, que hay muchos que le vieron, de la suerte que le he contado.

Acabando doña Francisca su desengaño, no se moralizó sobre él, por ser muy tarde. Sonó la música, y levantándose Lisis, lo hicieron así los demás. Y pasándose todos a otra sala, tan bien aderezada como la que desocuparon, se sentaron a las mesas, que estaban puestas con ricos y ostentosos aparadores, donde fueron servidos de una suntuosa y sazonada cena. Porque como[d] otro día, después de referir los dos[e] desengaños que faltaban, se había de celebrar el desposorio de Lisis y don Diego, de industria, por si faltaba lugar, les hizo esta noche la bien en-

[a] los naipes, y barajándolos, dio cartas a los demás y las tomó: *om.* D
[b] y: *om.* D   [c] es: *om.* B   [d] como: al D   [e] dos: *om.* CD

tendida Lisis el banquete, como quien sabía que otro día no habría tiempo[19].

Mientras duró la cena, las damas y caballeros tuvieron sobre su opinión diversas y sabias disputas. Si bien los caballeros, o rendidos a la verdad, o agradecidos a la cortesía, dieron el voto por las damas, confesando haber habido y haber muchas mujeres buenas, y que han padecido y padecen inocentes en la crueldad de los engaños de los hombres. Y que[a] la opinión común y vulgar, por lega y descortés, no era justo guardarla los que son nobles, honorosos[b] y bien entendidos, pues no lo es, ni lo puede ser, el que no hace estimación de las mujeres.

Viendo que era hora de irse a reposar, la hermosa doña Isabel dio fin a la fiesta de la *segunda*[c] [20] noche, cantando sola este romance:

> Parece, amor, que me has dado
> a beber algún hechizo,
> con que de mi libertad
> vencedor triunfante has sido.
>
> ¿En qué te ofendió, tirano,
> la paz en que mis sentidos
> jamás sujetos a penas,
> sin prisiones han vivido?
>
> Apenas ya me conozco;
> diferente soy que he sido;
> por los imposibles muero,
> y a ellos me sacrifico.

---

[a] que: la que D   [b] honorosos: honrosos BD   [c] *segunda:* octava ABCD

[19] Nueva alusión a la estructura en tres noches. Tras los cuatro desengaños se hace la cena y se anuncian, para el día siguiente, dos desengaños y el desposorio de Lisis.

[20] En contradicción con la alusión anterior, se habla de *octava noche* (véase INTRODUCCIÓN).

Deseando estoy el día,
y cuando el día ha venido,
a solo aguardar la noche
estos deseos aplico.

Ya de los gustos me canso,
ya por las penas suspiro,
porque pienso que en penar
nuevos méritos consigo.

No vivo con esperanza[a],
cuando a temores me rindo;
que es muy cierto en el amor
ser cobarde como niño.

Ajenas prendas me quitan
con deseos el juicio,
y antes de tener el bien,
le lloro ya por perdido.

Mares de lágrimas vierto,
y sin saber cómo ha sido
me veo vivir sin alma,
que es otro nuevo prodigio.

No he visto lo que idolatro,
y rendimientos publico,
que es deidad que no se ve
sino por fe en el sentido.

No quise ver lo que adoro,
y adoro lo que no he visto;
porque amar lo que se goza
comodidad la imagino.

---

[a] esperanza: su esperanza *añ*. D

Yo me quité la ventura,
   y lloro haberla perdido;
   mi voluntad es enigma,
   mi deseo, un laberinto.

El cautiverio apetezco,
   de la libertad me privo,
   y negándome a las dichas,
   ya por las dichas suspiro.

No conozco lo que amo
   y pudo ser conocido,
   y de todas mis finezas,
   esta la mayor ha sido.

Temí perder, si me viera;
   no viéndole, le he perdido,
   y si de pérdida estoy,
   mejor es no haberle visto.

¡Ay, tesoro perdido!,
   grande debes[a] de ser, pues yo te estimo.
   Mas ¡ay! que si le viera,
   también pudiera ser que le perdiera.

Y para no perderle,
   cuando se estima el bien, es bien no verle.

Mas, ¡ay de mí!, ¡que de una y otra suerte,
   el remedio que espero es en la muerte!

Noche *tercera*[a] [1]

Con aplauso de nuevos oyentes se empezó a celebrar la *tercera*[b] noche[2] del honesto y entretenido sarao, porque don Diego convidó, para testigos de sus deseadas dichas (como esperaba tener con la posesión de su amada Lisis), muchos señores y señoras de la Corte. Sin estos, de parte de Lisis, vinieron muchas damas y caballeros, no faltando por la de los demás, que en *la noche pasada*[c] [3] habían asistido nuevos convidados. Estando la casa de la divina Lisis, desde las tres de la tarde, que no cabía de caballeros y damas, toda noble, toda ilustre y toda bien entendida; que como la fama, con su sonora trompa, había extendido la nueva de que las desengañadoras probaban bien su opinión, y a los cuerdos poco es menester para sacarlos de un error, que en esto más que en otra cosa[d] se diferencian de los necios;

---

[a] *tercera:* IX A; novena B; nona C; VIIII D [b] *tercera*: novena ABCD
[c] *la noche pasada:* las noches pasadas ABCD [d] cosa: cosa ninguna *añ.* D

[1] Todas las ediciones hablan de NOCHE NOVENA, confusión entre el número de relatos y de reuniones (véase INTRODUCCIÓN).

[2] También aquí he corregido *novena noche,* sustituyendo *novena* por *tercera* (véase INTRODUCCIÓN). Posteriormente, reaparece de nuevo la división en diez noches, al hablar de *penúltima noche* y no de *última noche.*

[3] He corregido *en las noches pasadas,* sustituyéndolo por *en la noche pasada,* ya que el plural parece deberse al corrector o impresor que alteró la estructura inicial de la obra.

viendo que las damas no los tachaban de otro vicio sino en que engañan a las mujeres y luego dicen mal de ellas, no sujetándose a creer que hay mujeres buenas, honestas y virtuosas, y que asimismo hay y ha habido muchas que han padecido y padecen sin culpa en sus engaños y crueldades; y esto ellos mismos lo saben y confiesan. Pues el decir mal no es (a lo que entiendo) porque lo sienten así, sino por seguir la variedad de los muchos, como cuando hay una pendencia o una fiesta, que acudiendo al tumulto de todas suertes de gente[a], ilustres y plebeyos, si les preguntasen dónde van, responderían que adonde van todos, y lo mismo les sucede en el decir mal de las mujeres. Y, como he dicho, ya los nobles, reducidos a no seguir en esto la vulgaridad, se habían engolosinado con los desengaños, que, aunque trágicos[b], por verdaderos apetecidos.

Acudieron, esta *última*[c] noche[4], más y más temprano, con propósito de no seguir más la opinión de los necios; que bien necio es el que no dice bien, ni estima las mujeres; a la buena, porque lo es, y a la mala, por no parecer descortés y necio. Pues por decir bien, aunque de lo que se diga sea malo, no sacan prendas ni castigan, antes se apoyan de ánimos nobles en hacerlo, y lo demás es vulgaridad y grosería. Todos ya acomodados en sus asientos, no veían[d] la hora de oír nuevamente apoyos, para que fuese disculpado su rendimiento, y más ultrajado el bando descortés y común de los vulgares.

Las cuatro de la tarde serían, cuando empezaron a salir las damas desengañadoras, tan vistosas y aderezadas y con tanta bizarría, que solo en verlas se tuvieron por satisfechos

---

[a] gente: gentes D   [b] trágicos: trígicos ABC; trágicos D   [c] *última:* penúltima ABCD   [d] veían: vían CD

[4] Quien alteró la estructura inicial, sustituyendo «desengaño» por «noche», debió de introducir también esta modificación (véase INTRODUCCIÓN).

de lo que habían aguardado. Venían delante Laura y doña Luisa, que, como viudas[a] no pudieron mudar traje, con sus vestidos negros y tocas albísimas, y en sus cabezas dos coronas de laurel, y tras ellas las otras[b] damas, todas vestidas de encarnado, con muchas joyas; las cabezas, muy aseadas, y encima de los tocados las mismas coronas, como vencedoras triunfantes, y detrás de todas salió la discreta Lisis. Traía a doña Isabel de la mano, y de la otra a doña Estefanía; esta, con sus hábitos blancos y escapulario azul, como religiosa de la Concepción, y sobre el velo, su corona, como las demás, que aunque no había hasta entonces desengañado, segura venía de ser tan valiente como las demás.

Lisis y doña Isabel venían de una misma suerte, dando su vista a don Diego no poca turbación; porque habiendo enviado aquel mismo día a su esposa el vestido y joyas con que adornarse, vio que Lisis no traía ni aun una flor de lo que él había enviado, juzgando a disfavor o desprecio el no haberse puesto ninguna cosa de ello. Venían las hermosas damas con sayas enteras de raso blanco, con muchos botones de diamantes, que hacían hermosos visos, verdugados[5] y abaninos[c6]; los cabellos, en lugar de cintas, trenzados con albísimas perlas, y en lo alto de los tocados, por remate de ellos, dos coronas de azucenas de diamantes, cuyas verdes hojas eran de esmeraldas, hechas ellas y los vestidos con cuidado, desde antes que se empezara la fiesta; cinta y collar, de los mismos diamantes, y en las mangas de punta de las sayas enteras, muchas azucenas de la misma forma que

---

[a] viudas: vidas ABCD   [b] otras: otros D   [c] abaninos: abanicos D

[5] *verdugado:* «vestidura que las mujeres usaban debajo de las basquiñas, al modo que hoy los tontillos, y era de su misma hechura». *Tontillos:* «una especie de faldellín o guardapiés, que usan las mujeres, con aros de ballena, u de otra materia, puestos a trechos, para que ahueque más la demás ropa. Llamábase en lo antiguo guardainfante» (DA).

[6] *abaninos:* «adornos de gasa blanca con que las damas de Palacio adornaban el escote del jubón».

las que traían en la cabeza, y en lo alto de las coronas, en forma de airones[7], muchos mazos de garzotas y martinetes, más albos que la no pisada nieve. Finalmente, salieron tan bizarras y bien prendidas, y tan sumamente hermosas, que en la belleza imitaban a Venus, y en lo blanco, la castidad de Diana. Dieron tal muestra de sí, que cuando los caballeros no miraran más de su hermosura, fuera el arrepentimiento de sus engaños, pues en ella veían el mayor desengaño de sus cautelas, y perdonar cuanto les habían reprehendido, y lo que esperaban en esta *última*[a] noche[8], y las más poco atentas al decoro de su honestidad deprender a saberla guardar de los engaños de los hombres, para no verse abatidas y ultrajadas de sus lenguas y conversaciones.

Llegando, pues, al estrado, y hecha su cortesía a todos, que en pie las aguardaban, todas las desengañadoras se fueron con su presidenta Lisis al estrado; doña Estefanía, al asiento del desengaño, y la hermosa doña Isabel, con los músicos. Y sentada en medio de ellos, tomó una arpa, y con su extremada voz cantó así:

> A la desdeñosa Anarda,
> de la corte nuevo sol,
> de las vidas basilisco
> y de las almas prisión,
>
> de unas sospechas celosas
> Jacinto pide perdón;
> nueva humildad de ofendido
> y nuevo extremo de[b] amor.
>
> Donde ruega el ofendido,
> y castiga el agresor,

---

[a] *última:* penúltima ABCD   [b] de: da A[d]

[7] *airones:* «penacho de plumas utilizado para adornar sombreros, gorras o el tocado de las mujeres».

[8] Mismo caso que pág. 552, n. 4.

humillado el agraviado
y severo el ofensor.

Mas no es milagro muy nuevo,
ni por tal le juzgo yo;
porque la ley de Cupido
ya leyes sin leyes son.

Bien sabe que está agraviado,
su cuidado le avisó,
mas el dejarse engañar
de amor es nueva razón.

Muere por su amada ingrata,
y aunque fingido el favor,
le admite por no morir
a manos de sinrazón.

Y así, postrado[a] a sus pies,
está mirando el pastor
en sus ojos sus engaños,
y en su boca su traición.

Dice a sus traviesas niñas:
«No me negaréis que sois,
cuanto bellas, engañosas;
cuanto amadas, sin amor.

Sois para todos suaves;
que no tenéis el rigor,
sino con las tristes mías,
que ya esclavas vuestras son.

Pluviera al Cielo, que quiso
daros del sol su esplendor,
por que matéis rayo a rayo,
alma, vida y corazón.

---

[a] postrado: prostrado D

Anduviera más escaso,
   negándoles perfección,
   pues preciadas[a] de hermosura,
   no ostentárades rigor.

¡Oh, que no vieran las mías
   en vuestro negro color
   el luto que por mi muerte
   naturaleza os vistió!

Ladronas[b] sois de mi gusto;
   ¡ay, rapazas, quién os dio
   jurisdicción[c] de prender,
   de matar jurisdicción![d].

En los efectos que miro
   os contemplo a mí y a vos,
   yo abrasado en vuestro hielo
   y heladas en mi calor.

Etna[e] ardiente son mis llamas,
   volcán abrasado soy;
   pero solo a mí me quemo,
   que el fuego nunca os tocó.

Soy Ícaro en el subir
   a mirar vuestro arrebol;
   mas en llegando a la cumbre,
   soy derribado Faetón.

¡Ay, mi bellísima Anarda!,
   deidad en quien adoró
   la triste voluntad mía
   dulces milagros de amor.

---

[a] preciadas: preciada D   [b] ladronas: ladrona D   [c] jurisdicción: juridicción AB; jurisdicción CD   [d] jurisdicción: juridicción AB; jurisdicción
CD   [e] Etna: Egna ABC; Etna D

No te pido que me quieras,
    que era pedir sin razón,
    sino que no me maltrates
    con tal[a] crueldad y rigor».

Dijo. Mas Anarda, ingrata,
    de sus penas se rio,
    que ha jurado de no amar
    en tiempo que no hay amor.

Porque ya no se usa, si se usó,
    que amor, como era viejo, se murió.

No ama ninguno, no;
    que vestirse a lo antiguo, ya pasó.

—Cierto, hermosa doña Isabel —dijo, acabada la música, doña Estefanía—, que probaremos[b] muy bien los engaños de los hombres cuando vos estáis notificando en vuestros versos rendimientos de un galán y desdenes de una dama.

—No todos los versos tienen héroes —respondió doña Isabel—, y advertid, señora doña Estefanía, que yo he cantado[c] lo que ha de ser, que no lo que es. Y tengo por sin duda que no todos los poetas sienten lo que escriben; antes imagino que escriben lo que no sienten; demás que, de industria, he querido consolar a estos caballeros, con mostrar un hombre firme, para que tengan ánimo y esperen, en la sentencia de esta *última*[d] noche[9], buen suceso de su parte; pues pudiéramos, si por milagro se pudiera hallar uno que amase firme y perseverase desdeñado, perdonar por él a los demás, que me parece que os han temido después que os

_____

[a] tal: tan B   [b] probaremos: procuremos C; procuramos D   [c] cantado: contado D   [d] *última:* penúltima ABCD

[9] Mismo caso que pág. 552, n. 4.

sentasteis a desengañar, admirándoos deidad, y que no solo los castigaréis con las palabras, mas los secutaréis[a] [10] con las obras.

—Pues si así es —respondió doña Estefanía—, vaya de desengaño, advirtiendo que no he de caminar por lo popular, sino por lo majestuoso, que también hay reinas desdichadas y reyes y príncipes crueles; que la ley del rigor a todos comprende.

La mayor novedad, y[b] que más ha de admirar, hermosas damas y gallardos caballeros, es que persona de mi hábito y estado desengañe, siendo la hacienda que primero aprendemos el engañar, como se ve en tantos ignorantes, como asidos a las rejas de los conventos, sin poderse apartar de ellas, bebiendo, como Ulises, los engaños de Circe, viven y mueren en este encantamiento, sin considerar que los engañamos con las dulces palabras, y que no han de llegar a conseguir las obras; que si las del siglo fueran cuerdas, a nosotras nos habían de estimar y aun dar gages por vengadoras de los engaños que de los hombres reciben[11]. Mas a

---

[a] secutaréis: ejecutaréis D   [b] y: *om.* D

[10] *secutar:* «ejecutar», «es voz anticuada que se usa en algunas provincias» (DA).

[11] Doña Estefanía alude, ufana, a las galanterías de los caballeros hacia las religiosas, a sus amistades platónicas, y a cómo ellas los engañan, vengando así a las mujeres que se dejan en el mundo engañar por los hombres. En otras obras literarias aparecen alusiones semejantes a las visitas de los caballeros a las monjas: en el *Guzmán de Alfarache* (II, libro I, cap. II) o en el *Buscón* (III, 9), donde Quevedo presenta a Pablos convertido en «galán de monjas». Fray Antonio de la Anunciación lamenta este hábito en una memoria dirigida a Felipe IV. Los viajeros extranjeros recogen también esta costumbre. En la primera de las *Novelas amorosas* de María de Zayas, *Aventurarse perdiendo*, Jacinta acepta entrar en un convento como seglar, siguiendo el consejo de Fabio, pero le pide que consiga de su amado Celio, ya sacerdote, que la visite y cultive con ella una honesta amistad (pág. 210). En la misma novela, Jacinta cuenta cómo, siendo monja, recibe a su antiguo amante, don Félix, por las noches en el convento (pág. 196). Pellicer, Barrionuevo y las cartas de los jesuitas atestiguan también los raptos de monjas por caballeros o religiosos (Bomli, *op. cit.,* págs. 276-280).

esto digo que el diablo, tal vez con ser el padre del engaño, desengaña, y así haré yo ahora, que siendo de la profesión de las que engañan, desengañaré. Si bien voy segura de que no servirá, porque son por imposibles tan apetecidos nuestros engaños, que mientras más los rumian y golosean, más se enredan en ellos, y lo mismo fuera con las damas del siglo, si no vendieran tan baratos[a] los favores, que los dan a precio de engaños. Y si por ser maestra[b] de engañar, como he dicho, no supiera ser buena desengañadora, me consolaré con saber que no he sido engañada, y que no hablaré por experiencia, sino por ciencia[c], porque me sacrifiqué desde muy niña a Esposo que jamás me ha engañado ni engañará. En la fuerza de mi desengaño pondré lo moral del intento, para lo que estoy aquí consolando a las damas, de que si no las supiere bien desengañar, las sabré bien vengar. Y a los caballeros, que, si de mi desengaño no quedaren bien castigados, lo quedarán, si me buscan en estando en mi casa, porque los entregaré a una docena de compañeras, que será como echarlos a los leones.

---

[a] baratos: barato B   [b] maestra: muestra B   [c] por ciencia: por experiencia C; *om. D*

[[Desengaño noveno]]^a ¹

En Hungría, por muerte del rey Ladislao, entró a gozar la corona un hijo suyo, llamado asimismo Ladislao como el padre (que entonces venía el reino de padres a hijos, no como ahora, por votos de los potentados²). Era Ladislao príncipe generoso, gallardo, de afable condición y bien entendido, y de todas maneras amable. Y así, desde que entró a reinar, fue muy querido de sus vasallos, que, amándole príncipe, no lo^b olvidaron rey. Solo en el caso que voy contando fue notado de fácil. (Mas hay lances, aunque mentirosos, con tantas apariencias de verdad, y más si los apoyan celos, que tienen más disculpa que castigo.)

Siendo forzoso el tomar estado para dar herederos a su reino, pidió por esposa, al rey de Inglaterra, a la bellísima infanta Beatriz, su hija, que era de las más perfectísimas damas, en hermosura, entendimiento, virtud y santidad, que en todos aquellos reinos se hallaba en aquella sazón.

---

^a [[Desengaño noveno]]: *om.* ABCD   ^b lo: le D

¹ La separación y DESENGAÑO NOVENO faltan en todas las ediciones. El título, LA PERSEGUIDA TRIUNFANTE, no aparece en las ediciones anteriores a la de Barcelona, 1716, ni en las ediciones de Madrid, 1724, 1729 y 1734. El título figura en todas las ediciones a partir de la de Barcelona, 1734.

² En diversas ocasiones, en ausencia de heredero, la nobleza húngara eligió a su rey. Así, en 1458 fue alzado al trono Matías Corvino y en 1526, una parte del país eligió a Fernando I de Habsburgo, hermano de Carlos V, quedando vinculado el oeste del país a Austria, mientras que otra parte optó por Juan Szapolyai.

Pues siéndole concedida esposa, y hechos los conciertos y puesto en orden lo necesario, mandó el rey que fuese por la reina al infante Federico, su hermano, mozo galán y discreto. No cansemos con esto a los oyentes, pues se dice todo con decir que, con ser Ladislao tan perfecto, había opiniones de que con Federico había sido más pródiga la naturaleza, aunque lo desdoraba con ser tan inclinado a los engaños y travesuras con que los mozos oscurecen la virtud, y que pasan por achaques de la mocedad. Era Federico un año menos que el rey, y tan amado de él, que muchas veces estuvo determinado (si no fuera por la importunación de sus vasallos) a no casarse, por que quedara, después de sus días, Federico rey.

Puesto en ejecución el viaje, y conseguido con próspero suceso, fue recibido Federico en Inglaterra con el contento y aplauso que era justo un hermano de Ladislao. Aplazadas muy solemnes fiestas para cuando, en virtud de los poderes del rey su hermano, había de dar la mano a la hermosa infanta, la cual, hasta este día, que fue al segundo que llegó Federico, no se había dejado ver, por su grande honestidad. Llegó el ya señalado en que se habían de efectuar los desposorios, que cuando a los ojos de Federico se mostró la bella infanta Beatriz, tan adornada de belleza como de ricas galas, al punto que puso en ella los ojos, quedó sin vida; poco digo: sin potencias; no es nada: sin sentidos. Levantémoslo más: quedó sin alma; porque todo lo rindió y humilló a la vista de tal hermosura. Fue de suerte que, a no serle a la infanta dificultoso de creer que en un hermano de su esposo pudiera tener lugar tal locura, en su turbación conociera el achaque de que había enfermado con su vista. Diole la mano, en fin, Federico, en nombre de su hermano, quedando celebrado el matrimonio, y en su corazón una mortal basca de ver ya imposible su amor. Y[a] no fue parte para

---

[a] Y: *om.* D

que desistiera de él ver que ya no tenía remedio, ni el considerarla mujer de Ladislao, ni conocer de su honestidad el poco remedio que podía tener su desatinado amor. Y con este desdichado tormento asistió, en compañía de los reyes de Inglaterra y de la reina Beatriz, su cuñada, a las fiestas, con tanta tristeza, que daba qué sospechar a cuantos le[a] veían tan melancólico[b], y más a la reina, que[c], cuantas veces le miraba, le hallaba divertido en contemplar su hermosura. Y como era bien entendida, no dejó de imaginar la enfermedad de Federico, y sus melancólicos accidentes de qué procedían, y se determinó a no preguntarle la causa, por no oír alguna atrevida respuesta.

No era Federico tan fuera[d] de discurso que no consideraba cuán mal cumplía con la obligación de quien era y las que debía a Ladislao, y entre sí se reprehendía y decía: «¿Qué locuras son estas, mal aconsejado príncipe? ¿Es posible que te dejes llevar de tan mal nacidos y infames deseos? No digo yo, cuando no fueras hermano, y tan amado, de Ladislao, sino un vasallo. ¿Es justo que tú imagines en su ofensa, amándole y deseando su esposa? ¡Delito tan abominable y feo, que aun entre bárbaros era para causar[e] escándalos y sediciones, cuanto y más entre príncipes cristianos! ¿En qué me tendrá el mundo? ¿Qué dirá Beatriz, si los unos y los otros llegasen a saber mi locura? ¡No, no[f]; no ha de ser así, mal nacidos deseos! Yo os he de vencer, que no tengo de quedar vencido de vosotros».

Con esto le parecía cobrar fuerzas y valor para resistir la violencia de su apetito; mas apenas volvía a mirar la perfeccionada belleza de la reina, cuando se le volvía a enredar la voluntad entre las doradas hebras de sus cabellos, y tornaba de nuevo a lastimarse, diciendo: «¡Desdichado fue el día en que yo partí de Hungría y entré en Inglaterra! Y más desdi-

[a] le: la D   [b] melancólico: melancólica D   [c] que: *om.* CD   [d] fuera: *om.* D   [e] causar: excusar B   [f] no: *om.* D

chado en el que vi, Beatriz, tu acabada belleza. ¡Oh, Ladislao, ya no hermano, sino enemigo! ¿Es posible que he venido, por tu ocasión, a darme a mí[a] la muerte y llevarte[b] a ti mi propia[c] vida? ¿Cómo consentiré que goces el bien que solo me puede hacer dichoso? ¡Ay, que no sé qué consejo tome, ni qué bando siga, si el de mis abrasados deseos, o el de la razón! Porque si a ellos he de seguir, me aconsejan que te quite[d] la vida, para tenerla; y si a ella, me dice que muera yo, y que vivas tú». Con esto, estaba tan de veras penado, que parecía a los que han visto visiones de la otra vida. Ya se determinaba descubrir su pasión a la reina, y ya se reducía a morir callando, si bien no le pesara de que ella, entendiéndole por los contingentes del rostro, le saliera al camino preguntándole la causa de su tristeza. Mas, como he dicho, la sabia y honesta señora, no ignorando el intento con que Federico la miraba, excusaba darle motivo para atreverse. De esta suerte pasaron, Federico muriendo, y la reina disimulando, sin darse por entendida, juzgando que el día que Federico se atreviese a perderle el decoro a ella y a su esposo, no cumplía menos que con matarle, lo que debía a su honestidad y grandeza, los días que estuvieron en Inglaterra, y después los que duró la jornada hasta Hungría, no consintiendo la reina que jamás la dejasen sus damas un punto sola, y así lo tenía ordenado a todas.

Llegados a Hungría, y celebradas las bodas de Ladislao y Beatriz con tanta alegría y satisfacción de los dos, pues a la reina le pareció corta la fama en contar los méritos de su esposo, y al rey que no era Beatriz mujer, sino deidad, o espíritu angélico, tal era la virtud, santidad y hermosura de la bella reina, amándose[e] con tanta terneza, que no había más que pedir ni desear.

---

[a] a mí: *om.* CD   [b] llevarte: llenarte D   [c] propia: *om.* CD   [d] quite: quiete C   [e] amándose: amándole D

No por ver Federico a su hermano ya en posesión de la que [[le]]ª había robado el alma, cesaron sus libidinosos apetitos y civiles y desordenados deseos; antes, viéndose de todo punto privado del bien, creció con más fuerzas el deseo de alcanzarle; antes, ardiendo en rabiosos celos de ver la terneza con que se am*aba*nᵇ, todas las veces que como a hermano, y tan querido, no se le negaba el ver los más recatados amores que el uno con el otro pasaban; los veía juntos, con mortales bascas; no le faltaba más de declararse por palabras, que con las señales del rostro bien claro lo decía. Mas como, en el pensamiento del rey no podía entrar tal malicia, no entendía sino que aquellos desasosegados accidentes le procedían de alguna enfermedad que padecía, y confirmábalo con haberle dicho Federico, algunas veces que le había preguntado qué tenía, que había muchos días antes que fuera a Inglaterra, que padecía una mortal melancolía, que cuando le apretaba, le hacía, olvidado de *su*ᶜ prudencia, hacer semejantes extremos. Y si bien había tratado, compadecido del mal de su hermano, que famosos médicos le curasen, había sido sin fruto, porque males del alma pocas veces o ninguna se sanan con hacer remedios al cuerpo.

No lo sentía así la hermosa reina, que como más acertado médico, había entendido de qué accidentes nacía la enfermedad de Federico, y hallando sin remedio la cura, pedía a Dios le abriese los ojos del entendimiento para que, conocido su error, saliese de él. Muchas veces, rendido a su amorosa pasión, se echabaᵈ Federico en la cama, y se sujetaba a que obrase en él la medicina, hallándose tan flaco y rendido, que quisieraᵉ que las erradas curas acabaran con su vida. Y otras, con furia desesperada, se levantaba, y, como loco, decía que le mataban. En fin, con vida tan poco sose-

---

ª [[le]]: *om.* ABCD   ᵇ am*aba*n: aman ABCD   ᶜ *su*: tu ABC; su D
ᵈ echaba: enhaba D   ᵉ quisiera: quiesiera D

gada y ánimo tan inquieto, se vino a poner flaco y descolorido, negándose a cuantos gustos y entretenimientos su hermano y los grandes del reino le procuraban, hasta a la compañía de los caballeros mozos que le seguían y ayudaban en sus pasadas travesuras; porque tratarle de gustos ni entretenimientos era darle mil dilat*adas*[a] muertes.

Un año podría haber que estos dos amantes y esposos gozaban las glorias de su amorosa compañía y bien pagado amor, y Federico las penas infernales de vérselas tener, cuando otro príncipe comarcano, deseoso de engrandecer y aumentar su reino y dilatar su señorío con el de Ladislao, y para conseguirlo, le empezó a hacer guerra por los confines de su reino, de suerte que fue fuerza acudir a la defensa de él, porque le destruía todo cuanto podía alcanzar. Pues viendo Ladislao que Federico, por su larga, prolija y[b] no entendida enfermedad, no estaba para asistir a la guerra, dispuso él ir en persona a defender su tierra, de que no le pesó a Federico, fortaleciéndose[c] con algunas esperanzas de remedio, faltando el rey su hermano del lado de su esposa, que estaba ya tal este desventurado amante que, si hallara ocasión para aprovecharse de la fuerza, no lo dejara, ni por la ofensa de Dios, ni de su hermano. ¡Ah, riguroso desacierto de un hombre mal aconsejado con su mismo apetito, que ni miras la justicia divina, ni la ofensa divina y humana!

Dispuso Ladislao su partida bien contra la voluntad de la reina, y más cuando supo que a ella y a Federico le quedaba la gobernación del reino, con orden de que el uno sin el otro dispusiesen ninguna[d] cosa, temiendo que en el ausencia del rey no la pusiese*n*[e] sus atrevimientos en algún cuidado. Mas hubo de obedecer en todo, por no inquietar con nuevos cuidados el corazón de su esposo, ni hacerse sabedora de los de Federico. Juntó el ejército y parti*ó*[f] el rey,

---

[a] dilat*adas*: dilatas A; dilatadas BCD   [b] y: *om.* D   [c] fortaleciéndose: fortaleciéndole D   [d] ninguna: alguna D   [e] pusiese*n*: pusiese ABCD   [f] parti*ó*: partido ACD; partió B

con gran sentimiento de la hermosa reina; tanto, que en más de un mes no se dejó ver de nadie, ni se despachó negocio ninguno, por no salir en público en la mitad del mar de sus lágrimas, hasta que viendo era ya fuerza acudir al cargo que le quedaba ordenado, salió a comunicar con su traidor cuñado el despacho de las cosas tocantes al reino; mas con tanta honestidad, que apenas se podía hallar en ella causa para tenerla por menos que deidad. Otras veces entraba Federico a consultarle[a] los papeles, con que, si antes estaba perdido, ahora se remató con tanto extremo, que casi se declaraba con palabras equívocas y decía su pasión con señas bien claras, de modo que las damas que asistían siempre a la reina por orden suya, ya conocían de qué causa procedía el mal de Federico y lo platicaban unas con otras, a excusas de la reina.

Determinado estaba Federico de descubrir a la reina su amor, y andaba buscando modo para hacerlo, si bien unas veces temía y otras se animaba, y muchas, paseándose por las salas, decía: «¿Es posible que sea mi atrevimiento tan cobarde que tema decir mi pena a la causa de ella? ¿Qué es esto que me acobarda? ¿Qué importa que Beatriz sea honesta? ¿Qué me tiene el que sea virtuosa? ¿Por qué me acobardo en que sea mujer de mi hermano, si tras todo esto es mujer, y puede ser que, por ignorar que ella es la causa de mi mal, no le haya dado el remedio, pues sabemos que las mujeres, en viéndose amadas, aman, y en amando, todo cuanto hay aventuran? ¿Tan poco merezco yo, que no conseguiré que me ame Beatriz? Mas, ¡ay de mí!, ¿cómo me ha de amar, si está adorando en su esposo, y jamás le[b] veo enjutos los ojos en su ausencia? Pues a una mujer que ama otro dueño, ¿no es locura intimarle nuevo amor? Claro está que si a tal me atrevo, airada me ha de dar la muerte; mas ¿qué más muerte que la que padezco? Más rigurosa, por ser

_____

[a] consultarle: consultar D   [b] le: la D

dilatada; que ya que se muera, comodidad es morir presto. Mas ya puede ser que me engañe, y yo mismo me quite la gloria, que por el purgatorio que padezco me es debida, pues podría ser que la reina no sintiese tan mal de mi atrevimiento, que es mujer, y en siéndolo, todo está dicho. Ánimo, cobarde corazón, y determínate a declarar tu pena; que lo cierto es que, si Beatriz no sabe que la amo, ¿cómo me ha de amar? Si ignora que padezco por su causa, ¿cómo me ha de remediar? Pues si es así, como lo es, y el proverbio moral dice que a los animosos ayuda la fortuna, en ella fío, y con esta confianza declararé[a] a Beatriz mi pasión amorosa, y si muriere por atrevido, más honor será que morir de cobarde. Y si muriere[b] por su gusto, a buenas manos muero»

Con esto, se entró en su aposento, y escribiendo un papel con varios acuerdos que primero tuvo, le puso entre unos memoriales que aquel día había de consultar a la reina, y con ellos fue donde estaba con sus damas, tan turbado, que de verle la reina temblar la voz y los pasos, se asustó, temiendo que Federico se quería declarar con ella. Mas por no darse por entendida, ni temerosa, le recibió con amable y honesto semblante, mandándole[c] sentar, que él lo quisiera excusar, por que en su presencia, mirando la reina los memoriales, no leyera el suyo; mas al fin lo hizo, y después de haber hablado en el ausencia del rey y estado de la guerra y otras cosas de que más gusto podían tener, le dijo Federico (no porque hubiese sucedido, sino por ver qué hallaba en ella):

—Cierto, señora, que hoy me han contado un caso que pasa ante la justicia ordinaria de esta corte, que es bien para admirar, y es que dos hermanos que hay en ella amaban una mujer, y el mayor, o por más rico, o más dichoso, la mereció esposa, con que el menor quedó tan desesperado,

---

[a] declararé: declaré ABC; declararé D   [b] muriere: muriese D   [c] mandándole: mandole D

que viéndose morir, hallando ocasión, por fuerza gozó a su cuñada. Hase sabido, y está preso por ello, y no se atreven[a] a publicar sentencia contra él, porque el marido, que está inocente del hecho, no lo entienda, y no saben qué medio tomar en el caso.

—¿Pues qué medio puede haber —respondió la reina— más que castigar al culpado? Pues cuando el marido lo sepa, sabrá que queda vengado su agravio.

—¿Pues por amar han de quitar la vida a un triste hombre?

—Sí —dijo la reina—; que amar lo ajeno, y más siendo el dueño su hermano, no es delito capaz de perdón. Y ese[b] hombre no amaba, sino apetecía el deleite, ni ofendiera lo que amaba en el honor, y más por fuerza.

—No falta quien dice —respondió Federico— que si bien ella sintió la fuerza, ya le pesa de no haber callado, y[c] siente que haya de morir quien la ame. Y bien mirado, es cierto que por amar no merece[d] morir.

—Cuando el amor es deshonesto —respondió la reina—, ¿qué privilegio le puede defender del castigo? Y si ese[e] caso pasara por mí, no aguardara yo a que mi esposo ni la justicia vengara mi agravio, que yo por mí misma le vengara. Y así, desde aquí condeno a él y a ella a muerte: a él, por el delito, y ella, porque no le vengó.

Diciendo esto, puso el rostro severo y con alguna ira dijo:

—Veamos los memoriales que traéis[f], Federico, y no se hable más en esto; que ofensas del honor y del marido las aborrezco tanto, que estoy ofendida aun en haber oído que haya mujer que lo consienta, ni hermano tan traidor que lo piense, cuanto y más que lo ejecute.

—Los memoriales, señora —dijo Federico—, no son para ahora; con más espacio los podrás ver.

---

[a] atreven: atreve D   [b] ese: este B   [c] y: *om.* D   [d] merece: debe D
[e] ese: este B   [f] traéis: traes D

Y con esto, no muy contento, se despidió y se fue a su cuarto, maldiciendo la hora y el día en que había visto a Beatriz, la cual, tomando los memoriales, los fue pasando, y al tercero que abrió, vio que decía así:

«Federico, infante, a Beatriz, reina de Hungría, pide la vida que por sentencia de su desdicha, en el tribunal de la crueldad, está mandado que la pierda, y solo se la[a] puede dar la misma causa por quien muere, que es la misma a quien pide la vida. Ya, hermosísima Beatriz (que no te quiero llamar reina, por olvidarme de la ofensa que hago al rey, tu esposo), no puede mi sufrimiento tener mi mal oculto, pues basta[b] un año de silencio; ni es tan poco amada la[c] vida que, sin buscar algún remedio, la deje acabar. Ya que haya de morir, muera sabiendo tú que muero por tu causa, y por este atrevimiento conocerás la calidad de mi dolor, pues no me deja mirar a quien eres y a quien soy, pues anteponiéndose mi pena a tu decoro, mi atrevimiento a tu honestidad y mi amor a todos los inconvenientes, me fuerza a que publique que tu hermosura es causa de mi muerte. Yo te adoro, ya lo dije. Si no merezco perdón, dame castigo, que le sufriré gustoso con saber que muero por ti».

¿Quién podrá ponderar el enojo y turbación de la reina, habiendo leído el atrevido papel? No hay más que decir de que la turbación sacó a hilos las perlas de sus ojos, y con el enojo, hizo el papel menudos pedazos, que no fue pequeño desacierto, para lo que después le[d] sucedió. En sí misma pensaba qué haría, sin saber determinarse a nada; pues si le mandaba matar, no se aseguraba de la ira de su esposo ni de sus vasallos, pues aún no tenía Hungría otro heredero. Y si le daba al rey cuenta del caso, y más habiendo rompido el papel, no aseguraba su inocencia, pues cuando no se pensase de ella más liviandad que haber hallado en ella causa

---

[a] solo se la: sola lo D   [b] basta: hasta D   [c] la: *om.* D   [d] le: la D

para el atrevimiento de Federico, bastaba para quedar^a su honor en opinión, pues era dificultoso de creer que contra su mismo hermano podía haber intentado tal traición; demás que podía Federico fácilmente culpalla por disculparse.

Ya le pesaba de no haber guardado el atrevido memorial y ya se satisfacía de haber^b vengado en él su ira. Y entre todos estos pensamientos, se resolvió a lo mismo que antes, que era a disimular, y que mientras Federico no se atreviese a más, dejarlo así, pidiendo a Dios la amparase y defendiese de él. Y como no podía retirarse de su vista, siendo fuerza, como lo había ordenado el rey, para los despachos y negocios, verle^c cada día, ordenó al aya que la^d había criado y había venido de Inglaterra, asistiéndola, que ni de día ni de noche se apartase de ella. Mandó que durmiese en su misma cámara, haciendo poner en las puertas de ella y las demás cuadras, por la parte de adentro, fuertes cerrojos, por que si Federico se quisiese aprovechar de la fuerza, como había propuesto en el caso que le había contado. Y con esto, juzgando estar segura, pasó como antes, aunque con menos gusto; tanto, que bien le mostraba, en la severidad de su rostro, lo mal contenta que estaba con él. Tretas fueron estas que al punto las conoció el traidor cuñado; mas no fue nada parte para que desistiese de su amorosa porfía, antes muy contento de que ya que no hubiese granjeado más de que la reina supiese que la amaba, le parecía que antes había ganado que perdido, y ya se atrevía, cuando la veía, a decirle sentimientos de amor, ya a vestir de sus colores, y ya a darla músicas en el terrero[3], con lo cual la santa reina andaba tan desabrida y triste, que en ninguna cosa hallaba alivio y solo le tuviera en la venida del rey. Mas

---

^a quedar: quedad D   ^b haber: ver D   ^c verle: verla ABCD   ^d la: le ABCD

[3] *terrero*: «el sitio o paraje desde donde cortejaban en Palacio a las damas» (DA).

esta se dilataba; porque los casos de la guerra son buenos de empezar y malos de acabar.

Pues sucedió que, estando una tarde con sus damas en el jardín de palacio, tan melancólica como se ha dicho, las damas, por alegrarla o divertirla, mandaron venir los músicos, a quien Federico tenía prevenidos de unas endechas al propósito de su amor, para si fuesen llamados en alguna ocasión las cantasen, dándoles a entender que eran dirigidas[a] a una dama de palacio a quien amaba. Que como entraron y hallaron la ocasión, cantaron así:

«¡Que gustes que mis ojos,
ídolo de mi pecho,
estén por tus crueldades
copiosas fuentes hechos!

¡Que no te dé cuidado
ver que llorando peno,
sin que al sueño conozca,
cuando tú estás durmiendo!

¡Con qué crueldad me quitas
la vida que poseo,
pues cuando tú la gloria,
tengo yo los tormentos!

No entiendo aquesta[b] enigma[c]
pues en tu pecho el hielo,
sin que en él se deshaga,
se destila por ellos.

Mas ¡ay!, que ya conozco
de aqueste mal el riesgo,
porque el tuyo es de mármol
cuando el mío es de fuego.

---

[a] dirigidas: dirigidos ACD; dirigidas B   [b] aquesta: esta B; aqueste D
[c] enigma: egnima AB; enigma CD

¡Que las ardientes llamas
   de mi abrasado incendio
   a deshacer no basten
   la nieve de tu pecho!

Tienes el corazón
   de algún diamante hecho,
   que aún no basta <el>[a] ablandarle[b]
   la sangre de un cordero.

Caliéntale a las llamas,
   que amor está encendiendo,
   y verás cuán suaves
   son para tu recreo.

Dueño eres de mi vida,
   y aunque muera, has de serlo,
   pues después de la muerte
   te he de aclamar por dueño.

No porque me faltara
   quien me rindiera feudo,
   que bellezas me aman,
   cuando a la tuya quiero.

Antes, aborrecidas
   de que a todas me niego,
   se alegran que me trates
   con rigor tan severo.

Eres Anaxárete[c] [4],
   si en la hermosura Venus;

---

[a] <el>: el ABC; *om.* D   [b] ablandarle: ablandarlo D   [c] Anaxárete: Anaxarte D

[4] *Anaxárete:* muchacha chipriota a la que Afrodita convirtió en estatua de piedra por su indiferencia ante el amor de Ifis.

Dafne, que a Febo ultraja,
porque la sigue Febo.

Sin ventura cultivo,
en tierra estéril siembro,
abrojos da por granos,
perderé mis empleos.

¡Triunfa ya de mi vida,
triunfa, Nerón soberbio,
y si gustas que muera,
yo también lo deseo!

¡Qué avara estás conmigo!
Poco favor te debo,
poco cuestan agrados
y siempre estás sin ellos.

Si te miro, es sin gusto;
siempre cruel te veo;
siempre estás desdeñosa,
y yo siempre muriendo.

Págame las finezas
con que te adoro y quiero,
siquiera con mirarme
con semblante halagüeño.

No quiero más favores,
pues que no los merezco,
de que tu boca diga:
"de ti lástima tengo".

¡Salid, lágrimas mías!
¡Salid, que no os detengo,
suspiros, ya os envío
a vuestro amado centro!

No temo por amarte
   el castigo del Cielo,
   aunque sé que le irrito
   con este pensamiento.

Ya me acaban las penas;
   mi triste vida veo
   cercana ya a la muerte,
   y no le hallo remedio.

Ya con tantas desdichas
   se acaba el sufrimiento;
   el alma está sin gusto,
   y sin salud el cuerpo.

Ya me niego a los ojos
   de los que me tuvieron
   por asilo en las gracias,
   por deidad en lo cuerdo».

Así gasta, llorando,
   su bien perdido tiempo;
   que amar[a] tanta belleza
   gloria es, que no tormento.

Un amante sin dicha,
   que adora un mármol[b] bello,
   que aunque oye, no escucha,
   por no darle remedio.

Y nunca se enternece,
   porque es cruel, y su dolor no siente.

Con airado rostro escuchó la reina las referidas endechas, si bien, por no dar que sospechar a los que las cantaron y a las que las oían, habiendo conocido en ellas mismas de la parte

---

[a] amar: amor B   [b] mármol: márbol AB; mármol CD

que venían, disimuló su enojo, mas no quiso que cantasen más, y ardiéndose en ira, que estuvo en puntos de mandarle matar, por librarse de sus atrevimientos y cansadas quimeras, y pedía a Dios trajese presto al rey, imaginando que su presencia refrenaría su desbocada locura; mas viendo que la venida se dilataba y que en Federico se alargaba la desenvoltura, desenfadándose con libertades de que podía resultar algún mal suceso, se determinó a lo que ahora diré; y fue que llamando, con gran secreto, maestros que fuesen a propósito, juramentados de que no dijesen a nadie la obra que habían de hacer. [[En]]^a una gran cuadra, que estaba en el jardín, con muchas rejas, que por todas partes caían al hermoso vergel (donde muchas noches del verano el rey y ella cenaban, y dormían en medio de ella, porque era muy grande y hermosa, y tenía capacidad para todo), mandó a los dichos maestros le hiciesen una jaula de varas de hierro doradas, gruesas, fuertes^b y menudas de tal calidad, que no pudiesen ser rompidas ni arrancadas de su lugar, y que desde el suelo al techo estuviesen bien fijadas, de tanto espacio que cupiese dentro una cama pequeña, un bufete y una silla, y^c quedase algún espacio para pasearse por ella, con su puerta, en que hubiese un fuerte cerrojo con una grande y segura llave, con otra cerradura sin esta, que cerrándola de golpe, quedase segura y hecha muy a su gusto. Mandó colgar la sala de afuera de ricas colgaduras, y dentro de la jaula poner una cama y lo demás. Y como estuvo aderezado, mandó llamar a su traidor cuñado, y con más agradable semblante que otras veces, le dijo:

—Hermano mío, vamos al jardín, que quiero que vuestra alteza vea una obra que en él tengo hecha, muy de mi gusto, para cuando venga el rey.

Federico, seguro y alegre de ver que la reina le hacía aquel favor (no de los menores que él podía desear), la tomó de la mano, diciendo:

---

^a [[En]]: *om.* ABCD   ^b fuertes: *om.* B; fuerte C   ^c y: y que *añ.* D

—¿Quién podrá, reina y señora, contradecir a lo que mandas, ni imaginar, que siendo de tu gusto no será muy honoroso?

Y con esto, caminaron al jardín, la reina tan falsa contra Federico, cuanto él lozano y alegre de ir con ella tan cerca que le podía manifestar su sentimiento, como lo hizo; pues a excusas de las damas le iba diciendo amorosas y sentidas razones. La reina sufrió, por tener tan cerca su venganza y llegar a conseguirla, siendo su atrevimiento tan grande, que llegó a besarle la hermosa mano que llevaba asida con la suya. No poco contento de ver que la reina tenía tanto sufrimiento, pareciéndole obraba en ella amor. Que como llegaron a la sala dicha, entrando en ella, se acercaron a la jaula que en ella estaba hecha, admiradas las damas de verla, porque mientras se había hecho, no había consentido la reina que ninguna bajase al jardín. Y estando a la puerta, le dijo la reina a Federico que entrase y la mirase bien, que luego le declararía su designio. Que él, no maliciando el caso, entró; mas apenas puso los pies dentro, cuando la reina, dando de mano a la puerta, la cerró con un gran golpe, y echando el cerrojo y torciendo la llave, dijo a Federico, que al ruido de la puerta había vuelto:

—Ahí estarás, príncipe, hasta que venga el rey, tu hermano, porque de otra suerte, ni tú dejarás de ser traidor, ni yo perseguida, ni el honor de mi esposo puede estar seguro.

Y dando orden de que por la parte que hacía espaldas la jaula, detrás de ella, se pusiesen camas para cuatro pajes que le asistiesen de noche y de día, y a todos sus caballeros, para que entrasen en la sala y le divirtiesen, y que llevasen libros y tablas de ajedrez, naipes, y dados, y dineros[a], para que se entretuviese con sus criados, y a sus damas, que cuando les diese gusto, bajasen a divertirle, la más contenta mujer del mundo se retiró a su palacio, dando gra-

---

[a] dineros: dinero D

cias a Dios de tenerle donde pudiese vivir segura de sus traiciones y quimeras.

Con tanto enojo quedó Federico de ver lo que la reina había hecho con él, que rayos parecían salirle por los ojos, y fue bastante este desprecio (que por tal le tenía), que todo el amor se le volvió en aborrecimiento y mortal rabia, y con[a] la cólera que tenía, en tres días no quiso comer bocado, aunque se le llevaba su comida con la grandeza y puntualidad que siempre, ni acostarse, ni hablar palabra a ninguno de cuantos le asistían, ni a las damas que bajaban a divertirle. Mas viendo que la reina no mudaba propósito en sacarle de allí, hubo de comer, por no morir; mas tan limitado, que solo era bastante a sustentarle. Mas desnudarse, ni hacerle[b] la barba, ni mudar camisa ni vestido, ni acostarse, no se pudo acabar con él. Ni aun la misma reina, que fue a pedírselo, diciéndole, con muy bien entendidas razones, que aquella facción él mismo se[c] la había de agradecer, pues con ella le quitaba de cometer un delito tan feo como el que intentaba contra su hermano, y ella tenía seguro su honor. Mas Federico a cosa ninguna la quiso responder, ni hacer lo que le pedía; con que la reina, ya resuelta en que le había de tener allí hasta que el rey viniese, le dejó, sin querer verle más, aunque bajaba muchas veces al jardín, y, para más seguridad, porque ninguno de sus criados le diese modo con que pudiese salir de allí, mandó a sus criados (los que había traído de Inglaterra) que velasen y tuviesen en custodia a Federico, el cual, a pocos meses que estuvo en esta vida, se puso tan flaco y desemejado, que no parecía él, ni su figura.

Algún escándalo causó en la ciudad, entre los grandes, la prisión de Federico, y acudieron a la reina a saber la causa, a lo cual satisfizo la reina con que importaba al honor y quietud del rey y suya que estuviese así hasta que su herma-

[a] con: *om.* D   [b] hacerle: hacerse CD   [c] se: le D

no viniese, mandando que, pena de la vida, ninguno avisase al rey este[a] caso, con que ellos, más deseosos, de criados confidentes de Federico, supieron cómo amaba a la reina (que estas cosas, y más en los señores que se fían de criados, jamás están secretas), con que todos los grandes juzgaron que la reina, por la seguridad de su honor, le tenía allí, y todos la daban muchas alabanzas, amándola más por su virtud que antes.

Estaba Federico tan emponzoñado y colérico, como de su natural era soberbio, y tenía ya trazada en su imaginación su venganza, que aunque el rey le escribía, jamás le quiso responder, y si bien el rey había enviado a saber de la reina la causa, ella le había respondido que ya sabía[b] la enfermedad que Federico padecía, y que ahora, más apretado de ella, le[c] obligaba a no escribirle.

Más de un año pasó en esta vida, despachando la reina con gran valor las cosas del reino, sin que hiciese falta en ellas Federico, teniendo tan contentos los vasallos, que no echaban menos ni al rey ni a él. Cuando, fenecida la guerra y asentadas las cosas de ella muy a gusto de Ladislao, que como se vio libre[d] de este embarazo, dio la vuelta a Hungría, que, sabida su venida por la reina, habiendo hecho un rico vestido para Federico, ya que supo que no estaba el rey más de una jornada de la ciudad y que los señores se querían partir a recibirle, se fue a la prisión en que estaba, y abriendo la puerta, le dijo:

—Ya, príncipe, es fenecida tu prisión; tu hermano viene, que esta noche estará aquí. La causa de tenerte como te he tenido, mejor que yo la sabes tú, pues no fue por[e] castigarte, sino por vivir segura y que lo estuviese el honor de tu hermano. Ya no es tiempo que en día de tanta alegría haya enemistades. Suplícote que me perdones, y que perdiendo

---

[a] este: de este *añ*. D   [b] sabía: sabría D   [c] le: la D   [d] libre: libra C
[e] por: para CD

el enojo que tienes contra mí, te vistas y adereces con estas galas que de mi gusto para ti se han hecho, y salgas con los caballeros que te están aguardando, a recibir al[a] rey.

Bastantes eran estas palabras para amansar otro cualquiera ánimo menos obstinado que el de Federico; mas él, apoderado de todo punto de su ira, sin responder palabra a la[b] reina, ni querer mudar camisa ni vestido, ni cortarse, ni aun peinarse los cabellos, ni hacerse la barba, sino de la manera que estaba, pidiendo un caballo y subiendo en él, se partió con los caballeros que le aguardaban por orden de la reina, dejándola mal segura y bien cuidadosa de alguna traición, pesándole de haberle dado libertad hasta que ella hubiera informado al rey de todo, y más de haber rompido el papel, que pudiera ser el[c] mejor testigo de su abono. Mas viendo que ya estas cosas no tenían remedio, se encomendó a Dios, poniéndose en sus manos y resignando su voluntad en la suya.

Llegó Federico adonde estaba su hermano, no en forma de señor ni príncipe, sino de un salvaje, de un esqueleto vivo, de una visión fantástica; que como, bajando del caballo, le pidió las manos, puesto ante él de rodillas[d], y el rey le viese de tal manera, admirado, le dijo:

—¿Cómo, hermano mío, y en día de tanta alegría como yo traigo, por haberme Dios vuelto victorioso a mi tierra, vos, que la habíades de solemnizar más que todos, os ponéis delante de mí de la suerte que os veo? ¿Qué os ha sucedido, o cómo estáis de esta suerte? Decídmelo, por Dios, no me tengáis más confuso, que aun cuando fuera muerta Beatriz, que es la prenda que en esta vida más estimo, aún no os pudiera obligar a tanto sentimiento.

—Rey y señor: pluviera al[e] Cielo que el verme como me veis fuera la causa ser[f] la reina muerta, que no es pérdida de

    ª al: el D   ᵇ la: su D   ᶜ el: *om.* D   ᵈ de rodillas: der rodiilas D   ᵉ al: el D   ᶠ ser: de D

que os podéis apasionar mucho, pues por lo menos viviera, muriendo ella, vuestro honor. Yo vengo de la manera que la liviandad de vuestra mujer me tiene, cuanto ha que partistes de Hungría. Y porque no son casos que pueden estar secretos, ni lo han estado, sabed que desde que os fuistes me ha tenido en una jaula de hierro, como león o tigre, o otra bestia fiera, dándome de comer por tasa, no dejándome cortar la barba, ni cabellos, ni mudar vestido, ni camisa, porque, enamorada de mí, descubrió su lascivo amor, pidiéndome remedio a él, prometiéndome, con vuestra muerte, hacerme dueño de su hermosura y de vuestro reino. Y porque yo [[rehusé]][a], cumpliendo con la deuda que a mi rey y hermano soy obligado, me ha hecho pasar la vida que oís, y en mi persona veis, bajando cada día a persuadirme cumpliese con su liviano y lascivo amor, o que allí me había de dejar morir, hasta hoy que, como supo que ya estábades tan cerca, me llevó vestidos y dio libertad, pidiéndome con lágrimas y ruegos que no dijese lo que había pasado. Mas yo, que estimo más vuestro honor y vida que la mía, no quise oírla, ni hacer lo que pedía, sino venir así a daros cuenta de lo que pasa y del peligro en que está vuestra vida si la liviana y traidora reina no muere; porque si bien, por mi parte, y por guardar el decoro que os debo, no ha tenido efecto la ofensa, para un rey y marido basta haberla intentado, y quien ha hecho una, no dejará de hacer otras muchas, pues podrá ser acuda a otro de menos obligaciones que yo, que siguiendo su parecer, os ponga en las manos[b] de la muerte. Esta es la santa, la virtuosa, la cuerda y honesta Beatriz, que tanto amáis y estimáis. Ya delante de todos[c] vuestros vasallos y caballeros os he dicho lo que me preguntáis y tanto deseáis saber; porque, si se disculpare con vos, contando estas cosas de otra manera, culpándome en ellas para disculparse a sí, como puede ser que lo haga;

---

[a] [[rehusé]]: *om.* ABCD   [b] manos: menos D   [c] todos: *om.* D

que las astucias de las mujeres, cuando quieren apoyar su inocencia y encubrir sus traiciones y mentiras, son grandes; creed, señor, que esta es la verdad, y no la que la reina dijere; que ni yo le levantara este testimonio, si fuera mentira la que digo, o pudiera, sin hacerme acusador público, advertiros de su viciosa vida de otro modo, o procurara decirla con menos testigos de los que están presentes; y si a vos, señor, o a cualquiera de estos caballeros les parece que lo que digo no es la verdad misma, aquí estoy para sustentarla a cualquiera que en campo quisiere defender la parte de la reina, por que se crea que, cuando yo me dispuse a sacar la cara en cosas tan pesadas, y donde está de por medio el honor de un rey y hermano mío, ya fue dispuesto a ponerme a todo riesgo. Mas si vos, señor, forzado del amor que la tenéis, disimulando vuestra afrenta, la quisiéredes perdonar, vuestra voluntad es ley; mas yo no tengo de estar donde vea[a] con mis ojos una mujer que, sin considerar que soy hijo del rey Ladislao (que Dios tiene), me quiso hacer instrumento de la afrenta y agravio de su esposo, siendo mi rey y mi hermano. Y así, desde aquí os pido licencia para irme, sin volver más a la ciudad, a las villas que me dejó el rey, mi padre y vuestro, a reparar del mal estado en que me han puesto sus deshonestas crueldades. Esto es lo que pasa en vuestra ausencia, y con lo que he cumplido con la obligación que a mi grandeza y lealtad debo.

Calló, con esto, Federico, poniéndose la mano en los ojos; que hay traidores que hasta con lágrimas saben apoyar sus traiciones. Y como el rey, atento a lo que le decía, vio demás de lo que su presencia, tan flaca, astrosa y mal parada, le intimaba en apoyo de su agravio, y que con las lágrimas sellaba la verdad de lo que decía, creyó como fácil. Gran falta en un rey, que si ha de guardar justicia, si da un oído a la acusación, ha de dar otro a la defensa de ella. Mas

---

[a] vea: ver D

582

era el acusador su hermano, y la acusada su esposa; el traidor, un hombre, y la comprendida en ella, una mujer, que aunque más inocente esté, ninguno cree su inocencia, y más un marido, que con este nombre se califica de enemigo. Y así, sin responder palabra, si bien con los ojos unas veces arrojando rayos de furor y otras veces vertiendo el humor amoroso, se dejaba sin poderle resistir, porque de verdad amaba a la reina ternísimamente, mandando a su hermano le siguiese, mandó proseguir la jornada a la ciudad.

Gran rumor se levantó entre los caballeros, platicando unos con otros sobre el caso, y si bien hubo algunos[a] que defendían la parte de la reina, diciendo ser testimonio, porque su virtud y honestidad la acreditaba, los más eran de parecer contrario, y todos se resumían en que no se atreviera Federico a manifestar públicamente un caso de tanto peso si no fuera verdad. Sin esto, veían que hasta entonces no tenían otro príncipe, y que a falta de su hermano, le tocaba por derecho la investidura del reino, y no quisieron, por volver por la reina (aunque estuviese inocente), enemistarse con él.

Con esto, caminaron todos, y el rey, tan triste, que en todo lo que duró el camino no le oyeron más que penosos suspiros, sacados de su apasionado corazón, batallando en él el honor y el amor, el agravio y la terneza, su[b] hermano y su esposa, que al cabo de la lid, ella, como más flaca o más desdichada, quedó vencida. Antes de entrar en la ciudad, donde llegó casi de noche, mandó que una escuadra de soldados se adelantase y cercasen el palacio, sin que dejasen entrar ni salir persona en él, por que no avisasen a la reina y se escapase, y que de camino llevasen [[orden]][c] para que las fiestas prevenidas a su entrada cesasen, y si había luminarias encendidas, se quitasen todas; que hecho como lo mandaba, ya cerrada la noche, entró en palacio, despidien-

[a] algunos: alguno [espacio] B   [b] su: de su *añ*. D   [c] [[orden]]: *om*. ABCD

do a la puerta de él todo el[a] acompañamiento y demás gente, y subiendo con solo su hermano y[b] guardia y algunos monteros de su cámara a los corredores.

A[c] la puerta de la sala estaba la santa y hermosísima reina Beatriz, con sus damas, bizarramente aderezada, que, aunque cercada de temores y pesares, se había compuesto con gran cuidado para recibir al rey. Como le vio, con los brazos abiertos fue a recibirle. ¿Quién podrá, en este paso, ponderar el enojo del rey? Dígalo el entendimiento de los que le escuchan, pues, ciego de ira, retirándose atrás, por no llegar a sus brazos, alzó la mano y le[d] dio un bofetón con tan grande crueldad y fuerza, que, bañada en su inocente sangre, dio con ella a sus pies, y luego, sin más aguardar, ni oírla, llamando a cuatro monteros, que en todo el reino se hallaban hombres más crueles y desalmados, pues por su soberbia y mala vida eran de todos aborrecidos, les mandó tomasen a la reina y la llevasen a[e] los más espesos y fragosos montes que hubiese en el reino, y que en parte donde más áspero y inhabitable sitio hallasen, la sacasen los ojos, con que por mirar deshonesta había causado su deshonor, y que hecho esto, se la dejasen allí viva, para que, o muriese entre las garras de las bestias fieras que allí había, o de hambre y dolor, para que[f], siendo su muerte dilatada, sintiese más pena por el delito que había cometido contra él y su amado hermano. Y diciéndole que se viniese con él, se entró en su cuarto, mandando retirar al suyo todas las damas, que, llorando amargamente, tenían cercada a la reina, que con lágrimas se despedía de todas, diciendo que pues Dios quería que padeciese así, que no la llorasen, que ella estaba muy conforme con su voluntad. Al entrarse Federico con el rey, le dijo:

—Anda[g], Beatriz, muere, pues me matas; que pagarme tenías el tenerme enjaulado como león.

---

[a] el: al D   [b] y: *om.* D   [c] A: Adonde D   [d] le: la D   [e] a: en B   [f] o muriese entre las garras de las bestias fieras que allí había, o de hambre y dolor, para que: *om.* D   [g] Anda: Ana D

A lo que la santa señora respondió:

—¡Ah, traidor, y cómo te tiene tan[a] ciego el demonio, que no juzgas que es mejor morir inocente que no vivir culpada! Y más quiero morir en las garras de los brutos animales, que no vivir en tus deshonestos brazos, ofendiendo a Dios y a mi esposo. Lo que siento es que haya sido tan grande su engaño, que haya dado crédito a tus traiciones, sin averiguar la verdad.

Con esto se entraron todos, como el rey había mandado, y los monteros tomaron a la reina y partieron con ella a ejecutar la orden que llevaban.

¿Qué hay que moralizar aquí en la crueldad de este hombre? Pues lo que tanto había amado, como decían sus tristezas y furores, según publicaba, porque no consintió en sus lascivos apetitos, ofendiendo a Dios y a su marido, lo puso en el estado que oís. Cierto, señores caballeros, que aquí no hay disculpa en apoyo de los hombres, ni razón que os acredite, ni aun vosotros mismos, que tantas halláis contra las mujeres, la hallaréis en vuestro favor. Y vosotras, hermosas damas, ¿qué mayor desengaño queréis, ni buscáis, ni le podréis hallar, si deseáis tener alguno que os estorbe de ser fáciles? Mas temo que os pesa de saberlos, porque pecar de inocencia parece que tiene disculpa; mas de malicia, es quiebra que no se puede soldar, y quisiérades no oír tantos desengaños, porque vosotras os queréis dejar engañar, pues en los tiempos pasados y presentes hallaréis que los hombres son unos.

Los que llevaban a Beatriz caminaron con ella toda la noche, y otro día y noche[b] siguiente, y al medio del tercero llegaron con ella a un monte de espesas matas y arboledas, distante de la corte más de diez leguas, y en una quiebra de las peñas, que parecía en la profundidad que bajaban a los abismos, sin tener piedad de su hermosura y mocedad, ni

---

[a] tan: *om.* D   [b] y noche: *om.* D

de sus lágrimas, ni enternecerse de las lastimosas palabras que decía, con que les aseguraba su inocencia, y les pedía que ya que la habían de dejar allí, no ejecutasen del todo la rigurosa orden del rey, privándole la luz, siquiera por que viese su muerte, cuando las fieras la ejecutasen, le sacaron los más bellos ojos que se habían visto en aquel reino. Estaba en poder de hombres. ¡Qué maravilla! Cegar y engañar parece así, en el modo, que es todo uno, pues el que está engañado se dice que está ciego de su engaño. Luego, hasta en sacarle los ojos, cumplieron estos con el oficio de hombres contra esta mujer, como hacen ahora todos con todas. Hecha esta crueldad, pareciéndoles que no había de vivir, supuesto que, cuando no la matasen las fieras, moriría del dolor de las heridas u de hambre, pues no tenía vista para buscar el necesario sustento, le quitaron las ricas joyas que llevaba, y no sé cómo no hicieron lo mismo del vestido, pues competía en riqueza con las joyas; debió de ser por no embarazarse con él, o porque Dios lo ordenó así. Y hecho esto, dejándosela allí, se partieron.

Cómo quedaría la hermosa reina, ya se ve; puesta en los filos de la guadaña de la airada muerte; que como la sentía tan cerca, no hacía más de llamar a Dios, y su divina y piadosa Madre, tuviesen misericordia de su alma, que ya del cuerpo no hacía caso, ofreciéndoles aquel martirio. Cuando, a poco más de media hora que así estaba, sintió pasos, y creyendo sería algún oso[a] o león que la venía a despedazar, llamando con más veras a Dios, se dispuso a morir. Mas ya que más cerca sintió los pasos, oyó una voz de mujer, que le dijo:

—¿Qué tienes, Beatriz? ¿De qué te afliges y lamentas?

—¡Ay, señora! —respondió la afligida dama—, quienquiera que seáis, que como no tengo ojos, no os veo. Pues vos los tenéis, y me veis y conocéis, pues me llamáis

---

[a] oso: eso D

de mi propio nombre, ¿Por qué me preguntáis de qué me lamento?

—No me ves —respondió la mujer—, pues ahora me verás; que aunque Dios ha permitido darte este martirio, aún no es llegado tu fin, y[a] te faltan otros que padecer; que a los que su divina Majestad ama, regala así.

Y diciendo esto, y tocándole con la mano los lastimados ojos, luego quedaron tan sanos como antes de sacárselos los tenía, y aun muy más hermosos; que como Beatriz se vio con ellos, miró por quién le había hecho tan gran bien, y vio junto a sí una[b] mujer muy hermosa, y con ser, a su parecer, muy moza, tan grave y venerable, que obligaba a tenerla[c] respeto. Y pareciole asimismo que la[d] había visto otras veces, mas no que pudiese acordarse en dónde. Púsose de rodillas la hermosa reina, no porque la tuviese por deidad, aunque su grave rostro daba indicios de ello, sino por agradecida al beneficio recibido, y tomándole las manos, se las empezó a besar, bañándoselas en tiernas lágrimas, diciendo:

—¿Quién sois, señora mía, que tanto bien me habéis hecho, que aunque me parece[e] que os he visto, no me acuerdo dónde?

—Soy una amiga tuya —respondió la señora—, y la verdad es que me has visto muchas veces; mas por ahora no conviene que sepas más de mí que lo que ves.

Y tomándola[f] por la mano, la levantó y abrazó, y luego, sacando una pequeña cestica con pan y algunas frutas, y una calabacita con agua, porque en la parte que estaban no la había, que hasta de este bien la privaron sus rigurosos verdugos, buscando el lugar donde, como había de morir de hambre, muriese también de sed, mandó que comiese, que Beatriz lo hizo; que como tenía necesidad de ello, ro-

[a] y: *om.* D   [b] una: a una *add.* B   [c] tenerla: tenerle B   [d] la: le D   [e] parece: pare C   [f] tomándola: tomádola D

gando a la señora comiese también, a lo que respondió que no tenía necesidad de comer, que comiese porque habían de partir de allí luego. Y mientras Beatriz comía, se sentó junto a ella, y la hermosa reina no hacía sino mirarla, porfiando con su memoria para traer a ella adonde la había visto, de que la señora se sonreía.

Acabada la comida, que a Beatriz le pareció que estaba más contenta con ella que con los varios y ostentosos manjares del real palacio, siendo dos horas antes de anochecer, la tomó la hermosa señora por la mano, y dando vueltas por las peñas, unas veces bajando y otras subiendo, la sacó de entre aquellas a un agradable y deleitoso prado cercado de espesos álamos, chopos y sauces, de que se formaba una hermosa alameda, en medio de la cual había una clara y cristalina fuente, donde, parando junto a ella, le[a] dijo:

—Aquí, Beatriz, te has de quedar, que no tardará en venir quien te lleve donde descanses por algunos días. Sigue tu virtud con ánimo y paciencia, que es de la que más se agrada Dios. Que haciéndolo así, te amparará en muchos trabajosos lances en que te has de ver, donde has menester que muestres la alta sangre de donde[b] desciendes. Quédate con Dios, a quien ruego y rogaré que te ayude y socorra en ellos. Y confía en Él, que con esto le hallarás en los mayores aprietos.

Y tornándola[c] a abrazar, no aguardó respuesta, ni Beatriz se la pudiera dar: tan ahogada la tenía el sentimiento de verla partir. Solo le respondió con un diluvio de lágrimas, que empezó a verter de sus lindos ojos. Y volviendo a mirar por donde iba, la vio que a largo paso caminaba, hasta que se encubrió con la espesura de los árboles, dejando con su ausencia tan embelesada a Beatriz, que le[d] pareció quedar sin alma, ni vida, porque la vida y alma se le iban[e] siguiendo las

    [a] le: la B   [b] donde: do B   [c] tornándola: tornándole D   [d] le: la B   [e] iban: iba ABCD

pisadas de aquella señora, reparo de sus desdichas, no pudiendo enjugar los llorosos ojos, que a ríos se descolgaban las perlas de ellos. Sentose, ya que la hubo perdido de vista, junto a la fuente, y lavándose la cara y las manos, que estaban manchadas del fino rosicler que habían vertido sus ojos, cuando se los sacaron sus crueles y carniceros verdugos.

Estuvo así hasta poco antes de anochecer, trayendo a la memoria los sucesos que habían pasado por ella, y pensando a vueltas de ellos en quién sería tan sabia mujer, que no solo le había restituido las perdidas luces, mas profetizádole[a] lo que había de pasar por ella, cuando sintiendo venir tropel de caballos y gente, algo[b] temerosa, miró a la parte donde había sentido el ruido y vio salir de entre los árboles hasta diez o doce hombres, en forma de cazadores, con falcones[c] y perros, y entre ellos uno que parecía ser el señor de los demás, en el costoso vestido y majestad de su rostro. Era de mediana edad, galán y de afable cara y amable presencia, que como llegaron a la fuente, se apearon todos de los caballos, llegando a tener el del caballero, para que hiciese lo mismo; que como el caballero llegase donde Beatriz estaba, juzgó, de verla, lo que ella de verle a él, que era persona de porte, según mostraba en su aderezo y hermosura; que no sé qué se tiene la nobleza, que al punto se da a conocer. Y así, le hizo una cortés reverencia, a lo que Beatriz respondió con lo mismo.

Llegó el caballero, y en la cristalina agua mató la sed, y se lavó las manos y el[d] rostro del polvo y sudor que ocasiona el gustoso ejercicio de la caza, y[e] sentándose junto a Beatriz, en lengua alemana, que ella bien entendía, le dijo:

—Hermosísima señora: admirado estoy de ver en una parte tan lejos de poblado y sola una[f] mujer de tanta belleza y rico adorno, donde se[g] pudiera ocasionar algún fracaso

    [a] profetizádole: profetizándole D   [b] algo: muy D   [c] falcones: halcones D   [d] el: *om.* D   [e] y: *om.* D   [f] una: a una *añ.* D   [g] se: su C

contra vuestro honor y vida, si vinieran por esta parte muchos salteadores y bandoleros que hay por estas montañas. Suplícoos para que yo, por ignorar quién sois, no caiga en alguna descortesía, me saquéis de este cuidado, diciéndome quién sois y qué fortuna os ha traído por aquí.

No quiso Beatriz que aquel caballero, ya que la veía tan sin compañía en tal lugar, por encubrir su grandeza, que le perdiese el decoro, teniéndola en menos, y así, en la misma lengua alemana, le dijo:

—Señor caballero: yo soy una mujer de calidad, que por varios accidentes desgraciados salí de mi tierra, y ellos mismos (que cuando la fortuna empieza a perseguir[a], no se contenta con poco) han ocasionado el apartarme de mi compañía, y suplícoos, por lo que a cortesía debéis, que no queráis saber más de mí, porque no me va en callar menos que la vida. Solo os pido me digáis quién sois y en qué tierra estoy, y si está muy lejos de aquí Hungría.

—Señora, hermosa más que cuantas he visto: yo os beso la mano por la merced que me habéis hecho en lo que me habéis dicho, y para satisfaceros[b] a lo que deseáis saber, os digo que estáis en el imperio de Alemania. Hungría, aunque no está muy lejos, es[c] otro reino distinto de este. Y yo me llamo el duque Octavio; soy señor de toda esta tierra, y mi estado, por la misericordia de Dios, de los mayores del imperio, por ser potentado de él. Dos leguas de aquí está una villa mía, de donde salí hoy a cazar. Si sois servida (porque sentiré mucho que os quedéis en tan peligrosa parte esta noche, y asimismo porque no es decente ni bien parecido que tanta hermosura esté sola en el campo) de veniros conmigo, yo sé que seréis muy bien recibida y regalada de la duquesa, mi mujer, por darme gusto y porque vos lo merecéis.

Con nuevos agradecimientos respondió Beatriz al duque, aceptando la merced que le ofrecía. Y finalmente el

---

[a] perseguir: proseguir CD   [b] satisfaceros: satifaceros D   [c] es: está D

590

duque la llevó consigo, tan contento como si hubiera hallado un tesoro, no porque la apeteció con amor lascivo, sino, forzado de una secreta estrella, le cobró tanto amor, como si fuera su hermana. Llegados a su palacio, la entregó a su mujer, que era una hermosa señora, aunque ya casi de la edad del duque, contándole cómo la había hallado[a]; que si bien, al principio, la duquesa no se aseguró de que viniese con el duque tan hermosa dama, dentro de poco tiempo se aseguró de la inocencia con que el duque la había traído, viendo la honestidad y virtud de Rosismunda[b], que así dijo que se llamaba, porque otro día, quitándose los ricos vestidos que llevaba, los guardó, vistiéndose de otros que le dio la duquesa, más honestos, con lo cual la duquesa y el duque la amaban ternísimamente, alabando y bendiciendo el día en que la habían hallado.

Dejemos aquí a Beatriz, siendo el gobierno de la casa del duque y el ídolo de él y de la duquesa, que importa volver a Hungría, donde dejamos a[c] traidor Federico y al engañado rey Ladislao, el cual, con la precipitación de la ira que le causó la relación que su hermano, contra la reina, le había dado, y la mandó llevar, sin haber más averiguación de la verdad ni oírla. Entrando en su cámara, se acostó, y pasando algún espacio de tiempo, ya algo más sosegado, le dio un pensamiento: si sería verdad lo que su hermano le había dicho, acordándose con la honestidad y amor que la reina le había salido a recibir, no pudiendo partir de los ojos su hermosura, pareciéndole que si la reina le hubiera hecho ofensa, que no se atreviera a ponerse delante de él, supuesto que se podía temer de Federico, pues no había querido hacer lo que le había pedido en razón de mudar de traje. Y con este pensamiento mandó llamar las damas más queridas de la reina, de las cuales se informó qué habían entendido en

---

[a] hallado: halla C   [b] Rosismunda: Rosimunda D (en todos los casos, salvo indicación contraria)   [c] a*l*: ai A; al BCD

aquel caso; las cuales le dijeron que jamás habían visto en la reina asomo de tal pensamiento; antes tenían orden suya para no dejarla sola cuando estuviese allí el infante. Y que de la prisión no sabían más de que, después de haberla hecho con gran secreto, le había llevado a ella por engaño, donde, si el infante no estuviera tan enojado de verse así, no le había faltado su regalo, como si estuviera en su libertad; que ellas no sabían otra cosa, ni jamás la reina había comunicado con ellas su intención. Y esto lo decían con tantas lágrimas, que obligaron a que el rey las ayudase, y más se aumentó cuando vinieron los que la habían llevado y le contaron todo lo sucedido, que fue tanta la pena que le causó, que llegó casi a los fines de la vida, sin que fuese parte el traidor hermano a consolarle, aunque más consuelos le procuraba; tanto, que le pidió licencia para ir a buscar a[a] la reina, no siendo la intención del traidor hallarla para su hermano, sino de gozarla y luego quitarle la vida.

Al fin, aunque el rey le negó la licencia, se la tomó él, llevando consigo uno de los que la habían llevado, para que le enseñase la parte donde había quedado. Mas cuando llegaron, ya la reina[b] estaba muchas leguas de allí, como se ha dicho. Cansados de buscarla y no hallando rastro de ella, ni aun[c] hilo de los vestidos, que si la hubieran muerto las fieras, estuvieran esparcidos por el campo, desesperado de ver cuán mal se le lograban sus deseos, se sentó en una de aquellas peñas, mientras el montero todavía la buscaba, y ardiéndose en ira de no hallarla para cumplir sus deshonestos apetitos, tomando en esto y en matarla venganza del desprecio que había hecho de él, pensando cuán desacordado había sido de no irse con los que la habían llevado, vio bajar por una senda, que entre las peñas se mostraba, aunque mal usada y áspera, un hombre vestido a modo de escolás-

[a] a: *om.* B   [b] reina: rey D   [c] aun: un D

tico, de horrible rostro, y que parecía de hasta cuarenta años. Traía un libro en la mano, dando con él muestra de que profesaba ciencia, que como llegó a él, le dijo:

—Norabuena esté el noble Federico, príncipe de Hungría.

—En la misma vengáis, maestro —respondió Federico, admirado de que aquel hombre le conociese, no conociéndole[a] él.

Y prosiguiendo el doctor (que así le llamaremos), dijo:

—¿Qué estás pensando, príncipe? ¿En quién soy, o cómo te conozco? Pues más sé yo de ti que tú de mí, pues solo por saber con el cuidado en que estás y remediártele, vengo de muy extrañas y remotas tierras, no habiendo [[un]][b] cuarto de hora que estaba de esa parte de los montes Rifeos[5], donde tengo mi morada y habitación, por ser la más conveniente para ejercitar mis artes. Soy, para que no estés suspenso, un hombre que he estudiado todas las ciencias, y sé lo pasado y por venir, he[c] andado cuantas provincias y tierras hay del uno al otro polo, porque soy mágico[6], que es la facultad y ciencia de que más me precio, pues con ella alcanzo y sé cuánto pasa en el mundo; y soite tan aficionado, que sin que tú me hayas visto, te he visto[d] a ti muchas veces, sin más interés de tenerte por amigo, y que tú me tengas a mí por tal, como lo verás en el modo con que ayudo en el cumplimiento de tus deseos. Mas ha de ser con una condición: que este secreto que pasa entre los dos me has de dar palabra, como quien eres, de jamás decirle a nadie, ni aun al confesor, aunque te veas en peligro de muerte, porque solo en eso estriba la fuerza de mi ciencia.

---

[a] conociéndole: cociéndole A; conociéndole BCD   [b] [[un]]: *om.* ABCD
[c] he: ha D   [d] visto: visto yo *añ.* D

[5] Diversos escritores griegos y latinos hablan de los montes Ripeos o Rifeos, a los que sitúan en el norte de Europa o en el norte de Asia.
[6] *mágico*: «el que profesa y ejerce la magia» (DA).

Y como esto hagas, no solo te diré cosas que te admires, mas te pondré en tu poder lo que deseas para que cumplas tu voluntad. Mira si te determinas a esto; y hagamos la pleitesía, para que yo esté seguro[a]. Y si no, me iré por donde he venido.

¡Qué le pidieran en esta ocasión a Federico, y más prometiéndole el doctor lo que le prometía! Pues con lo que le respondió fue con los brazos, y luego con prometerle guardar tan inviolable[b] secreto, que aun en la hora de la muerte no lo descubriría, ni aun al confesor. Hecho, pues, el pleito homenaje, se sentaron juntos, y el doctor le dijo:

—En primer lugar, te digo que, por ahora, no hallarás lo que buscas, ni es bien que lo halles, porque el día que tu hermano llegue a ver a Beatriz, que viva es[c] y con ojos, aunque se los sacaron (el cómo los tiene, no he podido alcanzar, porque ha sido por una secreta ciencia, reservada al Cielo), y está en parte donde es muy estimada y querida; pero te advierto [que][d] el día que Ladislao llegue a verla, ten por segura tu muerte, porque apenas le[e] dirá la verdad del caso, cuando el rey la ha de creer, y bien ves en esto tu peligro. Y así, lo que hemos de procurar es que salga de donde está, y después de haberla violado el honor y la castidad conyugal, de que ella tanto se precia, la quites la vida, pues de esto conseguirás dos cosas de mucha utilidad: la una, que no se descubra tu traición, pues muriendo ella, no se sabrá, y quitarás de contra ti uno de los mayores enemigos que tienes; porque te advierto que lo es, y muy grande. Y la otra, que si ella muere, tu hermano no se casará jamás, porque la ama (aun con lo que le[f] has dicho) tan tiernamente, que no le ha de agradar mujer ninguna, como no sea su[g] Beatriz, y tú has de ser rey de Hungría. Supuesto esto, y que yo vengo a asistirte y[h] ayudarte, desecha tristezas

^a *seguro:* suguro A; seguro BCD   ^b inviolable: inviolablemente CD   ^c es: y es *añ.* D   ^d [que]: *om.* ABC; que D   ^e le: se D   ^f le: la D   ^g su: *om.* B   ^h y: *om.* D

y el amor que la tienes, y vuélvele en venganzas, que es lo que te importa; que cuando sea tiempo, yo te avisaré. Mas mira que te vuelvo a requerir el secreto, porque si otra persona en el mundo sabe estas cosas, ni yo te podré ayudar, ni tú conseguirás lo que deseas.

Embelesado estaba Federico escuchando al doctor, viéndole cómo le decía sus más íntimos pensamientos, y mucho más de que la reina fuese viva y[a] tuviese vista; mas no quiso apurar en esto la dificultad; antes, tornándole a abrazar y prometiéndole de nuevo el secreto y muchas mercedes, y jurando que, el día que cogiese a la reina en su poder, no se contentaría con darle una muerte, sino dos mil, si pudiese ser; venido el montero, dieron la vuelta a la ciudad, y llegados a ella, hallaron al rey muy malo, y tanto que temían el peligro de su vida; que como las damas de la reina le informaron tan diferente de lo que Federico le había dicho de su virtud, indeciso de la verdad o mentira, como el amor, por su parte, hacía lo que le tocaba, se inclinaba[b] más a creer que la reina había padecido inocente que culpada, y se afeaba a sí mismo la ira con que la había enviado a dar la muerte, sin hacer primero averiguación del agravio por que la había condenado.

Pues como Federico vio al rey en este estado, temiendo que si se averiguaba lo contrario de lo que él había dicho, corría su vida y opinión peligro, fue con propósito, a su doctor, de advertírselo; mas no tenía necesidad de ello, que él estaba bien advertido, y para acreditarse más de su sabiduría, antes que Federico le hablase sobre ello, le dijo:

—Cuando no fuera de más importancia mi venida a servirte, ¡oh, príncipe valeroso!, que de salvar tu vida, como en esta ocasión lo haré, la doy por bien empleada. Tu hermano está muy sospechoso de que la reina esté culpada, y si se desengaña, ha de correr riesgo tu vida. Toma este anillo, y

---

[a] y: *om.* D   [b] inclinaba: indignaba ABCD

póntele en el dedo del corazón, y entra a hablarle, y vuélvele a indignar contra la reina, que en virtud de él te creerá cuanto le dijeres; porque hallo, por mi sabiduría, que el rey no ha de morir de este mal, y asimismo que él, de su voluntad, te ha de [[hacer]][a] heredar en el reino, y es mejor que no alcanzarle violento; porque con esto no ganarás[b] la voluntad de los vasallos, y dándotele el rey, sí.

Tomó Federico el anillo, en que había estampados algunos caracteres y cifras, admirado de cómo el doctor le adivinaba la imaginación, teniéndose por hombre más dichoso del mundo en tenerle por amigo; y poniéndosele en el dedo, entró donde el rey estaba, que como le vio, obrando en él la fuerza del encanto, le dijo que fuese bien venido, alegrándose mucho con él, y preguntándole si había hallado lo que iba a buscar. Federico le dijo que no, porque no había hallado más de los vestidos, indicio de que alguna fiera había comido otra fiera. Y viendo que el rey había suspirado, le dijo:

—¿Y cómo, señor?, ¿en eso estimas[c] tu honor y el mío, que haces sentimiento porque haya muerto quien a ti y a mí nos quita la vida? A ti, ofendiéndote en el honor, y a mí, por no querer ser el verdugo de él, en tenerme como me tuvo tanto tiempo. Consuélate, por Dios, y ten por seguro que, si no estuviera culpada, el Cielo la hubiera defendido, que es amparo de inocentes; mas, pues[d] ha permitido que pague su culpa, no ha sido sin ocasión. No pueda[e] más el amor que a aquella mujer engañosa tenías que tu honor. Tratemos de tu salud, que es lo que importa, que no acaso ha sido lo sucedido.

Estas y otras cosas que Federico dijo a su hermano (dándole crédito en virtud del encantado anillo) fueron parte para que en algo se aquietase; mas no para alegrarle, que en

---

[q] [[hacer]]: *om.* ABCD [b] ganarás: ganarías D [c] estimas: estimas más *añ.* D [d] pues: que D [e] pueda: puede D

eso[a] no tuvo remedio, porque en mucho tiempo no le vieron reír.

Sanó ya[b] Ladislao de su enfermedad, en cuya cura se mostró el gran saber del doctor de Federico, que así le llamaban. Le pidieron los vasallos que se casase, a lo cual, dándoles bastantes causas para no hacerlo, les dijo, por última resolución, que, si[c] pedirle cosa tan fuera de su gusto como sujetarse segunda vez a un yugo tan peligroso y con tantos azares, como el del matrimonio, lo hacían por tener herederos, que allí estaba Federico, su hermano, a quien desde aquel punto juraba y nombraba por príncipe heredero, y les rogaba que ellos hiciesen lo mismo. Y con esto que el rey hizo, fue Federico jurado por príncipe de Hungría; que aunque no era muy afecto al reino, por conocerle soberbio y travieso, y más desde que había sucedido el suceso infeliz de la reina, viendo que era voluntad del rey y que por muerte suya le venía derechamente el reino, hubieron de obedecer.

Todas estas cosas llegaron, en lenguas de la parlera fama, al reino de Inglaterra, con las cuales los reyes, padres de Beatriz, recibieron tanta pena cual era justo: unas veces, no creyendo que, en la virtud que de su hija habían conocido, que fuese verdad, y otras juzgándola mujer, de quien por nuestra desdicha se cree más presto lo malo que lo bueno. Y para asegurarse más del caso, enviaron embajadores al rey Ladislao, que llegados a Hungría y informados del caso, se volvieron tristes y mal satisfechos, asegurando a sus reyes cuán justamente Ladislao había castigado su culpa, con que se excusaron las guerras que sobre esto se pudieran causar.

Poco menos que un año había pasado que Beatriz estaba en casa del duque con nombre de Rosismunda, tan amada de todos, que, si como los hijos que tenía el duque no tu-

---

[a] eso: esto D   [b] ya: *om.* B   [c] si: sin D

vieran estado, la casara el duque con uno de ellos: tan aficionados estaban él y la duquesa de su virtud y honestidad. Y el mal doctor, en la corte de Hungría, tan amado de su rey y príncipe, que no hacían[a] más de lo que él ordenaba, tan sujetos los tenía a su voluntad. Cuando un día le dijo a Federico que ya era tiempo que se empezase la guerra contra Beatriz, que había mucho que gozaba de la amada paz. Y que para esto era fuerza partir juntos de la corte; que pidiese licencia al rey, dándole a entender que iban a ver unos torneos que en la corte de Polonia se hacían.

Súpolo tan bien negociar el príncipe que, aunque contra su voluntad, alcanzó licencia por un mes. Y diciendo que quería ir encubierto, partió de la corte con el doctor y dos criados, que era el modo con que podía ir a menos costa y más seguro, que con las artes del doctor fue muy breve el camino, en el cual avisó el doctor a Federico que cuando quisiese no[b] ser conocido, estaba solo en su voluntad, porque el anillo que le había dado tenía esa virtud, como la de ser creído, de mudarle el rostro cuando fuese su gusto, y desconocerle, que parecería otro.

Con este advertimiento llegaron una noche a la villa, donde el duque (en cuya casa estaba Beatriz) estaba[c], y entrando en el palacio Federico, seguro con su anillo de [[no]][d] ser conocido, y el doctor en sus artes de no ser visto, lo que hizo el doctor fue llegar sin que le viesen y poner a la inocente Beatriz en su manga una carta cerrada y sellada, con el sobrescrito[7] a otro gran potentado de Alemania, por quien el duque se había retirado de la corte a sus estados, que sobre cosas tocantes a la imperial[e] corona habían tenido palabras delante del emperador, ocasionando de esto

---

[a] hacían: hacía D   [b] no: *om.* B   [c] estaba: *om.* CD   [d] [[no]]: *om.* ABCD   [e] imperial: *om.* CD

[7] *sobrescrito:* «la inscripción que se pone en la cubierta de la carta para dirigirla» (DA).

haber salido los dos a campaña y quedar de esta facción muy enemistados: tanto, que se procuraban el uno al otro la muerte. Y otra abierta, dando muestras[a] de haber sido leída, con la sobrecubierta a Rosismunda. Y hecha esta prevención diabólica, acompañado de Federico, que en virtud de su anillo no podía ser conocido, sino de quien era su voluntad, se fueron otro día al palacio, a tiempo que el duque y la duquesa, y con ellos Beatriz, que nunca los dejaba, estaban oyendo cantar los músicos que asistían al duque, y entrados dentro de la misma sala, Federico se quedó junto a la puerta, y el doctor, pasando adelante, llegó al duque y le dijo:

—Poderoso señor: la descortesía de entrarme sin licencia, bien sé que me la perdonarás cuando sepas a lo que vengo. No te quiero decir quién soy, pues mis obras en tu servicio darán testimonio de mi persona y la facultad que profeso. Estando poco ha en los montes Rifeos, donde cerca de ellos tengo mi habitación, me puse a mirar las cosas que en el mundo han de suceder desde aquí a mañana, y entre otras muchas hallé que, en este señalado tiempo que digo, has de morir a traición a manos de un enemigo tuyo, a quien ha de dar entrada en tu cámara una persona de tu palacio, de las que más amas[b]. Quién sea, no está otorgado del Cielo que yo lo sepa. Y viendo cuán gran daño se seguiría si tú faltases del mundo, por ser, como eres, un príncipe tan magnánimo, y de tanto valor y prudencia, y que por tus muchas virtudes te soy muy aficionado, he venido a toda diligencia, ayudado y acompañado de mis familiares confidentes, a darte aviso de que mires por ti. Y para que consigas y sepas lo que a mí me ha negado la poderosa mano, mira cuantos al presente se hallan en tu palacio, que en su poder hallarás quien te asegure de la verdad, y el Cielo te guarde, que no me puedo más detener.

---

[a] muestras: muestra D   [b] amas: mas D

Dicho esto, sin aguardar más respuesta, se salió con su compañía y se fueron a emboscar en aquellas arboledas, cerca de la fuente donde el duque halló a Beatriz, que allí los aguardaban los dos criados de Federico.

Alborotose el duque y la duquesa con tales nuevas, y mandando cerrar las puertas de palacio por su misma persona, no dejó el duque ninguna posada, cofre, arca ni escritorio, ni aun los más secretos rincones de las posadas de los criados, tanto de los oficios mayores como de los inferiores, sin exceptar[a] las mismas personas. Y viendo que por aquella parte no hallaba lo que aquel sabio hombre le había dicho, subió donde estaba la duquesa, bañada en lágrimas, y hizo lo mismo con las criadas, sin que quedase cosa por mirar, de modo que ya no faltaba sino Beatriz y los escritorios de la duquesa, y casi por burla le[b] dijo el duque[c]:

—Y tú, Rosismunda, ¿serás acaso la que guardas el secreto de mi muerte?

—Señor —respondió la inocente dama—, con mi vida quisiera yo alargar la tuya, como quien tantos beneficios ha recibido y recibo de ella. Mas porque no es justo que me reserves a mí entre todos, te suplico hagas conmigo lo que con los demás; que yo creo tan poco en estas fábulas ni encantos, que tengo por sin duda que es algún mentiroso engaño para darte este susto.

—Así me parece —dijo el duque—; mas, como dices, por no hacer agravio a los demás, quiero también mirarte a ti.

Y riéndose, le entró la mano en la manga, donde hallando las cartas y mirando los sobrescritos, vio que el uno de la que estaba abierta era la letra misma de su enemigo, el conde Fabio, y leyéndole[d], decía[e]: «A la hermosísima Rosismunda». La cerrada era de la letra de Beatriz, y esta decía: «Al excelentísimo y poderoso conde Fabio». Abrió la que

---

[a] exceptar: exceptuar D   [b] le: la D   [c] el duque: *om.* CD   [d] leyéndole: leyéndole, le *añ.* B   [e] decía: decía de esta suerte *añ.* D

no tenía sello, y leyéndola en alto, que de todos fue oída, decía así:

«Los agravios y deshonores recibidos del duque Filiberto, hermosa Rosismunda, están pidiendo venganza; pues, como sabrás del tiempo que asistes[a] en su casa, llegaron a dejarme señalado en el rostro y en el mundo por hombre sin honra. Y aunque he procurado con todas veras satisfacerme, no me ha sido posible; que los cobardes miran mucho por su vida. Y así, es fuerza valerme de la industria, si para quitársela, en desagravio de mi afrenta, me la das, y lugar para hacerlo, como quien en su casa lo puede todo. Con lo que te pagaré este beneficio será con hacerte dueño mío, que por las nuevas que tengo de tu hermosura lo deseo, y señora de mi estado. La respuesta y resolución de este caso[b] darás a quien te diere esta, que es leal confidente mío. —El conde Fabio».

Estaba la letra tan parecida, y la firma tan bien contrahecha, que no había en qué poner duda que la carta era del conde. Abrió el duque la cerrada, que decía así:

«Tiénenme tan lastimada, conde excelentísimo, los agravios que del duque has recibido desde el día que lo supe, que cualquiera encarecimiento que diga será corto. Y aunque los beneficios del duque recibidos me pudieran tener obligada, más debo al sentimiento de tu agravio, como lo verás en la ocasión que me has puesto: que dar lugar a que las personas como tú se desagravien[c], no lo tengo por traición. Y supuesto que es así, y que de tu confidente sé cuán cerca estás de esta villa, entra en[d] ella, y ven mañana, ya pasada de medianoche, a la puerta trasera de este palacio, que es adonde caen las ventanas de mi posada, trayendo por seña, en el sombrero, una banda blanca[e], para que no padezca engaño, por donde te arrojaré la llave, con que podrás tú y los que te

---

[a] asistes: asististe D   [b] este caso: esto B   [c] desagravien: desagravian C
[d] en: con CD   [e] blanca: blanda A; blanca BCD

acompañaren entrar. Y dete el Cielo valor para lo demás, que en razón de la merced que me prometes, no la acepto hasta que me veas, que podrá ser que entonces te parezca la fama que de mi hermosura tienes, más mentirosa que verdadera. El Cielo te guarde. —Rosismunda».

Tan asombrado quedó el duque de ver las cartas y conocer la letra y firmas, como Beatriz de que se hubiesen hallado en su poder. Era de modo que ni el duque hablaba para culparla[a], ni ella para defenderse, sino con las hermosas lágrimas que hilo a hilo caían de sus lindos ojos. Y no hay duda de que si no se acordara de las razones que la hermosa señora le dijo, cuando se apartó de ella en la fuente, de lo que le faltaba por padecer, se quitara la vida, para salir de una vez de tantas penas. Y aun del duque se cree que le pesó más de hallar las cartas en su poder que de la traición que veía armada contra su vida, y que diera la mitad de su estado porque no fuera hallada en ella. Mas[b] la duquesa, como mujer, y[c] que veía la vida de su marido en balanzas, y la maldad de una mujer que tanto amaban y a quien tantos beneficios habían hecho, como mujer sin juicio, daba voces que la matasen, diciéndole mil afrentas, a lo que la inocente señora no respondía más que con su amargo llanto, no pudiendo imaginar por dónde le habían venido a su poder aquellas cartas, que no había visto, ni pensado, si bien se persuadía[d] eran puestas por algún envidioso de su privanza, que contrahaciendo su letra y firma, ordenó tal traición. Y viendo que para ella no había más disculpa que la que[e] Dios, como quien sabía la verdad, podía ordenar, callaba y lloraba; de que el duque, compadecido, la mandó retirar a su cámara, con orden que no saliese[f] de ella, bien contra la voluntad de la duquesa, que no quería sino que muriese.

---

[a] culparla: cumplirla D   [b] Mas: Y más *añ.* D   [c] y: *om.* D   [d] persuadía: persuadían D   [e] que: de CD   [f] saliese: saliesen D

Ida Beatriz, lo primero que el duque hizo fue poner buena guardia en su palacio, y luego, sin dejar casa ni posada en toda la villa que no se mirase[a], mandó buscar el tal confidente del conde Fabio; mas no fue hallado, aunque para más satisfacción le trujeron cuantos forasteros en ella había. Y asimismo, informado de todos cuantos en su palacio estaban si habían visto a Rosismunda[b] hablar con algún forastero, y diciendo todos que no, creyendo que era más la traición contra Rosismunda[c] que no contra él, por descomponerla, y lastimado de ello, y movido a piedad de ver[d] su hermosura, honestidad y virtud, y la paciencia con que llevaba aquel trabajo, y lo que más es, guiado por Dios, que no quería que Beatriz muriese, habiéndole dicho que la duquesa, viéndole remiso en darla muerte, estaba determinada a darla veneno, sin que la duquesa lo supiese, ni él querer verla, por que no le diese más lástima de la que tenía, la mandó sacar una noche, al cabo de dos días que estaba presa, y que dos criados suyos la llevasen y la pusiesen junto a la fuente donde la había hallado, sin hacerla más daño que dejarla allí. Y así fue hecho; que como la fuente no estaba más de dos leguas de la ciudad, y partiesen con ella al primer cuarto de la noche, cuando[e] llegaron a ella aún no había amanecido. Y dejándosela allí, como llevaban la orden de su dueño, se volvieron.

¿Quién podrá decir el tierno sentimiento de la afligida reina, cuando se vio allí, de noche, sola y sin amparo, y habiendo perdido el sosiego con que en casa del duque estaba, y más por una causa tan afrentosa? Y más que no se hallaba con prenda de valor para poder remediarse; que, como se ha dicho, en casa del duque andaba vestida muy honestamente. No hacía sino llorar, y a cada rumor que oía, ya le parecían, o bestias fieras que la venían a sepultar

---

[a] mirase: miró D   [b] Aquí Rosismunda en D   [c] Aquí Rosismunda en D
[d] ver: *om.* CD   [e] cuando: quendo B

en su vientre, o salteadores que la violasen su honra. Y esto temía más que el morir; que estaba tal, que casi tenía aborrecida la vida.

En esta congoja estaba, cuando empezó el Aurora a tirar las cortinas de la noche, desterrando los nublados de ella para que Febo saliese, cuando mirando Beatriz por sí, con los entreclaros crepúsculos del alba, se vio con los ricos vestidos que había sacado de Hungría, cuando la llevaron, por mandado del rey, su esposo, a sacar los ojos. Y pareciéndole todas sus cosas prodigios, estando cierta de que aquellos vestidos habían quedado en casa del duque, y ella con la pena con[a] que salió de ella no [se][b] había acordado de ellos.

Considerando, pues, estas cosas, juzgó que quien la ponía en tales ocasiones no la desampararía; aguardó, algo más consolada, en qué pararían sus fortunas, llamando[c] a Dios que la socorriese, y ofreciéndole aquellos trabajos, cuando siendo ya más de día, vio salir de entre los árboles, no un león, ni un oso, ni aun salteadores, porque estos no le dieran tanto asombro como ver salir a Federico, que si se os acuerda, con su falso doctor y criados se fueron a la floresta, cuando dejaron urdida la traición. No hay duda sino que quisiera más Beatriz verse despedazada de cualquiera de los dichos, antes que verle, y queriéndose poner en huida, se levantó. Mas Federico, abrazándose con ella, le dijo:

—Ahora, ingrata y desconocida Beatriz, no te librarán de mis manos tus encantos, ni hechizos, ni la jaula de hierro en que me tuviste[d] tanto tiempo; que yo te gozaré en venganza de tus desvíos, y luego te daré la muerte, para excusar la que tú tratas de darme.

—Antes, traidor a Dios, a tu hermano y a mí, verás la mía —respondió Beatriz—, que yo tal consienta. Mátame, traidor enemigo; mátame ahora, si lo has de hacer después.

<hr />

[a] con: *om.* D   [b] [se]: *om.* ABC; se D   [c] llamando: llamado D   [d] tuviste: tuviese D

Y^a diciendo esto, trabajaba por defenderse, y Federico por rendirla, pareciéndole al traidor que luchaba con un gigante, y a Beatriz, que sus fuerzas en aquel punto no eran de flaca mujer, sino de robusto y fuerte varón. Y andando, como digo, en esta lucha, dijo Federico, viendo su resistencia:

—¡Qué te cansas, desconocida de mi merecimiento y valor, en quererte librar de mi poder, que aun el Cielo no es poderoso para librarte!

Apenas acabó el blasfemo Federico^b de decir esto, cuando de entre los árboles salió la hermosa señora que en las pasadas angustias la^c había socorrido, que a paso tirado venía caminando hacia ellos; que como llegó, sin hablar palabra, asió de la mano a Beatriz, y tirando de ella, la sacó de entre los brazos del lascivo príncipe, y se la llevó, quedando Federico abrazado, en lugar de la hermosa presa que se le iba, con un fiero y espantoso león, que con sus uñas y dientes le hería y maltrataba; que, viéndose así, empezó a dar tristes y lastimosas voces, a las cuales acudieron el doctor y criados, que, viéndole en tal estado, sacando las espadas, de las cuales el león, temeroso, le soltó, entrándose^d por lo más espeso de la alameda, porque no era tiempo ni que la vida de Federico ni los trabajos de Beatriz tuviesen fin.

Quedó Federico tendido en el suelo, mal herido; tanto, que los criados y el doctor les fue forzoso llevarle al primer lugar, donde se estuvo curando muchos días de sus heridas, no pudiendo alcanzar, ni Federico con su entendimiento, ni el doctor con sus artes, cómo había sido aquella transformación, ni adonde se había ido Beatriz; que eso estaba por entonces reservado a quien la llevaba; la cual, con la hermosa señora que la llevó, se halló libre de la fuerza que esperaba recibir. Daba muchas gracias a su verdadera amiga y

---

^a Y: *om.* D   ^b Federico: de Federico *añ.* B   ^c la: le D   ^d entrándose: entrando D

defensora de su vida y honor, y ella la animaba y regalaba con amorosas caricias, caminando todo aquel día, hasta poco antes de anochecer, a lo que Beatriz le parecía, fuera de camino, porque unas veces le parecía que iban hacia adelante y otras que daban vuelta y volvían a caminar lo ya andado, que llegaron a unas cabañas de pastores[a], donde la dejó su guía, diciéndole:

—Quédate aquí, Beatriz, que aquí hallarás lo que por ahora has menester.

Y sin aguardar ni dar lugar a que la respondiese, ni le diese agradecimiento del bien que le hacía, la vio ir por el campo con ligerísima velocidad, dejándola tan desconsolada en su ausencia como la vez primera; porque cuanta alegría recibía su corazón mientras la tenía junto a sí, sentía de pena cuando se apartaba.

En fin, viendo que ya se había encubierto, se llegó a las cabañas, donde halló cantidad de pastores y pastoras que tenían, sobre unas pellejas de las reses muertas, tendidos unos blancos, aunque toscos, manteles, y todos sentados alrededor querían cenar una olla, que estaba sacando una de las pastoras, de tasajos cecinados; que como vieron aquella mujer que en lengua alemana les dio las buenas noches, tan hermosa y ricamente aderezada, como simples rústicos, se quedaron mirándola embelesados, hasta que ella, viendo la suspensión, prosiguió diciendo:

—Amigos, por la Pasión de Dios os pido que, si sois cristianos (como me parece que lo sois), me admitáis y amparéis en vuestra compañía, siquiera por ser mujer, que me he escapado de un gran peligro y vengo huyendo de un cruel enemigo que anda procurando quitarme la vida.

Ellos, habiendo entendido bien la lengua (porque era la misma que hablaban, pues de allí a la corte de Alemania apenas había media legua), le respondieron que entrase,

---

[a] pastores: postores C

que de buena voluntad harían lo que les pedía. Con este beneplácito de la pobre gente, entró la perseguida reina, y haciéndola sentar a la pobre mesa, cenó, comió y almorzó con ellos, porque desde que salió de casa del duque no había comido bocado, haciéndola todos tanto agasajo y buena acogida, que aquella noche, no pudiendo dormir, pensando en sus fortunas, se resolvió a enviar a vender a la ciudad aquellos ricos vestidos, y trocándolos a los pastoriles, quedarse allí con aquella buena gente.

Mas no le sucedió así, como ella pensaba. Y fue el caso que, cerca de aquellas majadas de pastores, había un soto donde se criaba gran cantidad de caza, y donde el emperador iba muchas veces a cazar y a[a] divertirse de la pensión que trae consigo la carga del gobierno, y había seis o ocho días que estaba en él con la emperatriz y toda su gente, y un niño que tenían de seis años, príncipe heredero de todo aquel imperio, que no tenían otro. Y otro día, volviéndose todos a la ciudad, era fuerza pasar por delante de las cabañas; que como los[b] pastores y pastoras sintieron que venía, salieron todos a verle pasar, y Beatriz con ellos; que como la carroza en que el emperador y emperatriz, y su hijo, llegaron cerca, y entre la gente rústica viesen aquella dama tan hermosa y bien aderezada, con vestido de tanta riqueza, extrañando la novedad y el traje, que bien conocieron ser húngaro, mandando parar la carroza, enviaron con un criado a llamarla, que, sabido por Beatriz, se llegó y con una cortés reverencia (como ella bien sabía se habían de tratar tan reales personas) los saludó, a la cual el emperador correspondió con otra no menos cortés reverencia, contemplando en su rostro la majestad que en sí encerraba[c], y con alegre y afable semblante, le preguntó que de dónde era y qué hacía entre aquella gente.

—Poderoso señor —respondió Beatriz—: yo soy de tierras muy extrañas de esta, aunque he asistido algún tiempo en

_____

[a] a: *om.* B   [b] los: lo D   [c] encerraba: encerraban D

Hungría; sacáronme de mi patria y casa por un engaño, y después de haberme traído a unos montes, que allá detrás quedan, queriéndome matar en ellos, el Cielo, que sabe para qué me guarda, me libró de las crueles manos de mis enemigos, y hurtándome de ellos, llegué anoche a estas cabañas, donde esta piadosa gente me amparó. Esto es lo que puedo decir a vuestra majestad; lo demás es más para sentido que para contado.

Mirándola estaban[a] el emperador y emperatriz mientras ella hablaba, maravillados de su gracia y belleza, cuando sucedió una maravilla bien grande, y fue que el niño, que junto a su padre estaba, acercándose al estribo de la carroza, como Beatriz estaba tan junto que tenía las manos puestas en él, le echó los brazos al cuello, y juntando su rostro con el suyo, la empezó a besar con tan grande amor como si toda su vida se[b] hubiera criado en su compañía; que visto esto por Beatriz, le sacó de la carroza, apretándole entre sus brazos, le pagó en amoroso cariño lo que el príncipe había hecho con ella.

Admirados todos de lo que el niño hacía con aquella dama, juzgando a prerrogativa de la hermosura agradarse[c] todos de quien la posee, dejando a más de cuatro el niño envidiosos de los favores que gozaba, y queriendo restituírsele a sus padres, no fue posible, porque daba gritos, llorando por volverse con ella, sin bastar los halagos de su madre, ni reñirle el emperador, que era tan grande el sentimiento que el príncipe hacía, y tan tiernas y lastimosas las lágrimas que lloraba, que los padres, como no tenían otro, compadecidos de él, rogaron a Beatriz entrase en el coche, diciéndole que, supuesto que no tenía parte segura donde ampararse de los que la perseguían, que dónde mejor que en su palacio, donde el príncipe su hijo le serviría de guardia, pues los que le guardaban a él, la velarían a ella.

---

[a] estaban: estaba D   [b] se: *om.* B   [c] agradarse: aguardarse D

No le pareció a Beatriz ser acaso este suceso, sino enca-
minado por Dios y su guardadora. Y así, besando la mano
al emperador y emperatriz, y despidiéndose de los pastores,
prometiéndoles satisfacerles el bien que de ellos había recibido en albergarla aquella noche, se fue con el emperador,
tan contentos él y la emperatriz de llevarla, que si hubieran
ganado un reino, no fueran más contentos; a tanto obligaba el sereno, honesto y hermoso rostro de Beatriz que
cuantos la miraban se le aficionaban.

Las alegrías que el niño hacía admiraban a todos, que no
hacía sino apartar su cara de la de Beatriz y mirarla, y luego,
riéndose, volver a juntarse con ella, quedando desde este
día a su cargo la crianza del príncipe, porque no había que
intentar apartarle de ella; con ella comía y dormía, y en
tratando de dividirle de su compañía, lloraba y hacía tales
ansias, que temían su muerte. Queríanla tanto por esto los
emperadores, que no es posible ponderarlo, y ella amaba al
príncipe más que si fuera su hijo.

En fin, la dejaremos en esta paz y quietud, tan amada,
respetada y servida, como si estuviera en el reino de Hungría, y vamos a Federico y su doctor, que ya sano de sus
heridas y tan enojado contra la reina, por parecerle que por
mágicas artes le había puesto en tal peligro, que si la cogiera en su poder (como cuando la tuvo a la fuente), no aguardara a gozarla, como entonces intentó, sino que la diera la
muerte, bien pesaroso de no haberlo hecho entonces. Preguntó un día a su doctor qué le parecía de tales sucesos.

—¿Qué quieres, príncipe, que me parezca? —respondió
el doctor—, sino que tú y yo tenemos fuerte enemigo[a],
porque no puedo, por más que lo procuro, alcanzar qué
deidad defiende esta mujer, que no valen nada mis artes y
astucias contra ella. Solo alcanzo que, si dentro de un año
no muere, nos hemos de ver tú y yo en la mayor afrenta

---

[a] enemigo: enemiga D

que hombres en el mundo se han visto, y no puedo entender sino que es grandísima hechicera y maga; porque, aunque he procurado saber, después que estamos aquí, dónde o quién la ha escondido, no lo he podido alcanzar hasta hoy, que me ha dicho un familiar mío que está en el palacio del emperador de Alemania, muy querida y estimada de todos; porque un niño de seis años, hijo del emperador, que la quiere más que a su madre, a cuya causa los padres la aman ternísimamente, y lo que se ha de temer es no descubra al[a] emperador quién es y lo que le ha pasado contigo; no hay duda que dará cuenta al rey, tu hermano, el cual desengañado y sabida la verdad, tú morirás y yo no quedaré libre, por haberte ayudado. Dirás cómo sabiendo tanto no acabo con ella. Y a eso te respondo que contra esta mujer ni tu acero puede cortar, ni mis artes tienen fuerza por una sombra que la ampara, que no puedo alcanzar quién se la hace, ni mis familiares tampoco; porque hay cosas que hasta a los demonios las oculta Dios por secretos juicios suyos, y es el amparo tan grande que tiene en ella, que, aunque ahora quisiera llegar a ella (como llegué cuando en casa del duque le puse en las mangas las cartas con que la saqué de allí y la puse en tu[b] poder), no fuera posible. Y esto es desde el día que a la fuente te la sacaron de las manos y en su lugar dejaron el león, que te ha tenido en el estado que te has visto. Pues dejarla que viva es peligroso para nosotros, que tarde o temprano se ha de venir a descubrir, y corremos el mismo riesgo. Lo más acertado es procurar que muera por ajenas manos, y el cómo ha de ser que yo te pondré dentro del palacio del emperador, y en la misma cámara donde duerme con el niño príncipe, cuando ya el sueño los tenga a todos rendidos (que entrar yo es imposible, por esta sombra que digo que la defiende), y pondrasle debajo de la[c] almohada una hierba que yo te daré, que

[a] al: el D   [b] tu: su D   [c] la: una D

provoca a sueño, que mientras no la despertaren, dormirá seis días; como[a] esté así, mátale el niño, y luego ponle la daga en la mano, para que, viéndola así, juzguen[b] que ella le ha muerto, que con esto acabaremos con ella; pues claro es que la han de mandar degollar, en venganza de la muerte del príncipe, con que quedaremos libres. Y si esto no se hace, no hay qué aguardar. Mira si te parece a propósito y si te determinas a ello; si[c] no, sigue tu parecer y gusto, que yo me quiero volver a mi morada, porque estoy dudoso si me guardarás el secreto prometido, de que me seguirá mucha pérdida, cuando no sea en mi vida, en mi saber, que en él está la fuerza de mis artes. Y quiero, si lo hicieres, estar lejos del peligro, porque el día que, aunque sea confesándote, lo descubrieres, ese día moriremos tú y yo, y no es la vida tan poco amable que se desee perder, que será, sobre haberte bien servido, llevar mal galardón.

—¿Qué es irte a tu morada? —respondió Federico, abrazando al doctor—. Mientras yo viva, no consentiré tal. Y para que con más seguridad estés, dame la mano y palabra de que de día ni de noche te has de apartar de mí, que yo te la doy de lo mismo. Y en cuanto al secreto, te vuelvo a prometer, como hijo de rey y príncipe que soy, y rey que espero ser, de guardártele de modo que, aunque me confiese, no confesaré lo que entre los dos pasa, ha pasado y pasará; antes no me confesaré, porque pierdas el temor.

—No confesarte —dijo el doctor— fuera causar mucho escándalo; que al fin eres cristiano y lo has de hacer, aunque no sea sino por cumplir con el mundo. Calla lo que importa y di lo demás, que más de dos hay que lo hacen.

—Así, así será —dijo Federico—, y vamos luego a matar ese niño, para que muera esta enemiga, ya que no puede mi acero ejecutar en ella la rabia de mi pecho.

---

[a] como: y como *añ*. D   [b] juzguen: juzgan D   [c] si: y si *añ*. D

Con esto, dando orden a los criados los aguardasen allí, sin que por accidente ninguno se apartasen de aquel lugar hasta que ellos[a] volviesen, se salieron paseando por el campo, donde aquella misma noche puso el doctor a Federico dentro del palacio del emperador, y aguardando a que todos se sosegasen, ya que fue tiempo, le llevó a la puerta de la cámara donde Beatriz con el niño dormían, descuidada de esta maldad, y dándole la hierba que había dicho, le dijo:

—Entra, príncipe, que aquí te aguardo, y advierte que en lo que vas a hacer no te va menos que la vida. No te ciegue ni engañe la hermosura, ni el amor de esta tirana, que si te cogiera a ti como tú la tienes a ella, yo te aseguro que no te[b] *re*servara[c].

—Déjame el cargo —respondió Federico, maravillado del gran saber del doctor—, que me espanto[d] cómo, sabiendo tanto, no alcanzas que, cuando no fuera por lo que me va a mí, solo por tu gusto, aun a mi hermano no perdonara la vida. Si no, dime que se la quite, y verás en obedecerte lo que te estimo.

—Así lo creo —dijo el doctor—, y[e] eso será para después; que deseo tanto verte rey, que pienso que no hemos de aguardar a que el curso de los años se la quite. Y no te espantes que tema a un hombre enamorado en presencia de una mujer hermosa, que es un hechizo la hermosura que a todos mueve a piedad. Y porque sé tanto, sé que por amor se perdonan muchos agravios.

Con esto, Federico entró y el doctor se quedó aguardando fuera; que como llegó junto a la cama, vio dos ángeles; humanémoslo[8] más: vio a Venus y a Cupido dormidos,

---

[a] ellos: esos D [b] te: *om.* D [c] *re*servara: servara ABC; reservara D [d] espanto: espanta B [e] y: *om.* D

[8] *humanar:* «humanizar, dar forma humana» *(Humanar:* «convertir en hombre. Es usado por los poetas» DA).

porque en la cuadra había luz grande. Era la crueldad de este hombre mucha, pues no le ablandó tan hermosa vista; mas no hay que espantar, que estaba ya el rigor apoderado de él. Púsole la hierba debajo de la almohada, y quiso hacer experiencia del saber del doctor, su amigo, y sacando la daga, fue a herir a Beatriz en medio del blanco pecho, diciendo:

—Ahora, alevosa[a] reina, con una muerte me pagarás tantas como por[b] ti he pasado[c].

Mas no fue posible poder mandar el brazo. Con que, satisfecho de la verdad que su doctor le trataba, la volvió contra el inocente príncipe, y dándole tres o cuatro puñaladas, le dejó dormido en el eterno sueño, y luego, poniendo a Beatriz la daga bañada en la inocente sangre en la mano, se volvió a salir, donde halló al doctor; y juntos se fueron al campo, junto a las cabañas de los pastores donde Beatriz estaba cuando la halló el emperador, porque allí le dijo el doctor se había de ejecutar la justicia de Beatriz, para verla por sus ojos y quedar seguros de ella.

Llegó la mañana, bien triste y desdichada para el emperador y todo el imperio de Alemania, que como las criadas que asistían a Beatriz y al príncipe vieron ser hora, entraron a la cámara y vieron el cruel y lastimoso espectáculo, dando[d] terribles[e] gritos, fueron donde estaban[f] el emperador y emperatriz, diciendo:

—¡Venid, señores, y veréis la tragedia de vuestro palacio y imperio, que la traidora de Florinda —que así había dicho que se llamaba— os ha muerto a vuestro amado hijo!

Los ansiosos padres, con tales nuevas traspasados, fueron a ver lo que aquellas mujeres les decían, que como se ofreció a sus ojos la lástima y dolor, empezaron, como gente sin juicio, a dar voces, mesando la emperatriz sus cabellos y el

---

[a] alevosa: elevosa D   [b] por: para D   [c] pasado: dado D   [d] dando: y dando *añ.* D   [e] terribles: *om.* D   [f] estaba*n*: estaba ABCD

emperador sus barbas, a cuyas voces despertó Beatriz, despavorida, que hasta entonces le había durado el diabólico sueño; que no hay duda que si antes hubiera despertado, con la misma daga que tenía en la mano, se hubiera quitado la vida. Que como se vio así bañada en sangre, y al niño muerto, y que ella, con la daga que en la mano tenía[a], daba muestras de ser la agresora de tal delito, no hizo más de alzar al cielo los ojos bañados de tierno y lastimoso humor, y decir:

—¡Ya, Señor, veo que de esta vez es llegado el fin de mi desdichada y perseguida vida! Y pues conozco que esta es tu voluntad, también es la mía. Yo muero contenta de que no la debo, y de que aquí tendrán fin mis persecuciones, y con una muerte excuso tantas como cada día padezco, y así, mi descargo sea mi silencio, porque deseo morir sin contradecir a lo que dispones.

A este tiempo, ya el emperador, ciego de ira, había mandado llamar al gobernador, que venido, le mandó que tomasen a[b] aquella mujer, así desnuda como estaba, y la llevasen a la misma parte donde la habían hallado; y[c] allí le cortasen la cabeza, y que ella y la mano se pusiesen en el mismo camino, con letras que dijesen su delito. Y dando orden que se enterrase el príncipe, él y la emperatriz se retiraron a llorar la muerte del amado hijo.

Sacaron a la hermosa reina, así desnuda, como estaba[d], del palacio, y por llegar más presto (como hasta la parte dicha había media legua) la entraron en un coche, y también por que no la matasen[e] los ciudadanos, que, dando voces, andaban como locos, lamentando la muerte de su príncipe, antes de ejecutar la justicia. Que como la vana ostentación del mundo hasta en los cuerpos sin alma se guarda, no pudo ser el entierro del niño tan presto, que

---

[a] tenía: tedía D   [b] a: *om.* B   [c] y: *om.* B   [d] estaba: están D   [e] matasen: mirasen D

primero no llegaron con la hermosa señora al lugar del suplicio[a]; que como estuvieron en él, sacándola del coche, atadas las manos, la pusieron en mitad de aquel campo, en medio de un armado escuadrón, para que todos los que la seguían la viesen, mientras se levantaba un alto cadalso, donde se había de ejecutar la justicia, que muchos oficiales armaban a gran priesa.

Estaba la inocente y mansa corderilla cercada de carniceros lobos, con los llorosos ojos mirando con la priesa[b] que se disponía su muerte. Llamaba muy de veras a Dios[c], ofreciéndole aquel y los demás martirios que había padecido. Y el traidor Federico y su compañero, entre la gente, mirando lo que tanto deseaban, cuando, bajando Beatriz los ojos del cielo, donde los tenía puestos, y extendiendo la vista por el campo, vio venir, rompiendo por el tumulto de la gente a largo paso, a su defensora y amiga, aquella hermosa señora que la había dado su favor en tantos peligros como se había visto, que como llegó, le dijo:

—En estas ocasiones, Beatriz, se conocen las verdaderas amigas.

Y desatándole las manos, tomándola por una de ellas, por entre toda la gente, paso a paso, la sacó de entre todos, hallándose Beatriz a este tiempo con los mismos vestidos que salió de su casa y se le habían quedado en el palacio del emperador, y la[d] llevó muy distante de allí, poniéndola entre unas peñas muy encubiertas, a la boca de una cueva, que junto a ella había una cristalina y pequeña fuentecilla, y del otro lado una verde y fructuosa palma cargada de los racimos de su sabroso fruto. Y como llegó allí, le dijo la hermosa señora:

—Entra, Beatriz, dentro de esa cueva, que esta ha de ser tu morada hasta que sea tiempo. En ella hallarás lo que has

---

[a] suplicio: sulpicio A; suplicio BCD   [b] priesa: prisa D   [c] Dios: Dis A; Dios BCD   [d] la: *om.* D

menester, que quiere Dios que por ahora no comuniques con más gente[a] que con las voladoras aves y simples conejuelos y sueltos gamos, donde te hallarás mejor que con los hombres[b]. Vive en paz, ama la virtud y encomiéndate a Dios, y acuérdate de mí, que soy la que te he sacado del aprieto en que te has visto.

—¡Ay, señora —dijo Beatriz, arrodillándose a sus pies—, no os vais sin decirme quién sois, para que sepa a quién tengo de agradecer tantas mercedes, que olvidarme de vos es imposible!

—Aún no es tiempo que lo sepas.

Y diciendo esto, se fue con notable ligereza, dejando a Beatriz absorta, siguiendo con los ojos sus pasos, y con el sentimiento, que todas las veces que se apartaba de ella, quedaba; que como la perdió de vista, se levantó y entró en la cueva, la cual no tenía de hueco más de algunos veinte pasos; toda era labrada en la misma peña. A un lado de ella estaba una cruz grande, labrada de dos maderos con mucho primor y curiosidad, y del clavo de los pies que tenía en los brazos, y los dichos sus tres clavos, estaba colgado un rosario y unas disciplinas, y al pie un pequeño lío, en que estaba un hábito de jerga, con su cuerda, y una toca de lino crudo, y sobre el lío unas Horas de Nuestra Señora, otras de oraciones en romance, un libro grande de vidas de santos, y enfrente de esto[c], unas pajas, donde podía caber su cuerpo, que a lo que la santa reina juzgó, parecía haber sido morada de algún penitente que había trocado esta vida, llena de penalidades, a la eterna. Que viendo esto, desnudándose el vestido, haciendo de él[d] un lío, le[e] puso a un lado de la cueva, y vistiéndose el grosero saco, ciñéndose la cuerda y abriendo el dorado cabello con la cruda toca, se sintió tan gozosa como si estuviera en el palacio de su padre

---

[a] gente: gentes B   [b] hombres: hombre A; hombres BCD   [c] esto: esta D   [d] él: *om.* D   [e] le: se D

o esposo, no echando menos, con el alimento que en la verde palma y clara fuentecilla halló, los regalados manjares de la casa del duque ni [[del]]ᵃ palacio del < del >ᵇ emperador.

Dejémosla aquí, comunicando a todas horas con Dios, a quien daba muchas gracias, junto con su Santa Madre, de haberla sacado de entre los tráfagos y engaños del mundo, pidiéndoles que, antes que se muriese, supiese quién era aquella hermosa y piadosa señora que la había librado tantas veces de la muerte y traídola a tan sosegada vida, unos ratos orando y otros leyendo. Y volvamos al lugar del suplicioᶜ, y a la corte del emperador, que no hay poco que decir de ellos.

Acabose de levantar el cadalso, que, porque fuese más bien vista su muerte, se mandó hacer. Y queriendo, para ejecutar la justicia, llevar a él a Florinda, que así la llamaban todos, como a un tiempo fue el ir por ella y el llevársela su defensora, y vieron que de delante de los mismos ojos faltaba, quedaron los engañados ministros tan asombrados como cuando el caminante que, en noche muy oscura caminando, de repente, se le ofrece a la vista un repentino relámpago, que, dejándole deslumbrado, no sabe lo que le ha sucedido. Así quedaron los que al tiempo de asir de Florinda, se hallaron sin ella, mirando a unas partes y a otras, por ver por dónde se habíanᵈ ido, no quedando menos admirados que los demás Federico y el doctor, no pudiendo imaginar dónde se hubiese ido. Unos decían: «Aquí estaba ahora». Otros: «Mirándola, sin partir los ojos de ella, se me ha desaparecido de ellos». Estos le llamaban «milagro», y aquellos «encantamiento»ᵉ. Solo el doctor, que era el que más espantado estaba de que de su saber se le encubriese, dijo a Federico:

ᵃ [[del]]: *om.* ABCD   ᵇ del <del>: *añ.* A; del BCD   ᶜ suplicio: sulpicio A; suplicio BCD   ᵈ habían: había D   ᵉ encantamiento: encantamento: ABC; encantamiento D

—¿Qué nos cansamos? Que mientras esta sombra se la hiciere a esta mujer, no hemos de tener poder contra ella.

Pues estando de esta suerte, sin saber qué hacerse, ni qué disculpa darían al emperador, vieron venir al más correr de un caballo un caballero de palacio, dando voces que, si no estaba ejecutada la justicia, se suspendiese y diesen vuelta con Florinda a palacio, que así lo mandaba el emperador, que como llegó le dijo al gobernador lo mismo. Y cómo, al tiempo de llevar a sepultar al príncipe con general sentimiento de todos, había resucitado, levantándose sano y bueno, diciendo a voces:

—No maten a Florinda, que no me mató Florinda; antes por Florinda tengo vida. Tráiganme a Florinda. Vayan presto, no la maten, que está inocente; que no me mató sino un traidor, por hacerla mal a ella.

Nuevas admiraciones caus*aron*[a] estas nuevas, y viendo que no parecía, ni por vueltas que dieron por el campo no la hallaban, volvieron a dar cuenta al emperador de todo; que fue tanto[b] su sentimiento de que no pareciese, como si la hubieran muerto, y más viendo que el niño lloraba[c] por ella y decía que sin Florinda no quería vivir. Ida la gente, quedaron solos Federico y el doctor, a quien dijo el príncipe:

—¿Qué me dices de tales sucesos[d], doctor amigo?

—Qué quieres que te diga, sino que tengo agotado el entendimiento, deshecha y deslucida la sabiduría, por ver lo que pasa, y que a mí, que no se me encubre cuanto pasa en el mundo, y aun lo que en las profundas cavernas del infierno hay, lo miro y juzgo como si estuviera en cada parte, no puedo alcanzar este secreto, ni en qué virtud se libra esta mujer de tantos peligros como la ocasionamos tú y yo, que sé, aunque más lo procuro, si en virtud de Dios u[e] de

---

ᵃ caus*aron:* causó ABCD   ᵇ tanto: tanto y tan grande *añ.* D   ᶜ lloraba: lloraba tanto *añ.* D   ᵈ sucesos: sucesos como estos *añ.* D   ᵉ u: o BD

algún demonio se hace esto. Mirándola estaba cuando se desapareció, y no vi más de que la encubrieron sin saber quién, ni por ahora alcanzo dónde está. Solo sé que la hemos de volver a ver; mas entonces será con gran riesgo de los dos. Y ahora es menester que de nuevo tornemos tú y yo a prometernos no apartarnos el uno del otro en ningún tiempo ni ocasión, por que, unidas nuestras fuerzas, no le basten las suyas contra nosotros; y que demos la vuelta a Hungría por aliviar la pena que tu hermano y todo el reino tiene por ti, y allí obraré con más fuerza y sosiego de mis encantos, para ver si pudiésemos obrar contra ella, antes que ella contra nosotros. Y en caso que no se pueda hacer, será lo más acertado quitar a tu hermano la vida con alguna confacción[a] [9] que le demos, que siendo tú rey, poco podrá contra ti.

Pareciole bien a Federico el consejo del doctor, y dándole de nuevo palabra de no apartarle de sí en ningún tiempo, ni de noche ni de día, se fueron donde habían dejado los criados, y de allí a Hungría, donde hallaron al rey bien penado por no saber nuevas de su amado hermano, y todo el reino muy triste, no sabiendo de su príncipe. Y por su venida hicieron grandes fiestas, que como el rey no se quería casar, tenían todos puestos en él los ojos, que[b], aunque le conocían mal inclinado, era, en fin, hijo de su rey y hermano del que tenían.

Ocho años estuvo Beatriz en la cueva, sin que el mal doctor pudiese, en todos ellos, descubrir dónde estaba. Y ella, tan contenta en aquella morada, gozando tan quieta y pacífica vida, que ya no se le acordaba de[c] reino, ni esposo, sin que persona humana en todo este tiempo viesen sus ojos. Toda su compañía eran simples conejuelos y medrosos gamos con tiernas cervatillas, que estaban tan halla-

---

[a] confacción: confección D   [b] que: y que *añ*. D   [c] de: del CD

[9] *confacción*: «confección». El DA añade que «tiene poco uso».

dos[10] con ella, que se le venían a las manos, como si fueran mansos cachorrillos, gozando de la alegre música de las aves, con quien se deleitaba y entretenía. Solo sentía mucha pena de no haber visto en todos estos años su amada amiga y defensora, aquella hermosa señora a quien tanto debía, que casi amara el verse en peligro por tornarla a ver. Cuando una mañana, al empezar a reír el alba, estando durmiendo, se oyó llamar de la misma suerte que cuando estaba sin ojos entre las peñas, diciéndole:

—Dios te salve, Beatriz amiga.

A cuya voz, abriendo los soñolientos ojos, vio junto a sí a su querida y amada defensora, y levantándose despavorida y alegre, se arrodilló delante de ella, diciendo con lágrimas de alegría:

—¡Ay, señora mía, y qué largo tiempo ha que no os veo! ¿Cómo os habéis olvidado de mí, sabiendo, como quien tanto sabe, las ansias que por veros he tenido? Decidme, ¿cómo no me habéis venido a ver? Que, a saber yo dónde os pudiera hallar, no me hubiera detenido en buscaros.

—Yo —respondió la señora— nunca me olvido de quien verdaderamente me ama, que aunque tú no me has visto, yo te he visto a ti; mas como hasta ahora no te has visto con necesidad de mi favor, no he venido a que me veas. Y porque ya es tiempo que los deseos que tienes de saber quién soy se cumplan, antes de decirte a lo que vengo, quiero que me conozcas y sepas que soy la Madre de Dios.

En diciendo esto, como ya era la voluntad de Dios y suya que la conocieran, al punto, en el diáfano manto azul, que aunque de este color, más era sol que manto, en los coturnos de la plateada luna, en la corona de estrellas, en el clarísimo resplandor de su divino y sagrado rostro, en los angélicos espíritus que la cercaban, conoció Beatriz aquella soberana Reina de los Ángeles, Madre de Dios y Señora

---

[10] *hallado:* «contento, a gusto».

nuestra. Que, puestos los ojos en ella, así como estaba de hinojos[a], se quedó, inmóvil y elevada, gran rato absorta en tan gloriosa vista.

Goce Beatriz este favor tan deseado, mientras que yo pondero este misterioso suceso, y digo que es gran prueba de nuestra razón la que sucedió a esta hermosa y perseguida reina, que para defenderse de la lasciva crueldad de un hombre, no le bastase su santidad, su honestidad, con todas las demás virtudes que se cuentan de que era dotada, ni con su divino y claro entendimiento disimular y celar el amor de que tantas veces y en tan varias ocasiones se había dado por desentendida, ni el excusarse de que hallase en ella más cariño ni agrado cuando le escribió[b] el papel, ni tenerle el tiempo que estuvo en la jaula de hierro. Nada baste contra la soberbia e ira de este hombre, sino que sea menester todo el favor y amparo de la Madre de Dios.

¡Ah, hermosas damas, si consideráis esto, y qué desengaño para vuestros engaños! El poder de la Madre de Dios es menester para librar a Beatriz de un hombre, resistiéndose, apartándose, disimulando, prendiendo, y, tras todo esto no se pueda librar de él, si la Madre de Dios no la libra. ¿Qué esperáis vosotras, que los[c] amáis, que los buscáis, que[d] los creéis[e], que os queréis engañar? Porque lo cierto es que si fuéramos por un camino y viéramos que cuantos han caminado por él han caído en un hoyo que tiene en medio, y viendo caer a los demás, nosotros fuésemos a dar en él de ojos, sin escarmentar de ver caer a otros, ¿qué disculpa podemos dar, sino que por nuestro gusto vamos a despeñarnos en él? ¿Veis la parienta burlada, la amiga perdida, la señora deshonrada, la plebeya abatida, la mujer muerta a manos del marido, la hija por el padre, la hermana por el

---

[a] hinojos: enojos D   [b] escribió: escrinió A[r]   [c] los: les C   [d] que: *om.* D
[e] creéis: creís C

hermano, la dama por el galán, y finalmente veis que el día de hoy el mayor honor y la mayor hazaña de que se precian los hombres es de burlaros y luego publicarlo y decir mal de vosotras, sin reservar ninguna, sino que en común hacen de todas una ensalada, ¿y no tomaréis ejemplo las unas en las otras? ¿Para qué os quejáis de los hombres, pues, conociéndolos, os dejáis engañar de ellos, fiándoos de cuatro palabras cariñosas? ¿No veis que son píldoras doradas? ¿No consideráis que a las otras que burlaron dijeron lo mismo, que es un lenguaje estudiado con que os están vendiendo un arancel que todos observan, y que[a], apenas os pierden de vista, cuando, aunque sea una fregatriz[b] [11], le dicen otro tanto?

Y lo que más habíades de sentir es cuando, juntos en corrillos[c], dicen que os hallan tan a la mano, que vosotras mismas los rogáis, y que hallan mujeres a cuarto de castañas, o a pastel de a cuatro[d]. ¿No os afrentáis de esto? ¿No os caéis muertas de sentimiento? Pues de mí digo que, con no ser comprendida en estas leyes, porque ni engaño ni me pongo en ocasión que me engañen, ni he menester los desengaños, me afrento de manera que quisiera ser poderosa de todas maneras para apartaros de tal vicio y para defenderos de tales desdichas, ¡y que nada os obligue a vosotras para libraros de ella! Pues mirad cómo esta reina que, pues merecía tener el favor de la Madre de Dios, buena era; pues si siendo buena tuvo necesidad de que la Madre de Dios la defendiese de un hombre, vosotras, en guerra de tantos y sin su favor, ¿cómo os pensáis defender?

Volved, volved por vosotras mismas, ya que no estimáis[e] la vida, que a cada paso la ponéis en riesgos; estimad el honor, que no sé qué mujer duerme sosegada en su cama,

    [a] que: *om.* D [b] fregatriz: fegatriz D [c] corrillos: corrillo D [d] cuatro: cuarto CD [e] estim*á*is: estiméis ABC; estimáis D

    [11] *fregatriz:* «lo mismo que fregona pero más culto» (DA).

sabiendo que en los corrillos están diciendo mal de ella los mismos que debían encubrir su falta, habiendo sido instrumentos de que cayese en ella; que en las pasadas edades más estimación se hacía de las mujeres, porque ellas la tenían de sí mismas, y entonces, como les costaban más, las aplaudían más y los poetas las alababan en sus versos, y no las ultrajaban como ahora, que no se tiene por buen toreador el que no hinca su rejón[a].

Ahora volvamos a Beatriz, que la dejamos elevada y absorta en aquella divina vista, que en lo demás yo pienso que me canso en balde, porque ni las mujeres dejarán de dar ocasión para ser deshonradas, ni los hombres se excusarán de tomarla, porque a las mujeres les huele mal el honor, y a los hombres el decir de ellas bien, que así anda todo de pie quebrado; es la gracia que tienen todos y todas; los tejados de vidrio, y sin temer las pedradas que darán en el suyo, están tirando piedras a los demás. Y de lo que más me admiro es del ánimo de las mujeres de esta edad, que sin tener el favor y amparo de la Madre de Dios, se atreven a fiarse del corazón de los hombres, bosques de espesura, que así los llamó el rey don Alonso el Sabio, en lo verdadero, y el dios Momo[b] [12] en lo fabuloso, donde no hay sino leones de crueldades, lobos de engaños, osos de malicias y serpientes de iras, que siempre las están despedazando el honor y las vidas, hartando su hambre y sed rabiosa en sus delicadas carnes, que bien delicada es la vida y bien débil el honor. Y con ver salir a las otras despedazadas, se entran ellas sin ningún miedo en[c] ellas.

Pues, como digo, estaba Beatriz arrodillada, y tan fuera de sí, mirando aquella divina Señora, de quien tan regalada se hallaba, que se estuviera así hasta el[d] fin del mundo, si la Santísima Virgen no le dijera:

---

[a] rejón: rajón ABC; rejón D [b] Momo: Memo D [c] en: ven D [d] el: la B

[12] Momo, hijo de la noche, representa la burla, la crítica jocosa.

—Vuelve en ti, amiga Beatriz, que es ya tiempo que salgas de aquí y vayas a volver por tu honor, que, aunque padeces sin culpa, y eso[a] tu paciencia es bastante para darte el premio de tus trabajos, quiere mi Hijo que sus esposas tengan buena fama, y por eso[b] a muchas a quien el mundo se le ha quitado, aun después de la última jornada de él, permite que con averiguaciones bastantes, como las que se hacen en su canonización, se la vuelva el mismo que se la ha quitado. Mas de ti quiere que tú la restaures y quites a tu mismo enemigo el peligro que tiene de condenarse, y a tu esposo y padres, junto[c] con los dos reinos de Inglaterra y Hungría, en la mala opinión que te tienen. Toma este vestido de varón y póntele, dejando ahí los dos que te han servido en tus penas y quietudes, y estas hierbas.

Diciendo esto, le dio el vestido y una cestilla de unas hierbas tan frescas y olorosas, que bien parecía que las traía aquella que es vergel cerrado y oloroso; y prosiguió diciendo:

—Estas no se te marchitarán jamás, sino que siempre las hallarás como te las doy. Vete a Hungría, donde, por voluntad y permisión de mi Hijo, todos perecen[d] de una[e] cruel peste que ha dado; tal, que no vale la *dili*gencia[f] de los médicos humanos para reservar a los tocados de ella de la muerte. Solo a ti, que por medio de estas hierbas es otorgado el poder; mas ha de ser de este modo: que el herido de este mal que quisiere ser sano se ha de confesar de todos sus pecados, sin reservar ninguno, por feo que sea, delante de ti y otra persona que tú señalares. Y hecho esto, habiendo sacado el zumo de esta hierba, le darás a beber una sola gota, con que al punto quedará sano. Mas, adviértote[g], y así lo hagas tú a los que curares, que en dejando de confesar algún pecado, o por vergüenza o malicia, al punto que beba

---

[a] eso: esto C   [b] eso: esto C   [c] junto: juntos D   [d] perecen: padecen D   [e] una: esta D   [f] *dili*gencia: licencia ABC; diligencia D   [g] adviértote: advierte D

el salutífero[a] licor, le será riguroso veneno que le acaba*rá*[b] la vida, con gran peligro de su alma.

Levantose[c] Beatriz, oído esto, y quitándose el saco de jerga, se vistió el vestido, y llevando el arreo que se quitaba a la cueva, le puso en el lugar que le[d] había hallado. Y despidiéndose de aquella morada con tierno sentimiento, tomó su cestilla, y en compañía de su gloriosa defensora, que, tomándola por la mano, la sacó de entre las peñas[e] y la puso en el camino, enseñándola por dónde había de ir, y abrazándola y dándola su bendición, y ella arrodillada, con muchas lágrimas, por apartarse de aquella celestial Señora, le besó los pies con tal sentimiento, que no se quisiera quitar jamás de ellos, pidiéndole que siempre la amparase. Y la Santísima Virgen, ya que se quería partir, le dijo:

—Anda, hija, con la bendición de Dios y mía, y sanarás a todos los que hicieren lo que he dicho, en el nombre de Jesús, mi amado Hijo.

Y dejándosela así, arrodillada, se desapareció, quedando la santa reina tan enternecida de que se hubiese partido de ella, que no acertaba a levantarse, ni quitar la boca del lugar adonde había tenido sus gloriosos pies. Y así estuvo un buen espacio; hasta que, viendo ser justo obedecer lo que le había mandado, se levantó y empezó a caminar; que como fue[f] entrando por el reino de Hungría, era cosa maravillosa de ver la gente que sanaba, así del un sexo como del otro, tanto que a pocos días volaba su fama por todo el reino, llamándola el «médico milagroso». Hasta que llegó a la misma ciudad donde asistía la corte, la cual halló en más aprieto que las demás que había andado; tanto porque como allí era más la gente y el mal estaba apoderado de los más, cuanto porque estaba herido de él el príncipe Federico, y[g] tan malo, que no se tenían esperanzas de su vida, por no aprovecharle los remedios

   [a] salutífero: salutífero y suave *añ.* D   [b] acaba*rá:* acaba ABC; acabará D   [c] Levantose: Levantole D   [d] le: se D   [e] peñas: penas AB; peñas CD   [f] fue: fuese CD   [g] y: *om.* D

que los médicos le hacían. Y como no había otro heredero, el rey y el reino estaban muy penados.

Empezó Beatriz a hacer sus milagrosas curas, sanando a tantos con ellas, que apenas la dejaban hora para dar algún reposo a su cuerpo, y junto con esto a no hablarse en otra cosa sino en el médico milagroso; unos, creyendo ser algún santo; y otros, teniéndole por algún ángel; de suerte que llegaron las nuevas al rey, que, afirmándole todos los que lo sabían que sanaba a tantos, deseoso de la vida de su amado hermano, envió por él, y venido, le prometió grandes mercedes si le daba salud.

—Vamos adonde está —respondió Beatriz—; que, como el príncipe haga lo que los demás hacen, sanará sin duda.

Oído esto por el rey, la tomó por la mano y entró[a] donde[b] estaba Federico en el lecho, tan malo y debilitado, que parecía que apenas duraría dos días. Tenía a la cabecera a su mágico doctor y amigo, que de día ni de noche se apartaba de él, y si bien había ya hecho las prevenciones que todo cristiano debe hacer para partir de esta vida, habían sido tan falsas, como quien había prometido a su doctor no decir, ni aun al confesor[c], el secreto que los dos sabían. Pues, viéndole el rey tan fatigado, le dijo:

—Ánimo, amado hermano mío, que aquí tienes el milagroso médico, que te dará, con el favor de Dios, la vida, como la ha dado a cuantos en todo el reino perecían[d] de este mal.

Alentose Federico, y poniendo en Beatriz los ojos, le dijo:

—Haz tu oficio, doctor, que si me sanas, te prometo de hacerte el mayor señor de Hungría.

—Hemos menester —dijo a esta sazón el mágico— saber en qué virtud curas, si es por ciencia, o por hierbas, o palabras.

---

[a] entró: la entró *añ.* D   [b] donde: adonde D   [c] confesor: confesar D
[d] perecían: padecían D

—¿Pues tú —respondió Beatriz—, que tanto sabes, ignoras en qué virtud curo? En la de Dios, que puede más que no tu falsa mágica.

Calló el mágico, oído esto, y Beatriz, volviéndose a Federico, le dijo:

—¿Sabes, príncipe, lo que has de hacer para que te aproveche el remedio que te he de dar?

—No —dijo Federico—. Adviérteme de todo, porque no pierda la cura por ignorar lo que se ha de hacer.

—Pues tú has de confesarte de todos tus pecados, sin dejar ninguno, por vergüenza, ni malicia, delante del rey, tu hermano, y de mí. Mas mira, príncipe, lo que haces, que si no te confiesas de todo, y te queda alguno, en lugar de vivir, morirás.

¡Gran misterio de Dios, que estaba hablando con los mismos que la perseguían, sin ser conocida de ninguno, ni el mágico menos! Pues viendo Federico que había nombrado al rey, vuelto a su doctor, le dijo:

—Ya ves, doctor, que no puede ser menos; da lugar para que haga lo que este buen hombre dice que he de hacer.

Riose el doctor, y volviéndose a Federico, le dijo:

—¿Pues cómo, príncipe, ya te olvidas que me tienes prometido, como quien eres, de no apartarme de ti?[a]. ¿Será justo que un rey quiebre su palabra? Según esto, ni yo puedo irme, ni tú enviarme. Mire este hombre cómo ha de ser, que menos que hecho pedazos, no cederé del derecho que tengo a tu promesa.

Mudo quedó Federico, sin saber qué responder a lo que el doctor decía, viendo que decía verdad. A lo que Beatriz respondió, inspirada[b] del Cielo:

—Estate quedo, engañador, no te vayas, que poco importa que estés presente, pues tú siempre lo estás a todo;

---

[a] apartarme de ti: apartarte de mí D   [b] inspirada: inspirado ABC; inspirada D

mas por esta vez no te valdrán tus astucias ni saber, que hay quien sabe más que tú.

Con esto, sentándose el rey, y Beatriz, y el doctor, Federico se confesó de todos sus pecados, excepto de las traiciones tocantes a la reina, estando muy contento el mágico, viendo cómo observaba el príncipe lo que le tenía prometido; que, como acabó y dijo que no tenía más que decir, viendo Beatriz que era diferente, le dijo:

—¿No tienes más que decir?

—No —dijo Federico.

—¿No? —replicó Beatriz—. Pues mira lo que haces, que hasta darte el licor, yo te le daré, que en esta vasija le tengo. Mas advierte que si dejas alguna cosa, por mínima que sea, en el[a] punto que le bebas, no solo perderás la vida, mas también el alma.

Tembló oyendo esto Federico, y volviéndose al rey, le dijo:

—Hermano mío, prometedme como rey perdonarme lo que hubiere cometido contra vos, y otorgadme[b] la vida, que menos que con esto no puedo hacer lo que este buen hombre pide.

—Yo, hermano amado —dijo el rey—, yo[c] os perdono, aunque hubiérades tratado de quitarme la vida, y os otorgo la vuestra. Y quiera Dios que, obrando este milagroso remedio, le tengáis por muchos años.

—Pues, doctor amigo —dijo Federico, vuelto al mágico—, perdona; que morir y condenarme son dos males terribles, y no es razón que, por guardarte a ti la promesa que te hice loco, pierda la vida del alma y cuerpo, cuando estoy cuerdo.

—¿De esa manera cumples lo que prometes? —dijo el mágico—. ¿Qué esperanzas darás a tus súbditos para cuando seas rey? Y yo me quejaré de ti, y te infamaré por todo el mundo de perjuro.

---

[a] el: el mismo *añ.* CD   [b] otorgadme: otorgarme D   [c] yo: *om.* D

—Más importa el alma y la vida —dijo *Federico*[a].

Y sin aguardar a más preguntas ni respuestas, declaró todo lo que tocaba a la reina, diciendo cómo había sido quien la había enamorado y perseguido, y cómo ella, por librarse de él, le había encerrado en la jaula de hierro; cómo habían fingido con el saber del doctor las cartas, estando en casa[b] del duque; cómo la había querido forzar, antes de matarla, en la fuente; cómo le había muerto el niño príncipe en casa del emperador, y cómo, estando para degollarla, se había[c] desaparecido, lo que había oído al caballero de casa del emperador, que había venido a que no se ejecutase la justicia, de que el niño había resucitado; cómo la había hallado con ojos, siendo cierto que los monteros se los habían sacado; y cómo, por más que habían procurado saber qué se había hecho, no lo habían podido alcanzar, ni el doctor con su saber, ni él con sus diligencias; cómo tenían intención de matar al rey, porque si en algún tiempo pareciese, no los castigase. Finalmente, no dejó cosa que no la descubrió; que, visto por Beatriz, dándole la bujeta[d] del licor, al punto quedó sano.

Que como el rey, que atento estaba a lo que su hermano decía, se enteró de la inocencia de la reina, y lo que había pasado de trabajos y persecuciones, y no supiese dónde hallarla[e] para pedirla perdón y volverla al estado que merecía, llorando tiernamente le dijo:

—¡Ay, Federico!, que no te quiero llamar hermano, que no han sido tus obras de serlo. ¡Y cómo fuiste cuerdo en pedirme la vida, que a[f] no habértela prometido, una muerte fuera pequeño castigo! ¡Que si pudiera darte mil, no lo dejara por ningún peligro que me pudiera venir! No parezcas, mientras yo viviere, ante mis ojos; que no quiero ver con ellos la causa de las lágrimas que están vertiendo los

---

[a] *Federico*: Enrique ACD; Federico B   [b] casa: la casa *añ.* CD   [c] había: habían D   [d] bujeta: abujeta D   [e] hallarla: la hallaría D   [f] a: *om.* CD

míos. ¡Ay, mi amada Beatriz, y cómo, si considerándote culpada, aún no ha entrado alegría en mi triste corazón, por haber perdido tu amada compañía; cómo desde hoy moriré viviendo, sin que estas lágrimas que vierto jamás se enjuguen de mis penados ojos! ¡Ay, santa mártir!, perdona mi mal juicio en dar crédito contra tu virtud a tal traición. ¿Mas cómo no me había de engañar si mi propio hermano te desacreditaba con tan aparentes maldades?

Decía el rey estas lástimas con tanto sentimiento, que viendo Beatriz que ya era tiempo de darse a conocer, le dijo:

—Sosiégate, Ladislao, y no te desconsueles tanto, que aquí está Beatriz; que yo soy la que tantas deshonras y desdichas ha padecido, y por quien tus ojos están vertiendo esas[a] lágrimas.

Apenas la reina dijo esto, cuando se vio, y la vieron todos, con los reales vestidos que sacó de palacio cuando la llevaron a sacar los ojos y se habían[b] quedado en la cueva, sin faltar ni una joya de las que le quitaron los monteros; tan entera en su hermosura como antes, sin que el sol, ni el aire, aunque estuvo ocho años en la cueva, la hubiese ajado un minuto de su belleza. Viendo todos cuantos en la sala estaban, que eran muchos (por cuanto al llanto que el rey hacía habían entrado todos los caballeros que fuera estaban, creyendo que Federico había muerto), cómo la Madre de Dios, Reina de los Ángeles y Señora nuestra, tenía puesta[c] su divina mano sobre el hombro derecho de la hermosa reina Beatriz, a cuya celestial y divina vista, el doctor que, sentado en una silla, estaba cerca de la cama de Federico, dando un gran estallido, como si un tiro de artillería se disparara, daba grandes voces, diciendo:

—¡Venciste, María, venciste! ¡Ya conozco la sombra que amparaba a Beatriz, que hasta ahora[d] estuve ciego!

Desapareció, dejando la silla llena de espeso humo, siendo la sala un asombro, un caos de confusión, porque a la parte que estaba Beatriz con su divina defensora era un resplandeciente paraíso, y a la que el falso doctor y verdadero demonio, una tiniebla y oscuridad.

Arrodillose el rey, y Federico, que ya había saltado de la cama, a los pies de Beatriz, y todos cuantos estaban en la sala de la misma suerte, besándole los pies y la tierra en que los tenía. ¡Quién oyera a Ladislao ternezas que le decía, pidiéndola perdón del descrédito que contra su virtud había tenido! ¡Quién viera a Federico suplicándola le*ª* perdonase, confesando a voces su traición! ¡Quién mirara a sus damas, que a las voces y tronido del demonio*ᵇ* habían salido con tiernas lágrimas, besándole unas las manos y otras las ropas, y todos con tanto contento cuanto había sido la pena que habían tenido de sus desdichas! No hay que decir sino que parecía un género de locos de contento.

Levanto*les*ᶜ Beatriz a su esposo y cuñado juntos, abrazándolos de la misma suerte, y luego a todos los demás, uno por uno. Salió la voz de la venida milagrosa de la reina, sabiéndose cómo era el doctor que había dado la vida a todos, y corrían, como fuera de juicio, a palacio; tanto, que fue necesario que saliese donde de todos fuese vista, porque daban voces que les dejasen ver su reina, que, así como la dejó entre el concurso dicho, la Reina del Cielo había desaparecido.

Bien quisiera Ladislao tornar a gozar entre los hermosos brazos de su esposa las glorias que había perdido en su ausencia; mas ella no lo consintió, diciendo que ya no había reino, ni esposo en el mundo para ella, que al Esposo celestial y al reino de la gloria solo aspiraba, que no la tratase de volver a ocasionarse más desdichas de las padecidas. Y como

---

ª le: la ABC; le D   ᵇ demonio: dominio C   ᶜ Levanto*les:* Levantose ABC; Levantole D

631

esta debía de ser la voluntad divina, no la replicó más el rey, ni trató de persuadirla lo contrario; porque, inspirado de Dios, se determinó a seguir los pasos y camino de Beatriz, que sin querer hacer noche en palacio, llevando consigo todas sus damas que quisieron ser sus compañeras, se fue a un convento, donde tomaron todas el hábito de religiosas, dándole licencia el rey para ello, donde vivió santamente hasta que fue de mucha edad.

El rey Ladislao envió luego a Inglaterra las nuevas con embajadores fidedignos, enviando por la infanta Isabela para mujer de Federico, que era hermana de Beatriz; que cuando ella vino a Hungría era niña y no menos hermosa que su hermana, que los reyes, sus padres, quisieron traer ellos mismos, por ver de camino a Beatriz; que, venidos, se celebraron las bodas de Federico y la infanta Isabela con grandes fiestas de los dos reinos; que, acabadas, antes que los reyes de Inglaterra se volviesen, el rey Ladislao traspasó y cedió el reino a su hermano. Y en^a habiéndole dado la investidura y jurádole los vasallos, tomó el hábito del glorioso san Benito, donde siguiendo los pasos de su santa esposa, fue a prevenirse^b el lugar en el Cielo. Habiendo vivido santamente, murió muchos años antes^c que Beatriz, la cual, antes de su muerte, escribió ella misma su vida, como aquí se ha dicho con nombre de «desengaño»; pues en él ven las damas lo que deben temer, pues por la crueldad y porfía de un hombre padeció tantos trabajos la reina Beatriz, que en toda Italia es tenida por santa, donde vi su vida manuscrita, estando allá con mis padres. Y advierto esto, porque si alguno hubiere oído algo de esta reina, será como digo, mas no impresa, ni manoseada de otros ingenios. Y como se ha propuesto que estos desengaños han de ser sobre casos verdaderos,

---

^a en: *om.* CD   ^b prevenirse: prevenirle ABC; prevenirse D   ^c antes: *om.* B

fuerza es que algunos los hayan oído en otras partes, mas no como aquí va referido.

Con tanto gusto escuchaban todos el desengaño que doña Estefanía refirió, que, aunque largo, no causó hastío al gusto, antes quisieran que durara más; que si bien don Diego, por llegarse a ver dueño de la belleza de Lisis, deseada tan largo tiempo, quisiera que los desengaños de aquella noche fueran más cortos, las dos desengañadoras, como era la *última*[a] [13], de propósito los previnieron más largos. Y no le hacían poco favor en dilatarle la pena que, por lugar de gusto, le estaba prevenida por fin de la fiesta, que en esta penosa edad no le hay cumplido, porque como nos vamos acercando más al fin, como el que camina, que andando un día una jornada, y otro día otra, viene a llegar al lugar adonde enderezó su viaje, así este triste mundo va caminando, y ya en las desdichas que en él suceden parece que se va acercando a la última jornada.

Pues viendo doña Isabel que la discreta Lisis trocaba asiento con doña Estefanía, por ser la *última*[b] [14] que había de desengañar, cantó sola este soneto de un divino entendimiento de Aragón, hecho a una dama a quien amaba por fama, sin haberla visto, y ella se excusaba de que la viese, por no desengañarle del engaño que podía padecer en su hermosura; si bien le desengañaba por escrito, diciéndole que era fea, por quitarle el deseo que tenía de verla, que se le había dado Lisis a doña Isabel para que le cantase en < en >[c] esta ocasión, por no darle fin trágico, aunque el héroe que le hizo le merecía, por haberse embarcado en el Leteo[15].

---

[a] *última:* penúltima ABCD   [b] *última:* penúltima ABCD   [c] en <en>: en en *añ.* A; en BCD

[13] Mismo caso que pág. 552, n. 4.
[14] *Penúltima* en el texto, pero se trata de Lisis, por lo que es la *última*.
[15] El Leteo es un río del infierno, cuyas aguas bebían los muertos, olvidando al instante todo su pasado. Embarcarse en el Leteo es darse al olvido.

Amar sin ver, facilidad parece,
    que contradice afectos al cuidado;
    pero quien del ingenio se ha pagado,
    de más amante crédito merece.

El que a la luz que el tiempo desvanece
    solicita, lascivo, el dulce agrado,
    apetito es su amor que, desdichado,
    con el mismo deleite descaece.

Amarilis[a], si viendo tu hermosura,
    rindiera a[b] su beldad tiernos despojos,
    sujetara a los años mis sentidos.

Mi amor porción del alma se asegura,
    y huyendo la inconstancia de los ojos,
    se quiso eternizar en los oídos.

_____

[a] Amarilis: Amariles D   [b] a: *om.* D

Desengaño décimo[a] [1]

Ya cuando doña Isabel acabó de cantar, estaba la divina
Lisis sentada en el asiento del desengaño, habiéndola honrado todos cuantos había en la sala, damas y caballeros,
como a presidente del sarao, con ponerse en pie, haciéndola cortés reverencia, hasta que se sentó. Y todo lo merecía su
hermosura, su entendimiento y su valor. Y habiéndose
vuelto todos a sentar, con gracia nunca vista, empezó de
esta suerte:

—Estaréis, hermosas damas y discretos caballeros,
aguardando a oír mi desengaño, con más cuidado que los
demás, o por esperarle mejor sazonado, más gustoso, con
razones más bien dispuestas. Y habrá más de dos que dirán
entre sí: «¿Cuándo ha de desengañar la bien entendida, o la
bachillera[b], que de todo habrá, la[c] que quiere defender a las
mujeres, la que pretende enmendar a los hombres, y la que
pretende que no sea el mundo el que siempre ha sido?».
Porque los vicios nunca se envejecen, siempre son mozos.

---

[a] *Desengaño* décim*o:* Noche X AD; Noche décima BC   [b] bachillera:
bachillería D   [c] la: las D

[1] Las ediciones la denominan NOCHE DÉCIMA (véase INTRODUCCIÓN).
El título, ESTRAGOS QUE CAUSA EL VICIO, aparece en la edición de Barcelona, 1716, aunque no figura en las ediciones de Madrid, 1724, 1729
y 1734. Figura en todas las ediciones a partir de la de Barcelona, 1734.

Y en los mozos, de ordinario, hay vicios. Los hombres son los que se envejecen en ellos. Y una cosa a que se hace hábito, jamás se olvida. Y yo, como no traigo propósito de canonizarme por bien entendida, sino por buena desengañadora, es lo cierto que, ni en lo hablado, ni en lo que hablaré, he buscado razones retóricas, ni cultas; porque, de más de ser un lenguaje que con el extremo posible aborrezco, querría[a] que me entendiesen todos, el culto y el lego; porque como todos están ya declarados por enemigos de las mujeres, contra todos he publicado la guerra.

Y así, he procurado hablar en el idioma que mi natural me enseña y deprendí de mis padres; que lo demás es una sofistería en que han dado los escritores por diferenciarse de los demás; y dicen a veces[b] cosas que ellos mismos no las entienden; ¿cómo las entenderán los demás?, si no es diciendo, como algunas veces me ha sucedido a mí, que, cansando el sentido por saber qué quiere decir y no sacando fruto de mi fatiga, digo: «Muy bueno debe de ser, pues yo no lo entiendo».

Así, noble auditorio, yo me he puesto aquí a desengañar a las damas y a persuadir a los caballeros para que no las engañen. Y ya que esto sea, por ser ancianos en este vicio, pues ellos son los maestros de los engaños y han sacado en las que los militan buena disciplina, no digan mal de la ciencia que ellos enseñan. De manera que aquí me he puesto a hablar sin engaño, y yo misma he de ser el mayor desengaño, porque sería morir del engaño y no vivir del aviso, si desengañando a todas, me dejase yo engañar.

¡Ánimo, hermosas damas, que hemos de salir vencedoras! ¡Paciencia, discretos caballeros, que habéis de quedar vencidos y habéis de juzgar a favor que las damas os venzan! Este es desafío de una a todos; y de cortesía, por lo menos, me habéis de dar la victoria, pues tal vencimiento es quedar

---

[a] querría: quería D   [b] veces: voces ABC; veces D

más vencedores. Claro está que siendo, como sois, nobles y discretos, por mi deseo, que es bueno, habéis de alabar mi trabajo; aunque sea malo, no embota los filos de vuestro entendimiento este parto del[a] pobre y humilde mío. Y así, pues no os quito y os doy, ¿qué razón habrá para que, entre las grandes riquezas de vuestros heroicos discursos, no halle lugar mi pobre cornalejo?[2]. Y supuesto que, aunque moneda inferior, es moneda y vale algo, por humilde, no la habéis de pisar; luego si merece tener lugar entre vuestro grueso caudal, ya os vencéis y me hacéis vencedora.

Veis aquí, hermosas damas, cómo quedando yo con la victoria de este desafío, le habéis de gozar todas, pues por todas peleo. ¡Oh, quién tuviera el entendimiento como el deseo, para saber defender a las hembras y agradar a los varones! Y que ya que os diera el pesar de venceros, fuera con tanta erudición y gala, que le tuviérades por placer, y que, obligados de la cortesía, vosotros mismos os rindiérades más. Si es cierto que todos los poetas tienen parte de divinidad, quisiera que la mía fuera tan del empíreo, que os obligara sin enojaros, porque hay pesares tan bien dichos, que ellos mismos se diligencian el perdón.

De todas estas damas habéis llevado la reprehensión temiendo, porque aún no pienso que están bien desengañadas de vuestros engaños, y de mí la llevaréis triunfando, porque pienso que no os habré menester sino para decir bien o mal de este sarao, y en eso hay poco perdido, si no le vale, como he dicho, vuestra cortesía; que si fuere malo, no ha de perder el que le sacare a luz, pues le comprarán siquiera para decir mal de él, y si bueno, él mismo se hará lugar y se dará el valor. Si se[b] tuvieren por bachillerías, no me negaréis que no van bien trabajadas y más, no habién-

---

[a] de*l*: de ABC; *om.* D   [b] se: le CD

[2] *cornalejo*: diminutivo de *cornado,* «moneda de baja ley» (DA), «algo de poco valor».

dome ayudado del arte, que es más de estimar, sino de este natural que me dio el Cielo. Yª os advierto que escribo sin temor, porque como jamás me han parecido mal las obras ajenas, de cortesía se me debe que parezcan bien las mías, y no solo de cortesía, mas de obligación. Doblemos aquí la hoja, y vaya de desengaño, que al fin se canta la gloria, y voy segura de que me habéis de cantar la gala.

Estando la católica y real majestad de Felipe III[b], el año de mil seiscientos diez[c] y nueve, en la ciudad de Lisboa, en el reino de Portugal[3], sucedió que un caballero, gentilhombre de su Real Cámara, a quien llamaremos don Gaspar (o que fuese así su nombre, o que lo sea supuesto, que así lo oí, o a él mismo, o a personas que le conocieron, que en esto de los nombres pocas veces se dice el mismo), que fue[d] esta jornada acompañando a Su Majestad, galán, noble, rico y con todas las partes que se pueden desear, y más en un caballero; que como la mocedad trae consigo los accidentes de amor, mientras dura su flor no tratan los hombres de otros ministerios, y más cuando van a otras tierras extrañas de las suyas, que por ver si las damas de ellas se adelantan en gracias a las de sus tierras, luego tratan de calificarlas, con hacer empleo de su gusto, en alguna que los saque de esta duda.

Así, don Gaspar, que parece que iba solo a esto, a muy pocos días que estuvo en Lisboa, hizo elección de una dama, si no de lo más acendrado en calidad, por lo menos de lo más lindo que para sazonar el gusto pudo hallar. Y esta fue la menor de cuatro hermanas, que, aunque con recato (por ser en esto las[e] portuguesas muy miradas), trataban de

---

ª Y: Yo CD   ᵇ III: tercero ABCD   ᶜ diez: y diez *añ.* D   ᵈ fue: fue a
añ. D   ᵉ las: dos D

³ Viaje de Felipe III a Lisboa, emprendido en abril de 1619, para hacer jurar a su hijo Felipe como heredero y sucesor del reino por las cortes portuguesas. Fue jurado en julio de 1619.

entretenerse y aprovecharse; que ya que las personas no sean castas, es gran virtud ser cautas, que en lo que más pierden las de nuestra nación, tanto hombres como mujeres, es en la ostentación que hacen de los vicios. Y es el mal que apenas hace una mujer un yerro, cuando ya se sabe, y muchas que no le hacen y se le acumulan.

Estas cuatro hermanas, que digo, vivían en un cuarto tercero de una casa muy principal y que los demás de ella estaban ocupados de buena gente, y ellas no en muy mala opinión; tanto, que para que don Gaspar no se la quitase, no la visitaba de día, y para entrar de noche tenía llave de un postigo de una puerta trasera; de forma que, aguardando a que la gente se recogiese y las puertas se cerrasen, que de día estaban entrambas abiertas, por mandarse los vecinos por la una y la otra, abría con su llave y entraba a ver su prenda, sin nota ni escándalo de la vecindad.

Poco más de quince días había gastado don Gaspar en este empleo, si no enamorado, a lo menos agradado de la belleza de su lusitana dama, cuando una noche, que por haber estado jugando fue algo más tarde que las demás, le sucedió un portentoso caso, que parece que fue anuncio de los que en aquella ciudad le sucedieron. Y fue que, habiendo despedido un criado que siempre le acompañaba, por ser de quien fiaba entre todos los que le asistían las travesuras de sus amores, abrió la puerta, y parándose a cerrarla por de dentro, como hacía otras veces, en una cueva, que en el mismo portal estaba (no trampa en el suelo, sino puerta levantada[a] en arco, de unas vergas[b] menudas, que siempre estaba sin llave, por ser para toda[c] la vecindad que de aquel cabo de la casa moraban), oyó unos ayes dentro, tan bajos y lastimosos, que no dejó de causarle, por primera instancia, algún horror; si bien, ya más en sí, juzgó sería algún pobre que, por no tener donde albergarse aquella

---

[a] levantada: levantado B   [b] vergas: verjas CD   [c] toda: todo D

noche, se habría entrado allí, y que se lamentaba de algún dolor que padecía.

Acabó de cerrar la puerta, y subiendo arriba (por satisfacerse de su pensamiento, antes de hablar palabra en razón de su amor), pidió una luz, y con ella tornó a la cueva, y con ánimo, como al fin quien era, bajó los escalones, que no eran muchos, y entrando en ella, vio que no era muy espaciosa, porque desde el fin de los escalones se podía bien señorear lo que había en ella, que no eran más de las paredes. Y espantado de verla desierta y que no estaba en ella el dueño de los penosos gemidos que había oído, mirando por todas partes, como si hubiera de estar escondido en algún agujero, había a una parte de ella mullida la tierra, como que había poco tiempo que la habían cavado. Y habiendo visto de la mitad del techo colgado un garabato, que debía de servir de colgar en él lo que se ponía a remediar del calor, y tirando de él, le arrancó, y empezó a arañar la tierra, para ver si acaso descubriría[a] alguna cosa. Y a poco trabajo que puso, por estar la tierra muy movediza, vio que uno de los hierros del garabato había hecho presa y se resistía de tornar a salir; puso más fuerza, y levantado hacia arriba, asomó la cara de un hombre, por haberse clavado el hierro por debajo de la barba, no porque estuviese apartada del cuerpo; que, a estarlo, la sacara de todo punto.

No hay duda sino que tuvo necesidad de don Gaspar de todo su valor para sosegar el susto y tornar la sangre a su propio[b] lugar, que había ido a dar favor al corazón, que, desalentado del horror de tal vista, se había enflaquecido. Soltó la presa, que se tornó a sumir en la tierra, y allegando con los pies la que había apartado, se tornó a subir arriba, dando cuenta a las damas de lo que pasaba, que, cuidadosas de su tardanza, le esperaban, de que no se mostraron poco temerosas; tanto que, aunque don Gaspar quisiera irse lue-

---

[a] descubriría: descubría CD   [b] propio: proprio D

go, no se atrevió, viendo su miedo, a dejarlas solas; mas no porque pudieron acabar con él que se acostase, como otras veces, no de temor del muerto, sino de empacho y respeto, de que[a], cuando nos alumbran de nuestras ceguedades los sucesos ajenos, y más tan desastrados, demasiada de desvergüenza es no atemorizarse de ellos, y de respeto del Cielo, pues a la vista de los muertos no es razón pecar los vivos. Finalmente, la noche la pasaron en buena conversación, dando y tomando sobre el caso, y pidiéndole las damas modo y remedio para sacar de allí aquel cuerpo, que se lamentaba como si tuviera alma.

Era don Gaspar noble, y temiendo no les sucediese a aquellas mujeres algún riesgo, obligado de la amistad que tenía con ellas, a la mañana, cuando se quiso ir, que fue luego que el aurora empezó a mostrar su belleza, les prometió que, a la noche, daría orden de que se sacase de allí y se le diese tierra sagrada, que eso debía de pedir con sus lastimosos gemidos. Y como lo dispuso, fue irse al convento más cercano, y hablando con el mayor de todos los religiosos, en confesión le contó cuanto le había sucedido, que acreditó con saber el religioso quién era, porque la nobleza trae consigo el crédito. Y aquella misma noche del siguiente día fueron con don Gaspar dos religiosos, y traída luz, que la mayor de las cuatro hermanas trujo[b] por ver el difunto, a poco que cavaron, pues apenas sería vara y media, descubrieron el triste cadáver, que sacado fuera, vieron que era un mozo que no llegaba a veinte y cuatro años, vestido de terciopelo negro, ferreruelo de bayeta, porque nada le faltaba del arreo, que hasta el sombrero tenía allí, su daga y espada, y en las faltriqueras, en la una un lienzo, unas Horas y el rosario, y en la otra unos papeles, entre los cuales estaba la bula. Mas por los papeles no pudieron saber quién fuese, por ser letra de mujer y no contener otra cosa más de

---

[a] que: *om.* D   [b] trujo: trajo CD

finezas amorosas, y la bula aún no tenía asentado el nombre, por parecer tomada de aquel día, o por descuido, que es lo más cierto. No tenía herida ninguna, ni parecía en el sujeto estar muerto de más de doce o quince días.

Admirados de todo esto, y más de oír decir a don Gaspar que le había oído quejar, le entraron en una saca que para esto llevaba el criado de don Gaspar, y habiéndose la dama vuelto a subir arriba, se le cargó al hombro uno de los padres, que era lego, y caminaron con él al convento, haciéndoles guardia don Gaspar y su confidente, donde le enterraron, quitándole el vestido y lo demás, en una sepultura que ya para el caso estaba abierta, supliendo don Gaspar este trabajo de los religiosos con alguna cantidad de doblones para que se dijesen misas por el difunto, a quien había dado Dios lugar de quejarse, para que la piedad de este caballero le hiciese este bien.

Bastó este suceso para apartar a don Gaspar de esta ocasión en que se había ocupado; no porque imaginase que tuviesen las hermanas la culpa, sino porque juzgó que era aviso de Dios para que se apartase de casa donde tales riesgos había, y así no volvió más a ver a las hermanas, aunque ellas lo procuraron, diciendo se mudarían de la casa. Y asimismo atemorizado de este suceso, pasó[a] algunos días resistiéndose a [[los]][b] impulsos de la juventud, sin querer emplearse en lances amorosos, donde tales peligros hay, y más con mujeres que tienen por renta el vicio y por caudal el deleite, que de estas no se puede sacar sino el motivo que han tomado los hombres para no decir bien de ninguna y sentir mal de todas; mas al fin, como la mocedad es caballo desenfrenado, rompió las ataduras de la virtud, sin que fuese en mano de don Gaspar dejar de perderse, si así se puede decir; pues a mi parecer, ¿qué mayor perdición que enamorarse?

---

[a] pasó: *om.* D   [b] [[los]]: *om.* ABCD

Y fue el caso, que, en uno de los suntuosos templos que hay en aquella ciudad, un día que[a] con más devoción y descuido de amar y ser amado estaba, vio la divina belleza de dos damas de las más nobles y ricas de la ciudad, que entraron a oír misa en el mismo templo donde don Gaspar estaba, tan hermosas y niñas, que a su parecer no se llevaban [[un]][b] año la una a la otra. Y si bien había caudal de hermosura en las dos para amarlas a entrambas, como el amor no quiere compañía, escogieron los ojos de nuestro caballero la que le pareció de más perfección, y no escogió mal, porque la otra era casada. Estuvo absorto, despeñándose más y más en su amor mientras oyeron misa, que, acabada, viendo se querían ir, las[c] aguardó a la puerta; mas no se atrevió a decirlas[d] nada, por verlas cercadas de criados, y porque en un coche que llegó a recibirlas venía un caballero portugués, galán y mozo, aunque robusto, y que parecía en él no ser hombre de burlas. La una de las damas se sentó al lado del caballero, y la que don Gaspar había elegido por dueño, a la otra parte, de que no se alegró poco en verla sola. Y deseoso de saber quién eran[e], detuvo un paje, a quien le preguntó lo que deseaba, y le respondió que el caballero era don Dionís de Portugal y la dama que iba a su lado, su esposa, y que se llamaba doña Magdalena, que había poco que se habían[f] casado; que la que se había sentado enfrente se llamaba doña Florentina y que era hermana de doña Magdalena.

Despidiose con esto el paje, y don Gaspar, muy contento de que fuesen personas de tanto valor, ya determinado de amar y servir a doña Florentina, y de diligenciarla para esposa (con tal rigor hace amor sus tiros, cuando quiere herir de veras), mandó a su fiel criado y secretario, que siguiese el coche para saber la casa de las dos bellísimas her-

[a] que: *om.* B   [b] [[un]]: *om.* ABCD   [c] las: la D   [d] decirlas: decir D   [e] eran: era D   [f] habían: había

manas. Mientras el criado fue a cumplir, o con su gusto, o con la fuerza que en su pecho hacía la dorada saeta con que amor le había herido dulcemente (que este tirano enemigo de nuestro sosiego tiene unos repentinos accidentes, que si no matan, privan de juicio a los heridos de su dorado arpón), estaba don Gaspar entre sí haciendo muchos discursos[a]. Ya le parecía que no hallaba en sí méritos para ser admitido de doña Florentina, y con esto desmayaba su amor, de suerte que se determinaba a[b] dejarle morir en su silencio; y ya más animado, haciendo en él la esperanza las suertes que con sus engañosos gustos promete, le parecía que apenas la pediría por esposa, cuando le fuese concedida, sabiendo quién era y cuán estimado vivía cerca de su rey.

Y como este pensamiento le diese más gusto que los demás, se determinó a seguirle, enlazándose más en el amoroso enredo, con verse tan valido de la más que mentirosa esperanza, que, siempre promete más que da; y somos tan bárbaros, que, conociéndola, vivimos[c] de ella. En estas quimeras estaba, cuando llegó su confidente y le informó del cielo donde moraba la deidad que le tenía fuera de sí, y desde aquel mismo punto empezó a perder tiempo y gastar pasos tan sin fruto, porque aunque continuó muchos días la calle, era tal el recato de la casa, que en ninguno alcanzó a ver, no solo a las señoras, mas ni criada ninguna, con haber muchas, ni por buscar las horas más dificultosas, ni más fáciles.

La casa era encantada[4]; en las rejas había menudas y espesas celosías, y en las puertas fuertes y seguras cerraduras, y apenas era una hora de noche, cuando ya estaban cerradas y todos recogidos, de manera que si no era cuando salían a misa, no era posible verlas, y aun entonces pocas ve-

---

[a] discursos: discurso A; discursos BCD   [b] a: *om.* D   [c] vivimos: vivamos D

[4] *casa encantada:* «la que está de ordinario cerrada» (DA).

ces iban sino acompañadas de don Dionís, con que todos los intentos de don Gaspar[a] se desvanecían. Solo con los ojos, en la iglesia, le daba a entender su cuidado a su dama; mas ella no hacía caso, o no miraba en ellos.

No dejó en este tiempo de ver si, por medio de algún criado, podía conseguir algo de su pretensión, procurando con oro asestar tiros[b] a su fidelidad; mas, como era castellano, no halló en ellos lo que deseaba, por la [[poca]][c] simpatía que esta nación tiene con la nuestra, que, con vivir entre nosotros, son nuestros enemigos.

Con estos estorbos se enamoraba más don Gaspar, y más el día que veía a Florentina, que no parecía sino que los rayos de sus ojos hacían mayores suertes en su corazón, y le parecía que quien mereciese su belleza, habría llegado al «non plus ultra» de la dicha, y que podría vivir seguro de celosas ofensas. Andaba tan triste, no sabiendo qué hacerse, ni qué medios poner con su cuñado para que se la diese por esposa, temiendo la oposición que hay entre portugueses y castellanos.

Poco miraba Florentina en don Gaspar, aunque había bien qué mirar en él, porque aunque, como he dicho, en la iglesia podía haber notado su asistencia, le debía de parecer que era deuda debida a su hermosura; que pagar el que debe, no merece agradecimiento. Más de dos meses le duró a don Gaspar esta pretensión, sin tener más esperanzas de salir con ella que las dichas; que si la dama no sabía la enfermedad del galán, ¿cómo podía aplicarle el remedio? Y creo que aunque la[d] supiera, no se le diera, porque llegó tarde.

Vamos al caso. Que fue que una noche, poco antes que amaneciese, venían don Gaspar y su criado de una casa de conversación, que, aunque pudiera con la ostentación de señor traer coche y criados, como mozo y enamorado, pi-

---

^a Gaspar: Caspar D   ^b tiros: ritos D   ^c [[poca]]: *om.* ABCD   ^d la: lo D

cante en alentado, gustaba más de andar así, procurando con algunos entretenimientos divertirse de sus amorosos cuidados, pasando por la calle en que[a] vivía Florentina, que ya que no [veía][b] la perla, se contentaba con ver la caja, al entrar por la calle, por ser la casa a la salida de ella, con el resplandor de la luna, que aunque iba alta daba claridad, vio tendida en el suelo una mujer, a quien el oro de los atavíos, que sus vislumbres con las de Diana competían, la calificaban de porte, que con desmayados alientos se quejaba, como si ya quisiese[c] despedirse de la vida. Más susto creo que le dieron[d] estos a don Gaspar que los que oyó en la cueva, no de pavor, sino de compasión. Y llegándose a ella, para informarse de su necesidad, la vio toda bañada en su[e] sangre, de que todo el suelo estaba hecho un lago, y el macilento y hermoso rostro, aunque desfigurado, daba muestras de su divina belleza y también de su cercana muerte.

Tomola don Gaspar por las[f] hermosas manos, que parecían de mármol en lo blanco y helado, y estremeciéndola le[g] dijo:

—¿Qué tenéis señora mía, o quién ha sido el cruel que así os puso?

A cuya pregunta respondió la desmayada señora, abriendo los hermosos[h] ojos, conociéndole castellano, y alentándose más con esto de lo que podía, en lengua portuguesa:

—¡Ay, caballero!, por la pasión de Dios, y por lo que debéis a ser quien sois, y a ser castellano, que me llevéis adonde procuréis, antes que muera, darme confesión; que ya que pierdo la vida en la flor de mis años, no querría perder el alma, que la tengo en gran peligro.

Tornose a desmayar, dicho esto; que visto por don Gaspar, y que la triste dama daba indicios mortales, entre él y el criado la levantaron del suelo, y acomodándosela al cria-

***

    [a] en que: que *om.* B; donde D   [b] [veía]: *om.* AB; vía CD   [c] quisiese: quisiera D   [d] dieron: dio ABCD   [e] su: *om.* D   [f] las: sus D   [g] le: la D   [h] hermosos: *om.* D

do en los brazos, de manera que la pudiese llevar con más alivio, para quedar él desembarazado, para si encontraban gente o justicia, caminaron lo más apriesa que podían a su posada, que no estaba muy lejos, donde, llegados sin estorbo ninguno, siendo recibidos de los demás criados y una mujer que cuidaba de su regalo, y poniendo el desangrado cuerpo sobre su cama, enviando por un confesor y otro por un cirujano. Y hecho esto, entró donde estaba la herida dama, que la tenían cercada los demás, y la criada con una bujía encendida en la mano, que a este punto había vuelto en sí, y estaba pidiendo confesión, porque se moría, a quien la criada consolaba, animándola a que tuviese valor, pues estaba en parte donde cuidarían de darle remedio al alma y cuerpo.

Llegó, pues, don Gaspar, y poniendo los ojos en el ya casi difunto[a] rostro, quedó, como los que ven visiones o fantasmas, sin pestañear, ni poder con la lengua articular palabra ninguna, porque no vio menos que a su adorada y hermosa Florentina. Y no acabando de dar crédito a sus mismos ojos, los cerraba y abría, y tornándolos a cerrar, los tornaba de nuevo a abrir, por ver si se engañaba. Y viendo que no era engaño, empezó a dar lugar a las admiraciones, no sabiendo qué decir de tal suceso, ni qué causa podría haberla dado, para que una señora tan principal, recatada y honesta, estuviese del modo que la veía y en la parte que la había hallado; mas, como vio que por entonces no estaba para saber de ella lo que tan admirado le tenía, porque la herida dama ya se desmayaba, y ya tornaba en sí, se sufrió en su deseo, callando quién era, por no advertir a los criados de ello.

Vino en esto el criado con dos religiosos, y de allí a poco el que traía el cirujano, y para dar primero el remedio al alma, se apartaron todos; mas Florentina estaba tan desfla-

_____
[a] difunto: el difunto *añ.* D

quecida y desmayada de la sangre que había perdido y perdía, que no fue posible confesarse. Y así, por mayor, por el peligro en que estaba, haciendo el confesor algunas prevenciones y prometiendo, si a la mañana se hallase más aliviada, confesarse, la absolvió, y dando lugar al médico del cuerpo, acudiendo todos y los religiosos, que no se quisieron ir hasta dejarla curada, la desnudaron y pusieron en la cama, y hallaron que tenía una estocada entre los pechos, de la parte de arriba, que aunque no era penetrante, mostraba ser peligrosa, y lo fuera más, a no haberla defendido algo las ballenas de un justillo que traía. Y debajo de la garganta, casi en el hombro derecho, otra, también peligrosa, y otras dos en la parte de las espaldas, dando señal que, teniéndola asida del brazo, se las habían dado; que lo que la tenía tan sin aliento era la perdida sangre, que era mucha, porque había tiempo que estaba herida.

Hizo el cirujano su oficio, y al revolverla para hacerlo, se quedó de todo punto sin sentido. En fin, habiéndola tomado la sangre, y don Gaspar contentado al cirujano, y avisándole no diese cuenta del caso, hasta ver si la dama no moría, cómo había sucedido tal desdicha, contándole de la manera que la había hallado (que por ser el cirujano castellano de los que habían ido en la tropa con Su Majestad, pudo conseguir lo que pedía), con orden de que volviese en siendo de día, se fue a su posada, y los religiosos a su convento.

Recogiéronse todos. Quedó don Gaspar[a] que no quiso cenar, habiéndole hecho una cama en la misma cuadra en que estaba Florentina. Se fueron los criados a acostar, dejándole allí algunas conservas y bizcochos, agua y vino, por si la dama cobraba el sentido, darle algún socorro. Idos, como digo, todos, don Gaspar[b] se sentó sobre la cama en que estaba Florentina, y teniendo cerca de sí la luz, se puso

---

[a] Gaspar: Caspar D   [b] Gaspar: Caspar D

a contemplar la casi difunta hermosura. Y viendo medio muerta la misma vida con que vivía, haciendo en su enamorado pecho los efectos que amor y piedad suelen causar, con los ojos humedecidos del amoroso sentimiento, tomándole las manos que tendidas sobre la cama tenía, ya le registraba los pulsos[a], para ver si acaso vivía, otras, tocándole el corazón y muchas poniendo los claveles de sus labios en los nevados copos, que tenía asidos con sus manos, decía:

—¡Ay, hermosísima y mal lograda Florentina, que quiso mi desdichada suerte que cuando soy dueño de estas deshojadas azucenas, sea cuando estoy tan cerca de perderlas! Desdichado fue el día que vi tu hermosura y la amé, pues después de haber vivido muriendo tan dilatado tiempo, sin valer mis penas nada ante ti, que lo que se ignora pasa por cosa que no es, quiso mi desesperada y desdichada fortuna que, cuando te hallé[b], fuese cuando te tengo más perdida y estoy con menos esperanzas de ganarte; pues cuando me pudiera prevenir con el bien de haberte hallado algún descanso, te veo ser despojos de la airada muerte. ¿Qué podré hacer, infelice amante tuyo, en tal dolor, sino serlo también en el punto que tu alma desampare tu hermoso cuerpo, para acompañarte en esta eterna y última jornada? ¡Qué manos tan crueles fueron las que tuvieron ánimo para sacar de tu cristalino pecho, donde solo amor merecía estar aposentado, tanta púrpura como los arroyos que te he visto verter! Dímelo, señora mía, que como caballero te prometo de hacer en él la más rabiosa venganza, que cuanto ha que se[c] crio el mundo se haya visto. Mas, ¡ay de mí!, que ya parece que la airada Parca ha cortado el delicado estambre de tu vida, pues ya te admiro mármol helado, cuando te esperaba fuego y blanda cera derretida al calor de mi amor! Pues ten por cierto, ajado clavel, y difunta belleza, que te he

---

[a] pulsos: pulso D   [b] hallé: hablé D   [c] se: le D

de seguir, cuando, no acabado con la pena, muerto[a] con mis proprias[b] manos y con el puñal de mis iras.

Diciendo esto, tornaba a hacer experiencia de los pulsos y del corazón, y tornaba de nuevo y con más lastimosas quejas a llorar la mal lograda belleza. Así pasó hasta las seis de la mañana, que a esta hora tornó en sí la desmayada dama con algo de más aliento; que como se le[c] había restriñido la sangre, tuvo más fuerza su ánimo y desanimados espíritus. Y abriendo los ojos, miró como despavorida los que la tenían cercada, extrañando el lugar donde se veía; que ya estaban todos allí, y el cirujano y los dos piadosos frailes. Mas volviendo en sí, y acordándose cómo la había traído un caballero, y lo demás que había pasado por ella, y con debilitada voz pidió que le diesen alguna cosa con que cobrar más fuerzas; la sirvieron con unos bizcochos mojados en oloroso vino, por ser alimento más blando[d] y sustancioso. Y habiéndolos comido, dijo que le enseñasen el caballero a quien debía el no haber muerto como gentil y[e] bárbara. Y hecho, le dio las gracias como mejor supo y pudo. Y habiendo ordenado se le[f] sacase una sustancia, la quisieron dejar un rato sola, para [que][g], no teniendo con quien hablar, reposase y se previniese para confesarse. Mas ella, sintiéndose con más aliento, dijo que no, sino que se quería confesar luego, por lo que pudiese suceder. Y antes de esto, volviéndose a don Gaspar, le dijo:

—Caballero (que aunque quiera llamaros por vuestro nombre, no le sé, aunque me parece que os he visto antes de ahora), ¿acertaréis a ir a la parte donde me hallasteis? Que si es posible acordaros, en la misma calle preguntad por las casas de don Dionís de Portugal, que son bien conocidas en ella, y abriendo la puerta, que no está más que con un cerrojo, poned en cobro lo que hay en ella, tanto de

---

[a] muerto: muerta D   [b] proprias: propias CD   [c] le: la D   [d] blando: ablando D   [e] y: *om.* D   [f] le: la D   [g] [que]: *om.* ABC; que D

gente como de hacienda. Y por que no os culpen a vos de las desventuras que hallaréis en ella, y por hacer bien os venga mal, llevad con vos algún ministro de justicia, que ya es imposible, según el mal que hay en aquella desdichada casa (por culpa mía) encubrirse, ni menos cautelarme yo, sino que sepan dónde estoy, y si mereciere más castigo del que tengo, me le den.

—Señora —respondió don Gaspar, diciéndole primero cómo era su nombre—, bien sé vuestra casa, y bien os conozco, y no[a] decís mal[b], que muchas veces me habéis visto, aunque no me habéis mirado. Yo a vos sí que os he mirado y visto[c]; mas no estáis en estado de saber por ahora dónde, ni menos para qué, si de esas desdichas que hay[d] en vuestra casa sois vos la causa, andéis en lances de justicia.

—No puede ser menos —respondió Florentina—; haced, señor don Gaspar, lo que os suplico, que ya no temo más daño del que tengo; demás que vuestra autoridad es bastante para que por ella me guarden a mí alguna cortesía.

Viendo, pues, don Gaspar que esta era su voluntad, no replicó más; antes mandando poner el coche, entró en él y se fue a palacio, y dando cuenta de lo sucedido con aquella dama, sin decir que la conocía ni amaba, a un deudo suyo, también de la Cámara de Su Majestad, le rogó le acompañase para ir a dar cuenta al gobernador, por que no le imaginasen cómplice en las heridas de Florentina, ni en los riesgos[5] sucedidos en su casa. Y juntos don Gaspar y don Miguel fueron en casa del gobernador, a quien dieron cuenta del estado en que había hallado la dama, y lo que decía de su casa; que como el gobernador conocía muy bien a don Dionís y vio lo que aquellos señores le decían, al punto, entrándose en el coche con ellos, haciendo admiraciones de tal suceso, se fueron, cercados de ministros de

---

[a] y no: si no D [b] mal: más D [c] visto: viste D [d] hay: *om.* D

[5] *riesgos:* «daños».

justicia, a la casa de don Dionís, que, llegados a ella, abrieron el cerrojo que Florentina había dicho, y entrando todos dentro, lo primero que hallaron fue, a la puerta de un aposento que estaba al pie de la escalera, dos pajes en camisa, dados de puñaladas, y subiendo por la escalera, una esclava blanca, herrada en el rostro, a la misma entrada de un corredor, de la misma suerte que los pajes, y una doncella sentada en el corredor, atravesada de una estocada hasta las espaldas, que, aunque estaba muerta, no había tenido lugar de caer, como estaba arrimada a la pared; junto a esta estaba una hacha caída, como que a ella misma se le había caído de la mano. Más adelante, a la entrada de la antesala, estaba don Dionís, atravesado en su misma espada, que toda ella le[a] salía por las espaldas, y él caído boca abajo, pegado el pecho con la guarnición, que bien se conocía haberse arrojado sobre ella, desesperado de la vida y aborrecido de su misma alma.

En un aposento que estaba en el mismo corredor, correspondiente a una cocina, estaban tres esclavas, una blanca y dos negras; la blanca, en el suelo, en camisa, en la mitad del aposento; y las negras en la cama, también muertas a estocadas. Entrando más adentro, en la puerta de una cuadra, medio cuerpo fuera y medio dentro, estaba un mozo de hasta veinte años[b], de muy buena presencia y cara, pasado de una estocada; este estaba en camisa, cubierta una capa, y en[c] los descalzos pies unas chinelas. En la misma cuadra donde estaba la cama, echada en ella, doña Magdalena, también muerta de crueles heridas; mas con tanta hermosura, que parecía una estatua de marfil salpicada de rosicler[d]. En otro aposento, detrás de esta cuadra, otras dos[e] doncellas, en la cama, también muertas, como las demás[6].

---

[a] le: se CD   [b] años: años poco más o menos *añ.* D   [c] en: *om.* D   [d] rosicler: rosieler A[d]   [e] dos: *om.* CD

[6] Tenemos noticias de venganzas de la época que muestran esta misma dureza. En los *Avisos* de Pellicer se narra cómo, en Córdoba, un marido,

Finalmente, en la casa no había cosa viva. Mirábanse los que veían[a] esto, unos a otros, tan asombrados, que no sé cuál podía en ellos más: la lástima o la admiración. Y bien juzgaron ser don Dionís el autor de tal estrago, y que después de haberle[b] hecho, había vuelto su furiosa rabia contra sí. Mas viendo que sola Florentina, que era la que tenía vida, podía decir cómo había sucedido tan lastimosa tragedia, mas sabiendo de don Gaspar el peligro en que estaba su vida, y que no era tiempo de averiguarla hasta ver si mejoraba, suspendieron la averiguación y dieron orden de enterrar los muertos, con general lástima, y más de doña Magdalena, que como la conocían ser una señora de tanta virtud y tan honorosa[c], y la veían[d] con tanta mocedad y belleza, se dolían más de su desastrado fin que de los demás.

Dada, pues, tierra a los lastimosos cadáveres, y puesta por inventario la hacienda, depositada en personas abonadas, se vieron[e] todos juntos en casa de don Gaspar, donde hallaron reposando a Florentina, que después de haberse confesado y dádole una sustancia, se había dormido; y que un médico, de quien se acompañó el cirujano que la asistía[f] por orden de don Gaspar, decía[g] que no era tiempo de desvanecerla, por cuanto la confesión había sido larga y le había dado calentura, que aquel día no convenía que hablase; mas, porque temían, con la falta de tanta sangre como había perdido, no enloqueciese, la dejaron, depositándola[h] en poder de don Gaspar y su primo, que siempre que se la pidiesen darían cuenta de ella. Se volvió el gober-

---

    [a] veían: vían CD   [b] haberle: haberlo D   [c] honorosa: honrosa CD   [d] veían: vían CD   [e] vieron: vinieron D   [f] asistía: asistían ABCD   [g] decía: decían ABCD   [h] depositándola: depositada D

no contento con matar a su mujer, dio muerte también a todos los criados e incluso al perro, al loro y al mono, historia que parece haber inspirado a Lope de Vega su obra *Los comendadores de Córdoba* (Bomli, *op. cit.*, pág. 81).

nador a su casa, llevando bien qué contar, él y todos, de la destruición de la casa de don[a] Dionís, y bien deseosos de saber el motivo que había para tan lastimoso caso.

Más de quince días se pasaron, que no estuvo Florentina para hacer declaración de tan lastimosa historia, llegando muchas veces a término de acabar la vida; tanto, que fue necesario darle todos los sacramentos. En cuyo tiempo, por consejo de don Gaspar y don Miguel, había hecho declaración delante del gobernador, cómo don Dionís había hecho aquel lastimoso estrago, celoso de doña Magdalena y aquel criado, de quien injustamente sospechaba mal, que era el que estaba en la puerta de la cuadra, y que a ella habría también dado aquellas heridas; mas que no la acabó de matar, por haberse puesto de por medio aquella esclava que estaba en la puerta del corredor, donde pudo escaparse mientras la mató, y que se había salido a la calle, y cerrado tras sí la puerta, y con perder tanta sangre, cayó donde la halló don Gaspar. Que en cuanto a don Dionís, que no sabía si se había muerto o no; mas que pues le habían hallado como decían, que él, de rabia, se habría muerto.

Con esta confesión o declaración que hizo, no culpándose a sí, por no ocasionarse el castigo, con esto cesaron las diligencias de la justicia; antes desembargando el[b] hacienda, y poniéndola a ella en libertad, le dieron la posesión de ella; la parte de su hermana, por herencia, y la de don Dionís, en pago de las heridas recibidas de su mano, para que, si viviese, la gozase, y si muriese, pudiese testar a su voluntad.

Con que, pasado más de un mes, que con verse quieta y rica, se consoló y mejoró (¡Oh, Dios, que dispone las cosas conforme a su voluntad y a utilidad nuestra!), en poco más tiempo estaba ya fuera[c] de peligro, y tan agradecida del

---

[a] don: *om.* D   [b] el: la D   [c] fuera: tan fuera *añ.* D

x

x

agasajo de don Gaspar, y reconocida[7] del bien que de él había recibido, que no fuera muy dificultoso amarle, pues fuera de esto lo merecía por su gallardía[a] y afable condición, además de su nobleza y muchos bienes de fortuna, de que le había engrandecido el Cielo de todas maneras; y aun estoy por decir que le debía de amar. Mas como se hallaba inferior, [[no]][b] en la buena sangre, en la riqueza y en la hermosura, que esa sola bastaba, sino en la causa que originó el estar ella en su casa, no se atrevía a darlo a entender; ni don Gaspar, más atento a su honor que a su gusto, aunque la amaba, como se ha dicho, y más, como se sabe, del trato, que suele engendrar amor donde no le hay, no había querido declararse con ella hasta saber en qué manera había sido la causa de tan lastimoso suceso; porque más quería morir amando con[c] honor, que sin él vencer y gozar, supuesto que Florentina, para mujer, si había desmán en su pureza, era poca mujer, y para dama[8], mucha. Y deseoso de salir de este cuidado y determinar lo que había de hacer, porque la jornada de Su Majestad para Castilla se acercaba, y él había de asistir a ella, viéndola con salud y muy cobrada en su hermosura, y que ya se empezaba a levantar, le suplicó le contase cómo habían sucedido tantas desdichas, como por sus ojos había visto, y Florentina, obligada y rogada de persona a quien tanto debía, estando presente don Miguel, que deseaba lo mismo, y aun no estaba menos enamorado que su primo, aunque, temiendo lo mismo, no quería manifestar su amor, empezó a contar su prodigiosa historia de esta manera:

—Nací en esta ciudad (nunca naciera, para que hubiera sido ocasión de tantos males), de padres nobles y ricos,

---

[a] gallardía: gallarda D   [b] [[no]]: *om.* ABCD   [c] *con*: sin ABCD

[7] *reconocida:* «agradecida».
[8] *dama:* «amante, concubina». («Se llama también la manceba o concubina con quien se tiene comunicación ilícita», DA).

siendo desde el primer paso que di en este mundo causa de desdichas, pues se[a] las ocasioné a mi madre, quitándole, en acabando de nacer, la vida, con tierno sentimiento de mi padre, por no haber gozado de su hermosura más de los nueve meses que me tuvo en su vientre, si bien se le moderó, como hace a todos, pues apenas tenía yo dos años se casó con una señora viuda y hermosa, con buena hacienda, que tenía asimismo una hija que le había quedado de su esposo, de edad de cuatro años, que esta fue la desdichada doña[b] Magdalena. Hecho, pues, el matrimonio de mi padre y su madre, nos criamos juntas desde la infancia, tan amantes la una de la otra, y tan amadas de nuestros padres, que todos entendían que éramos hermanas; porque mi padre, por obligar a su esposa, quería y regalaba a doña Magdalena, como si fuera hija suya, y su esposa, por tenerle a él grato y contento, me amaba a mí más que a su hija, que esto es lo que deben hacer los buenos casados y que quieren vivir con quietud; pues del poco agrado que tienen los maridos con los hijos de sus mujeres, y las mujeres con los de sus maridos, nacen mil rencillas y pesadumbres.

En fin, digo que, si no eran los que muy familiarmente nos trataban, que sabían lo contrario, todos los demás nos tenían por hermanas, y hoy aún. Nosotras mismas lo creímos así, hasta que la muerte descubrió este secreto; que, llegando mi padre al punto de hacer testamento para partir de esta vida, por ser el primero que la dejó, supe que no era hija de la que reverenciaba por madre, ni hermana de la que amaba por hermana. Y por mi desdicha, hubo de ser por mí por quien faltó esta amistad. Murió mi padre, dejándome muy encomendada a su esposa; mas no pudo mostrar mucho tiempo en mí el amor que a mi padre tenía, porque fue tan grande el sentimiento que tuvo de su muerte, que dentro de cuatro meses le siguió, dejándonos a doña

Magdalena y a mí bien desamparadas, aunque bien acomodadas de bienes de fortuna, que, acompañados con los de naturaleza, nos prometíamos buenos casamientos, porque no hay diez y ocho años feos.

Dejonos nuestra madre (que en tal lugar la tenía yo) debajo de la tutela de un hermano suyo, de más edad que ella, el cual nos llevó a su casa, y nos tenía como a hijas, no diferenciándonos en razón de nuestro regalo y aderezo a la una de la otra, porque era con tan gran extremo lo que las dos nos amábamos, que el tío de doña Magdalena, pareciéndole que hacía lisonja a su sobrina, me quería y acariciaba de la misma suerte que a ella. Y no hacía mucho, pues, no estando él muy sobrado, con nuestra hacienda no le faltaba nada.

Ya cuando nuestros padres murieron, andaba don Dionís de Portugal, caballero rico, poderoso[a] y de lo mejor de esta ciudad, muy enamorado de doña Magdalena, deseándola para esposa, y se había dilatado el pedirla por su falta, paseándola y galanteándola de lo ternísimo y cuidadoso, como tiene fama nuestra nación. Y ella, como tan bien entendida, conociendo su logro, le correspondía con la misma voluntad, en cuanto a dejarse servir y galantear de él, con el decoro debido a su honestidad y fama, supuesto que admitía su voluntad y finezas con intento de casar con él.

Llegaron, pues, estos honestos[b] y recatados amores, a determinarse doña Magdalena de casarse sin la voluntad de su tío, conociendo en él la poca que mostraba a darla estado, temeroso de perder la comodidad con que con nuestra buena y lucida hacienda pasaba. Y así, gustara más de que fuéramos religiosas, y aun nos lo proponía muchas veces; mas viendo la poca inclinación que teníamos a este estado, o por desvanecidas con la belleza, o porque habíamos de ser desdichadas, no apretaba en ello, mas dilataba el casarnos:

---

[a] poderoso: y poderoso *añ.* D   [b] honestos: honostos C

que todo esto pueden los intereses de pasar con descanso. Que visto esto por doña Magdalena, determinada, como digo, a elegir por dueño a don Dionís, empezó a engolfarse más en su voluntad, escribiéndose el uno al otro y hablándose muchas noches por una reja.

Asistíala yo algunas noches (¡oh, primero muriera[a], que tan cara me cuesta esta asistencia!), al principio, contenta de ver a doña Magdalena empleada en un caballero de tanto valor como don Dionís, al medio, envidiosa de que fuese suyo y no mío, y al fin, enamorada y perdida por él. Oíle tierno, escuchele discreto, mirele galán, considerele ajeno, y dejeme perder sin remedio, con tal precipicio, que vine[b] a perder la salud, donde conozco que acierta quien dice que el amor es enfermedad, pues se pierde el gusto, se huye el sueño y se apartan las ganas de comer. Pues si todos estos accidentes caen sobre el fuego que amor enciende en el pecho, no me parece que es el menos peligroso tabardillo, y más cuando da con la modorra de no poder alcanzar, y con el frenesí celoso de ver lo que se ama empleado en otro cuidado. Y más rabioso fue este mal en mí, porque no podía salir de mí, ni consentía ser comunicado, pues todo el mundo me había de infamar de que amase yo lo que mi amiga[c] o hermana amaba. Yo quería a quien no me quería, y este amaba a quien yo tenía obligación de no ofender. ¡Válgame Dios, y qué intrincado laberinto, pues solo mi mal era para mí y mis penas no para comunicadas!

Bien notaba doña Magdalena en mí melancolía[d] y perdida color, y demás accidentes, mas no imaginaba la causa. Que creo, de lo que me amaba, que dejara la empresa porque yo no padeciera. (Que cuando considero esto, no sé cómo mi propio dolor no me quita la vida). Antes juzgaba de mi tristeza debía de ser porque no me había llegado a mí

---

[a] muriera: muera CD   [b] vine: viene C   [c] amiga: amigo ABC; amiga D
[d] melancolía: malancolía D

la ocasión de tomar estado como a ella, como es este el deseo de todas las mujeres de sus años y de los míos. Y si bien algunas veces me persuadía a que le comunicase mi pena, yo la divertía dándole otras precisas causas, hasta llegarme a prometer que, en[a] casándose, me casaría con quien yo tuviese gusto. ¡Ay, mal lograda hermosura, y qué falsa y desdichadamente te[b] pagué el amor que me tenías!

Cierto, señor don Gaspar, que, a no considerar que, si dejase aquí mi lastimosa historia, no cumpliría con lo que estoy obligada, os suplicara me diérades licencia para dejarla; porque no me sirve de más de añadir nuevos tormentos a los que padezco en referirla. Mas pasemos con ella adelante, que justo es que padezca quien causó tantos males, y así, pasaré a[c] referirlos. Las músicas, las finezas y los extremos con que don Dionís servía a doña Magdalena, ya lo podréis[d] juzgar de la opinión de enamorados que nuestra nación tiene; ni tampoco las rabiosas bascas, los dolorosos suspiros y tiernas lágrimas de mi corazón y ojos, el tiempo que duró este galanteo, pues lo podréis ver por lo que adelante sucedió.

En fin, puestos los medios necesarios para que su tío de doña Magdalena no lo negase, viendo conformes las dos voluntades, aunque de mala gana, por perder el interés que se le seguía en el gobierno y administración de la hacienda, doña Magdalena y don Dionís llegaron a gozar lo que tanto deseaban, tan contentos con el felicísimo y dichoso logro de su amor, como yo triste y desesperada[e], viéndome de todo punto desposeída del bien que adoraba mi alma. No sé cómo os diga mis desesperaciones y rabiosos celos; mas mejor es callarlo, porque así saldrán mejor pintados, porque no hallo colores como los de la imaginación. No digo más, sino que a este efecto hice un romance, que si gustáis, le diré, y si no, le pasaré en silencio.

---

[a] en: *om.* D [b] te: *om.* B [c] *a:* sin ABCD [d] podréis: podrés D [e] desesperada: desespera D

—Antes me agraviaréis —dijo don Gaspar— en no decirle; que sentimientos vuestros serán de mucha estima.

—Pues el romance es este, que canté a una guitarra, el día del desposorio, más que cantando, llorando:

Ya llego, Cupido, al ara;
    ponme en los ojos el lienzo;
    pues solo por mis desdichas
    ofrezco al cuchillo el cuello.

Ya no tengo más que darte,
    que pues la vida te ofrezco;
    niño cruel, ya conoces
    el poco caudal que tengo.

Un cuerpo sin alma doy;
    que es engaño, ya lo veo;
    mas tiéneme Fabio el alma,
    y quitársela no puedo.

Que si guardaba la vida,
    era por gozarle en premio
    de mi amor; mas ya la doy
    con gusto, pues hoy le pierdo.

No te obliguen las corrientes
    que por estos ojos vierto;
    que no son por obligarte,
    sino por mi sentimiento.

Antes, si me has de hacer bien,
    acaba, acábame presto,
    para que el perder a Fabio
    y el morir lleguen a un tiempo.

Mas es tanta tu crueldad,
    que porque morir deseo,
    el golpe suspenderás,
    más que piadoso, severo.

Ejecuta el golpe, acaba,
o no me quites mi dueño;
déjame vivir con él,
aunque viva padeciendo.

Bien sabes que sola un[a] hora
vivir sin Fabio no puedo;
pues si he de morir despacio,
más alivio es morir presto.

Un año, y algo más, ha
que sin decirlo padezco,
amando sin esperanzas,
que es la pena del infierno.

Ya su sol se va a otro oriente,
y a mí, como a ocaso negro,
quedándome sin su luz,
¿para qué la vida quiero?

Mas si tengo de morir,
amor, ¿para qué me quejo?
Que pensarás que descanso,
y no descanso, que muero.

Ya me venda amor los ojos,
ya desenvaina el acero;
ya muero, Fabio, por ti,
ya por ti la vida dejo.

Ya digo el último adiós.
¡Oh, permita, Fabio, el Cielo,
que a ti te dé tantas dichas
como yo tengo tormentos!

En esto decir quiero
que muero, Fabio, pues que ya te pierdo,
y que por ti, con gusto, Fabio, muero.

---

[a] un: una CD

Casáronse, en fin, don Dionís y doña Magdalena. Y, como me lo había prometido, me trujo[a], cuando se vino a su casa, en su compañía, con ánimo de darme estado, pensando que traía una hermana y verdadera amiga, y trujo[b] la destruición de ella. Pues ni el verlos ya casados, ni cuán ternísimamente se amaban, ni lo que a doña Magdalena de amor debía, ni mi misma pérdida, nada bastó para que yo olvidase a don Dionís; antes crecía en mí la desesperada envidia de verlos gozarse y amarse con tanta dulzura y gusto; con lo que yo vivía tan sin él, que creyendo doña Magdalena que nacía de que se dilataba el darme estado, trató de emplearme en una persona que me estimase y mereciese. Mas nunca, ni ella, ni don Dionís lo pudieron acabar conmigo, de que doña Magdalena se admiraba mucho y me decía que me había hecho de una condición tan extraña, que la traía fuera de sí, ni me la entendía. Y a la cuenta debía de comunicar esto mismo con su esposo, porque un día que ella estaba en una visita y yo me había quedado en casa, como siempre hacía (que[c] como andaba tan desabrida, a todo divertimiento me negaba), vino don Dionís, y hallándome sola y los ojos bañados[d] de lágrimas, que pocos ratos dejaba de llorar el mal empleo de mi amor, sentándose junto a mí, me dijo:

—Cierto[e], hermosa Florentina, que a tu hermana y a mi nos trae cuidadosísimos tu melancolía, haciendo varios discursos de qué te puede proceder, y ninguno hallo más a propósito, ni que lleve color de verdadero, sino que quieres bien en parte imposible; que a ser posible, no creo que haya caballero en esta ciudad, aunque sea de jerarquía superior, que no estime ser amado de tu hermosura y se tuviera por muy dichoso en merecerla, aun cuando no fueras quien eres, ni tuvieras la hacienda que tienes, sino que fueras una

[a] trujo: trajo CD   [b] trujo: trajo C; trató D   [c] que: *om.* D   [d] bañados: dañados B   [e] Cierto: Cierta B

pobre aldeana, pues con ser dueño de tu sin igual belleza, se pudiera tener por el mayor rey del mundo.

—Y si acaso fuera —respondí[a] yo, no dejándole pasar adelante (tan precipitada me tenía mi amorosa pasión, o, lo más seguro, dejada de la divina mano)— que fuera así, que amara en alguna parte difícil de alcanzar correspondencia, ¿qué hiciérades vos por mí, señor don Dionís, para remediar mi pena?

—Decírsela, y solicitarle para que te amase —respondió don Dionís.

—Pues si es así —respondí yo—, dítela a ti mismo, y solicítate a ti, y cumplirás lo que prometes. Y mira cuán apurado[b] está mi sufrimiento, que sin mirar lo que debo a mí misma, ni que profano la honestidad, joya de más valor que una mujer tiene, ni el agravio que hago a tu esposa, que aunque no es mi hermana, la tengo en tal lugar, ni el saber que voy a perder, y no a ganar contigo, pues es cierto que me has de desestimar y tener en menos por mi atrevimiento, y despreciarme por mirarme liviana, y de más a más por el amor que debes a tu esposa, tan merecedora de tu lealtad como yo de tu desprecio. Nada de esto me obliga; porque he llegado a tiempo que es más mi pena que mi vergüenza. Y así, tenme por libre, admírame atrevida, ultrájame deshonesta, aborréceme liviana o haz lo que fuere de tu gusto, que ya no puedo callar. Y cuando no me sirva de más mi confesión, sino que sepas que eres la causa de mi tristeza y desabrimiento, me doy por contenta y pagada de haberme declarado. Y supuesto esto, ten entendido que, desde el día que empezaste a amar a doña Magdalena, te amo más que a mí, pasando las penas que ves y no ves, y de que a ninguna persona en el mundo he dado parte, resuelta a no casarme jamás, porque, si no fuere a ti, no he de tener otro dueño.

_____

[a] respondí: *om.* CD   [b] apurado: apuntado B

Acabé esta última razón con tantas lágrimas y ahogados suspiros y sollozos, que apenas la podía pronunciar. Lo que resultó de esto fue que, levantándose don Dionís, creyendo yo[a] que se iba huyendo por no[b] responder a mi determinada desenvoltura, y cerrando[c] la puerta de la sala, se volvió donde yo estaba, diciendo:

—No quiera amor, hermosa Florentina, que yo sea ingrato a tan divina belleza y a sentimientos tan bien padecidos y tiernamente dichos.

Y añudándome al cuello los brazos, me acarició de modo que ni yo tuve más que darle, ni él más que alcanzar ni poseer. En fin, toda la tarde estuvimos juntos en amorosos deleites. Y en el discurso de ella (no sé que fuese verdad, que los amantes a peso de mentiras nos compran), que desde otro día casado me amaba, y que por no atreverse, no me lo había dicho, y otras cosas con que yo, creyéndole, me tuve por dichosa, y me juzgué no mal empleada, y que si se viera libre, fuera mi esposo. Rogome don Dionís con grandes encarecimientos que no descubriera a nadie nuestro amor, pues teníamos tanto lugar de gozarle, y yo le pedí lo mismo, temerosa de que doña Magdalena no lo entendiese.

En fin, de esta suerte hemos pasado cuatro años, estando yo desde aquel día la mujer más alegre del mundo. Cobreme en mi perdida hermosura, restituime en mi donaire. De manera que ya era el regocijo y alegría de toda la casa, porque yo mandaba en ella. Lo que yo hacía era lo más acertado; lo que mandaba, lo obedecido. Era dueño de la hacienda, y de cuya era. Por mí se despedían y recibían los criados y criadas, de manera que doña Magdalena no servía más de hacer estorbo a mis empleos.

Amábame tanto don Dionís, granjeándole yo la voluntad con mis caricias, que se vino a descuidar en las que solía y debía hacer a su esposa, con que se trocaron las suertes.

---

[a] yo: *om.* CD   [b] no: *om.* CD   [c] cerrando: cerrado ABC; cerrada D

Primero Magdalena estaba alegre, y Florentina triste; ya Florentina era la alegre, y Magdalena la melancólica, la llorosa, la desabrida y la desconsolada. Y si bien entendía[a] que por andar su esposo en otros empleos se olvidaba de ella, jamás sospechó en mí; lo uno, por el recato con que andábamos, y lo otro por la gran confianza que tenía de mí, no pudiéndose persuadir a tal maldad, si bien me decía que en mí las tristezas y alegrías eran extremos que tocaban en locura. ¡Válgame el Cielo, y qué ceguedad es la de los amantes! ¡Nunca me alumbré[9] de ella hasta que a costa de tantas desdichas se me han abierto los ojos!

Llegó a tal extremo y remate la de mis maldades, que nos dimos palabra de esposos don Dionís y yo, para cuando muriera doña Magdalena, como si estuviera en nuestra voluntad el quitarla la vida, o tuviéramos las nuestras más seguras que ella la suya. Llegose en este tiempo la Semana Santa, en que es fuerza acudir al mandamiento de la Iglesia. Y si bien algunas veces, en el discurso de mi mal estado, me había confesado, algunas había sido de cumplimiento. Y yo, que sabía bien dorar mi yerro, no debía de haber encontrado confesor tan escrupuloso como este que digo, o yo debí de declararme mejor. ¡Oh infinita bondad, y qué[b] sufres!

En fin, tratando con él del estado de mi conciencia, me la apuró tanto, y me puso tantos temores de la perdición de mi alma, no queriéndome absolver, y diciéndome que estaba, como acá, ardiendo en los infiernos, que volví a casa bien desconsolada, y entrándome[c] en mi retraimiento, empecé a llorar, de suerte que lo sintió una doncella mía, que se había criado conmigo desde niña (que es la que, si os acordareis[d], señor don Gaspar, hallasteis en aquella desdi-

---

[a] entendía: entendida C   [b] qué: lo que D   [c] entrándome: entrando D
[d] acordareis: acordáis D

[9] *alumbrarse:* «recuperar la luz»; en este caso «librarse (de la ceguera del amor)».

chada casa sentada en el corredor, arrimada a la pared, pasada de parte a parte por los pechos), y con grande instancia, ruegos y sentimientos, me persuadió a que le dijese la causa de mi lastimoso llanto. Y yo (o por descansar con ella, o porque ya la fatal ruina de todos se acercaba, advirtiendo, lo primero, del secreto y disimulación delante de don Dionís, por que no supiese que ella lo sabía, por lo que importaba) le di cuenta de todo, sin faltar nada, contándole también lo que me había pasado con el confesor. La doncella, haciendo grandes admiraciones, y más de cómo había podido tenerlo tanto tiempo encubierto sin que ninguno lo entendiese, me dijo, viendo que yo le pedía consejo, estas razones:

—Cierto, señora mía, que son sucesos, los que me has contado, de tanta gravedad, que era menester, para dar salida a ellos, mayor entendimiento que el mío; porque pensar que has de estar en este estado presente hasta que doña Magdalena se muera, es una cosa que solo esperarla causa desesperación. Porque ¿cómo sabemos que se ha de morir ella primero que tú? ¿Ni don Dionís decirte que te apartes de él, amándole? Es locura que ni tú lo has de hacer, ni él, si está tan enamorado, como dices, menos; tú, sin honor y amando, aguardando milagros, que las más de las veces en estos casos suceden al revés, porque el Cielo castiga estas intenciones, y morir primero los que agravian que el agraviado, acabar el[a] ofensor y vivir el ofendido. El remedio que hallo, cruel es; mas ya es remedio, que <<a>>[b] llagas tan ulceradas como estas quieren curas violentas.

Roguele me le dijese, y respondiome:

—Que muera doña Magdalena; que más vale que lo padezca una inocente, que se irá a gozar de Dios con la corona del martirio, que no que tú quedes perdida.

---

[a] el: al B   [b] <<a>>: a *añ*. ABCD

—¡Ay, amiga!, ¿y no será mayor error que los demás —dije yo— matar a quien no lo debe, y que Dios me le^a castigará a mí, pues haciendo yo el agravio, le ha de pagar el que le recibe?

—David —me respondió mi doncella— <<y>>^b se aprovechó de él matando a Urías, por que Bersabé no padeciera ni peligrara en la vida ni en la fama[10]. Y tú me parece que estás cerca de lo mismo, pues el día que doña Magdalena se desengañe, ha de hacer de ti lo que yo te digo que hagas de ella.

—Pues si con solo el deseo —respondí yo— me ha puesto el confesor tantos miedos, ¿qué será con la ejecución?

—Hacer lo que dijo David —dijo la doncella—: «matemos a Urías, que después haremos penitencia». En casándote con tu amante, restaurar con sacrificios el delito; que por la penitencia se perdona el pecado, y así lo hizo el santo rey.

Tantas cosas me dijo, y tantos ejemplos me puso, y tantas leyes me alegó, que como yo deseaba lo mismo que ella me persuadía, que reducida a su parecer, dimos entre las dos la sentencia contra la inocente y agraviada doña Magdalena; que siempre a un error sigue otro, y a un delito, muchos. Y dando y tomando pareceres cómo se ejecutaría, me respondió la atrevida mujer, en quien pienso que hablaba y obraba el demonio:

—Lo que me parece más conveniente, para que ninguna de nosotras peligre, es que la mate su marido, y de esta suerte no culparán a nadie.

—¿Cómo será eso —dije yo—, que doña Magdalena vive tan honesta y virtuosamente, que no hallará jamás su marido causa para hacerlo?

---

^a le: *om.* D   ^b <<y>>: y *añ.* ABCD

[10] II *Samuel,* 11, 2-26.

—Eso es el caso —dijo la doncella—; ahí ha de obrar mi industria. Calla y déjame hacer, sin darte por entendida de nada; que si antes de un mes no te vieres desembarazada de ella, me ten por la más ruda y boba que hay en el mundo.

Diome parte del modo, apartándonos las dos, ella, a hacer oficio de demonio, y yo a esperar el suceso, con lo que cesó nuestra plática. Y la mal aconsejada moza, y yo más que ella (que todas seguíamos lo que el demonio nos inspiraba), hallando ocasión, como ella la buscaba, dijo a don Dionís que su esposa le quitaba el honor, porque mientras él no estaba en casa, tenía trato ilícito con Fernandico. Este era un mozo de hasta edad de diez y ocho o veinte años, que había en casa, nacido y criado en ella, porque era hijo de una criada de sus padres de don Dionís, que había sido casada con un mayordomo suyo, y muertos ya sus padres, el desdichado mozo se había criado en casa, heredando el servir, mas no[a] el premio, pues fue muy diferente del que sus padres habían tenido; que este era el que hallasteis muerto a la puerta de la cuadra donde estaba doña Magdalena. Era galán y de buenas partes, y muy virtuoso, con que [a][b] don Dionís no se le hizo muy dificultoso el creerlo, si bien le preguntó que cómo le había visto; a lo que ella respondió que al ladrón de casa no hay nada oculto, que piensan las amas que las criadas son ignorantes. En fin, don Dionís le dijo que cómo haría para satisfacerse de la verdad.

—Haz que te vas fuera, y vuelve al amanecer, o ya pasado de media noche, y hazme una seña, para que yo sepa que estás en la calle —dijo la criada—, que te abriré la puerta y los cogerás juntos.

Quedó concertado para de allí a dos días, y mi criada me dio parte de lo hecho; de que yo, algo temerosa, me alegré,

---

[a] no: en D [b] [a]: *om.* ABC; a D

aunque por otra parte me pesaba; mas viendo que ya no había remedio, hube de pasar, aguardando el suceso. Vamos al endemoniado enredo, que voy abreviando, por la pena que me da referir tan desdichado suceso.

Al otro día dijo don Dionís que iba con unos amigos a ver unos toros que se corrían en un lugar tres leguas de Lisboa. Y apercibido su viaje, aunque Fernandico le acompañaba siempre, no quiso que esta vez fuera con él, ni otro ningún criado; que para dos días los criados de los otros le asistirían. Y con esto se partió el día a quien siguió la triste noche que me hallasteis. En fin, él vino solo, pasada de media noche, y hecha la seña, mi doncella, que estaba alerta, le dijo se aguardase un poco, y tomando una luz, se fue al aposento del mal logrado mozo, y entrando alborotada, le dijo:

—Fernando, mi señora te llama que vayas allá muy apriesa.

—¿Qué me quiere ahora mi señora? —replicó Fernando.

—No sé —dijo ella— más de que me envía muy apriesa a llamarte.

Levantose, y queriendo vestirse, le dijo:

—No te vistas, sino ponte esa capa y enchanclétate[a] esos zapatos, y ve a ver qué te quiere; que si después fuere necesario vestirte, lo harás.

Hízolo así Fernando[b] y mientras él fue adonde[c] su señora estaba, la cautelosa mujer abrió a su señor. Llegó Fernando a la cama donde estaba durmiendo doña Magdalena, y despertándola, le dijo:

—Señora, ¿qué es lo que me quieres?

A lo que doña Magdalena, asustada, como despertó y le vio en su cuadra, le dijo:

—Vete, vete, mozo, con Dios. ¿Qué buscas aquí? Que yo no te llamo.

---

    [a] enchanclétate: enclancléate B   [b] Fernando: Fernandico D   [c] adonde: donde D

Que como Fernando lo oyó, se fue a salir de la cuadra, cuando llegó su amo al tiempo que él salía; que como le vio desnudo[a] y que salía del aposento de su esposa, creyó que salía de dormir con ella, y dándole con la espada, que traía desnuda, dos estocadas, una tras otra, le tendió en el suelo, sin poder decir más de «¡Jesús sea conmigo!», con tan doloroso acento, que yo, que estaba en mi aposento, bien temerosa y sobresaltada (como era justo estuviese quien era causa de un mal tan grande y autora de un testimonio tan cruel, y motivo de que se derramase aquella sangre inocente, que ya empezaba a clamar delante del tribunal supremo de la divina justicia), me cubrí con un sudor frío, y queriéndome levantar para salir a estorbarlo, o que mis fuerzas estuviesen enflaquecidas, o que el demonio, que ya estaba señoreado en aquella casa, me ató de suerte que no pude.

En tanto, don Dionís, ya de todo punto ciego con su agravio[b], entró adonde[c] estaba su inocente esposa, que se había vuelto a quedar dormida con los brazos sobre la cabeza, y llegando a su puro y casto lecho, a sus airados ojos y engañada imaginación sucio, deshonesto y violado con la mancha de su deshonor, le dijo:

—¡Ah, traidora, y cómo descansas en mi ofensa!

Y sacando la daga, la[d] dio tantas puñaladas, cuantas su indignada cólera le pedía. Sin que pudiese ni aun formar un «¡ay!», desamparó aquella alma santa el más hermoso y honesto cuerpo que conoció el reino de Portugal.

Ya[e] a este tiempo había yo salido fuera de mi estancia y estaba en parte que podía ver lo que pasaba, bien perdida de ánimo y anegada en lágrimas, mas no me atreví a salir. Y vi que don Dionís pasó adelante, a un retrete que estaba consecutivo[f] a la cuadra de su esposa[g], y hallando dos desdichadas doncellas que dormían en él, las mató, diciendo:

---

[a] desnudo: que estaba desnudo *añ.* CD   [b] con su agravio: *om.* D
[c] adonde: donde D   [d] la: le D   [e] Ya: Y D   [f] consecutivo: consecutiva D
[g] esposa: esposo D

—Así pagaréis, dormidas centinelas de mi honor, vuestro descuido, dando lugar a vuestra alevosa señora para que velase a quitarme el honor.

Y bajando por una escalera escusada que salía a un patio, salió al portal, y llamando los dos pajes que dormían en un aposento cerca de allí, que a su voz salieron despavoridos, les pagó su puntualidad con quitarles la vida. Y como un león encarnizado y sediento de humana sangre, volvió a subir por la escalera principal, y entrando en la cocina, mató las tres esclavas que dormían en ella, que la otra había ido a llamarme, oyendo la revuelta y llanto que hacía mi criada, que sentada en el corredor estaba; que, o porque se arrepintió del mal que había hecho, cuando no tenía remedio, o porque Dios quiso que le pagase, o[a] por que el honor de doña Magdalena no quedase manchado, sino que supiese el mundo que ella y cuantos allí habían[b] muerto, iban sin culpa, y que sola ella y yo la teníamos (que es lo más cierto), arrimando una hacha (que el propio había encendido) a la pared (que tan descaradamente siguió su maldad, que para ir a abrir la puerta a su señor, le pareció poca luz la de una vela, que, en dejándonos Dios de su divina mano, pecamos, como si hiciéramos algunas virtudes), sin vergüenza de nada, se sentó y empezó a llorar, diciendo:

—¡Ay, desdichada de mí! ¿Qué he hecho? ¡Ya no hay perdón para mí en el cielo, ni en la tierra, pues por apoyar un mal con tan grande y falso testimonio, he sido causa de tantas desdichas!

A este mismo punto salía su amo de la cocina, y yo por la otra parte, y la esclava que me había ido a llamar, con una vela en la mano. Y como la oí, me detuve, y vi que, llegando don Dionís a ella, le dijo:

—¿Qué dices, moza, de testimonio y de desdichas?

---

[a] o: *om.* D [b] habían: había D

—¡Ay, señor mío! —respondió ella—, ¿qué tengo de decir?, sino que soy la más mala hembra que en el mundo[a] ha nacido? Que mi señora doña Magdalena y *F*ernando[b] han muerto sin culpa, con todos los demás a quien has quitado la vida. Sola yo soy la culpada, y la que no merezco vivir, que yo hice este enredo, llamando al triste *F*ernando[c], que estaba en su aposento dormido, diciéndole que mi señora le llamaba, para que viéndole tú salir de la forma que le viste, creyeses lo que yo te había dicho, para que, matando a mi señora doña Magdalena, te casaras con doña Florentina, mi señora, restituyéndole y satisfaciendo, con ser su esposo, el honor que le debes.

—¡Oh, falsa traidora! Y si eso que dices es verdad —dijo don Dionís—, poca venganza es quitarte una vida que tienes; que mil son pocas, y que a cada una se te diese un género de muerte.

—Verdad es, señor; verdad es, señor, y lo demás, mentira. Yo soy la mala, y mi señora, la buena. La muerte merezco, y el infierno también.

—Pues yo te daré lo uno y lo otro —respondió don Dionís—, y restaure[d] la muerte de tantos inocentes la de una traidora.

Y diciendo esto, la atravesó con la espada por los pechos contra la pared, dando la desdichada una grande voz, diciendo:

—Recibe, infierno, el alma de la más mala mujer que crio el Cielo, y aun allá pienso que no hallará lugar.

Y diciendo esto, la rindió a quien la ofrecía.

A este punto salí yo con la negra, y fiada en el amor que me tenía, entendiendo amansarle y reportarle, le dije:

—¿Qué es esto, don Dionís? ¿Qué sucesos son estos? ¿Hasta cuándo ha de durar el rigor?

[a] en el mundo: *om.* CD   [b] *F*ernando: Hernando AC; Fernando BD
[c] *F*ernando: Hernando AC; Fernando BD   [d] restaure: restaurará D

Él, que ya a este punto estaba de la rabia y dolor sin juicio, embist*ió*[a] conmigo, diciendo:

—Hasta matarte y matarme, falsa, traidora[b], liviana, deshonesta, para que pagues haber sido causa de tantos males; que no contenta con los agravios que, con tu deshonesto apetito, hacías a la que tenías por hermana, no has parado hasta quitarle la vida.

Y diciendo esto, me dio las heridas que habéis visto, y acabárame de matar si la negra no acudiera a ponerse en medio; que como la vio don Dionís, asió de ella, y mientras la mató, tuve yo lugar de entrarme en un aposento y cerrar la puerta, toda bañada en mi sangre. Acabando, pues, don Dionís con la vida de la esclava, y que ya no quedaba nada vivo en casa, si no era él, porque de mí bien creyó que iba de modo que no escaparía, y insistido del demonio, puso el pomo de la espada en el suelo y la punta en su cruel corazón, diciendo:

—No he de aguardar a que la justicia humana castigue mis delitos, que más acertado es que sea yo el verdugo de la justicia divina.

Se dejó caer sobre la espada, pasando la punta a las espaldas, llamando al demonio que le recibiese el alma.

Yo, viéndole ya muerto y que me desangraba, si bien con el miedo que podéis imaginar, de verme en tanto horror y cuerpos sin almas, que de mi sentimiento no hay que decir, pues era tanto, que no sé cómo no hice lo mismo que don Dionís, mas no lo debió de permitir Dios, por que se supiese un caso tan desdichado como este, con más ánimo del que en la ocasión que estaba imaginé tener, abrí[c] la puerta del aposento, y tomando la vela que estaba en el suelo, me bajé por la escalera y salí a la calle con ánimo de ir a buscar (viéndome en el estado que estaba) quien me confesase, para que, ya que perdiese la vida, no perdiese el alma. Con

---

[a] embist*ió:* embistiendo ABCD   [b] traidora: traída D   [c] abrí: abrir C

todo, tuve advertimiento de cerrar la puerta de la calle con aquel cerrojo que estaba, y caminando con pasos desmayados por la calle, sin saber adonde iba, me faltaron, con la falta de la sangre, las fuerzas, y caí donde vos, señor don Gaspar, me hallasteis, donde estuve hasta aquella hora y llegó vuestra piedad a socorrerme, para que, debiéndoos la vida, la gaste el tiempo que me durare en llorar, gemir y hacer penitencia de tantos males como he causado y también en pedirle a Dios guarde la vuestra muchos siglos.

Calló con esto la linda y hermosa Florentina; mas sus ojos, con los copiosos raudales de lágrimas, no callaron, que a hilos se desperdiciaban por sus más que hermosas mejillas, en que mostraba bien la pasión que en el alma sentía, que forzada de ella se dejó caer con un profundo y hermoso desmayo, dejando a don Gaspar suspenso y espantado de lo que había oído, y no sé si más desmayado que ella, viendo que, entre tantos muertos como el muerto honor de Florentina había causado, también había muerto su amor; porque ni Florentina era ya para su esposa, ni para dama era razón que la procurase, supuesto que la veía con determinación[a] de tomar más seguro estado que la librase de otras semejantes desdichas como las que por ella habían pasado; y se alababa en sí de muy cuerdo en no haberle declarado su amor hasta saber lo que entonces sabía.

Y así, acudiendo a remediar el desmayo, con que estaba ya vuelta de él, la consoló, esforzándola con algunos dulces y conservas. Diciéndole[b] cariñosas razones, la aconsejó que, en estando con más entera salud, el mejor modo para su reposo era entrarse en religión, donde viviría segura de nuevas calamidades; que en lo que tocaba a allanar el riesgo de la justicia, si hubiese alguno, él se obligaba al remedio, aunque diese cuenta a Su Majestad del caso, si fuese menes-

---

ᵃ determinación: determinación grande *añ*. D   ᵇ Diciéndole: Diciéndola D

ter. A lo que la dama, agradeciéndole los beneficios que había recibido y recibía, con nuevas caricias le respondió que ese era su intento, y que cuanto primero se negociase y ejecutase, le haría mayor merced; que ni sus desdichas, ni el amor que al desdichado don Dionís tenía, le daban lugar a otra cosa.

Acabó don Gaspar con esta última razón de desarraigar y olvidar el amor que la tenía, y en menos de dos meses que tardó Florentina en cobrar fuerzas, sanar de todo punto y negociarse todo presto, que fue necesario que se diese cuenta a Su Majestad del caso, que dio piadoso el perdón de la culpa que Florentina tenía en ser culpa de lo referido, se consiguió su deseo, entrándose religiosa en uno de los más[a] suntuosos conventos de Lisboa, sirviéndole de castigo su mismo dolor y las heridas que le dio don Dionís, supliendo el dote y más gasto la gruesa hacienda que había de la una parte y la otra, donde hoy vive santa y religiosísima vida, carteándose con don Gaspar, a quien, siempre agradecida, no olvida, antes, con muchos regalos que le envía, agradece la deuda en que le está. El cual, vuelto con Su Majestad a Madrid, se casó en Toledo, donde hoy vive, y de él mismo supe este desengaño que habéis oído.

Apenas dio fin la hermosa Lisis a su desengaño, cuando la linda doña Isabel, como quien tan bien sabía su intención, mientras descansaba para decir lo que para dar fin a este entretenido sarao faltaba, porque ya Lisis había comunicado con ella su intento, dejando el arpa, y tomando una guitarra, cantó sola lo que se sigue:

«Al prado, en que espinas rústicas
crían mis humores sálicos,
que de ausencias melancólicas
es fruto que da mi ánimo,

[a] más: *om.* D

salgo a llorar de un cruelísimo
olvidos de un amor trágico,
que si fuera dichosísimo,
cantara en estilo jácaro.

Que como visión fantástica,
ni aun de mis ojos los párpados
vieron, pues con voz armónica
ganó en el alma habitáculo.

Con solo acentos científicos
goza de mi amor el tálamo,
si bien con olvido fúnebre
le quita a mi vida el ámbito.

Acentos congojadísimos
escuchan aquestos álamos;
que pena, sin culpa acérrima,
le dan al alma estos tártagos.

No canto como oropéndola,
ni cual jilguerillo orgánico;
más lamento como tórtola
cuando está sola en el páramo.

Como fue mi amor platónico,
y en él no fue el fuego tácito,
no quiso, con fino anhélito,
ser trueno, sino relámpago.

Amo solo por teórica,
pagándome con preámbulos,
y así ha olvidado, cruelísimo,
un amor puro y magnánimo.

¡Ay, prados y secos[a] céspedes,
montes y fríos carámbanos!

---

[a] secos: sescos ABC; secos D

Oíd en bascas armónicas
aquestos suspiros lánguidos.

Con mis lágrimas tristísimas[a],
vuestros arroyos cristálicos
serán ríos caudalísimos
con que crezca el mar hispánico.

Y si de mi muerte acérrima
viereis[b] los temblores pálidos,
y mi vida cansadísima
dejare su vital tráfago,

decilde al pájaro armónico
que con mal sentidos cánticos
las aves descuidadísimas
cautiva al modo mecánico,

cómo siendo ilustre héroe,
y de valor tan diáfano,
engaña siendo ilustrísimo,
fingiendo fuegos seráficos;

qué hay que esperar de los cómunes
sino desdichas y escándalos,
que mire a Teseo infélice
atado en el monte Cáucaso[11].

Que si[c] razones históricas,
con estilo dulce y práctico,
pone por cebo[d] a las tórtolas
que viven[e] con libre ánimo,

---

[a] tristísimas: ternísimas A (corregido en «tristísimas», en «Erratas»)
CD; tristísimas B [b] viereis: vieres CD [c] si: sin D [d] cebo: culto D [e] viven:
vive D

[11] Se atribuye a Teseo la leyenda de Prometeo.

¿qué milagro que, en oyéndole,
   se descuelguen de los pámpanos?
   ¿Ni qué milagro que, ardiéndose,
   quede aturdida, cual tábano?

Que si la mira benévola,
   es estilo fiero y áspero,
   que volando ligerísimo
   la deje en amargo tártago.

Que aunque a su bella oropéndola
   amase, es estilo bárbaro,
   siendo este amor tan castísimo,
   darle pago tan tiránico.

Que en tiempo dilatadísimo
   no se ha visto en mi habitáculo
   de su memoria mortífica
   ni en su voluntad un átomo.

Que si amara lo intelético,
   no le pesara ser Tántalo,
   ni olvidara facilísimo
   tiernos y dulces diálogos».

Esto cantaba una tórtola
   con ronco y fúnebre cántico,
   sentada en un ciprés fúnebre,
   que estaba en un seco páramo.

Bien ventilada me parece que queda, nobles y discretos
caballeros, y hermosísimas damas —dijo la bien entendida
Lisis, viendo que doña Isabel había dado fin a su romance—, la defensa de las mujeres, por lo que me dispuse a
hacer esta segunda parte de mi entretenido y honesto sarao;
pues, si bien confieso que hay muchas mujeres que, con sus
vicios y yerros, han dado motivo a los hombres para la mucha desestimación que hoy hacen de ellas, no es razón que,

hablando en común, las midan a todas con una misma medida. Que lo cierto es que en una máquina tal dilatada y extendida como la del mundo, ha de haber buenas y malas, como asimismo hay hombres de la misma manera; que eso ya fuera negar la gloria a tantos santos como hay ya pasados de esta vida, y que hoy se gozan con Dios en ella, y la virtud a millares de ellos que se precian de ella. Mas no es razón que se alarguen tanto en la desestimación de las mujeres, que, sin reservar a ninguna, como pecado original, las comprendan a todas. Pues, como se ha dicho en varias partes de este discurso, las malas no son mujeres, y no pueden ser todas malas, que ya eso[a] fuera no haber criado Dios en ellas almas para el cielo, sino monstruos que consumiesen el mundo.

Bien sé que me dirán algunos: «¿Cuáles son las buenas, supuesto que hasta en las de alta jerarquía se hallan hoy travesuras y embustes?». A eso respondo que esas son más bestias fieras que las comunes, pues, olvidando las obligaciones, dan motivo a desestimación; pues ya que su mala estrella las inclina a esas travesuras, tuvieran más disculpa si se valieran del recato. Esto es, si acaso a las deidades comprende el vicio, que yo no lo puedo creer, antes me persuado que algunas de las comunes, pareciéndoles ganan estimación con los hombres, se deben (fiadas de un manto) de vender por reinas, y luego se vuelven a su primero ser, como las damas de la farsa[b]. Y como los hombres están dañados contra ellas, luego creen cualquiera flaqueza suya, y para apoyar su opinión dicen: «hasta las de más obligación ya no la guardan». Y aquí se ve la malicia de algunos hombres, que no quiero decir todos, aunque en común han dado todos en tan noveleros, que por ser lo más nuevo el decir mal de las mujeres, todos dicen que lo que se usa no se excusa. Lo que me admira [[es]][c] que los nobles, los honrados y virtuosos, se dejan ya llevar de la común voz, sin que obre en ellos ni la nobleza de que el Cielo los dotó, ni las virtudes de que ellos se pueden dotar, ni de las ciencias que siempre están estudiando, pues por ellas pudieran sacar, como tan estudiosos, que hay y ha habido, en las edades pasadas y presentes, muchas mujeres buenas, santas, virtuosas, estudiosas, honestas, valientes, firmes y constantes.

Yo confieso que en alguna parte tienen razón, que hay hoy [más][a] mujeres viciosas y perdidas que ha habido jamás; mas no que falten tantas[b] buenas que no excedan el número de las malas. Y tomando de más atrás el apoyar esta verdad, no me podrán negar los hombres que en las antigüedades no ha habido mujeres muy celebradas, que eso fuera negar las innumerables santas de quien la Iglesia canta: tantas mártires, tantas vírgenes, tantas viudas y continentes[c], tantas que han muerto y padecido en la crueldad de los hombres; que si esto no fuera así, poco paño hubieran tenido estas[d] damas desengañadoras en qué cortar sus desengaños, todos tan verdaderos como la misma verdad; tanto, que les debe muy poco la fábula, pues, hasta para hermosear, no han tenido necesidad de ella.

¿Pues qué ley humana ni divina halláis, nobles caballeros, para precipitaros tanto contra las mujeres, que apenas se halla uno que las defienda, cuando veis tantos que las persiguen?

Quisiera preguntaros si cumplís en esto con la obligación de serlo, y lo que prometéis cuando os ponéis[e] en los pechos las insignias de serlo, y si es razón que lo que juráis cuando os las dan, no lo cumplís. Mas pienso que ya no las deseáis y pretendéis[f], sino por gala, como las medias de pelo y las guedejas. ¿De qué pensáis que procede el poco ánimo que hoy todos tenéis, que sufrís que estén los enemi-

---

[a] [más]: *om.* ABC; más D   [b] tantas: tan B   [c] y continentes: incontinentes D   [d] estas: estos D   [e] ponéis: penéis D   [f] y pretendéis: *om.* D

gos dentro de España, y nuestro rey en campaña, y vosotros en el Prado y en el río, llenos de galas y trajes femeniles, y los pocos que le acompañan, suspirando por las ollas de Egipto? De la poca estimación que hacéis de las mujeres, que a fe que, si las estimarais y amárades, como en otros tiempos se hacía, por no verlas en poder de vuestros enemigos, vosotros mismos os[a] ofreciérades, no digo yo [[a]][b] [ir][c] a la guerra, y[d] a pelear, sino a la muerte, poniendo la garganta al cuchillo, como en otros tiempos, y en particular en el del rey don Fernando el Católico se hacía, donde no era menester llevar los hombres por fuerza, ni maniatados, como ahora (¡infelicidad y desdicha de nuestro católico rey[e]!), sino que ellos mismos ofrecían sus haciendas y personas: el padre, por defender la hija; el hermano, por la hermana; el esposo, por la esposa, y el galán por la dama. Y esto era por no verlas presas y cautivas, y, lo que[f] peor es, deshonradas, como me parece que vendrá a ser si vosotros no os animáis a defenderlas. Mas, como ya las tenéis por el alhaja más vil y de menos valor que hay en vuestra casa, no se os da nada de que vayan a ser esclavas de otros y en otros reinos; que a fe que[g], si los plebeyos os vieran a vosotros con valor para defendernos, a vuestra imitación lo hicieran todos. Y si os parece que en yéndoos a pelear os han de agraviar y ofender, idos todos, seguid a vuestro rey a defendernos, que quedando solas, seremos Moisenes[h], que, orando, vencerá Josué.

¿Es posible que nos veis[i] ya casi[j] en poder de los contrarios, pues desde donde están adonde estamos no hay más defensa que vuestros heroicos corazones y valerosos brazos, y que no os corréis de estaros en la Corte, ajando galas y criando cabellos, hollando coches y paseando prados, y que en lugar de defendernos, nos quitéis la opinión y el honor,

---

^a os: *om.* D   ^b [[a]]: *om.* ABCD   ^c [ir]: *om.* ABC; ir D   ^d y: *om.* D   ^e católico rey: rey católico B   ^f que: *om.* D   ^g a fe que: *om.* D   ^h Moisenes: Maisenes ABCD   ^i veis: veáis D   ^j casi: *om.* D

contando cuentos que os suceden con damas, que creo que son más invenciones de malicia que verdades; alabándoos de cosas que es imposible sea verdad que lo puedan hacer, ni aun las públicas rameras, solo por llevar al cabo vuestra dañada intención, todos efectos de la ociosidad en que gastáis el tiempo en ofensa de Dios y de vuestra nobleza? ¡Que esto hagan pechos españoles! ¡Que esto sufran ánimos castellanos! Bien dice un héroe bien entendido que los franceses os han hurtado el valor, y vosotros a ellos, los trajes.

Estimad y honrad a las mujeres y veréis cómo resucita en vosotros el valor perdido. Y si os parece que las mujeres no os merecen esta fineza, es engaño, que si dos os desobligan con sus malos tratos, hay infinitas que los[a] tienen buenos. Y si por una buena merecen perdón muchas malas, merézcanle las pocas que hay por las muchas buenas que goza este siglo, como lo veréis si os dais a visitar los santuarios de Madrid y de otras partes, que son más en número las que veréis[b] frecuentar todos los días los sacramentos, que no las que os buscan en los prados y ríos. Muchas buenas ha habido y hay, caballeros. Cese ya, por Dios, vuestra civil opinión, y no os dejéis llevar del vulgacho novelero, que cuando no hubiera habido otra más que nuestra serenísima y santa reina, doña Isabel de Borbón[12] (que Dios llevó, porque no la merecía el mundo; la mayor pérdida que ha tenido España), solo por ella merecían buen nombre las mujeres, salvándose las malas en él, y las buenas adquiriendo gloriosas alabanzas; y vosotros se las deis de justicia, que yo[c] os aseguro que si, cuando los plebeyos hablan mal de ellas, supieran que los nobles las

---

[a] los: lo D   [b] veréis: viereis D   [c] yo: om. D

[12] Hija de Enrique IV de Francia y de María de Médicis. Nació en 1602 en Fontainebleau y murió en 1644 en Madrid. Casó en 1615 con Felipe IV. Fue madre del príncipe Baltasar Carlos, muerto en 1646, a los dieciséis años, y de la infanta María Teresa, mujer de Luis XIV de Francia, además de otros hijos fallecidos en la infancia.

habían de defender, que de miedo, por lo menos, las trataran bien; pero ven que vosotros escucháis con gusto sus oprobios, y son como los truhanes, que añaden libertad a libertad, desvergüenza a desvergüenza y malicia a malicia.

Y digo que ni es caballero, ni noble, ni honrado el que dice mal de las mujeres, aunque sean malas, pues las tales se pueden librar en virtud de las buenas. Y en forma de desafío, digo que el que dijere mal de ellas no cumple con su obligación. Y como he tomado la pluma, habiendo tantos años que la tenía arrimada, en su defensa, tomaré la espada para lo mismo, que los agravios sacan fuerzas donde no las hay; no por mí, que no me toca, pues me conocéis por lo escrito, mas no por la vista, sino por todas, por la piedad y lástima que me causa su mala opinión.

Y vosotras, hermosas damas, de toda suerte de calidad y estado, ¿qué más desengaños[a] aguardáis que el desdoro de vuestra fama en boca de los hombres? ¿Cuándo os desengañaréis de que no procuran más de derribaros y destruiros, y luego decir aún más de lo que con vosotras les sucede? ¿Es posible que, con tantas cosas como habéis visto y oído, no reconoceréis que en los hombres no dura más la voluntad que mientras dura el apetito, y en acabándose, se acabó? Si no, conocedlo en el que más dice que ama una mujer: hállela en una niñería, a ver si la perdonará, como Dios, porque nos ama tanto, nos perdona[b] cada momento tantas ofensas como le hacemos.

¿Pensáis ser[c] más dichosas que las referidas en estos desengaños? Ese es vuestro mayor engaño; porque cada día, como el mundo se va acercando al fin, va todo de mal en peor. ¿Por qué queréis, por veleta tan mudable como la voluntad de un hombre, aventurar la opinión y la vida en las crueles manos de los hombres? Y es la mayor desdicha[d]

ᵃ desengaños: desengaño D   ᵇ perdona: perdona cada instante y *añ.* D
ᶜ ser: ser vosotras *añ.* D   ᵈ desdicha: desdicha de todo esto *añ.* D

que quizá las no culpadas[a] mueren, y las[b] culpadas viven; pues no he de ser yo así, que en mí no ha de faltar[c] el conocimiento que en todas[d].

Y así, vos, señor don *Diego*[e][13] —prosiguió la sabia[f] Lisis, vuelta al que aguardaba verla[g] su esposa—, advertid que no será razón que, deseando yo desengañar, me engañe; no porque en ser vuestra esposa puede haber engaño[h], sino porque no es justo que yo me fíe de mi dicha, porque no me siento más firme que la hermosa[i] doña Isabel, a quien no le aprovecharon tantos trabajos como en el discurso de su desengaño nos refirió, de que mis temores han tenido principio. Considero a Camila, que no le bastó para librarse de una desdicha[j] ser virtuosa[k], sino que, por no avisar a su esposo, sobre morir, quedó culpada. Roseleta, que le avisó, tampoco se libró del castigo. Elena sufrió inocente y murió atormentada. Doña Inés no le valió el privarla el mágico con sus enredos y encantos el juicio; ni a Laurela el engañarla un[l] traidor. Ni a doña Blanca[m] le sirvió de nada su virtud ni candidez. Ni a doña Mencía el ser su amor sin culpa. Ni a doña Ana el no tenerla, ni haber pecado, pues solo por pobre[n] perdió[ñ] la vida. Beatriz hubo menester todo el favor de la Madre[o] de Dios para salvar la vida, acosada con tantos trabajos, y esto no todas le merecemos. Doña Mag-

---

[a] las no culpadas: las inocentes y las que no tienen culpa ninguna *añ.* D [b] las: las maliciosas y que están *añ.* D [c] faltar: faltar de ninguna manera *añ.* D [d] todas: todas las demás *añ.* D [e] Diego: Dionís ABCD [f] sabia: divina B; sabia y entendida *añ.* D [g] verla: a verla *añ.* B [h] engaño: engaño ninguno *añ.* D [i] hermosa: hermosa y entendida *añ.* D [j] desdicha: desdichada D [k] virtuosa: virtuosas D [l] un: el D [m] Blanca: Blanca tampoco *añ.* D [n] pobre: ser pobre *añ.* D [ñ] perdió: vino a perder D [o] Madre: Medre D

[13] En las ediciones seguidas figura *don Dionís,* error evidente por *don Diego.* La misma errata se perpetúa en las ediciones de 1664, 1705, 1712, 1724, 1729, Madrid, 1734, Barcelona, 1734, etc. Se corrige en las ediciones de 1736?, 1752, 1764, 1786, 1795, 1814, 1847, etc.

dalena no le sirvió el ser honesta y virtuosa para librarse de la traición de una infame sierva, de que ninguna en el mundo se puede librar; porque si somos buenas, nos levantan un testimonio, y si ruines, descubren nuestros delitos. Porque los criados y criadas son animales caseros y enemigos no excusados, que los estamos regalando y gastando con ellos nuestra paciencia y hacienda, y al cabo, como el león, que harto el leonero de criarle y sustentarle, se vuelve contra él y le mata, así ellos, al cabo <al cabo>[a], matan a sus amos, diciendo lo que saben de ellos y diciendo lo que no saben, sin cansarse de murmurar de su vida y costumbres. Y es lo peor que no podemos pasar sin ellos, por la vanidad, o[b] por la honrilla.

Pues si una triste vidilla[c] tiene tantos enemigos, y el mayor es un marido, pues, ¿quién me ha de obligar a que entre yo en lid de que tantas han salido vencidas[d], y saldrán[e] mientras durare el mundo, no siendo más valiente ni más dichosa? Vuestros méritos son tantos, que hallaréis esposa más animosa y menos desengañada; que aunque no lo estoy por experiencia, lo estoy por ciencia. Y como en el juego, que mejor juzga quien mira que quien juega, yo viendo, no solo en estos desengaños, mas en lo que todas las casadas me dan, unas lamentándose de que tienen los maridos jugadores; otras, amancebados, y muchas de que no atienden a su honor, y por excusarse de dar a su mujer una gala, sufren que se la dé otro. Y más que, por esta parte, al cabo de desentenderse, se dan a entender, con quitarles la vida, que fuera más bien empleado quitársela a ellos, pues fueron los que dieron la ocasión, como he visto en Madrid; que desde el día que se dio principio a este sarao, que fue martes de carnestolendas de este presente año mil[f] seiscientos

    [a] al cabo <al cabo>: al cabo al cabo *añ.* AB; al cabo CD   [b] o: y D   [c] vidilla: viudilla D   [d] vencidas: vendidas D   [e] saldrán: saldrá D   [f] mil: de mil y *añ.* D

cuarenta[a] y seis[14], han sucedido muchos casos escandalosos. Estoy tan cobarde que, como el que ha cometido algún delito, me acojo a sagrado y tomo por amparo el retiro de un convento, desde donde pienso (como en[b] talanquera)[15] ver lo que sucede a los demás. Y así, con mi querida doña Isabel, a quien pienso acompañar mientras viviere, me voy a salvar de los engaños de los hombres.

Y vosotras, hermosas damas, si no os desengaña lo escrito, desengáñeos lo que me veis hacer. Y a los caballeros, por[c] despedida suplico muden de intención y lenguaje con las mujeres, porque si mi defensa por escrito no basta, será fuerza que todas tomemos las armas para defendernos de sus malas intenciones y defender*n*os[d] de los enemigos, aunque no sé qué mayores enemigos que ellos, que nos ocasionan a mayores ruinas que los enemigos.

Dicho esto, la discreta Lisis se levantó, y tomando por la mano a la hermosa doña Isabel, y a su prima doña Estefanía por la otra, haciendo una cortés reverencia, sin aguardar respuesta, se entraron todas tres en otra cuadra, dejan-

---

[a] cuarenta: y cuarenta *añ.* CD   [b] en: es D   [c] por: que por *añ.* D
[d] defender*n*os: defenderlos ABC; defendernos D

[14] Se indica que el sarao se inició el *martes de carnaval,* mientras que en la *Introducción* (pág. 196) se decía que las reuniones comenzaban el *domingo,* lo que corresponde mucho mejor a la organización del texto. El martes deberían no iniciarse sino terminarse los relatos. Montesa *(op. cit.,* pág. 48) piensa que esta última alusión se debe a la mano poco cuidadosa de un corrector. Pero no se aprecia la razón por la que este podría haber alterado el texto en este caso, por lo que es posible suponer un descuido de la escritora, como existen otros en la obra (véase INTRODUCCIÓN y pág. 483, n. 6).

[15] *como en talenquera:* «como desde la barrera, como desde un lugar seguro». *(Talenquera:* «el artificio de tablas puestas de frente, como haciendo pared, para seguridad o defensa, como las que sirven en las fiestas de los toros delante de los tablados». «Por extensión, se toma por cualquier sitio o paraje que asegura y defiende de algún riesgo o peligro y metafóricamente por la misma seguridad y defensa». DA).

do a su madre, como ignorante de su intención, confusa; a don Diego, desesperado, y a todos, admirados de su determinación.

Don Diego, descontento, con bascas de muerte, sin despedirse de nadie, se salió de la sala; dicen que se fue a servir al rey en la guerra de Cataluña, donde murió, porque él mismo se ponía en los mayores peligros.

Toda la gente, despidiéndose de Laura, dándole muchos parabienes del divino entendimiento de su hija, se fueron a sus casas, llevando unos qué admirar, todos qué contar y muchos qué murmurar del sarao; que hay en la Corte gran[a] número de sabandijas legas, que su mayor gusto es decir mal de las obras ajenas, y es lo mejor que no las saben entender.

Otro día, Lisis y doña Isabel, con doña Estefanía, se fueron a su convento con mucho gusto. Doña Isabel tomó el hábito, y Lisis se quedó seglar. Y en poniendo Laura la hacienda en orden, que les rentase lo que habían menester, se fue con ellas, por no apartarse de su amada Lisis, avisando a su madre de doña Isabel, que como supo dónde estaba su hija, se vino también con ella, tomando el hábito de religiosa, donde se supo cómo don Felipe había muerto en la guerra.

A pocos meses se casó Lisarda con un caballero forastero, muy rico, dejando mal contento a don Juan, el cual confesaba que, por ser desleal a Lisis, le había dado Lisarda el pago que merecía, de que le sobrevino una peligrosa enfermedad, y de ella un frenesí, con que acabó la vida.

Yo he llegado al fin de mi entretenido sarao; y, por fin, pido a las damas que se reporten en los atrevimientos, si quieren ser estimadas de los hombres; y a los caballeros, que muestren serlo, honrando a las mujeres, pues les está

---

[a] gran: grande D

tan bien, o que se den por desafiados porque no cumplen con la ley de caballería en no defender a las mujeres. Vale.

Ya, ilustrísimo Fabio, por cumplir lo que pedistes de que no diese trágico fin a esta historia, la hermosa Lisis queda en clausura, temerosa de que algún engaño la desengañe, no escarmentada de desdichas propias. No es trágico fin, sino el más felice que se pudo dar, pues codiciosa y deseada de muchos, no se sujetó a ninguno. Si os duran los deseos de verla, buscadla con intento casto, que con ello[a] la hallaréis tan vuestra y con la voluntad tan firme y honesta, como tiene prometido, y tan servidora vuestra como siempre, y como vos merecéis; que hasta en conocerlo ninguna le hace ventaja.

Doña María de Zayas Sotomayor.

ERRATAS[b]

Página 3, lín. 32: muger, di *Majestad*[16]. Pág. 57, lín. 20: lanto, di *llanto*. Pág. 101, lín. última: asa, di *casa*. Pág. 422, lín. 26: ternísimas, di *tristísimas*.

---

[a] ello: esto D   [b] Esta relación de erratas únicamente figura en A

[16] Esta errata no existe en el texto.

Colección Letras Hispánicas

DE PRÓXIMA APARICIÓN